D1932992

WALTER BECHER · ZEITZEUGE

48,--

WALTER BECHER

ZEITZEUGE

Ein Lebensbericht

Mit 51 Abbildungen

LANGEN MÜLLER

Bildnachweis
Alle Fotos aus dem Archiv des Verfassers, außer:
Sudetendeutsches Archiv (7), Dr. R. Großmann (1), H. Keiner (1), v. d. Leyen (1),
P. Maier (1), Pröhl (1), J. A. Slominski (1)

© 1990 by Langen Müller
in der F. A. Herbig Verlagsbuchhandlung GmbH, München
Alle Rechte vorbehalten
Umschlaggestaltung: Wolfgang Heinzel, Merching
Herstellung: Verlagsservice Dr. Helmut Neuberger
und Karl Schaumann GmbH, Heimstetten
Satz und Druck: Jos. C. Huber, Dießen
Gesetzt aus: 10/12 Punkt Garamond
Binden: Thomas-Buchbinderei, Augsburg
Printed in Germany
ISBN 3-7844-2296-9

Meinen sudetendeutschen Landsleuten
im Gedenken an ihren Opfergang,
ihren Fleiß und ihre
Heimattreue

Es zeigt sich,
daß alles aufgehoben ist
hinter der Zeit.

Immer wieder kreist der
gefesselte Sinn im Vergangenen,
wie in einem Bild ohne Raum,
wie in einem Drama ohne Zeit.

Christiane Ritter
(Aus »Eine Frau erlebt die Polarnacht«)

INHALT

VORWORT

Die Zeugenschaft, die ich auf den folgenden Blättern ablege, erachte ich als eine Verpflichtung gegenüber den Menschen, aus deren Mitte ich komme. Nicht wenige von ihnen haben sie deshalb von mir erwartet, weil ich ihren Weg durch unser Jahrhundert in typischer Weise miterlebte und dabei zentralen Ereignissen nahe stand, die sie erläutert und dokumentiert wissen wollen.

Der Quantensprung der Weltgeschichte, der sich, in dem Durchbruch der Mauer am 9. November 1989 kulminierend, just in der Zeit der Niederschrift meiner Erinnerungen ereignete, stellt dabei die Erlebnisse, die ich zu vermelden habe, in die Relation verhältnismäßiger Nichtigkeit. Dennoch legen sie Signale frei, die auf das Gesamt der Zusammenhänge verweisen. Sie kommen aus Böhmen, dem Herzland Europas und seiner Probleme von gestern, heute und morgen.

Ich habe sie im Zusammenhang einer Lehre erlebt, die vorzeitig eine Gemeinschaft freier Völker und Volksgruppen anstrebte sowie den »Blick aufs Ganze« als Voraussetzung einer Heilung der durch geistes- und naturwissenschaftliche Fehlentwicklungen geschaffenen Wunden verstand. Die Gedanken zur Jahrtausendwende, die ich aus diesem Grunde mit dem gleichen Hinweis niederschrieb, sind deshalb als ein Teil meiner Zeitzeugenschaft zu vermerken.[1]

Sie wendet sich nach 1945 der Bewältigung eines Umbruches zu, der noch um vieles umstürzender als der Exodus des Jahres 1989 gewesen ist. Die ihn zu ertragen hatten – Frauen, Kinder und Greise –, wurden nach dem heulenden Elend der Vertreibung nicht von einem gesicherten Sozialsystem, sondern von dem Chaos eines zerfallenen Staates empfangen und der gezielten Entwurzelung preisgegeben. Toynbee würde sagen können, wer solchen Herausforderungen

[1] Walter Becher, »Der Blick aufs Ganze. Das Weltbild Othmar Spanns«, München 1985 und 1988

standhielt, habe den Dank der Geschichte verdient. Genau hier aber setzt die Kritik ein, die den politischen Teil meiner Ausführungen zu einer Auseinandersetzung mit jenen werden läßt, die sich ihm versagten.

Die hohe Politik der Bundesrepublik Deutschland, insbesondere jene, die von Willy Brandt, Walter Scheel, Egon Bahr und Hans-Dietrich Genscher zu verantworten ist, beruht auf einer ebenso brutalen wie kaltherzig durchgeführten Opferung der Heimatrechte der deutschen Vertriebenen. Sie wurden stillschweigend zu Trägern von Reparationen gemacht, die von allen zu leisten gewesen wären. Obendrein hat man sie mit doppelzüngigen Argumenten (»Verzicht ist Verrat«) hinters Licht geführt.

Wie das geschah, wird in diesem Buche auch für kommende Geschlechter festgehalten und nicht etwa zu dem Zwecke aufgedeckt, um nochmals die Schlachten von gestern zu schlagen. Wenn »Glasnost«, d. h. der Durchblick in die Vergehen von gestern, die Voraussetzung für die Versöhnung von heute und morgen ist, darf die Wahrheit auch dieser Ereignisse nicht untergehen.

Persönliche Gegnerschaften lagen mir ferne. Da ich der Mithilfe von Stiftungen, Institutionen, Parteien oder irgendwelcher Organisationen nicht teilhaftig war, konnte ich unabhängig und von niemandem beeinflußt meine Erinnerungen und Eindrücke wiedergeben.

Ich habe sie auf Grund der mir zur Verfügung stehenden öffentlichen und eigenen Unterlagen nach bestem Wissen und Gewissen niedergeschrieben. Daß dies selbstredend aus der persönlichen Sicht des Autors geschah, wird auch daraus ersichtlich, daß sie eine Fülle privater Akzente setzen und das Erinnern auch dort verweilen lassen, wo es hellere Seiten des Daseins verzeichnet.

Die Vorbereitung und Durchführung der vorliegenden Arbeit krönt auch die beispiellose Anteilnahme meiner Frau Editha. Ihr danke ich ebenso herzlich wie dem Freund und Verleger Dr. Herbert Fleissner und den Mitarbeitern der Korrektur und der Datenkontrolle. Mit ihrer Hilfe bin ich nunmehr imstande, allen Wißbegierigen meinen Lebensfilm in gekürzter Fassung, aber mit den wichtigsten Szenen vorzuführen.

München, 1.2.1990 *Dr. Walter Becher*

1. DAS GELÜBDE

Am Beginn meiner Erinnerung steht ein Gelübde. Es wurde von einem dreieinhalbjährigen Buben abgelegt und sollte fürderhin ein Ereignis festhalten, das er wie eine erste Sternstunde seines Lebens empfand. Da führte er Hilda, seine eineinhalb Jahre jüngere Schwester, im Leiterwägelchen durch die Küche des Domizils, das seine Eltern im dritten Stockwerk des Hauses »Königshöhe«, Karlsbad, Panoramastraße 25, eingenommen hatten. Es war offenbar Osterzeit. Auf den Fenstergesimsen standen Hohlteller mit jungem Saatgrün, in dem sich bunte Eier verbargen. Draußen lag ein heller Sonnentag auf Terrassen, die sich bis zum grünen Waldrand hinauf erstreckten. Dort beugten sich lang geschürzte Gartenarbeiterinnen – »Weiwer«, wie man in der Mundart sagte – über viele Reihen neu gezogener Beete.

Alles glänzte, alles strahlte, alles war voller Wohlgefälligkeit. Die Musik dazu verfaßte ich selbst, indem ich – la la la, la la la – innig und lauthals meiner Stimmung Ausdruck gab. »Das ist ein herrlicher Tag!« mag ich wohl empfunden haben. »An den will ich immer denken!« Das war im Geiste besiegelt und abgemacht: Ein Leben lang habe ich mich an das Versprechen gehalten und mit ihm die Freude eines Kinderherzens zurückgeholt, das sich zum ersten Male ein Fenster zur Welt geöffnet hatte.

Nun war der Frühling in Karlsbad in der Tat eine Zeit vielfachen Erwachens. Die Stadt befreite sich von den Bretterverschlägen des Winters und mauserte sich zum Weltkurort, der zum Zeitpunkt dieses Geschehens freilich im Grau des Ersten Weltkrieges dahindüsterte. Am 1. Oktober 1912 war ich in der Schulgasse im Hause »Schützenhalle« geboren worden, sozusagen noch über dem Rande der Sprudelschale im Herzen unserer Urbanität. Die Übersiedlung in die »obere Stadt« durchbrach dann fast unbemerkt die Zeitmauer, welche das Leben *vor* dem Ersten Weltkrieg von jenem *nach* seinem Ausbruch schied.

Jetzt, im Frühjahr 1916, nahm ich davon nur wenig wahr. Ich begann mit Freuden mein eigenes Dasein, sah die feldgrauen Soldaten, den Urlauber-Onkel, der mich durch die Straßen führte, und bemerkte später, als wir ein paar Häuser weiter in die Villa »Johannes« übersiedelt waren, die kriegsgefangenen Russen auf den Müllwagen sowie den Trötscher Walter, meinen ersten Freund, und den Becker Rudi von nebenan, die mit Holzgewehren Helden spielten.

Aber dann – ich war gerade dabei, meine Schwester als Pony in das beliebte Schellengeschirr zu spannen – rief ein Mann meinem Vater über die Straße hinweg zu: »Ham's schon ghört, der Kaiser hat abdankt!?« Er tat furchtbar erregt. Seine Stimme knallte wie eine Peitsche in die Szene. Es war, als hätte jemand ein Signal gesetzt, das eine böse Zukunft erahnen ließ.

Sie begann mit dem Hunger der ersten Nachkriegsjahre und mit der Heldenzeit meiner Mutter Anna Becher, geborene Hauptmann. Diese war, selbst von dem mörderischen Zugriff der asiatischen Grippe erfaßt und nach dem Abendläuten eines Tages bereits totgesagt, der Turm in aller Not und Drangsal des Geschehens. Wir mußten Rinde von den Birken und Lindenblüten von den Bäumen des Rosegger-Parkes sammeln und tranken daraus gebrauten Tee zu dem Ersatzgebäck, das sie aus schwarzem Mehl und Haferkleie – wir meinten, es seien Sägespäne – formte.

»Mutter, nur a klans Stückl Brot!« – das war der Notruf der Kinder von damals. Zu essen und für den wärmenden Ofen gab es nichts, und zum ersten Male erlebte meine Generation, was es heißt, aufs »Hamstern« angewiesen zu sein. Zum ersten Male erfuhr sie auch, wie in den Jahren nach 1945, daß nicht der Krieg, sondern die *Nach*kriegsjahre am meisten auszehrten, was in den Kummerkammern der Wirtschaft und des eigenen Körpers noch vorhanden schien.

Der Zusammenbruch war vollständig. Er schlug sich im kaum verstandenen Elterngespräch in der immer wiederkehrenden Klage nieder, daß alles Ersparte verloren sei. »Gold gab ich für Eisen« – Gold und Geld waren weg, und alles, alles hatte man den nunmehr verlorenen Kriegsanleihen anvertraut. Der Kollaps der Doppelmonarchie traf die über dreieinhalb Millionen Deutschen des hochindustrialisierten Sudetenlandes an den Wurzeln ihrer politischen und ökonomischen Existenz. Ein Riesenmarkt, der von Krakau bis Triest, von Siebenbürgen bis zum Bodensee reichte, ging ihnen ebenso verloren wie das Recht, als freie Bürger in einer freien Heimat zu wohnen. Von den Karpaten bis zur Dolomitenfront hatten sie im Völkerringen 160000 Gefallene und Hunderttausende von Verwundeten, Krüppeln, Kriegsgefangenen und anderen Kriegsgeschädigten zu beklagen – im Verhältnis mehr als andere Teile des deutschen Volkes.

Das Opfer, das sie für die Verteidigung der Donaumonarchie, vor allem Südtirols, gebracht hatten, war nun wert- und sinnlos geworden. Mit Waffengewalt zerschlug man das von Wilson verkündete Selbstbestimmungsrecht. Mit Hunger und internationalen Intrigen zwangen die Zerstörer des alten Österreichs, Tomáš G. Masaryk und Edvard Beneš, ein haßerfüllter Gnom der Zwischenkriegsjahre, das sudetenländische Deutschtum in einen Staat, den es nicht wollte und der es nach dem Zwangsfrieden von St. Germain zu einem »Volk ohne Vaterland« machte.

Das alles lag noch jenseits meines Fassungsvermögens. Nur dunkel vernahm ich die Kunde vom Einmarsch fremder Soldaten in meine Vaterstadt. Das Rathaus hätten sie besetzt, die Bezirkshauptmannschaft und das Militärbadehaus. Furcht, Not und Ohnmacht schlichen durch die Straßen und hielten, auch für die Kinder spürbar, den Odem des öffentlichen Lebens an. Bleich kam der Vater mit der Nachricht nach Hause, in der unteren Stadt hätten sie geschossen. Das geschah am 4. März 1919. Die Allparteienkundgebung für das Selbstbestimmungsrecht und für das Verbleiben bei Deutschösterreich war auch in Karlsbad in die Gewehre der Okkupanten gelaufen. Sechs Tote und viele Verwundete fügten sich zu dem halben Hundert von Menschen, die im ganzen Lande zur gleichen Zeit ihr Leben ließen. Ihr Heimgang hatte über Zahl und persönliches Leid hinaus symbolische Kraft. Sie starben für eine Idee, die das Jahrhundert wie kaum eine andere erfaßte: in Europa und auf den anderen Erdteilen, nach dem Zweiten Weltkrieg und im Zeichen der atomaren Zwänge dann erst recht!

Die »Märzgefallenen«, deren gemeinsame Grabstätte die Besucher unseres Waldfriedhofes an dunkle Geschehnisse erinnerte, waren Zeugen eines Unrechtes, das man nicht akzeptierte, auch wenn man es im Alltag bisweilen vergaß. Anstelle der »zweiten Schweiz« hatten die Unfriedensmacher von St. Germain ein Staatsgebilde geschaffen, das schon mit dem Kunstnamen »Tschecho-Slowakei« einen Großteil der Bevölkerung – Deutsche, Magyaren, Polen, Ruthenen – begrifflich ausschloß. Das konnte nicht gutgehen, trug den Keim des Unterganges von Beginn an in sich und paßte schon gar nicht zur liebenswerten Kurstadt, die ein Ort der Begegnung sein wollte und seit Jahrhunderten war.

Große Welt im »Kaiserpark«

Von ihr aber erzählte meine Mutter ein Leben lang. Sie stammte aus Pirkenhammer, dem nahen Ort im Tepltal, war das Kind einer Porzelliner-Familie und sah selbst wie eines der Bilderbuchmädchen aus, die auf Tassen, Krügen und Vasen der Firma »Fischer & Mieg« konterfeit und goldumrandet wiedergegeben waren. Mit 16 Jahren lief sie alltäglich an der Tepl entlang zum »Kaiserpark«, allwo sie, beliebt und bewundert, als »Kaffeemädchen« die große Welt der Vorkriegsjahre erlebte. Das renommierte Restaurant (das in der tschechoslowakischen Zeit aus Gründen der ansonsten möglichen Staatsgefährdung in »Geysirpark« umbenannt werden mußte) stand damals von Mai bis September im Mittelpunkt derer, die im weiten Erdenrund das Sagen hatten. Noch wirkte die Tradition der Heilstätte, die von den Zeiten Wallensteins an Kaiser und Könige, Dichter und Denker, Fürsten und andere Potentaten, Erholungs- und Genesungssuchende an die Gestade der Tepl führte.

Die Gründung Kaiser Karls IV., ein Ort des Ausruhens und Friedens, stand über den Gebresten der europäischen Fehden. Selbst Kriegsgegner – so in den Zeiten Napoleons oder im Debakel von 1866 – durften sich an den Quellen gemeinsam laben. Das Städtchen am Sprudel, einem 70 Grad heißen Springquell, der vor der Barockfassade einer prächtigen Dientzenhofer-Kirche reichliche sieben bis zehn Meter in die Höhe prustete, erfreute sich eines Ausnahmezustandes, der Freund und Feind vereinte. Berühmtheiten aller Länder zierten die Kurliste. Goethe, von den Einheimischen als einer der Ihren betrachtet, fand in ihm eine zweite Heimat. 1812 schrieb er in einem Brief an Wilhelm v. Humboldt: »Weimar, Karlsbad und Rom sind die einzigen Orte, wo ich leben möchte.«

Es roch nach Peter dem Großen (der die Tradition der russischen Gäste begründete), nach den Magnaten des sächsischen und preußischen, des spanischen, englischen und natürlich auch des österreichischen Adels, nach Künstlern und Schauspielern, nach Bach, Mozart, Beethoven und Schubert, nach Adolph v. Menzel (der in der Sprudelstadt unermüdlich skizzierte), nach Schelling, Hegel und Marx (dem man, obwohl er die »ganz und gar destruktiven Tschechen« mehrmals degradierte, nach 1945 ein Haus und ein Museum widmete), nach Friedrich v. Schiller, Theodor Körner und Adalbert Stifter (der hier an seinem »Witiko« arbeitete), späterhin nach Gerhart Hauptmann und Erwin Guido Kolbenheyer, dem eingeborenen Sohn der Stadt, der wie der berühmte Schlesier auch in seinem Äußeren dem großen Olympier glich.

Das alles bildete, natürlich kaum für sie, den Hintergrund des Geschehens, als die Mutter im Sommer 1909 im »Kaiserpark« mit einem großen, sie fast verdeckenden Blumenstrauß den englischen König Eduard VII. empfing. »Weißt du«, erzählte sie nachher immer, »ich wurde von der Geschäftsführung dazu bestimmt, weil sie wußte, daß mich viele Engländer kannten.« In der Tat entgegnete der hohe Gast ihrem Knicks mit den freundlichen Worten: »Oh, Hilda (das war ihr hier gewählter Rufname), ich habe schon viel von Ihnen gehört!« Er schritt mit ihr durch das Spalier der zahlreichen Gäste und bedankte sich »tausendmal«. Nach köstlicher Jause verlangte er ein Glas Sprudel, akzeptierte jedoch lachend ihren Hinweis, als sie ihm antwortete: »Majestät, damit können wir hier nicht dienen. Aber ein heißer Tee und ein Plaid erwärmen Sie ebenso!«

Der aus Marienbad herbeigeeilte Herrscher, der sich dort bei neunmaligem Besuch der Gunst der Gastgeber erfreute, liefert nur einen von vielen Beweisen dafür, daß die nachmals Hauptverantwortlichen den deutschen Charakter der westböhmischen Bäder sehr wohl kannten und mit ihrem Ambiente schätzten. An König Ferdinand von Bulgarien schrieb er: »Ganz Indien, Ceylon und alle Badeorte Europas habe ich bereist, aber nirgends auf der Welt hat mich die Poesie der wunderschönen Natur so geprägt wie hier.« Gleichwohl hat er mit ebenda Heilung suchenden Gästen, mit Clemenceau oder mit dem russischen Außenminister Iswolsky, das Garn weitergesponnen, das zur Einkreisung Deutschlands und zum Untergang Österreichs führte.

Der »Kaiserpark« und die kleinen Erlebnisse meiner Mutter wiesen eben weit über die Zeitenwende hinweg, da in Europa die Lichter ausgegangen waren. Die Menschen, die ihr dort begegneten, sind für sie nicht nur kurzlebige Märchenfiguren, sondern Wegbegleiter der nachfolgenden Jahrzehnte gewesen. Das gilt vor allem für die Anhänglichkeit, die ihr der Gründer und Herausgeber der »New York Times«, Adolph S. Ochs, und späterhin dessen Tochter, Mrs. Ochs-Sulzberger, zuteil werden ließen. Letztere half ihr nach der Vertreibung 1945, wo immer sie nur konnte. Sie empfing mich 1958 in ihren schönen Gemächern an der 5th Avenue und führte mich persönlich durch die Arbeitsstätten der Zeitung, das Lebenswerk ihres Vaters, der Karlsbad mit Familie mehrmals besucht hatte und nach der Verheiratung meiner Mutter so etwas wie der »Taufpate« ihrer Kinder geworden war.

Die Fotos von 1910 zeigen sonnenselige Morgenfrische, gedeckte Tische unter Kastanienbäumen, an denen sich ein sorgenfreies Publikum – Herren im blütenweißen Anzug und Damen mit kunstvoll dekorierten Strohhüten – an dem offenbar vorzüglichen Frühstück delektierten. Und mittendrin steht das Mädchen aus Pirkenhammer, das die Frau Sacher nach Wien einlud und im Foyer des Burgtheaters in den Händen des berühmten Schauspielers Sonnenthal hochleben ließ.

»Das Schönste von Karlsbad ist hier!« rief der Mime. Er meinte wohl den Sommer im Tepltal und das Glück einer Zeit, von der man, historische Parallelen ziehend und freilich nur für eine Oberschicht, im nachhinein sagen konnte: Wer sie nicht erlebte, weiß nicht, wie köstlich das Dasein zu sein vermag.

Der große Sprung

Das Leben in den zwanziger Jahren verlief weniger köstlich. Es liegt für mich aber dennoch im Glanze wärmender Erinnerung. Das entspringt sicher nicht nur der gnadenvollen Wirkung der Nostalgie, die das Böse der Vergangenheit mit all dem verdeckt, das sie an Gutem zuließ. Es hängt wohl auch mit den Auswüchsen der Supertechnik zusammen, die zum Ausgleich nach den Impressionen der vortechnischen Zeit verlangt.

Ich wuchs – Gott sei Dank – noch in den Jahren auf, da es kaum schon Autos gab, da das Lastenfuhrwerk die Straßen beherrschte, da man weder über Hörfunk noch Fernsehen verfügte und Flugzeuge am Himmel zu den Raritäten gehörten, denen wir atemlos nachschauten. Es gibt zudem nicht nur ein Gedächtnis der Bilder, sondern auch ein Gedächtnis der Klänge und Gerüche. Noch vernehme ich das Drehen der Kaffeemühle am Sonntagmorgen, noch empfinde ich den Duft, der dem köstlichen Getränk (»Kaffee wie bei Pupp«) entströmte. Noch vernehme ich das Dengeln der Sensen am Abend oder die Amboßklänge aus einer nahen Schmiede. Die Pferde meiner Kindheit bringen mir das Trabtrab auf den Straßen, den Galopp des Reiss-Fleischers, daß Knattern eines Kohlenfuhrwerks, aber auch das anheimelnde Geläute an den Geschirren der Winterszeit nahe. Allüberall, wo ich noch Einspänner oder Zweispänner sehe, wähne ich mich im Zuhause jener Jahre, da sie, die Fiaker unserer Kurstadt, die Vehikel ihrer Seligkeit waren.

Mit meinen Jahrgangsgefährten teile ich das Bewußtsein des großen Sprungs, der sie von den Tagen, da noch die Postkutsche (in unserem Falle von Karlsbad nach Buchau) fuhr, zum Erlebnis der Mond- und Weltraumfahrten führte. Der »große Sprung« ist das zentrale Erlebnis der »Jahrhundert-Begleiter«. Keine andere Generation der Geschichte hatte einen ähnlichen Wandel der Technik zu bewältigen.

Irgendwann im Zwanzigerjahre scharten sich im Karlsbader Schützenhaus an die tausend Besucher um das Ereignis eines Detektor-Apparates, dem die ersten Piepstöne von Radio Leipzig entströmten. »Und vergessen Sie nicht, die Antenne zu erden!« war dann ein wenig später der Schlußpunkt allabendlicher Musikdarbietungen, die man unter schwitzenden Kopfhörern (Marke »Blaupunkt«) oder aus den Schalltrichtern der ersten Empfangsgeräte vernahm.

Brachten sie Fortschritt nach innen und außen? Ich wußte es damals nicht. Ich empfand nur, daß sie krächzend den Originalton einer Stadt überspielten, die voller Musik und klangreicher Töne war. Solche schwebten im Sommer auf seidenen Wolken durch das Tal: aus den Pavillons im Café Pupp, im »Schönbrunn«. Sie kamen vom Morgenchoral am Mühlbrunn, vom Nachmittagskonzert im »Posthof« und im »Freundschaftssaal«, aber auch vom »Schweizerhof«, wo Meister Schöneck, der nachmals verdiente Heimatgefährte, moderne Weisen dirigierte.

Das Dreigestirn des Kirchenchores, des Männergesangvereines

und des Kurorchesters, welch letzteres mit Generalmusikdirektor Robert Manzer an der Spitze zu den großen Symphonie-Orchestern des Landes zählte, bestimmte das Niveau der Musikkultur, die sich einer jahrzehnte-, ja jahrhundertealten Tradition erfreute.

Mein Vater Anton Becher

Soweit man zurückdenken kann, gab es in Karlsbad Bürger, die den Namen Becher trugen. Der erste von ihnen, Georg Becher (1520–1578), wanderte aus Heinrichsgrün im Erzgebirge in das Warmbad ein. Er wurde der Begründer dreier großer Familienzweige, deren Stammbäume sich wie die eines Fürstenhauses entfalteten. Von den zahlreichen, durchwegs deutschstämmigen, damals aus Thüringen, Sachsen und der Oberpfalz kommenden Familien blieben nur seine Nachkommen und jene der Familie Hoffmann bis zum Tage der Vertreibung ortsansässig. Die übrigen zogen ab oder starben im Mannesstamm aus. Sie wurden durch Zuwanderer aus allen Gauen Deutschlands ersetzt.

Mein Vater, Anton Ernst Becher (1883–1958), der zweite von fünf Söhnen des Tischlermeisters und Masseurs Josef Becher (1848–1931), war demnach Glied einer langen Generationenfolge. Er besuchte das 1892 gegründete Karlsbader Gymnasium, absolvierte in Aussig einen zweijährigen Abiturientenkurs, trat dann die Laufbahn der im alten Österreich hochrangigen Bankbeamten an und brachte es in Marienbad – weshalb ich auch zwei meiner Jugendjahre in diesem berühmten Kurort verbrachte – zum bevollmächtigten Abteilungsleiter der Böhmischen Escompte-Bank. Nach einem verlorenen Streik (noch erinnere ich mich an den Aufmarsch seiner Kollegen, den er in der ehemaligen »Kaiserstraße« anführte) verließ er die »Bebca«, kehrte in seine Heimatstadt zurück und wurde dort nach kurzem Zwischenspiel Begründer der ersten Buchrevisions- und Treuhandgesellschaft Westböhmens.

Der Sprung in das neuartige und, wie sich herausstellte, recht zukunftsträchtige Unternehmen verlief nicht ohne existentielle Sorgen. Er wurde mit einem Kollegen durchgeführt, dessen Doppelname (er hieß Franz Franz) mir ebenso imponierte wie seine solide Tüchtigkeit. Weniger imponierte mir das Rechnen, Prüfen und Bilanzieren oder die Einführung der Durchschreibebuchhaltung Marke »Efweka«, mit der die beiden vielen Firmen rationelle Hilfe brachten. Das Ziffernschreiben und Addieren lag mir nicht. Wie manch andere Kinder nahm ich, was mir heute leid tut, von den beruflichen und finanziellen Problemen des Vaters wenig Kenntnis. Er ließ mir indes die Freiheit, meinen eigenen Weg zu gehen und Gefilde aufzusuchen, die über das Büroleben hinausführten. Sie entsprachen vielleicht auch eher der Tradition von anderen Gliedern unserer Großfamilie, die sich mehr für den Dienst am öffentlichen Wohle interessierten.

Der berühmteste von ihnen war ohne Zweifel Dr. med. David Becher (1725–1792). Seine in der Sprudelhalle aufgestellte Büste trug die Aufschrift »Hippokrates Thermarum Carolinarum«. Er entstammte der Kaufmanns-, also nicht der Apothekerlinie (aus welcher der Hersteller des weithin bekannten »Becherbitters«, eines bekömmlichen Magenlikörs, hervorging) und war ein hochgelehrter Mann. Er führte die ersten chemischen Analysen der Quellen durch und wies seine Patienten an, das Heilwasser an Ort und Stelle, nicht aber im häuslichen Lehnstuhl zu trinken.

Er verordnete kurgemäße Bäder und Bewegungsspaziergänge, erzwang unter lautem Protest seiner Gegner den Versand des Sprudelsalzes und finanzierte mit den dabei gewonnenen Einkünften 1787 die Errichtung eines Stadttheaters. Es wurde wie das später an seiner Stelle errichtete schmucke »Hellmer & Fellmer«-Gebäude ein Musentempel, in dem die berühmten Sänger und Schauspieler der jeweiligen Epoche beachtenswerte Erfolge feierten. Als der weithin berühmte Arzt 1778 bei Kaiserin Maria Theresia zur Audienz erschien, überreichte er ihr eine kostbare Tischplatte mit Intarsien aus geschliffenem Sprudelstein. Auch die Kunst, diesen so zu verwenden, hat der große Anreger zum Erfolg geführt.

Enteignung und Vertreibung

Was muß eigentlich in den Köpfen der tschechischen Besetzer von 1945 vorgehen, wenn sie sich anschicken, eine Geschichte meiner Vaterstadt zu schreiben? Sie wurde von der Gründung bis zum Inferno der Vertreibung von meinen Vorfahren, von Generationen zahlreicher anderer Familien gestaltet und getragen. Jede Straße, jedes Haus, Prachtbäder und kommunale Einrichtungen, Waldwege und Bäume tragen ihre Namen und ihre Handschrift. Durch die Jahrhunderte bauten sie, nach Feuersbrünsten und Hochwassern immer wieder in das Nichts geworfen, der großen Zahl ihrer illustren Gäste – den Heilungsuchenden und jenen, die sich bloß vergnügen wollten – Heimstätten, in denen man sich wie zu Hause fühlte.

Ärzte und Apotheker, Kurhausbesitzer, Gastwirte, Köche und Zuarbeiter, Kaffeemädchen, Milchfrauen, Wäscherinnen, Bademeister, Musikanten und Theaterspieler, Postillione, Fuhrwerker und Fiaker, Schmuck- und Edelwarenverkäufer, Zinngießer, Büchsenmacher und Sprudelsteinschleifer – sie alle stellten die Bürger und Bewohner der Stadt, die seit Kaiser Karl IV. und dank dem Wohlwollen seiner Nachfolger kraft verbrieften Rechtes eine Kommune bildeten, welche sich selbst verwaltete und alleinige Eigentümerin ihrer kostbaren Schätze, der Heilquellen und der wohlgepflegten Wälder war. Letztere gehörten zum Schönsten, was die Parklandschaften Europas aufzuweisen hatten.

Ohne Gegenleistung wurde dieses Gemeinwesen 1945 enteignet und in das tschechische »Karlovy Vary« verwandelt. Ich war Augenzeuge, als man seine Bürger nach dem Einmarsch der Roten Armee am 9. Mai jenes Jahres straßenweise zusammenholte, zusammenschlug und mit 50 kg Handgepäck in die Ferne trieb. Noch standen im Vorort Maierhöfen die Amerikaner, noch hoffte man auf eine mögliche Errettung vor Mord und Totschlag – vergebens. Die westliche Weltmacht gab das böhmische Becken wie später Thüringen in einem Leichtsinn sondergleichen preis. Sie, die hautnah vor dem Weichbild des Weltbades stand, eisenhowerte in Etappen wieder zurück. Der Stadtverordnete Karl L. Lippert, der sich am 2. Mai 1945 »mit einer weißen Serviette am Autokühler« als Parlamentär nach Ellbogen begeben hatte, setzte beim Ami-General lediglich durch, daß man die sinnlosen Bombenangriffe gegen die Lazarettstadt, die ihren Nordteil (Fischern) zerstört und Hunderte von Toten zur Folge hatten, einstellte.[1] Das Unheil nahm seinen Lauf. Weder Appelle an das

[1] Prof. Dr. Schönbach, »Die Luftangriffe auf Karlsbad 1944 und 1945«, in »Karlsbad. Eine Dokumentation«, Heimatverband der Karlsbader, Wiesbaden 1981

Weltgewissen noch die Konferenz von Potsdam, die das unerbittliche Diktum Edvard Beneš' und seine Dekrete obendrein noch zu legalisieren suchte, vermochten den Verbrechern Einhalt zu gebieten.

Als die Stunde schlug, trat die Mutter ins Zimmer und rief erschrocken: »Die Russen sind da!« Als Soldat, der, vom nahen Erzgebirge kommend, eben abrüsten wollte, nahm ich am Abend des 10. Mai 1945 mein Bündel und trat gemeinsam mit Tausenden fliehender Menschen den Marsch nach dem Westen an. Einheimische und Fremde, Zivilisten und Soldaten, die Trümmer der Heeresgruppe Mitte, bevölkerten den nächtlichen Wald. Ärzte, Schwestern und Verwundete, die sich gerade noch fortzuschleppen vermochten, folgten meiner ortskundigen Führung. Selbst die »Kunststraße«, den stolzen Verkehrsweg aus Maria Theresias Zeiten, vermochten wir – an Panjewagen und verschlafenen Russen vorbei – zu überqueren.

Es war eine Szene wie im gruseligsten Traum. Wie im Traum und wie im Zeitraffer suchte mich das Gewesene heim, als wir vor der Teplbrücke beim »Freundschaftssaal« lange warten mußten, bis sich die sowjetischen Posten entfernten. Es waren Stunden des Entrücktseins, die mein bisheriges Leben wie im Film herbeiholten. Ich wußte, daß ich etwas für immer verließ, daß aber das nicht verschwand, was die Vergangenheit in ihrer reichen Fülle ausmachte.

Der Onkel Malo

Dort, nur eine halbe Stunde flußaufwärts, lag das Dorf der mütterlichen Verwandtschaft, der Porzellanmaler, der Former, Dreher und Brenner, die das »weiße Gold«, die Schalen, Teller, Becher und Vasen mit den gekreuzten Hämmern als Signum ihres Könnens herstellten. Der Hauptmann-Großvater, der Onkel Preißler, Hermann Vieth und viele andere gehörten zu ihnen: Künstler, welche die Farben vor und nach dem Brande erahnen mußten, Visionäre des Regenbogens, deren Erzeugnisse nachmals Museen und Antiquitätenläden füllen sollten.

Sind ihre Produkte die letzten Zeugen der Heimat? Lebst auch du, lieber Onkel Malo, nur noch ein kleines Weilchen als Pächter und Gastwirt auf der »Schützenmühle«? Haben wir dich nicht erst vor kurzem ein letztes Mal als Genesende im Winter besucht? Damals, als es uns gelang, im Schlitten durch das verschneite Tal zu fahren und die heimelige Stube unter dem Fachwerkgiebel mit dem Christuskreuz in der Mitte aufzufinden?

Da führtest du uns an an dem Bogen deines Werdens zurück: vom berühmten Hotelier und Meister deines Faches zu den Anfängen, da du als Jüngling den nachmaligen Kaiser, Erzherzog Karl, betreutest (und dafür eine stolz verwahrte goldene Anstecknadel mit Monogramm und Doppeladler erhieltest) und nach dem frühen Tode des Vaters seine Pflichten übernehmen mußtest. Da erzähltest du, wie jäh dich die Kurve deines jungen Lebens in die Brennpunkte des politischen Geschehens führte und wie sehr das, was du dabei erlebtest, berichtenswert ist.

In der Absicht, dereinst als Betriebsleiter die Porzellanfabrik kinderloser Verwandter zu übernehmen, studierte Theodor Malo, der Gastwirtssohn aus Pirkenhammer, an der Deutschen Technischen Hochschule zu Prag Chemie. Als Mitglied und Erstchargierter des »Egerländer Landtages« wurde er recht bald, die höheren studentischen Würden erreichend, Sprecher des studentischen Kulturvereins »Germania« und damit eines Großteils der Prager deutschen Studentenschaft. Er war dies (von 1908 bis 1910) in den wüsten Jahren der Hochschulkrawalle. Der Nationalismus tobte sich auf beiden Seiten aus. Der »Bummel«, die so liebenswerte Einrichtung altösterreichischer Lebensweise, wurde inmitten der Goldenen Stadt am »Graben« zum Anlaß turbulenten Geschehens.

Mit Masaryk als Redner

»Mein Lieber«, erzählte der Onkel, »das hättest du erleben müssen! Mit Stöcken und Lederriemen stürmten sie auf uns los. Viele Tausende fanden sich oft ein, um uns am Auf-und-ab-Spazieren zu hindern.« Die »Landtägler«, die man, weil sie rote Mützen trugen, als »Dienstmanni« bezeichnete, waren ein bevorzugtes Ziel der Aggressionen. Sie wehrten sich bisweilen, indem sie sich als »Pepici« verkleideten, und schlugen fintenreich zurück. Sie protestierten unter Malos Führung bei Coudenhove, dem leidgeprüften Statthalter. Der ließ zur Einhaltung von Ruhe und Ordnung ein Bataillon galizischer Gendarmen aufmarschieren. Vergebens – mit vorgetäuschten Erdarbeiten riß die Stadtverwaltung den ganzen Graben auf. Die »Barden« demonstrierten, indem sie spottend mit Pickel und Seil die Erdhügel erklommen. Andere sammelten sich hinter dem »Deutschen Haus«, das damals (wie später) Treffpunkt, Kampfstätte und Refugium der Verfolgten war.

Die deutschen Studenten in Prag waren, wie ihr von Demagogen und Eiferern aufgeputschtes Gegenüber, fest entschlossen, ihre Sache zu verteidigen. Der neu entflammte Streit um die Echtheit der Königinhofer Handschrift hatte die von Palacký bestärkte Hinwendung zu Johannes Hus und zu panslawistischen Akzenten auf kaum erahnte Höhen der Emotionen gehoben und selbst den Pöbel auf die Straße getrieben. Die nationale Seele kochte hüben wie drüben. Jedwede Beschwichtigung schien aussichtslos. Da ereignete sich ein Wunder, von dem ich erst erfuhr, als Onkel Malo darüber berichtete:

»Wir haben nicht nur gestritten, wir haben uns mit den tschechischen Studenten einmal sogar zu gemeinsamem Vorgehen verbunden. Das war am 14. Mai 1908, als wir im Festsaal der Prager Produkten-Börse gegen die Entlassung des Kirchenrechtlers Ludwig Wahrmund von der Universität Innsbruck protestierten. Der war wegen Kritik an Papst Pius X. unter Beschuß gekommen. Alles, was liberal und antirömisch dachte, bildete plötzlich quer durch die Reihen der Nationalisten eine toleranzheischende gemeinsame Front.«

»Du mußt wissen, daß ich da der Vorsitzende und Tomáš G. Masaryk mein zweiter Redner war!« Das klang wie Angabe, hatte aber den wahren Kern, daß sich Masaryk mit den Protestierenden solidarisierte. »Erhaltet und stärkt die begonnene gemeinsame Organisation aller Hochschüler für künftige Begebenheiten!« hieß es in seinem Grußwort. »Vielleicht gelingt es euch, was euren Vätern nicht gelang: die Harmonie der nationalen und freiheitlichen Bestrebungen zu finden. Die Nationalität ohne Freiheit ist nichts, nichts ist die Freiheit ohne Nationalität!« Das zuletzt zitierte Wort Karel Havličeks warf der nachmalige Präsident der Tschechoslowakei wie einen Edelstein in die Waagschale des Disputes.

War er überzeugt und aufrichtig? Leuchtete sein Wahlspruch »Die Wahrheit siegt« bis in sein Auftreten am Start des neuen, nicht zuletzt von ihm begründeten Staates hinüber? Onkel Malo hat sich darüber damals keine Gedanken gemacht. Gleichwohl gehört das Bild des renommierten Professors, der, von einer deutschen Mutter geboren, aus deutschen Schulen kommend, für die humanitären Rechte der Minderheiten kämpfte, in den Wechselrahmen unserer Geschichte: auf dem Rücken der dreieinhalb Millionen Sudetendeutschen hat er den Appell von damals später brutal vergessen. Wenzel Jaksch zählt ihn (»Europas Weg nach Potsdam«, Stuttgart 1958, S. 120 ff.) mit Edvard Beneš zu den Totengräbern Europas. Nicht nur weil sie (»Detruisez l'Autriche-Hongrie!«) leichtfertig den Donaustaat zerstörten, sondern auch deshalb, weil sie zu Beginn des Jahres 1917 die Bildung eines Vertragsfriedens intrigenreich verhinderten, wurden sie zu Trägern einer folgenreichen Schuld.

Maturajahrgang 1931

Uns Angehörigen der ersten Nachkriegsgeneration schien der Staat, in dem wir nun leben mußten, wie eine Mißgeburt aus Unwahrhaftigkeit und Niederlage. Das Leben normalisierte sich gleichwohl in die zwanziger Jahre hinein. Sie erhielten uns trotz aller Kämpfe um jede Klasse ein Schulwesen, das im Fortwirken der österreichischen Tradition zu den besten Europas zählte. Im Übergang durchlässig und klar gegliedert, paßte es sich von der Volksschule und der klassischen Bürgerschule über Fach- und Fortbildungsschulen bis zu den Technischen Hochschulen in Prag und Brünn den Erfordernissen der Agrar- und Industriegesellschaft unserer Heimat an. Der Besuch der Universität zu Prag, mit der uns Karlsbader Gymnasiasten nicht nur die gleiche Gründerpersönlichkeit unserer Vaterstadt Kaiser Karl IV., sondern vor allem die Berichte jener verbanden, die dorthin vorausgegangen waren, galt als die Krönung des Bildungsganges, den wir mit allen Freuden und Sorgen unseres Schülerdaseins durchliefen.

Unsere Klasse war exzellent. Das Maturafoto, aufgenommen im Juni 1931, zeigt eine breite Reihe freudvoll erlöster Abiturienten am Portal der Schule aufgebaut – hinter den Lehrern, die man damals »Professoren« nannte. Das war nun eine der vielen Gemeinschaften, denen ich in meinem Leben angehörte, nicht die innigste zwar, aber jene, in der sich Lernen und geistige Entwicklung nachhaltig abspielten.

Was hat uns das gute alte »Realgymnasium« nicht alles an gediegener Allgemeinbildung vermittelt! Da gab es die Grundfächer Latein, Deutsch, Mathematik und Geschichte; ab der ersten Klasse (ein Tribut an die Republik) Tschechisch und ab der dritten Klasse Englisch. Da hatten wir wechselweise Unterricht in Geographie, Naturlehre, Physik und Chemie (immerhin weiß ich seitdem, was H_2SO_4 bedeutet). Wir erfuhren die Grundbegriffe der darstellenden Geometrie (mit X-Achse, Grund-, Auf- und Seitenriß) und absolvierten in frei zu wählenden Fächern Stenographie und Musik. Religion lag, bezeichnend für den aufklärungsnahen Grundgehalt des Lehrstoffs, ein wenig am Rande. Dafür wurde uns in den beiden letzten Klassen »philosophische Propädeutik« zuteil.

In ihr und in Deutsch erblühten meine Lieblingsfächer. Professor Alfred Kleinberg (der eine Literaturgeschichte auf marxistischer Grundlage geschrieben hatte) entdeckte meine Begabung im Nachdenken, als er eine Schularbeit über das Nibelungenlied mit »sehr gut« benotete, weil ich, anders denn meine (mit »nicht genügend« bedachten) Mitschüler, Hagen von Tronje als Helden der Treue und nicht als Bösewicht dargestellt hatte. Wir kicherten verhalten, als der kleine rundliche Mann (der sich 1938 in Prag das Leben nahm) in seinem böhmischen Hochdeutsch deklamierte:

»Streemender Rägen,
Feifender Wind,
Wildeste Heide ...
Där Rägen ... rinnt.«

Das war in der Quinta. In der Sexta aber scharten sich die »Philologen« (wie wir uns einbildeten: die geistig Geweckteren) um Hansi Lorenz, den Professor aus Joachimsthal, der uns mit großer Liebe in die Schatzkammern der Dichtung einführte. Goethe war (als »Karlsbader«) in doppeltem Sinne unser. Schiller und Shakespeare führten wir (ersteren mit »Wallensteins Lager«, letzteren mit dem »Sommernachtstraum«) auf der Bühne des Schützenhauses in alljährlichen Akademien vor. In die Gefilde der modernen Literatur tauchten wir über Gerhart Hauptmann, Franz Werfel und Rainer Maria Rilke ein. Sein »Panther« (»der weiche Gang geschmeidig starker Schritte, der sich im allerkleinsten Kreise dreht ...«) weckte meine lyrische Ader, die seitdem nie mehr versiegte. Vollends »in« waren für uns in jenen Jahren Stefan George und viele, die wie Gundolf oder Wolters Gesamtausgaben und große Wälzer über ihn veröffentlicht hatten.

Die mathematisch Begabten, von denen wir in schweren Stunden abschreiben durften, machten da nur am Rande mit. Alle aber fanden sich in den Stunden freier Diskussion zusammen, die wir aus eigener Initiative organisierten. In den österreichisch-sudetenländischen Gymnasien wurden die Klassen von eins bis acht auf lateinisch gezählt: Prima, Sekunda, Tertia ... Sexta, Septima, Oktava. Die letztere war die Abschlußklasse (Professor Alois Grund: »Oktavaner wollt Ihr sein, Lausbuben seid Ihr!«). In ihr fanden wir uns also zu geistigem Wettkampf zusammen.

Josef Goldmann und Thomas Bermann brachten Lenins gesammelte Werke im leuchtenden Rot einer Volksausgabe mit. Ich trat dagegen mit Ernst Jünger, mit Georges »Stern des Bundes« sowie mit dem »Wahren Staat« Othmar Spanns, meines nachmaligen Lehrers, an. Als wir uns fünf Jahrzehnte später zu einem ersten Klassentreffen in München zusammenfanden, stellten wir fest, daß wir damals fair und ohne persönliche Vorbehalte diskutiert hatten. Goldmann »Pepperl« blieb seiner Überzeugung treu, bis er anno 1953 als Jude und Planungschef der Prager Kommunisten im Slánský-Prozeß zu lebenslänglichem Kerker verurteilt und später begnadigt wurde. Bermann, unser »Thomas«, entging in Prag den Greueln der NS-Besatzung, setzte sich aber 1949 von seinen roten Freunden ebenso wie von deren Lehren ab. Er wurde ein erfolgreicher Universitätsprofessor und Unternehmer in Caracas und freute sich wie ein Kind, als er ein halbes Jahrhundert später inmitten seiner Schulkollegen weilte.

Ich selbst traf die Kombattanten von ehedem bei besagtem Treffen als Mitglied des Deutschen Bundestages. Andere kamen, weltweit erfahren, als Ingenieure aus Johannesburg, als erfolgreiche Manager des Industrie- und Wirtschaftslebens. Sie fanden sich aus allen Teilen Europas, als Hotelfachleute aus Paris und London, als Mütter berühmter Söhne, aus Österreich und aus den Gefilden Bayerns ein. Der »Ranghöchste« von uns allen war zweifelsohne unser »Tschitschi«, Walter Doberauer, nachmals Universitätsprofessor für Gerontologie in Wien und Präsident des Weltverbandes (International Association of Gerontology), der Vertreter seines Fachgebietes. Unser Abituriententag konnte sich also sehen lassen.

Von den 41 frohgelaunten Gefährten am Maturafoto sollten indes nicht alle glücklich werden. Fünf von ihnen fielen als Soldaten. Unser Primus, Rudolf Schöniger, war Arzt in Stalingrad. Er hatte das Martyrium jahrelanger Gefangenschaft zu überstehen. Elf waren eines natürlichen Todes gestorben, und zwei – Walter und Herbert Löwinger, letzterer Spezialist im Nachahmen Direktor Hevlers – fanden das Ende in den Gaskammern.

Unsere jüdischen Mitschüler, welche all die Jahre hindurch ein Drittel der Klassengemeinschaft stellten, wurden 1938 nach der Zerstörung der Synagoge mit dem, was sie am Leibe hatten, aus der Stadt verstoßen. Ihr Schicksal teilte unser »Hennen-Paar«, Renate und Karl Hahn. Letzterer, nachmals Generalsekretär der »Union Christlicher Demokraten« in Rom, folgte als Arier der geliebten Frau auf den Weg in den holländischen Untergrund. Er hatte die Klassengefährtin, die nach Gestalt und Aussehen einer Figur aus der »Edda« glich, nach gemeinsamem Studium in Prag geheiratet. Sie schrieb einen erschütternden Bericht über ihre letzten Tage zu Hause und nahm das Schicksal aller Karlsbader vorweg, die 1945 ihre Heimat in ähnlicher Weise verlassen mußten.

Die meisten von uns bekamen das, in anderen Städten lebend, nur am Rande mit. Die »Schuld des Wegschauens und Vergessens« galt diesen Ereignissen ebenso wie den Opfern des Krieges und anderer Schicksalsschläge. Die Erinnerung an die Klassengemeinschaft wurde von vielen Geschehnissen, von »Sieg und Untergang«, von Beruf und Familie überlagert. Sie verkümmerte, da wir, von der Fron des Paukens endlich befreit, die Schule mit dem Abgangszeugnis verließen. Sie lebte erst viereinhalb Jahrzehnte später wieder auf, als wir uns – umarmungsselig – im Juli 1977 im Hotel »Torbräu« am Isartor zu München erneut zusammenfanden.

2. NEUES FÜHLEN

Was fürs Leben bindet, muß offenbar enger gefügt und tiefer verwurzelt sein als eine Schul- und Klassengemeinde. Sie konnte sich, wie geschehen, verflüchtigen und einfach auseinandergehen. Sie war dann, fast vergessen, nur noch im Unterbewußtsein vorhanden. Ganz anders erfaßte mich ein Bereich, in den ich an einem Freitagnachmittag des Jahres 1923 zunächst ganz unauffällig und nur nebenbei hineingeworben wurde.

Ich erinnere mich genau: Die von der Schule angeordneten »Jugendspiele« hatten mich auf den »Sparta«-Platz gelockt. Ich munterte vom Handballtor aus lauthals meine Mannschaft auf, vernahm den Schlußpfiff und verweilte dann ein wenig. Da kam ein »Oktavaner« – es war Robert Großmann, genannt »Berti« – auf mich zu und fragte mich, ob ich gewillt wäre, einmal ins Wandervogel-Heim zu kommen. Was das sei, erkundigte ich mich, und warum ich eine Schaufel mitzubringen hätte. Dann stahl ich mich, mit einem Spaten bewaffnet, anderntags aus dem Drahowitzer Heim der Eltern, um gerade noch am feierlichen Beginn einer Arbeit teilzunehmen, die den Spielplatz der aus eigener Kraft erbauten Jugendstätte zu planieren hatte. Man sang im Kreise händehaltend ein Lied und blickte auf Ernst Frank, den Vormann. Dieser rief uns, indem er in die Mitte trat, gewichtig zu: »Fanget an!«

So seltsam es klingt – es war für mich ein Appell fürs Leben. Seit diesem Augenblick stehe ich über die Jahrzehnte hinweg in der Pflicht einer Gemeinschaft und ihr entwachsener Ideen. Sie gestalteten meinen Werdegang inniger als andere Einflüsse. Sie tradierten zudem einen Wandel des Fühlens, der schon aus den Jahren vor dem Ersten Weltkrieg herüberwirkte und mit dem Namen »Jugendbewegung« nur teilweise zu umschreiben ist.

Wie hatte sich dieses gesamtdeutsche Phänomen in die böhmischen Länder eingefädelt? Es kam wie ein »Buschfeuer«. Der Septimaner Karl Riedl gründete 1913 die erste »WV-Gruppe« in Karlsbad. Diese aber war von Prag und Leipzig her angeregt worden. Sie ging auf die legendäre Schar der Steglitzer Gymnasiasten Karl Fischers zurück, auf die Zeit nach der Jahrhundertwende also, und – wie man neuerdings annimmt[1] – auf das seinerzeit vielgesungene Studentenlied Otto Roquettes, das sich im »Zupfgeigenhansl« und in den Bacchanten-Mären wiederfand:

»Ihr Wandervögel in der Luft,
im Ätherglanz, im Sonnenduft,
in blauen Himmelswellen:
euch grüß ich als Gesellen!
Ein Wandervogel bin ich auch,
mich trägt ein frischer Lebenshauch,
und meines Sanges Gabe
ist meine liebste Habe!«

Der frische Lebenshauch erfaßte mich von der ersten Minute an. Er machte mir bewußt, wie ganz anders man leben konnte. Nicht mehr mit den steifen Manschetten und Stehkragen der Väter und Lehrer, mit Halbkracher, Spazierstock und Gamaschen auf Halbschuhen, sondern mit Schillerkragen, kurzer Hose und Windbluse, mit Rucksack, Klampfe und Kochgeschirr ging es hinaus in die Wälder – wahrhaftig zurück zur Natur! Wir »wanderten« nicht, wir gingen »auf Fahrt«; auf »große Fahrt« in den Ferien, auf Ganz- und Halbtagsfahrt an den Wochenenden. Wir trafen uns beim Schwedenkreuz am Buchenberg und zogen dann singend los.

»Im Frühtau zu Berge wir gehn fallera, es blühen die Wälder, die Höhn fallera!« Wer das je an einem Maienmorgen auf dem Wege zum »Hermannstein« über die Laubdachwogen der »Tiefen Loh« hinausgejubelt hatte, der empfand, wie sehr es möglich war, auf solche Weise glücklich zu sein. Man dachte nicht daran, wie bald der Alltag uns wieder umfangen würde.

War es ein erstes »Aussteigen«, waren es Flucht und Erfüllung, Ablehnung und Protest? Die »erste« deutsche Jugendbewegung hatte jedenfalls mehr zu revolvieren als die Hippies und Blumenkinder, ihr

[1] Vgl.: Karl Thums, »Unsere Herkunft aus der Jugendbewegung«, Blätter der Deutschen Gildenschaft, März 1976

Surrogat in den sechziger Jahren. Sie löste das Zeitalter der Hochindustrie von innen her ab und ahnte, was da auf uns zukommen würde. In ergreifender Rede erläuterte Ludwig Klages 1913 für das Treffen am Hohen Meissner die Zeichen der Zeit:

»Zerrissen ist der Zusammenhang zwischen Menschenschöpfung und Erde, vernichtet für Jahrhunderte, wenn nicht für immer, das Urbild der Landschaft. Das Antlitz der Festländer verwandelt sich allgemach in ein mit Landwirtschaft durchsetztes Chicago. Die Verwüstungen des 30jährigen Krieges haben nicht so gründlich in Stadt und Land mit dem Erbe der Vergangenheit aufgeräumt wie die Übergriffe des modernen Lebens mit seiner rücksichtslos einseitigen Verfolgung praktischer Zwecke.«

Der Anfang in Prag

Der Urwandervogel zeigte Eigenheiten, die ihn leicht mit Lebensreformern, mit Gesundbetern, mit Märchenonkeln und Liedersammlern verwechseln ließen. Auch in Prag, seinem böhmischen Mittelpunkt, setzte er 1904 bei der Guttemplerbewegung an, aus der im Wintersemester 1908/09 die »Abstinentenschaft Freiland« entstand. Nicht rauchen, nicht trinken und womöglich vegetarisch essen waren seine Heilsgebote. Die da vorangingen, »fletscherten«, trugen Reformsandalen und huldigten dem Mazdaznan-Kult (das Fernöstliche war schon damals attraktiv!). Die Zweivölkerstadt (Deutsche und Tschechen) führte sie indes auf neue Fährten. Ein Glücksfall bewahrte uns ihre Intern-Geschichte: Johannes Stauda (1887–1972), aktives Mitglied von Anfang an, Herausgeber ihres Fahrtenblattes »Burschen heraus!« und anderer Mitteilungsblätter, vermochte Zeitschriften, Protokolle, Appelle und einen Schriftwechsel, der selbst Feldpostkarten umfaßt, in die Zeit nach der Vertreibung hinüberzuretten.

Sein Bericht »Der Wandervogel in Böhmen 1911–1920«[1] ist nicht nur deshalb herausragend, weil er die Bedeutung Prags als geistiges

[1] Johannes Stauda, »Der Wandervogel in Böhmen 1911–1920«, 1. Band Darstellung, 2. Band Quellen, Reutlingen 1975

Zentrum für dessen Beginn und Fortgang schildert. Er gewährt darüber hinaus einen guten Einblick in die Probleme und Lebensformen der ursprünglichen sudetenländischen Jugendbewegung. Erst nach 1918 fanden ihre Impulse Aufnahme in anderen Bereichen der jungen Generation. Ihre unmittelbaren Erben waren indes die Wandervogelgruppen in Böhmen und Mähren/Schlesien, die aus ihnen hervorgegangenen Hochschulgilden (Freischaren), die Böhmerland-Bewegung sowie die »Sudetendeutsche Jungenschaft«. Sie wurden die treibenden Kräfte im sudetendeutschen Verbandswesen und letztlich in der »Sudetendeutschen Partei«.

Sie bildeten, von den besonderen Verhältnissen des tschechischen Nachfolgestaates herausgefordert, die einzige Gruppe der gesamten deutschen Jugendbewegung, die am Ende unmittelbare politische Verantwortung trug.

Bis dorthin verflossen indes noch etliche Jahre des inneren und äußeren Wandels. Meine Anwerbung am »Sparta«-Platz ereignete sich just in dem Zeitpunkt, da sich der Wandel der »Alt-Karlsbader« Apologeten der blauen Blume in eine muntere Jugend- und Jungenschar vollzog. Ich wurde deren überzeugtes Mitglied, bekam vom alten Wandervogel, dessen Abzeichen – den silbernen Greif auf blauem Grunde – ich mit Stolz und Freude trug, aber noch so viel mit, daß ich seine Art und Lebensweise sozusagen von innen her erklärlich fand. Dies galt vor allem für das Verständnis seiner Gründergestalten, deren Vorbildkraft Staudas Dokumentation erneut bestätigte.

Das waren in der Tat begeisterungsfähige, aber auch kritische und weitsichtige junge Menschen: allen voran der Lehrersohn Hans Mautschka (1888–1914), der 1907 in Budweis maturierte und zwei Jahre später in Prag, vom Dresdner Wandervogel Ferdinand Vetter angeregt, begann, mit einer Schar junger bereiter Menschen die Umgebung der Goldenen Stadt zu erwandern. Aber er wollte nicht nur »mit Klampfe und Kittel« dahinziehen. So schreibt er am 13. Dezember 1911 an seine Gruppe: »Von innen heraus wird alles beherrscht. Eine Veränderung der äußeren Lebensführung, z. B. Abstinenz, Vegetarismus, die nicht aus innerer Nötigung hervorgeht, ist bloß Schein ... Da Ihr doch Wandervogelführer werden wollt, ist es riesig wichtig, daß Ihr Euch so gründlich als möglich bildet!«

Von »innen heraus« wollten sie alles erneuern: Johannes Stauda, Josef Mattausch, Karl Günther, Heinz Rutha, Otto Kletzl (der Architekt), Ernst Leibl (der Dichter des Weiheliedes), Walther Janiczek-Hensel (der Gründer der Finkensteiner Volkslied-Bewegung), Robert Kampe, Theo Keil und Rudolf Feldberger. Der letztere fand, als Gauführer tief veranlagt und hoch begabt, wie Hans Mautschka und viele ihrer Gefährten den frühen Soldatentod.

»Sinne nicht«, so schrieb er trostreich aus dem Felde, »es leben viele, die schon gestorben sind, und sterben viele, die nicht gelebt haben. Lerne, Dir Dein Herz warmzuhalten in diesen Tagen, und Du wirst im Leben nicht sterben und im Sterben leben!«

Die Böhmerland-Bewegung

Der Krieg trieb die deutschböhmischen, die mährischen und schlesischen Wandervögel in die Sorge um die Heimat. »Brüder, hört ihr das Sterbeglöcklein in der Heimat läuten? Die Heimaterde ist in Gefahr!« schreibt der gleiche Feldberger in sein Tagebuch, kurz bevor er am 9. September 1917 in der zwölften Isonzo-Schlacht fiel.

Der Krieg machte sie indes auch wach und hellhörig gegenüber der kommenden Niederlage. Sie waren schon frühzeitig darauf vorbereitet, die mit ihr verbundene Herausforderung anzunehmen. Das taten sie in wachsender Distanz zu den politischen Parteien und ihren »unfruchtbaren Auseinandersetzungen« im Wiener Reichstag und später im tschechoslowakischen Parlament. Sie empfanden sich als Keimzelle einer lebendigen Volksgruppe, nicht aber als eine Summe anonymer Wähler. Die Zukunft der deutschböhmischen Provinz, so meinten sie, sei »im Wandervogelheim beschlossen«. Da strebte man schon 1916 eine »Landsgemeinde« an (die sie später, wie das bei den jungen Leuten damals üblich war, als »Herzogtum« bezeichneten). Karl Metzner, der Leitmeritzer Pädagoge, aber zielte schon weiter: »Ich meine, auf ein Deutschböhmen gehen wir los. Es muß das schönste und edelste der deutschen Lande sein, das Herzland Germaniens, und sein Volk das beste, treueste und deutscheste.«[1] Er war (den Sozialdemokraten nahestehend) schließlich auch der Anreger

[1] Geschrieben im März 1917, zitiert in »Der Wandervorgel in Böhmen« a.a.O., Band I, Seite 61

und Mitbegründer der »Böhmerlandbewegung, die am 5. Januar 1919 auf der Burgruine Schreckenstein die namhaftesten Vertreter der aus dem Wandervogel hervorgegangenen Gruppen zusammenrief und selbstbewußte Leitsätze entwickelte[1]:

1. Wir wollen die Erneuerung des Deutschtums. Unser Arbeitsgebiet ist Böhmen.
2. Wir kennen in unserer Arbeit keine Parteien, sondern nur Deutsche.
3. Im öffentlichen Leben sollen nicht Parteien, sondern nur Persönlichkeiten führen, ohne Rücksicht auf Stand und Alter.
4. Selbstlose Mitarbeit der Jugend soll das öffentliche Leben erneuern helfen.
5. Wir wollen alle Kräfte, sittliche und geistige, in den Dienst des Deutschtums stellen. Gleichgültig sind uns Weg und Art der Arbeit.

Der Freimut dieses Programms entsprach der Überzeugung der Wandervogel-Soldaten, die, blutjung aus dem Felde zurückgekehrt, den Zusammenbruch der Monarchie nicht nur dem Versagen des Kaiserhauses, sondern auch der Parteipolitik zugeschrieben hatten. Die parlamentarische Demokratie war in ihr Bewußtsein nur mit jahrzehntelangem Gezänke, mit Obstruktion und zerstörendem Streit eingegangen. Sie wollten sie nicht fortsetzen, wo sie 1918 aufgehört hatte: mit Bismarck-Anbetern, mit Demagogen, Interessen- und Splittergruppen. Sie waren ihr vollends abhold, als sie sahen, daß im neuen Staate nicht das Parlament, sondern ein rein tschechisch zusammengesetzter Koalitions- und Fünfer-Ausschuß (die sogenannte »Pětka«) alle Entscheidungen traf. »Die Demokratie trat der sudetendeutschen Jugend in der Form der Fremdherrschaft entgegen.« Diese von dem nachmaligen Vorsitzenden der sudetendeutschen Sozialdemokraten, Wenzel Jaksch, getroffene Feststellung erklärt das Suchen nach einem von Grund auf neuen Verfahren.[2]

[1] Vgl. Rüdiger Goldmann: »Von der Böhmerlandbewegung zur Sudetendeutschen Jungenschaft«, in: »Deutsche Jugendbewegung in Europa«, Köln 1967, Seite 132
[2] Wenzel Jaksch, »Europas Weg nach Potsdam. Schuld und Schicksal im Donauraum«, Stuttgart 1958, S. 236

Aus heutiger Sicht mögen die Denkansätze dieser Jugend verdächtig, ja, wie man so leichthin sagt, »vorfaschistisch« erscheinen. Der antiparlamentarische Akzent, der Persönlichkeits- und Führergedanke, die Hinwendung vom Verein zum »Bund«, vom Individuellen zur Gemeinschaft, vom Genuß zur Enthaltsamkeit – das alles lag indes »in der Luft«. Es war eine Antwort auf den Schock der zwanziger Jahre, die vielen eher morbid als »golden« erschienen.

In seinem Buch »Von deutscher Jugend« (1932) kennzeichnet Jonas Lesser die Lage im Altreich: »Der Staat: ein lebensleerer Apparat; seine Wirtschaft ein Hexensabbat als Selbstzweck. Die Gesellschaft: verelendet und verpöbelt, nur mehr werktätig-genußsüchtig, von keiner geistigen Kraft durchwaltet, ohne Gott. Die Arbeit: ein liebeleerer rationalisierter Mechanismus. Die Religion: ein Lippen- und Geld-Christentum. Die Sittlichkeit: hemmungslose Leugnung aller Werte. Liebe: zynischer Sexus oder provinzielle Sentimentalität. Das ganze Leben: ohne Maß und Mitte.«

Ähnliche Bedenken wurden auch im Sudetenland erhoben. »Liberal-marxistisches Denken« hielten die Träger der Böhmerland-Bewegung und ihre Nachfahren für die Hauptursache des Unvermögens, der inneren und äußeren Bedrohung erfolgreich zu begegnen.

Die Vorwürfe gerieten gleichwohl dort zur Pauschalverurteilung der »Alten«, wo sie die Exponenten des politischen Lebens für die »höhere Gewalt« der Niederlage sowie für weltweite Entwicklungen verantwortlich machten, die alles und damit auch uns überrollten. Das Sudetendeutschtum braucht sich aus heutiger Sicht der Männer nicht zu schämen, die in der Zeit des Zusammenbruchs und nachher seine parlamentarischen Sprecher waren. Namen wie Franz Jesser, Hans Knirsch, Franz Spina, Professor Mayer-Harting, Professor Hilgenreiner, Dr. Wilhelm von Medinger, Eugen de Witte, Othmar Kallina, Dr. Gustav Peters, Hans Schütz, Wenzel Jaksch, vor allem aber Josef Seliger und Rudolf Lodgman von Auen benennen Persönlichkeiten, die selbstlos handelten und guten Gewissens ihr Bestes gaben. Das gleiche gilt für Tausende von Bürgermeistern und Mitgliedern der kommunalen Vertretungskörperschaften, die in den Stunden höchster Gefahr zu entscheiden hatten sowie über 20 Jahre hinweg eine Demokratie handhabten, welche so manchen von ihnen nach der Vertreibung mit Tradition und Erfahrung am Aufbau der neuen Heimat teilnehmen ließ.

Das politische Leben der Sudetendeutschen war in der Zwischenkriegszeit frei von Skandalen der heute üblichen Art. Dies ist um so höher zu bewerten als die Wucht des Zusammenbruchs das soziale Gefüge bis in das Innerste erschütterte.

Die Last der Geschichte

Das Phänomen und der Begriff der »Böhmerland-Bewegung« deuteten an, daß sich die aus der Wandervogelzeit herauswachsende Generation bewußt zur eigenständigen Aufgabe der Deutschen in Böhmen, Mähren und Österreichisch-Schlesien bekannte. Der böhmische Löwe schmückte nachmals den Flaggenwimpel der »Sudetendeutschen Jungenschaft«. Er war in etwa auch ein Richtzeichen der sudetendeutschen Parteien, soweit sie sich zu einer autonomistischen Regelung innerhalb des neuen, nach Schweizer Muster zu gestaltenden Staates bekannten.

Die Last der Geschichte lotete indes tief in die Vergangenheit hinein. Das von der Natur gezeichnete »Herzland Europas« hatte einen raumbedingten zentralen Auftrag. Zur Tragik seiner Geschichte (und damit des Erdteils) gehört es, daß es ihn nicht oder nur in kurzen Zeitfolgen zu erfüllen vermochte. Von den keltischen Namengebern bis zum Bruch im Jahre 1945 ergoß sich sein Werden und Vergehen über Katarakte von Spannungen und Brüchen. Sie überdecken die germanische Landnahme, den awarischen Vorsturm, die Besiedelung durch die mit dem Begriff »Westslawen« nur ungenau bezeichneten Stämme, den Staat des fränkischen Kaufmanns Samo und das »Großmährische Reich«.

Am Anfang stand ein Brudermord, der Herzog Wenzel (903–929) zum Märtyrer, seinen Besieger Boleslav (905–967) aber zum schillernden Wandler zwischen heidnischer Herkunft und den Zwängen des germanisch-römischen Reiches machte. Gehörte die Vertreibung eines Drittels der Bewohner zu den letzten Nachwehen dieser böhmisch-mährischen Mordtat? Vermittelt sich die Geschichte der Länder, in denen sie geschah, wirklich so, als wäre sie eine Reihenfolge dramatischer Untaten gewesen? Jedenfalls gilt es, einige ihrer Grundzüge zu erkennen, bevor man eilige Folgerungen zieht.

»Böhmen« war von Beginn an ein Mehrvölkerland. Daß sich nur seine germanisch-deutschen Bewohner zu diesem von den Kelten geprägten, international gültigen Namen bekannten, während es für die Tschechen nur ein »Čechy« (Tschechien) gab, war der Ansatz einer Spaltung, die sich ebenso gravierend durch seine Geschichte zieht wie seine religiösen Turbulenzen. Die Entscheidung für die westliche Kirche ließ die Option für Kyrill und Method nicht gänzlich in Vergessenheit geraten. Letztere wirkte über die hussitische Revolte gegen Rom und über die Brüdergemeinden bis zur Tschechischen Nationalkirche in Masaryks Zeiten nach. Lutherischer Protestantismus, dem bereits ein Großteil des Landes huldigte, Aufklärung, Josefinismus, Los-von-Rom-Bewegung und das Freidenkertum der Industriereviere dienten – auch auf deutscher Seite – einer weithin wirksamen Säkularisierung. Sie wurde durch innere Gläubigkeit abgeschwächt, prägte auch den »böhmischen Katholizismus«, begünstigte indes eine Entwicklung, welche in der Nation das höchste aller Güter, das Nonplusultra alles Denkens und Handelns erblickte.

Dies wiederum rief, worauf Karl Albert Simon in seiner Biographie Lodgman von Auens (1877–1962) verweist, eine zweifache Entscheidungsmöglichkeit der Völker Böhmens und ihrer Führer hervor.[1] Die Tschechen konnten – was sie von Palacký bis Masaryk taten – für eine Nationalitätenföderation im Donauraum oder für einen tschechisch-planslawistischen Eigenstaat votieren. Die Deutschen wiederum vermochten sich (mit 59 gewählten Vertretern in der Paulskirche!) für einen gesamtdeutschen Volksstaat oder für eine böhmisch-österreichische Konzeption zu entscheiden. Ludwig von Löhner (1812–1852) wurde vor und nach 1848 zu einem Verfechter beider Möglichkeiten. Lodgman von Auen, der noch unter Kaiser Karl (1917) mit einem Verfassungsentwurf auf der Basis des Zusammenlebens gleichberechtigter Nationen in der alten Monarchie hervortrat, lehnte eine politische Kooperation mit den Tschechen im Rahmen der Tschechoslowakei strikt ab.

Er warnte unter dem Motto »Otto von Habsburg ante portas« noch 1950 vor »restaurativem Denken«[1], gehörte aber nach erfolgter

[1] Karl Albert Simon, in: »Rudolf Lodgman von Auen«, Nürnberg 1984, S. 11

Aussprache mit dem Kaisersohn zu den Gründern des Wiener »Forschungsinstitutes für die Fragen des Donauraumes«, welches die Möglichkeiten eines friedvollen Zusammenlebens seiner Völker prüfen sollte.

Nation und nationales Denken bestimmten indes nicht alleine das Dasein der Menschen im böhmisch-mährischen Raume. Seine frühzeitige Industrialisierung stellte frühzeitig auch die soziale Entwurzelung und die Binnenwanderung andersnationaler Arbeitskräfte zur Diskussion. Das nationale und das soziale Problem erwuchsen zu einer Art konträrer Gevatternschaft. Sie wurden auf tschechischer wie auf deutscher Seite zum Mutterboden der ersten »national-sozialistischen Parteien«, die mit der nachmaligen Bewegung Adolf Hitlers freilich nur den von ihnen entlehnten Namen gemein hatten.[2] Jedwede politische Partei mußte auf den national-sozialen Sachzwang achten, wollte sie nicht beträchtlich an Boden verlieren. Das galt vor allem für die deutschen Parteien, die von den Jugendbewegten harte Kritik erfuhren, wenn sie diesen Erfordernissen nicht entsprachen.

Masaryks Fehlstart und die Folgen

Die klassischen Probleme des Raumes bündelten sich indes für die Verantwortungsträger der Sudetendeutschen 1918 im Verrat des Selbstbestimmungsrechtes und im Oktroyieren einer Verfassung, die ohne ihre Mitwirkung zustande kam. Der neue Staat war nicht aus opfervollem Einsatz, sondern aus dem Gaukelspiel gewiefter Akteure entstanden, die von Paris aus ihre Fäden zogen. Sie machten (im sogenannten Memoire III) geographische und ethnographische

[1] Lodgman von Auen, »Otto von Habsburg ante portas«, »Europa-Kurier« 1950, Folgen 15., 22., 29. Januar

[2] Am 9./11.4.1898 Gründung der »Národní sozialní stráná v Čechach«, die sich ab 1926 »Tschechoslowakische nationalsozialistische Partei« nannte und der vor allem auch Dr. Beneš angehörte. – Seit 1903 die »Deutsche Arbeiter-Partei«, die ursprünglich aus Gesellen-, Gehilfen-Vereinen und Gewerkschaftsgruppen entstand und sich erst 1918 in »Deutsche Nationalsozialistische Arbeiterpartei – DNSAP« umbenannte.

Falschangaben. Sie gaben Zusicherungen (über die Gestaltung des Neustaates als »zweite Schweiz« und über eine Autonomie der Slowakei), die sie nicht einhielten. Die Art und Weise, in der Masaryk und Beneš zudem das Phantom ihrer Legionärsarmeen (die kaum einen Schuß Pulver abgaben und im französischen Städtchen Cognac ein wohlversorgtes Etappendasein führten) zum Hebel für die Anerkennung ihres »Nationalrates« als gleichberechtigte tschechoslowakische Regierung machten, verdient in der Tat Bewunderung.

Beneš, der unter dem »Aufstand der Nationen« in erster Linie das »Finis Austriae« verstand, erklärt in seinem gleichnamigen Buche freimütig, sie hätten ihren Kampf gewonnen, »weil sie ihre Sache richtig dem Rahmen der Weltereignisse anpaßten«. Mehr noch. Er zieht einen weiten Bogen von der »kartesianischen Philosophie der westlichen Revolutionen« zur Rechtfertigung seiner Machenschaften: »Wir schöpften in unserer Arbeit viel Kraft aus dem Bewußtsein, in dem Lager zu stehen, das moralisch recht hatte und deshalb siegen mußte.«[1]

Mit dem Anspruch moralischer Größe hatte vor allem Tomáš Garrigue Masaryk (1850–1937) die Bühne des öffentlichen Bekanntseins betreten. Der Sohn gemischtnationaler Herkunft stand nach einem an deutschen Schulen und Universitäten verbrachten Studium im Ruf eines unerschrockenen Kämpfers für die Wahrheit. Die Auseinandersetzungen um die Königinhofer Handschrift sowie sein Eintreten für den des Ritualmordes beschuldigten Juden Leopold Hilsner verschafften ihm das Gütesiegel des Philosophen, der – wenn auch als Außenseiter – über den Dingen stand.

Der »Philosophen-Herrscher«, der späterhin gar oft in der Nachfolge Platons zitiert wurde, entsprach jedoch keineswegs diesem Ideal. Die umfassende Darstellung Roland J. Hoffmanns[2] zeigt ihn als philosophischen Eklektiker, der sein Denken und Tun in erster Linie aus dem Nationalbewußtsein des tschechischen Volkes entwikkelte. Die Böhmischen Brüder, Hus und Comenius waren seine Leitfiguren. Böhmen als Reichsland im Sinne der großen Přemysliden oder Kaiser Karls IV. vermochte er nicht zu fassen. Er sah die Wieder-

[1] Edvard Beneš, »Der Aufstand der Nationen«, deutsch bei Bruno Cassirer, Berlin 1928, S. 316

[2] Roland J. Hoffmann, »T. G. Masaryk und die tschechische Frage«, München 1988

geburt des tschechischen Volkes zuletzt nur in der Auseinandersetzung, nicht aber in der Kooperation mit den Deutschen durchführbar.

Aus solchem Geiste erfolgte der Fehlstart, mit dem er im Dezember 1918 den Eintritt in den von ihm gegründeten neuen Staat vollzog. In seiner Antrittsbotschaft wünschte er die Mitarbeit »unserer« Deutschen, aber er wiederholte: »Wir haben unseren Staat geschaffen. Damit ist auch die staatsrechtliche Stellung unserer Deutschen gegeben, die ursprünglich als Kolonisten und Emigranten zu uns gekommen waren.« Er hatte aus den eigenen Erfahrungen in den letzten Jahrzehnten der Donaumonarchie offenbar nichts gelernt und die Axt an das tschechoslowakische Staatsgebilde gelegt, indem er die deutschen Mitbürger konzeptionell aus ihm vertrieb.

Als er am 27. Mai 1920 zur Eröffnung des Parlamentes das Rudolfinum betrat, rief ihm der aus den Zeiten des Wiener Reichsrates wohlbekannte Lodgman von Auen daher voll Stolz und Empörung zu: »Die deutschen Emigranten und Kolonisten verlassen den Saal!«

Welch eine Chance war damit vertan! Statt das Herzland Europas in der Partnerschaft seiner Völker als zweite Schweiz nach innen und außen zu konsolidieren, zum Bindeglied einer europäischen Partnerschaft zu machen, wurde es ein verhinderter Nationalstaat sowie im Rahmen der kleinen und großen Entente ein Werkzeug zur permanenten Niederhaltung Deutschlands. Mit dem Schein des Musterdemokraten und großen Humanisten verdeckte Masaryk eine lange Kette schuldhafter Handlungen. Gemeinsam mit Beneš täuschte er die Weltöffentlichkeit über die großen Fraglichkeiten in der Mitte Europas hinweg.

Was vermochten Lodgman und Seliger dagegen ins Treffen zu führen? Tapfer fochten beide als Landeshauptleute und »kasernierte Zaungäste« in St. Germain für eine verlorene Sache. Vergebens hatten die Söhne des Landes – die relativ größten Opfer aller deutschen Stämme bringend – in Galizien, an der Save und in den Bergen Südtirols ihr Leben eingesetzt. Über ihre Köpfe hinweg wurde am grünen Tisch verschachert, was den Stempel des Friedensvertrages erhielt. Was blieb, war unvergängliche Größe in der Stunde der Trennung. Der damals 44jährige Lodgman von Auen übertraf sich selbst, als er in Wien am 24. September 1919 nach einer ergreifenden Rede den im Saale anwesenden Vertretern des Mutterstaates zurief:

»Mit diesem Augenblick nehmen wir tiefbewegt von der Republik Deutsch-Österreich und von unseren Brüdern in Wien und in Deutsch-Österreich Abschied. Es sind die Hände vergänglicher Menschen, welche Grenzpfähle in die ewige Erde schlagen. Aber fest wie die Erde sind die Nationen, die sie bewohnen. Wir stehen in Hinkunft auf dem Boden zweier verschiedener Staaten, aber wir bleiben eins in Sprache, Denkart, Kultur und nationalem Bewußtsein. Wir scheiden im Raume, wir bleiben vereint im Geiste!«[1]

Die Erweckung der Volksgruppe

Der Fehlstart T. G. Masaryks hatte von ihm kaum vorhergesehene Folgen. Er schweißte das in viele Stämme gegliederte Deutschtum der Sudetenländer zu einem politischen Stammeskörper, zur Volksgruppe der Sudetendeutschen zusammen. Er drängte sie in die Opposition gegen den Staat und machte deren einheitliche Führung zum Sachzwang der kommenden politischen Entwicklung. Beide Tatbestände erhielten – was die tschechische Seite weder sah noch verstand – eine unglaubliche emotionale Kraft aus der Tiefenwirkung des Opferganges vom 4. März 1919. Was der Karlsbader Junge in angstvoller Stunde aus dem Munde des Vaters erfuhr, war nicht nur der Bericht über die »Handvoll Toten« einer berechtigten Demonstration. Es vermeldete auch die Tatsache, daß diese Toten (54 im ganzen Land und Hunderte von verwundeten Teilnehmern, die den Anschlägen auf die von der Gesamtbevölkerung getragenen Kundgebungen entgingen) stellvertretend für das Recht auf Selbstbestimmung gefallen waren. Fortan hatte das Sudetendeutschtum das von Beneš zitierte Recht auf seiner Seite. Fortan verstand es sich als Vorkämpfer eines Prinzips, das zu einem Wesenselement in den Auseinandersetzungen des Jahrhunderts werden sollte. Fortan war es ein »Charisma-Träger« des Selbstbestimmungsrechtes.

Die »Erweckung der Volksgruppe« nahm einen Verlauf, der nach politischer Sammlung und geistiger Klärung rief. Die Zeit der kleinen Gruppen und Grüppchen war vorbei. Alles tendierte zu einer For-

[1] Zitiert in K. A. Simon, »Lodgman von Auen«, a.a.O.

mierung, die nach einem späterhin bewährten Beispiel eine Art »Südtiroler Volkspartei der Sudetendeutschen« herbeiführen sollte.

Ein solcher Faktor erstand der bedrückten Volksgruppe nach dem Zusammenbruch zweifelsohne in der traditionsreichen »Deutschen Sozialdemokratischen Arbeiterpartei – DSAP«. Bei den ersten Gemeindewahlen am 15. Juni 1919 erzielte sie 42,1 % aller sudetendeutschen Stimmen. Bei den Parlamentswahlen am 18. April 1920 konnte sie 31 von 72 sudetendeutschen Mandaten für sich verbuchen. Sie hatte sich mit Josef Seliger zum Sprecher der sozialen und der nationalen Anliegen der Sudetendeutschen gemacht und gab diese Funktion erst ab, als sie sich (auch unter dem Druck der Abwerbung seitens der neu gegründeten KPČ) nach dem 1920 erfolgten Tode ihres bewährten Vorsitzenden zur marxistischen Klassenkampfpartei zurückentwickelte.

Josef Seliger, der seit dem 1899 beschlossenen Nationalitätenprogramm der österreichischen Sozialdemokraten als herausragender Vorkämpfer des Selbstbestimmungsrechtes galt, hatte auch den entscheidenden Mangel der tschechoslowakischen Verfassungsdemokratie aufgedeckt. Diese war auf den Grundsatz der Gleichstellung und Summierung von Einzelbürgern ausgerichtet und überspielte eben damit die Eigenständigkeit ihrer ethnischen Gruppen. »Worum es sich handelt«, führte Seliger im September 1919 zu Teplitz auf dem Gründungsparteitag der DSAP aus, »ist nicht, wie das die tschechischen Staatsmänner zu sagen belieben, das gleiche Recht der Bürger, sondern das Problem dieses Staates ist das gleiche Recht der Völker, das gleiche Recht der Nationen.« Worum haben die Tschechen im alten Österreich gekämpft? Um das gleiche Recht der Bürger? »Mein Gott!«, so argumentierte er weiter, »sie hatten so gut das Recht, Minister zu werden, wie die Deutschen, und sind es auch geworden. Aber das war ja nicht die Sache, um die es in Wahrheit gegangen ist, sondern der Kampf war doch auch im alten Österreich ein Kampf um die Einführung der Nationen in die Konstruktion dieses Staates, um die Konstituierung der Nation als Rechtssubjekt.«[1]

Seliger hatte auch das verquere Argument Masaryks zurückgewiesen, der das Selbstbestimmungsrecht im eigenen Staate nur den großen Nationen zuweisen wollte, während die in anderen Staaten leben-

[1] Zitiert bei Wenzel Jaksch, »Europas Weg nach Potsdam«, a.a.O., S. 225

den Minderheiten keinen Anspruch hätten, dieses Recht desgleichen auszuüben

In feierlichen Grundsatzerklärungen verwahrten sich die deutschen Abgeordneten anläßlich der Eröffnung des tschechoslowakischen Parlamentes am 1. Juni 1920 gegen das Unrecht, welches dreieinhalb Millionen Deutsche einer nationalen Fremdherrschaft unterwarf, und gegen einen Staat, der nach Täuschung der Großmächte über die wahren Sachverhalte die deutschen Gebiete widerrechtlich besetzte. Die deutschen Sozialdemokraten bekannten sich am Ende ihrer Erklärung ebenso zum Kampf für das Selbstbestimmungsrecht wie der »Deutsche Parlamentarische Verband«, in welchem alle nichtsozialistischen Parteien zusammengeschlossen waren. Sie sahen sich aber veranlaßt, aus der Gemeinsamkeit aller deutschen Parteien mit einer gesonderten Erklärung auszuscheren und bekundeten damit einen Mangel an volkspolitischer Solidarität, der recht bald auch das Ansehen aller Parteien schädigte.

Dieses verfiel noch mehr, als sich ihr Verhalten zur Republik Masaryks außerordentlich verschieden gestaltete. Die Sozialdemokraten suchten (vergeblich) den Schulterschluß mit ihren Genossen auf der tschechischen Seite. Der »Bund der Landwirte«, die Christlich-Sozialen und die Deutsch-Demokraten bekannten sich alsbald zur aktiven Mitarbeit in der Regierung. Die DNSAP stand trotz ihrer autonomistischen Grundeinstellung abseits. Die Deutschnationalen sagten Nein zum Staate. Der Gegensatz zwischen »Aktivisten« und »Negativisten« erhöhte die Zerstrittenheit. Er vermochte die Einflußlosigkeit der deutschen Parlamentarier, ja des unter der Herrschaft eines Koalitionsausschusses ausgeschalteten Parlamentes auf die wirklich entscheidenden Fragen nicht zu verdecken. Bloße Interessen- und Berufsgruppenpolitik (wie sie die kleine deutsche Gewerbepartei und weitgehend auch die Agrarier betrieben) konnte dem, was not tat, nicht gerecht werden.

Der Einstand der Jungen

Der Einstand der jungen Generation galt unter solchen Verhältnissen der richtigen Antwort auf die Gründung des neuen Staates und den Folgerungen, die aus den geschilderten Grundelementen der historischen und der neu geschaffenen Tatbestände von den Sudetendeutschen zu ziehen wären. Die Leitsätze der »Böhmerland-Bewegung«, die das Treffen auf der Ruine Schreckenstein zunächst nur als Postulate besorgter Alt-Wandervögel erscheinen lassen, waren gleichwohl erste Ansätze zu einer Revolte gegen das politische Establishment. Man spürte, daß das Sudetendeutschtum im Spannungsfeld zwischen liberal-wirtschaftlicher Betriebsamkeit und Marxismus auf die Katastrophe geistig nicht vorbereitet war, und besann sich auf die Erneuerungstendenzen, welchen gerade die Jugendbewegung seit der Jahrhundertwende anhing.

Da wuchs etwas heran, das tiefer wurzelte als die Mitgliedschaft in einer Partei oder in einem Vereine. So heißt es in einem Fahrtenblatt: »Wir wollen mehr sein als eine Gesellschaft, das ist eine Verbindung von wesentlich Ungleichen für Zwecke, wir wollen eine Gemeinschaft sein, das ist ein Sichfinden von Gleichen für den Weg.« Und diese Gemeinschaft sah man durch das Phänomen der Freundschaft besiegelt, welches die Mädchen- und Jungengruppen von innen her zusammenhielt. Es war nicht theoretisch ersonnen, es wurde auf Fahrten und in Lagern, in Heim- und »Nest«-Abenden, in Sportkampf- und Singgemeinschaften, in Freude und selbstauferlegter Abstinenz gelebt.

Hier wurden die Gedanken des Thomas Hobbes, der die Menschen im Urzustand als »Wölfe« einander begegnen und erst durch einen »Gesellschaftsvertrag« bezähmen und sich zivilisieren ließ, de facto widerlegt. Man nahm Abschied vom »Kampf aller gegen alle« und damit von bestimmten Grundthesen der Aufklärung, mit denen sich der tschechische Nationalstaat identifizierte. Mit »Worten am Feuer« sprach der Prager Gymnasiallehrer Rudolf Kampe zu Pfingsten 1917 aus, was sich aus solcher Haltung in der Notsituation der sudetenländischen Jugend erahnen ließ:

»Brüder, wollt Ihr es ahnen, was es sei, das uns in dieser heiligen Stunde ergreift – Wandervögel, dann wagt es, mir zu glauben, was deutsche Romantik schon vor hundert Jahren verkündet hat: Ein

Volk ist mehr als eine bloße Summe nebeneinanderherlaufender Menschen; dort, wo echtes Volksleben sich entfaltet, dort ist ein höheres lebendiges Wesen gegenwärtig – die Volksseele ... – Seid gegrüßt denn, ihr Wälder, die ihr uns Obdach geboten ... sei gegrüßt, du Erde hier, wo wir stehen, mit den Grenzen unseres Heimatlandes, ausspannend deine Arme bis zur Riesenkoppe und wieder hin bis dort, wo des Arbers selige Alm hereinwinkt in die geheimnisvolle Nacht unseres Böhmerwaldes ... Seid gegrüßt, Ihr Wandervogelkrieger im Feld und Ihr, deren liedreicher Mund für immer verstummte! Fühlbar nahe umschwebt uns hier Euer Geist, um mitzuwirken an unseren künftigen Geschicken ... Noch ist Deutschböhmen kein lebendiges Volkstum, noch ist es ein bloßes Gewühl nebeneinanderherlebender Menschen ... So laßt uns denn ein Volk erschaffen aus unseren glühenden Herzen ... In der Stille der Nacht, durch Not und Todesgrauen hindurch – du strahlende Zukunft Deutschböhmerlands, flamme empor!«[1]

Das war in der Tat ein reichlich jugendbewegter Appell. Aber er zündete und fand seine Nachfolge auf Treffen und Gautagen, die meist zu Pfingsten fast alle Gruppen vereinigten: In Wegstädtl (1915), in Hammer am See (1916), auf Schloß Trschiblitz, der ehemaligen Heimstatt der Ulrike von Levetzow (1917), in Krumau (1918), in Waltsch (1919). Da fand man sich voller Zukunftsfreude zusammen. Da hatte eine neue Zeit begonnen. Da überspielte man den Krieg und sein teuflisches Ende, und da sang man (zum ersten Mal 1919) voll Inbrunst das von Walther Janiczek-Hensel vertonte »Weihelied« Ernst Leibls:

»Wir heben unsere Hände
aus tiefster bitterer Not.
Herr Gott den Führer sende,
der unsern Kummer wende
mit mächtigem Gebot!

...

[1] Aufgezeichnet bei Johannes Stauda, »Der Wandervogel in Böhmen«, Reutlingen 1975, Teil II, S. 102. Kampe, späterhin ein Schüler und Anhänger des Gestaltpsychologen Christian von Ehrenfels, nahm sich 1939 beim Einzug Hitlers in Prag das Leben.

Wir weihen Wehr und Waffen
und Haupt und Herz und Hand!
Laß nicht zuschanden werden
dein lichtes Volk auf Erden
und meiner Mutter Land!«

Der Führer, den man da meinte, war nicht der, der dann kam, und »Wehr und Waffen« suchte man nicht – wie heutzutage – im Terror, sondern in weiterführenden Ideen. Schon kündigte sich das Wirken Heinz Ruthas an, des Mannes, der sie am einfallsreichsten entwickeln sollte. Im Sommer 1919 berichtete er: »Jetzt sind die ersten Schritte zu einer die gesamte deutschböhmische Jugend umfassenden Arbeit getan: die Jugend nach dem Zusammenbruch äußerer Macht zu einem neuen, reinen Jugendleben zu führen, das vor allem aus dem Erwandern der Heimat seine Kräfte schöpft. Im Heimatboden muß die neue Jugend wurzeln, die den Glauben und den Willen zu einer anderen Zukunft hat als die, welche man Deutschland bereiten möchte.«[1]

Ähnlich wie er dachten Männer im mährischen und im sudetenschlesischen Wandervogel, aus dem später über Rudolf Staffen und Paul Lamatsch der »Weg«-Kreis und die »Bereitschaft« entstanden. Otto Kletzl (1897–1945), der Frontheimkehrer als Gauobmann, sprühte vor Einfällen. Er gesellte sich zu jener Gefolgschaft der Böhmerland-Bewegung, die unter der nachmaligen Führung Emil Lehmanns deren musischen Zweig entwickelte: Kunstgestaltung, Volksbildung und Volksliedpflege. Walter Hensel (1887–1956) wurde 1923 mit der Finkensteiner Singwoche der Pionier einer weit über das Sudetenland hinaus wirkenden Chorliedbewegung. Es war ein Auftrieb, der sich in den Schutzverbänden und Schulvereinen, im Turn- und Sportwesen sowie in den Gesangvereinen allenthalben, d. h. bis in die letzten Ortschaften hinunter, durchsetzte. Als seriöser Zeitzeuge charakterisiert der langjährige Leiter der »Deutschpolitischen Arbeitsstelle« und spätere Prager Abgeordnete Dr. Gustav Peters (1885–1959) in seinen kurz vor dem Ableben geschriebenen Erinnerungen die Lage:

»Die Schilderung des sudetendeutschen parteipolitischen Aufmar-

[1] Zitiert bei Johannes Stauda, a.a.O., S. 75

sches, seiner Zersplitterung und der kleinlichen Nebensächlichkeiten ergab kein erfreuliches Bild. Um so großartiger war der Wandel im außerparlamentarischen Volksleben, der eine bewundernswerte Leistung einiger hervorragender Männer und der unzähligen Namenlosen war, die in rührender Hingabe an die eigenständige Lebensberechtigung des Volkstums sich durch den parteipolitischen Hader nicht abhalten ließen.« Und weiter: »Die sudetendeutsche Jugend ging – mit Recht und zum Glück – gegen das Alte und gegen die ›Alten‹ bald in Opposition. Indem die akademische Jugend an Bedeutung sichtlich verlor, fand als Ersatz ein breiterer und volkstümlicher Zusammenschluß von Student, Lehrling und Arbeiter im ›Wandervogel‹, im ›Staffelstein‹, in der bündischen und in der Landjugend statt. In meinem 1928 erschienenen Buch ›Der neue Herr von Böhmen‹ habe ich mich zur sudetendeutschen Jugend bekannt und ihre siegreiche Entwicklung vorausgesagt.«[1]

Diese Voraussage hat sich wie nirgendwo sonst im deutschen Lebensbereiche erfüllt. Im jugendlichen Alter von 19 bis 35 Jahren traten Kräfte in den Vordergrund, welche die geistige und politische Entwicklung des Sudetendeutschtums sehr bald bestimmten. Sie waren so jung, daß sie 1935 die vorgeschriebene untere Wählbarkeitsgrenze von 30 Jahren nicht erreichten oder doch nur knapp überschritten. Fast könnte man von einer »Jugendkultur« im damaligen Sudetenland sprechen, hätten sich die Akzente dieses Vorganges nicht doch wesentlich auf die volkspolitische Auseinandersetzung und deren erzieherische Vorbereitung verlagert.

Zunächst aber mußten sich die Älteren aus der Ungebundenheit der Bacchanten-Jahre lösen. »Herausschreiten aus der Enge des Wandervogels und sich freimachen für andere Aufgaben«, notiert Johannes Stauda 1918 in sein Tagebuch. »Unser Anfang kommt erst. Er muß uns gerüstet finden.« Er gründete späterhin (mit Josef Mühlberger) die renommierte Zeitschrift »Witiko« und war über ein Jahrzehnt lang Mitarbeiter an den »Böhmerland- und Sudetenland-Jahrbüchern«. Letztere wurden von dem unermüdlichen Otto Kletzl gestaltet und redigiert. Auch er wollte kein »ewiger Wandervogel« bleiben und bekundete freimütig: »Einmal müssen sich die Tore zum

[1] Im Manuskript vervielfältigt vom Sudetendeutschen Archiv, Hochstr. 6, 8 München 80, S. 63 und 68

Wunderland der ersten Jugend schließen.« Jugend sollte ja durch Jugend geführt werden.

Die eigentlichen Akzente des Übergangs setzte indes der am 20.4.1897 in Bad Kunnersdorf geborene Heinrich Rutha (1897–1937), eine Schlüsselfigur der sudetendeutschen Jugendbewegung sowie der geistig-politischen Entwicklung der Volksgruppe in den Zwischenkriegsjahren. Er war ein Wandervogel der ersten Stunde, nahm bereits mit 14 Jahren an dessen Zusammenkünften teil, ragte als einer ihrer Wortführer hervor und wurde 1917 mit dem Amte des »Gauherzogs« (d. h. des Gauobmannes) betraut. Krank und gasverwundet kehrte er am Ende des Krieges von der Asiago-Front in die Heimat zurück. Hier nun prägte er in den »Blättern vom frischen Leben« (1919) sowie in dem vom Gau herausgegebenen »Führerspiegel« die Gedanken, die eine beachtliche Gefolgsschar vom Wandervogel in die bündische Jugend hinüberleiteten.

Von Beginn an war die letztere im Sudetenland indes nicht nur durch Disziplin und strammere Formen, sondern durch den volkspolitischen Auftrag gekennzeichnet. Freundschaft und Auslese, Führertum und Volkstumsarbeit wurden allenthalben gepredigt. Der Vorschlag zur Trennung von Jungen- und Mädchengruppen entsprach dem Trend zum »Männerbund«. Er korrespondierte mit dem Ideenkreis Stefan Georges, der den heimgekehrten Rutha ebenso beeindruckte wie das Menschenbild der griechischen Antike. Bücher wie »Altersklassen und Männerbünde« (1902) von Heinrich Schurtz oder »Die deutsche Wandervogelbewegung als erotisches Phänomen« (1912) von Hans Blüher wurden nur am Rande beachtet, trugen gleichwohl aber zur ordensmäßigen Verengung und Verkrampfung bei, die das »Bündische« auch im Sudetenland beeinträchtigten.

Im wesentlichen aber zielten die neuen Ansätze in zwei Richtungen: Erziehung (mit körperlich-seelischer, Geschlecht und Altersstufen berücksichtigender Ausbildung) wurde großgeschrieben; desgleichen der Ruf nach Zusammenschluß aller Jugend. Das entsprach dem im Böhmerland-Jahrbuch 1920 abgedruckten Appell zur Einigkeit. »Es muß uns gelingen, über die Erkenntnis der stammlich bedingten Vielheit unseres Grenzlandes hinaus zu einer, wenn auch nicht ebenso natürlich festen, neuen, höheren Einheit zu gelangen!« Auch dies war ein Teil des Echos, das die negative Einstellung Masaryks (s. o. S. 43) zu den Sudetendeutschen ausgelöst hatte.

Augen- und Ohrenzeuge

Der Gymnasiast, den man im Sommer 1923 angeworben hatte, wurde nun allmählich Augen- und Ohrenzeuge des im beschriebenen Sektor aktuellen Geschehens. Er nahm an dem Wandel vom Sudetendeutschen Wandervogel zur »Sudetendeutschen Jungenschaft« teil und vernahm die erheiternde Kunde von dem Ereignis, das ihn in dem Südtiroler Weinort Schlanders zusätzlich ausgelöst hatte. Nach der Aufführung eines Mysterienspiels vor der dortigen Kirche waren im August 1923 jüngere Mitglieder einer unter der Führung Heinz Ruthas, Professor Purkls und Karl Ursins stehenden Spielschar der Karlsbader einer freundlichen Einladung zum Umtrunk gefolgt. Der erschreckliche Bruch des Antialkohol-Gelübdes führte bei dem darob einberufenen Führer-Thing in Kamitzleiten zum offenen Konflikt. Die WV-Gruppen Asch, Graslitz, Alt-Karlsbad, Kaaden, Lobositz, Tetschen, Schreckenstein, Niemes, Gablonz und Tannwald lösten sich vom bisherigen Verband. Ortsgruppen in Eger, Aussig, Komotau, Brüx, Haida, Warnsdorf, Reichenberg und Brünn folgten ihnen nach. Der sogenannte »Rutha-Kreis« formierte sich zur Avantgarde der neuen Richtung, die allenthalben Nachahmer fand und weitgesteckten Überlegungen anhing. Die Sudetendeutsche Jungenschaft trat dem »Bund der Pfadfinder« bei und trug fortan anstelle des Greifs die Lilie als Abzeichen der »Tugend und Tapferkeit«.

Auf einem Winterlager in Gottesgab, an dem ich im Dezember 1925 teilnehmen durfte, sah ich mit den Augen des kleinen Jungen zum ersten Male das Dreigestirn der Persönlichkeiten, die fürderhin den Weg der sudetendeutschen Jugendbewegung in eine höhere Verantwortung bestimmen sollten: Heinz Rutha, Walter Heinrich und Konrad Henlein. Ich erfreute mich am abendlichen Rundgesang, an der Deklamation von Szenen aus Rostands »Cyrano von Bergerac« (»Sieh dich vor, geputzter Laffe, denn beim letzten Verse stech ich!«) und noch recht wenig an Vorträgen und Diskussionen, denen ich lediglich entnahm, daß sie ernsten Problemen galten. Gleichwohl wurde ich Zeuge einer ersten Gemeinsamkeit mit Konrad Henlein (1898–1945), der als Vereinsobmann und Dietwart im Jeschken-Isergau die Erfahrung und das Gewicht des Turnertums in den Kreis der Neubeginnenden einbrachte.

Die Erziehung der Jugend konnte nur sinnvoll sein, wenn sie über den Kreis der Jugendbewegung hinaus Eingang in den großen Bereich des sudetenländischen Turnwesens fand. Diese Überlegung hatte Rutha zu dem nur um wenige Jahre älteren Gefährten geführt, der ebenso wie er aus schwerem Kriegseinsatz und aus dem Bereich von Überlegungen kam, die ihn modernes, jugendgerechtes Turnen und entsprechenden Gemeinschaftsgeist anstreben ließen. Rutha und Henlein: beide waren Reformer, beide zielten die Prägung einer Mannschaft an, die wie der aus deutschen Vorbildern erstandene tschechische »Sokol« eine Kernschicht der Volksgruppe werden sollte.[1] Der hauptberuflich als Bankkaufmann tätige »kleine Turnlehrer« dachte also von Beginn an über sich hinaus. Er wurde schon im 22erjahr zu Reichenberg tragendes Mitglied eines »Arbeitskreises für Gesellschaftswissenschaften«, der sich unter der Sachwalterschaft des Reichenberger Rechtsanwaltes Dr. Walter Hergl als eine Plattform des Überganges von der »Böhmerland-Bewegung« zu politisch-konzeptionellen Aktivitäten empfand.

Hier nun betritt Walter Heinrich (1902–1984), der mit Heinz Rutha in lebensbegleitender Freundschaft verbunden war, die Szene. Beide kamen aus der Realschule bzw. aus dem Gymnasium Böhmisch-Leipas, aus denen so vorbildsetzende Männer wie Karl Grund (gefallen im Dezember 1914 in Galizien), der schon genannte Rudolf Feldberger (dessen vornehmer Gestalt Rutha auch rein äußerlich glich) und Otto Kletzl hervorgegangen waren. Heinrich, der Sohn des hochgeachteten Bürgerschuldirektors, ein Einserschüler, fügte dem Arbeitskreis ein Wissen um Staat und Gesellschaft bei, das – dem Gedankengut des Brünner und Wiener Soziologen Othmar Spanns entnommen – konstruktive Hinweise auf einen föderativen Umbau des zentralistisch konzipierten tschechoslowakischen Staates gab.

Zum praktischen Studium dieses Gedankens unternahmen Mitglieder des Arbeitskreises sowie eine Anzahl Prager und Wiener Studenten unter Heinrichs Führung im August 1925 eine wohlvorbereitete Schulungsreise in die Schweiz. Konrad Henlein gehörte zu den

---

[1] Neben mehr oder weniger quellenfernen, auf tschechischer Seite demagogisch verfälschenden Darlegungen hat der junge Wissenschaftler Andreas Luh mit einer an der Universität Bochum verfertigten Arbeit über den »Deutschen Turnverband in der ersten Tschechoslowakei« auch den Werdegang Konrad Henleins eingehend gewürdigt. (A. Luh, »Der Deutsche Turnverband in der ersten Tschechoslowakischen Republik«, München 1988)

Teilnehmern, was an sich schon unter Beweis stellt, daß sein politisches Denken in diesem Kreise, keineswegs aber im Nationalsozialismus wurzelte.

Ein weiteres geschah auf dieser Fahrt: Der aus Asch stammende Dr. Benno Tins schlug ihm vor, sich um die freiwerdende Stelle des hauptberuflichen Turnlehrers in seiner Heimatstadt zu bewerben. Henlein ging darauf ein. Er wurde im Herbst 1925 von den 6000 Mitgliedern des größten sudetendeutschen Turnvereins – mit nur einer Stimme Mehrheit! – in das wichtigste seiner Ämter gewählt. In Asch gründete er die nachmals berühmte Turnschule des »Deutschen Turnverbandes«.

Von hier aus formte er diesen zu jener mustergültigen Organisation, die ihn auf der Plattform des Saazer Turnfestes im Sommer 1933 mit einem Schlage als zentrale Figur im nichtsozialistischen Lager der Sudetendeutschen erscheinen ließ. Er hatte das sudetendeutsche Turnertum, wie man beziehungsreich sagte, »sokolisiert« und ganz im Sinne Friedrich Ludwig Jahns zu einer Kerngruppe des Volkstums gemacht.

Dazwischen lag indes eine Fülle bahnbrechenden fachlichen Bemühens. Der bisherige Vereinsbetrieb wurde von Grund auf umgestaltet. Weder Kunstturnen in staubigen Hallen noch hochgezüchtetes Sportlertum sollten vorherrschen. »Spiel, Schwimmen, Wandern, Ringen, Schießen, Fechten, Eis und Skilaufen« wollte man pflegen – möglichst in freier Natur sowie der Natur der Teilnehmer (Männer-, Frauen- und Jugendturnen) entsprechend. Henlein holte Fachleute von den Hochschulen für Leibesübungen aus Dänemark, Leipzig und Berlin, bezog sich in seinen Schriften – »Grundsätze unserer Erziehung und Führung« (1928) und »Die Erziehung unserer Mannesjugend« (1932) – aber ausdrücklich auf das Reformdenken sudetenländischer Herkunft:

»Die entscheidenden Ideen über neue Erziehung verdanke ich der langjährigen Zusammenarbeit im Deutschen Turnverband mit meinem Freunde Heinz Rutha.«

Dieser hatte »Ziel und Stufenbau der Gesamterziehung« (Turnzeitung, Juni 1933) aus den Erfahrungen der Jugendbewegung abgeleitet und seinerseits wesentlich dazu beigetragen, daß eine altersstufenmäßige Gestaltung die sudetendeutsche Jugend scharenweise auf den bereits erstarrten Turnboden zurückholte.

Der Kameradschaftsbund

Das ging nicht ohne Auseinandersetzung mit den »Alten«. Da mußten sich die Anhänger des neuen Denkens einfädeln. Ihre Minderheit trat zunächst, wie auch anderswo im sudetenländischen Vereinswesen, zum »Umkrempeln« an. Das war die eigentliche Triebfeder der Bemühungen, die von dem sagenumwobenen »Kameradschaftsbund« (KB) ausgingen. Er hatte sich, im wesentlichen von Heinz Rutha angeregt, aus dem Reichenberger »Arbeitskreis« sowie als Älterengemeinschaft der »Jungenschaft« gebildet und wurde – bevor ihn eine Schar von Gegnern in Verruf brachte – zu einem weithin begrüßten und anerkannten Konzeptionszentrum der aus der Jugend entstandenen Gesamtentwicklung. Typischerweise trat er lediglich als Freundeskreis zusammen. Erst vom Jahre 1930 bis 1934 nahm er (als nebensächlich empfundene) vereinsrechtliche Gestalt an. Er umfaßte eine nur gering fluktuierende Zahl von rund 300 Mitgliedern bzw. Gesinnungsgefährten.

Gleichwohl ist dieses kleine Gebilde Gegenstand mannigfacher Untersuchungen im deutschen, tschechischen und anglikanischen Sprachraum geworden. Ronald Smelser, ein Historiker der Universitäten Utah und Wisconsin, befaßte sich mit ihm und seiner Rolle im Kampf zwischen den »Traditionalisten« und »Radikalisten«.[1] Im Londoner »Journal of Contemporary History« (Vol. 8, Nr. 3, July 1973) brachte John Haag einen ausführlichen Beitrag über den Kameradschaftsbund unter dem Titel »Knights of the spirit – the Kameradschaftsbund«. »Ritter des Geistes«, »Logenbrüder« gar, sollen also die geheimnisvollen Intellektuellen gewesen sein, die sich anschickten, das Sudetenland zu dominieren. Mehr noch: »Indem sie die größte Partei im Sudetenland beherrschten, enorme Beiträge vom Reich erhielten und sich enger Kontakte mit einflußreichen Briten erfreuten, wurde der Kameradschaftsbund eine starke Kraft in den Angelegenheiten Mitteleuropas.« (Haag, a.a.O., S. 146)

Fast müßte ich heute noch stolz auf die als so bedeutsam geschilderte Einrichtung sein, der ich, wenn auch nur als Zaungast, schon als Obergymnasiast bei Tagungen und Vorträgen angehörte. Da referier-

[1] Ronald Smelser, »Das Sudetenproblem und das Dritte Reich«, deutsch München 1980

ten etwa unter der Leitung des biederen Bürgermeisters Hugo Liehm im Schulsaal zu Luditz Sachkenner der verschiedensten Bereiche des Bildungs-, Verbände- und Wirtschaftslebens über die Probleme ihres Wirkungsgebietes (Theo Keil über »Bürgerschule und Fachausbildung«, Oberdirektor Kiesewetter über »Kreditwesen und Bodenschutz«, Zentraldirektor Hilmer über landwirtschaftliches Genossenschaftswesen, Franz Künzel über landständische »Fortbildung«, Hans Schütz über »Die soziale Frage und die Gewerkschaften«, Tonl Sandner über »Neues Denken – Neues Turnen« usw. usw.). Immer faßte Walter Heinrich die Einzelthemen zu einem Gesamt des von ihm vertretenen »organischen« Gesellschaftsbildes zusammen, das einen Ausweg aus der staatlichen, politischen und im Sudetenland so besonders schwierigen wirtschaftlichen Krise erhoffen ließ.

Angefacht durch den Schwung der Jugendbewegung erfaßte uns alle die ehrliche Überzeugung eines Neubeginns, der sich allüberall durchzusetzen begann. Man lebte in der Gewißheit von Vordenkern, die für Volk und Heimat den Schlüssel in eine bessere Zukunft zu besitzen glaubten. Wieder urteilt Gustav Peters: »Dieser Kreis war in jeder Hinsicht erfreulich und bildete in den Zeiten des sinnlosen Streites zwischen ›Aktivisten‹ und ›Negativisten‹ geradezu eine geistige Insel, auf der, unbeschwert von allen Vorurteilen, eifrige und aufgeschlossene junge Menschen einen Weg ins Freie suchten.«[1]

Der Kreis bot auch eine vorgegebene Richtung des persönlichen Entwicklungsweges. Aus der »Jungenschaft« und anderen Jugendverbänden ging man an die Hochschulen und Universitäten. Dort hatten sich die Gilden (Freischaren) »Pädagogische Gemeinschaft«, »Fichte« und »Greif« in Prag sowie die Gilden »Thule« und »Aggstein« in Wien als Gemeinschafts- und Erziehungszentren angeboten. Ihre Traditionen wiesen bis auf die Zeiten vor dem Ersten Weltkrieg zurück. Sie leiteten dann fast nahtlos in die vom Kameradschaftsbund erstrebten volkspolitischen Aufgaben über.

Hier sah man sich zuvörderst mit dem Sachzwang der am 4. März 1919 sakralisierten, aber immerhin noch zu bildenden Einheit der in mehreren Stämmen lebenden Deutschen des neuen Staates konfrontiert. Die Sudetendeutschen hatten – was wiederum die Vielfalt ihrer Anlagen belebte – als Südmährer, Nieder- und Oberösterreicher, als

[1] Dr. Gustav Peters, »Erinnerungen«, Manuskript, S. 267

Bajuwaren und Böhmerwäldler, als Oberfranken und Egerländer, als Thüringer, Sachsen, Nieder- und Oberschlesier im gesamten Altreich die meisten binnendeutschen Nachbarschaften. Die jeweiligen »Alt-Stämme« übten eine große Anziehungskraft aus. Lodgman von Auen, der als Nationalliberaler zur Jugendbewegung und zu der aus ihr hervorgegangenen Entwicklung über keinerlei innere Bindungen verfügte, entschuldigte z. B. Hitler gegenüber 1938 sein Fernbleiben von der Partei Henleins mit der Begründung, daß sie auf die stammliche Gliederung des Sudetendeutschtums keine Rücksicht nahm.[1] Er trat für die Angliederung des Sudetenlandes an die Nachbargaue ein und zog sich, als dem nicht entsprochen wurde, auch im Sudetengau aus dem politischen Leben zurück.

Die Grundkonzeption der Böhmerland-Bewegung und des Kameradschaftsbundes hatte indes für solche Überlegungen keinen Platz. Das »Südtirol-Syndrom« verlangte vielmehr, die dreieinhalb Millionen Deutschen der Sudetenländer zu politischer Einheit und zum gemeinsam geführten Abwehrkampf aufzurufen. Das erfolgte nach den Erwägungen Ruthas im »Kameradschaftsbund« und wahrscheinlich schon im Reichenberger »Arbeitskreis für Gesellschaftsfragen« mit dem Begriff »Sudetendeutscher Stammeskörper«. Was man damit anstrebte, war einsichtig: eben die umfassende Einheit aller Sudetendeutschen. Gleichwohl hat diese m. E. steife und unpopuläre Wortwahl viel zu den späteren Mißverständnissen beigetragen. Der Begriff der »Volksgruppe«, der sich in der Bestätigung des von Rutha, Henlein und Heinrich gewählten Grundansatzes erst nach 1945 bewährte, wäre ebenso einheitsfördernd auszulegen gewesen.

Was wäre aus dem Sudetendeutschtum nach der Vertreibung geworden, hätte es angesichts der Zersiedelung in alle Himmelsrichtungen nicht über die innere in der Zwischenkriegszeit und später erworbene Erfahrung einer notvollen Schicksalsgemeinschaft verfügt?

[1] Lodgman von Auen, Denkschrift für den Führer vom April 1938. Veröffentlicht in: »Dokumenten-Sammlung«, Prag 1964, S. 189

Der Vorwurf der Infiltration

Eine radikalisierte Jugend hätte sich gegen die auf allen Gebieten einsetzende Entrechtug und Diskriminierung im Sudetenland genauso »mit Bomben und Granaten« wehren können, wie es anderswo – in Irland, in Indien, in amerikanischen und afrikanischen Kolonialgebieten oder später im Zeichen der APO, der Roten Brigaden, der PLO, auf Zypern und Ceylon sowie bei den Kanaken der Südsee – geschah und geschieht. »Überall war Böhmen« – das zielte auf die Tatsache des ungelösten Zusammenlebens der Völker und die daraus entstandenen Turbulenzen.

Das Sudetendeutschtum im allgemeinen, ganz besonders aber seine Jugendbewegung und die »Kaderschmiede des Kameradschaftsbundes« haben solche Mittel der Auseinandersetzung mit den Tschechen nicht nur nicht gewählt – ich wage aus eigener Erfahrung zu behaupten: sie haben nicht einmal daran gedacht! Daß dem so war, ist für die Zeit des Überganges und der beginnenden Sammlungsbewegung nicht zuletzt den Männern an der Spitze dieser jetzt noch so viel beachteten Vereinigung zu verdanken. Vielleicht liegt das »Geheimnisvolle« ihrer heute noch vermerkten Methoden darin, daß sie mit geistigen Waffen kämpften und diese, wie schon erwähnt, zunächst mit der Minderheit ihrer Sympathisanten zu verwirklichen trachteten.

In der sogenannten »Ersten Position«, die keineswegs verheimlicht, sondern als Manuskript veröffentlicht wurde (1929), entwickelten sie Leitlinien bzw. Hinweise, die wir aus dem bisher Gesagten bereits kennen. Da war die Ablehnung der durch Prag verfälschten parlamentarischen Demokratie, welche nach dem Grundsatz »My jsme většina!« (Wir sind die Mehrheit!) alle Minderheiten mit Hilfe der »Pětka« überstimmte. Da verurteilte man Liberalismus und Anarchie und predigte eine »organische Demokratie«, die sich im innerstaatlichen sowie im außerstaatlichen europäischen Föderalismus bewähren sollte. Smelser und Haag befreien dieses Programm nicht zuletzt deshalb vom Vorwurf des Nazismus, weil in ihm weder von Rasse noch von antisemitischen Tendenzen die Rede ist. Eine vom Kameradschaftsbund und vom Deutschen Turnverband ausgehende Welle des Terrors hätten sie kaum als etwas Besonderes betrachtet. Was sie offenbar faszinierte, war die Fähigkeit der jungen Leute, sich mit einer Lehre durchzusetzen. Diese wiederum lag in der Zeit und wurde allenthalben angenommen.

Mein Drahowitzer Turnverein war eine Gemeinschaft freundschaftlich verbundener Männer und Frauen. Man teilte gemächlich die Riegen ein, übte dann an Pferd, Barren und Reck, kletterte auf Stangen und Leitern und trat nach dem Klopfen des Turnstocks zu Lockerungsübungen an. Die Hochreckturner waren die Helden. Je öfter sie die Riesenwelle drehten, desto höher stieg ihr Ansehen. Und bald strebte man der »Schützenhalle«, dem allseits beliebten Biersanatorium, zu. Das wurde langsam anders. Bereitwillig ging unser Turnlehrer Leopold Sobeck auf die Vorschläge der bereits »erweckten« Brüder Leo und Rudolf Wenig ein. Antreten in Reih und Glied (»eins, zwei, eins, zwei!«), Lauf und moderne Gymnastik, Lockerungsübungen, dann erst die Pflichtkür an den Geräten. Am Schluß ein Kurzvortrag des Dietwartes, das Wochenprogramm, ein Lied – und ab ging es in die heimatlichen Gefilde.

Waren die Wenig-Brüder »Freimaurer«? Nein, sie vollzogen nur, was sie in Schulungen und Zusammenkünften gelernt hatten. Die »Erste Position« schlug nur vor, in die Vereine hineinzugehen, gegebenenfalls den »zweiten Mann« zu stellen, das Bewußtsein für den Umbau zu wecken und sich als Teil der großen Mannschaft zu fühlen. Der Turnverband hatte an die 160000 Mitglieder. Fast in jedem Ort war eine eigene Halle die Plattform, auf der man sich kennenlernte, übte und bewährte und selbstverständlich auch unzählige Ehen im Himmel schloß. Das war »gewachsene Demokratie« – ohne Rangunterschiede und ihnen entsprechende Abzeichen!

Sie unterschied sich, was die Wahl der Obleute, Dietwarte und Vorturner betraf, recht wenig von der Führerbestellung in anderen Einrichtungen des Staates. Emil Franzel, langjähriges Mitglied der sozialdemokratischen Partei, schildert, wie dort Kandidaten und Sekretärsstellen jeweils von oben her bestimmt wurden: »Wer nie einer Partei angehört hat, der hat keine auch nur annähernd zutreffende Vorstellung, wie sie arbeitet, wie ihre Politik zustande kommt, wie sich die Auswahl der Personen vollzieht, die den Apparat der Partei bilden, wie dieser Apparat gesteuert wird. Die wichtigste Position, das hat sich inzwischen herumgesprochen, hat der Parteisekretär.«[1]

[1] Emil Franzel, »Gegen den Wind gesprochen«, München 1983, S. 161

Wie wahr! Fast ist man geneigt an die Trendänderungen zu denken, die anno 1988 der Parteisekretär der CDU vollzog. Im Falle der ziemlich überalterten DSAP nahmen diese Position der Brünner Rechtsanwalt Dr. Ludwig Czech und sein Sekretär Siegfried Taub ein – Austromarxisten gemäßigter, aber immerhin vorherrschender Art. Sie bestimmten, wer ein Mandat zu erreichen vermochte, wer im Konsumverein, im »Atus« (Arbeiter-Turn- und Sportverein) oder in der »Roten Wehr« ein Führungsamt einnehmen konnte. Gegen die sehr eifrigen Intellektuellen, so Franzel, kam man nur schwer an. Die Parteizeitungen waren zur Gänze von ihnen besetzt. Sie infiltrierten den großen Apparat der Institutionen, welche die »andere«, die rote Bevölkerung bildeten. Gegenüber Köpfen wie Jaksch, die aus diesem System ausbrechen wollten, waren sie aus begreiflichen Gründen ablehnend eingestellt. – Das war also ein typisches Establishment, wenn man will ein intervenierender »KB«, in der ältesten sudetendeutschen Partei.

Nicht minder stark und viel einflußreicher etablierte sich das Establishment in der »Burg«. Dort kultivierte man mit Beneš und Masaryk den »Tschechoslowakismus« in Reinkultur. Wer etwas werden wollte, mußte da schon gute Beziehungen haben. Zeitschriften und Zeitungen, so die Wiener »Stunde«, wurden im In- und Ausland subventioniert. Die Millionengelder, die aus dem Beneš-Fonds ins Ausland flossen (gewiß auch aus sudetendeutschem Steueraufkommen!), übertrafen um ein Vielfaches die Beträge, welche, bevor sie sich selbst finanzierte, die Sudetendeutsche Partei von Berlin erhielt.

Gegen dieses Establishment, das sich jahrelang in der Lage befand, etwa die Botschaftsberichte an das Foreign Office zu manipulieren, war der »KB« in der Tat nur eine kleine »Kamarilla«. Er verstand sich als Konzeptionsgruppe eines geschlagenen Volkes und suchte Mittel und Wege, es aus der Niederlage herauszuführen. Was aber bedeutete ihm Volk und Volkstum? Wo sah er die Wesensmerkmale dieses Gebildes?

3. NEUE SIGNALE

Die Frage nach dem Wesen des Volkstums war im böhmisch-mährischen Zweivölkerland und darüber hinaus im mittelosteuropäischen Länder- und Sprachengewirr gar nicht leicht zu beantworten. Da betrat mit wegweisenden Gedanken der bereits erwähnte Nationalökonom und Soziologe Othmar Spann (1878–1950) die Tribüne unseres Landes und seiner Fragestellungen. Er hatte als geborener Wiener und gelernter Österreicher, bevor er 1920 an die Alma Mater Rudolfina nach Wien berufen wurde, sieben Jahre seines akademischen Wirkens an der Deutschen Technischen Hochschule zu Brünn verbracht und dort erfahrungsreiche Einblicke in die Volkstumsproblematik gewonnen. Am 20. März 1920 hielt er dort im Verein »Deutschmährische Heimat« über das Thema »Vom Wesen des Volkstums. Was ist deutsch?« einen Vortrag, der, im Böhmerlandverlag zu Eger publiziert, weit über Mähren hinaus Aufsehen erregte.

Weder Rasse, Sprache, Religion allein, so lautete seine These, und schon gar nicht die Zugehörigkeit zu einem Staate, vermögen, was wir Volkstum nennen, zu begründen. Volk sei eine aus all diesen Elementen entstandene historische und geistige Kultur- und Bekenntnisgemeinschaft, die täglich gelebt und gestaltet werden müsse. Spann verwies auf das im Donaustaat so oft zu beobachtende Phänomen des Volkstumswechsels und die daraus erwachsenden Spannungsgründe. Wo überzeugte Deutsche tschechische und überzeugte Tschechen deutsche Namen trugen, fand er den Schlüssel zum innervölkischen Toleranzverhältnis, aber auch die Notwendigkeit einer Verantwortung, die dem schaffenden Menschen nicht nur Brot, sondern ebenso geistige Nahrung vermitteln müsse.

Der Vortrag kam zur rechten Zeit. Er stärkte das Selbstverständnis der sudetenländischen Volksschutz- und Bildungsverbände in beachtlichem Ausmaße. Er zündete vor allem in den Reihen der Jugendbewegung und löste eine Wanderung aus, die, mit Walter Heinrich beginnend, ganze Generationen von Studenten an den Wiener Lehrstuhl und damit in das von den nationalen Beengungen Prags verschonte Kulturzentrum an der Donau führte. Die jungen Sudetendeutschen fühlten sich gleichsam am richtigen Ort. Sie suchten nach Studienmöglichkeiten, die ihnen in der Hauptstadt ihres eigenen Landes nicht zur Verfügung standen, sowie nach einem geistigen Rüstzeug, das sie auf die volkspolitische Arbeit in der Heimat vorbereiten konnte.

Einer von ihnen war der von der Kaadener Jungenschaft kommende Walter Brand, der 1931 mit einem »Beitrag zu einer allgemeinen Organisationslehre des Staates« sein Doktordiplom erwarb. Der nachmalige erste und engste Mitarbeiter Konrad Henleins sprach damit ein Thema an, das mit dem Verlangen nach ständischer und föderalistischer Gliederung der Res publica für das Programm der »Sudetendeutschen Heimatfront bzw. Partei« von besonderer Bedeutung werden sollte. 1932 zum Leiter eines »Volkspolitischen Seminars« nach Prag berufen, huldigte er mit vielen anderen einem Schulungssystem, das an dem Unterschied zwischen »Universalismus« und »Individualismus« das neue Gemeinschaftsbewußtsein erläuterte. Es entsprach den Traditionen der Jugendbewegung, gab aber im wesentlichen die Grundgedanken der Spannschen Gesellschaftslehre wieder.

Sowenig wie die Funktionäre der Arbeiterbewegung je das »Kapital« von Marx gelesen, geschweige denn in seinem Sinnzusammenhang verstanden hatten, sowenig vermochten indes die Diet- und Schulungswarte jener Jahre die Wirtschafts- und Soziallehre des Wiener Universitätsprofessors in ihrer weitausgreifenden, an die Grundgedanken des deutschen Idealismus anknüpfenden Philosophie von innen her zu verstehen. Was sollten sie mit dem allenthalben zitierten Begriff des »Ständestaates« in einer Welt anfangen, die mit ihm die »düstere« Zeit des Mittelalters verband. Sie erahnten bestenfalls eine Alternative zum Nachkriegsverfall der Sozietät. Der »Wahre Staat«, die »Haupttheorien der Volkswirtschaftslehre«, die »Irrungen des Marxismus« und andere Schriften des Lehrmeisters kamen daher nur in Form von Schulungsthesen unter das Volk. Sie schufen dann, zum Teil mit Überbegeisterung aufgenommen, den oft verlästerten Typus des »Spannianers«. Desgleichen aber fanden sie eine entschlossene Gegnerschaft: die Klassenkämpfer auf der linken und die Rassenkämpfer auf der rechten Seite des politischen Spektrums. Den letzteren wurde vor allem Walter Brand ein Stein des Anstoßes. Er hat es in den Lagern Himmlers und Heydrichs bitter büßen müssen.[1] Der »Kampf um Othmar Spann« spielte in der Zwischenkriegszeit der Sudetendeutschen jedenfalls eine bedeutsame Rolle.

Glückliche Jahre in Wien

Der Tradition des erwähnten Studienganges folgend, kam ich, die Strecke über Marienbad, Pilsen, Gmünd und Tulln benützend, am 1. Oktober 1931 im guten alten Franz-Josephs-Bahnhof an. Mit seinem gußeisernen Gewölbe schien er mir riesengroß und war doch nur ein kleines Entree in die Donaumetropole. Sie nahm mich, nachdem in der Josefstädter Straße ein Quartier gefunden wurde, keineswegs mit dem Ernst der heimatlichen Sachlage oder meiner wissenschaftlichen Vorhaben auf. Der Einstand erfolgte vielmehr in Grinzing, wohin mich die Jungburschen der Hochschulgilde »Thule« alkoholverbotswidrig eingeladen hatten. Das ging nicht gut aus. Ich trank den bis dato nie verkosteten Heurigen, wie das so üblich war, aus gewöhnlichen Gläsern und ließ deren zehn bis 15, als wären sie mit Wasser gefüllt, in meinen ahnungslosen Magen fließen. Nachdem uns der schaukelnde Beiwagen der Linie 38 heimwärts gebracht hatte, fand ich gerade noch den Weg zum Josefstädter Theater und der nahegelegenen Bleibe, um nun in deren Bettstatt eine auf und ab wogende Seefahrt bis zum frühen Morgen anzutreten.

Damit begann ein neuer Abschnitt meines Lebens. Wenn man mir heute die Frage stellte, wo und wann es am glücklichsten gewesen sei, würde ich sagen: hier, in den nachfolgenden vier vollen Jahren in Wien! Beileibe wäre damit nicht das Weltzentrum des Heurigen, der Fiaker, der Operettenseligkeit, der Schnitzel und Sachertorten (der »Phäaken« also), wohl aber das Weltzentrum musischer und geistiger Regsamkeit gemeint, die man erst neuerdings wieder entdeckt.

Wien war wegweisend: in der hohen Schule der Medizin, der Psychologie und Psychoanalyse (von Freud bis Adler und Jung), in der

[1] Walter Brand, »Auf verlorenem Posten«, München 1985

Kunst-, Literatur- und allgemeinen Geschichte (von Strzygowsky und J. Nadler bis Hirsch, Dopsch und Ritter v. Srbik), im Denken der Sozialisten (von Victor Adler, Karl Renner bis Otto Bauer), in der Staats- und Rechtslehre von Kelsen bis Verdross, im Kreis berühmter Nationalökonomen von Karl Menger (Grenznutzenlehre) bis Phillipovich und Schumpeter sowie im Kreise der Positivisten um Moritz Schlick und Wittgenstein. Bei vielen von ihnen spricht man von einer »Österreichischen Schule«, ohne freilich den zu meiner Zeit vielleicht berühmtesten von allen, Othmar Spann, damit zu verbinden.

Als ich zum ersten Male in seine Sprechstunde kam, widmete er mir eine gute halbe Stunde der Unterhaltung über Studienfortgang, Fächerwahl und vorzunehmende Lektüre. Der mittelgroße, sehnige Mann sah mich mit großen, sprühenden Augen an. Er gab mir die zum Teil auch in seinen »Haupttheorien« verzeichneten Ratschläge: »Lesen Sie die Klassiker, besuchen Sie mehr Übungen als Vorlesungen, schaffen Sie sich eine kleine Bibliothek eigener Bücher an, und gehen Sie so oft Sie können in die Oper und in das Burgtheater!«

Das ließ ich mir nicht zweimal sagen: Die Stehplätze beider Häuser sahen mich fürderhin als Stammgast. Ich entdeckte für mich neben den gängigen Opern das Wunder Mozart (den ich vorher für einen Leichtfuß lieblicher Töne gehalten hatte). Ich lernte »auf der ersten Bühne Deutschlands« in den besten Besetzungen (Roual Aslan, Ewald Balser, Werner Krauss, Hugo Thimig, Else Wohlgemuth, Hedwig Bleibtreu) fast alle Titel der Bühnenliteratur und (wiederum als Neuentdeckung für mich) Franz Grillparzer kennen, der mir mit »König Ottokars Glück und Ende« oder mit dem »Bruderzwist im Hause Habsburg« wie ein Shakespeare Böhmens erschien.

Die Burgkapelle mit den Wiener Sängerknaben, das Kunsthistorische Museum, dessen Schätze mir seitdem allgegenwärtig sind, und vor allem der Stephansdom waren allsonntägliche Erbauungs- und Pilgerstätten. Der »Steffl« bleibt für mich, wie eine Riesentanne schlank und rank gewachsen, der Turm der Türme. Wer je seinen güldenen Knauf vom Kahlenberg aus über dem straßenreichen Meer der Häuser erglänzen sah, verstand, warum er die Mitte der Stadt, des Landes und all der Länder war, die der Ausgang des Krieges auseinanderdriften ließ.

Wir hatten eine eigene Zeitenuhr

Der Ausgang des Krieges – auch den verspürte ich natürlich. Der Donaustaat war hier auf einen Minimumkern zusammengeschrumpft. Krisengeschüttelte Wirtschaft, weltanschauliche Zerklüftung, Bürgerkrieg 1934 und unwahrscheinliche Not bestimmten den Alltag. Das »Weiße Rößl«, das man 350mal im Jahre spielte, vermochte sie ebensowenig zu lindern wie das Öl, mit dem sich zur Winterszeit bettelnde Burschen die Füße salbten, um, vor Kälte zitternd, ein Almosen zu erbetteln. Die Not schlich an die Rampe der Universität. Sie schlich auch hinein, aber sie sprang dem Kreis, in dem ich lebte, nicht an die Gurgel.

Wir glaubten, die Ursachen zu kennen, aus denen sie entsprang: das Laissez-faire der westlichen Aufklärung, den krassen Individualismus und Kapitalismus, der gewachsene Formen zerstörte, sowie den roten Kollektivismus, der sie nach dem Gosplan wieder einfangen und zentralistisch ausrichten wollte.

Der Kreis der Lernenden, der aus allen Gegenden des deutschsprachigen Bereiches zusammenkam, fand wie eine richtige Akademie in den Räumen des »Instituts für politische Ökonomie und Gesellschaftslehre« hoch über dem juridischen Dekanat seinen örtlichen Mittelpunkt. Wir studierten und wir diskutierten dort, wir aßen dort unsere Mittagsbrote, wir legten uns zur Sommerszeit auf den breiten Vorfenstergesimsen in die Sonne, sahen auf den Rathauspark und die Ringstraße hinab und empfanden uns als Weise, die sich in eine bessere Zukunft hineinzudenken vermochten.

Wir hatten in uns eine eigene Zeitenuhr: Wo die meisten sich am Ende eines Zusammenbruchs wähnten, sahen wir uns am Beginn eines Anfanges. Dieser Tatbestand – ein Phänomen, das man in Wendezeiten der Geschichte gar oft beobachten kann – gab uns Frische und Unbefangenheit inmitten einer elenden Umwelt, die uns innerlich schon nicht mehr betraf.

Was hielt uns da wach und aufmerksam? Nun – der zündende Funke der Ganzheitslehre, die Othmar Spann in den großen Würfen seiner philosophischen Hauptwerke entfaltete. Anders als viele Vorgänger war ich genau zu dem Zeitpunkt in den Kreis seiner Mitarbeiter getreten, da er sie gleichsam als reife Früchte seiner Logik und Kategorienlehre erarbeitete. »Das Ganze ist mehr als die Summe seiner Teile« – dieser von alters her plausible Satz wurde nun nicht nur in der Nationalökonomie und Soziologie, sondern auch in den weitausgreifenden Fächersystemen der Ideenlehre, der Psychologie, der Lehre von den Tiefenschichten des menschlichen Geistes, der Pädagogik, der Geschichtsphilosophie, der Religions-, der Kunst- und Naturphilosophie exemplifiziert. Das geschah aus der Werkstatt der täglichen Geistesarbeit heraus. Man sah es wachsen und erlebte es mit.

Spann war ein Mozart in bezug auf die Fülle der Einfälle, auf die Schnelligkeit ihrer Ausgestaltung und auf die Vollendung ihres Werkumfanges. Der stets flinke, impulsive Mann schien jedweder Pose abhold. Er nahm den majestätischen Treppenaufgang zur juristischen Fakultät immer wie im Fluge, betrat den berühmten Hörsaal 33, indem er sich sittsam vor seinen Hörern verneigte, und trug dann, was er oft erst in aller Morgenfrühe erdachte, aus den Akzenten seiner Zettelnotizen vor. Er »las« nicht, er sprach aus der Unmittelbarkeit seiner Gedanken. Das zündete. Man dachte unwillkürlich mit.

Nun war ich zunächst nur ein Junge aus der böhmischen Provinz. Gleichwohl lud mich – wo wird das heutzutage in akademischen Massengefilden noch befolgt? – der ehrenwerte Professor schon nach wenigen Monaten an den Mittagstisch seines Hauses in der Blaasstraße 13 ein. Dort war seine Frau Erika Spann-Rheinsch, als Lyrikerin und Sprachenforscherin eine imposante Erscheinung, der Mittelpunkt des Gastmahls. Es entwickelte sich stets zum Forum heiteren Plauderns über Gott und die Welt. Von Zeit zu Zeit wurde das im Oberstock gelegene Arbeitszimmer Spanns auch zur Stätte seines »Privatseminars«. Dort gab es Referate und Aussprachen über hochernste Themen aus allen Gebieten der klassischen Philosophie (die Mystik der Upanischaden, die Spätlehre Schellings, Karl Marx und der umgedrehte Hegel, Traktat über Meister Eckehart usw.).

Spann verfügte über eine gestochene Handschrift und Stenographie. Er schrieb seine Bücher am Stehpult in Gabelsberger Signaturen, ließ sie durch eine Mitarbeiterin aus Brünner Zeiten auf halbseitige Reinschriftbögen übertragen und gab seinen Assistenten den Auftrag, das wissenschaftliche Beiwerk (Bibliographie, Zitate sowie Personen- und Sachregister) zu betreuen. Da war man eben mit »dabei«.

Als ich Ende 1933 als Nachfolger des hauptsächlichen Sachwalters seiner Schule, Walter Heinrich, zur »wissenschaftlichen Hilfskraft« an die Lehrkanzel sowie zu seinem Assistenten berufen wurde, oblag mir diese Aufgabe bei der Erstellung des »Philosophenspiegels« (der »Hauptlehren der Philosophie, begrifflich und geschichtlich dargestellt«). Das gab mir einen breitgefächerten Auftrag, der sich dann in der Mitarbeit an der Vorbereitung des psychologischen Hauptwerkes »Erkenne dich selbst« (veröffentlicht 1935) sowie der »Naturphilosophie« (als Buch erschienen 1937) konkretisieren sollte.

Ganzheitliches Denken

Der Grundgedanke dieses Werkes, die Gestaltwerdung der Natur (z. B. des Kristalls) aus immateriellen Wurzeln (z. B. aus der formbestimmenden Wesenheit des »Bergkristalls«), führte zu der Überzeugung, daß die geschaffene Welt eine Folge der Verräumlichung vorräumlicher Wesenheiten sei (heute würde man sagen: dessen, was vor dem »Urknall« war) und daß sie nur von dorther mit dem, was wir Geist nennen, in Verbindung tritt. Die Gemeinsamkeit (die »Gezweiung« höherer Ordnung) zwischen Materie und Geist bedingt vor allem die Ganzheit des Menschen und seines Heils, da ja kein Teil seiner Körperlichkeit isoliert zu sein vermag. Erkrankt der kleine Finger, ist der ganze Körper erkrankt – dann muß er wie bei den psychischen Defekten vom Ganzen her geheilt werden.

Erst 50 Jahre nachher wird die Weitsicht dieses Konzeptes in der Medizin wie in der ökologischen Weltbewegung ersichtlich: Auch die Umwelt des Menschen ist eine Ganzheit korrespondierender Fakten, die bei Strafe erhöhter Gefahren (ja der Lebensvernichtung) nicht übersehen werden können. Wer einen Flußlauf kanalisiert oder ändert, verändert den Wasserspiegel, die Bodenkrume sowie die Wälder und umgekehrt. Die Erdkugel, die wir nunmehr aus den Raumflugkörpern in ihrem vollen Umfang sehen, ist ein Ganzes und kann nur als Ganzes verstanden werden. »Der Teil und das Ganze« bleibt frei nach Werner Heisenberg das Hauptthema moderner Erwägungen. Es kommt in der Makrophysik (im gigantischen Kosmos) ebenso zur Geltung wie in der Mikrophysik, die uns die ganzheitliche Struktur der Zellen, der Atome und die Energiezentren ihrer Kerne erschließt.

Spann ist jenseits aller Auseinandersetzungen um die politische Brisanz seiner gesellschaftswissenschaftlichen Thesen (zweifacher Kampf gegen das Laissez-faire der Aufklärung und seinen marxistisch-leninistischen Widerpart) zu einem Klassiker des ganzheitlichen Kalküls und damit auch zu einem Vordenker der holistischen Schulen sowie der freilich dann vielfach in die Irre laufenden Systemtheoretiker Europas, Amerikas und des Fernen Ostens geworden.[1]

Die Dissertation – mein Lehrstück

So wie man eine Sprache erst beherrscht, wenn man nicht mehr »übersetzt«, sondern in ihr denkt, beginnt das Eigenleben des wissenschaftlichen Adepten erst dann, wenn er »von selber draufkommt«, sich konzentriert, Erkenntnisse sammelt und daraus entsprechende Folgerungen zieht. In der zweiten Hälfte meiner Wiener Jahre wurde mir die dabei entstehende Freude mit einer »Entdekkung« zuteil, die ich ganz alleine machte. Sie erwuchs aus meiner intensiven Beschäftigung mit Johann Gottlieb Fichte, dem ursympathischen Begründer der Lehre von der Spontaneität und Selbstbestimmung des Ichs, der als Kind einer Lausitzer Bandweberfamilie auffiel, da er dem Freiherrn von Miltitz die versäumte Predigt des Pfarrers von Rammenau aus dem Kopfe vorzutragen vermochte. Der Student der Philosophie fand damals den Weg zu Kant. Er wurde mit seinen Gedanken vom Ich und Nicht-Ich (der Natur) der Fortsetzer des Königsberger Philosophen sowie der eigentliche Begründer des dialektischen Verfahrens.

---

[1] Vgl. Walter Becher, »Der Blick aufs Ganze. Das Weltbild Othmar Spanns«, München 1985 und 1988

Als ich mit ihm den Weg zu den Hauptfiguren des deutschen Idealismus, Schelling und Hegel, und darüber hinaus zu den Hauptwerken Platons fand, verglich ich eines Tages dessen »Politeia« (Der Staat) mit Fichtes »Reden an die deutsche Nation« und stellte dabei fest, daß die letzteren vieles mehr als nur der sattsam bekannte Aufruf zur Befreiung von den Napoleonischen Zwängen waren. Nein, sie enthalten – dem inneren Aufbau nach aufs Haar dem klassischen Dialoge Platons gleichend – im Kern eine Erziehungslehre und Didaktik. Diese nimmt vom Nürnberger Trichter Abstand und läßt an seine Stelle die Aufforderung zur spontanen Selbsttätigkeit des Zöglings treten. Die daraus ersichtliche pädagogische Folgerung zog der berühmte Deutsche nicht aus einer Kopie des ihm nur am Rande vertrauten Griechen, sondern aus den Prämissen einer gleichen Bewußtseinsphilosophie. Über die Jahrhunderte hinweg hatte er demnach eine ähnliche Sozial- und Erziehungslehre entwickelt. Sie gipfelte im Verlangen nach wissenschaftlich gebildeten Staatslenkern (hier den »Professoren«, dort den so oft zitierten »Philosophenkönigen«).

Es war klar, daß ich nach solchen Erkenntnissen nicht gewillt war, eine Dissertation über die »Schuhnägelindustrie in Goisern« zu schreiben. Das Thema stand fest. »Platon und Fichte. Die königliche Erziehungskunst« wurde, bevor ich Wien verließ, mein handwerkliches Lehrstück und späterhin (1937) unter dem gleichen Titel in einer von Spann herausgegebenen Reihe im Verlag Gustav Fischer, Jena, veröffentlicht.

Die Arbeit erforderte genaues Quellenstudium. Es wurde in der Zurückgezogenheit einer neuen Bleibe in der Hohenauergasse 8 bei meiner herzensguten Wirtin, Frau Notar Elisabeth Brauneis, und ihren Kindern ermöglicht. Mit dem Ausblick auf die Silhouette des Wienerwaldes saß ich dort vor dem Schreibtisch am Fenster und fügte Kapitel an Kapitel.

Was konnte es Schöneres geben? Zwischen den Reben des Hungerberges las ich in der Mittagspause sämtliche Werke Stifters, die »Bunten Steine« (allweil die »Stoana«, wie Elschen sagte) und in aller Ruhe den »Nachsommer« sowie den »Witiko«. Am Abend wanderten wir auf Beethovens Spuren zum Kahlenberger-Dörfl hinüber. Wir – das waren Georg Eschenburg, der Freund aus Lübeck, und Konrad Christian Vogel, der nachmalige Autor mehrerer Sachbücher über »Ständisches Recht«. Wie das nur selten geschieht und auch damals wohl einmalig war, hatte sich um das »Institut« ein Kreis von Studentinnen und Studenten zusammengefunden, der »einfach da war« und lebenslange Freundschaften begründete.

Ivo Kornfeld, der Spezialist der ökonomischen Krisenlehre, dem wir wie anderen Kommilitonen bei brutalen Aufständen (»Juden heraus!«) eine sichere Heimstatt boten, gehörte ebenso dazu wie Peter Berns, der nachmals verfemte »Kreisleiter« aus Mettmann, Bruno Amann aus Vorarlberg und seine Gefährten aus der Schweiz, Theo Hojas, der Theologe und Indienforscher, Hans Bach, der »Agrarpolitiker«, sowie Paul Maschke und seine Freunde aus der Gildenschaft. Besonders verbunden war ich mit meinem Semesterkollegen Karl von Winckler (dem nachmaligen Generaldirektor der Buderus-Werke) und natürlich mit »Jovi« Wintersberger, dem Neffen Spanns, sowie mit Spanns Söhnen Adalbert und Rafael. Der eine fiel 1943 im Osten. Der andere ging durch den Zugriff der Gestapo und (nach 1945) der GPU (acht Jahre Haft in Workuta) einem schweren Schicksal entgegen.

Sie gelten mit Walter Heinrich in der Literatur als Hauptträger des politischen Engagements, welches Spann bei dem Versuch, die Lehre zu verwirklichen, mit den politischen Strömungen der Zeit verband. Es war erfolglos. Noch am Abend von Hitlers Einzug in Wien wurde Rafael Spann vor den Augen seiner Frau von einem Mordkommando verschleppt. Wenige Tage später traten Othmar Spann und Walter Heinrich den Weg in das KZ und in monatelange Schutzhaft an.

4. EINKEHR IN PRAG

Im kleinen Festsaal der Universität Wien wurde ich vorerst am 8. Februar 1936 zum Doktor der Staatswissenschaften (Dr. rer. pol.) promoviert. Dem »Ausländer«, der ich in Österreich war, blieb infolge eines Ministerialerlasses das Verbleiben in der akademischen Laufbahn verwehrt. Solenne Feiern mit schokoladefarbenem Doktorhut und Gumpoldskirchner Spätlese halfen nur leidlich darüber hinweg, daß ich »die Stadt meiner Träume« verlassen und zu neuem Beginnen die Reise an die Moldau antreten mußte.

Die Einkehr in Prag, allwo ich eine Aufgabe als Redakteur in der eben gegründeten Henleinschen Tageszeitung »Die Zeit« übernehmen sollte, wirkte reichlich deprimierend. Vom Kothurn akademischer Höhen hieß es in die Gefilde ordinärer Lokalberichte und Reportagen über Mordfälle hinabsteigen. Da wurde ich – ohne dessen Begabung – fast ein Kollege von Egon Erwin Kisch und schien zwischen Telefon und Schreibmaschinengeklapper einem überaus flüchtigen Handwerk zu dienen. Bald aber ging mir auch hier der Seifensieder auf. Recherchieren, Schreiben und Seiten-Umbrechen erwies sich als ein faszinierendes Geschäft. Es wurde in den Unterstockgewölben des Hauses Liliengasse (Liliova) 7, d. h. in unmittelbarer Nähe der Karlsbrücke, betrieben, auf die wir zum Aufatmen liefen, wenn wir genügend an Druckerschwärze eingeatmet hatten.

Was Wunder, daß mich die Liebe zur Goldenen Stadt bald ebenso ergriff wie vorher die Liebe zu Wien. Das war ein erregender journalistischer Tageslauf: Kurzer Blick auf den Posteingang vor der Mittagsstunde, Nachforschen und Nachfragen, allmähliches Anschwellen der Korrespondenten- und Agenturberichte, Raritäten und Sensatiönchen, vielleicht auch einmal ein »Knüller«; um 19 Uhr dann die erste, um 22 Uhr die zweite und um 0.30 Uhr die dritte, d. h. die Stadtauflage. Und dazwischen Kampf um Platz für die eigenen Beiträge und für die selbstgestaltete Seite.

Er wurde mein ständiger Motivator, da ich, im Dezember 1936 zum »Kulturredakteur« befördert, die einnehmende Art der Kollegen von der Politik, vom Lokalen und von der Wirtschaft abzuwehren hatte. Letztere standen unter der besonderen Patronanz Walter Wannenmachers, des hochbegabten, vom »Prager Tagblatt« herübergewechselten Chefredakteurs, der uns jungen Schreibern beibrachte, wie man in der traditionsreichen Zeitungsstadt (mit vielen Konkurrenzauflagen an jedem Morgen) journalistisch zu bestehen vermochte.

Am frühen Morgen hatten auch die Theaterkritiken vorzuliegen, die ich um Mitternacht abliefern sowie mit handwerksgeübten Metteuren in den Setzkasten zaubern mußte. Da war die jahrelange Burgtheater-Erfahrung eine Brücke zu dem, was das nicht minder prächtige Neue Deutsche Theater in Prag neben dem Wilsonbahnhof zu bieten hatte. Die Klassiker konnte ich ebenso vergleichen wie die nicht allzu oft gebotene Avantgarde. Das übrige, die Schnellsiederei des Berichtens und Kritisierens, verlangte mitternächtliche Konzentration. Die durchwegs junge Crew der »Zeit« (Erich Maier, 24, Ernst Rudolf, 23, Richard Martschina, 26, und Josef Schmidt, 25) half mir, den damit verbundenen Streß durch regelmäßige Wallfahrten abzubauen, die uns durch die Poesie des Prager Nachtlebens führten. Da traf man sich über den Wenzelsplatz hinweg von Lokal zu Lokal, aber auch plaudernd auf der Straße. Sicher trug zur Romantik des Treibens auch die Doppelsprachigkeit bei, die nächtens vereinte, was ansonsten weithin getrennt war.

Als junge Journalisten führten wir, von Parolen und politischen Zwängen unbelastet, freimütige Gespräche. Gleichwohl teilten wir im großen und ganzen das Schicksal der Völker in Masaryks Hauptstadt: Sie lebten nebeneinander her. Von Schule zu Schule, von Universität zu Universität, von Oper zu Oper, von Sportplatz zu Sportplatz gab es so gut wie keine Gemeinsamkeiten. Die tschechische Intelligenz war nach Paris, die deutsche nach Wien und Berlin ausgerichtet. Die jüdische bildete ein Amalgam. Aber auch sie teilte sich nach beiden Richtungen auf. Künstler und Poeten hatten desgleichen nur wenig Kontakte.

Noch heute bedauere ich, daß ich mit Max Brod, der als Theaterberichterstatter des »Prager Tagblattes« häufig nur eine Reihe vor mir saß, kaum ein Wort wechselte – weil ich ihn nicht kannte und daher auch nicht wußte, daß so manche seiner Ideen denen meines Wiener Lehrers glichen. Der von ihm über das Prager Ambiente erfundene Slogan »Es brodelt und werfelt und kischt« zielte zwar auf die Rastlosigkeit der jüdischen Literaten, nährte aber auch das Bewußtsein, daß es sich dabei nicht um unsere, die sudetenländische Literatur handeln konnte.

Diese war – denken wir an Emil Merker, an Josef Mühlberger, an Erwin Guido Kolbenheyer, Hans Watzlik, Wilhelm Pleyer, Bruno Brehm, an Robert Musil, Johannes Urzidil, an Gustav Leutelt, an die »Arbeiterdichter«, an die Dramatiker Franz Hauptmann, an die Goldkörner der Mundartdichtung, an Leo Hans Mally, den Lobsänger Prags – durchaus nicht im »Hinterwald« beheimatet. Da gab es – wie anderswo auch – leeres Gesage mit politischer Färbung, aber desgleichen echtes Gespür, poetischen Inblick und gültige Formung. Sie stieß nicht zur Weltgeltung Kafkas durch. Aber auch dieser war, seine Bewunderer mögen es mir verzeihen, bis zum Ausklang des Zweiten Weltkrieges nur ein Geheimtip, d. h. weder vielfach gelesen noch in weiten Kreisen bekannt.

In das Herz der böhmischen Heimat führte vielmehr, von allen bewundert, Rainer Maria Rilke. Daß er Prag grollend verließ, daß die Bausteine seines Werkes auch aus der böhmischen Provinz genommen wurden, wies auf die sudetenländische Bauernherkunft des Geschlechtes hin. So wenn er (zitiert nach Josef Mühlberger[1]) einmal schrieb: »Und das war Böhmen, das ich kannte, hügelig wie leichte Musik und auf einmal wieder eben hinter seinen Apfelbäumen, flach ohne viel Horizonte und eingeteilt durch die Äcker und Baumreihen wie ein Volkslied von Refrain zu Refrain.«

Auch das erlebte ich von der Stätte meiner neuen Tätigkeit aus: die Liebe zu Böhmen, die Nähe zum Herzland. In kurzer Zeit erreichte man die herrlichen Randgebirge des auf der Spitze stehenden Vierecks, aber auch die Gotik und den Barock der Binnenstädte. Mit Hilfe meines hierfür zuständigen Freundes und Kunsthistorikers Otto Menzel verfaßte ich reihenweise Reportagen über die »Zeugnisse deutscher Kultur in Böhmen«. Kukus, Kuttenberg, Leitmeritz, Budweis, das Witiko-Land (»Im Zeichen der Rose«) waren Ziele unserer Wanderungen. Und natürlich das städtebauliche Wunder, die

[1] Josef Mühlberger, »Geschichte der deutschen Literatur in Böhmen«, München 1981

Architektur und die vielfachen Geheimnisse der hunderttürmigen »Caput regni« selbst. In Geschichte und Gegenwart fühlten wir uns in ihr mit gutem Gewissen ebenso zu Hause wie die Überzahl der anderssprachigen Nachbarn. Da aber lagen die Probleme.

Mehr Haß als Liebe

Sie wuchsen aus den Gründungsfehlern des neuen Staates ebenso heran wie aus uralten Kontroversen. Die Völker Böhmens lebten zusammen, aber sie haßten einander mehr, als daß sie sich liebten. Wie das in der ganzen Widerlichkeit eines konkreten Falles verlaufen konnte, bezeugte der schon 1885 erschienene Roman Fritz Mauthners »Der letzte Deutsche von Blatna«. Der jüdische Autor, der als Literat, Philosoph und Sprachforscher sein Leben am Bodensee beschloß, schilderte das gnadenlose Bemühen um die Entdeutschung eines ostböhmischen Städtchens (»Jeder Böhme muß ein Tscheche sein, sonst wird er totgeschlagen!«). Er bekannte sich indes wie Rilke und Watzlik aus vollem Herzen zu dem Lande. In dem Roman »Die böhmische Handschrift« (1897) schrieb er: »Ich habe dieses Land so lieb. Wie Rosenblätter liegt es über all den dumpfen Kämpfen, schöner als ein Regenbogen ... So friedlich und darunter die dummen, dummen Menschen.«

Nicht nur nostalgische Erinnerung, auch die Wiener Lehre von der Partnerschaft der Menschen und Völker veranlaßte meinen Versuch, gegen diese »Dummheit« anzukämpfen. Das war 1934 in dem in der Zeitschrift »Die junge Front« erschienenen Beitrag »Deutsche und Tschechen« geschehen, in welchem ich für ein »Kehrt euch – zueinander« eintrat[1]. Das entsprach dem Böhmerland-Gedanken der Jugendbewegung, des Kameradschaftsbundes und ganz gewiß auch den Gründungsgedanken der Sudetendeutschen Partei. 1938 regten mich zudem die Veranstaltungen zum 80. Geburtstag Adalbert Stifters an, das Thema in einem Essay über seinen großen historischen Roman wieder aufzugreifen. Unter dem Titel »Das Wunder um Adalbert Stifters Witiko – Ein deutsches Epos Böhmens« schrieb ich ihn in einer

[1] Siehe Anhang Seite 463

vierstündigen Nachtarbeit in den stillen Gewölben der Redaktion. Gewiß erwähnte ich in ihm vor allem die reichische Konzeption des historischen Romans, aber ebenso die Parzifal-Gestalt eines Helden, der von Passau aus seinem Schicksal entgegenzieht und es im Dienst an Böhmen erfüllt. Der Versuch bezeugt, daß ich über den Horizont rein journalistischer Tätigkeit hinauszublicken vermochte. Er entsprang indes einer Bewußtseinslage, die gegenüber der rauhen Wirklichkeit der Geschehnisse weitgehend abgeschottet war.

Sie wurde nicht nur von der Kontrapunktik des deutsch-tschechischen Gegensatzes, sondern ebenso von den wachsenden, mit brutaler Wucht geführten weltanschaulichen und politischen Kämpfen innerhalb der sudetendeutschen Sammlungsbewegung herbeigeführt. Eine ihrer Ursachen lag zweifellos in der Ausschaltung aus dem politischen Leben, welche die Mitglieder der im Sommer 1933 verbotenen, in den Anfängen schon 1906 gegründeten »Deutschen Nationalsozialistischen Arbeiterpartei« (DNSAP) erdulden mußten. Sie betrachteten Henleins »Sudetendeutsche Heimatfront« als Ersatzpartei, fühlten sich – was menschlich verständlich ist – zurückgesetzt, ja geprellt, als sie in ihr nicht zum Zuge kamen. Um so mehr begannen sie in den Folgejahren in ihr Fuß zu fassen. Ihr radikaler Flügel formierte sich nach dem Titel einer von ihnen herausgegebenen Zeitschrift als »Aufbruch«-Kreis.

Der »Kameradschaftsbund«, aus dessen Reihen die ersten Mitarbeiter Konrad Henleins kamen, wurde dabei ihr Gegenpart, weil man annahm, daß er das Verhalten Henleins von sich aus gebilligt, ja vielleicht erzwungen habe. Das war zweifellos fehlgeschlossen. Der Führungskreis um Heinz Rutha und Walter Heinrich hielt es im Gegenteil für verfrüht, ohne entsprechende Vorbereitung zur Gründung einer Partei zu schreiten. Er wollte den organischen Umbau des sudetendeutschen Verbändewesens sowie die Heranbildung einer geschulten Schicht von Amtsträgern abwarten.

Zeuge am Keilberg

Der Zufall wollte es, daß ich ein Zeuge dieser Entscheidung war. Sie wurde in den letzten Septembertagen 1933 in einer Skihütte am Keilberg getroffen, in der sich führende Mitglieder des Kameradschaftsbundes zusammenfanden. Als Ortskundiger hatte ich lediglich die Aufgabe, mich um das leibliche Wohl der Teilnehmer zu kümmern. Gleichwohl folgte ich mit großer Anteilnahme dem Lauf der Erörterungen, die sich bis in die frühen Morgenstunden hinzogen. Weder vorher noch nachher hatte ich in solch unmittelbarer Nähe Konrad Henleins verweilt, um dessen Für und Wider es ja in erster Linie ging.

Er stand im Rampenlicht einer Entwicklung, die, wie man wohl sagen kann, von allen Seiten auf ihn zukam. Der Freundeskreis, vor allem Heinz Rutha, hatte ihn all die Jahre hindurch bei der ideenreichen Gestaltung seiner Aufgaben begleitet, bis er im Juli 1933 das Verbandsturnfest in Saaz – ein Schlüsselereignis der sudetendeutschen Zwischenkriegszeit – herausragend und meisterhaft gestaltete. Der Ratschluß vom Keilberg hatte ihn zweifellos erleichtert. Dennoch gewann ich den Eindruck, daß er ihn nicht als letztes Amen im Herzen trug, als er den Heimweg nach Asch, seinem Wohnsitz, antrat.

Der oft beschriebene Wandel der Dinge, der denn auch nur wenige Tage später eintrat, hat die Teilnehmer des Keilberg-Gespräches, vor allem Heinz Rutha und Walter Brand, am meisten überrascht. Mag sein, daß Sendboten der aufgelösten Parteien – DNSAP und DNP – ihn zwischenzeitlich erneut bedrängten. Mag sein, daß sie ihm Startmittel anboten oder andere Versprechungen zum Ausdruck brachten. Ich glaube dennoch, daß Henleins Entschluß, an die Spitze einer politischen Sammlungsbewegung zu treten, seiner eigenen Brust entsprang und eine jener nicht alltäglichen Entscheidungen war, die einen Menschen veranlassen, in das kalte Wasser der ungewissen Zukunft zu springen. Die Ureigenheit dieses Entschlusses war von großer Bedeutung. Sie hat ihn gegenüber jedermann unabhängig gemacht sowie mit der Legitimation eines Gründungsaktes versehen, den nur er allein verantwortete.

Gleichwohl konnte er ihn nicht alleine vollziehen. Telegraphisch rief er die gleichen Männer herbei, von denen er sich vor kurzem verabschiedet hatte. Die letzten Tage der Sommerferien erlaubten es mir, gemeinsam mit Karl Hanke, dem Jungenschaftler aus Tetschen, dabei den Kurier zu spielen, der wichtigen Persönlichkeiten die ersten Botschaften überbringen mußte. Weil sie es nicht vermochten, ihn »im Regen stehen zu lassen«, gaben die Freunde, vor allem Walter Brand und Heinz Rutha, trotz schwerer Bedenken das Jawort zur Mitarbeit. Man traf sich in den tristen, aber auf Pump zur Verfügung gestellten Zimmern des Gasthauses »Zum ewigen Licht« in Eger. Brand verfaßte (gemeinsam mit dem aus Asch herbeigeeilten Dr. Benno Tins) den Gründungsaufruf zum 1. Oktober 1933. Rutha begab sich auf eine Rundreise durch das Land, um Mitglieder zu werben und die Gründung von Ortsgruppen in die Wege zu leiten.

Verdient um die ersten Stunden, erhielten Rutha und Brand denn auch die Mitgliedskarten Nr. 2 und 3 der »Sudetendeutschen Heimatfront« (SHF). Der in Karlsbad gewählte Abgeordnete der Nationalpartei, Othmar Kallina, hatte diesen Namen vorgeschlagen. Mit ihm wollte man ausdrücken, daß etwas anderes als die bisher agierenden Parteien, eben ein Faktor überparteilicher Art, entstehen sollte.

Aufbau in eigenständiger Weise

Zu den Mitarbeitern der ersten Tage gehörten Dr. Willi Sebekovsky, Dr. Fritz Köllner, Gustav Flögel, Willi Rümmler und – von Robert Großmann empfohlen – kurze Zeit später die beiden Karlsbader Rudolf Sandner und K. H. Frank. Sie waren samt und sonders aus der Jugendbewegung hervorgegangen. Den aus der Jugendbewegung entstandenen Ideen entsprach – tradiert von den Grundsätzen des Böhmerlandgedankens, der Jungenschaft, des Kameradschaftsbundes und des Turnverbandes – auch die Eigenständigkeit des nunmehr einsetzenden Aufbaues. Er bedeutete keineswegs die Verwirklichung alter Parteiprogramme und akzeptierte zuvörderst die »böhmische Aufgabe«. Die Mitarbeit im neuen Staate, die Ablehnung totalitären Denkens, die Gestaltung des sudetendeutschen Stammeskörpers in einer wohlbegründeten Autonomie und seine politische Vertretung durch eine alle Zersplitterung überwindende große Volkspartei waren ehrlich gemeinte Leitgedanken und nicht nur vorgetäuschte Parolen der ersten Auftritte, u. a. der Presseerklärung Henleins am 9. Oktober 1933 im Deutschen Haus zu Prag.

Der Vollzug des Gründungsaktes, den ich persönlich miterlebte, litt unter dem Damoklesschwert des sofortigen Verbotes. Seine innere Dynamik, aber auch hilfreiche Überlegungen des Ministers Dr. Spina und anderer Mitglieder des herrschenden Establishments ermöglichten ihn dennoch. Was folgte, konnte ich nur aus der Ferne meines Wiener Studienortes beobachten. Es war die Verwirklichung eines Programmes, das die neue Bewegung mit den Wahlen vom 10. Mai 1935 zur »Südtiroler Volkspartei« der Sudetendeutschen sowie mit 1 249 000 Stimmen außerdem zur stärksten Partei der Tschechoslowakei machte. Innerhalb zweier Jahre war ihr nunmehr 37jähriger Führer zu einer weltweit bekannten Figur des europäischen Geschehens und zu einem Sammler seiner Landsleute geworden.

Das ausgebliebene Echo

Gerechterweise muß man annehmen, daß eine höchstpersönliche Weisung Masaryks die Teilnahme der SHF an den Wahlen ermöglichte. Die Bedingung, ihren Namen in »Sudetendeutsche Partei« zu ändern, erhöhte eher ihre Chancen. Ein positives Echo der tschechischen Seite blieb gleichwohl aus. Es war weder auf die mit der »Burg« fast abgesprochene Kundgebung vom 21. Oktober 1934 in Böhmisch-Leipa noch auf das Telegramm zu verzeichnen, das Konrad Henlein mit dem Bekenntnis zur Mitarbeit im Staate als Chef seiner stärksten Partei am 11. Mai 1935 an den Staatspräsidenten sandte. Mit 44 Abgeordneten und 23 Senatoren erfüllte sie – was der Jahresbericht 1935/36 bezeugt[1] – in sachlicher Weise ihre parlamentarischen Pflichten. Edvard Beneš, das Herz der Verweigerung, sorgte dafür, daß Henleins ausgestreckte Hand zurückgewiesen wurde. Er war der Motor der Politik, die über den 1935 abgeschlossenen Bündnisvertrag mit Moskau und die aussichtslose Manipulation der kleinen Entente den Selbstzerfall seiner Staatskonstruktion geradezu herbeiführen mußte.

Die Entwicklung zum Münchner Abkommen hatte viele Väter. Einer von ihnen, nämlich Beneš, wurde von den dabei mitentschei-

[1] »Die SdP im Parlament«. Ein Jahresbericht 1935/36, Karlsbad/Leipzig 1937

denden Engländern bereits in den zwanziger Jahren entlarvt. »Es sei fraglich, wie lange die Tschechen ihr völlig falsches Prestige im Ausland noch aufrechterhalten können«, schrieb am 10.3.1924 der britische Gesandte Sir G. Clerk an Premier MacDonald. Am 25.1.1932 schreibt der Gesandte Addison an Sir Garter Sargent im Foreign Office: »Unser Freund Beneš ist kein internationaler Genius. Er ist lediglich ein schlauer und verdrückter Politiker, der weiß, auf welcher Seite das Brot mit Butter bestrichen bleibt ... Er ignoriert die Gefahren, die seinem Lande drohen.« Darauf Sargent, immerhin Referent für mitteleuropäische Fragen, am 16.2.1932: »Die Gewalt der Umstände hat Beneš zum größten politischen Humbug in Europa gemacht.«[1] Vansittard bezeichnet am 1.5.1935 »den kleinen Beneš als den meistüberschätzten Mann des Tages«, und Anthony Eden nennt ihn als Völkerbundminister zur gleichen Zeit »einen schrecklichen Intriganten«.[2]

Es bedurfte also keineswegs der Aufklärungsbelletristik britischer Autoren, die sich 1937 und 1938 von den tschechoslowakischen Gründungsmythen distanzierten.

Der bedeutendste von ihnen, Arnold J. Toynbee, schilderte ein Jahr vor Lord Runciman im »Survey of International Affairs« das deutsche Problem als ein Versagen der tschechoslowakischen Staatskunst. Noch hielt er (am 10. Juli 1937) eine »mitteleuropäische Lösung« für möglich. Er teilte diese Hoffnung mit einflußreichen englischen Staatsmännern, die (von Vansittard bis Churchill) Henlein Glauben schenkten und dessen Besuche im Chatham House aufmerksam registrierten.

Hier hatte sich Heinz Rutha als Referent für die Fragen der Völkerbundliga und andere internationale Aufgaben der SdP in besonderem Maße verdient gemacht.[3] Über den aus der Jugendbewegung bekannten englischen Dozenten Rolf Gardener und über Teile des sudetendeutschen Adels (Fürst Kinsky, Prinz Max von Hohenlohe) nahm er

[1] Zitiert bei Reiner Franke, »London und Prag«, Collegium Carolinum, München 1981, S. 58, 193, 186

[2] a.a.O., S. 222

[3] Heinz Rutha war Vizepräsident der deutschen Völkerbundliga, Vizepräsident des »Europäischen Nationalitätenkongresses«, Verwaltungsratsmitglied des »Verbandes deutscher Volksgruppen in Europa«. Als »Außenminister« der SdP war er »Sonderbeauftragter für Völkerbund- und Nationalitätenfragen«.

Verbindung zu Oberst Christie, einem unabhängigen Mitarbeiter Lord Vansittards, auf. Unterstützt von dem späterhin nach London versetzten Walter Brand trug er dafür Sorge, daß Konrad Henlein, der an der Themse, so Churchill, »einen guten Eindruck hinterließ«, eine Internationalisierung der Sudetenfrage mit Hilfe Londons ins Auge fassen konnte. Von 1935 bis vor Torschluß währten (geduldet von Hitler, bekämpft von Heydrich) diese Versuche, die man keineswegs als Ablenkungsmanöver abtun kann. Noch waren die Gewichte anders verteilt als nach dem Anschluß Österreichs. Noch hätte, anders als im Sommer 1938, auch ein beachtlicher Teil der Sudetendeutschen die Autonomie im Rahmen eines von Beneš befreiten Staates für möglich gehalten.

Auf das Konto von Verbrechern

Natürlich kann man einer Reihe geschriebener Dokumente entnehmen, auch das englische Kapitel Henleins könne die Tatsache nicht entkräften, daß er alle Welt nur täuschen wollte. Sub specie aeternitatis erhebt sich über Böhmens Fluren indes die Frage: Wer täuschte wen? Haben tschechische Staatsmänner nicht jahrzehntelang Wien, hat die Prager Mafia nicht (aus gutem Grunde) das k.u.k. Regime, haben Masaryk und Beneš nicht die Friedensmacher von Versailles und St. Germain getäuscht?

Wäre – wenn schon – dem einen, nämlich Henlein, nicht ein Verhalten zuzubilligen, das vordem für die anderen rechtens war? Ist die Illoyalität der Tschechen im österreichischen »Völkerkerker« nicht ein Vorbild möglicher Illoyalität der Deutschen in der »kerkergleichen« Tschechoslowakei gewesen? War das alles nicht ein Endprodukt im Zeichen des hypertrophen Nationalismus der Französischen Revolution?

Die Sünden der Väter rächten sich so und so. Die Gruppe junger sudetendeutscher Idealisten, die nach allem, was 1918 und 1919 geschehen war, mit dem böhmischen Löwen auf ihrem Wimpel in die Zukunft schritt, wollte sie in ehrlicher Überzeugung tilgen. Vielleicht war es ein kaum zu heilender Mangel, daß die Tschechen und so manche Politiker des sudetendeutschen Lagers – auch viele der so fordernd auftretenden nationalen Rechten – die Jugendbewegung weder mitgemacht hatten noch ihre Gedanken akzeptieren konnten.

»Man mag sich wundern«, stellt Friedrich Prinz später zutreffend fest, »daß sich gleichsam vor der Haustüre des ›Dritten Reiches‹ sehr rasch eine nationalkonservative Gruppierung etablieren konnte, die sich zwar durch den Zustrom alter DNSAP- und DNP-Leute ständig wachsenden Spannungen ausgesetzt sah, aber dennoch in der Lage war, bis 1937 eine eigenständige Politik durchzuhalten.«[1]

Vielleicht muß man Verständnis dafür aufbringen, daß die von Spann her kommenden Reformideen – Föderalisierung des Gesamtstaates sowie der inneren Gesellschaftsstruktur – nicht als Voraussetzung einer mitteleuropäischen Lösung erkannt wurden. Die ganzheitlich-ökologischen Grundgedanken dieses Mannes, die sich erst in den siebziger Jahren als zeitgemäß erweisen sollten, stießen auf das Unverständnis von Ignoranten, mehr noch von intellektuellen Neidern, welche schließlich zu Werkzeugen von Verbrechern wurden.

Eine schandbare Geschichte

Warum Henlein am Ende seine eigene Herkunft verdrängte, ist eine schandbare Geschichte. Seine vor einem Wiener Forum am 4. März 1942 geäußerte Beteuerung, er sei von Beginn an Nationalsozialist gewesen und bedaure, daß er sich nach 1933 nicht der Mitarbeit von Nationalsozialisten bedienen konnte, ist objektiv unwahr. Sie ist inhaltlich ebenso unzutreffend wie die Aussage des geheimen Memorandums an Hitler vom 10. Juli 1937, mit dessen Bekenntnis zur »nationalsozialistischen Ordnung« die Täuschung begann, welche die radikalen Emissäre der DNSAP im In- und Ausland übertrumpfen und eine Aussprache mit Hitler herbeiführen sollte. In dem Streben, sich an der Spitze zu halten, wischte Henlein die uns bekannte Wahrheit hinweg, daß er aus der Turnbewegung, aus dem Freundschaftskreis um Rutha und Walter Heinrich kam, in Asch die Deutsche Nationalpartei wählte und sich bis zum Abgang Walter Brands vom Nationalsozialismus geflissentlich distanzierte.

---

[1] Friedrich Prinz, »Geschichte Böhmens«, München 1988, S. 412

Walter Brand war sein engster Kampfgefährte in harten Zeiten, also nicht irgendwer, gewesen. Er hatte, allgemein anerkannt, noch am 2. Juni 1935 zur Vereidigung der eben gewählten Parlamentarier in der Heldengedächtnishalle zu Eger eine Festrede über »Die geistigen Grundlagen der Bewegung« gehalten und dabei alle Grundsätze herausgestellt, die seit den Zeiten der Arbeit im Turnverband gültig waren.[1]

Durch ein von Henlein selbst angerufenes »Ehrengericht« wurde ihm im Juli 1936 überraschend bescheinigt, daß er unehrenhaft handelte. Die Begründung erweist sich aus heutiger Sicht als ein Skandalon erster Ordnung. Er habe insgeheim den Wirtschaftsredakteur eines Prager Blattes für die »Zeit« abgeworben, seine Brüder in der Organisation der SdP untergebracht, statt eine Forderung durchzufechten, eine Klage gegen die »Rumburger Zeitung« eingereicht und – »wenn er auch von den Lehren Spahns abgerückt sein sollte« – durch Bevorzugung der Menschen seiner Einstellung das »Vertrauen weiter Kreise sowie der Arbeiterschaft« verloren.[2]

Der offenbar »Aufbruch«-hörige Vorsitzende des Gerichtes, Franz Eduard Sasum, brachte es fertig, seinen Beisitzern (Pfarrer Wehrenfennig, Dr. Greger, Ferdinand Alter, Richard Bernhard) diesen Text vorzulegen, der bewies, daß er nicht einmal in der Lage war, den Namen des von ihm zitierten Professors richtig zu schreiben. – Obwohl Henlein das Verdikt nicht anerkannte, schied Brand aus dem Führungskreis der SdP aus, um in das Amt eines Korrespondenten nach London und Paris abgeschoben zu werden.

Ein noch schlimmeres Schicksal ereilte im November 1937 Heinrich Rutha. Ihn brachte eine »Tuchatschewsky-Aktion« Heydrichs zu Fall. Wie der Chef der Gestapo über Beneš als Mittelsmann dem roten Zaren belastendes Material gegen den sowjetischen Generalstabschef in die Hand spielte, so sorgte er dafür, daß dubiose Aussagen über homosexuelle Verfehlungen Ruthas der tschechischen Staatspolizei in die Hände fielen. Der Reichenberger Konsul Lierau, der ihm ebenso ergeben war wie die besagte »Rumburger Zeitung«,

[1] Sie hob auf die Partnerschaft der Völker ab und plädierte – die Bemühungen späterer Jahrzehnte vorwegnehmend – für eine »große mitteleuropäische Wirtschaftseinheit«, in der allein sich die europäische Wirtschaftskrise lösen lasse. (Walter Brand, »Die geistigen Grundlagen unserer Bewegung«, Verlag K. H. Frank, Karlsbad 1935, S. 22)

[2] Siehe Prager Zeitung »Bohemia« vom 11.7.1936, S. 4

hatte dabei die Hände in dem Spiel, das es Beneš ermöglichte, den Mitbegründer und außenpolitischen Berater der SdP unter Anklage zu stellen sowie in die Tragödie des Selbstmordes zu treiben. Mit welch hohem Ethos Rutha aus dem Leben schied, bezeugen die letzten Worte eines Testamentes, das – im Kreisgerichtsgefängnis Böhmisch-Leipa auf die Deckseiten des Ernst-Curtius-Buches über den Peloponnes geschrieben – den Weg in die Hand eines Freundes fand:

> »An meine Freunde! Seid unverzagt und glaubt an die Zukunft! Auch trotz der schweren Prüfungen, welche durch Schurkerei und durch Verwirrung von Menschen über mich gekommen ist ... Seid zu Eurer Zeit der Jugend Führer! Und werdet Väter von Söhnen, die Euch übertreffen! ... Glaubt an das deutsche Volk, aber kämpft, daß es auch an Gott glaubt, nicht nur an Masse. Wirkt für das Zusammenleben der Völker in unserem Land! Eine schwere, aber würdige Aufgabe für ein Geschlecht, das heilig nüchtern vor sich den Weg in der Geschichte sieht.«[1]

Die Träger der SdP-Mitgliedskarten Nr. 2 und 3 waren nun aus Henleins Nachbarschaft entfernt. Eine Kamarilla von Akteuren des »Aufbruch«-Kreises, die anno 1936 in einer Broschüre »die Pest des KB« bekämpften, trieben ihn fortan in die Enge.[2] Sie hatten ein leichtes Spiel. Jeweils anderen Machtzentren des Reiches (Innenministerium, Volksdeutsche Mittelstelle, Arbeitsfront, Amt Rosenberg, Völkischer Beobachter und Hitlerjugend) zugeordnet, vermochten sie einander in der Hasenjagd auf Mitglieder des KB und des »verräterischen Spann-Kreises« zu übertrumpfen.[3] Das Verbrechenszentrum des nachmaligen Reichssicherheitshauptamtes verfaßte schließlich unter ihrer Mitwirkung im Mai 1936 eine »Geheime Kommandosache« »Der Spann-Kreis«. In ihr hatten große »Philosophen« wie Ro-

[1] Zitiert bei J. Stauda, »Der Wandervogel in Böhmen«, a.a.O., 2. Buch S. 164. – Verwahrt im Bundesarchiv Koblenz

[2] »Der Kameradschaftsbund. Die Entlarvung einer Clique«, Verlag »Der Aufbruch«, Prag XII, Amerika 1, 1936, S. 43; ferner Hermann Marcus, Friedrich Brehm, »Der Aufbruch«. Materialien zur sudetendeutschen Zeitgeschichte. Sudetendeutsches Archiv, München

[3] RSHA, »Der Spann-Kreis. Gefahren und Auswirkungen«. Geheime Kommandosache. Ende Mai 1936

senbergs Adlatus Heinrich Härtle alles zusammengetragen, was gegen den Verfasser des »Wahren Staates« sprach: Ultramontan, romhörig, arbeiterfeindlich, reichsfeindlich, Kirchenknecht, Anhänger einer verdeckten Theokratie, Leugner des Rassegedankens usw.! Das reichte für die Inszenierung eines Ausrottungsfeldzuges im gesamten Reichsgebiet und endete im Januar 1940 mit der politischen Entmannung Henleins.

In der Zeitschrift »Böhmen und Mähren« (5/1941, S. 176) hat Heydrich die wissenschaftlich verbrämte Methode der Vernichtung von Staatsfeinden selbst beschrieben: »Völliges Erfassen des Gegners in seinem geistigen Grundelement, totales Erkennen und kriminalistisches Ermitteln seiner organisatorischen Form sowie seiner personellen Besetzung, schließlich planvolles Bekämpfen, Vernichten, Lahmlegen, Ausschalten dieses Gegners mit exekutiver Gewalt.«[1] Die »Geheime Kommandosache« über den Spannkreis entspricht genau dieser Devise. Sie liefert ein Musterbeispiel ihres Vollzugs. Als Dokument der Verfolgungsmethoden gegen mißliebige Geistesrichtungen im Dritten Reich ist sie wissenschaftlich noch keineswegs ausgewertet.

Auch meine politisch harmlose, leider mit einer »zeitgemäßen« Einleitung versehene Arbeit über die Pädagogik Platons und Fichtes (siehe oben S. 71) verfiel dem Verdikt. Sie wurde im Dezember 1937 von dem nunmehr völlig verunsicherten Verbandsobmann Bernhard als Unterlage der Turner-Schulungsarbeit[2] verboten. Spann war im Sudetenland genauso wie im Altreich auf den Index gestellt. Henlein paßte sich an. An den Wiener Gelehrten, der Walter Brand gegen den

[1] Als Dokumentation der hier nur kurz zitierten Vorgänge seien genannt: Heinrich Härtle, »Vom Ständestaat zur Priesterherrschaft mit Othmar Spann«, Berlin 1936, Sonderauflage Zentralbüro der Deutschen Arbeitsfront, Dr. Robert Ley, Berlin 1938; Helmut Rönnefarth, »Das Sudetendeutschtum in der internationalen Politik«, Steiner-Verlag, Wiesbaden 1961; Helmuth Grosscurth, Tagebücher 1938–1940, DVA 1970; Walter Brand, »Auf verlorenem Posten«, Verlagshaus Sudetenland, München 1985; Ronald Smelser, »Das Sudetenproblem und das Dritte Reich«, Verlag Oldenbourg 1985; Andras Luh, »Der Deutsche Turnverband in der Ersten Tschechoslowakischen Republik«, Verlag Oldenbourg, München 1988; Emil Franzel, »Das böhmische Feuer«, Adam-Kraft-Verlag, Augsburg 1969 und »Gegen den Wind gesprochen«, Aufstiegs-Verlag, München 1983

[2] Siehe Andreas Luh, »Der Deutsche Turnverband in der ersten Tschechoslowakei«, a.a.O., S. 313

Spruch des Ehrengerichtes verteidigen wollte, schrieb er schon am 26. August 1936, er solle sich in sudetendeutsche Angelegenheiten nicht mehr einmischen und alle Verbindungen aufgeben. »Heute stehen die Dinge so, daß alles, was mit Ihrem Namen und mit Ihrer Lehre zusammenhängt, schärfstens abgelehnt wird.[1]

Ein Blick nach links

Wie gestaltete sich aus der Sicht meiner Heimat und meiner Prager Jahre mein Verhältnis zur Mitte und zur Linken des politischen Spektrums? Darauf gibt es eine ehrliche Antwort: Es war nicht vorhanden. Die Versuche der aktivistischen Parteien, den tschechoslowakischen Staat im Sinne einer zweiten Schweiz zu verändern, schienen mir erfolg- und ergebnislos. Die Akzente der Jungaktivisten drangen kaum in mein Bewußtsein und noch weniger in das meiner Gefährten.

Da verbleibt lediglich das problemlos gute Verhältnis zu meiner engeren Nachbarschaft in Karlsbad-Drahowitz. Rechts vom Vaterhaus beherrschten alteingesessene Bauern das Umfeld. Links ratterten die Maschinen einer kleinen Hutfabrik, und jenseits vom Egertal loderten die »Füchse« der Porzellanfabriken. Anstelle von Kirchenglokken bestimmten ihre Schichtsirenen den Rhythmus des Tages. Sie riefen Tausende von Schaffenden zur Arbeit und taten dies auch im weiten Umkreis der Kurstadt.

Karlsbad war zwar nicht das Zentrum eines Ruhrgebietes. Mit Kaolin- und Kohlengruben, mit Porzellan- und Glasmanufakturen sowie mit den Zuarbeitern des Saisonbetriebes wies es indes eine rege Arbeiterschaft auf, die sich – wie sollte es anders sein – frühzeitig nach den Ideen Marxens organisierte. Sie bildete, wie schon vermeldet, eine Welt für sich, war in stolzem Klassenbewußtsein mit Konsumvereinen, Gewerkschaften, Roten Falken, Naturfreunden, Harmonika-Orchestern und Esperanto-Vereinen nahezu völlig durchorganisiert.

---

[1] Biman u. Malíř, »Die Karriere eines Turnlehrers«, Nordböhmischer Verlag 1983, S. 166

Trotzdem gab es im allgemeinen keinen Haß und Streit. Mit fast nostalgischen Empfindungen blicke ich auf die gewaltigen Aufmärsche zum 1. Mai zurück, da 20000–30000 Arbeiter mit roten Nelken im Knopfloch stramm hinter der Internationale und hinter österreichischen Regimentsmärschen zum Becherplatz marschierten. Es gab in Drahowitz zwei Welten: die der Mitglieder des »Deutschen Turnvereins« mit einem schwarzen Gürtel um die Hüfte und jene des »Arbeiter-Turnvereins« (»Atus«), die einen roten Gürtel trugen. Darüber thronte als Bürgermeister der Altarbeiter Senator Löw, der ein strenges, aber gerechtes Verhalten gegenüber jedermann übte.

Sein Tod und das ihm folgende feierliche Begräbnis zeigten freilich die Zeitennarbe an, mit welcher der Friede aufhörte und das Auseinanderdriften der Bevölkerung des Sudetenlandes begann. Die DSAP (Deutsche Sozialdemokratische Arbeiter-Partei), die sich der geschlagenen Partei des Altreiches und den österreichischen Sozialisten hilfreich verbunden fühlte, gliederte sich zusehends in die »Front der Demokraten« ein, was in der ČSR der dreißiger Jahre auch den Schulterschluß mit Beneš und seiner verhängnisvollen Politik bedeutete. Wenn die »Rote (Republikanische) Wehr« unter der Leitung ihres alles andere als militaristisch eingestellten »Reichsführers« Ernst Paul (des nachmaligen Abgeordneten im Deutschen Bundestag) auch auf tschechische Kommandos hörte, Masaryk und Beneš (»die wir lieben«) hochleben ließ[1] und am Ende mit Waffen gegen die »Henlein-Leute« ausgerüstet wurde, traf das bei diesen auf kein Verständnis. Die »Konsum-Kosaken« waren das letzte, was in die Stimmungslage der überwiegenden Mehrheit der Bevölkerung paßte. Diese empfand allgemein, daß die sudetendeutschen Sozialdemokraten auf der falschen Seite kämpften.

Das Klassenkampfdenken der Jahrhundertwende hatte sich überlebt. Schon mit seinem Vokabular führte es von der Aufgabe weg, neue Schichten für die »Sudetendemokratie«, wie Wenzel Jaksch sie nannte, zu gewinnen. Erst einigen Darstellungen in der Nachkriegszeit vermochte ich zu entnehmen, was der hochbegabte letzte Parteivorsitzende der DSAP unternahm, um dieser Aufgabe dennoch gerecht zu werden. Warum drangen seine Gedanken nicht an unser

[1] »Kampf, Widerstand, Verfolgung«, Dokumentation der Seligergemeinde, Stuttgart 1983, S. 282 ff.

Ohr, als er das Konzept eines »Volkssozialismus in Böhmen« entwikkelte? Wenn das, was Martin K. Bachmann[1] oder Emil Franzel[2] über diesen Versuch vermelden, zutrifft, lag zwischen ihm und den Auffassungen der Sudetendeutschen Partei, vor allem ihres autonomistischen Flügels, in der Tat nur eine hauchdünne Wand. Hat er als Emigrant in London in standhafter Auseinandersetzung mit dem wieder aufgetauchten Beneš nicht die gleiche »Provinzialautonomie mit eigener Landesregierung« wie vordem Henlein verlangt? Lohnte es sich, vor 1938 für den gleichen Beneš zu kämpfen, der ihn nach 1940 mit den gleichen Mächten wie ehedem politisch überspielte und listenreich fallenließ?

Es ist müßig, an den Erfolg von Emil Franzels Versuchen zu glauben, der den Weggenossen vieler Jahrzehnte wie den Christlichsozialen Hans Schütz oder den Landbündler Gustav Hacker nach dem Debakel Österreichs zum Übertritt in die SdP bewegen wollte und dafür Kontaktgespräche mit Prof. Josef Pfitzner arrangierte.[3] Gewiß hätte ein Arbeiterführer Jaksch innerhalb der SdP die Gewichte mächtiglich in Richtung auf eine vernünftige Politik der Mitte verschoben. Aus damaliger Sicht wäre ein derart radikaler Standortwechsel meines Erachtens aber aus Gründen der Tradition und des Charakters unmöglich gewesen.

Das gilt auch für den von Jaksch vermeldeten Versuch, mit Lodgman von Auen (der zur gleichen Zeit in einer Denkschrift für Hitler unter Hinweis auf den Siegeszug der nationalsozialistischen Idee sein Fernbleiben von Henleins Partei mit deren autonomistischen Forderungen begründete) einen demokratischen Friedens- und Aufbau-Block zu bilden.[4] Es bleibe dahingestellt, ob die von J. W. Brügel und Emil Franzel (»Gegen den Wind der Zeit«, S. 340) gleicherweise aufgestellte Behauptung, Beneš habe beim letzten Parteitag der DSAP im März 1933 energisch für die Wahl Jakschs zum Parteivorsitzenden interveniert, nicht der Absicht des Präsidenten entsprach, damit ein

[1] Martin K. Bachmann, »Volkssozialismus in Böhmen«, in: »Arbeiterbewegung und Arbeiterdichtung«, Seliger-Archiv, Stuttgart 1981

[2] Emil Franzel, »In den Wind gesprochen«, S. 333 ff.

[3] Emil Franzel, »In den Wind gesprochen«, S. 341

[4] Vaclav Kràl, »Die Deutschen in der Tschechoslowakei«, Tschechoslowakische Akademie der Wissenschaften, S. 189 ff., und Wenzel Jaksch, »Europas Weg nach Potsdam«, S. 309

Auseinanderbrechen der deutschen Sozialdemokraten und eine weitere Stärkung der SdP zu verhindern.

Nein, wer hätte die Hybris der Geschichte und ihre Tragödien in diesen Tagen noch verhindern können? Wahrscheinlich mußte Jaksch, wie Franzel sich ausdrückt, seine Partei »in die Schlacht auf den Vesuv« führen und Tausende dabei büßen lassen. Das Verzeichnis der Opfer, die sie in ihrem Verhängnis brachten, gehört deshalb an herausragender Stelle auf jede Gedenktafel der sudetendeutschen Volksgruppe.

5. MÜNCHEN UND NACHHER

Die Interngeschichte der SdP blieb der breiten Masse der Sudetendeutschen größtenteils verborgen. Sie sah in Henlein – mit Recht – den Vorkämpfer gegen die Unterdrückungsmaßnahmen der Staatsregierung und den aus ihrer Mitte hervorgegangenen Begründer eines steigenden Selbstbewußtseins. Das schlichte Wesen des Mannes, der – weithin nur als »der Konrad« bezeichnet – eine Art Mr. Sudetenland war, beeindruckte ebenso wie seine Ansprachen, die von persönlichen Attacken gegen politische Gegner frei gewesen sind.

Die Sogkraft Hitlerdeutschlands wuchs von Jahr zu Jahr. Sie kündigte nicht nur eine Befreiung von den Fesseln der Jahre 1918/19, sondern auch eine Lösung der erschreckenden Arbeitslosigkeit an, welche das Sudetenland in jener Zeit zum Armenhaus Mitteleuropas machte. Weder Henlein noch sonst jemand wäre nach dem Anschluß Österreichs in der Lage gewesen, ohne Vertrauensverlust beim Großteil der Bevölkerung etwas anderes als den Anschluß der deutschen Gebiete Böhmens und Mährens/Schlesiens zu verlangen.

Die provokativen Maßnahmen des Beneš-Regimes trieben die Sudetendeutschen scharenweise in die Sudetendeutsche Partei. Laut Angaben des Organisationsleiters Dr. Köllner gehörten ihr im Juni 1938 bei rund 1 800 000 wahlberechtigten Deutschen in der ČSR rund 1 300 000 Mitglieder an. Sie war damit die relativ mitgliederstärkste Partei, die je ein demokratisches System weltweit aufzuweisen hatte. Was Wunder, daß sie bei den Gemeindewahlen im Mai/Juni 1938 90 Prozent aller deutschen Stimmen für sich zu buchen vermochte. Diese Wahlen glichen de facto einem Plebiszit, dessen Ergebnis letztlich auch für die Alliierten von ehedem beachtenswerte Maßstäbe setzte.

Die Summe der westlichen Erwägungen lief am Ende auf die Feststellung hinaus, man könne keinen Krieg gegen das Selbstbestimmungsrecht führen. Das Votum für die Abtretung der Sudetengebiete, das die Botschafter Großbritanniens und Frankreichs in der Nacht vom 18. auf den 19. September 1938 in Form einer zwingenden Note dem Präsidenten Beneš übergaben, war daher nicht nur durch das Aggressionspotential Hitlers hervorgerufen. Es entsprach auch ihrer eigenen Einsicht in die Fehler von 1918/19. Durch das Münchner Übereinkommen vom 29. September 1938 wurde es lediglich verifiziert sowie mit den erforderlichen Durchführungsvorschriften versehen.

Der Zufall fügte es, daß ich seine Begleitumstände – einem für uns bedeutsamen Ereignis neuerdings aus der Nähe verbunden – in der Landeshauptstadt Bayerns unmittelbar miterleben konnte. Dort war die Rückkehr von einem Urlaub, den ich zusammen mit meiner Mutter in Abbazia verbracht hatte, infolge geschlossener Grenzen jählings unterbrochen worden. Züge aus der Heimat geflohener Frauen und Männer kreuzten sich am Stachus mit einer aufgeregten Menge, die sich in die Maximilianstraße bewegte, um dort die Helden des Friedens, Daladier und Chamberlain, zu begrüßen. Dicht gedrängt standen wir vor dem Hotel »Vier Jahreszeiten«, als hätten wir ein Gottesgeschenk zu erwarten. Die Szene roch nach historischer Stunde. Sie machte sich in freudiger Heiterkeit Luft. Einer rief (den englischen Schirmträger offenbar mit Göring verwechselnd): »Alter Knabe, sei so nett und zeige dich am Fensterbrett!« Das renommierte Hotel wurde, wie wohl niemals wieder nachher, zur Schallmauer eines Friedensjubels, der, wie wir wissen, auch in Paris und in London seinen Widerhall fand. Wie sehr er berechtigt war, geht meines Erachtens aus der Tatsache hervor, daß Hitler das Ergebnis der Konferenz keineswegs erfreute. Hitler wollte die ČSR militärisch kassieren. Die Lösung nach ethnischen Gesichtspunkten (d. h. nach dem Selbstbestimmungsrecht) wurde ihm durch die Konferenzteilnehmer aufgezwungen und war insofern ein Erfolg der »Appeasement«-Politik.

Die Trauer der tschechischen Vertreter, denen der vor Ermüdung gähnende Chamberlain zu später Nachtstunde das Ergebnis der Verhandlungen bekanntgab, entsprach der Trauer der österreichisch-sudetenländischen Friedensdelegation beim Empfang des Diktates von St. Germain.

Wir aber fuhren, dem Einmarsch des »Führers und Reichskanzlers« sozusagen auf dem Fuße folgend, erst am 3. Oktober 1938 in das reichbeflaggte Karlsbad. Die Akzente der Befreiung beherrschten das Stadtbild. Keiner dachte an die Opfer der NS-Schergen. Die meisten meinten, nun habe sich eine jahrhundertealte Sehnsucht glänzend erfüllt. Daß dies ohne kriegerische Aktionen möglich war, bestätigte den Eindruck, ein überragender Staatsmann habe da am Rad der Geschichte gedreht.

Das war »München«. Was nachher kam, erschloß auch für mich ein neues Kapitel des Erlebens.

Abmarsch in die Provinz

Der Knalleffekt großer Ereignisse hüllt sein Umfeld, auch wenn er nicht aus Kanonenrohren kommt, in den Nebel ungewisser Tage. Man fragt sich, »wo die Sonne und der Mond stehen« und wie es nun weitergehen soll. Ich begab mich, sobald wir wieder schreiben und telefonieren konnten, zunächst auf die Suche nach meinem Arbeitsplatz. Die »Zeit« war ja in doppeltem Sinne aus Prag verschwunden. Aber wohin? Da traf ein Aviso ein, nach Dresden zu kommen, wo wir in den Räumen des »Freiheitskampfes« (von uns despektierlich als »Freiheitskrampf« bezeichnet) ein Ersatzblatt zu Papier bringen sollten. Wir quartierten uns in der Stadt Augusts des Starken ein und harrten der Dinge, die das Provisorium der neu gewonnenen Freiheit in die Wirklichkeit neuer Staats- und Gesellschaftsstrukturen verwandeln mochten. Das Wie und Wann wurde anderswo entschieden.

Bereits am 28. September 1938 hatte Henlein einen Stab von Experten – darunter K. H. Frank, Dr. Sebekovsky, Dr. Künzel und Dr. Fritz Köllner, dem wir diese Nachricht verdanken – in das Hotel »Excelsior« nach Berlin berufen. Dort wurde zunächst die Grundsatzentscheidung erörtert, ob man (was selbstverständlich die umliegenden Gauleiter wollten) die sudetendeutschen Stammesbereiche den ihnen entsprechenden Verwaltungsbereichen der großdeutschen Nachbarschaft angliedern oder als eigenen Gau erhalten solle. Der Gedanke des mittlerweile so oft verlästerten politischen »Stammeskörpers«, also die Errichtung eines eigenständigen Gaues und Verwaltungsgebietes, setzte sich – der KB hatte doch recht – überraschend schnell durch. Man fügte bestimmte Wünsche für die Gebietsgliederung hinzu und trat, solchermaßen vorbereitet, zum feierlichen Empfang des Führers an, als er am gegenüberliegenden Anhalter Bahnhof von seiner ersten Begrüßungsfahrt durch das Sudetenland eintraf.

Was dann folgte, waren Entscheidungen, die der Diktator wahrscheinlich schon für sich selbst getroffen hatte und nun nach weiterer Beratung in der Reichskanzlei kundtat. Hitler wollte – »München« hatte ihn dabei eher behindert als vorangetrieben – den böhmisch-mährischen Zentralraum zur Gänze haben. Eine Sektionierung nach ethnischen Stämmen lag daher nicht in seinem Interesse. Die Weisungen lauteten dann wie folgt:

1. Es wird ein »Reichsgau Sudetenland« mit der Gauhauptstadt Reichenberg geschaffen. Randgebiete werden an die Gaue »Bayerische Ostmark«, »Oberdonau« und »Niederdonau« abgetreten.
2. Das Sudetenland wird nach einem künftig für das Gesamtreich geltenden Muster (daher der Name »Mustergau«) als einheitliches Reichsverwaltungsgebiet mit drei Regierungsbezirken in Eger/Karlsbad, Aussig und Troppau und mit 48 Landkreisen gebildet.
3. Konrad Henlein übernimmt in Personalunion das Amt des Gauleiters und des Reichsstatthalters.
4. Eine Gauselbstverwaltung mit einem Gauhauptmann an der Spitze und ihrem Sitz in Aussig betreut kommunale Fragen sowie die Verwaltungsprobleme des Schulwesens.
5. Eine großzügige Hilfe des Reiches soll die darniederliegende Wirtschaft des Sudetenlandes wieder in Gang bringen.

Diese und andere Richtlinien waren das Gerüst eines Vorganges, der die Stadt am Fuße des Jeschken zunächst, wie man treffend sagte, zum Sitz einer »Reichspostenjägerei« machte. Helmuth Großcurth erwähnt den »Amtsschacher«, der dabei ausgeübt wurde, und die Einsatzgruppen des SD, die allenthalben nach Opfern suchten. Henlein aber erklärte ihm gutgläubig, »eine große Zeit müsse große Menschen finden, der frühere Zwiespalt (zwischen KB und ›Aufbruch‹) müsse ausgemerzt werden«.[1] Der Kampf um Positionen ging indes hurtig weiter. Er wurde von der Not an Fachkräften überlagert, die

[1] Helmuth Großcurth, »Tagebücher«, S. 137 und 328

man für nahezu alle der neu entstehenden Ämter aus dem Beamtenreservoir des Altreiches holte.

In kurzer Zeit war der Reichsgau in der Hand von »Reichsgermanen«. Ein Stillhaltekommissar (»Stiko«), Reichsamtsleiter Albert Hofmann, löste nicht nur die Einrichtungen der weltanschaulichen Gegner (Konsumvereine, Volksheime, Partei- und Gewerkschaftshäuser usw.) auf, sondern auch jene der völkischen Seite. Ehrwürdige Institutionen wie den »Bund der Deutschen« und den »Deutschen Kulturverband« liquidierte er ebenso wie nach seiner Ansicht »überflüssige« Einrichtungen des sozialen und kulturellen Lebens. Ohne der Gauleitung Rechenschaft abzulegen, wurden gigantische Vermögenswerte enteignet, an die Reichskassa oder sonstwohin überwiesen.

Henleins Schöpfung, der Turnverband, wurde zum bloßen Vermieter seiner Hallen an den »Reichsbund für Leibesübungen«, an SA, SS und Hitlerjugend degradiert. Die »Reichseinheitsbaumgemeinschaft« war offenbar das Ziel des »Stiko« und seiner Auftraggeber. Gnadenlos konfiszierte er auch das Vermögen des »Deutschritterordens«, weil er nicht eine Einrichtung des kirchlichen, sondern des weltlichen Rechtes sei.

Das Vermögen der »Sudetendeutschen Partei« (nach Angaben ihres Schatzmeisters Gustav Flögel runde drei Millionen Reichsmark) wurde in den Besitz der NSDAP überführt. Anders verfuhr man mit den Mitgliedern, die nach einer Verlautbarung des Amtes Heß ja »nur einen völkischen, nicht aber einen politischen Kampf zu führen hatten«. Sie mußten auf einem ausführlichen Fragebogen um Aufnahme in die Partei ansuchen und erhielten dann vorerst eine provisorische Mitgliedskarte.

Die Enttäuschung war in vieler Hinsicht perfekt. Sie wurde indes von einem Wirtschaftsaufschwung überspielt, der das Heer der Arbeitslosen in kurzer Zeit verschwinden ließ und trotz makabrer Währungsrelation (acht Tschechenkronen für eine in der Kaufkraft geminderte Reichsmark) den persönlichen Lebensstandard nach und nach verbesserte. Durch die Umstrukturierung auf die Verhältnisse des Reiches konnte die sudetendeutsche Wirtschaft zum ersten Male seit 1918 wieder mit einem großen Binnenmarkt rechnen. Die Sanierung bedeutender Industriezweige (z. B. im Textilbereich), weitausgreifende Planungen im Kohle- und Energiesektor, Hilfe für die hochverschuldete Bäderwirtschaft, Grenzlandhilfe, Kredithilfe für die Gablonzer Industrie, beginnende Angleichung von Löhnen und Gehältern an das Niveau des Altreiches – alle diese Maßnahmen deuteten eine positive Entwicklung an.[1] Sie wurde allerdings durch das ungeklärte ökonomische Dreiecksverhältnis (Altreich – Tschechoslowakei [Protektorat] – Sudetengau) beeinträchtigt und nach kurzer Anlaufzeit von der Umstellung auf die Kriegswirtschaft maßgebend beeinflußt. Das Sudetenland entwickelte sich bald – man denke an das große Hydrierwerk in Brüx-Maltheuren – zu einem Rüstungszentrum beachtlichen Ausmaßes. Zunächst (Herbst 1938 bis Frühjahr 1939) erfreute es sich nur der ersten Ansätze des strukturellen Aufschwunges. Es war ihm nur eine knappe Frist der ökonomischen Regeneration beschieden.

Den Mitgliedern der »Zeit« bescherte der Wandel der Dinge am Ende den Abmarsch in die Provinz. Das Weltblatt verkümmerte zur »Gauamtszeitung«. Es verdrängte die altrenommierte »Reichenberger Zeitung« im Stiepel-Verlag und wurde nach wenigen Wochen von einer Abordnung des Reichsverlages auf die genormten Maße ähnlicher Blätter eingestimmt. Nur mit verhaltenem Lächeln quittierten die Großstadtjournalisten, deren Objekte noch vor kurzem im Zentrum des Weltinteresses lagen, die Versuche des (persönlich umgänglichen) Umschulungsleiters Emil Frotscher, die richtigen Schriftgrößen für den richtigen Umbruch vorzuschreiben.

Das waren kalte Duschen am laufenden Band in einer Stadt »mit nichts als Nordseite«. Sie gaben die andere Folge der Befreiung wieder, die – se non è vero, è ben trovato – der tschechoslowakische Ministerpräsident Milan Hodža bei einer der letzten Verhandlungen mit folgendem Bonmot verdeutlicht haben soll: »Bleiben Sie bei uns, Herr Henlein, dann behalten Sie Namen und Geltung. Gehen Sie heim ins Reich, werden Sie am Rande Böhmens und Mährens eine Nebenfigur ohne Glanz und Gloria.«

[1] Vgl. Wolfgang Braumandl, »Die Wirtschafts- und Sozialpolitik des Deutschen Reiches im Sudetenland 1938–1945«, Nürnberg 1985

Heimat in Karlsbad

Hochzeitsbild der Eltern
Anton und Anna Becher, 1911

Der Weltkurort 1928

Jugend, Schule und Wandervogel

Als »Prinz Goldlock«, Schulaufführung Marienbad, 1920

Karlsbader Jungenschaft, 1926

Matura-Bild 1931
(der Autor 2. von links)

Mit Schwester Hildegard
(1932)

Heinz Rutha 1932 (links) und Walter Brand 1933 (rechts)

Von der Turnerschaft zur Sudetendeutschen Partei

Konrad Henlein 1937 und (in Gewahrsam der US-Army) in Elbogen am 9. Mai 1945

Die Gefahr im Nacken

Wo ein und dasselbe Ereignis Freude und Bangigkeit erzeugt, entsteht, was man gemeinhin als gespaltenes Bewußtsein bezeichnet. Wie Millionen andere nahm ich an der Genugtuung über den Vorgang teil, der die Option von 1848 und 1918, das gemeinsame Reich, zu verwirklichen schien und im Falle Österreichs sogar die Zustimmung Dr. Karl Renners und Kardinal Innitzers gefunden hatte.[1] Gleichzeitig wußte ich aber Lehrer und Freunde in den Kerkern einer Verfolgung, die nun auch mich bedrohte. Schüler Spanns und Mitglied des Freundeskreises der Sudetendeutschen Jungenschaft sowie des Kameradschaftsbundes gewesen zu sein – das war ein wenig viel und machte mich zum dreifachen Objekt einer Verfolgung, die wahrscheinlich nicht lange auf sich warten ließ. Die Gefahr im Nacken war daher mein ständiger Begleiter.

Sie begleitete das Erleben einer großen Liebe und das Dabeisein in einem Freundeskreis, der sich um das Völkchen von Schauspielern, Sängerinnen und Sängern im neu bestallten Reichenberger Theater – nunmehr Gau-Theater – bildete. Fritz Klippel, der neue Intendant, und Karl Trabauer bildeten zusammen mit Otto Menzel und den Altkollegen der Prager »Zeit« eine Umwelt, in der es sich leben ließ. Man war sich der Traditionen einer großen deutschen Theaterlandschaft bewußt. Auf nahezu 30 Bühnen hatten die sudetenländischen Theater von Eger bis Brünn für Hunderte berühmter Schauspieler und Sänger die »Sprungfelder zum Ruhm« gebildet. Mit dem »Neuen Deutschen Theater« in Prag, mit größeren und großen Häusern in Karlsbad, Teplitz, Aussig, Gablonz, Olmütz, Brünn und eben Reichenberg verfügten die Sudetendeutschen zudem über Musentempel eigenständiger Art.[2] Die Freunde vom Bau wollten dem nacheifern und uns alle ein wenig in das Traumland ihres Schaffens holen. Heiterkeit und Freude an guten Einfällen bestimmten unser Tun, das unbeschwert von Politik und ihren Querelen sozusagen nebenherlief. Die Trübsal mancher Stunden wurde auf Wanderungen durch den

[1] Vgl. Karl Renners Zustimmung zum Anschluß des Sudetenlandes in der Schrift »Österreich von der ersten zur zweiten Republik«, Wien 1953

[2] Vgl. Wilhelm Formann, »Der Vorhang hob sich nicht mehr. Theaterlandschaften im Osten«, München 1974

Winterwald und durch das herrliche Frühlingsland des Iser- und Mittelgebirges hinweggeblasen.

Dennoch würde ich auf die Frage, wo und wann ich mich innerlich am elendesten fühlte, antworten: in den Redaktionsstuben der Reichenberger Gauzeitung. Es erging mir wie wahrscheinlich Abertausenden in Hitlers und Stalins Zwangsgefilden: Ich war gehalten, Beiträge zu verantworten und selbst zu schreiben, die nicht meiner inneren Überzeugung entsprachen und die ich heute tief bedaure. Das galt vor allem der Behandlung der Judenfrage, die nach der »Kristallnacht« im November 1938 dem Gebot zentraler Weisungen unterlag und ohne mein Zutun in unseren Spalten durch wüste Artikel von Prag her zusätzlich angeheizt wurde. Ein Kommentar zur Einführung der Reichskulturkammer-Gesetze, in welchem ich von einer Entjudung der Kulturberufe auch deren Entwirtschaftlichung erhoffte, entsprach freilich dem allgemeinen Eindruck, daß hier in jahrzehntelanger Übung des Guten zuviel geschehen war.

Wie dem auch sei. Ich hatte mein Soll zu erfüllen. Von dem neuen, direkt vom »Völkischen Beobachter« kommenden Chefredakteur Dr. Karl Viererbl wurde mir ein Aufpasser namens Himmele an den Schreibtisch gesetzt, der sein Unvermögen, auch nur einen einzigen Namen unserer sudetenländischen Künstler und Poeten fehlerfrei zu schreiben (Pleier statt Pleyer, Watzlyk statt Watzlik), durch beständiges Auftreten in SS-Uniform ausglich und nur darauf lauerte, daß ich einen Anlaß zum Einschreiten gab.

Das geschah selbst dann nicht, als ich im Juni 1939 den Auftrag hatte, eine »großdeutsche Dichterreise« über Prag und Iglau nach Wien zu begleiten, allwo Joseph Goebbels im Foyer des Burgtheaters unter offenem Widerspruch E. G. Kolbenheyers die Schriftsteller aufforderte, »der großen Zeit gerecht zu werden und nicht nur über Blümelein zu dichten«. Unser Karlsbader Goethe meinte anderntags bei einem Trinkspruch in den Räumen des Park-Cafés, man müsse zwischen Propaganda und Dichtung unterscheiden. Letztere sei oftmals groß im Kleinen und bedürfe keines Schalltrichters blecherner oder politischer Art. Kolbenheyer, mit dessen Bühnenwerken später das Burgtheater die »Kulturwochen« füllte, konnte sich das leisten. Er wurde nicht vom Fleck weg verhaftet. Gleichwohl wären die Machthaber aus Berlin, auf den Höhepunkten ihrer jüngsten Erfolge reitend, auch dazu imstande gewesen.

Hitler am Halys

Dem Sommer war ja das eiskalte Frühjahr vorausgegangen. Am 14. März 1939 öffnete Hitler die Schleusen zum Einmarsch in das Restgebilde der Tschechoslowakei. Er tat damit das Gegenteil dessen, was ihm die höhere Vernunft des Erdteils hätte eingeben müssen. Wie Masaryk 1918 vergab er 1938 die Chance einer friedvollen Lösung von innen her. Wäre es nicht angezeigt gewesen, den tschechischen Reststaat gegen weitere Brüche zu verteidigen, in ein partnerschaftliches Bündnis einzubeziehen und in Selbstbescheidung auf das Erreichte Mitteleuropa für Jahrzehnte zu konsolidieren?

Die damals in Ansätzen erwogene Frage heute aufwerfen heißt indes, sie aus der Sicht einer Bewußtseinslage zu erörtern, die es in jener Zeit nicht gab. Hitler war kein Bismarck in Olmütz. Vergeltung für Versailles, militaristische Herkunft, verschwommener Sozialismus und Rassenwahn waren Triebkräfte seines Vorgehens. In manischer Besessenheit drängte er an der Spitze der Marschkolonnen nach Prag. Er wollte gewissermaßen dort der erste sein. Die Spitzen des Sudetengaues waren davon ebenso überrascht wie örtliche Instanzen, welche seltsame Feldkommandos und Sonderzüge unerwartet auf ihren Bahnhöfen sahen.

Wie vage und improvisiert der ganze Vorgang ablief, geht aus dem Bericht eines persönlichen Referenten hervor, der mit seinem Chef, dem nunmehr in Aussig inthronisierten Regierungspräsidenten Hans Krebs, am 15. März 1939 für zehn Uhr vormittags zum Stadtbahnhof Böhmisch-Leipa beordert wurde. Plötzlich sei mit einem Schwarm von Generälen und anderen uniformierten Persönlichkeiten Adolf Hitler einem Sonderwagen entstiegen, hätte Krebs im Vorbeigehen schweigend die Hand gereicht, um bei einsetzendem Schneegestöber in einem bereitstehenden Geländefahrzeug in Richtung Süden zu enteilen. Von Generalstabsoffizieren dazu aufgefordert, lotste die Krebs-Gruppe hierauf den Chef der Reichskanzlei, Lammers, durch die Landschaft, um noch vor anderen Paladinen am Hradschin anzukommen.

Die Prager Burg muß in den Abendstunden des 15. März 1939 einem Heerlager geglichen haben. Allerhöchste Würdenträger befanden sich auf der Suche nach Decken und Liegestätten. Als einer der Jüngsten kümmerte sich unser Gewährsmann um das leibliche Wohl zahlreicher, nunmehr aufgetauchter Chefs und legte sich, nachdem er Ribbentrop im Schlafanzug begegnet war, in einem großen Saal zur Ruhe. Sein weiterer Bericht[1] ist ebenso drastisch wie bezeichnend:

»Am Vormittag war viel los. Zuerst kamen Leute aus dem Stab des Führers und wollten wissen, wo man ein gutes Mittagessen bestellen könne. Ich erinnerte mich an ein vorzügliches Etablissement in der Nähe des Wenzelsplatzes. Ein Anruf genügte, es war ihnen eine Ehre. Allenthalben herrschte Hochbetrieb. Als ich einmal hinuntersah, standen Generäle der tschechoslowakischen Armee mit ihrem Oberbefehlshaber, dem Mann mit der schwarzen Augenbinde, vor dem Eingang (General Syrovy, Anm. des Verf.). Der Posten wollte sie anscheinend nicht hineinlassen. Ich lief hinunter und führte sie, die offenbar unangemeldet waren, zum Oberbefehlshaber des Heeres. Später kam auch Präsident Hácha. Dann folgte die bekannte Szene mit Hitler vor den Prager Studenten. An einem Treppenfenster traf ich auf K. H. Frank, der zusah. Ich konnte ihm, wie ich annahm, als erster mitteilen, daß er zum Staatssekretär in Prag ernannt werde.

Die Sudetendeutschen waren in dem ganzen Getriebe eigentlich nicht gefragt. Eine Gruppe ehemaliger Abgeordneter entschloß sich daher, ihre Wirkungsstätte im Rudolfinum aufzusuchen. Wir schritten durch viele Räume, bis wir in das Zimmer des Präsidenten des Abgeordnetenhauses, Malypetr, kamen, der vor soviel Lametta sichtlich erschrak. Ernst Kundt begrüßte ihn jedoch mit freundlichen Worten ›in diesem für ihn sicherlich schweren Moment‹. Malypetr war sichtlich gerührt und sagte – das habe ich mir gut gemerkt –: ›Kolo se točí – das Rad dreht sich!‹«

In diesem Bericht heißt es dann weiter: »Wir fuhren zur Burg zurück, um nach dem Rechten zu sehen. Fast erschreckt waren wir, als Paul Illing und ich wegen unserer Verdienste um das ›Mittagessen‹ mit zur U-förmig aufgebauten Tafel gebeten wurden. Außer Göring und Goebbels, die in Berlin geblieben waren, befanden sich wohl alle Prominenten im Raume. Auf der linken Seite saßen SS- und Parteiführer. Die rechte Seite, in die wir eingewiesen wurden, blieb der Generalität des Heeres und der Luftwaffe vorbehalten. Neben mir saßen der spätere Luftwaffen-Marschall Milch und in der Nähe Oberst

[1] »Hitlers Einzug in Prag«. Bericht von H. Schaschek, hinterlegt im Sudetendeutschen Archiv, München

Schmundt, ein Adjutant des Führers. Man unterhielt sich fröhlich und ohne Hemmung. Zuerst wurde wegen irgendeines Mädchens der höhere SS-Führer ›Bubi‹ von Alvensleben angepflaumt. Dann kam die Luftwaffe daran, die wegen des schlechten Wetters am Einmarschtag nicht einfliegen konnte.

Dann kam der Führer und setzte sich in die Mitte. Alle standen kurz auf. Die Unterhaltung, an der er sich nur wenig beteiligte, ging weiter. Ordonnanzen brachten uns Essen und Bier. Wir bekamen viel Lob. Weil es allgemein mundete, wurde uns des öfteren zugeprostet. Hitler erhielt eine besonders zubereitete Suppe. Dann kam die Sensation. Er ließ sich ein Pilsner bringen und sagte: ›Ich muß doch einmal kosten, was wir erobert haben!‹ Allgemeines Staunen. Milch meinte, er habe noch nie gesehen, daß der Führer Bier trinkt.

Jetzt wurde das Thema ernster. Man frug Hitler, wie er sich die Entwicklung in Böhmen-Mähren nunmehr vorstelle. Die Antwort war zurückhaltend. Erst als jemand wissen wollte, ob er eine Zusammenarbeit mit General Gayda, dem Chef der tschechischen Faschisten, erwäge, verwies er darauf, daß er von den sogenannten Faschisten in vielen Ländern Europas nicht viel halte. Dann stand Hitler auf und verließ den Raum, der sich sehr schnell leerte.« –

Das war nun, von unten gesehen, ein makaberer und reichlich niedlicher Bericht über das Präludium zum »Protektorat«. Schon der Begriff mochte an Herrschaftsformen des Kolonialzeitalters erinnern. Was sich Engländer und Franzosen indes in fernen Erdteilen leisteten, war in der Mitte Europas sowie gegenüber einem nationalbewußten Volke zweifelsohne ein Affront. Henlein hatte damit nur wenig mehr zu tun. K. H. Frank, dessen Ehrgeiz ihn an Henlein vorbei sehr bald den Schulterschluß mit den Potentaten des Reiches, vor allem mit Heydrich und Himmler, suchen ließ, gewann das Rennen, indem er der erste Mann neben dem Reichsprotektor und Reichsminister von Neurath wurde. Sein »sachverständiges« Schalten und Walten in Prag entsprach indes keineswegs dem Wollen der Jugend- und Böhmerland-Bewegung, aus welcher er ursprünglich kam. Er war ein Gegner der »Traditionalisten« (im Sinne Smelsers) geworden, hievte sich an deren Auseinandersetzungen mit den Radikalen hoch, geriet in die angenehme Position des neutralen Mittlers und gewann damit die Gunst all derer, die sich über die Querelen der Kämpfe um Konrad Henlein hinwegsetzen wollten.

Als Heydrich das Regiment in Prag antrat, beteiligte sich K. H. Frank (wie andere Persönlichkeiten auch) an dessen Kumpanei mit SS- und SD-Gefährten. Für die Liquidierung des Dorfes Lidice trug er, damals abwesend, indes keine Befehlsverantwortung. Dieses Vergeltungsverbrechen entsprach im übrigen genau dem Kalkül des in London residierenden »Exil-Präsidenten« Beneš, der seine Fallschirmspringer zum Attentat auf den stellvertretenden Reichsprotektor ansetzte, um mit dessen Folgen die in gewohntem Schwejkismus verharrende Mehrheit der tschechischen Bevölkerung aufzuhetzen.[1] In tapferer Haltung büßte K. H. Frank wie später auch Hans Krebs für sein Tun am 22. Mai 1946 mit der öffentlichen Hinrichtung am Galgen.

Nicht nur den Anhängern des Partnerschaftsgedankens, auch den Verfechtern eines ethnisch begründeten Selbstbestimmungsrechtes widersprach indes die Usurpierung der Resttschechei. Sie war zwar durch die De-facto-Sezession der Slowakei und entsprechende Reaktionen Ungarns von selbst zerfallen. Gleichwohl wurden die für das Sudetendeutschtum seit dem 4. März 1919 geheiligten Grundsätze verletzt. Das fiel nach unserer Überzeugung ebenso ins Gewicht wie der moralische Tiefschlag gegen die Grundlagen des Münchner Übereinkommens. Dieser völkerrechtlich gültige Akt war zwar rechtens vollzogen. Er hatte aber fortan unter der Anklage jener zu leiden, die ihn im Blick auf die Ereignisse vom März 1939 nachträglich annullieren wollten. Der Pseudo-Triumph am Hradschin wurde zum Signal für die Bildung einer Weltfront gegen Deutschland. Treffend beschließt Helmuth Rönnefarth das zweifellos umfangreichste und sachlichste Werk über das Sudetenproblem daher mit der nachfolgenden Feststellung:

»Mit der Zerschlagung des in München sanktionierten Reststaates durch Hitler war das Schicksal Europas entschieden. Was für König Krösus der Halys, war für Hitler die Moldau in Prag. Als sie von ihm überschritten war, sollte er ein großes Reich zerstören, und dieses Reich war das Deutsche, das Großdeutsche Reich, seine eigene Schöpfung.«[2]

---

[1] Vgl. Wenzel Jaksch, »Europa auf dem Weg nach Potsdam«, a.a.O., S. 371 f.

[2] Helmuth Rönnefarth, »Die Sudetenkrise in der internationalen Politik«, a.a.O., S. 754

Das Nachspiel in Dresden

Wer die Tragödie Böhmens in jener Zeit überblickt, ist kaum in der Lage, der Dramaturgie ihres Szenenwechsels mit gebührendem Verständnis zu folgen. Da gibt es Akteure wie Hitler, Beneš und Henlein, Masaryk, Mussolini, Chamberlain, Daladier und am nicht allzu fernen Rande die Männer von Jalta (Roosevelt, Churchill, Stalin). Es folgen Figuren der zweiten Linie, Kramař, Lodgman v. Auen, Brand, Rutha und Jaksch, Hodža, Hácha, von Neurath, Heydrich, K. H. Frank in ihrem dramatischen Widerspiel. Dann stehen Tausende von Mitstreitern vor unserem geistigen Auge, Ideologen, Idealisten und Opportunisten, Menschen am Galgen und Hekatomben von Opfern, die den Raubzügen des Geschehens unterlagen.

Wer zählt die Namen, wägt die Ereignisse und bestimmt ihre Gewichtung auf dem Bretterboden der Geschichte?

Ein Nachspiel – und nicht nur ein Nebenakt – wäre indes zu vermelden, welches die Fäden eines letzten Schlüsselereignisses der damaligen Zeit zusammenzog. Wir meinen den veritablen Justizskandal in Dresden und die Szenerie, die sich ab März 1939 dort um die Verhaftung ganzer Hundertschaften ehemaliger Mitglieder der Sudetendeutschen Jugendbewegung entwickelte. Sie sollte die Hoffnung Henleins, eine große Zeit müsse die Gegensätze von ehedem begraben (siehe oben S. 94), als Trugbild entlarven. Denn er war gemeint, als das Reichssicherheitshauptamt mit dem erprobten Vorwurf von Vergehen nach § 175 unbescholtene Menschen, Familienväter und Ledige, Alte und Junge, in die Landeshauptstadt Sachsens und ihr Polizeigefängnis holen ließ.

Dort hatte sich unter Leitung des SS-Sturmbannführers Samersky ein Sonderkommando etabliert, das jener Sonderabteilung im RSHA unterstand, die von Heydrich für die spezielle Behandlung der sudetendeutschen Traditionalisten und des Spannkreises bereits 1935 eingerichtet worden war. Der blonde Recke – dessen Vater, ein Musiklehrer, nach authentischer Auskunft eines Mitschülers, des bekannten Malers und Porträtisten H. J. Kallmann, in der gemeinsamen Heimatstadt Halle als Volljude galt – hatte also auch hier seine Hand im Spiel.[1]

[1] H. J. Kallmann, »Der verwundete Stier«, München 1980, S. 234. – Die Rechtferti-

Heydrich, der größte Judenmörder aller Zeiten, selbst ein Jude? Schon daß die Frage auftauchen konnte, war bezeichnend. In unserem Falle inszenierte er jenes Gemisch von intellektueller und krimineller Verfolgung, das vom wissenschaftlich fundierten Verdikt gegen den Spannkreis bis zur konzentrierten Aktion in Dresden die Voraussetzung für den Fangstoß gegen Henlein liefern sollte.

Mit dem Ermittlungsverfahren der rechtlich nicht einmal zuständigen Staatsanwaltschaft Dresden war damals ein Dr. jur. Hans Maier beauftragt. Als Landgerichtsrat in Regensburg gab er nachmals am 2. Februar 1948 darüber eine eidesstattliche Erklärung ab, in der es u. a. heißt:

»In dem bereits von mir geschilderten Geheimverfahren, welches das Reichssicherheitshauptamt unter Führung des damaligen SS-Obergruppenführers Heydrich im Jahre 1939 gegen sudetendeutsche Politiker eingeleitet hatte, bemerkte ich auf Grund des Studiums der eingereichten Akten alsbald, daß die Ausdehnung der Ermittlungen auf ca. 300 Personen nur den Zweck hatte, gewisse staatliche Sonderabsichten zu tarnen. Es wurde planmäßig der Eindruck erweckt, daß der ganze Sudetengau, namentlich in seinen politischen Kreisen, homosexuell verseucht sei.« Eben darauf kam es an. Die Betroffenen waren als Figuren nur ausgesuchte Mittel zum Zweck und in den meisten Fällen gar nicht ad personam gemeint.

Bald sprach sich im Freundeskreis der Zugriff der Häscher herum. Am 1. Juli 1939 war dann auch ich an der Reihe. Eine flotte Betriebsfeier der »Zeit« ließ mich erst um drei Uhr früh nach Hause kommen. Mit gepacktem Koffer wartete mittags am Bahnhof die Gefährtin, mit der ich zur Urlaubsreise nach Dalmatien verabredet war. Sie harrte meiner ebenso vergebens wie später die Kollegen beim Umbruch der Sonntagsbeilage der »Zeit«. Wie das so üblich war, klopfte das Abholkommando – ich dachte unwillkürlich an die GPU – um 5.30 Uhr an meine Türe. Ich verschwand sozusagen von der Bildfläche und tauchte nach rumpelnder Fahrt vor den Gittern der Dresdner

gung, daß er diesen Ruf nur der Verleumdung von Musiklehrer-Konkurrenten verdanke, veranlaßte Heydrich vielleicht, noch am 26. Mai 1942, am Vorabend des Attentates, im Prager Waldstein-Palais einen Hausmusikabend mit Kompositionen eben dieses Vaters zu veranstalten (vgl. Ernst Frank, »K. H. Frank«, Heusenstamm 1971, S. 113)

Anstalt auf, die nun für ein halbes Jahr meine Heimstatt werden sollte.

Ein Monat »Ehrenhaft«, fünf Monate »Schutzhaft«. Das ist schnell erzählt. Wer konnte aber wissen, ob ich nicht, wie so manche Gefährten, im Niemandsland der Drangsal verschwinden würde? Daß einer da ist, der die Dinge von höherer Warte her lenkt, empfindet man ja erst im nachhinein; auch dies, daß am Ende gut war, was im Augenblick als Gipfel des Mißgeschicks erschien.

Inferiore Geister quälten mich stundenlang mit Fragen nach Spann, Schuschnigg und Rom. Sie drohten ein um das andere Mal mit einem »Daueraufenthalt anderswo«, wenn ich nicht Personen nenne, die sich im Sinne der Anklage vergangen hätten oder der »Männerbündelei« Heinz Ruthas frönten. Sie sprachen über »Blado« (Plato), »Blieher« (Blüher) und »Stefan Dschordsch« (Stefan George), womit sie ihre Bildung unter Beweis stellen wollten. Ich konnte sie nur auf die Belastung Rudolf Haiders, des obersten »Aufbruch«-Chefs, verweisen, der ja auch einschlägig perlustriert, aber offenbar noch nicht nach Dresden gebracht worden sei.

Es war ein Dauerringkampf mit Worten, der in den ersten Wochen ohne Ausgang, ohne genügend Luft und Kontakte geführt wurde. Es gab keinen Rechtsanwalt, den man sich nehmen konnte. Es gab keinen Untersuchungsrichter. Es gab am Ende nur die Aushändigung des Schutzhaftbefehles Nr. II 1/1635/0940/39g und die Einreihung in die Garnitur der Inhaftierten, deren Zellentüren mit einer roten Rundscheibe gezeichnet waren. Endlich kam der erste Besuch. Sie vermochte, weil sie ein bildhübsches Mädchen war, zu mir durchzufinden, und bedeutete verstohlen, daß man alles versuche, um mich herauszuholen. Hans Maier hatte keine Anklage erhoben und wähnte mich, wie er in der zitierten Erklärung feststellt, bereits seit 15. September 1939 in Freiheit.

Ich hatte aber noch lange Gelegenheit, mich in meiner Zelle wie ein Mönch einzurichten. Wir wurden nicht geschlagen und hatten die Erlaubnis, Bücher zu lesen. Seitdem weiß ich, daß man bei solcher Vergünstigung den Tag in Abschnitte gliedern muß. Morgengebet, Essen, eine Lektion Französisch, Bücher der Weltliteratur, von denen man immer spricht, ohne sie zu kennen: Balzac, Jean Paul, Daudet, Goethes »Dichtung und Wahrheit«, Englisch und Italienisch nach der Methode Toussaint-Langenscheidt und immer wieder Adalbert Stifter.

Wenn es Abend wurde, verwandelte sich der Lichthof des Gefängnisses in ein Sommerlager mit Liedern aus dem »Zupfgeigenhansel« und dem »Aufrecht Fähnlein«, die aus den Gitterfenstern zu hören waren. Dann rekapitulierte ich die Großfahrten der Sudetendeutschen Jungenschaft, welche uns die Gestapo-Leute bei den Vernehmungen genau registriert vor Augen gehalten hatten:

1925: nach Karpatho-Rußland (der »Podkarpatska Rus« der ČSR) mit grünen Hügeln und deutschen Dörfern; 1926: die Donau abwärts nach Siebenbürgen (herrliche Trachten, Liedersingen mit den Sachsen) und über die deutschen Dobrudscha-Gemeinden ans Schwarze Meer; 1927: Dolomitenfahrt zu den Bergstellungen unserer Väter, Pordoi-Joch und Travenanzes-Tal, Südtirol von Bozen bis Meran; 1928: Schwarzwald- und Elsaßfahrt, Titisee, Hochkönigsburg, Wanderung über den Hartmannsweilerkopf und das Wunder der Bilder Grünewalds in Colmar; 1929: wieder die Donau abwärts bis Rustschuk. Dann Schipka-Paß, Sofia, Rila-Kloster und Musala-Gebirge. Dann unglücklich langer Aufenthalt mit Anopheles-Mükken im Struma-Tal. Saloniki und Schiffsreise zum Berg Athos. Viel Freude mit den Mönchen.

Aber bei der Rückkehr Ausbruch der Malaria und langes Krankenlager. 1930: Dolomiten und Gardasee. Dort beinahe ertrunken. Im Hafen von Malcesine Zweite Ungarische Rhapsodie von Liszt gehört, die in mir zum ersten Male aktive Anteilnahme an einem Musikstück weckt; 1931: Bergfahrt mit einem Schulgefährten zum Großglockner über Moserboden und Pasterze.

Das rollte jeweils ab wie ein kleiner Film und bot mir sichtliches Vergnügen. Die Wärter wußten, daß wir weder Diebe noch Verbrecher waren. Sie ließen oft die Türen offen. Manche waren barsch, manche freundlich. Pfiffe und Melodien aus Mozartopern vermeldeten, daß über mir Walter Heinrich saß, der aus dem KZ Dachau hierher überstellt worden war. Er ließ mich über Kassiber wissen, daß er an dem nachmals erfolgreichen Buch über die Endzeiterwartung in Schellings Spätlehre, bei Meister Eckehart und in den Schriften der Veden arbeite.[1]

Ich las Deussens »Philosophie der Upanischaden« und sandte Zettel mit Anmerkungen zurück.

---

[1] Vgl. Walter Heinrich, »Der Sonnenweg«, Interlaken 1985

Beim Hofgang, den man mir vom zweiten Monat meines Aufenthaltes an gnädiglich gewährte, schritt ich bisweilen mit inhaftierten Juden im Gänsemarsch rundum. Sie waren aus Bautzen, Dresden und Halle (der Heimat Heydrichs) eingeliefert worden und trugen zum Unterschied von unserem roten Punkt den gelben Davidstern.

Manchmal erschienen Jungenschaftler in Drillichanzügen. Man meinte, ähnliche Einkleidung fürchtend, sie kämen aus Haftanstalten. Ich meldete mich, um wegzukommen, freiwillig zum Einsatz in der Wehrmacht. Es war alles vergebens, bis dann plötzlich, wenige Tage vor dem Weihnachtsfest 1939, die Entlassung angeordnet wurde. Meine Schwester Hilda war eben mit köstlichen Gaben zu Besuch gekommen. Ich umarmte sie freudestrahlend und dachte insgeheim an das Gelübde vom Jahre 1916.

Henleins Ende

Was war mittlerweile geschehen? Der »Gauleiter und Reichsstatthalter« durchlebte Wochen schwerer Enttäuschung. Im Bewußtsein seiner Stellung lehnte er die Abberufung des alten und die Neuberufung eines neuen, von Baldur v. Schirach direkt importierten Gaujugendführers ab. Er ließ den letzteren sozusagen per Schub über die Grenze zurückgeleiten und forderte damit die Macht der zentralen Reichsstellen heraus. Mehr noch. Er ahnte nicht, welch dunkle Wolken sich von Dresden her über seinem Haupte zusammenzogen. Im »Völkischen Beobachter« erschien am 11. Januar 1940 ein Artikel über »Homosexuellen-Urteile« in Dresden. Von den Betroffenen konnte er freilich nur vier zu Mitgliedern bzw. Sympathisanten des Kameradschaftsbundes rechnen, darunter Walter Brand, dem der Staatsanwalt, um Schlimmeres zu vermeiden, ein fingiertes Zugeständnis angeraten hatte.[1]

Die magere Ausbeute focht indes Heydrich und seine Kombattanten im Sudetengau wenig an. Am 14. Januar 1940 erschienen in Reichenberg Flugblätter, auf denen die Ablösung Henleins durch den

[1] Wie wir wissen, vergebens. Siehe W. Brand, »Auf verlorenem Posten«, a.a.O., S. 161 f.

ehemaligen DNSAP-Führer Hans Krebs verlangt wurde. Im Klartext hieß es: »Gebt uns als Führer einen Nationalsozialisten. Weg mit Henlein!« Mit großem Aufmacher und Bombenlettern schlug am 16. Januar 1940 das »Schwarze Korps« (ein Hausblatt der SS) zu. »Staatsfeinde werden ausgemerzt. Homosexuelle Erziehung« – hieß es da. Ein homoerotischer Männerbund habe von Heinrich Rutha her die Sudetendeutsche Jugend verdorben, die Samenweihe eingeführt sowie mit den Lehren Othmar Spanns die nationalsozialistische Bewegung bekämpft. Kein Shakespeare hätte den Teufel noch schrecklicher an die Wand malen können:

»Nie sind verbrecherische Gelüste mit raffinierteren Methoden in die scheinbar unantastbare Sphäre des ›Geistigen‹ gezerrt worden. Selbst die viehischen Juden um Magnus Hirschfeld waren in ihrer Aufrichtigkeit wahre Waisenknaben gegenüber diesen organisatorisch begabten Jugendverführern und Volksverderbern.«
»Wer deckte bisher alle 175er (Unzucht wider die Natur, § 175) im Sudetenland? Unser Gauleiter!« hieß es auf den Flugblättern weiter. Sie wurden massenweise verteilt und erschreckten weite Teile der Öffentlichkeit. Man denke an die Prachtgestalten der ersten sudetendeutschen Jugendbewegung und messe sie mit der Infamie dieser Behauptungen.

Der vorbildliche Versuch, im böhmisch-mährischen Zentralland Europas eine Lösung im Sinne einer geistigen und politischen Befriedung herbeizuführen, war von den Verursachern dieser Angriffe zerstört und entehrt worden. Die Schuld derer, die sich im Schatten Heydrichs bis in die Protektoratszeit daran beteiligten, kann auch dadurch nicht als gelöscht gelten, daß sich die zum Großteil ahnungslosen Angehörigen der Jugendbewegung nach dem Kriegsende wieder zusammenfanden.

Die Keulenschläge der Verleumdung mußten – da man ahnte, von wem sie letztlich ausgeführt wurden – selbst den stärksten Mann ins Wanken bringen. Henlein arrangierte sich mit Baldur v. Schirach, ließ der SS-Führung über K. H. Frank ausrichten, daß er ihre Ansichten teile, und wurde daraufhin im Februar 1940 von dieser zum Rapport bestellt. Eine Woche später lud er seinen Stellvertreter Dr. Fritz Köllner und seinen Stabsleiter Richard Lammel in das Jagdschloß Neuwiese. Er berichtete ihnen blassen Antlitzes über die Punktationen, die ihm Heydrich vorlegte. Seine Mitteilungen, über die eine Bandaufnahme mit Dr. Fritz Köllner unterrichtet[1], umfaßten folgende Behauptungen bzw. Auflagen:

1) Der Sudetengau ist, wie die Dresdner Verfahren bewiesen haben, homosexuell verseucht. Da zu den dort Betroffenen auch Mitarbeiter Konrad Henleins gehören, tragen Sie dafür die Verantwortung! 2) Weil wir mitten im Kriege stehen und Ihre Landsleute Ihnen vertrauen, sollen Sie dennoch an der Spitze des Gaues bleiben! 3) An die Stelle belasteter Personen kommen erprobte Persönlichkeiten. Sie entlassen vor allem Ihren Stabsleiter Lammel und Ihren Stellvertreter Dr. Fritz Köllner, der zur Wehrmacht einrückt sowie durch den Parteigenossen Donnevert aus dem Stabe Heß ersetzt wird! 4) Sie kommen nur mehr nach Voranmeldung bei mir zur Vorsprache beim Führer! 5) Wenn Sie mit diesen Auflagen nicht einverstanden sind, gehen wir gemeinsam zu ihm, wobei er nach Vorlage der Dresdner Protokolle selbst die nötigen Entscheidungen treffen möge!

Verleugnung und Selbstmord

Henlein bat seine Mitarbeiter, mit der Annahme der Bedingungen und ihrer Entlassung einverstanden zu sein, da es keine Alternative gäbe. Er sagte den Herren in Berlin keineswegs: »Danke, mit mir nicht!« Auf einer Kundgebung in Hohenelbe distanzierte er sich vielmehr am 3. März 1940 von seiner Vergangenheit und von den »Mitgliedern des Rutha-Kreises«. Er erklärte: »Nach wenigen Jahren sollen die Namen dieser Männer vergessen werden, und der Schild der Sudetendeutschen wird wieder rein sein.«[2] – Sein politisches Eigenleben, sein persönliches Drama war damit an einem entscheidenden Wendepunkt angelangt. Es versandete fürderhin in 08/15-Reden und zeitgemäßer Repräsentation.

Kann er deshalb gescholten, ja moralisch verurteilt werden? Wer wirft da den ersten Stein auf ihn? Dem Altfreund Dr. Benno Tins, der

---

[1] Bandaufnahme mit Dr. Fritz Köllner am 3.9.1977. Hinterlegt im Sudetendeutschen Archiv, München

[2] Zitiert bei Andreas Luh, »Der Deutsche Turnverband in der ersten Tschechoslowakei«, a.a.O., S. 428

ihn im Urlaub einige Male auf seinem Hof im Egerland besuchte, gestand er 1943, »daß ihm alles bis zum Halse stünde und daß er froh sei, wenn es vorbei wäre«. Fürst Clary-Aldringen, der Teplitzer Hausherr, war erschüttert, als ihm der gleiche Henlein nur wenige Tage vor seinem Abgang aus Reichenberg in einer Begegnung Anfang Mai 1945 beteuerte:

»Ich habe das alles nie gewollt, sie haben mich getäuscht, sie haben mich erst belogen, dann haben sie mich entmachtet. Sie haben meinen Namen mißbraucht. Zu sagen hatte ich längst nichts mehr.«[1]

Der Gauleiter hatte Gustav Flögel, das aus dem Fronteinsatz zurückgekehrte letztverbliebene KB-Mitglied seiner Dienststelle, schon im März 1945 mit der Einrichtung einer Abteilung zum Abhören der Feindsender beauftragt und war über die Ausweglosigkeit der Lage trotz aller »Wunderwaffen« im Bilde. In der Absicht, die Amerikaner zum weiteren Vormarsch an die Elbe zu bewegen, begab er sich am 8. Mai 1945 mit wenigen Getreuen nach Karlsbad.[2] Nach Vermittlung durch einen Parlamentär erschien er am 9. Mai 1945 bei einer Kommandostelle der US-Army in Elbogen. Die dort gemachten Aufnahmen zeigen einen Mann von gefaßter, würdiger Haltung und lassen im Rückblick auf die Summe seines Lebens die Bitterkeit der Stunde erahnen.

Henlein war intellektuell und politisch zweifellos überfordert. Er ist kein Mann der Bücher und der Musen gewesen. Er kannte deshalb vielleicht auch nicht die Treue im Geiste. Er war indes der charismatische Führer einer Mannschaft, ein Magnet der Massen, und dies – anders als Hitler – ohne das Perpetuum mobile einer starken Willenskraft und ohne das Gewicht verströmender Demagogie. Vielleicht war er von seiner Pflicht durchzuhalten überzeugt. Vielleicht hat er seinen Landsleuten – der baldige Abgang des korrupten stellvertretenden Gauleiters Donnevert deutete solche Möglichkeiten an – üble Nachfolgerfiguren erspart.

Ohne Freunde und Freude stand er in seinen letzten Jahren jedenfalls auf verlorenem Posten. Alles, was er da sagte, muß daher nach diesem Umstand beurteilt werden.

---

[1] Alfons Clary-Aldringen, »Geschichten eines alten Österreichers«, Berlin 1982, S. 270

[2] Siehe Bandaufnahme mit Gùstav Flögel vom 8.8.1986, Privatarchiv des Verfassers

Am Abend des 9. Mai 1945 traf er in Eger vor der Kommandostelle der Amerikaner ein, die in diesen Tagen noch ganz Westböhmen besetzt hielten. Nach einer Stunde des Wartens wurde ihm mitgeteilt, daß es keine Veranlassung gäbe, ihn zu empfangen. Von einer Sammelstelle in den Premier-Werkstätten aus wurde er mit einer Gruppe Gefangener und Zivilisten am Nachmittag des 10. Mai im LKW nach Pilsen transportiert. Da die dortigen Gefängnisse wegen Überfüllung geschlossen waren, wies man sie auf den Sportplatz einer Schule am Rande der Stadt ein. Man schickte sich an, die Nacht unter freiem Himmel zu verbringen.

Als sein bis zum letzten getreuer Adjutant, der Absolvent der Ascher Turnschule Hugo Umann, dessen persönlicher Aussage wir diese Angaben verdanken, von der Suche nach einer Unterkunft zurückkam, fand er an der ursprünglichen Lagerstätte nur noch eine Blutlache vor. Henlein hatte sich mit den Gläsern seiner Brille die Pulsadern durchschnitten. Er wurde erst in einer nahegelegenen Sanitätsstelle von den Amerikanern identifiziert. Ein Foto seines Leichnams beglaubigt diesen Tatbestand.

Das Ende des in der Geschichte des Sudetendeutschtums herausragenden Mannes erheischt den Blick auf den Gesamtumfang seines Wirkens und damit auch auf die Zeit seines makellosen Verhaltens an der Spitze des Turnverbandes und in den ersten Jahren der Sudetendeutschen Partei. Von dem Dreigestirn Rutha, Henlein, Heinrich, das dem Sudetendeutschtum vielversprechend den Weg in eine bessere Zukunft gewiesen hatte, endeten die beiden ersten Schicksalsträger durch Selbstmord. Der letztere ging wie Walter Brand durch die Höllen Heydrichs und fand nach 1945 zu neuen Ufern.

Weit und breit war auf der Bühne der Opfer kein Fortinbras zu sehen.

6. DIE GROSSE ZÄSUR

Der Rückblick auf den Jahrhundertfluß des Geschehens zeigt die beiden Weltkriege als Scheidewände, die das vor ihnen Erlebte wie die Begebenheiten auf einem fernen Kontinent erscheinen lassen. So war ein halbes Jahrzehnt von Soldatenjahren auch in meinem Falle die große Zäsur, die mich von allem, was vorher geschah und nachher folgte, äußerlich und innerlich trennte.

Arbeitslos und durch die Schutzhaft deklassiert, wählte ich den Weg in die Wehrmacht, die mich am 17. Mai 1940 im niederbayerischen Deggendorf gebührend empfing. Der Drill am »Himmelreich«, dem Exerzierplatz des lieblichen Ortes, machte mich (»Hinlegen! – Auf, marsch, marsch!«) mit 28 Jahren zum geduldigen Gehorsamsträger; das Regensburger NSKK fügte, in den engen Gassen der Altstadt hart erprobt, den ausgebildeten Kraftfahrer (Führerschein Klasse II) hinzu. Mit der kleinen KW-Kolonne 802 fuhr ich vom Standort Fontainebleau aus Truppenteile und manchmal auch Schwerfracht über die Straßen des eben besiegten Frankreich. Melun, Chartres und die herrlichen Schlösser an der Loire milderten die Enttäuschung, die mir der Umgang mit Schrauben, Schmieröl, Ersatzteilen und Autoreifen zusehends bereitete.

Nach öden Monaten beim »Nachschubstab Landwehr«, dem ich in Warschau zugeordnet war, reichte ich – was man nach einer goldenen Regel als Soldat nicht tun soll – auf dem Dienstwege ein Gesuch um Versetzung zu einem anderen Truppenteil, in meinem berufsbezogenen Falle zur Kriegsberichterstaffel, an das OKW ein. Das wider Erwarten genehmigte Gesuch führte mich im März 1942 in die Barakkenstadt der Prop.-Ersatzabteilung Potsdam. Dort trat ich – wiederum gegen die goldene Regel – auf die berühmte Frage »Wer kann radfahren?« eines Tages beim Morgenappell vor die Front – und wurde vom Spieß (er sei heute noch dafür bedankt!) zu einer herrlichen Dienstfahrt nach Athen eingeteilt. Die in einer geheimnisvollen

Kiste verstaute und für eine Heeresdruckerei auf Kreta bestimmte Rotationswelle, welche wir, wie sich's gehört, in einem Kurierabteil nach Hellas zu verbringen hatten, verschaffte mir die Möglichkeit, unsere Reise von Bahnhof zu Bahnhof in Wien zu unterbrechen und Othmar Spann im nahen Burgenland zu besuchen.

»Der Krieg ist verloren!« ließ sich der auf seinen Landsitz in Schlaining verbannte Lehrer vernehmen. Erfahrenes Risikodenken brachte ihn mit dem Wissen um die ökonomische Katastrophe der vor einem Vierteljahrhundert zernierten Mittelmächte zu der bitteren Überzeugung, daß es auch jetzt keinen Ausweg gäbe. Mit dem Fragezeichen dieser Begegnung im Herzen erlebte ich die im Sonnenlicht glänzende Akropolis, den Frühling am Kap Sunion und die in notvollen Hungertagen schmachtende Hauptstadt Griechenlands. »Germania tha nikeh – Deutschland wird siegen!« leuchtete von den Plakatwänden aller Straßen, eine Parole, die mich im Kontrast zur sorgenvollen Aussage des Lehrers schließlich auf dem Weg an die mittlere Ostfront begleitete.

Als ich am 2. Juli 1942, zur Propagandakompanie 612 versetzt, im Hauptquartier der 9. Armee zu Sytschewka eintraf, hatte deren Chef, Generaloberst Model, gerade die Auflösung eines sowjetischen Stoßkeils angeordnet, der die erfolgreichen Sowjets in der Abwehrschlacht vor Moskau bis nach Beloy vorstoßen ließ. Was mir dabei als die Fortsetzung unseres sieggewohnten Vormarsches erschien, war in Wahrheit nur eine Frontbegradigung, sozusagen ein Zwischenspiel in der fortgesetzten Kehrtwendung der deutschen Wehrmacht, die zu raumgreifenden Absetzbewegungen führte.

Gleichwohl begann für mich das erregende Leben eines Soldaten, der an den Brennpunkten der Ereignisse dabei war, durch das Tor der Gefahren schritt und über das zu berichten hatte, was er in der unmittelbaren Berührung mit dem Geschehen erlebte. »Kriegsberichter Gefreiter Becher zum Einsatz zur Stelle!« – mit dieser stereotypen Formel meldete ich mich beim IC (dem Aufklärungsoffizier) der jeweiligen Division. Feldwebel Helmut Pechtl, ein Böhmerwäldler, der im Armeestab die Lagekarte betreute, half mir dabei, die richtigen Einheiten auszuwählen, d. h. solche, denen Berichtenswertes bevorstand.

Berichtenswert war nun freilich nicht nur die Dramatik des großen, vielmehr auch jene des kleinen Geschehens. Sie erfaßte mich im

Zuge einer vorweggenommenen Feuertaufe gleich am zweiten Tage des Beloy-Unternehmens, als ich beim Robben über eine Wiesenplane den leichtsinnigerweise nur mit dem Schiffchen bedeckten Kopf – die »Birne«, wie die Landser sagten – allzusehr über die Grasbüschel hob. Da suchte sich eine wohlgezielte Kugel solcherweise den Weg, daß sie den Ein- und Ausschuß knapp über der Kokarde wählte. Nach der Rückkehr zur Stammkompanie, die erfreulicherweise kein Doppelschwert, sondern einen putzigen Eichkater als taktisches Zeichen führte, meinten die Kumpel, wer solch eine Mütze trägt, könne seinen Bericht nur im Himmel geschrieben haben.

Das stand indes nur am Beginn einer Unzahl von Einsätzen, die mich jeweils zu Einheiten führten, welche die von Wjasma nach NW verlaufende Bahnlinie zu schützen hatten. Hier war die Winteroffensive der Sowjets zum Stehen gekommen, hier wollte man sich zum Gegenschlag rüsten. Ein Hauptmann Görtmüller war mein erster Führungsoffizier. Besondere Freundschaft schloß ich mit der 102. oberschlesischen Infanteriedivision, deren »Pieronjes« sich im »Zwischenstromland« von Ossuga und Wasusa festgesetzt hatten. Zweimal überstand ich mit ihnen gewaltige Panzerangriffe auf die Höhe 207, die ich in einem vielgedruckten Bericht (»Der Tag begann mit einem Paukenschlag«) ein wenig berühmt gemacht hatte. Erst 30 Jahre später erfuhr ich, daß ich bei den Männern meines Bundestagskollegen Erich Mende gewesen war, der mit seiner »Hundertzwoten« den Krieg bis zum bitteren Ende in der englischen Gefangenschaft mitgemacht hat.

Eine 102. Schützendivision gab es übrigens auch auf der sowjetischen Seite. Ihren Einsatz in der gleichen Zeit hebt Konstantin Smirnow im Band 1 seiner »Kriegstagebücher« hervor.[1] Der sowjetische Reporter der »Krasnaja Svesda« (Roter Stern) war sozusagen mein Kollege von vis-à-vis. Er ist der in jeder Beziehung lesenswerte Autor eines Kriegsgemäldes, das uns den »Iwan« als Menschen gleichen Leides, gleicher Tapferkeit und gleichen Schicksales zeigt. Freilich war er in der Lage, die Kehre vom russischen Desaster zum Vormarsch bis Berlin zu schildern. Wir hatten den Vormarsch hinter uns und die Kehre im Rücken.

[1] Konstantin Smirnow, »Kriegstagebücher«, deutsch München 1979

Und dennoch konnte ich ohne Angabe und Schwindel die Saga der Entbehrungskraft, der Standhaftigkeit und Tapferkeit des deutschen Soldaten vermelden. Was hat er in Schlamm und Eis, in Unterständen und Erdlöchern nicht alles durchgemacht und jahrelang erlitten!

Ich zitiere nur eine einzige »Heldentat«: die des Gefreiten mit dem ulkigen Namen Karl Schuhputz, der auf einer bereits gezündeten Streumine stehen blieb, um das Leben der Kameraden zu schützen, denen – es geschah an der Beresina – die Entminung eines Vorfeldes oblag. Er stampfte das Unding in den Boden, bis es ihm das rechte Bein zerriß. »Achtung!« rief er. »Haut euch hin!« Und sie taten, was er befahl, und hielten es keineswegs für selbstverständlich.

Viele solcher und ähnlicher Geschichten waren nur aus dem kleinen Abschnitt zu berichten, den ich überblickte. Kommandeure, Männer und Offiziere taten ihre Pflicht. Sie kämpften nicht nur, weil es befohlen war, sondern weil sie diese Auseinandersetzung mit dem Bolschewismus für richtig hielten. Sie fragten nicht danach, wer sie begonnen hatte. Der Sachzwang des Kampfes lag wie ein Panzer des Selbstverständlichen über ihrem Tun. Nur wenige fühlten sich, zum Denken ermuntert, von ihm befreit. Wer sie heute anklagt oder gar als »Schergen des Teufels« bezeichnet, verleumdet ihr Soldatentum, ganz sicher auch jenes der Gegner auf der anderen Seite. Er verleumdet vor allem den »Landser«. Was den schlichten Infanteristen schon im Stil seines Daseins prägte, beschrieb ich einmal unter dem Bild

»Das Koppelzeug«

»Eine weise soldatische Übung hat uns in ihm das ›Siegel der sieben Sachen‹ gegeben. Nach jahrhundertelanger Erfahrung hat sie bestimmt, was uns im Alltag und auch im Notfall vonnöten ist. Überschritten wir diesen Brauch, trügen wir (auch im anderen Sinne) Koffer an den Händen. So aber sind wir trotz aller Bürde leicht und wendig. Am Koppelzeug ist nichts verpackt und verschlossen. Ein genialer Organisator gliedert die Dinge auf und hält sie so bereit, daß sie selbst beim Marschieren erreichbar sind. Ein Griff an die Feldflasche erfrischt uns mit köstlichem Naß, ein Griff nur, und auch die Waffe ist zur Hand. Immer, auch im Gefechte, ist das Koppelzeug da. Es verläßt den Soldaten nicht, es ist ein Stück seiner selbst geworden. Auch dann, wenn Tornister und Taschen, ja selbst das Sturmgepäck verschwunden sind.

Wir wollen darüber das Lob der kleinen Dinge singen. Was wären mir alle Schätze der Welt, ginge mir etwa zur Stunde, da ich an irgendeiner Kuhle der Rollbahn esse, der Löffel verloren? Was wäre ein Infanterist ohne Spaten, wenn schon der Verlust der Butterdose, der Zahnbürste oder des Kochgeschirrdeckels schmerzt? Noch heute preise ich den Entschluß, der mich in den Wolgastellungen sieben beschwerliche Kilometer eines Schlammpfades zurückeilen ließ, nur um am alten Lagerplatz das vergessene Taschenmesser zu holen. Dies alles, das Unentbehrliche, birgt nur mein Koppelzeug. Der Brotsack an der rechten Seite ist eine feldgraue Welt für sich. Immer, und wenn der Nachschub noch so versagt, finden wir ein letztes Stückchen Speck, eine Rolle Drops in ihm verborgen.

Morgen wird er zu klein für das Brot des Tages sein, aber er wird sein Äußerstes tun, um alles zu fassen, der dehnbare Speicher für Stunden der Not. Auch die unvermeidliche Gasmaske hat sich zu Lasten des Koppels eingehängt, jene seltsame Waffe, die nur im stummen Dabeisein wirkt und umflucht wird auf allen Pfaden des Krieges. Findet nun auch der Helm seinen Haken, dann mag der Drang der Schwere schon merkbar sein. Aber noch heischen Patronen- und Meldetasche ihren Platz, Hülsen des Kampfes und der Erbauung, deren Inhalt uns teuer ist.

Im Felde wird alles nach seiner Leistung bemessen. Der Luxus fällt flach, aber die Pfeife ist wichtig. Das Kleine wird groß, und das Große verblaßt – wenn es nur Schein am Rande des Lebens war.

Wer sich gürtet, der wappnet sich. Auch dies, die magische Kraft des Koppels, wollen wir bedenken. Es packt den ganzen Kerl, macht ihn irgendwie stark. Erst wer ›umgeschnallt‹ hat, ist wirklich Soldat. ›Umgeschnallt‹ nur trittst du vor deinen Kompanieführer. Freilich: gar oft wird die Rast erst dann erholsam, wenn wir den ›Krempel‹ beiseitegeworfen. Aber dünkst du dich nicht wie ausgezogen – soldatisch nackt –, solange das Koppel am Boden liegt? Ja, es ist grau und selten auf Hochglanz gebügelt, das Koppel des Landsers, und es ist dennoch mehr als nur eines von den Kleidungsstücken. Es ist das Panier, das den Wahlspruch trägt: ›Gott mit uns!‹

Fast spürst du die Würde, die es dir solcherweise schenkt. Es schützt und behütet den Soldaten. Es verleiht ihm Stil. Denn die wundervolle Schlichtheit seines Lebens wollen wir stilvoll heißen. Wer mit den Dingen am Koppelzeug auszukommen versteht, mag ein König des Lebens und auch ein guter Kämpfer sein: Er schaltet und waltet mit eigenen Mitteln!«

Die kleine Skizze zeigt vielleicht mehr als ein großer Ereignisbericht, wie wir den soldatischen Alltag ertrugen. Er spielte sich zwischen Tod und Verderben ab, machte auch rauh und unempfindlich. Dennoch blickten uns aus den Trümmern des Schlachtfeldes, manchmal aus den Resten einer zerstörten Stadt, trostreich und heilsam die Signale des Unvergänglichen an. Ich erlebte dergleichen am Ende der Abwehrkämpfe im geschilderten Raume, als ich mit der Panzerkompanie des Hauptmanns von Lüttichau (bei der sich auch mein Heimatgefährte Gustav Flögel befand) in das brennende Rschew einfuhr. Die Eindrücke, die ich dann in der Form eines Briefes an einen Künstler zum Ausdruck brachte, gaben die Summe dessen wieder, was ich am oberen Wolgabogen erlebte. Sie erschienen unter dem Titel

»Das Bleibende«

»Der Krieg ist schlimm, jawohl. Wer würde den großen Würger loben, wer sähe nicht in der Helle des Friedens die Bedingnis reiner Schaffenskraft? Aber willst Du deshalb an geistiger Kälte sterben? Sollst Du nicht jetzt erst recht das Geschehen durchdringen und das tun, was Deines Amtes ist: das Bleibende suchen? Das Bleibende, das den Schimmer des Ewigen zeigt, das die Dinge trägt, auch über Tod und Verderben hinaus? Laß Dir mein Tagebuch zum Zeugnis dafür werden, daß die Welt nie und nimmer zur Asche zerfällt, daß selbst in den letzten Trümmern, was wir Gestalt nennen, sichtbar wird – als Maß und Seele auch Deines Schauens.

Ich will die Blätter über Rschew aufschlagen und Dir von einer Stadt berichten, in der das Chaos herrscht. Alles, was das Zeichen der Form hat, verschwand in diesem Brennpunkt der Kämpfe. Kein Haus ist mehr Haus, kein Tor mehr Tor, kein Tisch mehr Tisch. Der Menschen Werk und das der Natur ist in die Atome zerfallen, die Dich – Stein über Stein und Schutt über Schutt – aus der hohlen Wirrnis der

Straßen anblicken. Du würdest es ›anöden‹ nennen und vielleicht von einer Schattenwelt sprechen. Mir aber ist hier die Kraft der Ordnung aufgegangen, die hinter den Dingen steht, die sie lenkt und bindet und immer wieder zur Gestaltung treibt. Ist es die Sehnsucht nach der Vollkommenheit, die aus den Trümmern spricht? Ist es ein innerer Anruf, sich gegen das Leere und Sinnlose zu wehren? Ich weiß es nicht. Ich weiß nur, daß es wie frischer Wind durch die Seele weht, daß sich eine starke Leuchtkraft des Sehens wider das Chaos wehrt und das Bleibende findet. Nie noch empfand ich den Geist so tätig wie hier.

Sieh, da stehst Du im Schatten des Trümmerhaufens, der einstmals eine Kirche war. Das hohe Ufer der Wolga säumt Deinen Blick. Pausenlos wühlen Granaten den Boden auf, bald da, bald dort. Du findest nichts, was Dir Ruhe gäbe, alles schreit: die bröckelnden Mauerreste, die zerschlagenen Fenster, leere Kisten und Konservenbüchsen, zerbrochene Stühle, dazwischen vielleicht ein Kleidungsstück, ein Rock, eine Weste, die gestern noch wärmen mochte – wer weiß auch wen? –, ein zersplitterter Spiegel, eine Unzahl von Dingen, die wirr durcheinander liegen. Alles trägt noch den Hauch des Lebens und ist dennoch entseelt. Und dort, wo sich Ziegel auf Ziegel türmen, erblickst Du ein Klavier. Da hält nun Dein Auge still. Das Instrument liegt auf dem Rücken, der Deckel ist aufgeschlagen, die Tasten blinken in der Sonne wie weiße Zähne.

Siehst Du, das wäre ein Vorwurf, der Dich lebendig machte. Die Muse – ein Strandgut des Krieges? Seine Töne sind verstummt. Es ist gleichsam aus seelischen Bereichen auf die Straße geworfen und lacht uns fratzenhaft an. Dennoch: ich würde hier nicht nur Ruinen sehen. Denn das, was sie verhüllen, wird um so stärker lebendig. Musik ist Inhalt des Lebens, als Fülle schönster und reichster Schöpfungen des Geistes – daß es so etwas gibt, daß so etwas möglich ist, wann könnte es deutlicher vor unsere Sinne treten als hier, wo wir schmutzig und lehmüberkrustet in einer fernen Welt der Zerstörung das völlig andere tun.

So ist einem jeden Ding selbst in der Wirrnis ein Siegel des Ewigen aufgeprägt. Das Vergängliche ist nur ein Gleichnis. Auch dieses gestrandete Klavier. Es zeugt für das, was dennoch und immer besteht, für die Musik. Auf solchen Wegen sollst Du als Künstler selbst in der Asche das Leben sehen.

Es ist eine List des Krieges, das Gleichnis zu zeigen und mitten im Grauen nach seinem Ursprung zu fragen. Ein Gleichnis wessen? Dies zu ergründen, sind wir Mensch geworden. Mich führt gerade das, was Du öde nennst, zu einer freudigen Deutung. Denn aus dem, was wir verloren haben, was vernichtet und zerstört in den Schutthalden liegt, steigen in voller Reinheit die Bilder des Bleibenden auf. Das Bleibende ringt sich durch. Aus der Wirrnis wächst die Vollkommenheit. Die Welt wird wiedererstehen. Eine Lust wird uns überkommen, sie dann nach den reinen Bildern zu schaffen. Der Krieg wird – was er ja immer war – auch ein Schöpfer des Neuen sein.

Ich will Dich in die Straßenzüge führen, die seit gestern in Flammen stehen. Von Haus zu Haus fraß sich das Feuer fort. Noch heute sendet der Feind seine Brandgranaten herüber, um auch das letzte Bestehende zu vernichten. Da fährst Du im Panzer durch die glimmende Balkenwelt und glaubst die Hölle selber zu erleben, und mitten im prasselnden Funkenregen fällt Dein Blick durch ein Fenster und findet in friedlichster Einfalt einen gedeckten Tisch. Tassen laden zum Trinken ein, Messer und Löffel sind säuberlich ausgerichtet, die Kanne scheint noch voll zu sein, und in der Mitte stehen vergilbte Blumen. Mitten im brennenden, bombenüberschütteten Stadtteil von Rschew stehen auf einem Tischchen Blumen! Du glaubst es nicht und haschest den Augenblick wie einen Einfall von oben. Das Gesicht verschwindet, aber der Eindruck bleibt.

So magst Du in Bildern die Welt ergründen. Wo Gestalt und Zerstörung vor unseren Augen ringen, weitet sich Dein Blick. Bald wüten die Gewalten der Schlacht über Dich hinaus, bald breitet sich die lachende Sonne aus, und eine ferne Stimme muß Dich mahnen: ›Gib acht, es ist Krieg!‹

Du bewunderst zwei verspätete Schmetterlinge, die durch den hellen Oktobertag flattern, und schreckst dann kaum vor dem Einschlag zusammen, der Dir Holz und Geröll auf den Stahlhelm wirft. Der Kampf und seine Äußerungen sind Dir Gewohnheit geworden, aber hellsichtig blickst Du auf alles, was ein Memento ist. Stelle Dir eine ausgebrannte Häuserzeile vor, in der nur die hohen eisernen Öfen den Brand überstanden. Nun ragen sie in seltsamer Säulenreihe aus den Trümmern, entwurzelt aus dem Bereich ihres Zweckes geworfen. Ein jeder schreit förmlich nach dem Raum, den er wärmen könnte. Aber es ist nichts als Leere da. Nur das Bleibende, der Begriff der wärmenden Wesen, hat Bestand. Vielleicht bauen sich einmal wieder Wände um sie, Räume, die zur Heimstatt werden, in denen man Gedanken denken und Lieder singen kann.

Das Schlachtfeld ist nun, so besehen, keine Einöde mehr. Die Erde ist aufgewühlt, das Oberste ist zuunterst gekehrt, und dennoch siehst Du die Lichter des Lebens. Sie zu deuten, in ihrer einmaligen Leuchtkraft wiederzugeben, wäre Deine Aufgabe. Der Krieg beraubt Dich nicht nur, er gibt Dir auch die Möglichkeit eines starken Erlebens. Er reißt die Oberfläche auf und zeigt Dir das Inbild der Dinge. Die Kraft des Schauens – er nimmt sie Dir nicht, Du mußt sie nur in Dir haben. Auch sollst Du nicht das Krasse und Grelle konterfeien. Nimm Dir das Maß Deines Schaffens aus dem Empfinden der Kämpfer. Sie liegen in den Stahlgewittern und ergeben sich dennoch dem Chaos nicht. Denn ihr Sinn haftet nie an den Äußerlichkeiten. Das Grelle verstummt vor der Kraft ihres Gemüts, die alles, auch das Letzte, erträglich macht. Immer richten sie sich am Bleibenden auf. Wie könntest Du anders jenen Schützen von Rschew verstehen, der mit zerschmetterten Beinen im Bunker lag und, als er sich unbewacht glaubte, die Weise vom Vogelbeerbaum, das Lied seiner Erzgebirgsheimat, zu singen begann.

Im Grauen des Krieges bleibt etwas, das den Gang der Zerstörung überlebt. Ich kann es Dir nicht besser verdeutlichen als mit dem großen Paracelsus-Wort, das mir erst hier in all seiner Weisheit verständlich wurde: ›Die Welt ist Gottes Haus. Wie sie nun geschaffen ist und geworden, so ist zu wissen, daß sie nicht so hingeht, wie sie hergekommen ist. Sondern da werden bleiben vom Menschen das Herz und von der Welt das Geblühe.‹

Nimm Dir daraus den Trost, den Du vonnöten hast, aber auch den Mut und die Lust zu neuem Schaffen!«

An den Schandstätten des Krieges

Das war nun ein hochgestochener Anruf, aber dennoch auch ein Wegweiser aus dem Elend der Zeit. Er entschwand, nachdem im Frühjahr 1943 der Ossuga-Bogen der Mittelfront zurückgenommen wurde in den Bereitstellungsraum um Kursk, Orel und Smolensk.

Da wurde ich just zu der Zeit, da sich eine internationale Kommission der Schandstätte näherte, mit einer Auswahl von Einheitsführern und Mannschaften in das mittlerweile berühmt-berüchtigte Wäldchen von Katyn gefahren. Dort erlebten wir den Aushub von Riesengräbern, in denen, wie Bücklinge aneinandergereiht, die Leichname von Hunderten, ja von insgesamt etwa 5000 polnischen Offizieren zum Vorschein kamen.

Man grub sie Mann für Mann aus und holte Identitätskarten, Portemonnaies, Fotos und Briefe aus ihren Brusttaschen, die durchwegs Absendedaten aus Zeiten vor dem Eindringen der deutschen Wehrmacht aufwiesen. Penetranter Gestank ließ uns Taschentücher vor die Nase halten. Tränende Augen erblickten die Opfer eines Massenmordes, der offenbar auf Befehl Stalins eine Elite des polnischen Soldatentums ausrotten sollte.

Lag das in der Zeit? War das für die Schergen der Sowjetherrscher ebenso selbstverständlich geworden wie nachmals für die Schergen Heydrichs? Ich hatte derlei Schreckensbilder bislang nie gesehen und fand sie erst in den Aufnahmen wieder, die uns die Leichenhaufen von Auschwitz und Majdanek und anderen Ausrottungsstätten des Dritten Reiches vermittelten. Die Kommandostellen des Heeres wollten uns offenbar zeigen, daß die Wehrmacht frei von jedem Verdacht am Vollzug der Genickschüsse war, die hier ihre Opfer fanden. Mehr noch als die Mordtaten selbst wies die Perfektion, mit der sie ausgeführt wurden, in die Abgründe einer Unmenschlichkeit, die uns zutiefst betroffen machte.

Ein wochenlanger Lazarettaufenthalt, lang ersehnter Heimaturlaub und die im Juli 1943 erfolgte Kommandierung an die Kriegsschule nach Potsdam ließen mich von der ersten Phase meines Ostfronteinsatzes Abstand gewinnen, zeigten mir aber die Folgen des Bombenkrieges, der das Reich und seine Städte bedrohte.

Zu den Höllenspektakeln meiner Kriegserlebnisse gehört jedenfalls die im Zentrum Berlins verbrachte Urlaubsnacht vom 18. auf den 19. November 1943. Da hatten wir gerade die anheimelnde Trinkstube eines Gasthauses in der Kurfürstenstraße betreten, als uns der übliche Fliegeralarm in den Schutzkeller rief. Er dauerte ungewöhnlich lange. Wummernde Einschläge und ein Rollen, das uns das Bersten von Mauern und Balken anzudeuten schien, vermengten sich mit heranschleichenden Gerüchen, die nichts Gutes ahnen ließen.

In der Tat hob ein regelrechtes Inferno an. Mit anderen eilte ich nach der Entwarnung, um Möbel- und Kleidungsstücke zu retten, in die oberen Stockwerke des am Dachstuhl brennenden Hauses. Es war vergebens. Die Flammen fraßen sich durch. Die Bewohner, Kinder und Frauen, riefen aus allen Richtungen um Hilfe. Feuerzungen erleuchteten die Straße, durch die plötzlich ein Hitzesturm raste, als wäre irgendwo ein Orkan ausgebrochen. Die Menschen banden sich Tücher vor das Antlitz, weil zunehmend dichter Aschenregen einsetzte. Sie glichen herumeilenden Masken, deren Wohin keinen Ausweg fand.

Ich schlug mich in Richtung Kurfürstendamm durch und stand plötzlich vor der Kaiser-Wilhelm-Gedächtniskirche, deren Turm, sich neigend, wie eine Fackel brannte. Da befahl ich aus eigener Initiative – was man uns eben auf der Kriegsschule gelehrt hatte – herumstehende Soldaten zu mir und sperrte mit ihnen den Platz um die gefährdeten Straßen ab. Der Turm verglühte. Er fiel funkensprühend neben das Gotteshaus und blieb als rotes Gerippe liegen. So war ich, vielleicht ein weiteres Unglück verhütend, Zeuge seines Absturzes geworden.

Alles drängte zum Luftschutzbunker am Bahnhof Zoologischer Garten. Von dort ließ sich das Gebrüll von Tieren vernehmen. Ein Zaungatter und Bäume brannten lichterloh. Es war ein richtiges Furioso. Gleichwohl beleuchtete – auch hier das »Bleibende« andeutend – eine Karbidlampe den unter der Stadtbahnbrücke aufgestellten Tisch einer Zeitungsverkäuferin, die lauthals und unverdrossen rief: »Berliner Nachtausgabe, Berliner Nachtausgabe!« Es klang wie ein apokalyptischer Hahnenschrei und blieb mir bis zum dämmernden Morgen in den Ohren hängen.

Ein zweites Stalingrad

Mit erster Klasse in der Eisenbahn begann zu Weihnachten 1943 mein Leutnantsdasein. Es führte mich über wehmutsvolle Stunden in der Karlsbader Heimat zur Kompanie zurück in das Zentrum der Mittelfront. Mein Standquartier lag in Paritschi, etwa 30 Kilometer südwestlich von Bobruisk. Es war im Panjehaus einer Bauernfamilie untergebracht, die uns liebevoll umsorgte, nachdem wir ihr 14jähriges Töchterlein Vera unter den Bohlen des Hinterzimmers vor der Verschleppung zum Arbeitsdienst bewahrt hatten.

Wir – das waren ein Unteroffizier-Bildberichter, meine Wenigkeit und unser Fahrer »Köbes«, der nicht nur den Schwimmkübel (»Herr Leutnant, er läuft wie ein Ührl!«), sondern auch die Küche versorgte, d. h., er verstand sich auf die Kunst, selbst in der Wüste noch Eßbares herbeizuschaffen. Er war der heitere, plaudernde Mittelpunkt unserer Ruhetage, die freilich nur selten die Reihe der Einsätze unterbrachen.

Zwischen der Beresina und den Pripjet-Sümpfen wummerte, nächtlich durch die Perlenkette der Leuchtraketen sichtbar, die gar nicht allzu ferne Front. Der Weg dorthin führte über Nachschubwege, Holzbrücken und Knüppeldämme zu den Regimentern der 9. Armee, der jetzt die verschiedensten Divisionen angehörten. Es kostete jeweils spürbare Überwindung, durch die schrapnellüberdeckte »Etappe« alleine nach vorne zu gehen.

War man einmal dort, fand sich jene Gleichgültigkeit gegenüber den Gefahren ein, die alle ein wenig gefeit macht, bei denen sie zum Alltag gehört. Immerhin galt auch für den deutschen Kriegsberichter, was Simonow über den russischen schreibt: Er oblag in diesem Umfeld »dem einsamsten aller Berufe«, weil er eben neben Leuten an der Waffe stand, die er nicht kannte und die ihn begreiflicherweise nicht in den Kreis ihres unmittelbaren Kameradenschutzes zu nehmen vermochten.[1]

Der »einsame«, seit grauer Vorzeit klassische Beruf, wurde von uns auch keineswegs im Sinne der Goebbels-Propaganda ausgeübt. Die wirklichen Frontberichter hatten, weil sie eben immer »dran« waren, die relativ meisten Verluste der kämpfenden Truppe. (Das gleiche gilt, wie Simonow berichtet, für ihre »Kollegen« auf der sowjetischen Seite). Hätten sie nach dem Klischee geschrieben, wären sie vorne ausgelacht worden.

Einmal verdeutlichte ich unter dem Titel »Über die Heiterkeit im Kriege«, warum man das Pathos vermied: weil es den Soldaten psychisch geschwächt und seine Wirklichkeit verfälscht hätte. »Man soll das Erhabene nur in Gleichnissen zeigen und kann das wirklich He-

[1] K. Simonow, »Kriegstagebücher«, a.a.O., Band 1, S. 443

roische nur im Kleide der Heiterkeit fassen. Das Grauen wird in der Brust des einzelnen gleichsam destilliert und in das Maß des Erträglichen übergeführt.« Ein Scherz, ein verhaltenes Lachen, eine hingesummte Melodie, ein deftiges Leitwort führen eher in die Spannung des Angriffs als markige Befehle.

So galt der Inhalt meiner Berichte den Szenen am Pripjet, dem Dasein unter dem Netz der Mückenschleier, dem Bildnis eines Wieners, mit dem ich einen »Regentag« unter dem Dach der Gefahren verbrachte, den Teilnehmern eines Spähtrupps, die nicht mehr zurückkamen, ihre Sonderration an Schokolade aber schon vorher verzwickt hatten, der inneren Ruhe eines Regimentskommandeurs, der Heiratsannoncen aus der Heimatzeitung vorlas, nachdem er, am Feldtelefon hängend, entscheidungsvolle Befehle zur Abwehr eines Angriffs gegeben hatte. Einmal flog ich, die Freundschaft eines Horstkommandeurs ausnützend, in der Heckkanzel einer doppelschwänzigen Focke-Wulf-Maschine die ganze Beresina-Front ab. Das vermittelte ebensolche Eindrücke von der »anderen Seite« wie das Abhören von Gesprächen im gegnerischen Feldtelefon, das uns empfindliche Sondergeräte möglich machten, an denen lange Zeit hindurch mein Freund und Studiengefährte Willi Gerlich saß.

Man spürte, daß sich etwas zusammenbraute, und konnte sich nur wundern, als man nachher erfuhr, daß die oberste Heeresleitung den Hauptstoß der Russen im Süden gegen Brest-Litowsk, nicht aber bei uns in der Mitte der Gesamtfront erwartet hatte. Hier lagen die 4. und die stolze 9. Armee des Ostheeres zwischen Witebsk an der Dwina und Paritschi am Beresina-Dnjepr-Knie wie in einem Mantelsack gefangen. Statt sie unverzüglich bis Borissow zurückzunehmen, folgte man dem von nun an sträflich dümmsten aller Führerbefehle; selbst auf die Gefahr hin, eingeschlossen zu werden (wie in den ersten Tagen bereits die Kampfgruppe Witebsk), hatte man bis zum Untergang am Orte auszuharren. 38 Divisionen verzettelten sich solcherweise in dünner Aufstellung in einem 1100 km weiten Bogen, auf dessen anderer Seite die sowjetische Armada mit überlegenen Kräften bereitstand.

Moskau hatte sich im »vaterländischen Krieg« materiell und taktisch vollkommen erholt. Die Ausrüstungshilfe der westlichen Alliierten schlug voll zu Buche. Vom 1. Oktober 1941 bis 31. Mai 1945 waren in amerikanischen Häfen 2660 Schiffe mit einer Gesamtladung von 16 ½ Millionen Tonnen nach der Sowjetunion ausgelaufen.[1] Eine halbe Million Lastwägen, 13 000 Panzer, 2000 Dampf- und Diesellokomotiven, Motorräder und Kleinfahrzeuge en masse, Treibstoff und Nahrungsmittel ergänzten das sowjetische Potential, das sich von den asiatischen Ressourcen her ohne die Gefahr eines japanischen Angriffes mächtig selbst zu erhöhen vermochte. Mehr noch: Die sowjetische Kriegstaktik war, nachdem sie es von Guderian gelernt hatte, zur beweglichen Kriegführung übergegangen. Sie überließ die »festen Plätze« Hitlers mit weitausgreifenden Stoßkeilen ihrem fern verordneten Schicksal. Auch der rasch herbeigeholte Generalfeldmarschall Model, der uns Angehörigen der 9. Armee von Moskau her wohlvertraute Spezialist des Verteidigungsfeldzuges, vermochte die Lage nicht zu meistern.

Am 22. Juni 1944 hob ein ohrenbetäubendes Trommeln der russischen Granateinschläge an. Der Termin war zweifelsohne bewußt zur Erinnerung an den Beginn von Hitlers »Unternehmen Barbarossa« am 22. Juni 1941 gewählt. Paritschi lag in wenigen Stunden in Schutt und Asche. Wir fuhren zum Armeestab nach Bobruisk, warnten die ahnungslose »Kompanie Eichkater«, holten aus dem Panjehaus nochmals heraus, was uns rettenswert schien, und verabschiedeten uns von den zitternden Alten. Dann aber riß es uns, nachdem wir an mißlungenen Gegenschlägen teilgenommen hatten, im Strom des verspäteten Rückzuges mit: über Ossipowitschi, wo unser Kompaniestab durch Volltreffer fiel, und Marina Gorka, wo wir das zerstörte Nachschublager unserer Einheit zurückließen, nach Minsk.

Seltsam, wie auch groteske Ereignisse haftenbleiben: Aus den Trümmern unserer Habe zog ich zwei Großkartons mit unbeschädigten Reclam-Büchern in dem schmucken Kleinformat heraus. An einer Kreuzung wollte ich sie – Grimms Märchen, Goethes »Faust«, Kleists »Prinz von Homburg«, deutsche Volkssagen usw. – verteilen. Aber keiner griff zu.

»Wo geht's denn hin, Kumpel«, fragte ich einen hinwegeilenden Landser. »Ham, nix wie ham!« war die Antwort des ratlosen Mannes, der sich als ein Landsmann aus Espenthor, einem Dorf in der Nähe der Heimatstadt, entpuppte.

---

[1] Siehe konkrete Statistik J. R. Dean, »Ein seltsames Bündnis«, zitiert bei Erich Mende, »Das verdammte Gewissen«, München 1982, S. 239

Der totale Zusammenbruch

Die von mir erlebte Geschichte des totalen Zusammenbruchs ist schnell erzählt. Wer je das Tohuwabohu auf einer Rückzugsstraße mit gestrandetem Kriegsgut, Kanonen, Panzern, LKWs und Pferdegespannen erlebte, kann sich vorstellen, daß die Rollbahn von Borissow nach Minsk in Richtung Westen einem Wegstrang des vollendeten Jammers glich. Daran vermochte auch die im letzten Augenblick eingesetzte 20. Panzerdivision nichts zu ändern. Schon kündigte sich die Überrundung durch sowjetische Panzerkeile bei Stolpce, der nächsten »Station« auf der Strecke nach Baranowitschi, an. Da schlug der kleine Leutnant Becher einen Ausweichpfad durch die Wälder zum oberen Njemen ein. Zuerst war sein eigener Trupp allein, bald waren andere Gruppen mit von der Partie, dann schloß sich ein Rattenschwanz von völlig zusammengewürfelten Leuten aus den verschiedensten Einheiten an, und plötzlich stand der zurückgeraste General der »Zwanzigsten« vor mir. Er sollte das Desaster aufhalten und war nun selbst auf der Flucht.

»Eine geschlossene Gruppe der in Bobruisk eingeschlossenen Verbände der 9. Armee erreichte«, so hieß es im Kriegstagebuch der Heeresgruppe, »unter der Führung des Divisionskommandeurs der 20. Pz.-Div., Generalleutnant Kessel, nordwestlich von Stolpce das Westufer des Njemen.« Die Wirklichkeit sah, wie wir wissen, ein wenig anders aus.

Im Schwimmkübel überquerten wir den Strom, um schließlich bei Baranowitschi auf eine Auffanglinie zu treffen, die man schnellstens improvisiert und errichtet hatte.

Was lag in diesen Tagen hinter uns? Ein zweites, viel größeres Stalingrad! Mit dem Verlust von 28 Divisionen und 350000 Mann übertraf es das Unglück an der Wolga um mehr als das Doppelte.

Mit 126 Schützendivisionen, sechs Kavalleriedivisionen, 16 motorisierten Brigaden, 45 Panzerbrigaden schloß die Rote Armee am 3. Juli 1943 den Ring um Minsk. Ihr standen auf deutscher Seite in einer Breite von 350 km nur noch acht kampfkräftige Verbände gegenüber.[1]

---

[1] Kriegstagebuch der Heeresgruppe Mitte vom August 1944, zitiert in »Vierteljahreshefte für Zeitgeschichte«, Juli 1955, S. 330

Das Rückgrat des Ostheeres war damit gebrochen. Die Katastrophe ging nur deshalb nicht in das Bewußtsein der Bevölkerung ein, weil sie durch den Vormarsch der Alliierten in Frankreich und durch das Attentat auf Hitler in den Windschatten der Nachrichtengebung geriet.

Spätestens jetzt hätte eine verantwortliche deutsche Führung unter allen Umständen das Ringen beenden müssen, um weitere Katastrophenverluste sowie den totalen militärischen Untergang zu vermeiden. Die Tat des Grafen Stauffenberg und seiner Mitverschworenen wird von hier aus mit Nachdruck verständlich. Millionen von Menschenleben, ganze Städte – Berlin und Königsberg, Breslau, Dresden, Würzburg, München – wären zu retten gewesen. Der Holocaust an Juden und Ostdeutschen hätte sich nicht in seinen schrecklichsten Formen ausgetobt. Das alles gab den Wissenden zu denken.[1]

Statt dessen trafen wir, in den Raum um Lyck und Treuburg nach Ostpreußen verlegt, auf eine sorglose Bevölkerung, die im Glanz des Frühlings lebte und nicht ahnte, daß zwischen ihr und den roten Divisionen nur noch ein Schleier von Fiktionen lag. Immer mahnt mich seitdem der Duft der Lindenblüten, der das Land durchströmte, an den hoffnungslosen Zwiespalt der Julitage von damals. Wir konnten in Gesprächen warnen. Aber der durch den Anschlag in der Wolfsschanze ausgelöste Verfolgungswahn schloß uns den Mund. Jene aber, die da hörten, hatten keine Möglichkeit zu eigenen Initiativen.

Das geschenkte Leben

Am 1. August 1944 brach in Warschau der Aufstand der polnischen Untergrundarmee aus. Wir wehrten uns, dorthin verlegt, so gut es ging am Erlöserplatz gegen die aus allen Winkeln losballernden Gewehrsalven. Eine nahegelegene Kirche nahm Gefallene und Verwundete von beiden Seiten auf. Sie wurde unser Schutzwall, bis wir nach

---

[1] Nach dem Bericht Emmy Görings (»An der Seite meines Mannes«, Göttingen 1968) forderten Goebbels und Göring (»Der Krieg ist verloren!«), freilich zu spät und mit der Drohung des Erschießens verabschiedet, Adolf Hitler in der letzten Dezemberwoche 1944 auf, Waffenstillstandsverhandlungen einzuleiten.

dem Abflauen der Kämpfe anderntags die hinter uns brennende Hauptstadt in Richtung Süden verließen.

Des Dienstes wiedererwachter Auftrag brachte mir den Befehl zur Meldung bei der Panzerdivision »Hermann Göring« ein. Sie wurde am Westrande des Warka-Brückenkopfes ausgeladen, den die Rote Armee bereits diesseits der Weichsel gebildet hatte. Den Namen des »Reichsmarschalls« trugen bestens eingekleidete, gut ausgerüstete Bataillone, die freilich einen schwerwiegenden Nachteil hatten: Sie waren aus überfälligen Einheiten der Luftwaffe in Italien zusammengestellt worden und sollten nunmehr einen kampferprobten Gegner über den Strom zurückwerfen.

Wir traten am 10. August 1944, einem Tag voll strahlender Sonne, zu einem Panzerangriff gegen das Dörfchen Michalow an. Zwei Kompanien, die sich an einem Waldrand bereitgestellt hatten, folgten den stählernen Vorreitern. Plötzlich fielen ihre Führer aus. Ich stand ohne Tarnanzug alleine unter ihnen. Der Angriff, der zunächst erfolgreich war, führte über ein weites Ackerfeld. Ich wies links und rechts vorgehende Grenadiere in die befohlene Richtung ein und beobachtete kniend den Fortgang des Geschehens. Da warf mich, direkt aufs Herz gezielt, eine feindliche Kugel um. Es geschah wie durch einen Blitzschlag, erbarmungslos plötzlich. Was dann folgte, grenzt an jene seltsamen Ereignisse, die wie aus höheren Zusammenhängen auf uns zukommen und dennoch wahrhaftig sind.

Ich versank in einen Doppeltraum, der mich in die heimatliche Bettstatt entführte und dort das gleiche erleben ließ, was eben vor sich gegangen war. Träumend verspürte ich den Schlag des Geschosses, griff an die Brust und blickte, indem ich mich händlings stützte, nach vorne, um dem Angriff wenigstens in Gedanken zu folgen. Da sah ich, wie ein Sowjetsoldat im Gegenangriff mit erhobener Handgranate auf mich zuzueilen schien. Ich erwachte – und der Kerl stand an der Spitze einer Gruppe von Rotarmisten in etlicher Entfernung wirklich vor uns. Irgend jemand hatte mich entkleidet. Mit blutüberströmter Brust wankte ich, mich auf einen der nunmehr Weichenden stützend, zurück. Es war ein Laufen zwischen Leben und Tod, wie es Millionen anderer Soldaten in noch viel ernsteren Situationen durchzustehen hatten. »Sie werden durchkommen!« sagte der Bataillonsarzt, der mich, mit einer Tetanusspritze versehen, auf den langen Weg in die Lazarette schickte.

Warum war es eine berichtenswerte Sternstunde? Weil das Geschoß, vom Lebenszentrum abgelenkt, seinen Weg über das Brustbein durch die rechte Lunge in den rechten Oberarm nahm. Das war durch die am Hals hängende Kennmarke und ein Marienmedaillon verursacht worden, das meine Mutter 1908 von einem russischen General erhalten hatte, der im »Kaiserpark« zu Karlsbad ihr Gast gewesen war. Es werde alle, die es tragen, beschützen, sagte er damals. Nun hatte es mich vor einem russischen Scharfschützen behütet – eine Fügung, die mich zu jenen gesellte, welche nicht nur an den Zufall, sondern auch an das Wundersame im Dasein glauben.

Mehr noch als sonst empfand ich nach solchen Schlägen das Bewußtsein des geschenkten Lebens. Was hätte mich fürderhin noch besonders erschüttern können?

An der Mährischen Pforte

Das Karussell des Krieges erfaßte mich nach Monaten heilsamer Genesung ein letztes Mal im März 1945 an der Mährischen Pforte. Nach Monaten in Beuthen und Karlsbad, wo ich im Sanatorium Walther Schäfflers liebevolle Pflege fand, wurde ich über Prag nach Kolin zum Berichterzug der Heeresgruppe Schörners einberufen. Der eiserne Generalfeldmarschall verwehrte zu jener Zeit den sowjetischen Stoßkeilen ein blitzartiges Eindringen in den böhmisch-mährischen Kessel. Er gewährte damit nicht nur dem Sudetenland unmittelbare Schlachtenruhe, sondern auch dem Protektorat, dessen Lebensstandard ich an der Art und Weise maß, wie man in Restaurants und Cafés noch von Pikkolos in Schwarz und von Zahlkellnern im Frack bedient wurde.

Im Raum um Friedek roch man freilich schon die Nähe der Fronten. In der Dreiländerecke, an der von alters her der deutsche, der polnische und der tschechische Sprachraum zusammentrafen (»Dienstmädl putzuje oblek na vurhausu«) kündigten ganze Viehherden, die aus Oberschlesien herübergetrieben wurden, das nahende Chaos an. Streuschüsse der schweren sowjetischen Artillerie hätten mir beinahe ein letztes Andenken verpaßt, wäre ich nicht schnellstens im Schutz eines Laufgrabens verschwunden.

Die mitteleuropäische, vertraute Gegend machte den ostfrontgewohnten Soldaten ein wenig leichtsinnig, ernüchterte mich aber außerordentlich rasch, als ich im bereits geräumten Jägerndorf sozusagen zwischen den Fronten stand. Von der Kudlich-Warte her lenkte eine deutsche Beobachtungsstelle unser Abwehrfeuer gegen die Russen, die sich schon am anderen Ende der Stadt eingefunden hatten. Ein Gebirgs- und Skijägerregiment, bei dem sich auch ein Olympiasieger befand, gewährte verzweifelten Schutz. Das gleiche taten Einheiten des »Volkssturms«, über dessen hoffnungslosen Einsatz ich einen letzten Bericht schrieb.

Hatten die Russen, als es ihnen im November 1941 vor Moskau an den Kragen ging, nicht auch solche Hilfseinheiten aufgestellt? Dort kannte man sie als »Volkswehr-Divisionen«, in denen »vorwiegend ältere Männer«, Straßenbahner und sonstige Bedienstete der bedrohten Hauptstadt den »vaterländischen Krieg« in deren Vorfeld und später genau in meinem einstigen Kampfraum zwischen Wjasma und Rschew führten.[1]

Nun stand mir wiederum Konstantin Simonow, mein »alter Kollege von vis-à-vis«, gegenüber. Diesmal aber berichtete er nicht über »Volkswehr-Divisionen«, sondern über den Aufmarsch der kraftstrotzenden »4. Ukrainischen Front« (das entsprach auf deutscher Seite in etwa einer Heeresgruppe). Sie sollte unter dem Oberbefehl des seit den Krim-Kämpfen alterfahrenen Armeegenerals Iwan Jefimowitsch Petrow im März 1945 einen Entscheidungsschlag gegen Mährisch-Ostrau führen und dann – bei erfolgreichem Verlauf – ein mechanisiertes Korps in den Durchbruchsabschnitt werfen.

Das verhinderte Schörner, der dem Gegner an Erfahrung und Härte nicht nachstand. Mit welcher Entschlossenheit und materiellen Übermacht die Sowjets aber vorgingen, schildert Simonow im Spiegel der Befehlsgespräche, mit denen die Armeebefehlshaber Gretschko und vor der mährisch-schlesischen Barriere vor allem General Moskalenko ihre Unterführer antrieben: »Bei zweihundert Geschützen pro Frontkilometer gibt es keine Anfragen oder Meldungen über den Gegner. Melden Sie, wie weit, bis zu welchem Geländestreifen Ihre Einheiten vorgedrungen sind!« Massive Artillerievorbereitung (von der ich ein wenig abbekam), Vorrücken der Infanterie und

[1] K. Simonow, »Kriegstagebücher«, Bd. 1, a.a.O., S. 186

dann erst, wenn sich eine Lücke auftat, Vorstoß der Panzer und motorisierter Einheiten – das war das Rezept des sowjetischen Angriffs. Moskalenko am Feldtelefon: »Was heißt das ... in Bewegung sein ... Seit Stalingrad ist die Rote Armee überhaupt in Bewegung! Stellen Sie gefälligst fest, wo Ihre Einheiten operieren, und melden Sie in 20 Minuten!« – »Terrorisieren Sie den Gegner, umgehen Sie ihn und setzen Sie rechtzeitig Reserven ein!«[1]

»Unsere Armee hat siegen gelernt!« meint Simonow selbstbewußt nach solcher Darstellung. Dennoch wurde Petrow abgelöst, weil er das gesteckte Ziel nicht termingerecht erreichte. Vielleicht gab mir die solcherweise entstandene Atempause Gelegenheit zu einem privaten »Vorstoß«, der mich in die bereits verlassene Jägerndorfer Wohnung unseres ehemaligen Verbandsdietwartes Kittel führte – um Bücher von dort herauszuholen und sie über Benisch nach Freudenthal zu seiner Schwester Hertha Machold zu bringen. Wie sich doch das große Kriegsspiel nun laufend mit den kleinen Taten der Selbsttäuschung vermengte! Ich schleppte Kleider und Wertstücke mit, als mich der Kriegsverlauf nach Südmähren zum Denkmal von Austerlitz verschob. Dort warf ich aber den Ballast ab, als ich vernahm, daß ich ihn nicht mehr Freunden der Besorgten in Brünn oder Wien übergeben konnte.

In den Gemeinden der deutschen Sprachinsel Wischau, deren trachtenreiche Bevölkerung bereits für den Treck zur Flucht bereitstand, lagen Teile der Bayreuther und Karlsbader 46. Infanteriedivision. Unter dem taktischen Zeichen des »Hirschensprungs« war sie bis zum Elbrus-Gebirge vorgestoßen und von dort in ständigen Rückzügen bis hierher gekommen. Hunderte gefallener Kameraden hatten sie in fremder Erde zurückgelassen. Freunde und Verwandte erzählten von ihren Erlebnissen. Es war, als stünden sie am Ende eines langen Abenteuers. Der Auftrag eines Besessenen hatte sie auf die längste Reise nach dem Osten geschickt. Robert Großmann, unser Berti aus jugendbewegten Zeiten, war, mehrmals verwundet und hoch dekoriert, einer der Ihren gewesen. Desgleichen mein Vetter Werner Völkl, der nach zwei Jahren Dienst in der tschechoslowakischen Armee seit acht Jahren (wie so viele andere) unter Waffen stand! An der Senke von Kertsch hatten sie Ende 1942 kehrtgemacht.

[1] K. Simonow, a.a.O., Bd. 1, S. 498 ff.

Sie mußten einen Blutzoll entrichten, der an die Egerländer Soldaten im Ersten Weltkrieg erinnerte. Wiederum war ein Opfergang vergebens gewesen.

Epilog am Plessberg

War das »Abenteuer« auch für mich zu Ende? Ein Befehl, der mich offenbar in das Vorfeld der Gauhauptstadt Reichenberg bringen sollte, rief mich Mitte April 1945 zur Berichterstaffel nach Kolin zurück und von dort nach Bautzen. Als ich in dieser »Perle der Lausitz« ankam, gab es freilich nichts mehr zu berichten. Der makabre letzte Appell zu »Führers Geburtstag« entließ uns mit dem Rest einer hessischen Pionierkompanie in Richtung Elbe. Wir fuhren durch das in Schutt und Asche versunkene Dresden und sahen, was hier geschehen war. In die Absetzbewegung auf die Höhen des sächsischen Erzgebirges mengten sich bereits Vorausabteilungen der Russen. Ulkigerweise wollte sich uns ein offenbar besonders leidender Rotarmist hinter Meißen »ergeben«.

Dann kam die Meldung vom Untergange Hitlers. Alles zerflatterte in sinnloses Kampieren, bis wir im hochgelegenen Städtchen Bärringen am 8. Mai 1945 die Kunde von der Kapitulation der deutschen Wehrmacht und die Siegesansprache Winston Churchills vernahmen.

Der Krieg und alles, was er mir eingebrockt hatte, lag nun wie eine schwere Last auf dem Buckel. Gleichwohl fuhren wir mit dem weißen Taschentuch an der Kübel-Antenne zwischen den Trucks der nunmehr die Straßen beherrschenden US-Army in Richtung Heimat. Sie breitete sich, als wollte sie ein letztes Mal in ihrer ganzen Herrlichkeit erscheinen, vor der Turmwarte des schon auf böhmischer Seite gelegenen Plessberges aus. Ich sah im Sonnenlicht des hellen Morgens die Duppauer Berge, die Ruine Engelhaus, den Kaiserwald, das Tepler Hochland und drunten im Egertal die Vaterstadt, das Elternhaus und über allem das Grün der Wälder.

Ein Hauptmann, der sich neben mir an dem Anblick weidete, fragte mich, ob dies das Egerland sei. Ich antwortete nicht und schwieg mit Tränen in den Augen.

Mein kleines Notizbuch verzeichnet an jenem Tag – von woher

mochte ich den Text wohl erhascht haben? – als traurigen Epilog eine Inschrift, die »Vom Winde verweht« wie für diese Stunde aufgezeichnet war:

»Auf Erden bin ich so wenig wert
wie in dem Schattenreich.
Als Pfand des Volkes, das aufgehört,
bin ich den Schatten gleich.

Bewahrt mich und gedenkt der Mär,
die dieser Schrein erzählt,
von Freiheit, Vaterland und Ehr,
vom Volk im Sturm zerschellt!

Als ob wir dazugehörten, fuhren wir mit den Amis zu Tal. Es folgte die Wiederbegegnung mit den Eltern und die nächtliche Flucht vor der roten Besatzung bis zur Brücke am »Freundschaftssaal«, an der wir stundenlang verharrten und das, was war, zurückbedachten.

Nacht im Kaiserwald

Die rauschende Tepl konnten wir erst überschreiten, nachdem sich die gefährlichen Patrouillen betrunken und grölend zurückgezogen hatten. Welch irreale Szene! Wir durchquerten, zum »Bild« und zur »Waldandacht« hochsteigend, die herrlichen Buchenhaine. Hier wandelten einst die Großen der Welt, hier betete die Kaiserin Elisabeth, hier hatte fast jeder Baum einen waldwegumrandeten Namen.

Schemengleich tauchten nun Hunderte fliehender Menschen auf, abrüstende Soldaten, Mütter mit Kindern an der Hand und im Rucksack, Gestalten, an deren Leibern letzte erhaltene Habe hing, Figuren, die sich in den Schutz der Nacht begaben und nur einem Ziele zustrebten: der rettenden Grenze im Westen.

An der »Ecce Homo«-Kapelle gesellte sich eine Gruppe von Ärzten und Schwestern zu uns. Sie waren über stockwerkhohe Feuerleitern aus dem zum Lazarett verwandelten, nunmehr brutal beschlagnahmten »Hotel Pupp« geflohen. Ich nahm mich der Verängstigten an und führte sie wegekundig durch den Kaiserwald.

Am Tage schliefen wir, uns vor möglichen Streifen verbergend, eng aneinandergekuschelt unter Fichten und Tannen. Zur Nacht wanderten wir weiter: am Muckengrundteich, an Schlaggenwald und Lauterbach vorbei bis an die Marienbader Senke, um schließlich vor der alten Landesgrenze eine Freinacht (eine letzte Nacht im Freien und in Freiheit!) zu genießen.

Einer fragte mich: »Wo wollen Sie nunmehr hin?« Ich wußte es nicht. Wie Tausende ging ich einfach in das Ungewisse der Zukunft.

Sie begann indes nicht in den erhofften Gefilden der Oberpfalz, wohl aber in einem Auffangquartier der US-Army zwischen Mähring und Obermugl. Von dort wurden wir auf LKWs verladen, in ein Feld-, will sagen Gefangenenlager im Schatten des Prämonstratenserstiftes Tepl gebracht und mit etwa 20000 Leidgefährten unter freiem Himmel zusammengelegt. Drei kalte Kartoffeln pro Tag und ein einziges Stück Brot bildeten wochenlang unsere kümmerliche Nahrung. Gleichwohl muß ich zugunsten der Amerikaner feststellen: Sie haben uns nicht wie in anderen Fällen an die Russen ausgeliefert oder den fragwürdigen Helden der tschechischen Nationalgarde als Racheopfer dargeboten. Wider Erwarten lösten sie bereits im Juli 1945 das Lager auf.

Als Herren Westböhmens, in dem sie freilich auch Mitverantwortung für die totale Entrechtung und Vertreibung der bodenständigen Bevölkerung trugen, schleusten sie Offiziere wie Mannschaften in einem Schnellverfahren durch eine Reihe von Registrierungsbaracken. Ich ließ mir einen Entlassungsschein nach Karlsbad ausstellen und die nichtsahnenden GIs darauf verzeichnen, daß der Weg dorthin über Marienbad, Marktredwitz, Regensburg, München, Tegernsee, Salzburg und Schladming führe! Die Täuschung brachte mir den großen Vorteil ein, daß ich in den folgenden Wochen den sagenhaften Umweg zu Fahrten bis nach Österreich und zurück einschlagen konnte. Stempel und immer wieder Stempel, neue Daten und Unterschriften machten das Zertifikat zu einem goldenen Reisepaß, mit dem ich so manche Zonen- und Grenzscheiden zu überschreiten imstande war.

Dabei erlebte ich Land und Leute in der Drangsal der zerbrochenen Ordnung. Alles war aus den Fugen geraten. Heulendes Elend füllte Straßen, Dörfer und Städte. Abweisender Egoismus, aber auch wunderbare Solidarität standen einander gegenüber. Die Familie

Egerer nahm mich wochenlang in ihr bergendes Marienbader Heim, Willi Gerlich, der altbewährte Jugendfreund, wies mir sichere Fährten über die grüne Grenze, und so manche Bauern gewährten mir Unterschlupf, als ich zum gefährdeten Waldgänger wurde.

Wanderer zwischen den Welten

Es war nicht einfach, unbehelligt aus dem Machtbereich der Amerikaner ein erstes Mal wieder in das elterliche Haus, d. h. in die sowjetische Besatzungszone Böhmens, zurückzukehren. Gegen das Versprechen einer Schreibmaschine und kostbarer Stiefel brachten mich schließlich tschechische Frächter an zahlreichen Posten und Sperren vorbei in die Sprudelstadt. Dort lebten die deutschen Bürger auf Hungerrationen. Sie mußten weiße Armbinden tragen, allerlei Frondienste leisten und flogen gnadenlos aus Beruf und Besitz. Mein Vater und andere Männer wurden gezwungen, mit bloßen Händen am Waldfriedhof ein Massengrab zu exhumieren, in welchem an die 200 ihnen gut bekannte Opfer des letzten amerikanischen Fliegerangriffes lagen, die man nunmehr als Opfer von Gestapo-Mördern ausgab.

Viele Häuser hatten Verschleppte, Vergewaltigungs- und Todesopfer zu beklagen. Bekannte Persönlichkeiten (so auch der ehemalige Abgeordnete Othmar Kallina) und ganze Familien (so auch die meines Jugendfreundes Fritz Thiemann) wählten den Freitod. Geschäfte und Betriebe waren beschlagnahmt. Správces (Verwalter) führten in ihnen ein zweifelhaftes Regiment. »Goldgräber« (Diebs- und Raubgesellen) waren aufgetaucht, um zu plündern und abzuräumen. Angst, Trauer und Hoffnungslosigkeit lagen allenthalben auf den Gemütern.

»Wenn es am Haustor klopft, nachts, tagsüber oder zur frühen Morgenstunde, mußt du annehmen, daß ein Todesengel erscheint oder daß es nun Abschied nehmen heißt – mit 50 kg Gepäck und nichts als einem Taschentuch, in das du weinen kannst!« Das sagten mir Frauen im Nachbarhaus und viele andere bei verschwiegenen Treffs und Zusammenkünften.

Wahrscheinlich war es das Bestreben, die Kunde von diesem Geschehen nach dem Westen zu bringen, das mich veranlaßte, dreimal die Fahrt nach Bayern anzutreten, dreimal wieder zurückzukehren und dann erst die Heimat endgültig zu verlassen. Vor allem aber galt es, den Eltern zu helfen, die Stunde der Vertreibung vorzubereiten, ihnen den Gang in die Fremde zu erleichtern. Das führte mich in das gefahrvollste Abenteuer meines Lebens. Denn leicht war es jetzt keineswegs mehr, den Weg von hüben nach drüben und in umgekehrter Richtung zu beschreiten.

Vielleicht ist es ein inneres Merkmal solcher Unternehmungen, daß sie nach außen hin irreal und leichtsinnig erscheinen. Man folgt indes einem inneren Zwang. Mehr als sonst liegt das persönliche Schicksal in Gottes Hand. Man kommt sich erst nachher wie der Reiter über den Bodensee vor. Das Bangen spürst du ein Leben lang.

Schließlich fuhr ich nach schnellem Abschied, die weiße Binde am Oberarm tragend, wie ein Handwerker über die Straßen des hellen Tages. Mein Fahrrad, das einzige Vehikel, das in solchen Fällen hilft, trug eine Kiste mit Schraubenschlüsseln und Isolierwolle hinter dem Sattel. Darunter verbarg ich wertvolle Utensilien, Dokumente und geliebte Bücher. Über die Station Aich-Pirkenhammer ging es jeweils den »Kniebrecher« hinauf und den alten Fluchtweg entlang zum Anwesen des Christl-Bauern nach Bad Königswart. Ich ruhte bis zum Eintritt der Sperrstunde aus. Dann schob ich den geduldigen Drahtesel samt Last durch das Fichtendickicht auf den Tillenberg (939 m). Der Weg führte mich – was ich nachgerade als symbolisch empfand – am sogenannten »Mittelpunktstein« vorbei. Geographen, die ihn vor vielen Jahrzehnten errichtet hatten, stellten fest, daß ein imaginärer Zirkel, hier eingesetzt, in konzentrischen Kreisen genau das umrundet, was wir Deutschland und Europa nennen. Armes Deutschland, armes Europa!

Nun lag sein Herzstück in tiefem Dunkel. Hochaufgeschossene Bäume, dazwischen Felstrümmer, zogen sich am Kamm entlang bis zu einer lichten Senkung. Dort stand ein Bergheim des Egerer Turnvereins. Müde und in der Stimmung »Jetzt ist mir schon alles egal!«, schlüpfte ich einmal in regentriefender Nacht durch seine offenstehende, im Winde knarrende Tür. Unter einem biederen Bilde des Turnvaters Jahn schlief ich auf einer Holzbank den Schlaf des Gerechten. Anderntags erfuhr ich drunten in Neualbenreuth – am jenseitigen Ufer der Gefahren –, daß über mir die Häscher des neuen Regimes ganz offenbar noch fester geschlafen hatten.

Am Rückweg fuhr ich, statt den Steig durch die Waldungen zu benützen, auf der offenen Straße von Ober- nach Untersandau direkt in die Arme eines tschechischen Feldwebels. Er kam auf einem Motorrad dahergebraust, verlangte meinen Ausweis und sah mich prüfend an. Ich zeigte ihm den Entlassungsschein, der für die Strecke von Marienbad (über München, Schladming!) nach Karlsbad ausgestellt war, und fragte ihn geradeheraus, was er meine: ob ich mit dem Fahrrad oder besser mit der Eisenbahn nach Karlovy Vary (Karlsbad) fahren solle. Ich zappelte an dem seidenen Faden zweier Schrecksekunden – in solchen Augenblicken steht die Weltenuhr still –, bis er schließlich sagte: »No, jedete s kolem!« (Fahren Sie mit dem Rad!) Er entließ mich mit einer lässigen Handbewegung, gab Gas und fuhr bergwärts zu den Posten.

Manchmal zog ich in gebührender Entfernung an deren Lagerfeuern vorbei. Manchmal wähnte ich, daß sie sich selbst ängstigten. Hätte man mich erwischt, wäre ich gnadenlos in die Zuchthäuser von Bory und Pankraz, vielleicht auch in die slowakischen Konzentrationslager oder in die Uranbergwerke des Erzgebirges verschleppt worden.

So aber wurde ich ein Wanderer zwischen den Welten. Ich ahnte nicht, daß sie schon bald der Eiserne Vorhang mit Todesstreifen, Drahtverhauen und Minenfeldern trennen würde. Noch vermochte ich sie als Alleingänger, mit den Erfahrungen des Fahrtengehers und der Ostfrontjahre ausgerüstet, nachrichtenbringend auf verschwiegenen Pfaden zu verbinden. Dabei wurde ich zum Träger von Neuigkeiten, die man weder Rundfunk- und Zeitungsmeldungen noch offiziellen Informationen entnehmen konnte.

Mit solchem Wissen bereichert und belastet, fand ich jeweils den Weg zu den Wartenden in den Angstregionen der alten Heimat und zu den Amtsstellen in Bayern. Das Schielen nach Salzburg und Wien hatte mir bei alledem wenig eingebracht. Österreich schien mir zu fern und zu enge. Auf der Suche nach einer neuen Heimat war ich dann, ein Vierteljahr voller Kreuzfahrten und Irrungen durcheilend, Mitte Oktober 1945 endgültig in München angekommen.

Dort wurde ich gehört. Dorthin wurde ich gerufen.

7. NEUBEGINN AUS NOT UND UNTERGANG

Der Epilog am Plessberg hatte mich nicht von ungefähr mit Trauer und Schrecken erfüllt. Die »Tragödie ungeheuren Ausmaßes«, die nach Churchill, einem ihrer zur Einsicht gelangten Verursacher, mit der Vertreibung von 14 Millionen Deutschen verbunden war, spielte sich nunmehr vor meinen Augen ab. Ich war ihr Tatzeuge und konnte sie aus Hunderten von Berichten entnehmen, die auf mich in den kommenden Wochen und Monaten zukamen. Sie war der alles bestimmende Hintergrund des Neubeginns aus Not und Untergang, dem ich, als hätte mich ein lenkendes Schicksal dafür ausersehen, nunmehr an zentraler Stelle dienen sollte.

Zum ersten Male hatte ich mein vollbepacktes Fahrrad am 4. August 1945 von Landshut kommend durch die Trümmerstraßen Münchens geschoben. Im Sendlinger Behelfsheim meines Vetters Heinrich Preißler fand ich – wie hilfreich waren Verwandtschaften in jenen Tagen! – den Stützpunkt, von dem aus ich erste Erkundigungen durchführen konnte. Sie führten mich recht bald in die Wagmüllerstraße, die man auf Umwegen über das Max-II-Denkmal erreichen sollte. Dort gesellte ich mich zu einer Menschenschlange, die sich einige hundert Meter weit hinein in den Stadtteil Lehel bewegte. Am Ende stand ich den fragenden Augen von Frauen und Männern gegenüber, die meine »frisch von drüben« kommenden Berichte begierig zur Kenntnis nahmen.

»Was ist in der Heimat los? Wo stehen die Russen, wo die Amerikaner? Treibt man die Menschen wirklich scharenweise aus ihren Häusern? Wie kommen sie über die Grenze? Wie viele werden es morgen und übermorgen sein? Was geschieht mit den Frauen und Kindern?« – Die Fragen trafen mich wie Pfeile. Ich war in dem eben gegründeten »Suchdienst« des eben gegründeten Bayerischen Roten Kreuzes gelandet und antwortete nach bestem Wissen und Gewissen.

Die »Auskunftei«, die fortan Tausende umherirrender Menschen anzog, verdankte ihr Entstehen der Initiative Dr. Walter Ullrichs, eines jungen, aus der Kriegsgefangenschaft entlassenen Mannes, dem am zerstörten Münchner Hauptbahnhof der plausible Einfall kam, die Flut der Suchenden sowie die massenweise angeklebten Suchzettel, wie er sich ausdrückte, zu »kanalisieren«. Er drang, was gar nicht so einfach war, bis zu Kardinal Faulhaber vor und erhielt von ihm den Hinweis, seine Idee im Roten Kreuz zu erläutern. Sie wurde nicht nur der Ausgangspunkt der späteren länderübergreifenden Suchdienstzentrale. Ihr entsprach auch die Anregung zur Schaffung einer »Hilfsstelle für Flüchtlinge aus den Sudetengebieten«, die sich im Oktober 1945 in der Wagmüllerstr. Nr. 23, einem notdürftig abgedeckten Trümmerhaus, etablierte. Aus dem genialen Einfall des tüchtigen Neutitscheiners entstand, von seinem Landsmann, dem Bankkaufmann Roman Herlinger, und von den Rechtsanwälten Gebrüder Dr. Schär begründet und vorangetrieben, in ihr der erste Ansatz zur Sammlung und Regeneration der Sudetendeutschen nach ihrer Vertreibung.

Wie das geschah, wurde vielfach dokumentiert[1], verdient gleichwohl aber den Hinweis auf die Originalität eines Vorganges, der aus dem Sachzwang beispielloser Selbsthilfe entstand. Wir kamen aus dem Nichts, standen vor dem Nichts und gaben dennoch nicht auf. Wenn es wahr ist, daß man nach Arnold Toynbee die Kraft von Menschen und Völkern an der Art und Weise zu ermessen vermag, mit der sie großen Herausforderungen begegnen, könnten wir – das sei aus der Distanz der Jahrzehnte gesagt – für das damalige Unternehmen eine gute Note bekommen.

Es sah sich zunächst mit der Zerstörung der ursprünglichsten Lebensgrundlagen aller Rat- und Hilfesuchenden konfrontiert. Das Dach über dem Kopf, die Suche nach dem wärmenden Herd, die Stillung des Hungers, ein Mantel, ein Rock – das waren die Ziele des Augenblicks und meist nur durch die Vermittlung von Aufenthaltsgenehmigungen, durch das Wissen, wo man Bezugsscheine für Kleider oder Marken für Nahrungsmittel erhalten könne, zu erreichen. Ein Volk mit allen seinen Berufen wanderte, aufgelöst und dennoch erkennbar, an unseren Beratungstischen vorbei. Da standen der Arbei-

[1] Vgl. Erich Maier, »40 Jahre sudetendeutscher Rechtskampf«, Sudetendeutscher Rat, München 1987, S. 27 ff.

ter neben dem Unternehmer, der Bauer neben dem Knecht, der Lehrer neben dem Schüler, der Gastwirt neben dem Kellner, der Porzelliner neben dem Glasmacher, der Bergmann neben dem Textilarbeiter, der Kurmusiker neben dem Schauspieler, der Amtmann neben dem Angestellten, der Prolet von ehedem neben dem Grafen Serenyi (dem Mitinhaber der Ringhoferwerke) und immer wieder Verwundete und heimkehrende Soldaten.

Sie alle waren, entlassen aus dem bisherigen Leben, arme Schlukker. Und dennoch: Sie alle suchten die Zukunft. Der unbändige Wille, es wieder zu schaffen, mischte sich in das Klagelied der Gegenwart. So seltsam es klingt: Wir waren nicht traurig, ja von einem Optimismus des Neubeginns durchdrungen, der sich recht bald auch manchen in der Not des allgemeinen Desasters dahinagierenden Regierungsstellen mitteilte, denen wir unser Basiswissen und unsere Vorschläge übermittelten.

Eine intakte Führung

Die »Hilfsstelle« erwies sich als überaus nützlich. Ursprünglich von Männern aus der Wirtschaft getragen, stießen recht bald auch Persönlichkeiten politischer Provenienz zu ihrem Führungsgremium. Peter Stark, seines Zeichens Zahnarzt aus Eger und Sohn eines sozialdemokratischen Abgeordneten im Wiener Reichstag, fand den Weg zu Wilhelm Hoegner, dem Minister und Ministerpräsidenten in der ersten von der Besatzungsmacht eingesetzten Staatsregierung. Hans Schütz, der christlichsoziale Gewerkschaftler und Abgeordnete im Prager Parlament, baute, mit Pater Paulus Sladek von der »Kirchlichen Hilfsstelle« kommend, Brücken zur Priesterschaft sowie zu der im Aufbau begriffenen CSU. Richard Reitzner, der mit Emil Werner und dem damals noch jungen Volkmar Gabert sowie mit seiner Familie nach München kam, wurde als Stellvertreter in ihrem Landesvorsitz der Exponent der SPD.

Ein seltsames, alle ergreifendes Phänomen trat ein: das Absterben der alten Gegensätze. Die Spannungen zwischen denen, die ehedem die schwarzen und die roten Turnergürtel trugen, der »Klassenkampf« der Zwischenkriegsjahre, verschwanden in der Solidarität.

Eine weise Lenkung unterdrückte, wo sie entstanden, Reibereien zwischen Antifaschisten-Transporten und den anderen, die, ohne Möbel und Haushaltsgegenstände, später im Viehwagen über die Grenze gekommen waren.

Aus erfreulicher Fügung ergab sich ein entscheidender Tatbestand: Die Volksgruppe, deren Gros sich noch in den Auflösungszentren der alten Heimat befand, verfügte bereits im Herbst 1945 über eine politische Führung! Sie hatte sich in der »Hilfsstelle für Flüchtlinge aus den Sudetengebieten« herausgebildet und, den anderen Ostdeutschen voraus, sich zu einer Gemeinschaft von Planern und Initiatoren zusammengefunden.

Mein eigener Beitrag erwuchs in diesem Konzert aus dem Überdenken der sozialen und ökonomischen Vorgänge, die nach den Beschlüssen der Potsdamer Konferenz vom Juli 1945 mit Sicherheit auf uns zukommen würden. Dann würden neben den anderen Gruppen von Vertriebenen über zwei Millionen Landsleute aus dem Sudetengau vor den Grenzen der amerikanischen Besatzungszone stehen, also mindestens eine Million von ihnen vor den Toren Bayerns.

War es ein Zufall, daß wir in diesem unseren Nachbarlande Einzug halten sollten? War es ein Glück im Unglück, und war es überhaupt möglich?

Ein hoffnungsvolles Zukunftsbild

Auf einer Wanderung, die mich am Heiligen Abend 1945 an den Ufern des Starnberger Sees entlang nach Kempfenhausen führte, fiel mir die Antwort wie eine Erleuchtung ein. Ja, das mußte man so sehen: Es deutet sich eine Entwicklung an, die den Großteil des schon im alten Österreich hochindustrialisierten Sudetendeutschtums in das noch weitgehend agrarisch bestimmte Bayern eingliedern und dieses Land in einen Agrar-Industrie-Staat verwandeln wird. Die Wiener Lehre von dem ganzheitlichen Gefüge einer Volksgruppe verwies mich auf die Notwendigkeit, dieses zu erkennen und nach dem Strukturbild ihrer Berufsgruppen wiederherzustellen.

Unter der Federführung von Dr. Fritz Enz und anderen Fachleuten der »Hilfsstelle« erarbeiteten wir daher zunächst für den Hausgebrauch ein Gefügebild der sudetenländischen Industrie, des Gewerbes, des Handels, des Kreditwesens und des Bauerntums. Das ergab ein illustres Verzeichnis aller Berufe und Beschäftigten, die aus den Schaffungszentren der böhmisch-mährisch-schlesischen Kohlen-, Eisen- und Bergbaureviere, der chemischen und Lebensmittelindustrie, der Verarbeitungsindustrie im Holz-, Textil-, Porzellan- und Glassektor, aus dem Hotellerie- und Kurstadtgewerbe sowie aus der vorzüglich ausgestatteten Landwirtschaft kamen. Um der ursprünglichen Hoffnungslosigkeit entgegenzutreten, verfaßten wir bereits im Jahre 1945 eine »Denkschrift über die Probleme der Umsiedlung«, in deren Einleitung ich die nachfolgenden Erwägungen herausstellte:

»Das Transportbild ist zum guten Teile ein Netzhautbild und gewinnt hellere Züge, wenn wir die großen soziologischen und wirtschaftlichen Zusammenhänge ins Auge fassen, die hinter dem Flüchtlingsstrom sichtbar werden. Wir sehen die Flüchtlinge dann nicht nur als Individuen, sondern als Teile der organischen Gesamtheit einer Volksgruppe, die als Ganzes umgesiedelt wird. Es handelt sich dabei also nicht um den bloßen Transfer einer gestaltlosen Masse, sondern um die Vereinigung (Integration) zweier geschlossener Wirtschaftskörper von ganz bestimmtem innerem Gefüge. Dieses Gefüge muß, sollen nicht unerhörte Werte verlorengehen, durch den Prozeß der Umgliederung hindurch erhalten bleiben.

Wollen wir in einer Volkswirtschaft nicht nur die Summe toter Materialien und erstarrter Besitztümer erblicken, sondern eine Gesamtheit ökonomischen Schaffens, deren produktivste Werte in den geistigen Ideen, in der Tradition und im persönlichen Können der Fachkräfte liegen, dann können wir in dem erhöhten Bevölkerungsdruck nicht nur einen Verelendungsgrund, sondern auch einen Jungbrunnen schöpferischer Kräfte, eine Quelle wirtschaftlichen Fortschritts sehen.

Das tote Kapital der Flüchtlingsmassen kann sich morgen schon in ein lebendiges verwandeln, wenn es gelingt, die jahrhundertealte Gewerbe- und Wirtschaftstradition der Sudetenländer, die heute sozusagen in den Köpfen und Händen der Ausgewiesenen schlummert, zu wecken und in das Wirtschaftsleben einzuschalten.«[1]

[1] »Probleme der Umsiedlung« (Denkschrift zur Umsiedlung der Deutschen aus den Sudetengebieten und zu deren Eingliederung in das Sozial- und Wirtschaftsleben Bayerns), München, 1. Auflage März 1946

Grundsätze und Probleme der Umsiedlung

Als Grundsätze der Umsiedlung stellten wir im einzelnen heraus:

1. Sinngemäße Ergänzung der Inlandsproduktion aus den Reihen der Evakuierten.
2. Neugründung von Fertigungszweigen, über die das Aufnahmeland bisher nicht verfügte.
3. Geschlossene Neuansiedlung in sich verwachsener Fertigungszweige.
4. Orientierung nach Rohstoff- und Exportgelegenheiten.
5. Standortwahl nach den Grundsätzen gesunder wirtschaftlicher und soziologischer Dezentralisation.
6. Vermeidung von Monokulturen. Dadurch
7. Sicherung der Krisenfestigkeit des gesamten Wirtschaftskörpers, der nunmehr trotz der Abhängigkeit vom Weltmarkte über nahezu alle Fertigungszweige verfügt, wodurch eine Steigerung der wirtschaftlichen Fruchtbarkeit erreicht werden kann.

Das waren, wie man sieht, vernünftige Richtlinien, die so oder so in das staatliche Verordnungswerk sowie in die Verwaltung einflossen. Sie wurden zu einem wesentlichen Inhalt der von Geheimrat Professor Dr. Adolf Weber entfalteten Tätigkeit der »Volkswirtschaftlichen Arbeitsgemeinschaft für Bayern« und trugen dazu bei, daß der Freistaat mit der Einrichtung eines Staatskommissariates für das Flüchtlingswesen (seit Dezember 1945 erfolgreich geleitet von Botschafter a. D. Wolfgang Jänicke) sowie mit dem vorbildlichen Flüchtlingsgesetz vom 19.2.1947 den anderen Bundesländern vorausschritt. Das Gesetz erbrachte Schlüsselzahlen (z. B. auf 5000 Flüchtlinge ein Uhrmacher, auf 1000 eine Bäckerei, auf 10000 ein Optiker), nach denen flüchtlingseigene Betriebe zuzulassen waren.

»Die Hilfsstelle für Flüchtlinge aus den Sudetengebieten« erreichte somit vieles. Aber eines vermochte sie nicht: den Kontrollrat der Besatzungsmächte bzw. die Dienststellen der Alliierten zu einer geschlossenen Um- und Aussiedlung der Heimatbezirke und -gemeinden zu veranlassen. Ein ebenso bewußtes wie infames Verfahren zersiedelte die kulturell und wirtschaftlich integrierten Herkunftsbereiche mit Hilfe der im Frühjahr 1946 einsetzenden »humanen« Transporte in alle Himmelsrichtungen. Linien, welche die Ausweisungsziele vermelden, zeigen selbst bei kleinsten Ortschaften Effekte, als hätte sie plötzlich eine Atombombe zerstäubt.

Die solcherweise durchgeführte »zweite Vertreibung« sollte die Identität der Ost- und Sudetendeutschen zerstören. Auch die »Vertreibung in das eigene Volk« bezweckte das Erlöschen ihrer politischen und kulturellen Eigenexistenz. Genau aus diesem Grunde traf die »Hilfsstelle« am 1. Juli 1946 das Auflösungsdekret der amerikanischen Militärregierung. Es war durch den Einspruch der Tschechoslowakischen Militärmission erzwungen worden und untersagte jedwede Art von landsmannschaftlichen Zusammenschlüssen. Unsere mit großem Elan begonnene Tätigkeit vermochte es indes nicht zu unterdrücken. Wir verwandelten uns im Handumdrehen in eine »Wirtschaftshilfe GmbH« und setzten unsere Tätigkeit in vollem Umfange fort.

Gegen die Mauer des Schweigens

Während wir von der ersten Stunde an unsere Aufmerksamkeit der Seßhaftmachung der Entwurzelten im neuen Umfeld widmeten, spiegelten die Berichte von drüben in zunehmendem Maße ein grauenhaftes Geschehen wider. Neben der Eingliederungsvorsorge wurde ihre Registrierung daher ein drängendes Aufgabengebiet. Ab November 1945 begann ich, sie in der Absicht einer künftigen Sammlung systematisch aufzuzeichnen. Sie kamen meist aus den Ereignissen letzter Tage und klangen wie Schreie aus der Hölle. Wir übergaben die rasch zu einem Konvolut anwachsenden Akten dem aus Saaz stammenden Rechtsanwalt Dr. Heinrich Zinke und bereiteten auf lange Sicht ihre Veröffentlichung vor.

Da wir weder private noch staatliche Mittel zur Verfügung hatten, regte ich die Durchführung einer Volksgruppenabgabe an, die wir unter dem Leitwort »Gegen die Mauer des Schweigens« in die Wege leiteten. Ihr Verlauf wurde ein erstes großes Gemeinschaftserlebnis. Tausende angesprochener Frauen und Männer verkauften Bausteine und 20-Pfennig-Klebemarken, die uns am Ende den damals stattlichen Betrag von 201.000 DM einbrachten. Bereits im Jahre 1951 ermöglichte dies den Druck der »Dokumente zur Austreibung der Sudetendeutschen« sowie mit ihrem ebenso großen Erlös die effektive Arbeit sudetendeutscher Zentralstellen.

Die »Dokumente« waren die erste repräsentative Sammlung von autorisierten Originalberichten im ganzen Bundesgebiet. Sie wurden, den Eindruck brandneuen Erlebens vermittelnd, bald unter dem Namen »Sudetendeutsches Weißbuch« zum Begriff. Der nachmalige Botschafter Dr. Wilhelm Turnwald versah sie mit einem sachlichen Kommentar, welcher das Verbrechen der Vertreibung, von dem sie Kunde gaben, in seinem ganzen Umfang ergründete.

Beneš – Hauptschuldiger neben Stalin und Hitler

Vertreibungsgedanken haben im böhmisch-mährischen Raum seit Hus und seit der Schlacht am Weißen Berge (1618) eine gewisse Tradition. Sie wurden von politischen Utopisten in gleicher Weise geäußert wie dem Vernehmen nach von der harmlosen Božena Němcová, der deutschgebürtigen Autorin des Heimatromans »Babička«.[1] Die Rassenämter Himmlers haben sie ebenso erörtert wie der Selektierungsplan Heydrichs, der nach dem biblischen Beispiel der Assyrer und Babylonier zuvörderst die Intelligenz des tschechischen Volkes ausrotten wollte. Während seine und andere Pläne indes nur zum Teil oder überhaupt nicht verwirklicht worden sind, geht Dr. Edvard Beneš mit dem traurigen Ruhm in die Geschichte der böhmischen Länder ein, die Vertreibung nach Idee und Auftrag bis zum bitteren Ende vollzogen zu haben.

Neben Stalin und Hitler ist der Kleinbürger aus Koschlan bei Kralowitz, Präsident in der ersten, im Exil und in der zweiten Tschechoslowakei, hauptschuldig an dem millionenfachen Elend, das Ausrottungen, Umsiedlungen und Vertreibungen in Europa hervorriefen. Mehr noch: Er gilt als der intellektuelle Urheber der Vertreibung in West und Ost.

Wenzel Jaksch, der in London einen rühmenswerten Kampf gegen

[1] Am 27.5.1850 verlangte sie in einem ihrer Briefe (Spisy Boženy Němcové, Prag 1950 ff.), man möge die Deutschen »über die Grenzen treiben, wo sie ohnedies hingehören« (Pražák, České obrození, Prag 1947).

seinen ehemaligen Bundesgenossen führte, hat das intrigenreiche Vorgehen, dessen sich der falsche Makler dabei bediente, in seinem Buche »Europas Weg nach Potsdam« exakt entschlüsselt. Er unterstreicht dabei, wie sehr der Vertreibungsgedanke von Beginn an in der Brust des Masaryk-Schülers verankert war.[1] Daß Beneš den Ruf seines Lehrers 1942 zunächst in London, dann 1943 in Washington benützte, um tröpfchenweise die Aussiedlung als allgemeines Mittel »zur Beseitigung des lästigen Minderheitenproblems« und schließlich zur Bestrafung von »Hitlerfaschisten« anzupreisen, ging in die damalige Bewußtseinslage der Westmächte früher ein als in jene Moskaus. Stalin ließ die Sudetendeutschen zunächst mit eigenen Rundfunksendungen betören. Als ihm aber Beneš vorgaukelte, die anderen Alliierten hätten seinen Vorschlag bereits akzeptiert, schwenkte er auf die Linie der totalen Vertreibung ein. Sie erschien ihm recht bald als ein hervorragendes Mittel zur Destabilisierung Europas.

Gleichwohl verlor der tschechische Taktiker, der den roten Zaren allenthalben als vertrauenswürdigen Partner anpries, das Spiel seines Volkes. Als er nach dem im Dezember 1943 mit dem Kreml geschlossenen Bündnisvertrag 1945 nach Moskau übersiedelte und von dort aus im April dieses Jahres mit den Panzern der roten Armee in Kaschau einzog, war er nur noch eine von dem Kommunisten Gottwald eingewickelte Puppe des sowjetischen Kalküls. Richtig schreibt Wenzel Jaksch: Er hatte »nicht nur die Urheberschaft der grauenvollen Volksdeportationen auf dem Gewissen. Er prellte zugleich Europa und Amerika um den Lohn des Friedens, den er dafür zu zahlen versprach.«[2]

Ein Holocaust auf offener Straße

Zweifellos ist das an den Juden begangene Verbrechen einmalig und in der Geschichte ohne Beispiel. Während indes seine Urheber den Beschluß zu seiner Durchführung eifrig tarnten sowie diese selbst in abgeschlossenen Lagern vollzogen, fand der an den Deutschen in

[1] Wenzel Jaksch, a.a.O., S. 377 ff.
[2] Wenzel Jaksch, a.a.O., S. 386

Böhmen und Mähren-Schlesien verübte Holocaust auf offener Straße statt. Die Methoden seines Terrors waren von Beginn an eingeplant, von oben gewollt und in haßerfüllten Aufrufen angepriesen worden.

Bereits am 27. Oktober 1943 stellte Beneš in einer Rundfunkbotschaft an die Tschechoslowaken fest: »Das Ende des Krieges wird in unserem Land mit Blut geschrieben sein. Die ganze Nation wird sich an diesem Kampf beteiligen und Wiedergutmachung für das verlangen, was sie erdulden mußte.« Nach Rückkehr aus Moskau erklärte er am 2. Februar 1944 vor seinem »Staatsrat« in London: »Der Umsturz muß eine gewaltsame Volksabrechnung mit den Deutschen und den faschistischen Gewalten, ein unbarmherziger Kampf sein.«[1] Nach seinem Einzug in die tobende Hauptstadt verkündete er am 16. Mai 1945: »Unser Wahlspruch wird sein, daß wir unser Land von allem Deutschen kulturell, wirtschaftlich und politisch reinigen müssen!«[2]

Seine Unterläufel standen dem Chef nur wenig nach. Justizminister Stransky sagte der amerikanischen Quäkerin Miß Fisher am 28. November 1944, ein »schreckliches Elend«, Hungersterben und andere Dezimierungsmaßnahmen würden das Sudetendeutschtum »auch ohne Transfer reduzieren«. General Ingr, der Befehlshaber tschechoslowakischer »Streitkräfte« im Ausland, forderte die Heimatbevölkerung bereits am 3. November 1944 über den Londoner Rundfunk auf: »Wenn der Tag kommt, wird die ganze Nation den Schlachtschrei der Hussiten ausrufen: Schlagt sie, tötet sie, laßt keinen am Leben!« (News Chronicle, 4. November 1944).

Am 5. Mai 1945 brach, was unser »Weißbuch« in dem erschütternden Bericht Nr. 15 des Prager Zahnarztes Dr. Hans Wagner vermeldet, der allgemeine Aufstand dann auch mit den gleichen Parolen aus: »Smrt všem němcům! Smrt všem okkupantům! (Tod allen Deutschen, Tod allen Okkupanten!) Erschlagt die Deutschen! Nehmt keine Rücksicht auf Kinder, Frauen und Greise! Rottet sie mit Stumpf und Stiel aus!«

Als wir in München die Kunde von den strangulierten Soldaten vernahmen, die man an den Kandelabern des Wenzelsplatzes mit den

[1] »Dokumentation der Vertreibung«, herausgegeben vom Bundesministerium für Vertriebene 1957, Bd. IV/1, S. 51

[2] Wenzel Jaksch, a.a.O., S. 427

Füßen nach oben wie Fackeln verbrannte, schenkten wir diesen und ähnlichen Meldungen keinen Glauben. Erst als uns am 27.12.1945 ein Erlebniszeuge schilderte, wie er selbst mit anderen Internierten gezwungen wurde, die verkohlten Leichen abzunehmen und obendrein noch auf den Mund zu küssen, ahnten wir, daß sich Schreckliches vollzog.[1] Der Hussitensturm setzte sich von Prag in die böhmische Provinz, von dort in das mährische und schlesische Sudetenland, aber auch nach dem Westen in die amerikanisch besetzte Zone fort. Manchen, so dem Minister Hubert Ripka, verlief er nicht schnell genug. »Unser Volk«, so erklärte er in einer Prager Rundfunksendung vom 20. August 1945, »ist beunruhigt über die Verzögerung der Aussiedlung.« Er malte das Gespenst des »Werwolfes« (wilder HJ-Banden) an die Wand und verlangte nach Schutz und rascher Abhilfe.

Drei Organisationen trugen den Terror fortan in alle Regionen: die »Revoluční Garda-RG«, die sich zum Großteil aus selbsternannten »Partisanen« zusammensetzte; der »Sbor Narodní Bezpečnosti – SNB«, die Polizei, die von Beginn an dem von Kommunisten geleiteten Innenministerium unterstand, und die Svoboda-Garden, d. h. die Armee, die sich aus den von General Svoboda befehligten tschechischen Einheiten der Sowjetarmee heraus entwickelte. Sie führten ihre Räumungsaktionen teils auf Befehl von Militärkommandanten, teils im Auftrage des »Narodní Výbor« (der Nationalausschüsse) durch, die als selbsternannte Kreisverwaltungsbehörden amtierten. Wo die Überfälle nicht wild – sozusagen aus blanker Lust am Rauben und Morden – erfolgten, zeigten sie das gleiche Schema: Aufforderung zum Verlassen der Wohnungen und Häuser nach wenigen Stunden, Abgabe von Geld und Wertsachen, Übergabe der Schlüssel und Aufsuchen der Sammelstätten mit 30–50 kg Gepäck.

Größere Aktionen, wie der Überfall auf Saaz, auf Brüx und sein Hydrierwerk, das Massaker auf der Aussiger Elbebrücke, das »Volksgericht« von Landskron, der Todesmarsch der Deutschen aus Brünn, waren zweifelsohne zentral geleitet bzw. von Prag aus befohlen. Die dabei hervorgerufenen Exzesse und Mordtaten fügten sich nahtlos in die Vorgänge, die zwei weiteren von oben gelenkten Aktionen den Stempel des Verbrechens aufdrückten: den Verschleppungen von

[1] »Dokumente zur Austreibung der Sudetendeutschen« (Weißbuch), München 1951, Bericht Nr. 1, S. 3

Frauen und Männern in das tschechische Siedlungsgebiet (wo sie von den dort ansässigen Bauern auf sogenannten »Sklavenmärkten« für unbezahlte Fronarbeit ausgesucht wurden) und den »Konzentrationslagern« (später »Internierungslager« genannt), in denen man wahllos alle Deutschen, ob Soldaten, Zivilisten, Ostflüchtlinge oder westdeutsche Evakuierte, zusammentrieb.

»Die in ihnen verübten Grausamkeiten«, schreibt Dr. Turnwald, »stehen nach den vorliegenden Berichten von Häftlingen, die sowohl in tschechischen wie in deutschen KZs eingesperrt waren, den Grausamkeiten der deutschen KZs nicht nach.« Wie nahtlos dabei die Vernichtungsmaschinerie Heydrichs in die Vernichtungsmaschinerie des Präsidenten Beneš überging, bezeugen die Vorkommnisse in den Kasematten der Festung Theresienstadt. Wo vordem Tausende von Juden festgehalten, gequält und für den Abtransport nach Auschwitz bereitgestellt worden waren, unterlagen nun Tausende Deutsche, insbesondere Teile der aus Prag hierher transportierten Bevölkerung, der gleichen Behandlung.[1]

Die Sieger über den Faschismus traten den Unterlegenen nicht mit den Grundsätzen der Demokratie, sondern mit den gleichen Methoden und Drohgewalten gegenüber, die sie vordem bekämpft hatten. Fast alle Zeitungen heizten die Massenhysterie an.[2] Neben rühmlichen Ausnahmen bei seinen Glaubensgefährten bezeichnete leider auch der damalige Prager Erzbischof Beran die Austreibung der Deutschen von der Kanzel herab als »eine gebieterische Notwendigkeit«. Obwohl auch das Egerland zu seiner Diözese gehörte, ließ er seine Schäflein in Not und Elend allein.

---

[1] Vgl. Sudetendeutsches Weißbuch, S. 139, Bericht Nr. 38, Dr. Siegel; ferner H. G. Adler, »Theresienstadt 1941–1945«, Tübingen 1955, und Gerhard Scholten, »Zwischen allen Lagern«, München 1988

[2] In einer von der Beneš-Partei herausgegebenen Broschüre »My a němcy« (Wir und die Deutschen), Prag 1945, heißt es: »Der Teufel spricht deutsch. Es gibt keine guten Deutschen. Es gibt nur schlechte und schlimmere. Derjenige Vater, der seine Kinder nicht zum Haß gegen die deutsche Lügenkultur erzieht, ist ein schlechter Sohn unseres Vaterlandes.«

Potsdam, Churchill und die Ignoranz der Vertreiber

Im Kriegsgefangenenlager Stift Tepl wurden etwa 20000 »Prisoners of war« je nach ihrer Herkunft in besonderen Krals festgehalten. Es gab österreichische, norddeutsche, bayerische, sudetendeutsche und thüringische Reservate. Als die Ergebnisse der Potsdamer Konferenz im Juli 1945 durchsickerten, waren nicht nur die Insassen des letzteren wie vor den Kopf gestoßen. Thüringen aufgeben, Böhmen aufgeben? Sind, so dachten wir, die Westalliierten verrückt geworden? Keineswegs ahnten wir damals, daß ein gewichtiger Mann – Winston Churchill – die gleichen Überlegungen hegte. Da gab es einen harschen Briefwechsel mit Harry S. Truman. Der ahnungslose Nachfolger Roosevelts hielt sich, damals von moskaufreundlichen Beratern umgeben, an die in Jalta vorgesehenen Besatzungszonen.

Churchill handelte dagegen in der Überzeugung, daß Sowjetrußland nach der Vernichtung der deutschen Wehrmacht »zu einer tödlichen Gefahr für die Welt geworden sei«. Er verlangte, dieser Gefahr »soweit als möglich im Osten« entgegenzutreten, Berlin und Prag unverzüglich einzunehmen und dann erst die Dinge in Europa zu ordnen.[1] Der gleichen Meinung war der vor den Toren Prags stehende US-General Patton. Die beschwörenden Appelle beider prallten indes, wie wir wissen, an der Tumbheit General Eisenhowers ab.

In Sanssouci fand man sich dann, wie gehabt, wieder zusammen. Unser Schicksal besiegelte die lakonische Formel im Absatz XIII des Potsdamer Protokolls. In ihm anerkennen die Konferenzteilnehmer, »daß die Überführung der deutschen Bevölkerung oder Bestandteile derselben, die in Polen, der Tschechoslowakei und Ungarn zurückgeblieben sind, nach Deutschland durchgeführt werden muß«. Sie stimmten lediglich darin überein, »daß jede derartige Überführung in ordnungsgemäßer und humaner Weise erfolgen soll«.

Diese Empfehlung klang in unseren Ohren wie purer Hohn. Sie galt für das Sudetenland genauso wie für die Gebiete östlich von Oder und Neiße, obwohl im Falle der Tschechoslowakei, anders als in Polen, keine »Ost-West-Verschiebung« als Kompensation für Umsiedlungen aus sowjetischen Bereichen durchzuführen war. Sie fand

---

[1] Vgl. W. Churchill, »Der Zweite Weltkrieg in Memoiren«, München 1985, 6. Bd. 2, S. 135

vor allem weder vor noch nach ihrer Beschlußfassung Beachtung. Im Gegenteil. Der im Sudetenland ablaufende Genozid wurde mit dem Ansehen juristischer Legitimation durchgeführt: Präsident Beneš veröffentlichte der Reihe nach völkerrechtswidrige Dekrete, die zur totalen Entrechtung der Sudetendeutschen führten. Unser Weißbuch brachte sie zum ersten Male der breiten Öffentlichkeit zur Kenntnis:

Die Präsidentendekrete

1. Das Dekret vom 19. Mai 1945 über die totale Enteignung »staatlich unzuverlässiger Personen«. Als solche gelten (§ 4) alle Personen deutscher und magyarischer Nationalität.
2. Das Dekret vom 21. Juni 1945 über die Konfiskation und Aufteilung des landwirtschaftlichen Vermögens der Deutschen, Magyaren und anderer Verräter.
3. Das Dekret vom 2. August 1945 über die kollektive Aberkennung der Staatsangehörigkeit von Personen deutscher oder magyarischer Nationalität. (Es wurde für die zurückbehaltenen Zwangsarbeiter einige Jahre später wieder aufgehoben.)
4. Das Dekret vom 19. Juni 1945 über die »Bestrafung nazistischer Verbrecher, Verräter und ihrer Helfer«. Es begründete das sogenannte Retributionsverfahren sowie die Einrichtung von »Volksgerichten«, die jeweils aus einem Berufsrichter und vier Vertretern der zugelassenen politischen Parteien zusammengesetzt waren.

Die Vergeltungsjustiz, die sie entwickelten, kann nur mit Freislers Gerichtsverfahren verglichen werden. Sie stellte von der bloßen Mitgliedschaft in der Sudetendeutschen Partei bis zur Wehrmachtszugehörigkeit alles unter Strafe, was »in der Zeit der erhöhten Bedrohung der Republik« verdammenswert war. Die Angeklagten, deren Urteile schon vor der Verhandlung festgelegt wurden, wußten in vielen Fällen nicht, warum sie einsaßen.[1] Sie gingen oft ohne schriftliches Urteil in den Tod.

[1] Vgl. »Justiz im Dienste der Vergeltung«, Mitteleuropäische Quellen und Dokumente, München 1982. – Vgl. auch Wilhelm Pleyer, »Aber wir grüßen den Morgen«, Verlag Welsermühl, 1953, 2. Auflage

Nach einem von Justizminister Dr. Prokop Drtina im Mai 1947 veröffentlichten Rechenschaftsbericht wurden viele Tausende zu 20 Jahren Zuchthaus (meist in Zwangsarbeit verwandelt) verurteilt. 741 Personen, darunter 443 Deutsche, erhielten bis zu diesem Zeitpunkt lebenslängliche Freiheitsstrafen. 713 Personen, darunter 430 Deutsche, wurden zum Tode verurteilt und – wie K. H. Frank oder der Prager deutsche Bürgermeister Professor Dr. Josef Pfitzner – sofort nach dem Verdikt hingerichtet. Knapp entging diesem Schicksal der unerschrockene Dr. Fritz Köllner. Er unterschrieb, in letzter Minute vom Galgen zurückgerufen, nur widerwillig – »Geh ma lieber aufhängen!« – ein Gnadengesuch und verbrachte zwei Jahre in der Todeszelle, bevor er in die Urangruben Joachimsthals abgeschoben wurde. Seine Kollegen Georg Böhm, Franz Schreiber, Franz Werner, Ernst Kundt, Hans Westen teilten hingegen an der Hinrichtungsstätte das Schicksal von Hans Krebs – nur weil sie Abgeordnete der Sudetendeutschen Partei im Prager Parlament gewesen waren.

Das Sudetendeutschtum hat nach den Angaben des »Bundesamtes für Statistik« durch die Ereignisse vor und nach der Vertreibung 241 000 Todesopfer zu beklagen. Die durch die Dekrete verursachten Untaten traten in München zur gleichen Zeit wie die Schreckensbilder aus den Vernichtungslagern des Dritten Reiches in unser Bewußtsein. Sie wurden – was ihre Verdrängung erleichterte – begreiflicherweise weder in Filmen noch in Bildreportagen festgehalten. Die Kriegsverbrecherprozesse, welche die Schuldigen auf deutscher Seite bis zum heutigen Tage zur Rechenschaft ziehen, fanden – was das Rechtsbewußtsein der Heimatvertriebenen aufs äußerste verletzte – kein Äquivalent auf tschechoslowakischer Seite. Im Staate Beneš' wurden vielmehr durch das Amnestiegesetz vom 8. Mai 1946 »Vergeltungstaten gegen Okkupanten und ihre Helfershelfer« auch dann für rechtmäßig erklärt, »wenn sie nach den sonst geltenden Vorschriften strafbar gewesen wären«. Die »Bestien der Lager und Strafanstalten«, z. B. der Festungskommandant Pruša in Theresienstadt oder der Henker Glos im Hanke-Lager bei Mährisch-Ostrau, blieben demnach straffrei, obwohl sie ihre Opfer auf Nagelbrettern tanzen ließen und freiweg erklärten, daß jeder, der hereinkomme, auch hier »krepieren« müsse.

Derlei Missetäter hatten ihre Vorbilder bei den Herren der damaligen Welt. Hitler gab, ob direkt oder indirekt, den Befehl zur Vergasung der Juden, Roosevelt prostete Stalin in Teheran und auf der Krim mit dem Wunsche zu, er möge 100 000 bzw. 50 000 deutsche Offiziere vernichten.[1] Katyn hatte ähnliches an polnischen Offizieren bereits vollzogen. Ein Louis Nizer, dessen Broschüre »What to Do with Germany« die US-Bewacher in Bad Aibling als Schulungsschrift konsumierten, verlangte die Annullierung der Genfer Konvention sowie die Transponierung aller deutschen Kriegsgefangenen zur Fronarbeit nach Rußland.[2] Das alles waren Toppsignale im Elend des Jahrhunderts.

Die Strähne des Grauens zieht sich von den Internierungslagern des Ersten und Zweiten Weltkrieges, von Stalins Gulag über Auschwitz bis hin zu den Vorgängen in Ostdeutschland und im Sudetengebiet. Der Stoßseufzer des einen gilt für alle: »Es ist unvorstellbar, daß sich ein menschliches Gehirn soviel Grausamkeiten ausdenken kann, wie das bei unseren Bewachern der Fall war. Noch unvorstellbarer ist es jedoch, daß die menschliche Natur so viele Torturen ertragen kann, wie wir sie ertragen mußten«.[3]

Das Gesicht der Not

Am 25. Januar 1946 traf im Grenzbahnhof Furth im Walde der erste der insgesamt 1115 Vertriebenentransporte aus dem Sudetenland ein. 615 Transporte blieben in Bayern. Damit wurde unser Vorausbedenken und Planen mit der rauhen Wirklichkeit konfrontiert. Die Potsdamer Austreiber arbeiteten auf vollen Touren. 1,75 Millionen Sudetendeutsche sollten in der US-Besatzungszone, 750000 in der Sowjetzone Aufnahme finden. In der Tschechei trieben 13 »Referate für den Abschub« jeweils 1200 Personen in die »Abfilzungslager« und in die dort bereitgestellten Viehwaggons. Bei uns nahm man sie in den Durchgangslagern Wiesau, Furth im Walde und Hof in Empfang. Von dort wurden sie, nachdem die Entlausung und die erste Abfütte-

[1] Bohlen-Protokoll zur Konferenz von Jalta vom 4. Februar 1945
[2] Louis Nizer, »What to Do with Germany«, Edition Armed Forces, Not for Sale! 1944
[3] Justiz im Dienste der Vergeltung, München 1962, S. 37

rung überstanden waren, sozusagen wie numeriertes Vieh nach Hessen und Württemberg, vor allem aber in die zwölf Regierungslager Bayerns weitergeleitet.

In dem Standardwerk »In Bayern angekommen«[1] schildert der Chefstatistiker des Staatskommissars für das Flüchtlingswesen, Martin Kornrumpf, das Schema ihrer weiteren Verteilung. »Von einer sinnvollen Planung war keine Rede.« In den zerbombten, selbst ausgelaugten Städten und Aufnahmeräumen bildeten der Befehl der Militärregierung und der notvoll erkundete Wohnraum die einzigen Meßlatten des Geschehens. Die Heimatgemeinschaft war bereits durch die Aufteilung in mehrere Transporte (u. a. auch in die sowjetische Besatzungszone) zerrissen und zertrennt worden. Nun wurde sie weiterhin auf verschiedene Städte und Ortschaften, Durchgangslager und Anstalten verteilt.

Am Ende fanden sich die Entwurzelten, im Durchschnitt versorgt mit 50 kg Gepäck und 500 RM, am Neuanfang ihres Lebens wieder. Der Not der Vertreibung folgte die Kümmernis ihres jetzigen Daseins.

Das Gesicht der Not bestimmte daher auch unsere eigenen Reaktionen. Der Tatkraft der Staatsregierung und ihrer Exekutive, der bewundernswerten Hilfsbereitschaft vieler stand, wie konnte es auch anders sein, gar manche Brutalität der Ablehnung und Versteifung gegenüber. Zwei und drei Familien am gleichen Herd erzeugen Streit. Die Nachbarschaft von äußerster Armut und verbliebenem Wohlstand wurde nicht als Schicksalsschlag zur Kenntnis genommen.

Was sich da entwickelte und zusammenbraute, fand seinen Niederschlag in dem Mitteilungsblatt der neubegründeten »Wirtschaftshilfe«, das ich vom Oktober 1945 an zusammenstellte und bis 1949 unter dem gleichen Titel als 14tägig erscheinende kleine Zeitung redigierte.[2]

Sie brachte, recht bald in einer Auflage von über 20000 Exemplaren erscheinend, Informationen über alles, was den Schutzbefohlenen auf den Nägeln brannte, Vorschläge und Hinweise und handfeste Kritik. Standortwahl und Kreditbeschaffung wurden da ebenso an-

[1] Martin Kornrumpf, »In Bayern angekommen«, München 1979

[2] »Die Wirtschaftshilfe« (Das Mitteilungsblatt für Ausgewiesene in allen Wirtschafts- und Siedlungsfragen), München, Jahrgänge 1947–1949

gesprochen wie die damals brennenden Fragen der Staatsbürgerschaft, der Bodenreform, der Betriebszulassung sowie der Freigabe öffentlicher Liegenschaften für Siedlungszwecke.

»Ärzte als Waldarbeiter?« lauteten die Aufmacher oder »Recht auf menschenwürdigen Wohnraum«, »Keine Angst vor Flüchtlingskonkurrenz«, »Jeder dritte ein Hilfsarbeiter«, »Kinder suchen ihre Eltern«. Kesse Rubriken deckten unangenehme Dinge auf oder stellten sehr direkte Fragen: »Warum, weshalb, wieso?«, »Das geht uns an!«, »Was uns gefällt, was uns nicht gefällt«. Zum Beispiel:

»Die Staatliche Moorwirtschaftsstelle Günzburg verlangte von einem Siedler für die Gestellung eines Pferdegespannes auf einen Tag eine Gegenleistung von fünf Arbeitstagen. Erst auf energische Vorstellung des Flüchtlings wurde das Arbeitspensum auf zwei Tage herabgesetzt. Ist nicht die Fron oder Leibeigenschaft vor 100 Jahren abgeschafft worden?«

»Von den 500 Angestellten der Heil- und Pflegeanstalt Haar sind 120 Vertriebene. Sie erhielten aber von 60 Paar eingetroffenen Arbeitsschuhen nur drei Paar zugewiesen. Der Fall ist bezeichnend für 100 ähnliche im ganzen Lande. Weshalb spricht man da noch von Gleichstellung und Eingliederung der Heimatvertriebenen?«

»Während andere ein glückliches Heim und einen gefüllten Kleiderschrank vorfinden, stehen Heimkehrer aus den Ostgebieten praktisch vor dem Nichts. Kann man mit einem alten Kochgeschirr und mit abgeschabten Panjehosen ein neues Leben beginnen? Wieso ist es nicht möglich, die aus den Ostgebieten stammenden Heimkehrer besonders zu versorgen?«

»Die Frauen und Kinder der ganz großen Kriegsverbrecher haben, wenn sie selbst wenig oder nicht belastet waren, Existenzmöglichkeiten behalten. Die Flüchtlinge aber wurden durch den Verlust ihrer gesamten Habe, welcher die Familienangehörigen in gleicher Weise traf, beispiellos bestraft. Daher bedeutet jede weitere, auch die geringste Bestrafung von Vertriebenen, soweit diese nicht nachweislich an wirklichen Verbrechen teilnahmen, eine grausame Härte und eine doppelte Sühne.«

Ein überaus krasser Fall wird in der Augustnummer 1947 der »Wirtschaftshilfe« aus Degerndorf bei Rosenheim gemeldet. Dort schlug der Bauer Paul Höfer brutal auf den 14jährigen Franz Denl ein, weil er Obst in seinem Garten aufklaubte. Als der aus Teplitz-

Schönau stammende Junge an den Folgen dieser Behandlung starb, rottete sich eine erregte Menge zusammen, die den Obstgarten des Bauern plünderte und nur durch die herbeigeeilte Polizei von der Zerstörung seines Anwesens abgehalten wurde. – In St. Georgen, so vermeldet eine Nachricht aus Traunstein, wurde der Schreinermeister Reitmeier, der sich wiederholte Male geweigert hatte, Vertriebene in leerstehende Wohnräume seines Hauses aufzunehmen, von einem US-Militärgericht angewiesen, binnen 48 Stunden sein Haus zu räumen und samt Familie in das Flüchtlingslager Traunstein zu übersiedeln. Er durfte erst nach guter Führung sowie nach Absolvierung öffentlicher Arbeiten in seine Heimstatt zurückkehren.

Solche und ähnliche Vorkommnisse waren Gott sei Dank nicht typisch. Aber es gab sie eben auch. Skandalös entwickelten sich die Zustände in manchen Dauerlagern. »So leben wir«, heißt es in einem Beitrag, der den Tagesablauf an solch einer Stätte nach zweijährigem Aufenthalt, »wie nach zweijährigem Gefängnis«, schildert: »Zwei Meter ist die Bettstelle lang, dreiviertel Meter ist sie breit. Dann wächst die Dämmerung, vier Bogenlampen leuchten auf, und der Tag endet dort, wo er am Morgen begann. Er hat nichts von der Stelle gerückt. Die Durchgänge zwischen den Betten sind noch immer 50 cm breit und gähnend wie schwarze Stollen, und ein Ausweg ist nirgends zu sehen. So geht es seit eh und je. So wird es weitergehen. Das Lager heißt ›Festspielhügel‹ und liegt in Bayreuth. Aber es könnte ebensogut anders heißen und woanders liegen. Es ist immer dasselbe.«

Die soziale Atombombe

1381 Lagerleiter haben sich in Bayern redlich bemüht, es besser zu machen. Wer die Notstände bei der Aufnahme der Aussiedler in den achtziger Jahren bedenkt, wird ihre Leistung zu würdigen wissen. Dennoch begann die »soziale Atombombe« zu ticken. Die potentielle Gefahr wurde deutlich spürbar, als es am 23. August 1948 in den Lagern Dachau und Allach II bei München zum Hungerstreik, ja zum Aufstand kam. Sympathiekundgebungen trafen aus den Lagern Moosburg, Augsburg, Moschendorf, Rosenheim ein. Man verlangte Erhöhung und Verbesserung der Verpflegung, Änderung der sanitären Verhältnisse, zehn Mark Taschengeld pro Kopf und Woche, Ausstellung von Kennkarten, Gleichstellung in der Arbeitsvermittlung und mehr Milch für die Kinder.

Die Forderungen wurden überraschend schnell erfüllt. Man setzte die verantwortlichen Beamten ab, räumte die Holzbaracken und quartierte die Insassen in die Steinbaracken des ehemaligen KZ-Lagers um.

Was am meisten störte, waren nicht Hunger und Existenzferne, sondern der Pferch und die ungestillte Sehnsucht nach dem Heim. Das bedrückte wie Millionen anderer deutscher Familien auch meine Eltern, die kurz vor Beginn des kalten Winters 1946/47 in dem »Haus mit der Postkutsche« in Kempfenhausen am Starnberger See Aufnahme gefunden hatten. Hilfreich wie in Marienbad stand die Familie Egerer hierbei Pate. Noch heute bin ich dem Sachbearbeiter im Staatssekretariat Ing. Franz Pecher dafür dankbar, daß er mir nach langem Warten knapp vor dem Weihnachtsfest den Bezugsschein für einen Wamsler-Ofen gab. Er befreite meine Mutter von der Last, das Essen auf einem der damals üblichen Elektrokocher (mit Draht und Spiralfeder) zubereiten zu müssen. Kathleen McLaughlin, die sie auf Bitten von Mrs. Ochs-Sulzberger besuchte sowie dabei von ihr erfuhr, was geschah und geschieht, beklagte in der »New York Times« vom 13.11.1946 die Potsdamer Protokolle als den »unmenschlichsten Beschluß, der jemals von zur Verteidigung der Menschenrechte berufenen Regierungen gefaßt wurde.«[1]

Ein kleines Porträt

Die Destabilisierung der sozialen Verhältnisse, für die Potsdam letztlich verantwortlich war, kam mehr als in den Sachberichten unserer Zeitung in Skizzen zum Ausdruck, die wir unter dem Titel »Das kleine Porträt« veröffentlichten. Sie sollten – »Uas hat das mit Uirtschaftshilfe zu tun?« – von der Militärregierung und ihrem gestrengen Mr. Langendorf sogar verboten werden. Es war aber doch auch

[1] Vgl. Alfred de Zayas, »Die Anglo-Amerikaner und die Vertreibung der Deutschen«, München 1977, S. 108

von der Wirtschaft her einsichtig, wenn wir die nachfolgende Szene aus einem Reiseerlebnis des Jahres 1947 unter dem Titel »Maxe kommt aus Panama« wiedergeben konnten[1]:

»Ich traf ihn an einem regenreichen Dezembertag im Wartesaal zu Regensburg. Er saß rittlings auf einem Heizkörper und sang das Capri-Lied. ›Tja, Kamerad‹, beendete er die Vorstellung, ›das ist man so: Wer Hunger hat, singt, und wer keinen hat, darf schlechter Laune sein!‹ Er griff nach einem Stuhl, zog eine Blechbüchse aus seinem Landserrock und begann sich eine Zigarette zu drehen.

›Maxe!‹ rief ihn ein Mädchen an, ›Maxe, vergiß mich nicht!‹ Sie sprang auf, riß ihm die Neugedrehte aus der Hand und ließ sich von mir Feuer geben. Dann tat sie drei süchtige Züge und gab den Rest, als ob er nunmehr wertlos wäre, seinem Eigentümer zurück.

›So sind die Weiber!‹ Maxe seufzte wie ein Weltmann von dem Podest einer 30jährigen Erfahrung herab. ›Laß dich nicht ein!‹ meinte er, ›sie saugen dich aus wie diesen Glimmstengel da!‹

Er hatte ein pausbackiges, jungenhaftes Gesicht, über dessen Stirn eine weite Schramme lief. Auf seiner Soldatenmütze war der Name ›Zittau‹ eingestickt. Sie saß schief auf dichten braunen Locken und gab ihm jenen Schuß Keßheit, den er offenbar selbst kultivieren wollte. Hans Albers und Sängerknabe, dachte ich im stillen, und es schien, als merkte er, daß ich ihn taxieren wollte.

›Ich komme aus Panama!‹ vertraute er mir plötzlich an. Er sagte ›Ponama‹, und ich meinte, er wäre U-Bootfahrer gewesen. Aber nein, Panama, das sei ein Gefängnis hier in Regensburg. Sie alle hätten dort schon übernachtet. Er und seine Kumpels, die Gunis, wie er sagte, die Stammgäste des Wartesaales. Ich ließ meine Blicke im Umkreis schweifen, und er erklärte:

›Siehst du, die Blaue dort, die macht in Sacharin. Der Schwarze, der Otto mit der Aktentasche, verschachert Chesterfields, der OT-Papa verkauft Eisenscheine, und der Franz am Büfett steht Schmiere.

Die Kripo kriegt uns nicht, nur dann, wenn wir's selber wollen, verstehst du, aber du verstehst das nicht! Du weißt ja nicht, daß man in Panama besser ißt als beim BRK!‹

Maxe klärte mich auf. Er verriet mir die besten Schlafstätten, er un-

[1] Wirtschaftshilfe 1/1948, S. 6

terwies mich, wie man die Caritas schröpft, er gab mir Tips über die besten Geschäfte.

Da frug ich ihn nach seiner Mutter, und er wurde ernst! ›Sie floh mit unserem Kleinen vor den Russen, kam aus Schlesien und nach Böhmen. Aus Tachau erhielt ich ihr letztes Schreiben. Jetzt such ich sie halt.‹

Maxe war eineinhalb Jahre in tschechischer Gefangenschaft. Er schlug sich aus Preßburg bis zur grünen Grenze durch und kampiert nun im Zwielicht von Regensburg.

›Wo schläfst du, Maxe?‹ ›Irgendwo!‹ ›Wo ißt du, Maxe?‹ ›Irgendwo!‹ ›Wo bist du zu Hause, Maxe?‹ ›Irgendwo!‹

Da wurde ich besinnlich und begann zu philosophieren. – ›Was heißt das, irgendwo, Maxe?‹ ›Irgendwo heißt Bayern oder Panama! Aber nur heute, weißt du. Morgen kann es auch Deutschland heißen!‹

Er biß in eine Weißmehlsemmel, drehte sich langsam um und begab sich zum Büfett, offenbar, um Franz abzulösen.«

Deutschland – oder das, was man darunter verstehen mochte – lag in jenen Jahren freilich noch in weiter Ferne. Es leuchtete auf, als ich in der Trümmer-Aula der Münchner Universität Beethovens Neunte unter Wilhelm Furtwängler vernahm. Es zeigte sich in so manchem Bauwerk, das erhalten blieb, in Domen und Rathäusern und überall dort, wo ich das Normale witterte. Eine noch erhaltene Brücke zur verlorenen Heimat war für uns »Altösterreicher« in München das so glückhaft nahe und unzerstörte Salzburg. Wie es meine private Schicksalsstadt wurde, zeigt ein weiteres »Kleines Porträt«, das ich der »Wirtschaftshilfe« unter dem Titel »Begegnung auf der Brücke« anvertraute:[1]

»Es war in jenen Augusttagen 1945, da die Konturen unserer Welt wie Bergspitzen im Nebel des Untergangs verschwanden. Das Rad hatte mich an Tausenden von Heimkehrern und Irrenden vorbei durch das südliche Deutschland getragen und bis an den Fluß geführt, der hell glänzend die ewig schöne Stadt durchströmte. Kaum spürte ich, daß wir eben mit vorgetäuschten Papieren die neu errichtete Grenze überschritten hatten und eigentlich im Ausland waren. Das Irgendwo, das ›Ausland‹ – hier schäumte es mir mit dem bergfri-

[1] Wirtschaftshilfe 14/1949, S. 7

schen Wasser entgegen; mit hastenden Männern und Frauen, mit zerlumpten Soldaten und Müttern, die am Wegrand ihre Kinder stillten. Das Elend kannte keine Grenzen.

Auf der Brücke aber, als ich mich mühsam durch die Menge zwängte, stand plötzlich der Prager Gefährte vor mir, ohne Last und Fahrrad, lachend und mit den Händen in den Hosentaschen, als gelte es, einen Spaziergang zu unterbrechen, um ein paar Worte zu wechseln.

Er kam damals wie aus einer fernen Zeit, der Otto. Er glich aufs Haar seinem Ebenbild vor sieben Jahren und sah genauso speckig, zerfranst und lässig aus wie in der Liliengasse, als er im Barockstübchen wohnte und das Leben eines Bohemiens führte. Sein Haar war spärlicher geworden und leicht gekräuselt. Ein Hemdknopf fehlte. Aus der Brusttasche lugten ein ungespitzter Bleistift und eine Feder.

Ich dachte: Bleistift und Feder! Und dachte: Friede und Freiheit! Und ich meinte, das wäre ein Traum. Er aber durchbrach wie ein Schwimmer das Gewühle, streckte mir die Hand entgegen und sagte nur: ›Servus Becher!‹

Dieses ›Servus!‹ war für mich der erste Bote der wiedererwachenden Welt gewesen. Etwas unsagbar Selbstverständliches lag darin, etwas Erlösendes und Sicheres, etwas Leichtes und Geruhsames, und ja – die Heimat klang auf, durch ein kleines kurzes Wort erhellt. Es war aus einem neuen Dasein heraus gesprochen, von einem, der nicht mehr unterwegs, sondern bereits ›gelandet‹ war. Gelandet nicht etwa in Beruf und Besitz, sondern im normalen Leben, das ihm damals noch betrachtendes Lustwandeln schien und nichts als eines abgeschabten Anzuges bedurfte.

Wenn nicht Prag, dann Salzburg! Das wäre schon immer sein Gedanke gewesen, und deshalb sei er da. Er sagte das so sicher, als stünde es jedem Menschen frei, sich nun ein ihm genehmes Fleckchen Erde auszuwählen.

Am Abend entwickelte er mir seinen Plan, sich hier eine Frau zu suchen und neu zu beginnen. Er saß dabei am Rande eines kümmerlichen Eisenbettes und löffelte aus einem Blechgefäß. ›Mahlzeit, Otto!‹ rief ich zum Abschied, aber ich wollte wohl sagen: ›Du Luftschloßbauer!‹, und ging ungläubig davon.

Zu Ostern 1949 war ich wieder bei ihm zu Gaste. Er ist glücklicher Ehemann, Vater zweier Kinder und Besitzer einer Zweizimmerwohnung. ›Das kommt davon!‹ begann er sich zu entschuldigen und meinte, auch er hätte einmal Ideale gehabt. Seine Augen leuchteten und blieben irrend an den Bügelfalten hängen, die ein Zeichen seiner Erneuerung waren. Wiederaufbau-Bügelfalten! dachte ich im stillen. Doch ich zog es vor, die Verwandlung zur Kenntnis zu nehmen, und weiß nun neuerdings, daß der Glaube Berge versetzt.«

Dr. Otto Menzel, von dem hier die Rede ist, der Kunsthistoriker und Mitarbeiter der Prager Jahre, wurde in der Salzburger Griesgasse 10 zum Mittelpunkt zahlreicher Freundestreffen. In seinem Hause begegnete ich meiner ersten Frau Elisabeth, geb. Haas, die mir anno 1952 meinen Sohn Peter schenkte. 20 Jahre später wiederum führte mich die Hochzeit von Otto Menzels Sohn Michael mit meiner zweiten Frau Editha, geborene Strallhofer, verwitwete Senekowitsch, zusammen. So spielt der Zufall seine launige Rolle. Oftmals macht er Menschen, die man nur gelegentlich traf, zu Schlüsselfiguren des privaten Lebens. Wie so vieles aber fügt auch er sich wieder in den Fortgang des allgemeinen Geschehens.

Pioniere und Städtegründer

Wenn man fragt, was die Jahre des Neubeginns besonders kennzeichnete, möchte ich nicht das zweifellos wichtige Streben nach Versorgung und Verteilung der Lasten nennen. Aus den Tiefen des allgemeinen Bemühens kam vielmehr der Drang, sich selbständig zu machen, eine neue Existenz aus eigener Verantwortung zu gründen. Der »konstruktive Optimismus« der Sudetendeutschen war ein besonderes Kennzeichen jener Jahre. Er schuf eine neue »Gründerzeit«, die in Bayern alleine bereits im Jahre 1948 die Zahl der Zulassung von Vertriebenen zu Handel, Handwerk und Gewerbe von 11 892 auf 20 344 erhöhte (15 309 Handwerksbetriebe, 5055 Einzelhandelsbetriebe).[1] Die »importierte Industrialisierung«, von der man deshalb zu Recht sprach, fand in unseren Amtsräumen und in denen unserer Filialen im gesamten Freistaat in täglichen, ja stündlichen Gründungsgesprächen ihren Niederschlag.

[1] Martin Kornrumpf, a.a.O., S. 305

Noch sehe ich den Ascher Textilindustriellen Ernst Penzel, den Vater meines Studienkollegen Gert Penzel, in einem abgeschabten Lodenmantel vor mir stehen. Er ruhte nicht, bis wir mit Hilfe des unermüdlichen Referenten im Wirtschaftsministerium Dr. Rudolf Fernegg zu Weilheim eine leerstehende Halle für den Wiederaufbau seines Betriebes, die dazugehörigen Maschinen sowie die Zuteilungskontingente an Garnen und sonstigen Materialien sichergestellt hatten. In Hunderten ähnlicher Fälle wiederholte sich meist der gleiche Vorgang: War einmal irgendwo und irgendwann der neue Standort gefunden, die Betriebsfahne sozusagen ausgesteckt, fanden sich wie von selbst aus allen Himmelsrichtungen die alten Arbeiter und Angestellten ein, um der Firma zu neuem Glanz zu verhelfen.

Wenn irgendwann, dann wurde hier der Gedanke des Klassenkampfes aufs trefflichste widerlegt. Unternehmer und Arbeiter zogen an einem Strang. Sie bauten sich, aus der alten Heimat kommend, die neue Heimat wieder zusammen.

Die Geschichte der Betriebsgründungen solcher Art ist noch nicht geschrieben. Ich möchte als besonderes Beispiel nur die Strumpffirma Kunert nennen. Sie entstand zweimal – 1919 im nordböhmischen Warnsdorf und 1947 in Immenstadt (Allgäu) – aus dem Nichts, d. h. aus wegweisenden technischen und unternehmerischen Ideen. Zweimal entwickelte sie sich in diesem Jahrhundert zur größten Naturzwirnerei und zum größten Strumpfhersteller Europas mit Tausenden von Arbeitsplätzen im In- und Ausland.

Freilich bedurfte es dazu der pflegerischen Nachhilfe der öffentlichen Hand. Aufbaudarlehen, staatsgarantierte Kredite, Marshall-Plan-Hilfe, ERP-Kredite waren die Voraussetzungen der Gründungsakte. Einem Vorschlag des einfallsreichen Ministerialdirektors im bayerischen Finanzministerium, Dr. Otto Barbarino, entsprang die Gründung der »Bayerischen Landesanstalt für Aufbaufinanzierung«. Sie hatte die fortan segensreich erfüllte Aufgabe, »Unternehmen von Flüchtlingen und sonstige Unternehmungen finanziell zu unterstützen, denen staatliche Liegenschaften überlassen, staatliche Bürgschaften gewährt und staatliche Kredite gegeben worden sind.«

Solcherweise ausgerüstet, kam es in Bayern (aber auch in anderen Bundesländern) zu den namhaftesten Gründungsvorhaben der Zeit, nämlich zur Schaffung neuer Industriegemeinden. Wenn ich sie der Reihe nach aufzähle, sind das heute zum Begriff gewordene Namen von Städten wie jene anderer Städte auch: Geretsried (bei München), Waldkraiburg am Inn, Traunreut bei Traunstein, Neutraubling bei Regensburg und schließlich Kaufbeuren-Neugablonz. Sie haben jeweils über 20000 Einwohner und finden ein nicht zu übersehendes Äquivalent in den Industrieregionen der meisten Städte des südlichen Deutschland.

In der Münchner Wagmüllerstraße wurden sie in vielen Fällen zunächst einmal »ideell geboren«. Als einer ihrer Pioniere tauchte bereits im Frühjahr 1946 der aus Böhmisch-Leipa stammende Maschinenbauer und Verkehrsspezialist Emil Lode bei uns auf. Seine Geschichte war ebenso typisch wie beispielhaft.

Nachdem er sich um die Prager Fahrbereitschaft und (leider vergeblich) um den Abtransport der Fliehenden verdient gemacht hatte, fand er im niederbayerischen Birnbach (dem mittlerweile zum Kurort erhobenen Heilbad) eine kümmerliche Unterkunft. Seine fünf Buben, die in der munter fließenden Rott nach Krebsen und Muscheln suchten, brachten ihm den wegweisenden Einfall: Er konstruierte Maschinen (Drucker), mit deren Hilfe er aus den letzteren Knöpfe stanzte. Die Aufgabe, sie kaufmännisch zu vertreiben, führte ihn nach Kraiburg am Inn und zu der im Walde versteckten (weil getarnten) Munitionsanlage der »Deutschen Sprengchemie GmbH«. Dort entdeckte er ein weitverzweigtes System von Bunkern, Straßen, Wasser- und Elektrowerken, mit einem Wort: eine Infrastruktur, die zur Aufnahme von Neubürgerindustrien wie geschaffen war.

Nun, es dauerte etliche Monde, bis die Besatzungsmacht nach unsinnigen Spreng- und Zerstörungsaktionen mit unserer Nachhilfe und vor allem jener der Bayerischen Staatsregierung der Idee des verdienten Pioniers das Okay zur Verwirklichung gab. Von der ersten Plan- und Schulbaracke an sah ich dann vier Jahrzehnte hindurch eine Stadt entstehen, die sich mit allem Drum und Dran zu einer respektablen Kommune entwickelte.

Ähnlich verliefen die Prozesse in den anderen Neubürgersiedlungen. Immer – so in Geretsried mit dem Holzverarbeitungsbetrieb Lorenz und Fleißner, in Neutraubling mit Müllers Karlsbader Lebensmittelerzeugung – ging es um Alltags- und Menschennähe, Kontakte zu Bekannten und Freunden, zu Persönlichkeiten, die von der Sache her allmählich zu unserem Lebenskreis gehörten.

Das galt in besonderem Maße für die Ansiedlung der Gablonzer

Glas-, Metall- und Schmuckwarenerzeuger im Raume Kaufbeuren. Auch für sie hatte sich unter der Führung von Dipl.-Ing. Huschka und Dr. Fritz Enz – zunächst in der Wagmüllerstraße – ein Planungskreis zusammengefunden. Die Entschlüsse, die hier zu fassen waren, betrafen ja die Neuansiedlung einer ganzen Wirtschaftsregion. Tausende von Arbeitsstellen für Gürtler, Drucker, Schleifer, Similierer und Exporteure waren hier vorzubereiten. Betriebsräume, Versorgungsbetriebe – wiederum in den Bunkern einer Munitionsanlage – und vor allem Wohnraum waren sicherzustellen: das alles mit dem Blick auf Betriebsabläufe, die sich zum Gutteil in der Form der Heimarbeit abspielten. Das bedurfte in der Tat einer »Lex Gablonz« und vielfacher überregionaler Entscheidungen.

Unter verständnisvoller Betreuung durch die Stadtväter von Kaufbeuren sowie unter der nimmermüden Initiative des Alt- und Neubürgermeisters Oswald Wondrak entfaltete sich Neugablonz mit Kirche, Schulen, Ausstellungshallen, Rat- und Kulturhaus zu einem Zentrum, in dem sich schwäbisches und sudetenländisches Wesen aufs beste vereinte. Man dachte nicht nur an das Geschäft (das Steueraufkommen der Region hatte die verausgabten Kreditsummen nach kurzer Zeit um ein Vielfaches übertroffen). Man holte für teures Geld aus der alten Heimat den Rüdiger-Brunnen des Bildhauers Franz Metzner herüber und stellte ihn im Herzen des neuen Gemeinwesens auf. Die Verbindung mit dessen Bürgern gehörte fürderhin zu den erfreulichen Verpflichtungen meines Wirkens.

Wie in jenen Jahren die Eigeninitiative tüchtiger Menschen gemeinhin aus kümmerlichen Anfängen zum Ausbau nachmals großer Betriebe (Grundig, Neckermann usw.) führte, entstanden auch zahlreiche Unternehmen von Vertriebenen ohne große Planung oder staatlich geförderte Konzeption. Da gab es zunächst die »kleinen Spezialisten«. Hugo Liehm eröffnete in Piding seinen europäischen Monopolbetrieb zur Herstellung von Flötenzungen aus den Schilfrohren der Camargue. Andere bauten (in Bubenreuth und Waldkraiburg) aufs neue ihre Blasinstrumente, Gitarren und Geigen. Einer stellte – wiederum ein europäischer Monopolinhaber – aus kostbarsten Hölzern Stege und Resonanzteile für Violinen und Celli her. Marlene Wetzel, die erste Konditormeisterin in Bayern, führte die Zunft der mir besonders nahestehenden Karlsbader Oblatenhersteller nach wenigen Jahren mit einem hochrationalisierten Großbetrieb an. Die Firma »Omnia KG Kraus, Kuhn und Ziffer« übernahm den Großvertrieb für alle Gstettner Druck- und Büromaschinen in Deutschland und Österreich. Andere Handelsbetriebe folgten nach.

Herausragend bewährte sich Emil Gernt in Neuhof an der Zenn. Aus Belägen von Geschoßkartuschen stellte er zunächst Kämme und Seifenbehälter her. Dreimal übersiedelte er in große und größte Produktionsstätten, bis er in einem Riesenbetrieb alles zu fertigen vermochte, was auf den Toilettentisch unserer Frauen gehört. Alles rollt – von den herangefahrenen Rohstoffen bis zum Abtransport an die Verteiler – über kilometerlange Laufbänder und gibt vielen hundert Menschen Arbeit und Brot. Gernt wurde der »Vater« seines Betriebes, der Stadt und des Landkreises. Weil er die Tradition seiner Riesengebirgsheimat hochhielt, wurde er auch zum Mittelpunkt seiner sudetendeutschen Landsleute.

Eine andere Freundschaft erwuchs mir aus der Verbindung mit Fred Stejskal. Dem 18jährigen, der arm wie eine Kirchenmaus aus dem Alabama-Lager der Amis zu uns kam, hatte ich 300 RM geliehen, damit er ein Hausgeschäft mit Schreibmaschinen beginnen konnte. »Warum handelst du nicht mit Zahnpasta, das brächte guten Gewinn aus häufigerem Umsatz?« fragte ich ihn. Nein, er blieb bei der Branche, redete der Zentrale der Olympia-Werke in Wilhelmshaven ein, sie müßte ihre Produkte in den Farben des Regenbogens mit grellem Lack versehen, verkaufte sie über PX-Shops der US-Army in alle Erdteile und wurde ein begüterter Mann. Als Präsident Kennedy den GIs die Devisen sperrte, sattelte er auf die Herstellung und den Verkauf von selbstkonstruierten Umwälzpumpen für Swimmingpools um und hatte hiermit erneuten Erfolg.

Neidlos bewunderte ich alle Neuanfänger, die sich auf die mir völlig fehlende Kunst verstanden, kaufmännische Vorteile zu erringen. Wie sehr ihr Erfolg oft gleichermaßen aus Neigung und Zufall kam, bewies der Verkäufer unseres »Weißbuches« in Innsbruck, Herbert Fleißner. Dort hatte der Doktorand der Rechtswissenschaften auf Grund meiner kleinen Initiative den Beschluß gefaßt, sich der Welt der Bücher zu widmen. Aus ersten Anfängen und kühnen Entschlüssen heraus wurde er, nachdem er bei Langen-Müller, Herbig, Ullstein und anderen namhaften Traditionsträgern eingestiegen war, einer der großen Verleger der Bundesrepublik Deutschland. Er sorgte für eine tolerante Bandbreite seiner Autoren und vergaß auch das Schrifttum seiner Herkunftsheimat nicht.

Erfolgreiches Unternehmertum war außerhalb Bayerns, in der amerikanischen und britischen Besatzungszone sowie in Österreich zu verzeichnen. So hatten die Jägerndorfer Rieger-Orgeln im Vorarlberger Schwarzach eine neue Heimstatt gefunden. Unvergessen bleibt mir die im Dezember 1979 erfolgte Einweihung der von Dipl.-Ing. Glatter-Gött erstellten Kirchenorgel im Christ-Church-College von Oxford. Der 65jährige Chef des aus dem Nichts wiederaufgebauten Betriebes hatte seine ganze Belegschaft und den Sprecher seiner sudetendeutschen Landsleute in die englische Universitätsstadt eingeladen, um dort die mittlerweile zur Weltgeltung aufgestiegene Firma in Gegenwart des österreichischen Botschafters und britischer Honoratioren in der festlich erleuchteten Aula seinen drei Söhnen zu übergeben. Mit dem Bau einer Riesen-Konzertorgel im Kulturzentrum Hongkongs führten sie in den Jahren 1985–1989 ihre Kunst auch im fernen Asien ein.

Aus Not und Untergang war allenthalben neue Schaffenskraft, bisweilen auch neuer Glanz entstanden.

8. KUNST UND KULTUR ALS LEBENSELIXIER

Der wachsende Zulauf in unsere Arbeitsräume machte die »Hilfsstelle« in der Münchner Wagmüllerstraße 23 zur Tribüne eines Geschehens, das man mit Fug und Recht als Neugeburt aller Lebensstrukturen des Sudetendeutschtums bezeichnen kann. Der Soziologe in mir mochte sich an jene Stelle in Platons »Staat« erinnern, wo sich die Teilnehmer des berühmten Gespräches anschicken, im Geiste ein neues Gemeinwesen »von Anfang an« zu schaffen. Sie tun dies auf der Suche nach dem Wesen der Gerechtigkeit und finden, daß es neben den Berufen der leiblichen Existenzsicherung, der Bäcker, Metzger, Tischler, Schneider und Häuslebauer, der Krieger und Wächter, auch jene der Dichter und Schauspieler, der Chortänzer, Musikanten und Bildhauer sowie der Erzieher und akademischen Lehrer geben müsse. Während man im normalen Alltag das Tun der letzteren – also jener Mitbürger, die unter der Bezeichnung »Kulturberufe« firmieren – nur am Rande vermerkt, traten sie während und nach der Tragödie der Austreibung mit Nachdruck in unser Bewußtsein.

Der »nackte Mensch« besaß im wesentlichen jetzt nur das, was sie ihm von Jugend an geschenkt und vermittelt hatten. Ein historisches Dokument, ein Foto, ein Büchlein, ein Gedicht, eine vergilbte Ansichtskarte zeichneten ihm das Bild der verlorenen Heimat nach. Ein kleines Lied erhellte, oft begleitet auf einer Mundharmonika, die düsteren Stunden. Die Epen einst gelesener Romane, die hohe Dichtung der deutschen Literatur, das Füllhorn der klassischen Musik gehörten zu den Reichtümern einer Innenwelt, welche Kultur und Kunst nicht als Nebensache, sondern wie selten vorher als Lebenselixier erwiesen. Aus dem Hunger nach Geist wurden das L'art pour l'art und die Produkte bloßer Ismen in jenen Jahren von bleibenden Werten beiseite geschoben.

Vor allem fiel mir auf, wie viele der täglich vorbeidefilierenden

Menschen neben Beamten und Bauern, Kaufleuten, Arbeitern und Unternehmern im Umfeld kulturellen Schaffens tätig sind und nunmehr entwurzelt waren. Neben Schriftstellern, Zeitungsleuten, Belletristen, Bibliothekaren, Leuten vom Bau unserer zahlreichen Theater, neben Kinobesitzern, Filmvorführern, freischaffenden Künstlern mit Rang und Namen, neben Kunsthandwerkern aus den so typischen Bereichen der Keramik-, Glas- und sonstigen Veredelungsindustrie, neben den phantasiereichen Puppenherstellern und Krippenbauern unserer Randgebirge usw. gab es vor allem das Heer der Volksbildner und Lehrberufe, das aus einer der hervorragendsten Erziehungsbereiche unseres Erdteils kam. Sie alle waren unterzubringen. Ihnen allen war wiederum das Selbstbewußtsein ihres persönlichen Könnens und einer kulturell hochstehenden Herkunftsheimat zu vermitteln.

Der Adalbert Stifter-Verein

Ich verdankte es einer Reihe hervorragender Persönlichkeiten unseres geistigen und öffentlichen Lebens, daß mein Vorschlag, zu diesem Behufe unter dem Titel »Adalbert Stifter-Verein« ein kulturelles Zentrum der Volksgruppe zu schaffen, auf einer Gründungsversammlung am 5. Mai 1947 angenommen und nach der eingeholten Lizenzgenehmigung am 10. Oktober 1947 vereinsrechtlich verwirklicht werden konnte. Zum ersten Vorsitzenden wurde der verdienstvolle Kirchenmann Professor Dr. Franz Haibach gewählt. Als seine Stellvertreter fungierten Professor Dr. Franz Longin (Bayerisches Staatsministerium für Kultus und Unterricht) sowie der aus Saaz stammende Prähistoriker Professor Dr. Helmut Preidel. »Die Geschäftsstelle«, so heißt es am Ende der Gründungsnachricht, »befindet sich bis auf weiteres in München 22, Wagmüllerstr. 23.«[1]

»Bis auf weiteres« – d. h., wie nach anderen Gründungsakten führte ich als Schriftführer zunächst die Agenda. Das Führungsteam und die Mitarbeiter der »Hilfsstelle« bildeten auch hier die erste Heimstatt einer wichtigen Neugründung, die sich recht bald verselb-

[1] »Die Wirtschaftshilfe«, 1. November 1947, S. 8

ständigte. Mit den ersten Geschäftsführern Otto Zerlik und Dr. Theodor Hutter sowie unter dem späteren Vorsitzenden Fürst Thun (Tetschen-Bodenbach) fand man in der Münchner Ludwigsstraße (später wiederum im Lehel und dort in der Nähe von Professor Hanikas Forschungsinstitut für Sozial- und Volksgutforschung) Unterkunft und geordnete Dienststellen.

Als sich der »Adalbert Stifter-Verein« am 28. Januar 1948 im Festsaal des Münchner Wirtschaftsministeriums mit einer wegweisenden Rede Wilhelm Hausensteins (dieses »Bayern von europäischem Zuschnitt« und nachmaligen ersten Botschafters der Bundesrepublik in Paris) über »Adalbert Stifter und unsere Zeit« zum ersten Male der Öffentlichkeit vorstellte, hatte er sich zur Bewahrung guter Traditionen bekannt. Aus den Trümmern des Zusammenbruchs heraus vermochte er grenzüberschreitend Menschen anzusprechen, die sich im deutschsprachigen Bereich zum Gedankengut des großen Böhmerwaldsohnes bekannten.[1] Adalbert Stifter war zur herausragenden Integrationsfigur der in alle Winde zerstreuten Volksgruppe geworden. Gertrud Fussenegger wird im Gedenken an den Festakt 40 Jahre nachher die Wahl dieses Namenspatrons begrüßen. Ihr Lob galt dem Auftrag des Vereins, die »stille Konterbande« freizumachen, die jeder Vertriebene aus dem Osten mit sich geführt und aus dem Untergang der Heimat gerettet hatte: »Nichts Dringenderes galt es zu tun, als das verstreute Erbe zu sammeln, zu bündeln und die Partikel wieder aufeinander zu beziehen.«[2]

Mit Anregungen und hinweisenden Hilfen konnte ich einiges dazu beitragen, daß man umgehend mit der Verwirklichung dieses Auftrages begann. Der Verein gliederte sich in die Abteilungen Kunst (I), Wissenschaft (II), Volkstum (III) und Jugendarbeit (IV).

Man begann, Wohnort und Lebenslage der jeweils in Frage kommenden Persönlichkeiten zu registrieren. Dr. Preidel redigierte das im Edmund-Gans-Verlag, Gräfelfing, erscheinende Stifter-Jahrbuch. In gemeinsamer Arbeit gestalteten namhafte Autoren das im gleichen Verlag erscheinende erste repräsentative Sammelwerk »Die Deutschen in Böhmen und Mähren« (Gräfelfing 1950). Roderich Menzel,

[1] »Die Wirtschaftshilfe«, 15.2.1948, S. 2

[2] Gertrud Fussenegger, »Festrede zum 40jährigen Bestehen des Adalbert Stifter-Vereins« am 28. Januar 1988, Stifter-Jahrbuch, Neue Folge 2, 1988

der Lyriker und nachmalige Autor der großen Trilogie »Die Tannhoffs«, veranstaltete und betreute unser erstes Preisausschreiben für belletristische Arbeiten. In liebevollem Bemühen stellte Otto Zerlik 1949 als erste Edition des Vereins (US-Lizenz Nr. E 187!) im Verlag Cassianeum den Gedichtband »Heimat meine Erde« zusammen. »Sie schreiben ihre Bücher mit der Wunde im Herzen«, heißt es in einer Rezension. Das galt auch für diesen Trost in Gedichten, dem Hans Watzlik das Leitwort gab. Dennoch erließ der gleiche, nunmehr in Regensburg lebende Autor einen poetischen »Aufruf«, der die Wehmut überwand:

Brüder, nicht mit nebelhaften Klagen
starret auf verlorne Gärten hin!
Nicht Genuß, nicht dauerndes Behagen
ist der rauhen Erde letzter Sinn.

Liegt das Land von irrem Krieg zertreten,
Laß um Kraft nur, um Geduld uns beten!
Hat im Wahn die Welt sich selbst zertrümmert,
her die Axt, und wieder sie gezimmert!

Laßt in Ehrfurcht uns den Pflug berühren,
lasset tapfer uns den Hammer führen,
spät bei Lampenschein das Werk besinnen!
Laßt die Welt aufs neue uns beginnen!

Das war mir aus dem Herzen gesprochen und bestimmte mein Bemühen, welches nun schon weithin ausstrahlte. Für Sonntag, den 28. September 1947, wurde ich zu einem Egerländer Treffen nach Bad Aibling geladen, das meine Erinnerung deutlich verzeichnet. Im großen Kurtheater hielt ich zum ersten Male in meinem Leben eine öffentliche Rede. Zum ersten Male entdeckte ich in mir das Vermögen, mehr als 1000 Menschen so anzusprechen, daß man den Fall der berühmten Stecknadel hätte hören können. Fortan war ich nicht nur unter die Schreibenden, sondern auch unter die Redenden getreten. Das Treffen wurde in gewisser Hinsicht zur Generalprobe für weitere Veranstaltungen, deren Verlegung nach dem kleinen Kurbad ich deshalb vorschlug, weil es, in der Nähe der Landeshauptstadt gelegen, unzerstört und verhältnismäßig gut mit Gasthäusern, Restaurants und Sälen ausgestattet war.

Der Aiblinger Beschluß

Die bedeutendste dieser Veranstaltungen fand zu Pfingsten 1948 statt. Ich hatte mit ihr den Vorschlag verbunden, die Sektionen des Adalbert Stifter-Vereins und interessierte Landsleute zu einer großen Sudetendeutschen Kulturtagung zusammenzurufen. Sie wurde recht eigentlich der erste Sudetendeutsche Tag und begründete auch für andere Landsmannschaften auf Jahrzehnte hinaus den Brauch, die Pfingsttage zum Zeitpunkt großer Jahrestreffen zu machen. Pfingsten, das liebliche Fest, war von nun an für höhere Zwecke vergeben. Voller Stolz setzte ich schließlich nach den beiden Vorsitzenden Professor Dr. Franz Haibach und Professor Dr. Franz Longin als Schriftführer meinen Namen unter das Dokument, welches als »Aiblinger Beschluß« aus der Geschichte unserer ersten Nachkriegsjahre herausragt:

1. »Die in Bad Aibling versammelten Vertreter sudetendeutscher Vereine und Organisationen bekennen sich zu den unvergänglichen Werten der kulturellen Überlieferung, die durch die Jahrhunderte hindurch Europa und damit auch das deutsche Volk zu einer geistigen Einheit prägten. Sie sind überzeugt, daß diese Einheit über alle Stammesunterschiede hinweg das Fundament unseres Wiederaufbaues ist und daß mit der Pflege der gemeinsamen Werte deutscher Kunst und Wissenschaft und deutschen Brauchtums die Verständigung zwischen Heimatvertriebenen und Altbürgern am ehesten herbeigeführt werden kann. Sie richten daher an Alt- und Neubürger den dringenden Appell, auf diesem Wege einander die Hände zu reichen.
2. In der tiefen Not ihrer Lage hungern die Ausgewiesenen nicht nur nach materiellen, sondern auch nach den geistigen Gütern, die man ihnen entriß. Die Seßhaftmachung ist daher in erster Linie auch eine Frage der geistigen Verwurzelung im Boden der neuen Heimat. Kein Mittel sollte gescheut werden, um den Neubürgern die Teilnahme am kulturellen Leben zu ermöglichen. Theater, Buch und Presse, Rundfunk und Musikleben sind Kulturmittel, die sie heute noch zum großen Teile entbehren. Ihren Kindern Lehre und Bildung, ihren Künstlern Arbeitsstätten und Aufträge und ihren Wissenschaftlern neue Tätigkeitsbereiche zu geben,

sollte eine Angelegenheit der gesamten kulturbewußten deutschen Öffentlichkeit, aber auch des Staates und aller kulturellen Einrichtungen sein.

3. Die Deutschen der Sudetenländer haben in ihrer Heimat ein kulturelles Guthaben von europäischem Gewicht zurückgelassen. Was ihre Dichter und Denker, ihre Maler und Musiker, was der schöpferische Brauch ihres Volkstums in jahrhundertelangem Wirken geschaffen hat, gehört heute ebenso zu Deutschland wie das Kulturgut jedes anderen Stammes. Die Bewahrung dieses Kulturgutes in Sprache, Musik und Brauchtum ist daher eine gesamtdeutsche Aufgabe. Wir begrüßen es, daß der Bayerische Landtag einen diesbezüglichen Antrag Beschluß werden ließ, wonach das Kultusministerium diese Bestrebungen unterstützt und die bayerischen Schulen auch die Kulturwerte Ostdeutschlands vermitteln werden. Wir hoffen, daß sich ebenso Museen und Archive, Büchereien und Bildungsinstitute, Theater und Kulturvereinigungen dieser Aufgabe annehmen und daß vor allem die Tradition der ältesten deutschen Universität in Prag und der Technischen Hochschulen zu Prag und Brünn unter den übrigen deutschen Hochschulen eine würdige Fortsetzung erfährt.

4. Die Vertreter der sudetenländischen Vereine beschließen, zur Betreuung des ihnen anvertrauten Kulturgutes in landsmannschaftlichem Geiste zusammenzuarbeiten und die hierzu nötigen Vorhaben gemeinsam mit den Abteilungen des ›Adalbert Stifter-Vereins e. V. in München‹ durchzuführen. Gemeinsam mit den kulturellen Einrichtungen des Staates, den gleichgesinnten Verbänden und Vereinen der Einheimischen wollen sie auf überparteilicher Grundlage das Ziel einer Besinnung auf echtes angestammtes Kulturgut und damit der Befriedung unserer inneren Verhältnisse anstreben.«

Mit einer Festrede des sudetendeutschen Historikers Professors Dr. Rudolf Schreiber sowie mit anerkennungsreichen Worten des Staatssekretärs im bayerischen Kultusministeriums, Dr. Dieter Sattler, klangen die Aiblinger Tage aus. Sie wiederholten sich in vergrößertem Maßstab in den Pfingstkulturtagen 1949, die mit über 10000 Besuchern in Gegenwart des bayerischen Ministerpräsidenten Dr. Hans Ehard in Bayreuth stattfanden. Von allen Seiten strömte uns Anerkennung und Wohlwollen zu. Alfred Kubin, den unser Landsmann Josef Hubatschek in meinem Auftrag in Zwickledt besuchte, gab ihm mit Grüßen und guten Wünschen einen ganzen Koffer voller Zeichnungen und Radierungen mit. Der berühmte Künstler, der sich seiner Leitmeritzer Herkunftsheimat innig verbunden wußte, ermöglichte uns die Präsentation einer Werkausstellung, die in jenen Jahren sicher einmalig war. Nach den Ansprachen unserer Vorstandsmitglieder stand es mir bei der Festsitzung zu, den Schlußappell vorzutragen. Das erhaltene Manuskript verzeichnet selbstbewußte Sätze:

»Lassen wir jetzt, da nach der Abtrennung des Ostens das deutsche Brot halbiert und beschnitten wurde, nicht auch noch die geistige Welt unseres Volkes zerschneiden. Ein Kant, ein Herder, ein Jakob Böhme, ein Eichendorff, ein Adalbert Stifter, eine Ebner-Eschenbach gehören, obwohl sie heute ›Neubürger‹ wären, ebenso zu Deutschland wie Mörike, Schiller, Schelling, Ludwig Thoma, Lenbach oder Leibniz. Ziehen wir die Konsequenz aus diesen Gedanken, dann heißt es, die Ausgewiesenen nicht nur materiell, sondern auch geistig seßhaft zu machen, ihnen neben dem Dach über dem Kopf auch die Heimat des Gemütes, des Geistes und der Seele zu geben.«

Der Adalbert Stifter-Verein führte gemeinsam mit der Sudetendeutschen Landsmannschaft nochmals in Kempten 1950 das jetzt zum ersten Male als »Sudetendeutscher Tag« bezeichnete Pfingsttreffen durch. Dann ging die kulturelle Breitenarbeit auf die Landsmannschaft über. Er selbst entwickelte sich fürderhin zum »Sudetendeutschen Kulturwerk« und schlug seit 1952 unter der einfallsreichen Geschäftsführung Johanna v. Herzogenbergs eine Richtung ein, die bevorzugt Werke der bildenden Kunst (Geschichte der Gotik, des Barock und der Renaissance in den böhmischen Ländern) und entsprechende Ausstellungen (Die Zeit Karls IV., Johannes v. Nepomuk, Emil Orlik, Bäderkultur) in den Vordergrund rückte. Das lief nicht immer ohne Auseinandersetzungen ab, verdrängte aber nie den Sachzwang gemeinsamer Aufgaben.

Die Schule als Heimstatt des Könnens

Ein Seitenzweig, der dem Bereich des Adalbert Stifter-Vereins entwuchs, galt der Pflege eines der kostbarsten Güter des sudetenländischen Deutschtums und wurde von der »Arbeitsgemeinschaft sudetendeutscher Erzieher« betreut. Theo Keil, der Mann, der ihre Tätigkeit wegweisend bestimmte, war mir seit den Zeiten der Jugendbewegung ein Begriff. Wie anderswo, so bestimmten auch hier Jugendfreundschaften das Netzwerk sachlicher Beziehungen.

Die Bedeutung unseres Schulwesens für die Regeneration der zerschlagenen Volksgruppe wurde, wie schon angedeutet, den Betreuern in der Wagmüllerstraße in steigendem Maße bewußt. Fast könnte man frei nach dem berühmten Ausspruch Wellingtons über das Treffen bei Belle-Alliance behaupten, die »Schlachten« um die Existenzgründung nach 1945 wurden bereits in den exzellenten Schulen der Sudetendeutschen vorausentschieden. Diese hatten sich von Beginn an in vorteilhafter Zweisamkeit mit den Erfordernissen ihres sozialen und wirtschaftlichen Lebens entwickelt. Das hervorragende gesamtösterreichische »Reichsvolksschulgesetz« vom 21. April 1869 lieferte die Basis ihres Aufblühens, das von den Grundschulen über landwirtschaftliche sowie industrienahe Fach- und Handelsschulen, Handelsakademien und Staatsgewerbeschulen, Gymnasien und Realgymnasien bis zu den Hochschulen eine ebenso klar überblickbare wie nach allen Seiten durchlässige, d. h. demokratische Erziehungslandschaft schuf.[1]

Sie war auf die breiten Mittelschichten einer in Gewerbe, Industrie und Landwirtschaft verankerten Bevölkerung ausgerichtet, verhinderte ein Überschwappen der akademischen Berufe und bildete – zusammen mit einem vorbildlichen Bücherei- und Volksbildungswesen – eine pädagogische Provinz, deren Zerstörung einen europäischen Kulturverlust kaum beachteter Größenordnung herbeiführte.

Mit dem Standardwerk unserer Erziehungsgemeinschaft »Die

[1] Schon der § 1 dieses Gesetzes wird in der pädagogischen Fachliteratur als ein »Meisterwerk« bezeichnet, das von keinem späteren Schulgesetz übertroffen wurde: »Die Volksschule hat die Aufgabe, die Kinder sittlich-religiös zu erziehen, deren Geistestätigkeit zu entwickeln, sie mit den zur weiteren Ausbildung für das Leben erforderlichen Kenntnissen und Fähigkeiten auszustatten und die Grundlagen zur Heranbildung tüchtiger Menschen und Mitglieder des Gemeinwesens zu schaffen.«

deutsche Schule in den Sudetenländern«[1] setzte Theo Keil dieser Provinz als dessen Herausgeber ein Denkmal, das jeder kennen sollte, der das Phänomen des Sudetendeutschtums als der zentralen deutschen Volks- und Kulturgemeinschaft ergründen will. Zu den ebenso leidigen wie jahrzehntelang fruchtlosen Auseinandersetzungen um bundesdeutsche Schulreformen nahm ich späterhin als Abgeordneter oftmals mit der Bemerkung Stellung, man solle die Grundstrukturen des österreichisch-sudetenländischen Schulwesens ohne Abstriche übernehmen und käme dabei der Lösung aktueller Probleme näher als mit noch so schwierigen Modellversuchen.

Unsere in der neuen Heimat angekommenen Landsleute merkten sehr bald, was sie zurückgelassen hatten. Ihre Augen begannen zu leuchten, wenn ich in Versammlungen da und dort das Kernstück unseres Volksschulwesens, die »Bürgerschule«, in Erinnerung rief. Sie kam dem nahe, was wir heute als »Hauptschule« bezeichnen, war in Wahrheit aber die »Hochschule des kleinen Mannes«. Aufgegliedert in Fachunterricht (Deutsch, Arithmetik, Geometrie und geometrisches Zeichnen, Buchhaltung und eine Fremdsprache) rundete sie im Anschluß an die fünfklassige Volksschule das Wissen der Schüler in drei (später in vier) Jahrgängen so ab, daß sie mit berufsbegleitenden Fortbildungsschulen ihr Ausbildungsziel in kurzer Zeit zu erreichen vermochten. Mit 18 Jahren konnte man ausgebildeter Zahntechniker, mit 19 Jahren (nach dem Besuch einer vierklassigen Lehrerbildungsanstalt) konnte man ausgebildeter Volksschullehrer sein.

Besonders Begabte – und das waren nicht wenige – vermochten im offenen Schulsystem als Um- und Aufsteiger akademische Ziele zu erreichen. Sie waren am Ende Diplom-Ingenieure oder Doktores gar.

Die Kinder lernten Rechnen, Lesen und (wie gestochen) Schreiben. Sie fanden sich in Schulhäusern ein, die (vordem) mit schönbrunnergelbem Anstrich an den Kaiser in Wien und (danach) immer noch an Peter Rosegger und Adalbert Stifter mit ihren Schulbuchgeschichten erinnerten. Sie trugen Goethes »Erlkönig«, Schillers Balladen, handwerkliches Können und einen Kranz von Volksliedern als Goldschatz in ihr künftiges Leben. Die Schüler retteten ihn über die Vertreibung hinweg in die Kummerstuben der ersten Nachkriegsjahre.

[1] München 1967

Wir brachten das Gros unserer Lehrer (in Bayern mit Hilfe der Ministerialreferenten Dr. Longin und Dr. Lassika) recht bald in den süddeutschen Schulen unter. Dort gehörten sie zu den Pionieren einer überkonfessionellen, modernen Erziehung. Einer von ihnen, der Egerländer Wilhelm Ebert, wurde nach jahrzehntelangem Vorsitz im Bayerischen Landes-Lehrerverband (BLLV) Präsident des Weltlehrerbundes. Die pädagogischen Erfahrungen seiner Herkunftsheimat zogen mit ihm dann weltweite Spuren.

Erste Universität, erste Technische Hochschule

War es Zufall oder gehört es zur Logik dieser Zusammenhänge, daß dem Sudetenraum auch die erste Universität Mitteleuropas und die erste Technische Hochschule des deutschen Sprachgebietes und Europas entwuchsen? Beide – die von Kaiser Karl IV. 1348 gegründete Universität zu Prag und das 1806 von Franz Josef Gerstner ins Leben gerufene »Ständische polytechnische Institut« – krönten auf ihre Art das böhmisch-mährische und mit der 1873 gegründeten Technischen Hochschule zu Brünn auch das gesamtsudetenländische Schul- und Ausbildungswesen. Das gilt ebenso für die 1868 bzw. 1882 eingeführte binationale Teilung der akademischen Institutionen.
Die »Deutsche Universität« in Prag residierte bis zu ihrem 1945 erfolgten Untergang im altehrwürdigen »Carolinum«. Sie verfügte wie die deutschen Technischen Hochschulen über eine jahrhundertealte Tradition. Besonders die letzteren waren, wie es in einem historischen Rückblick heißt, »aus dem Volke heraus entstanden, hatten sich organisch mit den Bedürfnissen des Landes entwickelt und waren daher mit dem heimatlichen Boden aufs engste verwurzelt«.[1] Es gab im Sudetenraum keine Klassentrennung zwischen Akademikern und anderen Teilen der Bevölkerung. Alle lebten im Hinblick auf die nationale Bedrohung unter dem Dach gebotener Solidarität.

Mit dem vom 15. November 1945 datierten Dekret löste Präsident Edvard Beneš im Anklang an die am 15. November 1939 erfolgte

[1] »Die deutsche Schule in den Sudetenländern«, a.a.O., S. 306. Vgl. ferner die »Universität zu Prag«, Band 7 der »Sudetendeutschen Akademie der Wissenschaften und Künste«, München 1986

Schließung der Prager Tschechischen Universität die Deutsche Universität und die Deutsche Technische Hochschule kurzerhand auf. Alle Institute und Gebäude, wie auch die wissenschaftlichen Bibliotheken der deutschen Vereine, Gesellschaften und Professoren wurden beschlagnahmt. Bis zum Ausbruch des Prager Aufstandes am 5. Mai 1945 hatten die letzteren, insbesondere die Mediziner, an Ort und Stelle ihre Pflicht erfüllt. Dann traf sie die ganze Wucht der Rache und des Terrors. Ein Großteil wurde, aus Instituten und Wohnungen herbeigeholt, auf offener Straße erschlagen oder in Straflagern (vor allem in Theresienstadt) durch Hunger und harte Drangsalierungen umgebracht.[1] Einer der Davongekommenen, der Prager Rechtshistoriker Prof. Dr. Wilhelm Weizsäcker, gesellte sich gegen Ende 1946 zum Arbeitsteam der Münchener Wagmüllerstraße. Er war unsere Autorität auf dem Gebiete der Rechtsgutachten und wurde in mancher Hinsicht mein väterlicher Freund.

Der weißhaarige Gelehrte, der wie ein Doppelgänger Viktor Emanuels II. aussah, aber wieselflink und wohl auch intelligenter als der Italiener war, benützte mit mir den gleichen Arbeitsraum über der Einfahrt zum Trümmergrundstück. Er hatte Schreckliches erlebt, sprach aber über sein geliebtes Prag und Böhmen so, als wären das Magdeburger Recht der Altstadt und das Nürnberger Recht der Kleinseite haushoch über die Exzesse des Unrechts erhaben, das die Stadt an der Moldau nunmehr ertragen mußte. Er war ein Experte auf dem Gebiete des Bergrechtes, erläuterte mir alte und neue Satzungen von Iglau, Kladno und Joachimsthal und ahnte kaum, daß zur gleichen Zeit die Opfer der tschechischen Retributionsjustiz in den dortigen Gruben schmachteten.

Gleichwohl: Auch hier wies uns der Sachzwang der Gegenwart auf die Gestaltung der Zukunft. Was sollte aus unseren hohen Schulen werden? Waren sie mit allem Drum und Dran einfach vom Sturm verweht, oder bestanden noch Strukturen, die es zu erhalten galt? Dozenten und Professoren meldeten sich da und dort. Studenten tauchten auf, die um Bestätigung absolvierter Prüfungen baten. Zu Regensburg fanden sich unter der Führung Professor Dr. Jahns Prager

[1] Noch am 26. Mai 1949 gedachte der Nestor der Prager Mediziner, Hofrat Prof. von Tschermak-Seyssenegg auf einer letzten Sitzung seiner Fakultät in Regensburg der toten Prager Kollegen (vgl. Walter Koerting, »Die Deutsche Universität in Prag«, München 1968, S. 281)

Dozenten, insbesondere Mediziner, ein, die den nachmals bedeutsamen »Verein der Freunde und Förderer der Universität Regensburg« gründeten und in ihm die Prager Deutsche Universität aufs neue entstehen sahen.

Das alles führte zu dem in unseren Gesprächen geborenen Entschluß, den 600jährigen Gründungstag der Alma mater Carolina feierlich zu begehen. Die Veranstaltung, für die bereits die Vertreter erreichbarer Universitäten ihre Anwesenheit zugesagt hatten, sollte am 18. April 1948 im Festsaal der Universität München stattfinden. Da traf eine Absage-Order des Ministers Dr. Anton Pfeiffer von der Bayerischen Staatskanzlei ein. Wahrscheinlich lag ihr Ursprung wieder einmal bei der »Tschechoslowakischen Militärmission« in Berlin, die über den Alliierten Kontrollrat zu intervenieren verstand.

Wiederum griffen wir zur Selbsthilfe. Am 30. September 1948 holte der Adalbert Stifter-Verein die Gedenkfeier im gleichen Saale des bayerischen Wirtschaftsministeriums nach, in dem vor Jahresfrist die Konferenz der deutschen Ministerpräsidenten getagt hatte. Professor Eugen Lemberg hielt den Festvortrag. Professor Dr. Wilhelm Weizsäcker sprach über die am 7. April 1348 nach dem Vorbild der hohen Schulen von Paris und Bologna erfolgte Gründung der Universität zu Prag, deren mit dem Reichsadler sowie mit dem böhmischen Löwen versehenes Siegel den übernationalen Charakter des Studium generale zum Ausdruck brachte.

Im Schlußwort, das ich im Auftrag der Veranstalter sprach, unterstrich ich die Bereitschaft des Adalbert Stifter-Vereins, vorerst auch den Problemkreis der sudetendeutschen Hochschulen unter seine Obhut zu nehmen. Ich appellierte an die Bundesländer, die brotlos gewordenen Prager Universitätslehrer an ihre Hohen Schulen zu berufen und auch auf diesem Gebiete einen Akt positiver Eingliederung zu vollziehen.

Unsere Erwägungen führten indes über den Wunsch existentieller Versorgung hinaus. Zum ersten Male wurde der Gedanke geboren, unter dem Titel »Collegium Carolinum« unabhängig von den Regensburger Plänen ein eigenständiges Institut ins Leben zu rufen, dessen Aufgabe die Pflege der Traditionen unserer Prager Deutschen Universität und deren Fortführung in allen Sparten der Wissenschaft sein sollte. Der Vorstand des Adalbert Stifter-Vereins setzte sich zu diesem Behufe mit den Professoren Dr. Rudolf Schreiber (Speyer),

Dr. Eugen Lemberg (Kassel), Dr. Josef Hanika (München) sowie mit Dr. Kurt Oberdorffer, dem noch im Lager Moosburg befindlichen Vorstandsmitglied der »Historischen Kommission für die Sudetenländer«, in Verbindung.

Damit wurde – wiederum aus dem »Quellborn« der Münchner Wagmüllerstraße – ein Gründungsvorgang in Bewegung gebracht, der freilich (nach mannigfachen Querelen akademischer Art und mit tatkräftiger Unterstützung der politisch maßgebenden Faktoren) erst am 18. Februar 1957 zur Verwirklichung führte. Der ganz ursprüngliche Gedanke hatte sich mit der Eröffnung des »Collegium Carolinum e. V.« durch seinen ersten Vorsitzenden, Professor Dr. Dr. h. c. Theodor Mayer, durchgesetzt und die Ausführung von Arbeiten initiiert, die den Vorstellungen der ersten Anreger durchaus entsprachen.

Der hochverehrte Mentor unseres Tuns, Professor Dr. Wilhelm Weizsäcker, wurde bereits 1949 an die Universität Heidelberg berufen, wo er an der Fortführung der Arbeit am Deutschen Rechtswörterbuch mitwirkte. Er vermittelte mir einen Blick in das heimatliche Herzland »von innen her«. Er machte uns bewußt, daß es mit seiner geistigen und kulturellen Essenz in unserer Innenwelt sozusagen eine neue Heimstatt fand.

Das Gewicht der kulturellen Bestrebungen, die nach 1945 mit all dem Erwähnten ihren Anlauf nahmen, wollten wir von Beginn an in die Waagschale einer Bestätigung dieser Feststellungen legen.

9. DER POLITISCHE AUFTRAG

Die Sachprobleme einer jeden Gesellschaft verdichten sich am Ende im politischen Auftrag, den sie gewissermaßen »von Natur aus« hervorrufen. Die Regeneration des Sudetendeutschtums, die im Sommer 1945 in der Münchner »Hilfsstelle für Flüchtlinge aus den Sudetengebieten« begann, bestätigte diese Regel. Sie gebar, wie wir hörten, eine politische Führungszelle, die den Vollzug der Sachaufgaben förderte, gegenüber der Besatzungsmacht absicherte sowie bei den staatlichen Stellen nach Möglichkeit durchsetzte.

Da ich von Beginn an im Zentrum der damit verbundenen Planungsarbeit stand, kam vielfach auch die Notwendigkeit auf mich zu, organisatorische Vorschläge für ihre Verwirklichung zu machen. So hielt ich es im Zuge der internationalen Verflechtung unseres Problems für angebracht, eine Einrichtung zu schaffen, die sich mit der Beobachtung der West-Ost-Konferenzen sowie mit der Ausarbeitung von Stellungnahmen zu ihren uns betreffenden Akzenten beschäftigen sollte. Der Gedanke überzeugte und führte am 14.7.1947 zur Gründung eines Arbeitsausschusses, dem unter dem Vorsitz des stellvertretenden Staatssekretärs für das Flüchtlingswesen Richard Reitzner (SPD) Hans Schütz und Dr. Franz Ziegler (CSU), der Historiker Dr. Emil Franzel sowie meine Wenigkeit als Geschäftsführer angehörten. Wir nannten das Gebilde »Arbeitsausschuß« (später »Arbeitsgemeinschaft zur Wahrung sudetendeutscher Interessen«). Ich konnte damals nicht ahnen, daß es in der Folge seiner weiteren Entwicklung die Stätte meines jahrzehntelangen Hauptberufes werden sollte.

Mit Feuereifer setzte ich Vorhaben in Gang, die uns in dichter Reihenfolge beschäftigten. Als erstes erstellten wir bereits 1948 eine Berechnung des verlorenen Nationalvermögens der Sudetendeutschen, d. h. nicht nur des verlorenen Privatvermögens, sondern auch der Verluste an öffentlichem und Gemeinvermögen (Eisenbahn, Krankenhäuser, Schulen, Bibliotheken, Land- und Waldbesitz, Energie-Werke, Heilquellen und öffentliche Bäder, Bergschätze usw.). Das ergab eine Endsumme von 210 Milliarden KČ, umgerechnet per 1945 an die 63 ½ Milliarden DM (mit steigendem Wertzuwachs, der im Jahre 1990 in etwa den Betrag von 180 Milliarden [!] DM erreichen dürfte). Große Werte gingen allein mit den von den Sowjetrussen ausgebeuteten Uranlagern im Erzgebirge (St. Joachimsthal) und im Kaiserwald verloren. Im Zuge dieser Berechnungen traten wir zum ersten Male mit dem sogenannten »Friedensbüro«, dem in Stuttgart etablierten Vorläufer des »Auswärtigen Amtes«, in Verbindung. Im Frühjahr 1948 übergab das Präsidium der »Arbeitsgemeinschaft« die Dokumentation dem bayerischen Ministerpräsidenten.

Wir gaben eine Gesamtstatistik in Auftrag, die Alfred Bohmann unter dem Titel »Das Sudetendeutschtum in Zahlen« zunächst im Zusammenwirken mit dem Bayerischen Landesamt, später mit dem Bundesamt für Statistik erarbeitete. Wir veranlaßten eine Darlegung der völkerrechtlichen Entwicklung unseres Problemkreises vom Ersten Weltkrieg bis zur Gegenwart. Sie wurde unter dem Titel »Die Sudetenfrage« von Professor Hermann Raschhofer in Angriff genommen und gilt heute als klassisches Werk der einschlägigen Literatur.[1]

Unter der Federführung der damals noch nach Landshut ausgesiedelten »Bundesanstalt für Landeskunde« und ihres Direktors E. Meynen brachten wir, mit wegweisenden Karten, Fotos und Schaubildern ausgestattet, den großformatigen »Sudetendeutschen Atlas« heraus. Er erschien 1953 mit deutschem, englischem und französischem Begleittext und erwies sich noch 1975 als wertvolle Unterlage unserer Petition an die UNO. Dr. Wilhelm Turnwald gestaltete ein »Sudetendeutsches Bilderweißbuch« in deutscher und englischer Sprache. Desgleichen sorgten wir für eine englische Ausgabe der »Dokumente zur Austreibung der Sudetendeutschen«.

Der Aufruf zu deren Finanzierung durch die erste Volksgruppenabgabe wurde von den drei Präsidenten der »Arbeitsgemeinschaft zur Wahrung sudetendeutscher Interessen« – Dr. Rudolf Lodgeman v. Auen, Hans Schütz und Richard Reitzner – erlassen. Sein Erfolg stärkte unser Selbstvertrauen. Er ermöglichte uns die Abhaltung von

[1] Hermann Raschhofer, »Die Sudetenfrage«, München 1953, 2. Auflage 1988

Expertentagungen, die für jeden einzelnen Sudetendeutschen von großer Bedeutung waren: so die am 16. April 1951 in München veranstaltete Enquete über die Frage unserer Staatsangehörigkeit, die damals offiziell ja noch ungeklärt war. Die Teilnahme des Völkerrechtlers Professor Dr. Kaufmann und anderer Vertreter Bonner und bayerischer Ministerien machten uns zu sachverständigen Partnern einer Entwicklung, die am Ende zur Schaffung des »Staatsbürgerschaftsbereinigungsgesetzes« führte.

Editionen und Aktionen der erwähnten und ähnlicher Art erfüllten recht bald meinen Alltag. Sie konnten nur erfolgreich sein, weil sie sich der politischen Gewichte bedienten, die in jenen ersten Jahren maßgebend waren. Eine glückliche Fügung hatte ihre Lenkung in die Hände der nachmaligen Bundestagsabgeordneten Richard Reitzner (SPD) und Hans Schütz (CSU) gelegt, zweier Persönlichkeiten, welche den realen Kontakt zu den Mächten pflegten, die das Sagen hatten. Reitzner galt als Wortführer der ebenso eifrigen wie einflußreichen sudetenländischen Sozialdemokraten, welche sich am organisatorischen Wiederaufbau der bayerischen SPD maßgebend beteiligten. Er wirkte, hilfsbereit und im persönlichen Umgang ein »Sudeten-Österreicher«, als Brückenbauer nach allen Seiten. Ich habe weder von ihm noch von Hans Schütz je ein böses Wort gehört.

Letzterer war die Nr. 1 der sudetendeutschen Christlichsozialen, denen die Gunst der Entwicklung den Sprung von der kleinen Partei zu Hause unter die Fittiche der CDU/CSU ermöglichte. Als Gewerkschafter und Mitglied des Prager Parlamentes überragte er uns alle an Findigkeit und Erfahrung; ein Mensch, der, in Glauben und Kirche fest verwurzelt, auch wegweisender Mittelpunkt der katholischen Geistlichkeit wurde, die unsere Absichten mit Nachdruck unterstützte.

Die politische Repräsentanz durch die beiden Männer, die über alle Hindernisse hinweg eine große Koalition der persönlichen Freundschaft bildeten, entsprach freilich nicht dem politischen Schema der letzten sudetenländischen Zwischenkriegszeit. Dort hatte die Entwicklung von 1933 bis zu den Gemeindewahlen des Jahres 1939 der »Sudetendeutschen Partei« mit 90 % aller Stimmen einen überwältigenden Zuspruch eingebracht. Bei aller Vielfalt und inneren Brüchigkeit dieser Bewegung war das Gros der Landsleute unter dem permanenten Druck des tschechoslowakischen Regimes gleichwohl auf eine Haltung eingestellt, die man gemeinhin als »völkisch« bezeichnete. Die Tatsache, daß sie im Parteienspektrum der Nachkriegszeit kein Äquivalent fanden, hatte die »Arbeitsgemeinschaft zur Wahrung sudetendeutscher Interessen« zunächst nicht beeinträchtigt. Ihr Plenum, das sich nach geraumer Zeit auf Grund freiwilliger Absprachen zusammenfand, umfaßte auch eine »Völkische Gruppe«.

Die Eichstätter Erklärung

Der Schock der Austreibung rückte andere Probleme in den Vordergrund. Er barg das Potential einer sozialen Explosion ebenso in sich wie den Ruf nach Rache und Vergeltung. Millionen lebten in jenen Jahren mit »offenen Wunden im Herzen«. Da war es eine Selbstbesinnung bedeutsamen Ausmaßes, als sich – angeregt durch kirchliche Impulse und eingeladen von dem Augustinerpater Dr. Paulus Sladek – am ersten Adventsonntag 1949 in Eichstätt eine Reihe von sudetendeutschen Persönlichkeiten zu einer Einkehrtagung zusammenfand, die eine Konzeption der inneren und äußeren Befriedung entwickelten.

Das Protokoll, das ich hierbei verfertigte, weist neben sudetendeutschen Historikern und Mitgliedern der »Arbeitsgemeinschaft« die Namen des von der Schweiz aus wirkenden amerikanischen Journalisten altösterreichischer Herkunft Dr. Robert Ingrim und des aus England endgültig »heimgekehrten« Wenzel Jaksch auf. Von Jaksch, dem letzten Vorsitzenden der Sozialdemokraten, bis Walter Brand (dem Mitstreiter Henleins) und Fritz Brehm (dem Angehörigen der alten DNSAP sudetendeutscher Prägung) zeichnete sich ein breitgefächertes Spektrum ab, dessen Harmonie wie ein Wunder wirkte. Ich habe weder vorher noch nachher eine Tagung erlebt, die alle Teilnehmer dermaßen von innen her ergriff. Das Bewußtsein, sich durchgerungen zu haben, ließ eine entsprechende Ausstrahlung erwarten. Es bestimmte zunächst die »Eichstätter Erklärung«, die von ihren Proponenten Schütz und Reitzner unter dessen Zustimmung auch dem Bundeskanzler Konrad Adenauer zur Kenntnis gebracht worden ist. Sie wurde von Walter Brand, Emil Franzel und Wenzel Jaksch entworfen sowie nach eingehender Aussprache im Plenum schlußredigiert und angenommen.

Die Erklärung rügte zunächst die schematische Anwendung des westeuropäischen Nationalstaatsbegriffes, der zur gewaltsamen Verpflanzung und Austreibung ganzer Volksgruppen führte. Die Austreibung habe keinen Frieden von Dauer geschaffen, sondern im Gegenteil die Selbständigkeit der Austreiberstaaten vernichtet. Sie habe – und hier wurde ein von Wenzel Jaksch betonter Akzent wiedergegeben – mit dem ideologischen Vordringen des Bolschewismus den panslawistisch-imperialistischen Drang nach dem Westen verstärkt und damit die schwerste Störung des europäischen Gleichgewichtes seit der Völkerwanderung hervorgerufen. Ohne das aktive Eingreifen Amerikas hätte sich die Katastrophe Westeuropas bereits vollendet. Wörtlich heißt es dann weiter:

»Die gegenwärtige Zerreißung Deutschlands und Europas ist unhaltbar. Entweder wird Osteuropa der westlichen Zivilisation wiedergewonnen oder ganz Westeuropa wird bolschewistisch. Es geht nicht mehr um das Selbstbestimmungsrecht einer einzelnen Nation oder Volksgruppe, sondern um das Selbstbestimmungsrecht ganz Europas. Wir sehen noch immer die Möglichkeit, daß durch die Stärke des sittlichen Widerstandes der Gefährdeten und durch eine in zwölfter Stunde verwirklichte europäische Einigung die Gefahr ohne verheerenden Atomkrieg gebannt werden kann. Von dieser Gesamtbeurteilung ausgehend, erkennen wir in dem Ringen zwischen Ost und West vor allem einen Kampf für und wider die Menschenrechte. Die Völker hinter dem Eisernen Vorhang sollen wissen, daß die Wiederherstellung ihrer eigenen Rechte und Freiheiten unlösbar mit der Anerkennung und Wiederherstellung des Heimatrechtes aller Vertriebenen verbunden ist.«

Die Weitsicht dieser Gedanken wird noch durch die Tatsache unterstrichen, daß sie zu einem Zeitpunkt (Dezember 1949) Formulierung fanden, da vieles von dem, was nachher wirksam wurde, noch ein Wunschtraum gewesen ist. Vier Jahre nach der Vertreibung wurde, obwohl es für viele eine Zumutung war, das nachfolgende Postulat aufgestellt:

»Wir wünschen nicht, daß der Vormarsch dieser Einsicht durch Kollektivbeschuldigungen gegen das polnische oder tschechische Volk gehemmt wird. Wir Sudetendeutschen wollen nicht Vergeltung, sondern Gerechtigkeit. So sehr das elementare Rechtsempfinden eine gerichtliche Bestrafung krimineller Handlungen verlangt, so wenig wollen wir dazu beitragen, daß durch die Angst dieser Völker vor Kollektivrache ihre Loslösung von den kommunistischen Diktaturen aufgehalten werde.«

Mit diesen Bekundungen ist die Eichstätter Erklärung zweifellos zum geistigen Wegbereiter der nur wenige Monate später (am 5. August 1950) zu Stuttgart verkündeten und dann so oft zitierten »Charta der deutschen Heimatvertriebenen« geworden. Ohne sie wäre auch das am 4. Juli 1950 zwischen dem Präsidium der »Arbeitsgemeinschaft zur Wahrung sudetendeutscher Interessen« (Dr. Lodgeman v. Auen, Hans Schütz, Richard Reitzner) und dem »Tschechischen Nationalausschuß« des Generals Lev Prchala geschlossene »Wiesbadener Abkommen« nicht möglich gewesen.

Der in ihr zum Ausdruck kommende Friedenswille erleichterte des weiteren dem Deutschen Bundestag am 14. Juli 1950 die (von den Abgeordneten Schütz und Reitzner mit Nachdruck herbeigeführte) Entschließung, die Deutschen aus der Tschechoslowakei gegen die von der Zonenregierung in deren Abkommen mit Prag vollzogene »Preisgabe des Heimatrechtes« in die »Obhut der Bundesrepublik Deutschland zu nehmen« (Obhutserklärung).

Eine »unabdingbare Forderung« der Eichstätter Erklärung war die »Rückgabe der Heimat in den Sprachgrenzen und Siedlungsverhältnissen von 1938«. Sie betonte die Schicksalsverbundenheit der Völker Böhmens und Mährens sowie im Donauraum. Alle Landsleute und alle Vertriebenen forderte sie schließlich auf, den Kampf um die Wiedergewinnung ihrer Heimat in die außenpolitischen Notwendigkeiten, vor allem aber »in das große Ringen um die christlich-humanistische Wiedergeburt Europas einzuordnen«.[1]

---

[1] Die »Eichstätter Erklärung« wurde unter dem Titel »Grundsätze einer sudetendeutschen Europapolitik« von nachstehenden Persönlichkeiten unterschrieben: Hans Schütz MdB, Hermann Götz MdB, Wenzel Jaksch, Reinhold Riedl, Dr. Wilhelm Turnwald, Dr. Walter Becher, Dr. Eugen Lemberg, Richard Reitzner MdB, Dr. Walter Brand, Ing. Friedrich Brehm, Pater Dr. Paulus Sladek O. S. Aug., Prof. Dr. Rudolf Schreiber, Dr. Emil Franzel, Hermann Hönig, Dr. Walter Hergl.

Die Gesinnungsgemeinschaften

Die politische Gewichtung unserer Anliegen hatte mit dem aufgezeigten Geschehen zweifelsohne hochrangige Ergebnisse gezeitigt. Sie waren indes schon in vorpolitischen Gemeinschaften erörtert worden, die auf dem Boden der Volksgruppe in den späten vierziger Jahren als ebenso originäre wie schöpferische Neubildungen entstanden: in der neuformierten Priesterschaft und in den sogenannten »Gesinnungsgemeinden«.

Gewiß hatte das Erlebnis der Vertreibung zu einer religiösen Rückbesinnung geführt und die im Zeichen der josefinischen Aufklärung weitgehend säkularisierten Sudetendeutschen besinnlicher gemacht. Eine spürbare Überhöhung des »böhmischen Katholizismus« (der innere Religiosität mit lauen Formen kirchlicher Praxis für vereinbar hielt) ergab sich aber erst aus der Sammlung sowie aus den Aktivitäten katholischer (und auch evangelischer) Laien und ihrer Priester. Die katholische Jugendbewegung hatte, wie ich es sehe, mit »Quickbornern« und »Staffelsteinern« bereits in den zwanziger Jahren im Geiste Romano Guardinis und des Augustiner-Chorherrn Pius Parsch eine volksnahe liturgische Bewegung ausgelöst, welche nun über die »Vertriebenen-Seelsorge« hinaus zeitgemäße Formen des kirchlichen Lebens entwickelte. Mit der Gründung des »Sudetendeutschen Priesterwerkes«, den kirchlichen Schulungszentren in Königstein/Taunus und der Seßhaftmachung der liturgisch besonders aktiven Benediktiner Braunaus im niederbayerischen Kloster Rohr sowie mit der Aktivierung weiterer Zentren entstand ein Netzwerk kirchlicher Einrichtungen, denen auf evangelischer Seite wenige, aber äußerst verdienstvolle Institutionen entsprachen. Mehr als in den heimatlichen Gefilden wurde die Kirche ein Rückgrat der Volksgruppe, was späterhin besonders bei den großen Feldmessen der sudetendeutschen Pfingsttreffen zum Ausdruck kam.

Es ist leicht verständlich, daß sich auf der Basis der nach Kriegsende intakt befindlichen Institution der Kirche die katholische »Akkermanngemeinde« bereits 1946 als erste der Gesinnungsgemeinden bilden konnte. Sie benannte sich nach dem berühmten mittelalterlichen Spruchgedicht des Johannes von Saaz und war von Beginn an mehr als nur ein Kirchenverein. Ihr erster Vorsitzender, Hans Schütz, wurde daher zu Recht als ihr »Bürgermeister« bezeichnet.

Wie die Vereinigung sudetendeutscher Katholiken entstand auch die »Seligergemeinde« aus einer traditionsreichen Vergangenheit. Sie benannte sich nach Josef Seliger, dem herausragenden Führer der sudetendeutsch-österreichischen Sozialdemokratie und der um ihr Selbstbestimmungsrecht betrogenen Volksgruppe. Erst 1951 gegründet, war sie indes bereits im Rahmen der »Treuegemeinschaft sudetendeutscher Sozialdemokraten« vorgebildet worden, die sich in der Zeit des Londoner Exils durch ihren entschlossenen Kampf gegen die Austreibungspläne Beneš' hervorgetan hatte. Die Seligergemeinde, deren unumstrittener Vorsitzender Wenzel Jaksch wurde, umfaßte keinesfalls nur Mitglieder der SPD, war aber eindeutig auf deren Programmatik und parteipolitische Arbeit ausgerichtet.

Der Witikobund

Den gemeinsamen Wurzeln der sudetenländischen Jugendbewegung entsprossen 1947 auch die ersten Ansätze zur Bildung des »Witikobundes«, der dritten sudetendeutschen Gesinnungsgemeinde der Nachkriegszeit. Er bildete gewissermaßen den legalen rechten Flügel des »Triptychons«, das der realen politischen Gliederung des Sudetendeutschtums entsprach, und wurde eine Plattform vieler Frauen und Männer, welche die beiden anderen Gemeinden kaum anzusprechen vermochten. Als »nationale« Vereinigung wäre er weitgehend isoliert gewesen, hätte er sich nicht von Beginn an dem gemeinsamen Bemühen um eine friedvolle Durchsetzung des Heimat- und Selbstbestimmungsrechtes angeschlossen.

Aus dem traditionsreichen Bereiche der »Sudetendeutschen Jungenschaft« und aus der solidarischen Arbeit der Wagmüllerstraße kommend, war ich ein Wegbereiter und Befürworter dieser Gemeinsamkeit. Der Bund, der daraus entstand, erschien vielen wie ein Wunder. Führte er doch – die Gegensätze waren abgestorben – Guppen zusammen, die sich, wie wir vernahmen, in der Spätentwicklung der »Sudetendeutschen Partei« zum Teil bis aufs Messer bekämpft hatten.[1]

---

[1] Vgl. die Auseinandersetzungen zwischen »Kameradschaftsbund« und »Aufbruchkreis«, Seite 85

Der erste Anstoß hierzu ergab sich aus Gesprächen, zu denen Emil Lode im November 1947 in das noch kaum bewohnte Waldkraiburg eingeladen hatte. Ein Pate dieses Anfangs war zweifelsohne der aus sechsjähriger KZ-Haft heimgekehrte Dr. Walter Brand. In einer Selbstüberwindung sondergleichen schloß sich dieser leidgeprüfte Mann den Bestrebungen an, jenen die Hand zur Versöhnung zu reichen, die auf der Seite seiner unerbittlichen Gegner gestanden hatten. Diese wiederum erkannten nachträglich die Torheit des »KB«-(Kameradschaftsbund-)Komplexes, der sie als Angehörige des »Aufbruchkreises« zu Werkzeugen einer gefährlichen und am Ende auch für sie so tragisch-erfolglosen Politik gemacht hatte.

»Was wäre aus der vorbildlichen sudetendeutschen Jugendbewegung geworden, hätte es diese unglückseligen Auseinandersetzungen nicht gegeben?« – war die ernüchternde Frage, die am Ende einen beachtlichen Kreis engagierter Bekenner (ehemalige Turner, Volkstumsarbeiter, Akademiker, Lehrer und Jugendpfleger) zusammenführte. Über weitere Begegnungen hinweg verlagerte sich der Schwerpunkt der Bemühungen zunächst auf die »Freideutsche Landsgemeinde Württemberg-Baden« (eine Nachfolgeorganisation der gesamtdeutschen Jugendbewegung), um sich am 1. Oktober 1950 unter dem Namen »Witikobund. Sudetendeutscher Arbeitskreis« auch formalrechtlich zu konstitutieren

Als Gründungsmitglied war ich der Namensgeber auch dieser Vereinigung geworden. In harmonischer Abstimmung mit den beiden anderen Gesinnungsgemeinden vermochte sie in den folgenden Jahrzehnten das geistig-politische Profil der Volksgruppe wesentlich mitzubestimmen. Daß dies im Sinne Adalbert Stifters erfolgte, entsprang nicht der Vorliebe eines Geschichtenlesers. Die Größe des Dichters erwies sich vielmehr in der ebenso umfassenden wie zeitnahen Aussagekraft seiner Werke. Mehr als seine poetischen Zeitgefährten und Antipoden – etwa Friedrich Hebbel – hatte er vorwegnehmend Fragen unserer Zeit zu seinen Hauptthemen gemacht: die Selbstentfaltung der Persönlichkeit, das Leben in der Gemeinschaft, die erwekkende Kraft der Erziehung, das »sanfte Gesetz« in Natur und Gesellschaft, die Zweisamkeit der Völker Böhmens sowie ein Friedenskonzept für Europa. Alles das sah ich in seinem historischen Roman »Witiko«, den ich bereits in meiner Prager Zeit herausstellte, in gültiger Weise angesprochen. Unter dem Titel »Witiko als Symbol«

führte ich in der ersten Programmschrift des Witikobundes daher u. a. aus:

»Wenn wahrhaft erschütternde Wogen des Geschehens über ein Volk hinwegrollen, erweist sich im Letzten nur das beständig, was ihm aus gültiger Sinndeutung seiner Geschichte heraus Halt und Sicherheit geben kann. Erst jetzt wird oftmals das, was sehende Menschen zu Gestalt und Gedanken verdichtet hatten, als Quintessenz dieser Geschichte lebendig, als Vorbild und Symbol, das in einem einzigen Aufleuchten – gewissermaßen stellvertretend – alle Wesenszüge seiner Entwicklung erhellt.

Adalbert Stifter hat uns Sudetendeutschen solch ein Symbol in seinem Witiko, der Heldengestalt des gleichnamigen Romanes, gegeben, der in Wahrheit als das deutsche Epos Böhmens gelten kann. Witiko reitet, ein Ritter ohne Furcht und Tadel, von Passau kommend in das Böhmen des 12. Jahrhunderts hinein. Er ist Volksmann und Staatsmann zugleich. Er sieht ohne Pathos und Demagogie sein Ziel darin, ›das Rechte zu tun‹, und erblickt dieses Rechte in der Ordnung nach innen und in der organischen Stellung Böhmens zum Reich.

Man könnte von einer Europa-Idee im ›Witiko‹ sprechen, klänge das Wort nicht ein wenig frivol angesichts der mittelalterlichen Geschlossenheit des dort entwickelten Weltbildes.

Das ›sanfte Gesetz‹, das bei Stifter ob der Geschichte waltet, bindet auch dich und mich an das Ganze. Es wird hart, wo es die ›Schicksalsdinge‹ erheischen, aber es wirkt seinem Namen getreu, wenn es im rechten Menschen lebt. Witiko sucht das Rechte und das Gute, und er strahlt dabei Güte aus. So hoch er auch steigt, so fest bleibt er stets mit dem Boden der Heimat und mit ihren Menschen verbunden. Wenn er in die Walddörfer kommt, wird er innig begrüßt, und wenn er zu den Fahnen des Herzogs ruft, folgen die Männer, nicht weil sie ihn fürchten, sondern weil sie an seine Einsicht glauben. ›Wer durch Zwang folgt‹, sagt Stifter, ›verläßt im Unglück den Zwinger.‹ Ein Zwinger ist Witiko nicht, viel eher schon ein Lehrer und Erzieher. Er sammelt Menschen um sich und wird zum natürlichen Mittelpunkt einer Gemeinde. Wir alle sind in das Ausgangsland Witikos vertrieben worden und begleiten den Bogen des geschichtlichen Werdeganges als Sinn und Aufgabe einer hoffentlich möglichen Zukunft. Die neuerliche Besitznahme unserer Heimat kann nicht nur eine Angelegenheit des Ressentiments oder wehmütiger Romantik sein, sie muß vielmehr durch Mittel realer Politik und durch eine ähnliche persönliche Haltung erkämpft werden, wie sie die epische Figur Adalbert Stifters an den Tag legte. Deshalb und wegen der richtigen europäischen Gesamtschau, aus welcher der große historische Roman Stifters geboren wurde, haben wir uns die Gestalt Witikos zum Vorbild genommen. Wir tun dies bewußt als Menschen, welche bemüht sind, im Dienste unseres Volkes sowohl im politischen Konzept wie auch im politischen Handeln ›das Rechte‹ anzustreben.«[1]

Das Symbol »Witiko« umschrieb nach meiner Überzeugung ein Programm, das wir als Sudetendeutsche in der Vertreibung zur Achse unserer Erörterungen machten: 1. das Bekenntnis zur weltweiten Partnerschaft freier Völker, d. h. deren Entstehen und Errichtung auf der Basis der Selbstbestimmung, 2. das Bekenntnis zur böhmischen Option, d. h. zur Heimat in Böhmen und zu dessen Wiederherstellung als Zweivölkerland, und 3. die Errichtung einer freien Partnerschaft in einem freien Europa. Meinen einleitenden Worten hatte ich des weiteren einen Appell König Wladislaws vorangestellt, der im Zeichen des atomaren Friedenszwanges nicht mehr so abwegig wie ehedem erscheint:

»Es sollten alle Reiche unseres Erdteils ihre Angelegenheiten gemeinsam schlichten, so würde keines von einem anderen besiegt, und keines würde die Beute eines entfernten Feindes.«

Eine Reihe in der Volksgruppe bekannter Persönlichkeiten – Walter Brand, Friedrich Brehm, Walter Zawadil, Frank Seiboth, Hermann Hönig, Albert Smagon, Konstantin Höss, Heinz Lange, Walter Stain – hatten sich fürderhin an die Spitze des Witikobundes gestellt. Ich selbst war von 1956–1959 dessen Vorsitzender und nahm an zahllosen Veranstaltungen teil, die jahrzehntelang in Jahrestagungen mit namhaften Themen und Rednern ihre jeweiligen Höhepunkte fanden.

[1] »Der Witikobund. Aufgabe und Verpflichtung«, 1951, S. 3 ff.

Die Landsmannschaft als Gestaltung der Volksgruppe

Das durch die Potsdamer Beschlüsse schandbar legalisierte Hereinfluten der Vertriebenenströme verursachte einen sozialen und psychologischen Stau, der nach der 1948 erfolgten Aufhebung der alliierten Verbote explosionsartig zur Bildung solidarischer Vereinigungen der Entrechteten führte. Sie entstanden auf örtlicher Basis zum Teil als Interessengruppen ohne Rücksicht auf die jeweilige Herkunftsheimat, zum Teil – und insbesondere in Bayern – als landsmannschaftliche Zusammenschlüsse. Das führte – wie konnte es auch anders sein – zu organisatorischen Überkreuzungen und persönlichen Reibereien. Der »Adalbert Stifter-Verein« wurde gegen die Landsmannschaft und diese wiederum gegen die parteipolitisch strukturierte Arbeitsgemeinschaft der Wagmüllerstraße und der allerersten Jahre ins Treffen geführt. Ich kam aus der letzteren und war mit meinen meist selbstgeschaffenen Sachaufgaben so beschäftigt, daß ich nicht zu den Initiatoren der elementaren Entwicklung im breiten Lande gehörte.

Dort waren an verschiedenen Schwerpunkten – in Regensburg, Landshut, Memmingen – ganze Ortsgruppenverbände gegründet worden.[1] Männer wie Dr. Alfred Hampel, Ing. Adolf Kühnel, der unermüdliche Haudegen Hans Rückel oder Ing. Herbert Schmidt waren Triebkräfte einer Entwicklung, die erst dann zentrale Formen annahm, als es dem Leiter der ostsudetendeutschen Landsmannschaftsgruppe in Freising, Adolf König, gelang, Dr. Lodgman v. Auen (1877–1962) in der deutschen Sowjetzone ausfindig zu machen und mit Hilfe dessen bei Berchtesgaden lebenden Sohnes nach Bayern zu holen. Der Landeshauptmann Deutschböhmens und ehemalige Vorsitzende der Deutschen Nationalpartei, der für mich wie für viele meiner Generation nur ein Name aus ferner Erinnerung war, traf am 9. August 1947 in Freising ein und fand dort im Flüchtlingslager »Kindergarten« eine mehr als notdürftige Aufnahme.[2]

Die Ausstrahlung dieses damals bereits 70jährigen hageren Man-

---

[1] Vgl. »Weg und Ziel«, Eine Chronik der heimatvertriebenen Sudetendeutschen, herausgegeben von Franz Böhm, München 1974

[2] Vgl. »Rudolf Lodgeman v. Auen«, München 1984, Beitrag Karl Albert Simon

nes war einmalig. Als ich ihn einige Wochen nach seiner Ankunft aufsuchte, saß er, blaß und gegen die Kälte mit einer Strickjacke geschützt, zwischen auf Schnüren hängenden Decken, die das fehlende »Zimmer« andeuten sollten. Seine ebenso tapfere wie charmante Gattin – eine gebürtige Wienerin, die auch in der Kummerkleidung der Stunde den Eindruck einer Dame vermittelte – hatte den kleinen Sektor des Saales so gut es ging wohnlich gemacht. Wie andere Familien, die da untergebracht waren, führten die beiden ein zeitgemäßes Flüchtlingsleben. Lodgeman, dem in Gestalt der unermüdlichen Ilse Dreiseitel sehr bald eine tatkräftige Hilfe erwuchs, saß hinter einer ausgeliehenen Schreibmaschine und bot mir am Bett nebenan einen Sitzplatz an.

Ich taxierte heimlich seine Erscheinung: arm und anspruchslos wie Gandhi, wie dieser auch ohne äußere Würde und Waffen überzeugungsstark. Die Art und Weise, wie er von Stund an und ohne jeglichen Zwang der Mittelpunkt der landsmannschaftlichen Sammlung wurde, gehört zu den Phänomenen der deutschen Nachkriegszeit, die man nur selten beachtet. Wie Konrad Adenauer trat hier ein anderer im »Greisenalter« an, um außerordentliche Bedeutung zu gewinnen.

Der Landeshauptmann von ehedem war indes keine leicht zu nehmende Persönlichkeit. Er gesellte sich recht bald in das Gefüge der »Arbeitsgemeinschaft zur Wahrung sudetendeutscher Interessen« und bildete auf Jahre hinaus mit Schütz und Reitzner ein Triumvirat an der Spitze der »sudetendeutschen Pyramide«. Das Bewußtsein, einer im steten Wachstum begriffenen Organisation vorzustehen, weckte freilich in ihm das unausgesprochene Verlangen, alle Bereiche der Volksgruppe zu dominieren. Das hatte dort seine Grenzen, wo der in nationalliberalem Denken verhaftete Mann auf Gruppen und Persönlichkeiten stieß, die nach anderen Kategorien handelten und sich dementsprechend zu formieren begannen.

Eine Volksgruppe, die an Größe so manche Staatsnationen übertraf, konnte nicht ohne Spannungen wiederentstehen. Sie waren das Thema oft harter Auseinandersetzungen, fanden aber stets das Lot der Gemeinsamkeit, das weder Risse noch Brüche duldete. Nur einmal gingen die Wogen höher: als Lodgeman, aus welchen Gründen auch immer zur Eichstätter Adventstagung nicht eingeladen, die dort gefaßte Erklärung in die falsche Kehle bekam und in der bereits zitier-

Studium in Wien 1931–1935

Rampe der Universität (rechts)

Die Lehrer:
Links: Othmar Spann (1934)
Rechts: Walter Heinrich (1932)

Einzelpreis 1 Kč

Bezugsgebühren siehe letzte Seite.

Halifax bei Neurath	S. 2
Letzte Kraftanstrengung Chinas	S. 3
100 Phon und das Nervensystem	S 4
Kurorte verlangen höheres Bäderkonto	S. 5
Eisenmarkt stellt Preisfrage	S. 8
Außenhandel mit Uebersee	S. 9

Katholiken und Protestanten: Elisabeth, deutsche Namen: Theobald; Sonnenaufgang: 7 Uhr 18, Sonnenuntergang: 16 Uhr 12; Mondaufgang: 17 Uhr 13, Monduntergang: 8 Uhr 35.

Die Zeit

Sudetendeutsches Tagblatt

Schriftleitung: Prag I., LilIová 7. Postfach 334, 335. Ruf 358-57 Serie. — Verwaltung: Prag II., Hybernská 4. Postf. 448. Ruf 298-55 u. 56. Anzeigen: DAW GmbH. Prag I., Celetná 8. Ruf 245-09

3. Jahrgang — Prag, Freitag, 19. November 1937 — Folge 272

Willst du dich selber erkennen, so sieh, wie die andern es treiben,
Willst du die andern verstehen, blick in dein eigenes Herz.
Friedrich Schiller.

Das Wetter heute und morgen: Vorwiegend bedeckt mit Niederschlägen. Temperaturen um den Gefrierpunkt Luftbewegung aus östlichen Richtungen.

Als Journalist in Prag (1936–38)

Prag mit Karlsbrücke (links)

Internationaler Journalistenausweis (unten)

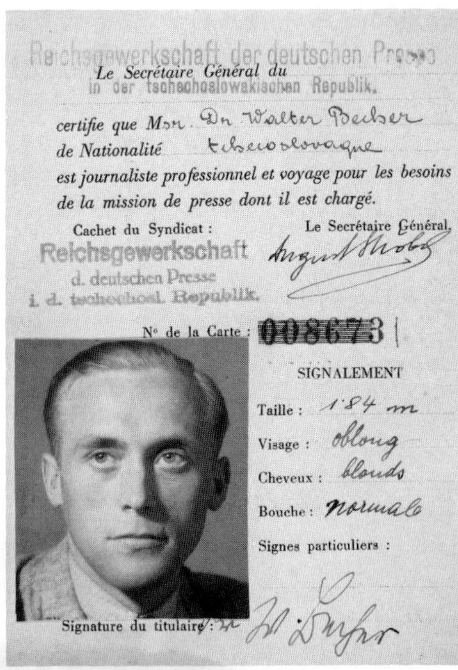

Reichsgewerkschaft der deutschen Presse in der tschechoslowakischen Republik.

Le Secrétaire Général du

certifie que Mon. Dr. Walter Becher

de Nationalité tchécoslovaque

est journaliste professionnel et voyage pour les besoins de la mission de presse dont il est chargé.

Cachet du Syndicat : Reichsgewerkschaft d. deutschen Presse i. d. tschechosl. Republik.

Le Secrétaire Général, August Stobl

N° de la Carte : 008673

SIGNALEMENT

Taille : 1.84 m

Visage : oblong

Cheveux : blonds

Bouche : normale

Signes particuliers :

Signature du titulaire : W. Becher

Als Beobachter in einer Focke-Wulf, 1944 (oben)

Soldat an der Ostfront

Als Wortberichter bei der Arbeit, 1942 (rechts)

München, Wagmüllerstraße 23, Sitz der »Hilfsstelle für Flüchtlinge aus dem Sudetengebieten« (links)

Volksgruppenführung nach 1945:

Richard Reitzner (SPD)

Lodgman v. Auen (Sprecher)

Hans Schütz (CSU)

ten Artikelserie gegen Otto von Habsburg loswetterte.[1] Gleichwohl verblieb kein Schaden von Dauer. Im Gegenteil: Als sich die mittlerweile gebildeten Landesgruppen am 24. und 25. Januar 1950 in Detmold zur Gründung des »Hauptverbandes der Sudetendeutschen Landsmannschaft« zusammenfanden, kam es zur Verlautbarung der von Dr. Lodgeman bestimmten »Detmolder Erklärung«, die mit den Eichstätter Grundsätzen im wesentlichen übereinstimmte sowie in dem nachfolgenden Bekenntnis ebenso vorbildliche wie moderne Formulierungen fand:

»Die sudetendeutsche Volksgruppe ist gewillt, mit allen geistigen, wirtschaftlichen und sittlichen Kräften an einer Neugestaltung Europas zu einem einheitlichen Wirtschaftsgebiet auf der Grundlage der Selbstbestimmung seiner Völker mitzuarbeiten. Da die Anerkennung einer Kollektivschuld allen gesitteten Auffassungen widerstreitet, betont die Volksgruppe trotz aller furchtbaren Erfahrungen seit 1945, daß sie Europa nicht auf Vergeltung und Rache, Haß und Ressentiments, sondern auf Rechtsgrundsätzen und der Wahrung der Menschenwürde unter allen beteiligten Völkern aufgebaut wissen will.«

Die »Detmolder Erklärung« übernahm zudem einen bereits vom SL-Landesverband Bayern erarbeiteten Grundsatz: »Die Sudetendeutsche Landsmannschaft betrachtet sich als die außerhalb der Heimat gegebene Gestaltung der sudetendeutschen Volksgruppe und diese als Glied des deutschen Volkes.« Er wurde als Artikel I in die spätere Satzung der »Sudetendeutschen Landsmannschaft« aufgenommen und bildete die Grundlage ihres Selbstverständnisses. Sie schuf sich in ihrer »Bundesversammlung« ein aus Vertreterwahlen demokratisch zustande kommendes Gremium, welches die Abgeordneten der in der neuen Heimat entstandenen »Gebietsgliederungen« in vorteilhafter Weise mit jenen zusammenführte, die von den »Heimatgliederungen« (den Kreisverbänden der Herkunftsheimat) entsendet worden waren. Persönlichkeiten wie der im Egerland aufgewachsene Bundesverkehrsminister Hans Christoph Seebohm, Wenzel Jaksch, Dr. Egon Schwarz und Staatsminister Walter Stain spielten als Vorsitzende dieses »Parlamentes« damals und späterhin eine herausragende Rolle.

Seit dem zu Pfingsten 1950 in Kempten veranstalteten ersten »Su-

---

[1] Lodgman v. Auen, »Otto von Habsburg ante portas«, siehe oben S. 43

detendeutschen Tag« rief die Landsmannschaft alljährlich Hunderttausende von Besuchern zu großer Begegnung zusammen. Die von Anton Wuschek und Oskar Böse gegründete »Sudetendeutsche Jugend« bestimmte mit den Tanz- und Singgruppen der Stammesgebiete den ebenso bunten wie zukunftsweisenden Kern dieser überregionalen Treffen. Die Trachtengruppen bewährten sich auch deshalb, weil sie einen bedeutsamen Vorteil des landsmannschaftlichen Organisationsprinzips unterstrichen: Egerländer, Böhmerwäldler, Sudetenschlesier oder Iglauer gesellten sich problemlos zu den Stammesgruppen der Aufnahmeländer, und dies über die nachfolgenden Jahrzehnte hinweg.

Zum ersten Male bezeichnete Ministerpräsident Dr. Wilhelm Hoegner die sudetendeutschen Mitbürger als Bayerns »vierten Stamm«.

Dessen Nachfolger, Dr. Hans Ehard, griff 1954 bereitwillig einen Vorschlag des ersten Bundesgeschäftsführers der SL, Dr. Paul Illing, auf und führte die bedeutsame Beschlußfassung der bayerischen Staatsregierung herbei, der zufolge Bayern die »Schirmherrschaft« über die sudetendeutsche Volksgruppe übernahm.

Das waren Erfolge, die das Wirken Dr. Lodgemans v. Auen ebenso krönten wie seine Bemühungen um die Durchsetzung des landsmannschaftlichen Gedankens in der gesamten Bundesrepublik. Der Kampf um die Gestaltung der Vertriebenenverbände, der zu Beginn der fünfziger Jahre entbrannte, zeigte ihn als den Vorsitzenden und Vorkämpfer des »Verbandes der Landsmannschaften«, der sich mit dem von Linus Kather MdB geführten »Zentralverband der vertriebenen Deutschen (ZvD)« erst verhältnismäßig spät zu dem gemeinsamen Dachverband »Bund der Vertriebenen – Vereinigte Landsmannschaften und Landesverbände (BdV)« zusammenschloß. Zu Recht bezeichnet es Karl Albert Simon, Lodgmans Biograph, als dessen gültige Absicht, »die ostdeutschen Volksgruppen in der Organisation der Landsmannschaften solange wie möglich zu erhalten sowie mit den Landsmannschaften eine deutsche Ostpolitik zu betreiben, die im gesamtdeutschen und im gesamteuropäischen Interesse liegen sollte«.[1]

[1] K. A. Simon, »Rudolf Lodgman v. Auen«, a.a.O., S. 49

Als ich in späteren Jahren als Sprecher der SL Lodgemans zweiter Nachfolger wurde, empfand ich mich als Treuhänder dieses Bestrebens, das ich nach wie vor für gültig hielt.

Kundgebungen und Resolutionen

Mit der Gründung des »Adalbert Stifter-Vereins« und der »Arbeitsgemeinschaft zur Wahrung sudetendeutscher Interessen« im Jahre 1947 hatte sich das Schwergewicht meiner Tätigkeit aus dem sozialen Sektor auf die kulturellen und heimatpolitischen Belange der Volksgruppe verlagert. Die ersteren wurden in steigendem Maße nach dem Verbot der »Hilfsstelle« durch den im April 1946 von der Bayerischen Staatsregierung berufenen »Hauptausschuß für Flüchtlinge und Ausgewiesene in Bayern« betreut. Für die letzteren stellte uns die »Wirtschaftshilfe G.m.b.H.« in dankenswerter Weise Räume, Arbeitsmittel und Existenzgrundlagen zur Verfügung. Sie war de facto unser »Regierungssitz« geworden und schuf auch die finanziellen Voraussetzungen, um verschiedene Memoranden auszuarbeiten und weiterzuleiten.

Damals glaubte man noch an die bevorstehende Möglichkeit einer Friedenskonferenz. Um ja nichts zu versäumen, verfaßte Dr. Emil Franzel eine Eingabe an die im März 1946 tagende Moskauer Konferenz der alliierten Außenminister. Der erfahrene Journalist und Historiker, der aus dem sozialdemokratischen Lager in das der christlichen Demokraten übergewechselt war und sich aus innerer Überzeugung schon früher zum Reichskonzept der Habsburger bekannt hatte, stellte uns nun wie auch in Hinkunft seine Kunst des Schreibens und seine blendende Rednergabe zur Verfügung.[1] Mit ihm überdachte die »Arbeitsgemeinschaft« im November 1947 auf einer ersten Zusammenkunft in Bad Aibling weitere Resolutionen an internationale Gremien und die Vorbereitung entsprechender Unterlagen, die sich dann auf meinem Schreibtisch häuften.

Für den 18. November 1949 bereitete ich im Auftrage des Präsi-

[1] Franzel vermochte ohne Manuskript und oftmals aus dem Stegreif bis ins einzelne ausgereifte Reden und mehrstündige Referate zu halten.

diums eine Großkundgebung im Festsaal des Deutschen Museums vor, die eine derartige Entschließung an die Adresse der Vereinten Nationen fassen sollte. Sie wurde gemeinsam mit der von Ing. Franz Heidl geführten Bezirksgruppe Oberbayern der Sudetendeutschen Landsmannschaft veranstaltet und führte am 21. November 1947 zu einer Großkundgebung vor der Feldherrnhalle, auf der neben Richard Reitzner auch Dr. Wilhelm Turnwald zu etwa 30000 Teilnehmern sprach. Ähnliche Kundgebungen fanden 1949 in Passau und anderen Orten Bayerns und der Bundesrepublik statt. Sie bewiesen durchwegs, daß wir imstande waren, große Menschenmassen anzusprechen.

Im Sommer 1949 war die Arbeitsgemeinschaft »per Anschrift« in die Münchner Herzog-Heinrich-Str. 2 übersiedelt, wo sich auch die nunmehr rein privatwirtschaftlich tätige »Wirtschaftshilfe« niederließ. Im September 1951 erhielten wir – in den Stadtteil Lehel zurückkehrend – am Thierschplatz 2 endlich ein eigenes Büro, mit dem wir dann 1952 endgültig in das Haus Triftstraße 1 einzogen. Dieses wurde bis zum Jahre 1982 der Ort meines ferneren Wirkens. Ich bekam als erste Sekretärin Frau Dr. Hedi Kaulich sowie als Buchhalter Herrn Urban Krinke zugeteilt, eine treue Seele, die – »Herr Doktor, wir haben kein Geld nicht mehr!« – jahrzehntelang über unsere Sparsamkeit wachte. Als Monatssalär wurden mir DM 500,- bewilligt, dieses wurde nach Einzug in den Bayerischen Landtag mit seinen Diäten in Höhe von damals DM 530,- laut Präsidiumsbeschluß vom 27.3.1951 aber sofort wieder auf DM 350,- herabgesetzt. Im Unterschied zu manchen Zeitgefährten, denen ich zu einem guten Start in eine ertragreiche Existenz verhalf, habe ich in meinem Leben niemals »Geld gemacht« oder auch nur viel davon verdient. Ich hatte kein Gespür dafür, verfügte aber immer über das nötige Einkommen, um meiner Familie und mir eine normale Existenz in gleichgestellter Umwelt zu ermöglichen.

Der ursprüngliche »Arbeitskreis« hatte sich im Juli 1948 als »Arbeitsgemeinschaft zur Wahrung sudetendeutscher Interessen e. V.« mit eigenen Satzungen und einem Plenum konstituiert, das freilich nur kooptiert werden konnte. Es setzte sich am Ende aus fünf Gruppen zusammen: 1. Sozialdemokratische Gruppe (Richard Reitzner), 2. Christlichsoziale Gruppe (Hans Schütz), 3. Völkische Gruppe (Walter Brand und Fritz Brehm), 4. Block der Heimatvertriebenen und Entrechteten – BHW (Walter Stain), 5. Landsmannschaftliche Gruppe (Dr. Rudolf Lodgman von Auen). Die letztere war nach einigen Querelen aus einem im Juni 1948 in Heppenheim gegründeten und von Dr. Heinrich Petsch einberufenen Arbeitsausschuß hervorgegangen, der sich unter der Führung Dr. Lodgmans in Anlehnung an die landsmannschaftliche Sammlungsbewegung entfaltete.

Nach bald gefaßten Grundsätzen beschränkte sich die »Arbeitsgemeinschaft« auf die Wahrnehmung der sudetendeutschen Interessen, soweit sie mit außen- und rechtspolitischen Fragen zusammenhingen. In weiser Überlegung blieb die innenpolitische Agenda daher von ihrer Tätigkeit ausgeklammert. Gemäß eben diesen Grundsätzen sollte sie »bis zur Möglichkeit demokratischer Wahlen« aus den erwähnten Gruppen und insgesamt 32 Mitgliedern bestehen, damit sie in Anbetracht der sachlichen Aufgaben arbeitsfähig zu sein vermochte. Als bestellter Geschäftsführer hatte ich auf den Ausgleich von Diskrepanzen zu achten, die sich aus dieser Sachlage freilich ergaben. Die Entwicklung führte zu Unstimmigkeiten, die in einer Plenarsitzung am 10. November 1952 offen ausbrachen. Was heute als überflüssig erscheint, war damals »dramatisch« genug. Wegen einer Stellungnahme der sozialdemokratischen Seligergemeinde und einem auf außenpolitische Sonderakzente der Ackermanngemeinde abzielenden Beitrag in deren Zeitung »Der Volksbote« wurde die Sitzung mehrmals unterbrochen. Am Ende verließ Dr. Lodgman, dem es ganz offenbar auf eine Erhöhung seines politischen Gewichtes ankam, samt seiner Gruppe das Plenum, um bis 1955 nur noch an Präsidialsitzungen teilzunehmen. Das schädigte zweifelsohne die bislang bewahrte Eintracht, führte aber doch zu einem guten Ende.

Der Sudetendeutsche Rat

Nachdem das Plenum der »Arbeitsgemeinschaft« (freilich unter scharfer Kritik verschiedener Mitglieder) deren Auflösung und Überführung in ein neu zu schaffendes Gremium beschlossen hatte, kam es in München am 3. April 1955 zur konstituierenden Sitzung des »Sudetendeutschen Rates«. In ihm wurde nach eingehenden Vorbereitungen ein heimatpolitisches Forum geschaffen, das auf Grund von demokratischen Wahlen zustande kam und sowohl in den Fraktionen des Deutschen Bundestages als auch in der Bundesversammlung der SL verwurzelt war. Es bestand bzw. besteht aus drei Kurien mit je zehn Mitgliedern. Die erste Kurie wurde bzw. wird von besagter Bundesversammlung gewählt. Die zweite Kurie wird von den Fraktionsvorständen der im Bundestag vertretenen Parteien nach dem Schlüssel ihrer dortigen Stärke berufen. Die dritte Kurie wird je zur Hälfte von den beiden ersten Kurien aus einer Reihe von Fachleuten berufen, die der sudetendeutschen Sache besonders verbunden sind.

Auf Grund verschiedener Satzungsentwürfe, die von Dr. Lodgman v. Auen und Hans Schütz eingebracht worden waren, entschied sich die konstituierende Sitzung am 3. April 1955 für die Wahl des Generalsekretärs durch das Plenum (weil er »der ruhende Pol im Geschäftsablauf« sei) und für ein Gremium von vier Präsidenten, die einander im geschäftsführenden Vorsitz halbjährlich ablösen. Die Bestimmung, daß der jeweilige Sprecher der SL dem Präsidium als einer von ihnen und als »geborenes Mitglied« angehören müsse, konnte Dr. Lodgman, dessen Entwurf hier überstimmt wurde, gleichwohl nicht dazu bewegen, den Vorsitz jemals zu übernehmen. Er hatte Entscheidendes zur Schaffung klarer Verhältnisse beigetragen, blieb aber, wie so oft in seinem Leben, in diesem Punkte grundsatztreu. Er hatte für die Wahl eines einzigen Vorsitzenden plädiert.[1]

Der Sudetendeutsche Rat, der mich zu seinem Generalsekretär wählte, trat in alle Rechte und Pflichten der alten »Arbeitsgemeinschaft« ein. Er bestätigte die von ihr getroffenen Beschlüsse, so das »Wiesbadener Abkommen« vom 5. August 1950 und die Partner-

[1] Dem ersten Plenum des »Sudetendeutschen Rates« gehörten ab 3. April 1955 (in alphabetischer Reihenfolge angeführt) die nachstehenden Mitglieder an: Ossi Böse, Dr. Fritz Czermak MdB, Dr. Josef Domabyl, Dr. Ludwig Eichholz, Rudolf Gertler MdL, Dr. Hermann Götz MdB, Richard Hackenberg, Wenzel Jaksch MdB, Weihbischof Dr. Adolf Kindermann, Ernst Kuntscher MdB, Walter Kutschera MdB, Dr. Heinz Lange MdL, Prof. Dr. Eugen Lemberg, Dr. Rudolf Lodgman v. Auen, Dr. Johannes Prinz zu Löwenstein, Dr. Otfried Michl, Dir. Edmund Nowotny, Dr. Franz Ohmann, Ernst Paul MdB, Richard Reitzner MdB, Max Richter, Hans Schütz MdB, Bundesminister Dr.-Ing. Hans-Christoph Seebohm, Frank Seiboth MdB, Dipl.-Ing. Rudolf Staffen, Staatsminister Walter Stain, Dr. Johannes Strosche MdB, Alois Ullmann, Anton Wuschek. – Neben Dr. Lodgman, dem Sprecher der SL und geborenen Mitglied, wurden in das Präsidium gewählt: Richard Reitzner MdB, Hans Schütz MdB, Dr. Johannes Strosche MdB.

schaft im sudetendeutsch-tschechischen »Föderativ-Ausschuß«. Er hieß mich, alle seit 1947 in die Wege geleiteten Vorhaben und Planungen weiterzuführen und gab insofern freie Bahn zum Vollzug all der Arbeiten, über die bereits berichtet wurde (siehe oben S.180). Als eine Institution, welche gleicherweise über die demokratische Legitimation durch den Deutschen Bundestag und durch die Bundesversammlung der SL verfügte, konnte er der staats- und völkerrechtlichen Sonderstellung der Sudetendeutschen besser noch als bisher gerecht werden. Satzung und Geschäftsordnung haben sich fürderhin klaglos bewährt.

Aus der Reihe der Aufgaben, über deren Durchführung die bereits zitierte Gedächtnisschrift »40 Jahre Rechtskampf. Die Arbeit des Sudetendeutschen Rates« ausführlich berichtet[1], seien nur solche erwähnt, die mich besonders forderten. Dazu gehörte fürs erste eine gebührende Antwort auf die Tätigkeit des sogenannten »Rates der freien Tschechoslowakei«, der sich 1949 nach der im Jahr zuvor erfolgten kommunistischen Machtübernahme gebildet hatte. Er wurde von den gleichen Personen ins Leben gerufen, die im Zeichen der Beneš-Politik mit den Sowjetrussen und Tschechokommunisten kollaboriert sowie den Vollzug der Austreibung betrieben hatten. Mit dem ehemaligen Ministerpräsidenten Dr. Peter Zenkl und dem Hauptbetreiber der »Umsiedlung«, Dr. Hubert Ripka, an der Spitze spielten sie in New York und Washington die Unschuldsopfer aus einer Tschechoslowakei, die den Roosevelt-Amerikanern seit Masaryks Zeiten wie ein Patenkind (godchild) ans Herz gewachsen war. Sie führten in kühnen Beschlüssen ihren Kampf gegen die Sudetendeutschen weiter und erklärten, durch Anerkennung des von Potsdam beschlossenen Abschubs der Sudetendeutschen könne man die Tschechoslowakei aus der Umklammerung durch die Sowjetrussen lösen.

Der Vorstand der »Arbeitsgemeinschaft zur Wahrung sudetendeutscher Interessen« hatte die Bundes- und die Bayerische Staatsregierung vor der Penetranz dieser Emigrantengruppen und ihrer Ableger in »Radio Free Europe« gewarnt. Um ihren Anspruch auf die Vertretung aller Völker der Tschechoslowakei zurückzuweisen, bereitete

[1] Erich Maier, »40 Jahre Sudetendeutscher Rechtskampf« (Die Arbeit des Sudetendeutschen Rates seit 1947), München 1987

ich einen Kongreß der ethnischen Gruppen dieses 1918 geschaffenen Staates vor, der am 10. Oktober 1952 vor die Bonner Presse trat.

Dieses einmalige und vielleicht letzte Zusammenwirken von Repräsentanten aller Bevölkerungsgruppen des Zwischenkriegsstaates wies folgende Teilnehmer auf: den Tschechischen National-Ausschuß (General Lev Prchala); die Arbeitsgemeinschaft zur Wahrung sudetendeutscher Interessen (Lodgeman, Reitzner); den Slowakischen Nationalrat (Matus Černak); das Slowakische Befreiungskomitee (Dr. Pokorny); die Karpathendeutsche Landsmannschaft (A. Birkner); das Nationalkomitee der Magyaren aus der ČSR (Bela Szillassy) und die »Westeuropäische Repräsentation der Karpato-Ukrainer« (Ivan Nebola). Sie sprachen in einer gemeinsamen Erklärung Zenkl und Ripka das Recht ab, im Namen einer »freien« Tschechoslowakei aufzutreten, weil sie den Sturz der Völker dieses Staates in die Unfreiheit und in das Unglück der Vertreibung mitverursacht hätten. Sie hätten als Mitglieder der »Nationalen Front« an der Seite Gottwalds die Demokratie prostituiert und sich damit einverstanden gezeigt, daß nur vom roten Innenministerium lizenzierte Parteien zu den Wahlen zugelassen werden. »Niemand«, so heißt es in der Erklärung, »ist berechtigt, für unsere Leidensgefährten in der Heimat zu sprechen, wenn ihn nicht diese selbst in einer freien Entscheidung legitimieren.« – Zweifellos war auch diese Äußerung unterdrückter Menschen wie so viele andere »in den Wind gesprochen«. Gleichwohl warf sie Fragen auf, die selbst heute noch offen sind.

Übernationale Gemeinsamkeit

Übernationale Gemeinsamkeit strebten wir vom Sudetendeutschen Rat aus auch in der »Föderalistischen Union Europäischer Volksgruppen (FUEV)« an. Diese war im Zuge der Bereinigung des deutsch-dänischen Nachbarschaftsverhältnisses entstanden, zu der die sudetendeutschen Bundestagsabgeordneten Ernst Paul (SPD) und Hans Schütz (CSU) wesentlich beigetragen hatten. Die deutsche Minderheit in Dänemark und die dänische in Schleswig-Holstein wurden zur Kerngruppe der genannten Vereinigung, welche im Laufe der Zeit nahezu alle Volksgruppen Westeuropas vereinte. Ich nahm gerne als Vertreter des »Rates« an ihren Zusammenkünften teil, die uns meist in den schönsten Regionen Europas mit Balten, Bretonen, Slowenen, Walisern, Rhätoromanen, Samländern, Flamen, Wallonen und natürlich mit den Südtirolern, unseren Schicksalsgefährten aus den Zeiten der Verweigerung des Selbstbestimmungsrechtes nach dem Ersten Weltkrieg, vereinten. Mit den Generalsekretären der FUEV, Paul und Jytte Skadegard, später mit E. Johannsen, verband mich ein gutes Vertrauensverhältnis, ja persönliche Freundschaft.

Die Probleme, die wir erörterten, waren mir von Beginn an vertraut. Tschechen und Sudetendeutsche sind Klassiker in den Fragen des Selbstbestimmungsrechtes und der Wahrung nationaler Rechte. Gebietsautonomie, Personalautonomie, fachliche und regionale Selbstverwaltung, Integration in die demokratischen, gesamtstaatlichen und regionalen Repräsentativ- und Exekutivorgane – mit einem Wort die Probleme des sogenannten »Mährischen Ausgleichs« aus dem Jahre 1905 – standen zur Diskussion. Sie hatten die Minderheitenkongresse der Zwischenkriegszeit ebenso beschäftigt wie die Bemühungen der Sudetendeutschen um die Durchsetzung von Volksgruppenrechten in der ersten Tschechoslowakei. Nunmehr wollten wir sie wenigstens in geringem Ausmaße für die 150000 bis 200000 Deutschen gewahrt wissen, die in der roten Tschechoslowakei als Fron- und Facharbeiter mit ihren Familien zurückbehalten wurden.

Die FUEV, bei deren Hauptversammlung der Sudetendeutsche Rat mit Wenzel Jaksch zum ersten Male im Sommer 1958 in Innsbruck vertreten war, richtete sich nach den konkreten Erfahrungen ihrer Mitglieder aus. Unter wesentlicher Mitarbeit des damaligen Bundestagsabgeordneten und späteren Präsidenten des Bundesarbeitsamtes, Prof. Dr. h. c. Josef Stingl, faßte sie diese am 17. Mai 1967 in Appenrade zu »Hauptgrundsätzen eines Volksgruppenrechtes« zusammen. Sie fanden nachmals in dem von Stingl gegründeten »Internationalen Institut für Nationalitätenrecht und Regionalismus« einen entsprechenden Widerhall. Auch das »Europäische Parlament« richtet sich, wie zu hoffen, nach diesen Grundsätzen aus.

Der Sudetendeutsche Rat hatte sich mit ihrem Fragenkreis nicht nur auf einer Fachtagung in Bad Wiessee, sondern bereits im Mai 1956 auf einer Informationstagung auf Herrenchiemsee beschäftigt, die ich mit aller Sorgfalt zu betreuen hatte. Unter der Schirmherrschaft des kurz auch anwesenden bayerischen Ministerpräsidenten

Dr. Wilhelm Hoegner konnten wir eine Reihe illustrer Gäste und Referenten begrüßen, vor allem den damaligen Vorsitzenden im Auswärtigen Ausschuß des Deutschen Bundestages, Kurt Georg Kiesinger, und F. Luchsinger, den damaligen Bonner Berichterstatter und späteren Chefredakteur der »Neuen Zürcher Zeitung«. Natürlich widmeten wir uns vordringlich der Erörterung des deutsch-tschechischen Verhältnisses, das nach einem Referat des tschechischen Historikers Boris Celovsky freimütig behandelt wurde.[1]

Die Teilnehmer waren sich aber darüber im klaren, daß ihr Thema »ungelöst wie eh und je« an zahlreichen Krisenpunkten der Welt (Nordirland, Palästina, in Afrika und Asien) bedrohlich wiederkehrt. Kiesinger beleuchtete die Problematik der sudetendeutschen Volksgruppe aus binnendeutscher Sicht und betonte das Verständnis, das die Regierung Adenauer ihr entgegenbringe. In späteren Jahren erlaubte ich mir, ihn an diese Aussage zu erinnern. Er meinte, daß die Bundesrepublik nach wie vor gehalten sei, die Gedanken der Selbstbestimmung sowie der Gruppenautonomie und Selbstverwaltung als Mittel echter Entspannung anzusehen.

In jenen Jahren sagten uns alle politischen Parteien ihre Hilfe zu. Unter dem Titel »Die Sudetenfrage in der deutschen Politik« wurden ihre Stellungnahmen vom Sudetendeutschen Rat ebenso veröffentlicht wie der Text einer »Gemeinsamen Erklärung«, die nach einer Aussprache mit Bundeskanzler Prof. Erhard am 16. Oktober 1964 zustande kam. Am meisten sagte mir die Stellungnahme der SPD zu, die nach Aussprache mit dem Bundesvorstand der Sudetendeutschen Landsmannschaft in Bergneustadt am 22. Januar 1961 formuliert wurde. In ihr heißt es u. a.:

»Die sudetendeutsche Frage ist durch die Vertreibung der Sudetendeutschen nicht erledigt. Die Vertreibung war widerrechtlich; sie muß auf friedlichem Wege wiedergutgemacht werden, ohne daß anderen Menschen aufs neue Unrecht geschieht. – Wiedergutmachung der Vertreibung heißt: Rückkehr der Vertriebenen, d. h. Verwirklichung ihres Rechtes auf die Heimat. – Die Feststellung, wonach Deutschland in den Grenzen von 1937 rechtlich fortbesteht, schließt das Heimat- und Selbstbestimmungsrecht der Sudetendeutschen

[1] Vgl. Boris Celovsky, »Das Münchner Abkommen von 1938«, Stuttgart 1958

nicht aus. – Die offene Entnationalisierung der heute noch in der ČSSR zurückgehaltenen Deutschen widerspricht den Grundsätzen eines auf den Menschenrechten gegründeten Volksgruppenrechtes, zu denen sich die SPD in ihrem Godesberger Grundsatzprogramm bekannt hat.«[1]

Diese »Bergneustädter Erklärung« sprach den »Sonderfall« der Sudetendeutschen in prägnanter Weise an. Sie hätte eine große Bedeutung gehabt – wenn sie auch fürderhin beachtet worden wäre!

Als Redakteur eines »Sudetendeutschen Artikeldienstes« hatte ich in den folgenden Jahren gegen die Widersprüche zu dieser Erklärung anzukämpfen. Über die Herausforderungen, die dem Sudetendeutschen Rat und der gesamten Volksgruppe daraus erwuchsen, wird noch zu berichten sein (siehe unten S. 377 ff.).

Geliebte Münchner Stadt

Die Zeittafel des Geschehens vermeldet nur Daten und Taten. Sie bliebe auch für mich nur eine Buchhaltung ohne Inhalt, wären da nicht die Städte gewesen, die ihr Farbe und Leben gaben. Daß ich nach Jahren in Wien und in Prag schließlich in München landete, machte mich fürs erste nur mit Trümmerstraßen und brennenden Problemen vertraut. Unser Dasein bestand indes nicht nur aus den Mühen um ihre Bereinigung und Lösung, aus Besprechungen, Konferenzen, Tagungen und Resolutionen.

Allmählich wuchs das Bewußtsein, nicht irgendwo, sondern an einer Stätte zu wirken, wo sich Vergangenheit und Zukunft, Natur und Menschenschlag, historischer Standort und neuer Auftrag aufs trefflichste vereinten. Mehr noch: Nach dem Ausscheiden Wiens und Berlins aus den politischen Gewichten Mitteleuropas wurde München eine Metropole seiner Regeneration, seines Zu-sich-selbst-Findens – und wir waren, Neubürger und keineswegs hergelaufen, von Beginn an mit dabei.

In seiner Nr. 21 vom 12.3.1948 schrieb der »Münchner Merkur«

---

[1] »Die Sudetenfrage in der deutschen Politik«, Sudetendeutscher Rat, München 1965, S. 7 f.

über die Menschen, die sich am Wiederaufbau beteiligten: »Wenn einmal spätere Geschlechter die Frage stellen, wer nach den furchtbaren Verheerungen des Krieges ihre Vaterstadt aufgebaut, wer zuerst Hand angelegt und die Trümmer von Kirchen und Wohnungen, Schulen und Fabriken beseitigt hat, werden sie in der Chronik der Stadt München nachlesen können, daß es zum großen Teil Menschen aus Schlesien und dem Sudetenland, Sachsen und Brandenburg waren, die mit ihrer Hände Arbeit das neue Gesicht Münchens schufen. Von den 10881 Facharbeitern, die heute im Bauwesen und in verwandten Berufen arbeiten, sind 2815 Flüchtlinge und unter den 5597 Bauhilfsarbeitern 1862 Nichtmünchner.«

Das Mitwirken an der Entrümpelung (Thomas Wimmer, der populäre Bürgermeister, nannte es »Ramadama«) war vielfach eine Voraussetzung der Zuzugsgenehmigung, für Studenten z. B. eine Vorbedingung ihrer Immatrikulation. Wir freuten uns über jede Straße, die freigeschaufelt war, über jeden Laden und jede Gaststätte, die ihre Pforten öffneten, über jeden Park, der neues Grün ersprießen ließ, über Kirchen und Paläste, die ihre Fassaden zeigten – kurzum über das alte Gesicht der Königs- und Residenzstadt, das zunehmend merkbar wurde.

Wir nahmen frühzeitig an der Gemütlichkeit teil, die den Nachbar neben dem Nachbarn nicht nur im Hofbräuhaus bestehen ließ. Oktoberfest und Fasching erstanden wieder. Ich besuchte, mit roter Bauchbinde und einem von Zündholzschachteln zusammengehaltenen Halstuch ausstaffiert, das närrische Treiben im nahegelegenen »Haus der Kunst«.

Das Voralpengebiet, Seen und Berge zeigten uns, vom Oberland bis ins Salzkammergut, in einer der schönsten Landschaften unseres Erdenrundes zu Hause. Das tröstete über Hungerjahre und eiskalte Winter hinweg und ließ uns schließlich an dem allgemeinen Aufschwung teilnehmen, der dank des technischen Fortschritts Lebenshaltung und Lebensführung recht bald auf eine Ebene hob, die ich auf meinen Radtouren durch das zerschundene Land nicht im Traume für möglich gehalten hätte.

Die erste Großstadt der Sudetendeutschen

München wurde zudem die erste Großstadt und die neue Hauptstadt der Sudetendeutschen. Das kulturelle und politische Zentrum, das uns mit dem national getrennten Prag in der Heimat weithin fehlte, entstand hier nicht über Nacht, aber dennoch schon in den frühen Nachkriegsjahren. An die 100000 Landsleute fanden sich nach und nach zusammen. Keine unserer Städte zu Hause hatte so viele Einwohner aufzuweisen gehabt. Ein reges Vereinsleben entstand. Heimatkreise von ehedem, Berufs- und Freundschaftsgruppen bildeten nicht nur Stammtische, sondern Zellen neuer Gemeinschaftsformen.

Die Egerländer entfalteten ihre Gmoin. Sie nahmen wie andere Vereinigungen am Oktoberfestzug teil. Sie zeigten »Heimat«, nicht nur Folklore. Eigene Turn- und Sportvereine entstanden. Studentische Verbindungen erbauten sich unter Wahrung ihrer Prager Traditionen und eifriger Mithilfe ihrer Alten Herren neue Häuser. In ähnlicher Weise etablierten sich kirchliche Stellen. Wir hatten und haben sudetendeutsche Jahresfeiern und unseren »Sudetendeutschen Ball«. Am Schluß krönte und krönt das Ganze das »Sudetendeutsche Haus«, das – in zentraler Lage neben dem Gasteig errichtet – eine sichtbare Mitte der Volksgruppe wurde.

Meine besondere Liebe galt von Beginn an dem Stadtbereich, der sich vom Marienplatz über Hofbräuhaus und Maximilianstraße bis zur Prinzregentenstraße hinzieht und im Lehel sein wohnliches Zentrum findet. Wer noch erlebte, wie die Straßenbahn rumpelnd und humpelnd die gute Stube Münchens überquerte, weiß dieses vom Alten Peter überwachte Geviert zwischen neuem und altem Rathaus nunmehr doppelt zu schätzen. Die Säule mit der vergoldeten Muttergottes, das »Juwel in der Mitten«, verleiht ihm das Gespür einer dem ganzen Lande geweihten herausragenden Stätte. Wie anders das Geschau des nicht minder geschichtsträchtigen Altstädter Rings vor dem Rathaus in Prag! Dort hat man 1918 die Mariensäule gestürzt und den düsteren Komplex des Hus-Denkmals alleine in Szene gesetzt. Laßt Symbole sprechen: Ein wenig bezeugt auch dies, was Böhmen ärmer als Bayern machte!

Jedwede Düsternis schwand dahin, wenn ich mich am »Platzl« und am Hotel »Vier Jahreszeiten« vorbei in die Triftstraße bewegte. Sie war das immer pulsierende, sozusagen fröhliche kleine Verbindungsstück zwischen dem Thierschplatz und der Wagmüllerstraße. Die Menschen und der Verkehr in ihr stimmten mich heiter. Ich hatte von 1945 bis 1950 in ihrem Hause Nr. 13 Quartier gefunden, kannte Frauen, Männer und Kinder im Rundum, horchte mit ihnen auf das Geläut der großen St.-Anna-Kirche und trug ein Scherflein zur Wiederherstellung von Cosmas Damian Asams Deckengemälde in der Klosterkirche gleichen Namens bei. In ihr hatte der Meister des Rokoko, Johann Michael Fischer, ein Stück Himmel auf die Erde heruntergeholt. Sie war für mich die Seele des »kleinen Dorfes in der großen Stadt«.

Dieses Dorf ist, wie wir wissen, der Quellenort und Sitz der landsmannschaftlichen Einrichtungen gewesen, aus denen ein neues sudetendeutsches Leben erstand (Suchstelle im BRK, Hilfsstelle für Flüchtlinge aus den Sudetengebieten, Adalbert Stifter-Verein, Arbeitsgemeinschaft zur Wahrung sudetendeutscher Interessen, Sudetendeutscher Rat sowie, in der Thierschstraße gelegen, Sudetendeutsches Archiv und Collegium Carolinum). Erst jetzt, da ich diese Zeilen schreibe, wird mir bewußt, daß ich hier nicht nur von Beginn an beschäftigt war, sondern – fast symbolhaft – auch mitten in diesem Gründungsbereiche wohnte.

Das Lehel war und ist ein praktikabler Stadtteil. In der Nachbarschaft des Englischen Gartens und anderer Parkanlagen gelegen, bot es nicht nur den Auslauf in die nahe Maximilianstraße mit ihren Cafés und Theatern. Es beheimatet das National- und das Völkerkundemuseum. Es war und ist der Standort der Bayerischen Staatskanzlei, des für uns so wichtigen Wirtschaftsministeriums, der Regierung von Oberbayern, des Bayerischen Roten Kreuzes und anderer Zentralstellen, die ich sozusagen »um die Ecke herum« erreichen konnte.

Vor allem war es für mich in doppeltem Sinne der Ausgangspunkt in das Maximilianeum, den in wenigen Minuten zu erreichenden Sitz des Bayerischen Landtages, der in der berühmten Landesstiftung Maximilians II. eine geglückte »Untermiete« und eine sehenswerte Unterkunft gefunden hatte.

Als engagiertes Mitglied – »MdL« – sollte ich ihm von 1950 bis 1962 angehören.

10. DER WEG INS PARLAMENT

Den schönsten Blick auf München vermittelt das Panoramafenster im großen Foyer des Maximilianeums. Als ich den von mächtigen Historienbildern umrahmten Prachtraum zwischen den Sitzungssälen des Landtages und des Senates (der zweiten Kammer des Freistaates) zum ersten Male betrat, vergaß ich alle Politik. Die Stadt kam mit Türmen, Dächern und Fassaden auf mich zu, ging, sich nach allen Seiten ausbreitend, wieder von mir weg und leuchtete, als wollte sie sagen: »Weite deinen Horizont!«

Später, als ich von der Westfront des Kapitols auf die Mall und das Washington-Monument hinunterschaute, mochte ich Ähnliches empfunden haben. Den Preis, das »schönste Parlament der Welt« zu sein, gab ich gleichwohl dem Bürklein-Bau am Isarhang. Er war weniger imperial und herzensnäher, weil er den Sorgensack, den ich mitbrachte, ohne jeden Zuckerbäckermarmor menschlich erträglicher machte.

Der Sorgen hatte ich freilich genug. Wie viele meiner Gefährten war ich ja nicht aus purer Lust am Parlieren in das Parlament gegangen. Hinter meinem Bemühen lag vielmehr die Überzeugung, daß man Wünschens- und Erstrebenswertes nur mit dem Gewicht des politischen Mandates erreichen konnte. Ich fühlte mich im echten Sinne als »Volksvertreter«, weil meine Schicksalsgefährten zunächst ja keineswegs Staatsbürger und in den ersten Nachkriegsjahren gar nicht wahlberechtigt waren. Der Drang ihrer Nöte suchte nach Ventilen, die von den lizenzierten Parteien nicht voll geöffnet wurden. Man sah sie – unberechtigterweise – nur als Delegierte der Besatzungsmacht, fühlte sich ausgeschlossen und suchte nach neuen Ufern.

Um dem Übel abzuhelfen, hatte die Militärregierung anstelle eines »Notparlamentes« eine »Landesvertretung der Ausgewiesenen in Bayern« zugelassen. Wahlmänner waren Flüchtlingsbeiräte, Vertreter der Stadträte in den kreisfreien Städten sowie der Insassen von Regierungs-, Durchgangs- und Grenzlagern. Dieses »Parlament« trat im Herbst 1948 zum ersten Male im Münchner Rathaus zusammen. In ihm waren die schon bestehenden Parteien und politische »Notgemeinschaften« vertreten, die sich – so in Niederbayern der »Neubürgerbund« – gebildet hatten. Der Versuch scheiterte an der Wirkungslosigkeit seiner Absichten. Sobald die Staatsbürgerschaftsfrage bereinigt war, strebten alle echter politischer Formierung zu.

Aus der Sicht meiner Herkunftsheimat war das gar nicht einfach. Wie bereits angedeutet, kam der Großteil der von dort vertriebenen Menschen aus den Bereichen der Sudetendeutschen Partei und der Volkstumsverbände. Wo konnte man für sie ein parteipolitisches Aufnahmebecken finden? Die SPD hatte ihren festen, aus unseren Arbeiterschichten z. T. wieder neu erweckten Wählerstamm. Sie ging in Bayern mit 28,6 Prozent der Stimmen aus den Wahlen des Jahres 1946 hervor. Die KPD (6,1 %), die Liberalen (5,6 %) und eine von dem Abenteurer Alfred Loritz gebildete »Wirtschaftliche Aufbau-Vereinigung – WAV« (7,4 %) waren inakzeptabel bzw. wenig attraktiv.

Die CSU (52,3 %), die 104 der damals 180 Landtagssitze einnehmen konnte, krankte an ihren inneren Kämpfen. Die Auseinandersetzungen zwischen ihrem liberalen Flügel (Dr. Josef Müller) und den »Schwarzen« (Dr. Alois Hundhammer) wiesen sie keineswegs als die konstante Großpartei der Zukunft aus. Die aus- und aufbrechende »Bayernpartei«, von der sie unter der Führung Josef Baumgartners bald halbiert wurde, machte die Szene auf der rechten Seite des parteipolitischen Spektrums für uns vollends problematisch.

Da ich das Dauergezänk für abwegig hielt, fand ich gegen Mitte des Jahres 1948 Anschluß an ein Gebilde, das sich unter der Führung des nachmaligen Bundestagsabgeordneten Dr. Walter Eckhardt und des stellvertretenden Landesvorsitzenden der CSU, August Haußleiter, als »Deutsche Union« bezeichnete. Das war ein außerparlamentarisches Forum, welches, die streitenden Gruppen überhöhend, zwischen Nord- und Südbayern eine der deutschen Tradition verpflichtete Gemeinschaft zusammenführen sollte. Als Repräsentant des sudetendeutschen Elementes war ich in diesem Kreise sehr willkommen. Umgekehrt schien mir eine Vereinigung national eingestellter Landsleute mit gleichempfindenden Altbayern und Franken begrüßenswert.

Als August Haußleiter die CSU verließ und die außerparlamentarische »Union« unter dem Namen »Deutsche Gemeinschaft« zu einer politischen Partei formierte, hielt ich das, aufs Ganze gesehen, für sinnvoller denn nur eine Interessenpartei für Flüchtlinge, die nicht das Gesamt der Bevölkerung anzusprechen vermochte. Die damit umschriebene Problematik war offenkundig. Sie wurde in der deutschen Innenpolitik ein »Dauerbrenner« der kommenden Jahre. Gleichwohl stellte uns der Sachzwang der Wahlgesetze vor andere Entscheidungen.

Im Schatten des BHE

Von Kiel aus hatte Waldemar Kraft in dem von Flüchtlingen überfüllten Schleswig-Holstein 1948 den Gedanken der Bildung eines »Blokkes der Heimatvertriebenen und Entrechteten – BHE« verbreitet. Er zündete auch in Bayern, wo er Teile der Notgemeinschaften, der WAV und des »Zentralverbandes der Vertriebenen« zusammenführte. Ein Mann namens Huber schaltete schnell, ließ die Partei mit den drei Buchstaben in das Vereinsregister eintragen und hätte die Masse der potentiellen Mitglieder weithin blockiert, wäre seiner Gründung nicht auf Anraten des Ostwissenschaftlers Dr. Rudolf Wagner der bereits in der FdP gelandete Soziologe und Agrarwissenschaftler Prof. Dr. Theodor Oberländer beigetreten. Der Titel und die Eloquenz des Professors beeindruckten die Teilnehmer einer nach München einberufenen Delegiertenkonferenz (vor allem der Gruppen um Dr. Erich Simmel, Oberfranken, Dr. Wilfried Keller, Unterfranken, und Dr. Willi Guthsmuths, Oberbayern) so, daß sie ihn zum 1. Landesvorsitzenden des nunmehr auch in Bayern etablierten BHE wählten.[1]

Da man wußte, daß hinter den führenden Persönlichkeiten der »Deutschen Gemeinschaft«, nicht zuletzt hinter meinem eigenen Namen, beachtliche Gruppen der in Bayern sich eben ausbreitenden Landsmannschaften standen, strebte man mit dieser ein Bündnis an, das in einer turbulenten Versammlung am Münchner Nockherberg nur wenige Wochen vor den am 26. November 1950 stattfindenden

[1] Vgl. Bandaufnahme Dr. Rudolf Wagner, im Besitz des Verfassers

Wahlen zustande kam. Beide Seiten wollten auf Nummer Sicher gehen. Also trat man unter der Bezeichnung »Deutscher Gemeinschaftsblock – BHE« an und gewann auf Anhieb 26 Mandate.[1] Die CSU war auf 64 der nunmehr 204 Sitze zusammengeschrumpft. Als Verursacherin ihres Debakels zählte die Bayernpartei auf Anhieb 39 Abgeordnete. Die SPD erhielt 63, die FDP zwölf Sitze. Spielend hatten wir die Hürde der Zehn-Prozent-Klausel, deren Erfüllung in einem Regierungsbezirk nach der bayerischen Verfassung Voraussetzung des Einzuges in den Landtag war, überwunden. Mit 12,3 % aller Stimmen im Landesdurchschnitt waren wir ein politischer Faktor geworden.

Wir – das galt aber nur für den »BHE« und nicht für die Kleinstgruppe der »Deutschen Gemeinschaft«. Zweifellos war es ein Fehler, daß ich nicht entschieden genug für die Beibehaltung einer Fraktionsgemeinschaft eintrat. Andererseits erfüllte mich das Vorhaben, sich in der nunmehr gebildeten großen Koalition (CSU, SPD, BHE) mit nur zwei Staatssekretären abspeisen zu lassen, kaum mit Begeisterung. Nachdem weder die Schaffung eines selbständigen Ministeriums für Flüchtlings- und Kriegsfolgefragen noch die Berufung eines BHE-Vertreters an die Spitze des Landesausgleichsamtes akzeptiert worden war, erwog die Fraktion des BHE selbst die Ablehnung bzw. Rücknahme der Regierungsbeteiligung. Nach derartigen Niederlagen, so erklärte der Abgeordnete Kolarczyk, sei ein Verweilen in Koalition und Regierung »das endgültige Versailles der bayerischen BHE-Fraktion«.[1]

Der Drang ihrer Vorsitzenden in die Regierung ließ den Wählerauftrag, sich der Übermacht der Großen zu erwehren, in der Tat in den Hintergrund treten. In der Regierung Ehard/Hoegner wurde Prof. Theodor Oberländer Staatssekretär im Innenministerium. Dr. Willi Guthsmuths zog für drei Wahlperioden als Staatssekretär in das

[1] Für den BHE zogen folgende Abgeordnete in den Bayerischen Landtag ein: Josef Bauer, Josef Dotzauer, Dr. Walter Eckhardt, Viktor Elzer, Dr. Willi Guthsmuths, Dr. Wilfried Keller, Karl Klamt, Wenzel Köhler, Dr. Reinhold Kolarczyk, Erich Luft, Erwin Mittich, Prof. Dr. Theodor Oberländer, Erwin Pfeffer, Hans Puls, Ernst Riediger, Dr. Herbert Schier, Karl Schreiner, Erich Simmel, Walter Stain, Dr. Johannes Strosche. – Für die »Deutsche Gemeinschaft«: Dr. Walter Becher, August Haußleiter, Dr. Renate Malluche, Martin Thellmann-Bidner, Ernst Ullrich, Dr. Paul Wüllner.

[2] Protokolle über die Sitzung der BHE-Fraktion vom 18.12.1950 und 29.9.1952

Wirtschaftsministerium ein. – Und wir spielten mit den Mannen der FdP und der Bayernpartei die keineswegs königlich-bayerische Opposition.

Sorgen- und Sozialberater

Das Brauchtum des Parlamentes eröffnete mir nun eine Fülle von Erfahrungen, die ich in den kommenden drei Jahrzehnten gut gebrauchen konnte. Da gab es den Präsidenten und seine Stellvertreter, die das Wort erteilten. Da gab es die Anrede »Hohes Haus, meine Damen und Herren!« Da gab es die leger, aber dennoch würdevoll auftretenden Herrn »Kollegen« (die sich im »Plenum« bekämpften, in der Landtagsgaststätte aber miteinander Skat kloppten). Da waren die Ausschüsse, welche die Sacharbeit leisteten, und der Ältestenrat, der über Sitzungsabfolgen, Tagesordnungen, Ferieneinteilung, aber auch die Einhaltung von Sitte und Ordnung im Hause wachte. Und da gab es schließlich die Sitzungen der Fraktionsvorstände und Fraktionen, in welchen über alles berichtet, vielfach nach- und vielfach vorgekaut wurde.

Allmählich gewöhnte ich mich an den Ablauf der Dinge, stellte Anfragen, brachte Anträge ein und erreichte, wenn sie gezielt waren, das Ohr der Öffentlichkeit sowie auch das meiner Wähler. Die letzteren bildeten in jenen Jahren eine ebenso präsente wie hautnahe Klientel. Der Abgeordnete war ihr Sorgen- und Sozialberater in einem. Er vermittelte Existenzgrundlagen, Wohnungen und Wohnungsbaumöglichkeiten (samt den dazugehörigen Finanzierungsplänen), er erläuterte die verschiedenen Möglichkeiten im Lastenausgleich und in Rentenfragen. Er trat für die Rechte zurückgesetzter Berufsgruppen ein, machte sich sachkundig und intervenierte noch und noch bei den Behörden. Er war nicht nur der legitimierte »Gesetzgeber« (ein Matador der Legislative). Er war viel mehr noch Mitte und Motor einer Unzahl von Gemeinschaften in Stadt und Land, die er stets besuchte sowie mit Sprechstunden und beschwörenden Reden auf dem laufenden hielt. Vor dem Zeitalter der Meinungsmache im Fernsehen gehörte das zum Instrumentarium eines politischen Alltags.

Wie tief es ins Menschliche zielte, erfuhr ich bei einem ersten öffentlichen Großauftritt, den ich in Endorf am Chiemsee zu vollziehen hatte. Einer aus meiner Vaterstadt stammenden Heimatvertriebenen, die sich aus Verzweiflung mit Schlaftabletten das Leben genommen hatte, verweigerte der Pfarrer das kirchliche Begräbnis. Weil selbiges nur wenige Wochen vorher einem einheimischen Selbstmörderpaar sehr wohl gewährt worden war, entstand unter den Flüchtlingen weit und breit helle Empörung. Ein Anruf am Vorabend der Bestattung (»Komm doch bitte! Willst du nicht? Kannst du nicht?«) übermittelte mir das Verlangen, der Toten die letzte Ehre zu erweisen. Um das Kirchspiel hatten sich an die 2000 Menschen versammelt. Ich schritt durch das Spalier ihrer erzürnten Augen und vermochte sie nur zu beschwichtigen, indem ich an der Bahre an Pfarrers Statt das Gebet des Herrn und das Ave Maria sprach sowie desgleichen die Grablegung begleitete. Wenn ich seitdem, vom Irschenberg kommend, am Chiemseeufer entlangfahre, muß ich stets der traurigen Stunde gedenken, die ich damals erlebte.

Auf und Ab im Hohen Hause

Im Hohen Hause stand ich schlecht und recht meinen Mann. Einmal erntete ich einen Ordnungsruf, weil ich den schleppenden Gang der Entnazifizierung bei kleinen Ortsgruppenleitern rügte, während da und dort in der Regierung ehemals aktive Parteigenossen säßen. Eindrucksvoll erlebte ich das Funktionieren bzw. Nichtfunktionieren eines parlamentarischen Untersuchungsausschusses, als ich monatelang der Ermittlung von Mißständen im »Bayerischen Landesentschädigungsamt« beiwohnen mußte, in welchem eine versagende Regierungsaufsicht den völlig überforderten Philipp Auerbach schalten und walten ließ. Wie in anderen Fällen ging man am Ende mit dem Mehrheitsbericht zur Tagesordnung über, während der von mir verfaßte Minderheitsbericht nicht einmal dem Plenum vorgetragen wurde.

Ähnlich ging später der am 27. Oktober 1955 eingesetzte Spielbanken-Untersuchungsausschuß wie das Hornberger Schießen aus. Das zweifelhafte, dem Prozeßrecht nur ähnliche Verfahren brachte dem guten Josef Baumgartner im Nachspiel zwei Jahre Zuchthaus wegen angeblich falscher eidesstattlicher Aussage ein, die der schlitzohrige

Volkstribun keineswegs verdiente und an denen letztlich sein Leben zerbrach.

Die zweite Legislaturperiode des Bayerischen Landtages absolvierte im übrigen ein umfangreiches gesetzgeberisches Werk. Im Dezember 1951 wurde eine vorbildliche Gemeindeordnung, im Februar 1952 eine ebenso gutdurchdachte Landkreisordnung verabschiedet. Beide bestimmten auf Jahrzehnte hinaus das Funktionieren der kommunalen Selbstverwaltung, in der sich viele Hunderte meiner Schicksalsgefährten vorbildlich bewährten. Ich selbst gehörte Jahre hindurch dem Rat meiner Wohngemeinde Pullach im Isartal und dem Kreistag München-Land an, in denen ich die »oben« behandelten Probleme von der Pike auf kennenlernte. Ohne Korruption und Mißstände größeren Umfangs haben Tausende von Bürgermeistern, Stadt- und Gemeinderäten seither bewiesen, was eine ehrliche Demokratie und Selbstverwaltung zu leisten vermag.

Das entsprach im übrigen der Programmatik, die ich auch im Rahmen der »Deutschen Gemeinschaft« vertrat. Wir strebten (wie ich im Sommer 1950 auf meiner allerersten Parteiversammlung in Dießen am Ammersee ausführte) folgende Ziele an: 1. Wiederherstellung einer starken und freien Demokratie. 2. Eine gerechte Sozial- und Wirtschaftsordnung. 3. Ein geeintes Deutschland in einem geeinten Europa. Die These, all das könne man nur unabhängig von den Großmächten, nicht aber in einem einseitigen Bündnis erlangen (»Deutschland sagt nein!«), vermochte ich freilich in dem Augenblick nicht mehr zu vertreten, da das atomare Gleichgewicht die Möglichkeit isolierter Neutralität meines Erachtens zunichte machte. Der Unterschied zu dem fanatischen Neutralismus August Haußleiters war indes nicht der einzige Grund, der mich im April 1954 nach drei weiteren Kollegen wieder den Weg zur ursprünglichen Fraktionsgemeinschaft finden ließ. Weit mehr noch erzwang dies die Absicht des überaus egozentrischen Mannes, seine politische Basis mit Bundesgenossen (u. a. Günther Goetzendorf), die ich nicht akzeptieren mochte, zu erweitern.

Der ehemalige stellvertretende Landesvorsitzende der CSU gehörte zweifellos zu den originellsten Erscheinungen der bayerischen Nachkriegszeit. Er war das Gegenteil eines Opportunisten, viel eher ein deutschlandpolitischer Fundamentalist der ersten Stunde. Als zweifellos begabtestem Redner des Hohen Hauses und als gutem Publizisten wären ihm, hätte er seine Position in der größten Landespartei beibehalten, Karrieretüren auch im Deutschen Bundestag offengestanden. So aber landete er am Ende bei den Grünen, für die er in den späten achtziger Jahren noch einmal für kurze Zeit Mitglied des Bayerischen Landtages geworden ist.

Die Vierer-Koalition

Mit dem Eintritt in die Fraktion des BHE, die nunmehr über 24 Mandate verfügte, legte ich mich keineswegs in ein gemachtes Bett. Das Schicksal einer zeitbegrenzten Interessenvertretung warf schon jetzt seine Schatten voraus: Je tatkräftiger wir ihren Auftrag vollzogen, desto mehr Wähler hielten ihn nach und nach für erfüllt. Vorerst waren wir freilich eine voll organisierte Partei. Unsere Zusammenkünfte erbrachten Massenkundgebungen und prallvolle Säle. Die Mitgliederzahlen (z. B. 4500 allein im Stimmkreis München-Land) erklommen einsame Höhen. Sie erinnerten in mancher Hinsicht an das Solidaritätsbewußtsein der »Sudetendeutschen Partei« und statteten Persönlichkeiten wie Walter Stain oder meine Wenigkeit mit einem gewiß noch von dorther rührenden Vertrauen aus.

»Leide weiter, Kosake, bald wirst du Hetmann werden!« Lachend tröstete mich ein Freund mit solchem Sprüchlein über die Fülle der bevorstehenden Aufgaben hinweg. In der Tat sah ich mich nach den Landtagswahlen im November 1954 über Nacht an die Spitze der nunmehr nur noch 19 Mitglieder umfassenden Fraktion gestellt. Meine Vorgänger (Prof. Oberländer, Dr. Wilfried Keller, Johannes Strosche und Erich Simmel) waren in den Deutschen Bundestag oder in Regierungsämter abgewandert. Offenbar erwartete man von mir auch einen Beitrag zu der Aufgabe, den Gesamtdeutschen Block – BHE zu einer Partei mit breiterem Profil zu entwickeln. Die Erwartung wurde indes von einer Entwicklung überspielt, die mir – ebenfalls »über Nacht« und ohne mein Zutun – eine Schlüsselrolle bei Verhandlungen über ein kühnes politisches Experiment zuwies.

Die Wahlen 1954 hatten nachfolgende Mandatsverteilung erbracht: CSU 83 (+ 19), SPD 61 (– 2), BP 25 (– 11), BHE 19 (– 7), FDP 13 (+ 1). Der CSU wäre die Führungsrolle in einer neuen Regierung zugefallen, hätte sie die notwendigen Parteien nicht allzusehr vom hohen Roß der Überlegenheit aus angesprochen. Die Bayernpartei wollte ihre große Konkurrentin offenbar als konservative Säule einer alternativen Kombination ausstechen. Baumgartner konspirierte daher mit von Knoeringen (SPD). Dieser wiederum signalisierte der FDP die Möglichkeit einer überkonfessionellen Lehrerbildung und fand damit auch bei Teilen des BHE Anklang.

Mit der Parole »Es geht auch ohne die CSU« fanden sich die Konspiranten in kurzer Zeit zur sogenannten »Vierer-Koalition« zusammen. Der »Regensburger Tagesanzeiger« vom 29.12.1954 sprach von einer »volksfremden Staatsstreichregierung«. Das hätte man indes mit noch viel größerer Berechtigung von der im Jahre 1969 über Nacht zustande gekommenen sozialliberalen Brand-Scheel-Regierung behaupten können. Regieren gegen die stärkste Partei im Parlament – das war hier wie dort eine gewagte Sache. In Bayern pendelte sich das Wagnis auf den honorigen Ministerpräsidenten Dr. Wilhelm Hoegner sowie auf eine Koalitionsvereinbarung ein, die von den vier Parteivorsitzenden (v. Knoeringen/SPD, Baumgartner/BP, Guths-Muths/BHE und Bezold/FDP) ausgehandelt und unterzeichnet wurde.

Die neue Regierung sollte – so lautete die Präambel – »eine fortschrittliche, tolerante, soziale und volksverbundene Politik nach den Grundsätzen der christlich-abendländischen Kultur durchführen, Sparsamkeit auf allen Gebieten hegen und eine saubere Verwaltung garantieren«. Lehrerbildung an Universitäten oder gleichberechtigten wissenschaftlichen Hochschulen, Abschaffung der Zwergschulen, Erwachsenenbildung, Pflege des Heimatgedankens und des Kulturgutes der abgetrennten Ostgebiete sowie die Neufassung des Rundfunkgesetzes waren die kulturpolitischen Programmpunkte.

Auf dem Gebiete der Sozialpolitik sollten alle mit ihr zusammenhängenden Aufgaben in einem Ministerium behandelt werden. Fortführung des sozialen Wohnungsbaues, innerbayerische Umsiedlung der Heimatvertriebenen, Ausbau der Gewerbeaufsicht und des Arbeitsschutzes, Sondervergünstigung für Kriegsopfer, Auflösung der noch bestehenden Flüchtlingslager nahm man sich ebenso vor wie »die Verbesserung der Lebenshaltung der sozial schwachen Schichten unseres Volkes«.

Die Fortsetzung der Industrialisierung Bayerns, klare Richtlinien für Raumordnung und Durchführung der Landesentwicklung gehörten zu den Vorhaben auf dem Gebiete der Wirtschaft. Fachschulbildung, Flurbereinigung, Seßhaftmachung des bäuerlichen Nachwuchses und der vertriebenen Landwirte, Ausbau der »Bayerischen Landessiedlungs-GmbH« sollten die Landwirtschaft fördern. Die Verlagerung von Zuständigkeiten auf die mittleren und unteren Behörden, die Bildung von behördeneigenen Sparausschüssen, Sicherung und Sammlung der Rechtsvorschriften (damit wurde auf der ersten Stufe seiner politischen Karriere Dr. Hans-Jochen Vogel betraut) sollten der »Vereinfachung der Verwaltung« dienen.

Festhalten am bundesstaatlichen Charakter der Bundesrepublik, Verhinderung jeder Benachteiligung Bayerns durch den Bund gehörten zu den staatspolitischen Forderungen. In einem Zusatzprotokoll verpflichtete sich die Bayernpartei, »daß sie nicht daran denkt, einen wilden Bajuwarismus zu pflegen«.

Ohne Blabla im Koalitionsausschuß

Mit dieser originellen Abrundung des Programms waren alle Voraussetzungen dafür geschaffen, daß es von einem »Ständigen Koalitionsausschuß« betreut und der parlamentarischen Verwirklichung entgegengeführt werden konnte. Hier nun eröffnete sich mir ein neues Aufgabenfeld. Als Fraktionsvorsitzender war ich ständiges Mitglied dieses Gremiums, das einmal wöchentlich (meist am Montag) gemeinsam mit vier Mitgliedern des Kabinetts zusammentrat. Laut selbstgegebener Geschäftsordnung sollte es 1. die Koordinierung der parlamentarischen Arbeit der vier Koalitionsparteien, 2. die Verbindung zwischen Kabinett und Fraktionen, 3. die Aufstellung von politischen Richtlinien und 4. die Abgabe von Stellungnahmen an die Presse übernehmen.

Zweifellos war das eine politische Weichenstelle erster Ordnung. Da die Entscheidungen aber in den Fraktionen bzw. im Landtagsplenum erfolgten, fiel ihr nur die wichtige Aufgabe permanenter Vorklärung zu. Ihre Protokolle wurden zwar mit dem Signum »Vertraulich« versehen. Deren nunmehr mögliches Studium beweist indes, daß sie keine Geheimnisse verhüllten. Es wurden weder Ämter verschachert noch Bilanzen frisiert. Es wurde ohne Blabla beratschlagt und verhandelt. Bis zum Auseinanderfallen nach zweieinhalbjährigem Wirken diente die Tätigkeit des »KA«, wie er im Kürzel hieß, solcherweise der Versachlichung der politischen Arbeit. Ich habe das Gremium, das ich im halbjährlichen Turnus auch als Vorsitzender leitete, daher in guter Erinnerung. Wie kein anderes vor- und nachher verschaffte es mir einen direkten Einblick in das Regiment des Staates, ohne diesem unmittelbar verhaftet zu sein.

Der Inspirator seines Zusammenhalts war zweifelsohne Waldemar v. Knoeringen. Der Vorsitzende der SPD schien mir deshalb sympathisch, weil er – was man ihm vielerorts vorwarf – nicht nach Amt und Würden in der Exekutive strebte. Seine Neigung galt dem denkerischen Planen und nicht der Knochenarbeit an der Spitze der Regierung oder eines Ministeriums. Diesen Part hatte seit langem Dr. Wilhelm Hoegner übernommen, ein Mann, der, in ungebrochener Treue dem bayerischen Föderalismus verhaftet, ohne Führerallüren seines Amtes waltete. Die Ängstlichkeit, mit der er aus Furcht vor Attentaten das Maximilianeum von allen Seiten bewachen ließ, machte ihn zum damals belächelten Vorläufer eines Verhaltens, das in späteren Jahren bitter vonnöten wurde.

Den Mitgliedern des BHE brachte er jetzt begreiflicherweise mehr Verständnis entgegen als in der Groß-Koalition der vorhergehenden Periode. Walter Stain, der aus dem Böhmerwald stammende junge Sudetendeutsche, stand, nunmehr mit weitgehenden Kompetenzen ausgestattet, an der Spitze des Staatsministeriums für Arbeit und soziale Fragen. Neben Willi Guthsmuths, der wie bisher als Staatssekretär im Wirtschaftsministerium fungierte, war Dr. Erich Simmel mit der Tatkraft eines »preußischen Landnotars« als Staatssekretär in das Ministerium für Land- und Forstwirtschaften eingezogen. Mit erhöhtem Einfluß ausgestattet, vermochten wir, anders als bisher, die Landespolitik gebührend mitzugestalten.

Im Dienste sachlicher Aufgaben

Was ich in dem fast hellsichtigen Bericht des Jahres 1945 über die Umsiedlung der Vertriebenen vorausgesagt hatte, konnte nun im größeren Rahmen der Bundes- und Landesgesetzgebung bestätigt werden. Weitgehend erwies sich der Bevölkerungszuwachs als dynamisches Element der Landesentwicklung. In Bayern wurde diese zum Programmpunkt Nr. 1 unserer Partei und des von ihr verwalteten Ressorts im Staatsministerium für Wirtschaft und Verkehr. Am 11. Januar 1956 sah sie Staatssekretär Dr. Guthsmuths auf einer Arbeitstagung 1. als Gegenstand raumordnungsmäßiger Prinzipien im Rahmen der Marktwirtschaft, 2. als Gegenstand regionaler Wirtschaftsförderung sowie entsprechender Standortorientierung und 3. als Gegenstand der Betriebswirtschaftspolitik, d. h. entsprechender Kredit- und Investitionsverfahren in Einzelfällen und bei der Wiederansiedlung geschlossener Wirtschaftszweige (z. B. der Gablonzer Glasindustrie).

Unsere Bemühungen wurden am 12. Juli 1957 mit der einstimmigen Annahme eines Landesplanungsgesetzes belohnt. Es stand am Beginn einer Entwicklung, die Bayern einer gesunden dezentralistischen Wirtschafts- und Infrastruktur entgegenführen sollte.

Auf Jahre hinaus waren Seßhaftmachung und Betriebsgründung mit der Schaffung entsprechenden Wohnraumes verbunden. Baracken und Lager hatten ja die Silhouetten der Zeit bestimmt. In den Trümmerresten der zerstörten Städte harrten Millionen von Fliegerangriffsgeschädigten gemeinsam mit den hereinflutenden Ostvertriebenen auf ein Heim, das ihnen Wärme und Heimat gab. Die Sorge um die zügige Erfüllung ihrer Wünsche bestimmte einen Großteil unserer Fraktionsarbeit. Zusätzliche Landesmittel für den sozialen Wohnungsbau sowie für die familiengerechte Erstellung von Eigenheimen waren das Gebot der Stunde. Sie trieben uns mit einer Fülle von Anträgen, Verwaltungs- und Gesetzesmaßnahmen in gleicher Weise zu ständigen Initiativen an wie die Bemühungen um das Wohl von Hunderttausenden entwurzelter Bauern.[1]

In einer Zeit, da die in Land- und Forstwirtschaft tätigen Men-

[1] Etwa 300000 vertriebene Bauernfamilien standen nach ihrer Umsiedlung in die westlichen Besatzungszonen vor dem Nichts.

schen in den Industriestaaten nur noch einen geringen Bevölkerungsanteil ausmachen, kann man sich kaum mehr vorstellen, was der plötzliche Haus- und Existenzverlust für ihren damals noch viel größeren Prozentsatz bedeutete. Beim Versagen der Bodenreform gab es nur wenig Land, wo man sie wieder seßhaft machen konnte. Die »Bayerische Landessiedlungs G.m.b.H.«, welche die damit verbundenen Aufgaben betreute, wäre weitgehend erfolglos gewesen, hätte sie nicht ständig den Druck unserer politischen Vorstöße als Antriebsmittel verwenden können. Eine geringe Anzahl von Vollbauernstellen und schon mehr ins Gewicht fallende Nebenerwerbs-Landwirtschaften vermochten Teile der Entwurzelten mit Hilfe günstiger Pacht- und Ausstattungsdarlehen wieder zur Scholle zurückzuführen.[1]

Ihr Gros bildete indes den Grundstock der Hilfsarbeiter und Arbeitslosen, die jetzt bloße Objekte sozialer Statistiken waren.[2] Die Träger der Volkskultur unserer ostdeutschen Landschaften, deren Lieder, Tänze und Trachten noch heute Identitätskräfte unserer Volksgruppen sind, wurden Knechte bei glücklicheren Standesgefährten. Meist wanderten sie in die Kümmernis neuer Berufsanfänge ab. Hier vor allem warf sich die Frage nach dem gerechten Ausgleich der Kriegsfolgelasten auf. Sie bildete das legitime Motiv des »Blocks der Heimatvertriebenen und Entrechteten«. Sie blieb ungelöst und daher eine Quelle des »permanenten Betruges«, der an dem damit umschriebenen Teil des deutschen Volkes begangen wurde.

Der verfehlte Ausgleich

Der sogenannte »Lastenausgleich« war auf Jahre hinaus unser Hauptgesprächsthema. Auf Versammlungen und in Sprechstunden wurde er ebenso angesprochen wie im Parlament sowie in den damit

[1] Bis Ende 1968 wurden im gesamten Bundesgebiet 25 000 Vollbauernstellen über zehn Hektar, 20 000 kleinbäuerliche Betriebe und rund 139 000 Nebenerwerbsstellen bzw. Gartenbaubetriebe unter zwei Hektar geschaffen (Bericht Ministerialdirigent Hartmut Gassner vor der »Ackermanngemeinde« in München am 7.11.1988)

[2] Im Jahre 1949 betrug der Anteil der Vertriebenen an der Zahl der Arbeitslosen 36,3 %.

befaßten Ausschüssen und Ämtern. Ein jeder von uns mußte Experte in der Auslegung der Gesetzesgrundlagen und Verordnungen sein, die ihn regelten bzw. regeln sollten. Sie waren in den Jahren 1951/52 vom Deutschen Bundestag verabschiedet und fürderhin mit einer Unzahl von Novellen (die 32. im Jahre 1988!) ergänzt worden. Das moralisch vertretbare Anliegen, die Kriegsfolgelasten durch eine 50prozentige Vermögensabgabe auf alle Bevölkerungsgruppen zu verteilen, wurde von Beginn an verwässert und vereitelt.

Der Streit um die Durchführung einer linearen Entschädigung oder eines quotalen Ausgleiches wurde zwar zugunsten des letzteren beendet. Die Produktionskraft der Wirtschaft sollte indes nicht angegriffen werden. Die Abgabeleistungen bezogen sich daher auf die Einheitswerte des 21.6.1948 und wurden ohne Steigerung auf 30 Jahre verteilt.

Sie senkten sich für das Gewerbe de facto auf 2 %, für den land- und forstwirtschaftlichen Besitz auf 1 % der Vermögenssteuer. Zieht man den Unterschied zwischen der Kaufkraft (die zeitweise hohe Inflationsrate) am Beginn und der am Ende der vielen Jahre in Betracht, verflüchtigte sich der Aufkommensbeitrag auf einen Bruchteil der ursprünglich vorgesehenen Abgabequoten.

Linus Kather, der Vorkämpfer einer gerechten Regelung (der als Vertriebenensprecher der CDU und des BHE im Deutschen Bundestag sowie als langjähriger Präsident des »Zentralverbandes der Vertriebenen – ZdV« die Auseinandersetzungen mit dem Druck von Massenkundgebungen am Bonner Marktplatz führte), hat daher mit der Feststellung recht, am Anfang des Lastenausgleiches habe in diesem Hauptpunkte »ein großer Schwindel« gestanden.[1]

Der Vorwurf wird noch durch den Hinweis bekräftigt, der Mittelstand sei durch die Abgaben für den Ausgleichsfonds relativ mehr belastet worden als die nach und nach etablierten Großbanken und Großbetriebe. Deren Beitrag (oft nur 0,001 % einer Bilanzsumme von vielen Milliarden DM) kann nicht einmal als Pappenstiel bezeichnet werden. Das deutsche Wirtschaftswunder ging, so besehen, an dem, was wir »Lastenausgleich« nennen, weitgehend vorbei. Es ließ Hunderttausende gerade der älteren Menschen in Not und Mittello-

[1] Linus Kather, »Die Entmachtung der Vertriebenen«, Bd. 1, München 1964, S. 136

sigkeit sterben. Es machte den zweiten »Schwindel« vergessen, nämlich den Umstand, daß ein hoher Prozentsatz der Ausgleichsleistungen (etwa 40% der bis 1988 ausbezahlten 120 Milliarden DM) – das Aufkommen für die Kriegsschadensrente und für die Unterhaltshilfe – lediglich modifizierte Sozialhilfen waren. Für diese waren Zuschüsse der Länder vonnöten, die wiederum aus Steuermitteln, d. h. zu einem Gutteil von den Vertriebenen selbst, aufgebracht worden sind.

Im konkreten Fall stellte sich der nicht allzu seltene Schicksalsweg der Wähler aus meinen Heimatkreisen wie folgt dar: Sie landeten mit ihrem Fluchtgepäck von 30–40 kg in Notunterkünften, in Lagern, auf Dörfern oder im Umfeld zerbombter Städte. Hatten sie Fuß gefaßt, wurden sie dem Denazifizierungsverfahren unterworfen. Als Mitglieder der Sudetendeutschen Partei (welcher im Juni 1938 etwa 80% der wahlberechtigten Sudetendeutschen angehörten) oftmals zu Anwärtern der DNSAP gemacht, wurden sie als Mitläufer mit kaum erschwinglichen Geldstrafen belegt. Die Währungsreform behandelte sie wie Gleiche unter Gleichen. Den Sachwertbesitzern gewährte sie alle Vorteile, den Umwechslern lediglich 40 DM. Feststellungsanträge, die sie bei den Lastenausgleichsämtern einreichen mußten, erbrachten ihnen – wenn sie es erlebten – nach vielen Jahren Minimalwerte als quotale Hauptentschädigung.

Als »Hausratsentschädigung« erhielten sie gemeinhin einen Betrag von 1200 bzw. 1600 DM pro Haushalt. Dafür konnten sie sich im Jahre 1955 bestenfalls einen Tisch mit Sitzgarnitur und später noch viel weniger kaufen. Wie groß noch 1950 ihre Bekleidungsnot war, kann man dem Protokoll der BHE-Fraktion im Bayerischen Landtag vom 19. Dezember des gleichen Jahres entnehmen. Da regte der in Niederbayern gewählte Abgeordnete und Heimkehrer Erwin Pfeffer eine Bekleidungshilfe für minderbemittelte Kollegen an! Solche Startbedingungen konnten keineswegs der Befriedigung der Rechtsgefühle dienen.

Am tiefsten wurden diese bei jenen verletzt, die in bestimmten Bereichen besonders große Unterschiede zu verkraften hatten. So erhielt etwa ein ostvertriebener Bauer, dessen 30-Hektar-Hof nach dem besonders niedrigen Einheitswert der Jahre 1936/37 taxiert worden war, am Ende 6000–8000 DM Hauptentschädigung. Ein ansässiger Landwirt, dessen Hof als Baugrund öffentlichen Einrichtungen

(z. B. für Universitätsneubauten) weichen mußte, wurde zur gleichen Zeit aber nach dem Verkehrswert entschädigt, d. h., er erhielt das Vielhundertfache seines ostvertriebenen Standesgenossen. Mehr noch: Wenn dieser in einer Stadtrandgemeinde ansässig wurde, konnte er zusehen, wie der Stadtrandbauer und Grundbesitzer von nebenan über Nacht Millionen scheffelte, ohne seiner auch nur im Traum zu gedenken.

Aus gutem Grunde fragten die Vertreter des ostvertriebenen Landvolkes: »Ist es gerecht, wenn der ostvertriebene Bauer für einen Wald nur soviel bekommt wie hier für einen einzigen Baum erzielt wird?« War es gerecht, daß Magnaten vom Schlage des Fürsten Thurn und Taxis wie eh und je auf ihrem Großgrundbesitz verharren konnten, während Fürst Clary-Aldringen, der liebenswerte Herr von Teplitz-Schönau, am Bettelstab durch die Lande wanderte? War es gerecht, daß die Flicks, Krupps und Thyssens und andere Erben von Großvermögen neue Reichtümer zu sammeln oder wie Gunther Sachs das Leben betuchter Playboys zu führen vermochten, während ein verarmtes Drittel der Bevölkerung lange Zeit nur Zaungast am materiellen Wiederaufstieg gewesen ist?

Freilich: Eingliederungshilfen, Aufbau- und Arbeitsplatzdarlehen, Wohnraumhilfen, die aus den Mitteln des Lastenausgleiches gewährt wurden, haben vielfach Wunder gewirkt und wurden auf Heller und Pfennig verzinst und zurückgezahlt. Mehr noch half das Fremdrentengesetz, das die Altersversorgung der Angestellten und Arbeiter, oder das Gesetz zum Art. 131, das die Pensionsansprüche der Beamten sicherte. Die Gleichstellung in der Sozialversicherung hat viel Gutes bewirkt. Gleichwohl sollte niemand die Leistungen überschätzen, welche die Bundesrepublik Deutschland als Ganzes angeblich bei der Eingliederung der zwölf Millionen Vertriebenen, der Ausgebombten und später der Zonenflüchtlinge vollbrachte. Im wesentlichen verdanken wir den allgemeinen Aufstieg dem Fleiß und der Selbsthilfe der Betroffenen sowie der Disziplin, die sie nicht in Anarchie und Aufstand verfallen ließ.

Ein wenig haben wir als politisch Verantwortliche dazu beigetragen, daß die soziale Atombombe inmitten Europas nicht gezündet wurde. Gleichwohl muß ich den Vorwurf zur Kenntnis nehmen, den Gesamtumfang der Vermögensverluste und der damit zusammenhängenden Probleme nicht energisch genug verdeutlicht zu haben.

Ich meine damit den dritten »Schwindel«, der im Zusammenhang mit dem verfehlten Ausgleich zu registrieren ist: die Tatsache, daß Ost- und Sudetendeutsche ja nicht nur die Summe ihrer Privatvermögen, sondern auch das Gesamt ihres öffentlichen Vermögens (Schulen, Post und Eisenbahn, staatlichen und städtischen Grundbesitz, kulturelle Einrichtungen, Bodenschätze usw.) verloren haben. Wo steht das verlorene Nationalvermögen der Ost- und der dreieinhalb Millionen Sudetendeutschen zu Buche? Rechnet man damit, daß sich niemand mehr darum schert, wenn deren Identität verschwunden ist? Können solche Fragen nur Repräsentanten aufwerfen, die sich dieser Identität noch verpflichtet fühlen?

In den fünfziger Jahren kümmerten sich noch Staatskanzleien und Friedensbüros um diese Probleme. Niemand, weder das Bundesfinanzministerium noch das Auswärtige Amt noch wissenschaftliche Fachgremien, hat sich mittlerweile der Berechnung hier anstehender Werte gewidmet. Das blieb den Betroffenen selbst überlassen.[1] Daß es sich dabei um hohe Milliardenbeträge handelt, kann indes nicht nur als eine Frage aufgeschobener Reparationen gelten. Es handelt sich um den Lebensreichtum vieler Generationen.

Die Väter des Lastenausgleiches haben dem Gesetzeswerk eine Präambel vorausgestellt, die besagt, daß die Gewährung und Annahme von Leistungen »keinen Verzicht auf die Geltendmachung von Ansprüchen auf Rückgabe des von den Vertriebenen zurückgelassenen Vermögens bedeutet«. Die Gesetzesbestimmungen erfolgten zudem »unter dem ausdrücklichen Vorbehalt«, daß die von ihnen zugesprochenen Leistungen »weder die Vermögensrechte des Geschädigten berühren noch einen Verzicht auf die Wiederherstellung der unbeschränkten Vermögensrechte oder auf Ersatzleistung enthalten«.

Die Zuweisungen des Lastenausgleichsgesetzes sind demnach nur Entschädigungen für den entgangenen Gewinn. Im Zeichen der allgemeinen »Glasnost« sollte das ebenso festgehalten werden wie die Tatsache, daß wir im Lastenausgleichsarchiv zu Bayreuth nicht nur papierene Akten aufbewahren. Dort ist ein Kapitel unserer Geschichte verzeichnet, dessen Folgen ein gut Teil meines persönlichen Wirkens innerhalb und außerhalb der Parlamente galt.

[1] Vgl. Berechnung des verlorenen Nationalvermögens der Sudetendeutschen durch die »Hilfsstelle für Flüchtlinge aus den Sudetengebieten«, S. 180

Der kulturelle Auftrag

Die Erfahrung, daß Notzeiten geistig-kulturelle Bemühungen eher anregen denn behindern, schenkte der parlamentarischen Tätigkeit im Maximilianeum auch hellere Akzente. Dem kam die Grundentscheidung der Verfassungsväter entgegen, die das Kapitel »Kultur und Kulturpolitik« der Obhut und Zuständigkeit der Länder überlassen hatten. Als Mitglied des Kulturpolitischen Ausschusses spielte ich dabei einen Part, der mich über die ökonomischen und sozialen Probleme hinaus an den Erfolgen teilnehmen ließ, die der Aufbau unseres kulturellen Lebens mit sich brachte.

Mit Genugtuung denke ich etwa an die Entscheidung zurück, das Münchner Nationaltheater in seiner alten Pracht und Schönheit wiedererstehen zu lassen. Da gab es Widerstände in allen Fraktionen, denen ein Neubau angemessen und billiger erschien. Der feinfühlige Kultusminister der Vierer-Koalition, Prof. August Rücker, hatte gleichwohl Pläne nach den alten Vorlagen erstellen lassen. Am 30. Januar 1956 warb er im Koalitionsausschuß um die Zustimmung der Fraktionen. Für die bloße Theateranlage ergäbe sich die Notwendigkeit eines Aufkommens von 33 Millionen DM. Mit den am Marstallplatz geplanten Ergänzungsbauten seien insgesamt 49 Millionen DM zu veranschlagen. Späterhin hätte man mit einem derartigen Betrag bestenfalls ein mittleres Kreiskrankenhaus erstellen können.[1] Als jahrelanger Erlebnisträger der Wiener und Prager Kulturszene gesellte ich mich zu denen, die das Projekt, obwohl es nicht zum Koalitionsprogramm erklärt wurde, auch mit Mitteln außerhalb des Etats der Vollendung entgegenführen wollten. Der Rang Münchens als neue Kulturmetropole dessen, was von Deutschland übriggeblieben war, erheischte eine Prioritätenspitze auch in den Überlegungen derer, die zuvörderst der Lösung von Existenzproblemen verpflichtet waren.

Was in jenen Jahren an Kulturdenkmälern im ganzen Lande wiedererstand, wurde vielfach auf Schleichwegen am Etat vorbei finanziert. Erneut erwies sich, daß Kultur kein Luxus, sondern das ideelle Zentrum des Lebens ist. Am Ende erstanden unsere Städte, Königs- und Fürstenpalais, Kirchen, Rathäuser, Brücken und Denkmäler so,

---

[1] 1989 kam allein die Erneuerung der Bühnenapparatur auf runde 30 Millionen DM zu stehen.

als wären sie nie zerstört gewesen. Im Kern bilden sie heute den wohltuenden Gegensatz zur Wohnsilo- und Hochhausarchitektur, die auch unser Land mit den Segnungen einer Allerweltskultur überzog.

Bayern war nach 1950 zu einem guten Fünftel von Ost- und Sudetendeutschen bewohnt. In ihrem Auftrag brachten wir Sonderwünsche, aber auch neue Traditionen in die kulturelle Entwicklung des Landes ein. Der Wahrung ihres geistigen Erbes, ihrer Kultur sowie der Beobachtung ihrer Herkunftsländer galten Anträge und Koalitionsabsprachen, mit deren Hilfe wir jene Institutionen fördern bzw. etatisieren konnten, die wir – wie Osteuropa-Institute, Kulturwerke, Collegium Carolinum, Sudetendeutsches Archiv usw. – aus eigener Initiative in der zweiten Hälfte der vierziger Jahre geschaffen hatten. Hier war ich sozusagen »in meinem Element«.

Auch war es für uns selbstverständlich, Anträge auf Erhöhung der Zuschüsse zu stellen, die es den zum großen Teile von Mitgliedern des Deutschen Philharmonischen Orchesters in Prag und des Karlsbader Kurorchesters getragenen Bamberger Symphonikern ermöglichten, ein Klangkörper von internationalem Rang zu werden.[1] Solche und ähnliche Anträge wurden von uns bis zum Ausscheiden aus dem Bayerischen Landtag gestellt und vielfach von Abgeordneten anderer Fraktionen mitgetragen. Letztere in freundschaftlichen Couloir-Gesprächen dafür zu gewinnen, gehörte zur Kunst des persönlichen Umgangs außerhalb des Plenums und der Sitzungssäle.

---

[1] Die Anträge, die natürlich dem Koalitionsprogramm entsprachen, lauteten u. a. wie folgt:

»Der Landtag wolle beschließen: Im Haushalt des Staatsministeriums für Kultus und Unterricht ist bei Kap. 0502 A für das neu zu errichtende ›Collegium Carolinum‹, Forschungsstelle für die Sudetenländer, ein Zuschußbetrag von DM 40.000 einzusetzen. (München, 8. März 1956. Dr. Becher, Riediger, Dr. Wüllner und Fraktion GB/BHE)« – Oder:

»Der Landtag wolle beschließen: Der im Haushalt des Staatsministeriums für Unterricht und Kultus bei Kap. 0502 C Tit 610 eingeplante Zuschuß an die Bamberger Symphoniker ist um 100.000 DM zu erhöhen. (München, 8. März 1956. Dr. Becher, Riediger, Luft und Fraktion GB/BHE)«

Schule und Lehrerbildung

Als Sudetendeutsche kamen wir, wie bereits erwähnt, aus einer hochentwickelten pädagogischen Provinz.[1] Unser Schulwesen war seit Jahrzehnten auf die Ergänzung einer Industriegesellschaft eingestellt, die sich in Bayern eben zu entwickeln begann. Was Wunder, daß wir aus dem vollen schöpfen konnten, als es darum ging, ein dementsprechendes Gesetzgebungswerk in die Wege zu leiten. Mit dem Vorsitzenden des »Bayerischen Lehrer- und Lehrerinnen-Verbandes«, Wilhelm Ebert, stand an der Spitze der wichtigsten Berufsorganisation ein Mann, der als Absolvent der Egerer Lehrerbildungsanstalt selbst aus dieser Tradition gekommen war. Mit ihm hatten mittlerweile Tausende sudentenländischer und ostdeutscher Lehrkräfte die bayerische Lehrerschaft ergänzt und den Kampf um eine höhere, akademische Einstufung ihrer Ausbildung sowie um eine zeitgemäße Schulorganisation unterstützt.

Die Lehrer (insbesondere jene aus den Vertreibungsgebieten) hatten uns das wichtigste Kapital für den Wiederbeginn aus den Tagen der Niederlage mitgegeben. Gleichwohl kannten wir ihren ungebrochenen »Drang nach oben« und legten uns die Frage vor, ob die damit verbundene Akademisierung ihrer Ausbildung nicht auch negative Folgen haben könne (Verlängerung ihres Studiums, allzu starke Spezialisierung, Entfernung von der Basis, Gleichstellung mit den Philologen). Der Gedanke, jenen, die das kostbare Gut des Kindes zu betreuen hatten, eine gleiche Ausbildung wie »Tierärzten und anderen akademischen Berufen« zu geben, überzeugte indes ebenso wie der Gedanke, die in Bayern noch weitverbreiteten Zwergschulen durch Mittelpunktschulen zu ersetzen, welche entsprechend auszurüsten wären.[2]

Dem »Mittelbau« des Schulwesens galt unser besonderes Anliegen. Wir hatten die heimatliche »Bürgerschule« und unser berufsbegleitendes Fachschulwesen vor Augen, als wir entsprechende Akzente setzten. Da und dort gingen unsere Wünsche in Erfüllung. Dennoch vermochte die reihenweise Errichtung von Mittelschulen

---

[1] Siehe S. 30

[2] Laut Angaben des Ministerpräsidenten Dr. Hoegner hatte Bayern 1956 noch 2000 einklassige Volksschulen.

(Realschulen) und die erst spät einsetzende Beachtung der Hauptschulen (die wie unsere Bürgerschulen an die vierklassige Grundschule anschließen sollten) den übergroßen Andrang zu den Oberschulen und Gymnasien nicht aufzuhalten. Er war eine Folge der »Bildungsrevolution«, die der sowjetische Sputnik ausgelöst hatte und die eine lange Reihe von Politikern und Pädagogen zu Fehlschlüssen geführt hatte, deren Folgen jahrzehntelang spürbar blieben. Ihr Initiator Professor Georg Picht (»Beseitigung des Abiturientendefizits«) und selbsternannte Bildungsmatadore vom Schlage der liberalen Hildegard Hamm-Brücher lösten bedenkliche Prozesse aus. Sie haben späterhin ganze Heerscharen von Schülern ins »akademische Proletariat« geführt und den Mittelbau ausgehöhlt. Viele der in den fünfziger Jahren erörterten Probleme sind heute noch aktuell und werden es wohl bis zur Jahrtausendwende bleiben.[1]

Die härteste Nuß der Schulreform und Lehrerbildung war in Bayern zunächst aber das konfessionelle Problem. Es zu lösen, trat die Vierer-Koalition zuvörderst an. Die Konfessionsschule war ein kaum verrückbares Anliegen der Kirchen. Konkordate und Staatsverträge hatten es festgeschrieben. Tiefverwurzelte Traditionen hielten an Grenzziehungen fest, die mitten durch die Schulzimmer gingen. Das erforderte tolerantes Vorgehen und gegenseitige Rücksichtnahme über Partei- und Koalitionsgrenzen hinaus.

Deshalb war ich gerne der Einladung meines Freundes Professor Karl Köhler gefolgt, die am 9.1.1956 in dessen Gautinger Künstlerwohnung Vorstandsmitglieder des BHE mit solchen der Kirche und der CSU zusammenführte. Neben dem Domkapitular Dr. Hubert Fischer nahmen Dr. Hanns Seidel, Dr. Franz Heubl und Dr. Alfons Goppel an der Aussprache teil, also Persönlichkeiten, welche in der Lage waren, die Einwände der Kirche und der Opposition gültig zu vertreten.

Die Zusammenkunft, über die Ministerpräsident Dr. Hoegner korrekterweise vom Landesvorsitzenden des BHE, Dr. Guthsmuths, informiert worden war, gab mir Gelegenheit, das Votum unserer Partei für die christliche Gemeinschaftsschule zu erläutern. Es war im wesentlichen aus der sudetenländisch-österreichischen Tradition und

[1] Seit 1988/89 haben wir nur noch Abiturienten, aber keinen Nachwuchs für das Handwerk

deren herausragenden Schulgesetzen zu verstehen, die nur diese Art der Schulform kannten.[1]

Was durch den überragenden Anteil der katholischen Bevölkerung in meiner Heimat freilich leichter möglich war, bereitete nunmehr große Schwierigkeiten. Deren Überwindung wurde im Gesetzentwurf der Vierer-Koalition bis zur zweiten parlamentarischen Lesung vorangetrieben. Dann sollten Verhandlungen mit den Kirchen eine zufriedenstellende Lösung ermöglichen. Obwohl diese erst unter der Regierung Seidel am 2. Juni 1958 eintrat, blieben die Grundzüge der ursprünglichen Regelung, an der wir entscheidend mitgewirkt hatten, erhalten: Ausbildung der Lehrerstudenten an Pädagogischen Hochschulen, die den bayerischen Universitäten zugeordnet waren; Überwindung der konfessionellen Trennung in den Schulzimmern, aber die Ermöglichung konfessioneller Schulen sowie konfessionell gebundene Pflichtvorlesungen in den Fächern Philosophie, Psychologie und Pädagogik.

Der Bayerische Lehrer- und Lehrerinnenverband (BLLV) lud die Fraktion des BHE, die den Kompromiß ermöglicht hatte, zu einem Danke-schön-Essen ein. Wieder einmal hatte ich die Genugtuung, ein wenig zur wegweisenden Befriedung des Landes beigetragen zu haben.

Der sudetendeutschen Tradition entsprach auch unser Eintreten für eine vorrangige Bewertung des Volksbildungswesens und der Volksbüchereien. Gefördert durch das Volksbüchereigesetz und laufende Zuschußanträge, verfügte Bayern bald über ein ähnliches Netz derartiger Einrichtungen wie das Sudetenland. Dessen gediegene Schulpraxis bewog mich denen zu folgen, die für die Beibehaltung des Schuljahrsbeginnes im Herbst eintraten. Wie richtig das war, ergab sich aus der Tatsache, daß ihn nach und nach auch die übrigen Bundesländer einführten.

In die Zeit der Vierer-Koalition fiel auch die Gründung einer »Akademie für politische Bildung« und das »Gesetz zur vorläufigen Regelung und Errichtung von Atomreaktoren«. Die in Tutzing am Starnberger See etablierte »Akademie« war ein Lieblingskind Waldemar von Knoeringens und seiner Kombattantin Hamm-Brücher. Unter dem Motto »Mehr Licht über Bayern« entsprang sie dem Geist der

[1] Siehe oben S. 174 ff.

Aufklärung, dem sich beide verbunden wußten. Sie sollte als überparteiliche Einrichtung das demokratische Bewußtsein aller Schichten der Bevölkerung festigen, machte aber den renommierten Akademien der evangelischen und der katholischen Kirche kaum bemerkbare Konkurrenz.

Das Atom-Ei in Garching

Für die Zukunft bedeutungsvoll wurde das resolute Eintreten der Regierung Hoegner zugunsten der Atomforschung und für die Errichtung entsprechender Institute. Schon am Beginn seiner Regierungserklärung vom 17.1.1956 hatte der Ministerpräsident die Bildung einer »Bayerischen Atomkommission für die friedliche Nutzung der Atomenergie« unter seinem Vorsitz vermeldet. Voraussichtlich »in zehn bis 15 Jahren«, so erklärte er, werde Bayern an den Bau von Atomkraftwerken gehen müssen, um seine Energieversorgung zu sichern. Das »Atom-Ei« in Garching, der erste Versuchsreaktor dieser Art in der Bundesrepublik, wurde zu einem Symbol seines fortschrittlichen Wirkens. Das Eintreffen des benötigten Uranstabes aus Amerika begrüßte er ebenso freudig wie die Möglichkeit, in Nordbayern Uranpechblende abzubauen.

Dr. Fritz Köllner, mein Altkarlsbader Freund und namhafter Politiker der SdP, der acht Jahre seiner Strafzeit in den Urangruben des Erzgebirges durchgestanden hatte, erläuterte – welch ein Rundum der Begegnungen! – noch 1959 als Referent des Arbeitsministeriums im sozialpolitischen Landtagsausschuß erfahrungsbewährt die Maßnahmen, welche für die strahlensichere Wahrung der Gesundheit bayerischer Bergleute nunmehr zu treffen seien.

Zu den eindrucksvollsten Ereignissen, die ich im Maximilianeum erlebte, gehört zweifelsohne der Auftritt Werner Heisenbergs, der dem Plenum des Landtages am 11. Juli 1956 über die Zukunft der Atomforschung in Deutschland berichtete. Aufmerksame Stille herrschte, als er uns die Möglichkeit erläuterte, die bei der Wasserstoffbombe eingetretene Atomfusion auf andere Weise für friedliche Zwecke dadurch zu ermöglichen, daß man die dabei entstehende gigantische Hitze in einer Magnetstrahlenhülle bändige. Praktische Erfolge würden sich aber erst in Jahrzehnten einstellen. Der Nobelpreisträger, dessen Übersiedlung in das Max-Planck-Institut nach München die Regierung mit Elan betrieb, verbreitete die Aura eines geheimnisumwitterten Wissensträgers. Ich war beglückt, vom gewohnten Rednerpult einmal etwas anderes als politische Darbietungen zu vernehmen.

Das zerfallende Bündnis

Erlebnishöhepunkte der erwähnten Art vermochten die Fortdauer der Vierer-Koalition indes ebensowenig zu sichern wie die Erfolge ihrer Sacharbeit. Die sich zunehmend ändernde Großwetterlage in Bonn machte das Experiment, gegen die »größte Partei« zu regieren, vielmehr ebenso zunichte wie die Überlebensfrage der kleinen Parteien, die von ihr bedrängt wurden. Der hochgehende Spielbankenskandal, in den die Bayernpartei am meisten verwickelt war, zermürbte ihre Widerstandskraft. Die FDP, der wir an manchen Orten Plakate kleben halfen, wehrte sich ebenso wie wir gegen die Klippe der Zehn-Prozent-Klausel und suchte nach Auswegen. Unter der Initiative ihres damaligen Rechtsaußens Josef Ertl sowie des Kreisvorsitzenden und späteren Landrats von Starnberg, Dr. Widmann, tauchte sogar ein Plan der Vereinigung von FDP und BHE zu einer »nationalen demokratischen Volkspartei« auf. Sie sollte die politische Mitte des Landes bilden und dementsprechend standfest sein. Der Vorschlag scheiterte – glücklicherweise – am Widerstand der linken Liberalen, die ihn damals ebenso wie 1962 verwarfen. Seine Verwirklichung hätte weder den dauernden Basiskummer dieser Partei noch das Auseinanderstreben innen- und außenpolitischer Ziele verhindert. Anders als in den späten achtziger Jahren führte der Trend der Zeit die Wähler den Großparteien zu, die sich als »Volksparteien« etablierten sowie dem Regiment des großen Adenauer gehorchten.

Dieser nun hatte den BHE, der von 1953–1957 im Bundestag vertreten war, dort unter Druck- und Zugzwang gestellt. Wie die Bundestagsfraktion der FDP zerfiel auch er in zwei Teile, was unsere Schlagkraft keineswegs stärkte. Eine Fraktion ist ja kein Markensammlerverein. Gemeinhin hält sie ein Ausmaß von Kollegialität und

Kameradschaftlichkeit zusammen, das, wenn es schwindet, üble Folgen für die Gesamtpartei nach sich zieht.

Genau das trat bereits Mitte 1956 ein, als sich, über das Saarstatut und die allgemeine Westorientierung zerstritten, der Bundestags-BHE auseinanderdividierte. Sicher war es ein Tiefschlag gegen die Solidarität mit dem Fußvolk, als die Gründer und Vorsitzenden Waldemar Kraft und Theodor Oberländer (letzterer, ohne sich mit dem von ihm geführten Gesamtdeutschen Block/BHE in München zu verständigen) mit sechs Kollegen aus der Partei austraten, auf Wunsch Adenauers aber ihre Ministerposten beibehielten. Obwohl ich für einige Argumente der Dissidenten Verständnis hatte, konnte ich die Art und Weise ihres Verhaltens, die an unserer Situation in Bayern völlig vorbeiging, keineswegs billigen. Sie trug entscheidend dazu bei, daß dem Gesamtdeutschen Block/BHE im Jahre 1957 lediglich 121 205 Stimmen zur Erfüllung der Fünf-Prozent-Klausel und damit zum abermaligen Einzug in den Bundestag fehlten.

Die Wahlen dieses Jahres brachten der Partei Adenauers den einmaligen Erfolg der absoluten Mehrheit. Deutschlandverträge und Wirtschaftswunder verdichteten sich zu dem Slogan: »Keine Experimente!« Dagegen war auch an der Isar kein Kraut gewachsen. Manche meiner Kollegen sahen nur Undank als aller Mühe Lohn. Man wollte nicht länger mehr »karitativer Hilfstrottel« ohne Vergeltung sein und suchte nach einem neuen Standort.[1] An der Seite der SPD und der zerfahrenen Bayernpartei waren, das leuchtete ein, für uns auch die Landtagswahlen 1958 verloren. Ich selbst hatte die Marschroute der SPD in Richtung Verzichtspolitik kommen sehen und entsprechende Stellungnahmen der Bundestagsabgeordneten Otto-Heinrich Greve und Carlo Schmid im Koalitionsausschuß gerügt. Die beginnenden Kontakte zu den Anti-Rooseveltianern im US-Kongreß, über die noch zu berichten ist, stärkten meinen Widerstand gegen die Akzeptanz von Jalta und Potsdam weitaus mehr als die Bonner Querelen.[2]

Bereits im Juni 1954 hatte ich der Fraktion über die Tätigkeit des Kersten-Ausschusses berichtet, der im Auftrag des Repräsentantenhauses auch im Freistaat Verhöre über die Verbrechen an Osteuropä-

---

[1] Protokoll BHE-Fraktion vom 4. Oktober 1957

[2] Siehe S. 255 ff. und 265 ff.

ern und Deutschen während der sowjetischen Besatzung durchführte.[1] Die neuen Signale aus Übersee ergänzten die angeführten Gründe zu einem Kurswechsel und bestärkten meine Überzeugung, ihn, wenn er nun einmal notwendig war, entschlossen in die Wege zu leiten.

Bruch und Ende

Der Zerfall einer politischen Liaison ist vor allem dann von Übel, wenn er nicht auf persönlichen Aversionen beruht. Solche hegte ich weder gegen die Mitglieder des Koalitionsausschusses noch gegenüber Dr. Wilhelm Hoegner. Letzterer mußte freilich das Risiko des Vierer-Bündnisses am meisten auskosten, dessen Folgen im Konkreten nun nicht auf den Parteiführungen, sondern auf den Fraktionen lasteten. Zwar hatten – wovon ich erst nach Jahren erfuhr – bereits Ende 1956 im Auftrage unseres Landesvorsitzenden Dr. Guthsmuths Vertreter aus seiner Kanzlei (Dr. Rudolf Wagner und Dr. Lindenblatt) an einer Zusammenkunft mit Repräsentanten der CSU (Dr. Schedl und Fürst Fugger-Glött) teilgenommen, bei der man in Gegenwart des Staatssekretärs Kurt Eilles und des Abgeordneten Dr. Schweiger von der Bayernpartei eine Art Entwurf für eine neue Koalition stenographisch niederschrieb. Das hatte aber schon deshalb keine Bedeutung, weil die Fraktion des GB/BHE nicht eingeschaltet war, die in den entscheidenden Wochen im September/Oktober 1957 eine Koalition unter Beteiligung der Bayernpartei strikt ablehnte.

Die Kreuz-und-quer-Gespräche, die in diesen Monaten allenthalben geführt wurden, machten aus dem Maximilianeum eine Gerüchtebörse, die zuvörderst aus deren Reihen versorgt wurde. Baumgartner, der die Bundestagswahl vergeblich mit einer zwischen ihm und dem rheinischen Zentrum gebildeten »Föderalistischen Union« zu überstehen versuchte, schwankte zwischen Treuebekundungen und Fluchtbewegungen vieler seiner Mandatsträger hin und her. Das

[1] Seine Ergebnisse wurden u. a. wiedergegeben im »Special Report Nr. 8«, 31.12.1954, »Select Committée on Communist Aggression«, House of Representatives, 83. Congress, Washington 1955

bewog meine Fraktion, meinen Stellvertreter und mich zur Führung von Aufklärungsgesprächen zu veranlassen, die uns vor Überraschungen aus heiterem Himmel bewahren sollten. Der Auftrag führte mich in das Zentrum von Vorgängen, deren spannungsreicher Ablauf eher einer Tragikomödie als einem echten Drama glich.

Der aus dem ersten Kulturgespräch vom Januar 1956 bekannte Professor Karl Köhler/Gauting trug wesentlich dazu bei, daß unsere Fühlungnahme mit der CSU nicht auf der Ebene rein taktischer Gesichtspunkte geführt wurde. Vor allem deren »Landratsflügel« (Rudolf Eberhardt, Dr. Schedl und Co.) drängte auf einen raschen Wechsel zu Regierungspositionen. In Anbetracht der Anti-Nato- und Bundeswehreinstellung der SPD ging es mir nicht nur um innen-, sondern auch um bundespolitische Perspektiven. Die eigentliche Klärung brachte daher erst eine gründliche Aussprache, zu der mich Dr. Hanns Seidel am Abend des 30. September 1957 zu sich gebeten hatte. Der Chef der CSU, der mit der Beerdigung des ehemaligen Landwirtschaftsministers Dr. Alois Schlögl einen von Trauer geprägten Tag hinter sich hatte, empfing mich sichtlich abgeschlagen in seinem Hause. Nicht von ungefähr führten private Reminiszenzen an den Kern meines Petitums: Wie ernsthaft waren die Möglichkeiten einer künftigen Zusammenarbeit?

Als ich bei der Erörterung konkreter Ressortbesetzungen jede Berufung meiner eigenen Person ablehnte, schien sich Enttäuschung mit dem Bewußtsein zu mischen, daß es um staatspolitische Weichenstellungen, nicht aber um persönliche Karriere ging. Um keinen Preis wollte ich die Unabhängigkeit eines Abgeordneten aufgeben oder gar den Eindruck erwecken, meine Entscheidung für den Koalitionswechsel ziele auf solche Absichten. Um so freier machte mich dann der am Ende recht lebhafte Gedankenaustausch für die Meinungsbildung in der Fraktion. Wir wollten für den Fall des Falles keine zusätzlichen Regierungsstellen verlangen, sondern uns mit dem bisherigen Besitzstand begnügen: Walter Stain als Sozialminister (der dann bis 1959 auch als stellvertretender Ministerpräsident amtierte), Dr. GuthsMuths und Erich Simmel als Staatssekretäre im Wirtschafts- bzw. Landwirtschaftsministerium.

Ein Blick auf das Presseecho der nachfolgenden Tage verzeichnet das Bild hochgehender politischer, aber auch journalistischer Wogen. Für Zeitungsmacher ist ja nichts so interessant wie der bevorstehende

Sturz einer Regierung und die damit zusammenhängende Berufung der neuen Verantwortungsträger. So schrieb der »Bayerische Landtagsdienst« (BLD): »Die Stimmung, die am 2. Oktober 1957 im Maximilianeum herrschte, erinnerte an die spannungsreichen Tage der Regierungsbildung 1954. Weit über 20 Landtagsjournalisten hatten sich vor dem Fraktionszimmer der Bayernpartei versammelt, während am gleichen Tage auch die Fraktionen der CSU, SPD und des GB/BHE mehrere Stunden hinter verschlossenen Türen tagten und auf die Entscheidung der BP-Fraktion warteten. Selbst der SPD-Fraktionsvorsitzende Waldemar v. Knoeringen gab vor den Pressevertretern zu, daß die Hochspannung nun ihren Höhepunkt erreicht habe. Die FDP-Abgeordnete Brücher war eigens ins Maximilianeum gekommen, um sich zu erkundigen, ›ob die Koalition noch steht‹! Sie meinte, daß sie zwar in den vergangenen drei Jahren alle Gerüchte über eine Regierungskrise nicht ernst genommen habe, diesmal aber auch von der allgemeinen Erregung angesteckt worden sei.«

Die Szene verlagerte sich in die Nähe des Hofbräuhauses. Dort ließen im Festsaal des Hotels »Platzl« erregte Stimmen der Bayernpartei die Bierkrüge tanzen. Man konnte sich ebensowenig entschließen wie in besagter Sitzung am 2. Oktober. Baumgartner erklärte: »Alles bleibt beim alten. Die Sache ist ausgestanden, und damit sind alle Spekulationen erledigt!« Das traf aber leider nicht zu. Im Gegenteil. Die Krise schwelte weiter und führte am 8. Oktober 1957 zum Eklat. Es drehte sich neuerlich um das Hüh und Hott seiner Mannen. Am Ende ihrer Morgensitzung gab er bekannt, die Bayernpartei werde von sich aus keinen Antrag stellen und die Entscheidung über den Verbleib der Regierung nach Art. 44, Abs. 2 der bayerischen Verfassung dem Plenum des Landtages überlassen. Das teilte er um 14.30 Uhr auch dem Koalitionsausschuß mit.

Da es nun in der Tat um die Frage des ersten Schrittes ging, plädierte ich im Anschluß daran in unserer Fraktion für eine sofortige Entscheidung. Bei vier Gegenstimmen beschlossen wir, unsere Mitglieder aus der Regierung zurückzuziehen und uns auch an keiner Regierungskoalition zu beteiligen, zu deren Partnern die Bayernpartei »in ihrer gegenwärtigen Zusammensetzung« gehört.

Der gordische Knoten war damit zerhauen. Es fiel mir schwer, den Beschluß gemeinsam mit dem Landesvorsitzenden dem Koalitionsausschuß mitzuteilen, der um 16 Uhr in der Staatskanzlei zusammengetreten war. Gleichwohl frohlockte die Bayernpartei (einer der Ihren: »Etzat ham wir's doch derwarten können, daß die Böhm vorausganga san. Ma muaß nur die stärkeren Nerven ham!«) zu früh. Erst am Abend merkte sie, was geschehen war. Noch um 21.30 Uhr entsandte sie einen reitenden Boten in die Privatwohnung Dr. Hoegners mit der Eröffnung, daß auch die Bayernpartei ihre Mitglieder aus der Regierung zurückziehe. Dr. Hoegner wartete nicht mehr die Entscheidung des Landtages ab. Zur gleichen Stunde gab er vielmehr seinen Rücktritt bekannt.

11. NEUBEGINN UND NEUE SORGEN

Nach den erwähnten Vorklärungen vermochte sich die neue Koalition und Regierung problemlos zu bilden. Sie wurde von 84 und später von mehr Abgeordneten der CSU sowie von 19 bzw. 13 Abgeordneten des Gesamtdeutschen Blocks/BHE und der FDP getragen. Am 16. Oktober 1957 erfolgte die Wahl Dr. Seidels zum Ministerpräsidenten. Ein Zehn-Punkte-Programm, das den Wirtschaftsausbau als vordringlich bezeichnete, führte im übrigen die Regierungsarbeit der Viererkoalition fast kontinuierlich weiter. Ein Koalitionsbeirat, der unter neuer Firmenbezeichnung die parlamentarischen Aktionen koordinieren sollte, verlor rasch an Bedeutung. Unsere Aktivität verlagerte sich mehr und mehr auf das Ziel, die Landtagswahl 1958 trotz des Ausscheidens aus dem Bundestag erfolgreich zu bestehen.

Dieser Absicht kam der hervorragende Zustand unserer Parteigliederung vollauf entgegen. Der bayerische BHE befand sich auf dem Höhepunkt seiner Entfaltung. Sein Amtsträgerkorps zeigte eine Gemeinschaft von Frauen und Männern, die sich in Kreis- und Ortsverbänden bewährten und gewillt waren, neben den sozialen nunmehr auch gesamtdeutsche Aufgaben zu übernehmen. Man wollte nicht mehr nur »Flüchtlingspartei« sein. Man nannte sich laut Fraktionsbeschluß vom 30.10.1957 nur noch »Gesamtdeutscher Block« (GB).

Die gemeinschaftsbildende Kraft des GB erwies sich vor allem auf den großen Landestreffen. So brachte der auf den Koalitionswechsel folgende Parteitag in Ansbach (27.–28. April 1958), dessen Ergebnisse in einer Niederschrift unter dem Titel »Auftrag und Leistung« wiedergegeben wurden, programmatische Beiträge. Deren Voraussicht ist auch heute noch beachtenswert. Walter Stain, dessen Renommee seit seinem mutigen Einsatz für die Ungarn-Flüchtlinge außerordentlich gestiegen war, erläuterte in einem Zehn-Punkte-Programm das Wahlmanifest. Er setzte sich mit dem Fehlschlag des Marxismus in Theorie und Praxis auseinander. Gewissermaßen nahm er die Begründung der Perestrojka vorweg, als er ausführte, daß es die sowjetische Planwirtschaft in all den Jahrzehnten seit der Oktoberrevolution nicht geschafft habe, Produktions- und Konsumtionsmittel für die Menschen und ihr Wohlbefinden zu erstellen.

Da lag schon Stimmung im Saal und Verständnis für ein Wort Heinrich v. Treitschkes, das ich in einem weitangelegten Referat im Kampf gegen die allgemeine Gleichgültigkeit zitierte: »Große politische Leidenschaft ist ein köstlicher Schatz. Das matte Herz der Mehrzahl der Menschen bietet nur wenig Raum dafür.« Daß wir mehr sein wollten als eine Partei auf Zeit, leitete ich aus unserer bisherigen Mitwirkung bei der Gestaltung der politischen Verhältnisse ab:

»Als im Zeichen einer hyperklerikalistischen Attacke das landespolitische Gespräch auf einen frisch-fröhlichen Kulturkampf hinzusteuern drohte, war es der Gesamtdeutsche Block/BHE, der während der vergangenen Vierer-Koalition für die Wiederherstellung der richtigen Rangordnung der landespolitischen Probleme eintrat. Bereits im Januar 1955 habe ich an das Hohe Haus im Maximilianeum appelliert, in der Grenzlage Bayerns und nicht etwa im konfessionellen Streit das Problem Nr. 1 unserer Landespolitik zu erblicken. Ich habe dies in den Aussprachen zu verschiedenen Regierungserklärungen Dr. Hoegners genauso wiederholt wie in der Aussprache zur Regierungserklärung Dr. Seidels im Dezember 1957. Der Gesamtdeutsche Block ist seiner Linie treu geblieben, und ich möchte sagen, sie hat uns von der Interessenpolitik zur Staatspolitik geführt. Diese Haltung verlieh uns – und wir haben es in vielen, vielen Tagungen und Versammlungen immer wieder empfunden – die Gabe, die soziale, die wirtschaftliche, die kulturelle und die politische Problematik Bayerns vom Ganzen her zu sehen. Darin sind wir manch anderen Faktoren dieses Landes ein wenig überlegen.«

Aus gegebenem Anlaß setzte ich mich mit den Thesen der Koexistenz-Politik auseinander, die damals in zunehmendem Ausmaße in der Bundesrepublik an Boden gewann. Dabei verwies ich auf das Urteil der Spätheimkehrer sowie auf die Erfahrungen, die wir als Zonenflüchtlinge oder als Vertriebene in unseren Herkunftsländern machen konnten:

»Diese Erfahrung lehrt in jedem Falle, daß diejenigen, die da glauben, mit den Herren des Kremls aus der Position des Händlers ohne Ware verhandeln zu können, auf Sand bauen. Wir haben vor kurzem den zehnjährigen Todestag eines der verhängnisvollsten dieser politischen Levantiner, des Herrn Dr. Edvard Beneš, vermerken können, und wir sollten aus dem Schicksal dieses Mannes lernen, daß billige Koexistenz mit der Macht des Kremls mit tödlicher Sicherheit zum Untergang und zum Aufgefressenwerden durch sie führt.«

Ich zitierte den Churchill des Jahres 1943, der damals im Unterhaus erklärte, »tiefe Wandlungen« hätten sich in der Sowjetunion vollzogen, die trotzkistische Form des Kommunismus sei völlig ausgetilgt, das religiöse Leben habe eine wunderbare Wiedergeburt erfahren, Zucht und militärisches Gehaben der russischen Armee seien vorbildlich und die Komintern bleibe aufgelöst. Solche und ähnliche Fehleinschätzungen, erklärte ich, hätten in Jalta und Potsdam Pate gestanden. Das Unglück begann demnach mit der Verniedlichung der bolschewistischen Ideenwelt sowie mit der »Hypnose der Eliten«, die sie nach einer von Wenzel Jaksch geäußerten These geflissentlich vollzogen.

Nun wird man sagen, solche Feststellungen hätten eben dem Geist des kalten Krieges entsprochen, der damals noch herrschte. Sie seien mit dessen Verschwinden irrelevant geworden. Unsere Mitglieder und viele Wähler verspürten aber damals noch die Unwahrhaftigkeit dieser Floskel. Der Ersatz der Waffe in der Hand durch Unterwanderung und Infiltration habe im Gegenteil den heißen durch den kalten Krieg ersetzt und diesen zur Methode der Gegenwart erhoben. Das Argument zündete auch deshalb über den Parteitag hinaus, weil sich die sozialdemokratische Partei just in jenen Monaten zum Mitträger von Aktionen machte, die unseres Erachtens auf Irreführung und Gehirnwäsche hinausliefen.

Kampf dem Atomtod

Das Drum und Dran dieser Auseinandersetzungen hatte seinen Höhepunkt in einem Eklat gefunden, den ich in einer spannungsreichen Sitzung des Bayerischen Landtages bereits am 24. April 1958 höchstpersönlich auslöste. Es geschah dies im Laufe der Debatte über einen Gesetzesentwurf der SPD, der eine Volksbefragung über die Ausrüstung der Bundeswehr mit atomaren Sprengkörpern und die Errichtung von Abschußrampen in der Bundesrepublik Deutschland herbeiführen wollte. Er lief mit der Kampagne »Kampf dem Atomtod« konform und stimmte ganz und gar nicht mit dem Ja zur Atomenergie überein, das die bayerische SPD nur wenige Jahre vorher als Vorkämpferin dieser Entwicklung hatte erscheinen lassen.[1]

Der Widerstand gegen die gefährliche Kooperation, die sich damit andeutete, führte mich zu der vielleicht ausdrucksstärksten Einlassung meiner parlamentarischen Laufbahn. Die Rede konfrontierte das Haus, das sich – ein offensichtlich schlechtes Zeichen für Bayerns Reputation – fast nie den Fragen der Außenpolitik und äußerer Sicherheit widmete[2], mit Zusammenhängen, die mir aus der heimatpolitischen Arbeit des Sudetendeutschen Rates vertraut und einsichtig waren.

Wo lagen die Ursprünge der bundesweiten Ostermarschierer, ihrer Anti-Atom-Propaganda und Friedensparolen? Natürlich in den uns sattsam bekannten Desinformationszentren der zuständigen Stellen in Moskau, Ost-Berlin und Prag.

Der »Weltfriedenskongreß« sowie sein Exekutivorgan, der »Weltfriedensrat«, hatten in Prag eine ebenso sichere Heimstatt gefunden wie das kirchliche Friedenskomitee des willfährigen Kuttenträgers Plojhar. Ein Rattenschwanz von Organisationen, so das »Westdeutsche Friedenskomitee«, die »Friedens-Union« und der »Bund der Deutschen«, empfing von dort Weisungen. Es waren samt und sonders zentral gelenkte und finanzierte Tarnorganisationen, denen sich nicht nur organisierte Kommunisten, sondern auch Gutgläubige anschlossen, welche in der Friedenstaube in der Tat ein Symbol ihrer ehrlichen Überzeugung sahen.

Sollte sich nun auch die bayerische SPD zu ihnen gesellen?

Ich verwies auf diese peinliche Nachbarschaft und auf die laut Verfassung gegebene Unzulässigkeit der Volksbefragung. Der Gesetzesvorschlag gehe am politischen Kern der Sachlage vorbei. Es handle sich um einen »geradezu klassischen Fall plebiszitärer Demagogie«. Daraufhin Tumulte im Hohen Haus: Große Unruhe bei der SPD – Glocke des Präsidenten – Zuruf: Schämen Sie sich! Zuruf von der SPD: Faschist!

[1] Siehe oben S. 229

[2] Auch die Protokolle des Koalitionsausschusses verzeichnen an keiner Stelle die Beschäftigung mit solchen Fragen.

Nun, der damalige Dr. Becher ließ sich durch derartige Invektiven seiner ehemaligen Koalitionsgefährten nicht beirren. Er billigte allen, auch ihnen, den entschlossenen Willen zur Vermeidung des Atomkrieges zu. Was uns unterscheide, sei lediglich die Frage, wie man diese Vermeidung herbeiführen könne. Dann folgte eine über Jahrzehnte hinweg gültige Feststellung:

»Die Kenntnis der leninistischen Dialektik und die Erfahrungen im Ostraum unseres Vaterlandes lassen mir jedenfalls jene als reine Toren erscheinen, die da meinen, daß etwas anderes als die Aufrechterhaltung des potentiellen militärischen Gleichgewichtes oder die gleichzeitige und gleichmäßige (und zwar die gleichmäßig kontrollierte) militärische Abrüstung uns vor dem Vernichtungsschlag oder vor dem Krieg fernhält. Ich meine, wer im Zeichen dieses ehernen Gesetzes, das ich für absolut logisch halte, für einseitige Entblößungen und einseitige Beschränkungen eintritt, der holt genau das herbei, was wir alle verhindern wollen, nämlich den Krieg. Nur deshalb gab es 1939–1945 keinen Giftgaskrieg, weil auf beiden Seiten eben die Möglichkeit, ihn zu führen, gegeben war und weil die Soldaten auf beiden Seiten mit der Gasmaske herumlaufen mußten.«

Eine richtig gestellte Frage müsse demnach lauten: »Willst du, deutscher Staatsbürger, daß wir wehrlos bolschewistischer Aggression gegenüberstehen, oder willst du, daß deine Wehr über genau die Waffen verfügt wie deine Gegner?« – Unter wachsender Aufmerksamkeit stach ich die Seifenblase der Illusionen auf, indem ich das Militärpotential der Tschechoslowakei, unseres unmittelbaren Nachbarlandes, anhand konkreter Zahlen darstellte: atomare Abschußbasen, deren Raketen bayerische Lebenszentren anvisieren, Atomkanonen bei jedem Armeekorps, sechs motorisierte Infanteriedivisionen, vier Panzerbegleitdivisionen, zwei normale Infanteriedivisionen, drei Panzerdivisionen, zwei Pionierdivisionen, 14 Luftwaffendivisionen, Düsenjäger, Jagd- und schwere Bomber und Startbahnen rund um Bayern in Eger, Saaz, Kladno, Plan sowie eine Fallschirmjäger-Division. Mit Miliz, Polizei- und Betriebsgruppen habe die Tschechoslowakei bei 13 ½ Millionen Einwohnern 740000 Mann unter Waffen. Die Bundesrepublik müßte bei ihren 55 Millionen Einwohnern eine Wehrmacht mit zweieinhalb Millionen Soldaten unterhalten, um nach dem gleichen Prozentsatz gerüstet zu sein.

Das ließ aufhorchen. Mehr noch beeindruckte vielleicht der Hinweis auf die Doppelzüngigkeit der Drahtzieher, die hierzulande Pazifismus und Abrüstung predigten, drüben aber sogar im zivilen Bereich (schon in der Schule) eine psychologische Militarisierung durchführten, welche jene des Dritten Reiches noch bei weitem überträfe. »Wenn wir das bedenken und immer noch glauben, daß nur eine barfüßige Bundeswehr in der Lage wäre, dieser Bedrohung entgegenzutreten, dann, möchte ich meinen, sollte doch die Frage nach dem Warum und dem Wie gestellt sein.«

Diese Frage ergab sich – 1958 – zu einem Zeitpunkt, da die Tschechei noch nicht der vorgeschobene Stützpunkt der Breschnew-Truppen und die vor-Wehnersche SPD noch gegen die NATO und die Wehrhaftmachung eingestellt war. Wie sich die Grundfronten bereits seinerzeit bildeten und ihre Akzente bis in die neunziger Jahre weitergaben, ist einem Hinweis meiner Rede auf Albert Norden (den Propagandachef der SED) zu entnehmen, der schon damals eine »atomwaffenfreie Zone« predigte und wie in den achtziger Jahren den Schulterschluß mit der SPD verlangte.[1] Das tschechische »Rudé Právo« stellte beteuernd fest, es erhebe sich die Frage, »ob es der Sozialdemokratie gelänge, den Volksentscheid über die Atomrüstung durchzusetzen, ohne zu anderen außerparlamentarischen Mitteln zu greifen«.

Der Gesetzentwurf war nach diesen Hinweisen gestorben. Ich gab anschließend der Überzeugung Ausdruck, es könne nicht Aufgabe unseres bayerischen Landes sein, sich zum Vorkämpfer revolutionärer Kräfte zu machen, »die nichts anderes wollen als das Aufbrechen der geistigen, politischen und militärischen Widerstandskraft der freien Welt«. Es entspreche vielmehr der Tradition Bayerns, »sich zu jenen bewahrenden Kräften zu gesellen, die in der Abwehr der geschilderten Aggression ihre erste Aufgabe sehen«. –

Die Rede erregte weit über das Maximilianeum hinaus Aufsehen und Beifall. Franz Josef Strauß, damals Bundeswehrminister, sandte mir ein Glückwunschtelegramm. Im Lande selbst stärkte sie die nach den Bundestagswahlen angeschlagene Partei. –

Neben ihrer politischen Gewichtung faszinierte mich das Verhältnis zwischen Wissenschaft und politischer Verantwortung. Ich

[1] Stenographischer Bericht des Bayerischen Landtages vom 24. Mai 1958. Im Wahlprogramm der illegalen KPD vom 31.3.1957 heißt es: »Kommunisten und Sozialdemokraten müssen in allen außerparlamentarischen Kämpfen Schulter an Schulter stehen.«

sprach es im Hinblick auf das Verhalten der Atomwissenschaftler an. Es sei sehr billig, vor 20 und mehr Jahren die Grundlagen für die erschreckende waffentechnische Entwicklung erfunden und, wie Einstein, angeboten zu haben und nun, da wir deren Folgen nur durch Aufrechterhaltung des atomaren Gleichgewichtes bändigen können, Friedensappelle an die Weltöffentlichkeit zu richten.

Das zielte freilich auf die Kernfrage der neuzeitlichen Technik: Muß man nicht auch von einer Schuld der Wissenschaft sprechen, die uns seit den Gründergestalten der modernen Physik dem Leichtsinn des Zauberlehrlings überließ, der die Formel nicht fand, mit der man ihren Vormarsch in lebensgefährliche Zonen aufhalten könnte. Francis Bacon, der zu Beginn des 17. Jahrhunderts dazu aufforderte, die Natur in ihre Teile zu zerlegen, um sie zu erforschen, sprach in seinem »Organon der Wissenschaften« von dem »Luxus der Bosheit«, den sie sich leisten könnten, weil Religion und Vernunft schon für ihre sichere Anwendung sorgen würden.

Die Atomdebatte im Bayerischen Landtag versuchte diese Vernunft ins Treffen zu führen. Wir ahnten damals freilich nicht, wie bald und wie sehr wir sie auf noch anderen Gebieten des »Fortschrittes« vonnöten haben würden.

Im roten Fadenkreuz

Zur potentiellen Manövriermasse des sowjetischen Kalküls gehörten seit 1945 alle Bevölkerungsgruppen, die durch das Kriegsende besonders getroffen wurden: zuvörderst natürlich die Vertriebenen. Mit ihnen sollte die soziale Atombombe gezündet oder, wenn dies nicht gelang, die politische Unterwanderung Westdeutschlands vorangetrieben werden. Selbsthilfezentren und aus ihren Reihen entstandene politische Parteien lagen daher von Beginn an im Fadenkreuz der roten Beobachtungs- und Bearbeitungsstäbe.

Zum Rang, ein bevorzugtes Objekt ihrer Observation zu sein, stieg ich freilich nicht erst 1958 mit dem Signal meiner Anti-Atom-Kampagne-Rede auf. Im Gegenteil. Zunächst wollte man mich und meine Kollegen in der Landtagsfraktion als Kollaborateure des sowjetzonalen Ministerpräsidenten Otto Grotewohl gewinnen. Das geschah mit Hilfe einer Einladung, die im Herbst 1954 ein bis dahin harmlos auftretender Funktionär des »Bundes vertriebener Deutscher« in München überbrachte. Der Mann hieß Hans Meier, war uns als Kreisgeschäftsführer der Sudetendeutschen Partei im Egerland sowie als NSDAP-Gaustellenbeamter in Reichenberg bekannt und bediente sich der hilfreichen Interventionstätigkeit unserer Abgeordneten. Niemand konnte vermuten, daß er laut gerichtsbeeideter Aussage eines nachmals übergelaufenen Zeugen Kontaktmann ostzonaler Leitfiguren war und diesen bereitwilligst Auskünfte über kooperationswillige Mitglieder der BHE-Fraktion im Bayerischen Landtag gegeben hatte.[1]

Als »positiv« im Sinne Ostberliner Absichten ist dabei auch meine Person bezeichnet worden. Unserem Regensburger Kollegen Dr. Herbert Schier wurde sogar das Lob der Verstaatlichung des Wohnungsbaues unterschoben. Gemeinsam mit ihm stand ich dann in der Liste von Parlamentariern, die unter der dreispaltigen Schlagzeile »Kommunisten unter uns« am 3.7.1955 in dem zu Frankfurt erscheinenden »Wegweiser für Heimatvertriebene« angeprangert wurden.

Die rauschende Affäre, die sich daraufhin im einschlägigen Blätterwald entwickelte (und bei der die Betroffenen auf die Erlogenheit der Angaben verwiesen), ist indes nur als Präludium des Feldzuges interessant, der hinfort von ranghöchsten Zentralen der östlichen Nachrichtendienste gegen mich geführt wurde. Doppelagenten, Überläufer, aber auch Landsleute, die sich nicht für fremde Zwecke mißbrauchen ließen, ermöglichten zusammen mit Prozeßaussagen sowie mit den eigenen Angaben der Delinquenten die Rekonstruktion einer Agitationswelle, die zweifellos typisch für die damalige Zeit gewesen ist.

[1] Vgl. Urteilsbegründung des Landgerichtes München I in Sachen Meier contra BHE-Abgeordnete vom 24. Februar 1956 (AZ: 80210/55). In ihr heißt es u. a.: »Zusammenfassend steht somit zur Überzeugung des Gerichtes fest, daß der Kläger Meier als verantwortlicher Schriftleiter des ›Gesamtdeutschen Kuriers‹, wie er sich selbst bezeichnet, Verbindung mit dem Westdeutschen Flüchtlingskongreß unterhalten und ihm auch politisches Material geliefert hat. Nachgewiesen ist auch, daß der Kläger Meier vom WFK Unterstützungen empfangen hat, und zwar in seiner Eigenschaft als Herausgeber der verschiedenen im Kommuniqué (der angeklagten Abgeordneten, Anm. d. Verf.) angeführten Zeitungen und Zeitschriften. Die vom Kläger herausgegebenen Zeitschriften müssen deshalb sich auch die Warnung vor ihnen als kommunistisches Propagandablatt gefallen lassen.«

Ihre Ursprünge und Zusammenhänge hat uns als Kronzeuge der stellvertretende Chef des tschechoslowakischen Geheimdienstes, Ladislav Bittmann, erläutert, der 1968 in den Westen floh und die Kooperation seines Dienstes mit jenen anderer Satellitenstaaten sowie mit dem Kreml aufzeigte.[1] Seine von John Barron (»Der KGB«, Verlag Droemer-Knaur, 1973 bzw. 1978) und A. N. Schewtschenko (»Mein Bruch mit Moskau«, Verlag G. Lübbe, 1985) bestätigten Angaben zeigen die Moskauer Zentralstelle als absolute Dirigentin eines weltweiten Aktionsbereiches. Ihr unterstanden drei Arten von Sonderoperationen: 1. Desinformationen (d. h. gefälschte Informationen, die einem Gegner zugespielt werden, um ihn irrezuführen). 2. Getarnte Propaganda (wobei die kommunistische Quelle verheimlicht wird). 3. Beeinflussungsoperationen (mit dem Ziele, das gegnerische Establishment von innen her zu schwächen).

Als Musterstück seiner eigenen Tätigkeit rekapitulierte L. Bittmann die Aktion »Schwarzer See«, d. h. jenes Spektakulum, das 1964 mit der angeblichen Bergung ganzer Kisten vorher hineinversenkter Geheimakten den Böhmerwald in das Zentrum der Weltöffentlichkeit lenkte. Derlei Bravourstücke gehörten freilich der späteren Zeit von »Sonderoperationen« an. Ihre frühe Phase hatte mit den in München vollzogenen Mordtaten an den Ukrainerführern Lev Rebet und Stefan Bandera sowie an dem Slowaken Matuš Černak kriminellen Charakter. Der Mörder der ersteren, Bogdan Staschynski, stellte sich 1961 aus Gewissensgründen den amerikanischen bzw. westdeutschen Behörden.[2] Der Mörder des letzteren war ein Akteur des hochrangig eingeschalteten tschechoslowakischen Geheimdienstes, welcher Bittmann erläuterte, wie er das dafür bestimmte Todespaket, dessen Öffnung Černak umbrachte, der Münchner Hauptpost übermittelte.[3]

Mit zwei Maßnahmen beschloß nun das tschechoslowakische Innenministerium Mitte 1954 einen großangelegten Desinformations- und Diffamierungsfeldzug gegen das sudetendeutsche Establishment in der Bundesrepublik Deutschland und gegen den mit ihm kooperie-

[1] Ladislav Bittmann, »Geheimwaffe D«, Schweizerisches Ostinstitut, Bern 1972 bzw. 1973

[2] Er hatte sein Opfer mit einer lautlosen Giftgaspistole umgebracht.

[3] L. Bittmann, a.a.O., S. 35

renden BHE. Das »Historische Institut« der tschechoslowakischen Akademie der Wissenschaften (das in jenen Zeiten de facto eine Unterabteilung des tschechoslowakischen Geheimdienstes war) erhielt den Auftrag, alle Akten und Presseerzeugnisse nach Aussagen zu durchforsten, die sudetendeutsche Persönlichkeiten belasten könnten. Der Geheimdienst selbst sollte in enger Kooperation mit dem ostdeutschen Geheimdienst unter Zugrundelegung des dabei gewonnenen Materials gezielte Sonderoperationen vorbereiten.

Henleins Waisenkinder nach 20 Jahren

Mit dem Einverständnis der sowjetischen »Berater« spielten Kosten dabei keine Rolle. Hunderte emsiger Hilfskräfte vollzogen in Presse- und Gerichtsarchiven, in Akten der Auswärtigen Ämter sowie in Büchereien Jahre hindurch den erhaltenen Befehl. Schließlich trat der Hauptakteur der Aktion, Genosse Antonin Šnejdarek (der später im Westen willige Aufnahme fand), am 12.9.1958 im »Rudé Právo«, dem Hauptorgan der KPČ, mit einem Leitartikel vor die Öffentlichkeit, der den Titel »Henleins Waisenkinder nach 20 Jahren« trug. Darin wurden der Reihe nach Amtsträger der Sudetendeutschen Landsmannschaft, des Witikobundes und des BHE als Mitarbeiter Henleins sowie als nach wie vor tätige alte Nazis »enthüllt«.

Nun war das eine verhältnismäßig billige Angelegenheit, weil die Sudetendeutsche Partei aus den oben angeführten Gründen zuletzt über eineinviertel Millionen Mitglieder zählte.[1] Diese hatten sich mit ihrem Votum gegen Beneš, aber keineswegs unmittelbar für Hitlers NSDAP entschieden, in die sie, wenn überhaupt, nur als »Anwärter« übernommen wurden. Da konnte man also Schuldige noch und noch zusammenzählen und an den Pranger stellen. Während »Schuldige« in anderen Gremien und Parteien (Regierung, Bundestag, Landtag) merklich weniger unter dem Strahlenkegel der roten Rechercheure standen, füllten »Henleins Waisenkinder« eine Leporello-Liste, mit deren Weiterreichung nun auch die gezielte Aktion gegen meine Wenigkeit begann.

[1] Siehe Seite 91

Für die Lenkung des Unternehmens in der Bundesrepublik wurden von Ost-Berlin aktive oder ehemalige Mitglieder der KPD eingesetzt (Alfred Hadek, K. F. Schromm, Georg Herde). Die organisatorische Zentrale bildete der sogenannte »Westdeutsche Flüchtlingskongreß«, der nach dem Verbot der KPD in den »Neuen Kommentaren« Herdes journalistisch weiterlebte. Neben anderen Tarnblättern sollten die von einem Josef Nedetzka herausgegebene »Neue Scholle« die vertriebenen Bauern und der »Gesamtdeutsche Kurier« (der durch eine Nachlässigkeit in die Hände des kommunistisch gelenkten Teamworks gelangt war) die Mitglieder des Gesamtdeutschen Blocks/BHE beeinflussen.[1]

Nach dem Startschuß im »Rudé Právo« nahm indes das wichtigste dieser Organe, das »Münchner Vertriebenen-Echo«, das Material auf, das der Sammlung Šnejdareks entsprach. Sein Herausgeber, der oben genannte Hans Meier, wußte freilich nicht, daß wir bereits vor Beginn seiner Veröffentlichungen über die bevorstehende Aktion im Bilde waren. Ein Landsmann, den er für seine Absichten gewinnen wollte, berichtete uns am 1.2.1959 voller Abscheu über eine Zusammenkunft in Stuttgart, bei welcher der gleiche Mann, der uns ehedem für die Zusammenarbeit mit den Zonenkommunisten gewinnen wollte, nunmehr damit prahlte, daß er Kenntnis von Beiträgen in der ehemaligen sudetendeutschen Gauzeitung »Die Zeit« erhalten habe, mit deren Wiedergabe er Dr. Becher und seine Gefährten laufend belasten werde.

Das Material lief durch mehrere Kanäle. Die »Neuen Kommentare« des Herrn Georg Herde, die es offensichtlich von Prag übernahmen, waren der Quellborn von Veröffentlichungen, welche über die einschlägig bekannte Zeitung der deutschen Widerstandsbewegung »Die Tat« (Röderberg-Verlag, Frankfurt) ebenso ihren Weg fanden wie über Magazine und Zeitschriften ähnlicher Couleur. Bestimmten Übertragungsfehlern konnte man entnehmen, daß ihr Inhalt keineswegs in den Archiven der Bundesrepublik aufgelesen wurde, sondern dem Bienenfleiß der Šnejdarek-Leute zu verdanken war.

Was aber legten sie mir zur Last? Nun, eine Reihe antisemitischer Beiträge, die 1938/39 in der Reichenberger »Zeit« erschienen waren,

[1] Vgl. Urteilsbegründung des Landgerichtes München I, a.a.O., S. 1

als mein Name vor meinem Abgang in die Schutzhaft Heydrichs formell noch für die Abteilung Kunst und Kultur im Impressum stand. Da wurden Artikel aus meiner Feder, die ich bereits oben (Seite 88) mit Bedauern registrierte, mit wüsten Glossen vermengt (»Jüdische Kulturwanzen«, »Juden am Mikrophon«), welche ohne mein Zutun über die damals für uns verschlossene Grenze aus Prag übermittelt worden sind, solche also, die ich weder schrieb noch unter den Bedingungen, denen ich ausgesetzt war, verhindern konnte. Ein aus dem Altreich importierter SS-Mann, der de facto das Kulturressort bestimmte, lauerte mit Argusaugen auf die Enthüllung meiner wahren Einstellung. Beeidete Aussagen von Kollegen, die in den anhängenden Prozessen auftraten, bezeugten, wie sehr ich unter dem Damoklesschwert einer bevorstehenden Verhaftung stand. Weder Entlastungsartikel noch die aus meiner Herkunft bekannten Positionen linderten die Zwiespältigkeit meiner Lage. Das galt auch für die Möglichkeiten einer wahrheitsgemäßen Aufklärung in den fünfziger Jahren.

Der Streicher des Sudetenlandes

Es half alles nichts: Die Aktion gegen Dr. Becher wurde in Prag und Ost-Berlin zu einer Affäre hochgespielt und schwappte entsprechend über den Eisernen Vorhang in die Bundesrepublik hinein. Da entwickelte sich ein Musterbeispiel von Desinformation und Heuchelei. Tschechische Zeitungen, die ja ihren Ursprüngen nahestanden, vermeldeten den »Fall Becher« so, als hätten sie ihn erst den Enthüllungen in Meiers »Münchner Vertriebenen-Echo« entnommen. Das klang dann etwa wie folgt:

»Hierzulande ist es nicht bekannt, daß sich die westdeutsche Presse seit einiger Zeit mit Dr. Walter Becher, dem ehemaligen Schriftleiter des Organs der Henlein-Partei ›Die Zeit‹, beschäftigt. Er hetzte gegen Tschechen, Kommunisten und Juden. In einer Zeit aber, in der Israel Waffengeschäfte mit Adenauers Bundesrepublik tätigt, ist Antisemitismus in Westdeutschland nicht mehr so in Schwung, obzwar die Katze das Mausen und die alten Nazis den Antisemitismus und Nationalhaß nicht lassen können ... Unsere Werktätigen müssen sich deshalb von Becher und Konsorten abgrenzen und für die Friedensfront entscheiden« (»Aufbau und Frieden«, deutsch geschriebenes Blatt des tschechoslowakischen Gewerkschaftsverbandes, Prag, 22. August 1959).

Im Herrschaftsbereich der Prager Kommunisten wurde ich nachgerade berühmt und zum »Streicher des Sudetenlandes« befördert. Auch ein an den tschechoslowakischen Justizminister Dr. Vaclav Škoda gerichtetes Angebot blieb erfolglos. Als der Prager Orbis-Verlag die Dr.-Becher-Hetze mit zwei Editionen zusätzlich unterstützte, schrieb ich ihm am 29. Januar 1960:

»Sehr geehrter Herr Minister! In den Broschüren ›Wir warnen‹ (S. 81) und ›Was sie wollen‹ (S. 41), die 1959 in der Verlagsanstalt Orbis in Prag erschienen sind, wird behauptet, ich sei ein SA-Führer und einer der größten Arisierer in Reichenberg und Umgebung gewesen. Diese Behauptungen entsprechen nicht der Wahrheit. Weder war ich jemals Mitglied der NSDAP noch SA-Führer im Sudetenland. Da Sie als Justizminister der Wahrheit dienen, erkläre ich hiermit, daß ich bereit bin – falls mir freies Geleit zugesichert wird –, mit westdeutschen Journalisten nach Prag und Reichenberg zu kommen, um an Ort und Stelle die meine Person betreffenden unwahren Behauptungen zu widerlegen. Falls Sie meinen Vorschlag für undurchführbar halten, wäre ich Ihnen für die Mitteilung sehr verbunden, wo und wann ich im Sudetenland oder in Deutschland SA-Führer war und welches Unternehmen oder welches Eigentum ich arisiert haben soll.« – Selbst dann rührte sich da und dort nichts, als ich einen Preis von 1000 DM für denjenigen aussetzte, der solche Behauptungen glaubhaft bestätigen könne.

Wer je und jahrelang im Visier gezielter Sonderaktionen der Nachrichtendienste lag, weiß, welche Standfestigkeit, welchen Abwehreinsatz und welchen Arbeitsaufwand sie erfordern. Die mit einem funktionierenden Kundschaftersystem sowie mit allen technischen Mitteln ausgestattete Gegenseite entfaltete einen Nervenkrieg sondergleichen. Da wurde ich wochenlang ohne Gegenmeldung zu mitternächtlicher Stunde angerufen. Waschmaschinen oder Rundfunkapparate wurden mir mit gefälschten Bestellscheinen ins Haus gesandt. Die Landtagsfraktion erhielt eine gefälschte Einladung des Bundestagspräsidenten zum Besuch des Bonner Parlamentes, der im letzten Augenblick verhindert werden konnte.

Bittmann deutet an, mit welchen Mitteln die Geheimdienste arbeiteten, als sie im April 1958 vom Bahnpostamt München aus Fotokopien von Schreiben der Interpol Wien und des Bundeskriminalamtes Wiesbaden versandten, auf welchen nach mir wegen »widernatürlichen Verkehrs mit Personen gleichen Geschlechtes« in Österreich gefahndet wurde. Es währte nur einen halben Tag, bis an nicht mehr in Verwendung stehenden Dienststempeln und Briefköpfen festgestellt wurde, daß es sich um Mystifikationen handelte, die den Urhebern offenbar Spaß bereiteten. Das Zielobjekt wurde da ständig in Trab gehalten.

Rollt der »Fall« einmal über die Bühnen der öffentlichen Meinung, glaubt man am Ende selbst an das aufgezogene Hirngespinst. Eben das bezweckt die Konzentration auf Einzelpersonen. Man weiß, daß zumindest etwas hängenbleibt (»aliquid semper haeret«), und rechnet damit, das Opfer werde von den eigenen Parteifreunden (man denke an einschlägige Begebnisse im Bereich der bürgerlichen Parteien) schließlich selber fallengelassen.

Die dicksten Knüller Hans Meiers führten ihn freilich vor den Kadi. Das in einem Strafverfahren vor dem Amtsgericht München am 10. März 1960 wegen Beleidigung nach § 185 StG ergangene Urteil war nicht wegen des geringen Ausmaßes (300 DM Geldstrafe, ersatzweise zehn Tage Haft), sondern wegen seiner Begründung hilfreich.[1] Die im wesentlichen gegen den Witikobund und dessen zeitweiligen Vorsitzenden Dr. Becher gerichteten Vorwürfe, »es handle sich um einen Bund, der den alten NS-Geist weiterpflege und in Wirklichkeit die Brutstätte neonazistischer und revanchistischer Ideen« sei, wurden auf Grund des vorgelegten Schrifttums zurückgewiesen. »Straferschwerend«, so heißt es weiter, »mußte gewürdigt werden, daß der Angeklagte schon einschlägig vorbestraft ist und daß es eine nicht geringe Ehrenkränkung bedeutet, wenn eine im öffentlichen Leben stehende Persönlichkeit einer neonazistischen Gesinnung und Betätigung zu Unrecht beschuldigt wird.«

Der »Fall Becher« war in Wirklichkeit ein »Fall Meier« und hier wiederum der Fall eines unbedeutenden Werkzeuges größerer Mächte geworden, was sich erst offenbarte, als die »Süddeutsche Zeitung« am 13. März 1959 auf ihn Bezug nahm.

[1] Amtsgericht München, Aktenzeichen Ds 255/59

Das geschah in einem dreispaltigen Aufmacher über die »Vergangenheit des BHE-Abgeordneten Becher«, in welchem die im »Münchner Vertriebenen-Echo« wiedergegebenen antisemitischen Artikel aus dem Jahre 1938 zitiert wurden. Damit eröffnete sich eine Streitlage, in der ich als BHE-Vertreter im bayerischen Rundfunkrat besonders engagiert war. Der »Rundfunkkrieg«, der sie herbeiführte (und ein Dauerthema der bundesdeutschen Medien blieb), war indes älter als meine Interventionen. Bereits am 19. Juli 1949 übte der Bayerische Landtag »Kritik an demokratieschädigenden Sendungen des Bayerischen Rundfunks«.[1] Linksliberale Presse-Offiziere der US-Army hatten diesen mit Befehlsempfängern besetzt, die durchwegs im Sinne der Reeducation arbeiteten. Man sprach von einer »fünften Besatzungsmacht«. Die von ihnen betriebenen Sendungen konnten sich im Grunde nie mehr vom Geiste dieses Ursprungs befreien.

Auch der Koalitionsausschuß der Vierer-Koalition griff das Thema des öfteren auf. Die Neufassung des Rundfunkgesetzes wurde ein konkreter Programmpunkt der Regierungen Hoegner und Seidel. Ich war sowohl 1956 als auch 1959 führend an ihr beteiligt. Die Pressekampagnen setzten mit der Pünktlichkeit des Uhrzeigers ein, wenn sie auf der Tagesordnung des Landtages stand. Sie schlugen auch später zu, als ich am 19. Juni 1962 mit einer engagierten Rede die Zustimmung der GB-Fraktion und damit des Bayerischen Landtages zum Staatsvertrag über die Errichtung des »Zweiten Deutschen Fernsehens« (ZDF) herbeigeführt hatte.[2]

Der Rundfunk sollte frei und unabhängig, aber nicht die Domäne eines selbstherrlichen Monopoles sein. Die strikte Trennung von Nachricht und Kommentar (die in der Fernsehzeit erneut und permanent verletzt wird) sollte ebenso eingehalten werden wie die Ausgewogenheit der Sendungen mit politischen Akzenten und die Möglichkeit von Gegendarstellungen. Der Rundfunkrat wurde auf 43 Mitglieder erweitert. Nur elf davon entsandten die Landtagsparteien. Die übrigen wurden (ähnlich wie der Bayerische Senat) von gesellschaftlichen Gruppen (Kirchen, Gewerkschaften usw.) gewählt. Ich

[1] Vgl. J. Koch, »Der Bayerische Landtag«, Bamberg 1986, Bd. I, S. 65
[2] Vgl. J. Koch, a.a.O., Bd. II, S. 151

setzte durch, daß auch der Bund der Vertriebenen (BdV) vertreten war.

Als der allmächtige Programmchef Walter von Cube schon 1957 (!) für die Abschottung der Grenze zur Sowjetzone und deren Anerkennung als zweiter deutscher Staat eintrat, schien es mir notwendig, den Rundfunkrat von einem Schweigeorden in eine Stätte zeitgerechter Kritik zu verwandeln. Vergebens: Wie der Super-Rundfunkrat der ARD hatte er auch nach der Novelle wenig zu sagen. Zumeist konnte (und kann) er nur nachtarocken. Das überspielte Interview (die Einblendung negativer Angaben hinter dem Kopf des Befragten) war ein berühmtes Mittel der Manipulation. Von der Mattscheibe her war (und ist) man in der Lage, einen Nebbich zur Persönlichkeit aufzubauen und eine Persönlichkeit zu zerstören.

Ost- und Sudetendeutsche unterlagen lange Zeit einer Diffamierung, die von den westdeutschen Medien ebenso wie von den Ostblocksendern ausging. Was Wunder, daß ich als deren Verteidiger auf beider Abschußliste stand. Die Enthüllungen Hans Meiers kamen daher wie gerufen. Ein Helferring meist linksgedrallter Redakteure und Mitarbeiter griff von Flensburg bis Traunstein das Thema auf. Prag konnte triumphieren: Der »Fall Becher«, den bisher nur die Flotille der Kommune-Blätter weiterbeförderte, war jetzt auch ein Thema der westdeutschen Presse geworden.[1]

Gravitätisch und selbstbewußt beschrieb den Fall in dem erwähn-

[1] Welche Blüten das trieb, bezeugt ein in der Münchner »Abendzeitung« vom 14. März 1959 serviertes Spottgedicht:

Azillus sagt

Wer war bislang im Rundfunkrat
der lauteste der Sprecher,
der, wenn er seinen Mund auftat,
so markige Ideen vertrat? –
Es war der Walter Becher.

Nun kam's heraus: Er hat, vom Wahn
vergang'ner Zeit getrieben,
schon »Markigeres« kundgetan,
ja, schlimmer noch, geschrieben.

Azillus meint: Daß Böcke schlau
nach Gärtnerämtern streben,
weiß man schon lange und genau.
Doch, weht der Ostwind noch so rauh:
»Richtlinien für den Gartenbau«
soll'n besser andre geben!

ten Aufmacher das Redaktionsmitglied der »Süddeutschen Zeitung« Müller-Meiningen jr., der gleichzeitig auch Vorsitzender des Richtlinien-Ausschusses im Bayerischen Rundfunkrat war. Dieses Gremium, das die politische Haltung des Rundfunks zu überwachen hatte, solle – so lautete sein Petitum – prüfen, ob Dr. Becher ihm noch angehören könne. Ohne sein diesbezügliches Schreiben an den Vorsitzenden des Rundfunkrates korrekterweise dem Betroffenen, also mir, zur Kenntnis zu bringen, hatte er mit Hilfe der ihm zur Verfügung stehenden auflagenstarken Zeitung die Methode des publizistischen Hammerschlages gewählt und desgleichen behauptet, daß ich »wohl auch jetzt noch antisemitische Gesinnung hege«. Ich war nicht wenig überrascht. Außer der Erstattung einer Strafanzeige wegen Verleumdung blieb mir nichts anderes übrig, als die Auseinandersetzung im Rundfunkrat abzuwarten, die dem Antragsteller dann keineswegs den gewünschten Erfolg einbrachte.[1]

Müller-Meinigen rechtfertigte seine Feststellung mit der Behauptung, der Antisemit sei »ein biologisch-physiologischer Typ, der sich im Grunde nicht wandelt«. Er stellte also eine neue Rassenlehre auf. Um mich mit einem zusätzlichen Vorwurf zu treffen, hatte er außerdem Recherchen bei einem in Nördlingen lebenden Altkommunisten namens Josef Lill unternommen, der behauptete, ich sei SS-Mann und KZ-Bewacher gewesen. Landsleute und Mitarbeiter des Verfassungsschutzes gaben uns den Briefwechsel des Denunzianten bekannt, aus dem hervorging, daß sich auch der Intendant des Hauses, Dr. Franz Stadlmeyer keineswegs scheute, hinter dem Rücken eines Rundfunkratsmitgliedes dieser vergeblichen Spur zu folgen und einen Mitarbeiter in die schwäbische Kreisstadt zu senden.

Die Sitzung wurde zum Tribunal, an dessen Ende ich meinerseits die Frage stellte, ob der Antragsteller noch Vorsitzender des Richtlinienausschusses bleiben könne. Es fiel mir nicht schwer, vor der Kollegenschar und der anwesenden Presse seine Einlassungen mit dem Hinweis auf meinen Lebenslauf und die nachrichtendienstlichen Zusammenhänge des Materials zu entkräften. Gravierend war der Fall des beim Bayerischen Fernsehen angestellten Dramaturgen Heinrich Fischer, der selbst und dessen jüdische Abstammung mir völlig unbekannt waren.

[1] Vgl. Protokoll des Bayerischen Rundfunkrates über die Sitzung vom 22. Juni 1959

Genüßlich hatten bereits die »Weltwoche« und andere Zonenzeitungen versucht, mir daraus einen neuen Strick zu drehen: Der gleiche Mann, in dessen Zeitung er früher in Prag angegriffen wurde, solle ihn nunmehr – so hieß es – als Rundfunkrat in München kontrollieren! Ich bedauerte das Schicksal Fischers, gewann aber für das Argument Verständnis, er hätte mich, wäre ich daran wirklich schuldig gewesen, wohl schon vor dieser Sitzung entdeckt und zur Rechenschaft gezogen.

Der Vorsitzende des Rundfunkrates, Max Zillibiller, stellte schließlich fest, man solle es bei den vorgetragenen Sachdarstellungen belassen. Das Vorbild des Hornberger Schießens beschloß demnach den Vorgang. Gleichwohl nahm ich, als die Einstellung des Strafverfahrens gegen Müller-Meiningen reichlich spät bekanntgegeben wurde, Gelegenheit, die doppelte Moral des Messens mit zweierlei Maßstäben zu schelten, die hier wie in vielen anderen Fällen die Atmosphäre des Zusammenlebens vergiftete:

In der »Süddeutschen Zeitung« waren Redakteure tätig, die vor 1945 in weit größerem Maße als meine Wenigkeit »schuldig« wurden. Am Erscheinungstag des gegen mich gerichteten Anklageartikels wirkte an ihrer Spitze der stellvertretende und nachmalige Chefredakteur Hermann Proebst, der es in den Jahren 1942/44 verstanden hatte, die »Neue Ordnung«, eine von ihm in Agram (Zagreb) herausgegebene und redigierte Wochenzeitung, zu einem Fachorgan für antisemitische Abhandlungen und Kommentare zu machen. Proebst war sicher kein Altnazi gewesen, aber er bot dem Antisemitismus eine grandiose Plattform. In einer Erklärung an Eides Statt, die er offenbar auf Grund meines Hinweises am 27.12.1960 verfaßte, beteuerte er seine »konsequent durchgehaltene Ablehnung des Nationalsozialismus«, die zu einem nicht geringen Teil auf seinem »unbedingten und tiefverwurzelten Abscheu vor dem Antisemitismus« beruht habe. Trotz dieses Abscheus ließ er am 2. Juli 1944 den kroatischen Innenminister Dr. Mladen Lorkovic in seiner »Neuen Ordnung (S. 1) schreiben:

»Die Feinde Europas haben ihr wahres Gesicht gezeigt, das Gesicht des haßverzehrten Juden, der den Untergang des arischen Menschentums anstrebt. Über dem unsagbaren Leid der Völker haben zu diesem Zwecke die Juden von Washington und London denjenigen aus Moskau die Hand gereicht, um in einem teuflischen

Plane die beiden gegenwärtigen Formen der jüdischen Staats- und Gesellschaftsordnung, Plutokratie und Bolschewismus, dem Ziele der jüdischen Weltherrschaft dienstbar zu machen.« –

In einem Leitartikel »Die Furcht als Geißel der Menschheit« schrieb Proebst am 9. Juli 1944 in der »Neuen Ordnung«, Jg. 4, Nr. 153: »Die Bewohner der Insel (die Engländer, Anm. d. Verf.) halten sich nun einmal für ein auserwähltes Volk, das seinen Gott, der ihm und keinem anderen Volke dienen muß, täglich beschwört, seine Feinde zu bestrafen. Seine Choräle sind wie die Psalmen der Juden voll Verwünschungen und Rachegeschrei. Es ist die ausschließliche Aufgabe des britischen Gottes, mit Schwefel und Feuer über Babylon einherzufallen und den Sündenpfuhl der Ungläubigen auszurotten.« – Aufschlußreich seien, so heißt es in seinem Leitartikel vom 9.1.1944, »die Argumente, mit denen der jüdische Freund des Präsidenten (Morgenthau, Anm. d. Verf.) dem amerikanischen Volke die Bedeutung des UNNRA-Hilfswerkes nahebringe«. Sie entsprächen den Bemühungen Roosevelts, diesen Krieg »auszuweiten«, um die europäische Konkurrenz der Amerikaner zu vernichten. –

Am 16. Januar 1944 ließ er den Großmufti in seiner Zeitung verkünden, daß das nationalsozialistische Deutschland das Weltjudentum bekämpfe: »Die Juden sind der Erbfeind der Muselmanen.« – Auch den Franzosen redete seine Zeitung ein, hinter allen ihren großen Skandalen hätten die Juden gestanden (»Neue Ordnung«, Jg. 3, Nr. 150 vom 18. Juni 1944).

Hermann Proebst hat seine eidesstattliche Erklärung mit diesen und vielen anderen Beiträgen Lügen gestraft. Dennoch ließ ihn Müller-Meiningen jr. gelten. Wenn ich nicht irre, hat man ihn sogar für den Posten des Intendanten am Bayerischen Rundfunks in Vorschlag gebracht.

12. VERSTÄNDNIS IN DEN USA

Erfreulicher als die Abwehr der gegen mich gerichteten Diffamierungsangriffe waren die Bemühungen um Verständnis unserer Lage in den USA. Die Folgen von Jalta und Potsdam, das Ausmaß der Zerstörungen in Mitteleuropa, die Kenntnis der mit der Vertreibung von Millionen zusammenhängenden Verbrechen hatten dort, früher als gemeinhin bekannt, zu einer innenpolitischen Auseinandersetzung geführt, die mit Roosevelt und seiner Vernichtungspolitik hart ins Gericht ging.

Der Zufall und die Aufgeschlossenheit eines jungen tschechischen Studenten, Jiři Brada, der nach seiner Flucht aus Brünn 1948 bei Radio Free Europe beschäftigt war, ließen mich von dieser erstaunlichen Wende in den Vereinigten Staaten bereits in den ersten Jahren meiner Tätigkeit als Generalsekretär des »Sudetendeutschen Rates« und seiner Vorgänger Kenntnis nehmen. Zeitungen und Magazine, die dem genannten Sender zur Verfügung standen, gewährten uns Einblick in das Ausmaß dieser Entwicklung. Vor allem wurde die Lektüre des »Congressional Record«, in dem die Verhandlungen im Repräsentantenhaus sowie im US-Senat samt meinungsbildenden Aufsätzen in seinem Anhang (Appendix) verzeichnet waren, eine Wissensquelle, die mir im Bayerischen Landtag wegweisend weiterhalf.

Am Beginn unseres Beobachtungsweges stand die großangelegte Rede, mit welcher der demokratische Senator von Mississippi, James O. Eastland, am 4. Dezember 1945 das heulende Elend des Dramas enthüllte, das sich wie ein Holocaust besonderer Art in Deutschland abspielte.[1] Der unerschrockene Mann hatte das Ausmaß der Zerstörungen während einer Besichtigungsreise kennengelernt, die er mit mehreren Senatskollegen bereits Ende 1944 durchführte. Keine

[1] Congressional Record/Senate, 4. Dec. 1945, S. 11371

Nation hätte in der neueren Geschichte eine Katastrophe des Ausmaßes erlitten, wie sie Deutschland nunmehr zu ertragen habe. In Wahrheit treibe die Entwicklung, so führte er aus, auf eine »Flut von Anarchie und Chaos« zu. Neun Millionen Menschen aus den Gebieten jenseits der Oder-Neiße-Linie und zwei bis drei Millionen aus dem Sudetenland strömten, ausgeraubt und geplündert, in die Westzonen ein. »Viele wurden grausam umgebracht. Ihre Kinder sterben dahin wie die Fliegen.«

Eastland, dessen für uns so bedeutsames Auftreten in der deutschen Geschichtsschreibung bezeichnenderweise unbeachtet blieb, ließ Zeugenberichte einschalten, die sich in summa wie ein vorweggenommenes »Weißbuch« ausnehmen, das die Spalten des amerikanischen Parlamentsberichtes füllte. Mehr noch: Er warf mit anderen Mitgliedern des US-Senates die Frage auf, ob das deutsche Volk als ganzes ausgerottet oder ob der Plan Mr. Morgenthaus, es auf die Ebene von Grünlandbauern hinabzudrücken, vollzogen werden solle. Damit setzte er ein Stichwort in den Raum, das auf Jahre hinaus die inneramerikanische Diskussion beherrschen sollte.

Präsident Truman, der sich in Potsdam zweifellos mitschuldig machte, entließ den Finanzminister Roosevelts, noch bevor er dort hinfuhr.[1] Als das Spiel Stalins von Monat zu Monat deutlicher aufschien, betrieb er die Politik des »Containment«, der Eindämmung jener Macht, deren Greifarme immer spürbarer wurden.

Sie bestimmten auch Eastlands Hauptargument, das Churchills freilich verspätete Einsicht wiederholte: »Der Kommunismus ist der einzige Nutznießer des Hungers und der menschlichen Leiden, die wir verbreiten. Die Behandlung, die Deutschland durch uns erfährt, wird die Frage entscheiden, ob es zu einem Anschluß an Moskau neigt oder sich in unsere Zivilisation und Kultur einfügt.«

Fast ist man geneigt, an die beginnende NATO-Krise im Mai 1989

[1] In seinen freilich erst 1955 erschienenen »Memoirs« schrieb er (S. 327): »Als Minister Morgenthau erfuhr, daß ich im Juli nach Potsdam reisen wollte, fragte er, ob er mitkommen könne. Ich sagte ihm, nach meiner Meinung werde der Finanzminister in den Vereinigten Staaten weit mehr gebraucht als in Potsdam. Er antwortete, für ihn sei es notwendig, hinzureisen, und wenn es nicht möglich sei, müsse er seinen Abschied nehmen. ›Na gut‹, antwortete ich, ›wenn Sie es so auffassen, will ich Ihren Rücktritt gleich annehmen.‹ Es war das Ende des Gesprächs und das Ende des Morgenthau-Plans.«

zu erinnern, wenn man den Ausruf des Mahnredners von 1945 registriert: »Deutschland ist der Schlüssel zur Erneuerung Europas. – Mich schaudert, daran zu denken, was eine Union Deutschlands und Rußlands unter kommunistischem Banner für den Weltfrieden bedeuten würde!«[1]

Als ich diese mehr als deutlichen Worte der Eastland-Rede Jahre später zu Gesicht bekam, wagte ich es, dem Senator dafür zu danken. Ich schrieb ihm schlicht als »Member of the Bavarian Landtag« und war baß erstaunt, als er mich nicht nur einer Antwort würdigte, sondern auch aufforderte, ihm und seinen Kollegen weiterhin über den Fortgang der Dinge in Europa zu berichten.[2]

Daraus entwickelte sich ein lebhafter Briefwechsel mit zahlreichen Kongreßmitgliedern, deren Einstellung wir aus ihren im Kongreßbericht wiedergegebenen Reden erkennen konnten. Sehr bald entnahm ich daraus die Tatsache, daß sich die Wortführer der amerikanischen Politik eher als Konservative und Liberale (die als Leftwinger und gemäßigte Sozialisten galten) denn als Republikaner und Demokraten unterschieden. Das Bündnis zwischen dem Gros der ersteren (der Grand Old Party – GOP) und den konservativen Süddemokraten bestimmte auf Jahre hinaus die Haltung des Kongresses und neigte mit dem Hervortreten des republikanischen Präsidentschaftskandidaten und Senators von Ohio, Robert A. Taft, den Gedankengängen Eastlands, d. h. der Ablehnung Roosevelts, seines New Deal sowie seiner Kriegs- und Außenpolitik zu.[3]

Taft, der entschlossen war, der Nachfolger Trumans im Weißen Haus zu werden, bekannte sich 1951 zu einer »Außenpolitik für die Interessen Amerikas«. Er lastete den Friedensmachern von Teheran und Jalta an, daß sie an die »engelsgleiche Natur Stalins« und eine

---

[1] Congressional Record, a.a.O., S. 11376

[2] Noch als ich ihm 1973 zu seiner Wahl zum »President pro tempore« (Vorsitzender im Senat) gratulierte, erinnerte sich der streitbare Mann an seine Initiative von 1945: »Ich betrachtete es als ein Privileg, daß ich nach dem Ende des Zweiten Weltkrieges für die Rehabilitierung des deutschen Volkes eintrat. Wie ich damals ausführte, hat der Westen in vorhersehbarer Zukunft auf Deutschland und seine geographische Lage Rücksicht zu nehmen. Deshalb sollten die Beziehungen zwischen unseren Ländern durch all die Jahre enger und enger werden.« (Brief vom 26. Januar 1973)

[3] Vgl. George N. Crocker, »Roosevelts Road to Russia« (deutsch: »Schrittmacher der Sowjets«, Tübingen 1960)

»friedliebende Politik Moskaus glaubten«.[1] Er weckte das Bewußtsein der traditionellen Kriegsgegner, indem er an seinen im Juli 1941 an Roosevelt gerichteten Appell erinnerte, keine Truppen nach Island zu senden. Der Präsident solle sich nicht in den Krieg zweier anderer Nationen einmischen, hatte er damals erklärt. Es habe ja »weder einen Angriff auf die Vereinigten Staaten noch eine Angriffsdrohung gegeben«. Jetzt aber sei Rußland »eine viel größere Gefahr für die Sicherheit der USA, als es Hitler in Deutschland je gewesen ist«.

Kampf gegen Verrat und Infiltration

Diese unter den Konservativen weiterhin verbreitete These wurde damals durch eine Woge von Enthüllungen und Verdächtigungen genährt, welche sich nach Überführung des Roosevelt-Beraters Alger Hiss als Spion Moskaus bestätigten.[2] Richard Nixon hatte sich im Kampf gegen diesen Verrat die ersten politischen Sporen verdient. Robert und John F. Kennedy nahmen an ihm ursprünglich ebenso teil wie der nachmals verschriene Senator Joe McCarthy. Taft traf daher den Punkt, als er erklärte: »Meiner Ansicht nach waren die Kommunisten in unserer Regierung, in den Gewerkschaften und in der schreibenden Bruderschaft in New York wie in Hollywood bestrebt, Personen zu beeinflussen, welche die öffentliche Meinung zu bestimmen versuchten.«[3]

Die Abwendung der damit verbundenen Gefahren wurde zum Thema Nr. 1, als sie der im Koreakrieg schmählich entlassene Heerführer des Feldzuges gegen Japan, Douglas McArthur (1880–1964), in bedeutsamen Reden vor dem US-Kongreß und andernorts aufgriff. Mit ihm betrat der eigentliche »Hero« der Amerikaner im Zweiten Weltkrieg, eine Persönlichkeit von zweifellos römischer Statur, in entscheidender Zeit die politische Bühne.[4]

---

[1] Robert A. Taft, »A Foreign Policy for Americans«, New York 1951

[2] In einem Kürbis versteckte Geheimaufnahmen hatten den hochrangigen Diplomaten, der auch an der Konferenz von Teheran teilgenommen hatte, überführt und ihm eine mehrjährige Kerkerstrafe eingetragen.

[3] Taft, a.a.O., S. 52

[4] Vgl. William Manchester, »American Caesar, Douglas McArthur«, New York 1979

Der Fünf-Sterne-General befolgte die Devise seines Vaters (weiland Gouverneur der USA auf den Philippinen), niemals einen Krieg auf das asiatische Festland zu tragen. Als er im Ringen um Korea 1951 dennoch den militärischen Auftrag der Vereinten Nationen vollziehen und mit Rücksicht auf Rotchina anhalten mußte, erklärte er gleichwohl: »Wir sollten den Feldzug zu Ende führen. Es gibt keinen Ersatz für den Sieg« (There is no substitute for victory). Es kam zum Bruch mit Truman, zur triumphalen Heimkehr, zur »standing ovation« im Kongreß, der nicht nur den General, sondern auch den großen Redner ehrte[1], und schließlich zur spannungsgeladenen Auseinandersetzung um die Nominierung des Präsidentschaftskandidaten auf dem am 7. Juli 1952 in Chicago inszenierten Parteikonvent der Republikaner. Dort zog Robert A. Taft gegenüber dem vom liberalen Ostküsten-Establishment rechtzeitig aufgebauten Dwight D. Eisenhower den kürzeren. McArthur hielt die Plattformrede und führte u. a. aus:

»Unsere Außenpolitik hat ebenso tragisch geirrt wie unsere Innenpolitik. Durch strategische Dispositionen zugunsten der Sowjetmacht am Ende des Krieges haben wir praktisch die Sowjets eingeladen, die freien Völker Osteuropas zu beherrschen. Wir zogen freiwillig unsere Armee von Tausenden von Meilen hart erkämpften Territoriums zurück. Wir erlaubten den Vormarsch der Sowjetkräfte nach dem Westen, wo sie vor den Mauern von Berlin, Wien und Prag, den Hauptstädten westlicher Zivilisation, die Fahne des Kommunismus aufpflanzen konnten. Wir übergaben ihnen die faktische Kontrolle über große Uranlager, ohne welche die Sowjets niemals imstande gewesen wären, eine derartige Drohung mit Atomwaffen zu entwikkeln. Wir übergaben den Sowjets Hunderttausende von deutschen Gefangenen als Sklavenarbeiter und verletzten dabei unsere humanitäre Tradition.«

Der eindrucksvolle Redner wurde im letzten Moment selbst als Kandidat vorgeschlagen, obwohl er bereits abgereist war. Der Stim-

[1] Manchester (a.a.O., S. 788): »Es schien, als wäre sein ganzes Leben eine Vorbereitung für diesen Moment gewesen. McArthurs Rede beeindruckte Millionen von Amerikanern. Mit Tränen in gar manchen Augen verabschiedeten ihn die Mitglieder beider Häuser, nachdem er seine mittlerweile berühmt gewordene Ansprache mit dem Hinweis auf den Soldatensong beendet hatte: ›Old soldiers never die, they just fade away!‹«

menzuspruch einer kleinen Delegation gab indes den Ausschlag für den ehemaligen Oberkommandierenden des europäischen Kriegstheaters. Nur wenige bemerkten den Scheidepunkt der Geschichte. Wie wäre sie verlaufen, hätte McArthur statt Eisenhower den Präsidentenstuhl am Potomac eingenommen? Was hätte er veranlaßt – er, der wie Taft die Null-und-nichtig-Erklärung der Beschlüsse von Teheran und Jalta verlangte, die größte Gefahr aber in der Infiltration des amerikanischen Lebens durch feindliche Kräfte erblickte? – Nicht umsonst hatte Kongreßmann Walter H. Judd, der China-Experte der Fraktion, vor seinen Parteifreunden in Chicago bedauert: »Wir haben Westpoint für unsere fabelhafte Infanterie, wir haben Anapolis für die Marine und wir haben Colorado Springs für die Luftwaffe. Aber was haben wir für die politische Auseinandersetzung? Wo haben wir da unsere Akademie? Da haben wir nichts!«

Reisen in die USA

Die zitierte Entwicklung beeinflußte mit der Stuttgarter Rede des US-Staatssekretär Byrnes (6. September 1947) nicht nur die hochdramatische Wende der amerikanischen Europapolitik. Sie war auch eine Voraussetzung der später von Adenauer und John Foster Dulles, Eisenhowers Außenminister, konzipierten Deutschlandpolitik. Uns selbst aber schuf sie in dem kleinen Bereich meiner Aufgaben die Möglichkeit zu Aufklärungsansätzen in den Vereinigten Staaten, die wir damals für notwendig und vordringlich hielten. Sie waren zunächst eine Frucht des erwähnten Briefwechsels. Am 1. August 1953 machte der um uns hochverdiente Kongreßmann von Nord-Dakota, Usher L. Burdick, seine Kollegen mit der eben erschienenen englischen Ausgabe unseres Weißbuches bekannt.[1] Er ließ auf seine Kosten einen Auszug der Besprechung vervielfältigen, in der ich den Inhalt der Vertreibungsdokumente wiedergab sowie eine Untersuchung der Umstände verlangte, die zu den bereits von Senator Eastland gerügten Verbrechen führten:

[1] Usher L. Burdick, »Sudeten German Expellees«, US-Kongreßbericht 1. August 1953

»Wenn wir der amerikanischen Öffentlichkeit zum ersten Mal diese Dokumente vortragen, tun wir das in der Überzeugung, daß wir als Deutsche kein Volk ohne Recht sind. Wir hegen den festen Glauben daran, daß letztlich auch die an uns begangenen Verbrechen dem Spruch der Gerechtigkeit unterliegen. Wir appellieren dieserhalb an das Gespür für Moral und Gerechtigkeit der amerikanischen Nation!«

Zahlreiche Zuschriften bestätigten das Echo, welches dieser Appell nicht nur in parlamentarischen Kreisen erfuhr. Außerordentlich hilfreich war die Tatsache, daß Dr. Wilhelm Turnwald, der Kommentator des Sudetendeutschen Weißbuches, in den diplomatischen Dienst eintrat und als Attaché von der deutschen Botschaft in Washington aus den Effekt dieser Aufklärung zu unterstützen vermochte. Anton F. Wuschek, der nachmalige Senatspräsident im bayerischen Justizdienst, trug als Austauschstudent von New York aus ebenso dazu bei wie Almar Reitzner (SPD), der im Auftrage des Bundespresseamtes die USA bereiste sowie als Herausgeber der vom Sudetendeutschen Rat editierten »German News« allenthalten Vorträge hielt.

Die Sudetenfrage war damals kein Unproblem. Die mit ihr verbundene Notlage wurde einigermaßen offenkundig, als der aus Nordmähren stammende Senator von Nord-Dakota, William Langer, in der New Yorker Carnegie-Hall am 8. Mai. 1949 auf einer von Professor Josef Totzauer veranstalteten Kundgebung 9000 Teilnehmer sowie die inneramerikanische Öffentlichkeit zu Hilfeleistungen aufgefordert hatte. Seinem Wunsche entsprechend wurde sie mit der Deutschland-Hymne beendet.

Ich konnte den Dank der Landsleute aus seiner Herkunftsheimat überbringen, als ich ihm im Februar 1958 anläßlich meines ersten Besuches in Washington gegenübertrat. Er empfing mich in den geheiligten Hallen des Kapitols, die mir in den kommenden Jahren mehr als vertraut werden sollten. Einer großen, hauptsächlich bäuerlichen Besuchergruppe aus seinem Wahlkreis in Nord-Dakota mußte ich nicht nur das Elend der Vertreibung, sondern, so gut ich es konnte, auch die Probleme der deutschen Landwirtschaft erläutern. Es war das Entree in ein Unternehmen, welches von bloßer Korrespondenz zu persönlichen Begegnungen führte und das ermöglichte, was wir fürderhin unsere »Amerika-Arbeit« nannten. Ihr Ambiente, das große ferne Land und sein parlamentarisches Zentrum ist für mich ebenso neu wie erregend gewesen. Es stellte die Kulissen eines Abenteuers, das mich herausforderte und vom Auftrag her zutiefst erfüllte.

Als unmittelbarer Anlaß des erwähnten Besuches bot sich das Gedenken an die vor zehn Jahren (am 25. Februar 1948) erfolgte kommunistische Machtübernahme in der tschechoslowakischen Hauptstadt an. Das Thema war in Washington nicht nur bei den Parlamentariern aktuell, die der Herkunft nach aus Mitteleuropa stammten. Gleichwohl vermochte ich als Sudetendeutscher mit meinem aus Brünn stammenden tschechischen Mitarbeiter und Reisebegleiter Jiři Brada die Gemeinsamkeit eines Schicksals anzudeuten, das alle von Austreibung und Unterjochung erfaßten Bewohner der Tschechoslowakei und des alten Erdteils betroffen hatte. Die in München lebenden Emigrantengruppen bildeten dabei eine gute Brücke zu deren ethnischen Vis-à-Vis in den USA. Als wir durch die Flure der House Office Buildings schritten, bemerkten wir sehr bald, daß jeder dritte der hier amtierenden Kongreßmänner einen deutschen, ukrainischen, tschechischen, slowakischen, ungarischen oder polnischen Namen führte. Das trug viel dazu bei, daß wir uns heimatlich angesprochen fühlten und nicht nur bei denen Einlaß fanden, die mich vom Schriftwechsel her als alten Bekannten begrüßten.

Das Kapitol und seine Symbolik

Einer von ihnen, Daniel F. Flood, der einen von Slowaken besiedelten Bezirk Pennsylvaniens vertrat und selbst diesem Bevölkerungsteil entstammte, führte uns in das Büro seines Fraktionsvorsitzenden (Majority Leaders) John W. McCormack. Dieser wiederum stellte mich dem achtunggebietenden Speaker des Hauses, Sam Rayburn, vor und sorgte mit einer Handvoll Passierscheinen dafür, daß der Abgeordnete aus dem fernen Maximilianeum das mächtige Gebäude am Capitol Hill von innen und außen gründlich kennenlernte.

Der Eindruck war in der Tat »superb«. Die politische Symbolik, die George Washington der nach ihm benannten Hauptstadt vermittelte, fand hier ihren architektonischen Höhepunkt. Dem Durchschnittsdeutschen war kaum bewußt, was mein buntbebilderter Prospekt vermittelte: »The Capitol of the United States is the supreme monument to man's rise from a nomad to a citizen. To the American his Capitol is a part of himself. It is the living symbol of his freedom and the basis for his political self-respect.« Das war wie alles Pathetische hier ein wenig hochgestochen. Gleichwohl verspürte ich den weltweiten Unterschied, der diese Art des parlamentarischen Selbstverständnisses von dem trennte, was uns von Wien und Prag oder gar von Weimar her unter diesem Begriff vorgeführt worden ist.

Schon der Gang durch die »Statuary Hall«, die wir vom House-Flügel her zur großen Rotunde durchschritten, zeigte die Gegenwart einer Tradition, die in den Büsten herausragender Parlamentarier zum Ausdruck kam. Congressman Flood, ein gestandener Mittvierziger mit leuchtenden Augen und schwarzem Schnurrbart, erläuterte sie, als gehörten die Adams und Websters, die Wheelers und Shermans, die Hobarts und Borahs zu den Vorvätern seiner eigenen Familie.

Hier war alles aus kostbarem und edlem Material. An den Besuchergruppen vorbei, die, alltäglich in großen Scharen erscheinend, die Historienbilder des hohen Kuppelbaues der Rotunde bewundern, führte uns der nachmals so oft begangene Weg in die Lobby des Senates und (mit unseren Eintrittsausweisen als Sesam-öffne-Dich) in diesen selbst. Von den Galerien aus sieht man in das Geviert dieses vornehmen Raumes hinab, in den die 50 Staaten der Union jeweils zwei, also 100 Mitglieder entsenden. Sie sprechen, oftmals auf und ab schreitend, von ihren Sitzen aus, die man nur gelegentlich mit Redepulten versieht. Es geht sehr vornehm zu. Pagen (junge Gehilfen aus ihren Herkunftsstaaten) bedienen sie mit Manuskripten und anderen Unterlagen. Sie erteilen (»Will the Senator yield?«) einander gegenseitig die Erlaubnis zum Sprechen oder zur Widerrede und bilden solcherweise eher eine Stätte des Gedankenaustausches als lautstarker Redeschlachten. Gleichwohl haben sie bis in die Exekutive hinein (etwa bei der Bestätigung von Ministern, Botschaftern und hohen Richtern) weitgehende Macht. Aus ihren Reihen ist eine Unzahl von Präsidenten hervorgegangen. In dem hier so beliebten Vergleich mit dem alten Rom sagt man deshalb, ihre Kammer sei ein »Senat von Königen«.

Den repräsentativen Räumen entspricht eine Vielfalt nützlicher Ubiquitäten – für Komitees, Ausschüsse und Unterausschüsse und natürlich auch für Begegnungen in Cafeterias und noblen Restaurants. Wir logierten bei unserem ersten Besuch in dem später leider aufgelassenen »Hotel Congressional«. Das hatte den Vorteil, daß wir dort Zimmer an Zimmer mit den Abgeordneten und ihren Gästen wohnten. Im Laufe der Zeit wurden wir auch mit ihren Amtsräumen in den Gebäudekomplexen vertraut, die das Kapitol flankieren. Sie sind mittlerweile durch kleine U-Bahnen mit den Plenarsälen verbunden. Wenn ein »Rollcall« die Herren Abgeordneten und Senatoren zur Abstimmung rief, eilten sie auf deren Vehikeln zu ihrer Pflicht. Oftmals konnte ich sie dabei gesprächsweise viel eher erreichen als nach Verabredungen mit ihren Sekretariaten.

Unser Alltag war, mit Gesprächen und Begegnungen angefüllt, reichlich strapaziös. Gleichwohl nahm ich auch Gelegenheit, das Gesicht der Stadt zu sehen: die Mall, die Memorials, das Weiße Haus, den Arlington-Friedhof und vor allem die Smithsonian Museen, die mir die Vielfalt der indianischen Kulturen (von den Eskimos bis zu den Feuerlandbewohnern) zeigten. So wurde mir hier vor Augen geführt, daß die Bewohner der beiden Amerikas zwar geniale Züchter von Kulturpflanzen (Mais, Kartoffel, Koka, Tabak) waren, aber weder das Rad noch den Wagentransport kannten. Für den Neuling aus München waren dies alles Erlebnisse besonderer Art. Auch die kontinentale Urgewalt der Natur, die am 15. Februar 1958 mit einem Blizzard die Stadt in meterhohem Schnee versinken ließ. Er machte sie, in kurzer Zeit alles lahmlegend, mitsamt dem parkplatzverschneiten Pentagon nahezu hilflos.

Späterhin lernte ich sie aber auch im Frühlingsglanz der Magnolienblüten kennen. Da lauschte ich von der Westfassade der Rotunde in die Parkanlagen hinab, aus denen das Glockenspiel des Taft-Memorials zu Ehren des oben erwähnten Senators erklang. Washington wurde mir in den 14 Reisen, die ich bis 1979 dorthin unternahm, rundum vertraut. Seine innere Dynamik entsprang freilich dem Machtzentrum und der Geschäftigkeit der damit verbundenen Politik.

Der Sudeten-Fall im Kongreßbericht

Da ich in den fünfziger Jahren, wenn auch »nur« dem Bayerischen Landtag angehörend, wahrscheinlich der erste deutsche Abgeordnete gewesen sein dürfte, der gezielte Kontakte mit konservativen Mitgliedern beider Kongreßparteien pflegte, fand ich inmitten dieses Zentrums bereites Gehör. Wir wurden sozusagen als parlamentarische Zeitzeugen von der »vorderen Front« der damals zwischen West und Ost entstandenen Auseinandersetzungen empfangen. Das bezeugte auch den Wählern (Constituents) meiner Gesprächspartner die Aufgeschlossenheit ihrer Mandatsträger für das neu entstandene Bündnis und die in Europa brennenden Fragen.

Viele von ihnen hielten auf Grund unserer Hinweise im Floor des Repräsentantenhauses und im Senat Reden über das Schicksal der von Moskau vereinnahmten Tschechoslowakei. Viele gedachten der »captived nations« im allgemeinen und wurden zu Wegbereitern der Veranstaltungen, die man späterhin in bewußter Solidarität mit ihnen allerorts veranstaltete. Nicht nur deutschstämmige Mitglieder des Kongresses – Karl E. Mundt (Süd-Dakota), Andrew F. Schoeppel (Kansas), William E. Jenner (Indiana), Strong Thurmond (Süd-Carolina), der schon genannte William Langer (Nord-Dakota), Albert H. Bosch (New York), Clare E. Hofmann (Michigan), Gordon H. Scherer (Ohio) usw. – verurteilten dabei auch die Vertreibung der Sudetendeutschen. Deren Fall war vielmehr allen eine Bemerkung wert, die sich damals mit dem Machtziel der Sowjets im Herzen Europas vertraut gemacht hatten.

Aus ethischen Gründen nahm vor allem der einflußreiche Kongreßmann Carroll Reece (Tennessee) an dem Schicksal der Ost- und Sudetendeutschen Anteil. Er war ein Verehrer Immanuel Kants, prangerte die Vertreibung der angestammten Bevölkerung aus der Heimat des großen Philosophen als »menschenrechtswidrige Untat« an und verurteilte desgleichen die »Vernichtung der Deutschen in Böhmen und Mähren«. Man kann sich kaum vorstellen, daß es damals einen Kongreßabgeordneten gab, der von sich aus einen Beraterkreis zur Erforschung dieses Sachverhaltes zusammenrief. Er hatte ihn, auch unter Zuhilfenahme des 1954 erschienenen Kersten-Berichtes (siehe oben S. 231), gut recherchiert und dabei die übliche Masaryk- und Beneš-Interpretation der tschechoslowakischen Staatsgründung zurückgewiesen.

Weder vorher noch nachher ist der Rechtskampf der Sudetendeutschen im amerikanischen Parlament so ausführlich und entschieden gewürdigt worden wie in der Rede, die er dann bewußt am 22. April 1958, dem Geburtstag Immanuel Kants (geb. 22.4.1724), im Repräsentantenhaus hielt.[1]

Er verwarf nach eingehender Schilderung der Geschichte Böhmens den Versuch, dessen Staatsrecht allein auf den tschechischen Bevölkerungsteil zu beziehen, die deutschen Bewohner Böhmens und Mährens aber als eine »Minderheit von Fremden« auszuklammern. Rühmend zitierte er demgegenüber den Bericht des amerikanischen Konferenzberaters Archibald Cary Coolidge, der 1918/19 als Mitglied der US-Delegation die Friedensmacher von St. Germain davor warnte, dreieinhalb Millionen Deutsche gegen ihr Selbstbestimmungsrecht in einen Staat zu zwingen, den sie nicht wollten. Carroll Reece erinnerte an die 14 Punkte Wilsons und verwies auf die »Balkanisierung« Österreichs, die aus ihrer Verletzung erwuchs. Er geißelte die skrupellose Politik des Edvard Beneš, der die Alliierten mit der Vorspiegelung des Bildes von einer zweiten Schweiz getäuscht und seinen Nationalstaat am Ende durch zweimaliges Zusammenspiel mit Moskau in die Irre geführt habe. Die Vertreibung der Deutschen sowie die dabei begangenen Untaten seien keineswegs spontan, sondern auf Grund seiner lange vorbereiteten Pläne und Dekrete erfolgt. Der dabei hervorgerufene Genozid widerspreche der UNO-Proklamation der Menschenrechte und deren Gebot, jeden zu bestrafen, der an ihm schuldig werde.

Kongreßmann Reece, der mich zur Beurteilung seines Vorhabens zweimal zu sich bat, erkannte natürlich, daß Beneš »nur ein Werkzeug der Absicht Stalins war, mit der Vertreibung der Deutschen die Tschechoslowakei in den Griff zu bekommen sowie im übervölkerten Westdeutschland die Fackel des Aufruhrs zu zünden«. Die Sudetendeutschen hätten demgegenüber eine Leistung für den gesamten Westen vollbracht:

[1] Seine Ausführungen umfassen zehn Seiten des Kongreßberichtes vom 22. April 1958. Das Government Printing Office stellte einen Sonderdruck her, den er mit folgendem Aufdruck in großer Anzahl versandte: »›Nature irresistibily wills that right shall at last prevail‹ wrote Immanuel Kant of Königsberg. – The case of the German Expellees with special emphasis on the Sudeten German issue. – Remarks of Carroll Reece.«

»Generally speaking, despite their tragic fate they went to work in a free and competitive economy and show no sign toward communism.«[1] Reece lobte das »Wiesbadener Abkommen« und die »Charta der deutschen Heimatvertriebenen« sowie deren Absicht, mit Polen und Tschechen künftig im Sinne der Ethik Kants ein Zusammenleben freier Völker zu ermöglichen.

Vielfacher Zuspruch

Eine Zeit, die einen derartigen Wandel in der Beurteilung unseres Heimatanliegens möglich machte, verschaffte uns auch außerhalb des Parlamentes vielfachen Zuspruch. Ich sprach, ausgestattet mit Empfehlungen von Richard Reitzner und seinen Freunden, im Zentralbüro der amerikanischen Gewerkschaften (AFL-CIO) vor. Wir wurden zu einem Kongreß der besonders agilen »Daughters of Revolution« und in das Haus der »American Legion« eingeladen. Mitarbeiter aus dem ehemaligen Führungsstab McArthurs, die Generäle Charles R. Willougby und Albert H. Wedemeyer, mit denen mich ein längerer Gedankenaustausch verband, führten uns in den »Army and Navy Club« ein. Es war immerhin faszinierend, die Gegner von gestern als Freunde oder zumindest Sympathisanten von heute kennenzulernen. »Und gegen die mußten wir Krieg führen!?« war wohl die erste Reaktion. Meist stellte sich die Erfahrung ein, daß gleiche Überzeugungen neue Gemeinsamkeit schaffen und Trennendes überhöhen.

Diese Erfahrung wurde auch durch den Inhalt der Botschaften bestätigt, die zahlreiche Mitglieder des US-Kongresses auf Grund unserer Einladungen und Hinweise seit 1954 an die Besucher der alljährlichen Sudetendeutschen Tage richteten. Aus denen des Jahres 1957 seien nachfolgende Stellen zitiert:[2]

Thomas L. Ashley (Dem., Ohio): »Ich beglückwünsche die Sude-

---

[1] Trotz ihres Schicksals schickten sie sich, allgemein gesprochen, an, in einer freien Wettbewerbswirtschaft zu arbeiten, und zeigten keinerlei Zeichen der Hinwendung zum Kommunismus.

[2] Sudetendeutscher Rat, »Jenseits von Jalta und Potsdam«. Botschaften amerikanischer Senatoren und Mitglieder des Repräsentantenhauses, München 1957

tendeutschen zu ihrer amerikafreundlichen und antikommunistischen Haltung. Die Außenpolitik der Vereinigten Staaten muß nach meiner Überzeugung den Wunsch nach demokratischen Lebensformen manifestieren, eine Auffassung, der auch die Sudetendeutschen nahestehen«. Albert H. Bosch (Rep., New York): »Es ist schade, daß trotz aller vorausgegangenen Versprechungen keine Distanzierung vom Potsdamer Abkommen erfolgte. Meiner Meinung nach werden wir erst nach einer derartigen Entscheidung ermessen können, wie groß die Tragödie der Millionen Vertriebenen war, die mit Gewalt aus ihrer Heimat verjagt und aller ihrer Güter beraubt wurden.« – Jennings Bryan Dorn (Dem., Süd-Carolina): »Ich bin fest überzeugt, daß die Sudetendeutschen das Selbstbestimmungsrecht erhalten, wenn sie weiter standhaft bleiben. Meiner Überzeugung nach sind die Abkommen von Teheran, Jalta und Potsdam nicht gültig, da sie mehr oder weniger geheim blieben und niemals vom ganzen amerikanischen Volk gebilligt wurden.« – Joe L. Evins (Dem., Tennessee): »Die freundschaftlichen Beziehungen zwischen unseren Regierungen und Völkern und die uns gemeinsame Einstellung zu den anderen freiheitsliebenden Völkern im Kampf gegen den internationalen Bolschewismus stellt ein beachtliches Beispiel dafür dar, wie schnell Differenzen und Feindschaften überwunden werden können.« – Joseph W. Martin jun. (Rep., Massachusetts): »Ich grüße zum Sudetendeutschen Tag 1957 alle Sudetendeutschen, in denen die Erinnerung an die grünen Berge ihrer Heimat lebt. Ich ehre alle Sudetendeutschen und alle Vertriebenen aus den Ostgebieten wegen der Tapferkeit, mit der sie der Zukunft ins Gesicht blicken, wegen der zähen Arbeit und Entschlossenheit, mit der sie ein neues Leben aufbauen, und damit wegen ihrer Verdienste um die freie Welt!« –

Sen. E. Talmadge (Dem., Georgia): »Die Bevölkerung von Georgia freut sich über die Sympathie, die sie mit den Sudetendeutschen verbindet, und hofft mit ihnen auf den Tag, an dem die Einheit des deutschen Volkes wiederhergestellt ist und sich die ganze Welt eines sicheren Friedens erfreut.« – Sen. Strong Thurmond (Dem., Süd-Carolina): »Die ganze Welt sollte sich ein Beispiel nehmen an den Bestrebungen der Sudetendeutschen, die von seiten einer kommunistisch gelenkten Regierung soviel erleiden mußten.« – Sen. Milton R. Young (Rep., Nord-Dakota): »Die Sudetendeutschen blicken auf eine lange und ruhmreiche Tradition zurück. Niemals können ihre vielen großen Verdienste um das kulturelle und geistige Leben vergessen werden, die häufig unter tragischen Umständen erzielt wurden. Es ist überaus erfreulich, daß sie sich auch in diesem Jahre zusammentun, um ihre Verständigungsbereitschaft zu bekunden.«

Eine besonders ausführliche Botschaft sandte uns 1957 James Roosevelt, Sohn des Kriegspräsidenten, damals demokratischer Congressman aus Kalifornien:

»Der Sudetendeutsche Tag soll der Bekräftigung unseres Glaubens an ein vereintes und demokratisches Deutschland dienen, das in der Lage ist, innerhalb eines geeinten Europas entscheidend zum Frieden und Gedeihen der ganzen Welt beizutragen. Die Austreibung der Sudetendeutschen aus der Tschechoslowakei verweist auf die tragischen Folgen des extremen Nationalismus, der für so lange Zeit Mitteleuropa in Verwirrung gestürzt hat. Die wiederholten Verletzungen internationaler Vereinbarungen und die Errichtung der nicht rechtmäßigen Deutschen Demokratischen Republik verhindern weiterhin die Wiederherstellung der deutschen Einheit. Die Frage der deutschen Wiedervereinigung kann ohne eine endgültige Regelung des Verhältnisses zwischen Deutschen und Polen einerseits und zwischen Deutschen und Tschechen andererseits nicht gelöst werden. Eine solche Regelung darf nur im Geiste der Versöhnung vor sich gehen, ohne Rachegefühle, wobei Fragen des Irredentismus, der Grenzziehung und des Chauvinismus nie mehr eine Rolle spielen sollten.«

Ein Höhepunkt 1961 in Köln

Die alljährlichen Botschaften bildeten zusammen mit wechselweise zur Kenntnis gebrachten Reden und Aufsätzen eine permanente Brücke des Vertrauens. Daß sie nicht nur so dahingeschrieben waren, bewiesen vier Mitglieder des US-Repräsentantenhauses – Roy A. Taylor (Dem., Nord-Carolina), Gordon H. Scherer (Rep., Ohio), Morgan M. Moulder (Dem., Missouri), Henry C. Schade (Rep., Wisconsin) –, die das große Pfingsttreffen 1961 in Köln besuchten und die Grüße des amerikanischen Kongresses an die Sudetendeutschen »als eine der großen antikommunistischen Kräfte in der Welt« überbrachten.

Der »Sudetendeutsche Tag 1961« war in gewisser Hinsicht ein Höhepunkt des überparteilichen amerikanisch-deutschen Bekenntnisses zu den Sudetendeutschen. Auf einer Berlin-Kundgebung der Sudetendeutschen Jugend würdigte Willy Brandt, damals Regierender Bürgermeister der alten Reichshauptstadt, den Anteil der Vertriebenen und der Sudetendeutschen am Aufbau der Bundesrepublik. In gesamtdeutschem Bewußtsein erklärte er: »Wenn in Berlin das Licht ausgeht, was Gott verhüten möge, würde es in der ganzen Bundesrepublik dunkel werden.« Als Sprecher der Sudetendeutschen verlieh Bundesminister Hans Christoph Seebohm dem Präsidenten der »Slowakischen Liga in Amerika«, Philip A. Hrobak, den Europäischen Karlspreis der Sudetendeutschen Landsmannschaft für Verdienste um eine friedliche Verständigung unter den Völkern Europas. Mit ihm war ein weiterer Gast aus den USA präsent, zudem der politische Führer der einflußreichen Amerika-Slowaken, mit denen Thomas G. Masaryk 1918 das freilich dann nicht eingehaltene Pittsburgher Abkommen über die Eigenständigkeit der Slowakei geschlossen hatte.

Das Kölner Treffen 1961 verdankte seine Höhepunkte nicht zuletzt den intensiven Vorbereitungen, die ich während eines vierwöchigen Aufenthaltes in den Vereinigten Staaten im April und Mai des gleichen Jahres traf. Er führte mich nicht nur nach Washington, sondern auch in andere pulsierende Lebenszentren des großen Landes. So suchten wir, mit einem einmotorigen Clipper über die Hügellandschaft Pennsylvaniens schaukelnd, Philip Hrobak und seine um Middletown lebende Gemeinde auf. Die Slowaken führten uns in ein mir bis dato in Europa unbekanntes Shopping-Center, in dessen Mittelpunkt ein Saazer Landsmann nicht nur heimatliche Küche, sondern auch die Möglichkeiten eines von ihm betriebenen Lokalsenders darbot.

In einem Ad-hoc-Interview berichtete ich über die eben erfolgte Einladung Hrobaks nach Köln und über die freundschaftlichen Gefühle, die wir Deutschen aus Böhmen und Mähren-Schlesien seit je für die Slowaken hegten. Mehr noch als der politische Gehalt des Zusammentreffens imponierte mir die Improvisationskunst und selbstverständliche, freilich durch Reklamespots geförderte Leichtigkeit, mit welchen der Rundfunk damals in den USA seine Aufgaben erfüllte. Man belehrte und indoktrinierte nicht. Man bot Informationen an, und dies ohne Bürokratie und großen technischen Aufwand.

Auf guten Wegen lernte ich solcherweise den »American Way of Life«, das »Amerika draußen« kennen, das mir bisher nur aus Gemälden und Heimatfotos in den Empfangsräumen meiner Kongreßmänner und Senatoren bekannt geworden war.

Von Küste zu Küste

Meine Flugreisen in die USA waren in den fünfziger Jahren noch vielstündige viermotorige Abenteuer. Meistens peilten sie wie später, der harten West-Ost-Trift ausweichend, den New Yorker Flughafen über die Südspitze Grönlands und das Inselmeer Labradors an. Fliegen war damals noch ein recht »erdnahes« Unternehmen. Man konnte die schneebedeckten Berge der weißen Insel mit Händen greifen und freute sich über die bizarren Formen der Eisberge, die wie eine Lämmerherde südwärts trieben. Ehrliches Erstaunen löste mich von den Querelen der politischen »Unterwelt«, die ich zurückgelassen hatte. Manchmal griff ich zum Bleistift und zeichnete auf, was ich empfand:

Nach allem Kampf,
nach allem
Leid
sind Sorgen
nur ein Kleid
des Herzens,
das dahinter
pocht.

Über den Wolken,
über dem Blau
der See
schwindet
das Leid,
schmilzt das Weh,
findet sich
die Ferne.

Mehr als das Weh,
stärker als
der Rede Kraft
ist der Inblick,
mit dem ich Dich seh:
Blüte der Welt,
Essenz und Idee,
Dich mag ich gerne!

Die Lyrik entließ mich bald in die Begrüßungszeremonien am LaGuardia-Airport. Dort warteten meist Freunde sudetenländischer Herkunft oder Dr. Karl Stekr, ehemals führender Politiker der tschechischen Gewerbepartei, der mit uns nach neuen Formen des Zusammenlebens suchte. Die böhmische Küche seiner charmanten Frau unterstützte dieses Vorhaben nach Kräften inmitten der Wolkenkratzerwelt. Merkwürdig, wie auch die Liebe zur Vergangenheit durch den Magen geht und das Trennende hinwegwischt. Der »Times Square« um ein Uhr morgens – das ist ja wie das Nachtleben am Wenzelsplatz!

So sinnierten wir immer zurück und steckten ein Quentchen Hoffnung in die Tasche unserer Überlegungen.

Die sudetendeutsche Kolonie New Yorks hat eine jahrhundertealte Tradition. Noch klingt der Name des 1848er-Exulanten Oswald Ottendorfer in den Gesprächen nach, des Mitbegründers der »New York Herald und Staatszeitung«, der sich hier wie in seiner mährischen Heimatstadt Zwittau mit der Schaffung einer großen Volksbücherei unsterblich machte. Das Herz seiner Landsleute war Professor Josef Totzauer, der Dirigent der deutschen Chöre und Gesangvereine, der sein Haus im nahegelegenen Ridgewood (New Jersey) wie ein Egerlandmuseum gestaltete und von dort aus die Zusammenkünfte seiner Vereinigung leitete. Mit ihm fuhr ich an Hyde Park, dem Landsitz Roosevelts, vorbei zu seinen geliebten Bienenvölkern in der Nähe des Städtchens Cairo. Kaum zu glauben, daß deutschstämmige Amerikaner, die hier allenthalben wohnen, zum Wahlbezirk des so wenig deutschfreundlichen Präsidenten gehörten!

Der Treff der Sudetengruppe war das Café »Hindenburg« in der einstmals von Deutschen bewohnten 86. Straße. Ich suchte sie ebenso auf wie die in der Lexington-Street residierende Hauptgeschäftsstelle der Steuben-Gesellschaft, mit deren Vorsitzenden Heerlein und Lange mich eine enge Freundschaft verband. Heerlein nahm mich 1967 auf eine Reise zur Weltausstellung nach Montreal mit, fuhr mit mir am St.-Lawrence-Strom entlang zu den Niagarafällen und nach Toronto. Allerorts empfingen uns die Steuben-Leute ebenso freundlich, wie wir sie bei ihren Besuchen in Deutschland betreuten. Mit Stolz trug ich ihre Ehrennadel, mit Freude nahmen sie die Ehrenzeichen meiner Landsmannschaft an.

Die Deutschamerikaner waren eine Brücke meiner Reisen von Küste zu Küste. Zu Unrecht bildeten sie noch lange Jahre nach 1945 für unseren Auswärtigen Dienst eine Gruppe »Rühr mich nicht an!«. Sie sind gleichwohl Mittler unserer ersten Wirtschaftsbeziehungen in das große Land gewesen und stellten nicht nur der Lufthansa die ersten guten Kunden. Ich staunte allerorts über ihre Präsenz. Da gab es nicht nur in Chicago das Prachthaus ihres »Germania-Klubs«. Auch in San Francisco verfügten sie über ein großes Vereinsgebäude mit regem Betrieb. In Sacramento, der offiziellen Hauptstadt Kaliforniens, luden sie mich in den »Turnverein« ein und geleiteten mich obendrein in das Staatsparlament, allwo ich von Governor Brown als

»Distinguished Member of the Bavarian Parliament«, aber auch als Gast der Germans in der Stadt begrüßt wurde.

Allüberall, auch in Los Angeles, waren die Steubenits (die Mitglieder der Steuben-Gesellschaft) meine ortskundigen Führer. Zu ihnen gesellte sich der Ukrainer Peter Pawloff, der Guru-Schüler und überzeugte Anhänger indischer Konzentrationslehren, den ich 1958 in Wien kennengelernt hatte. Der aus Czernowitz stammende Altösterreicher geleitete mich sicher über die Verkehrsstränge der Speedways, zeigte mir Hollywood und den Sunset-Strip und schließlich die Holzrotunde des »Hofbräuhauses«, in dem man vor einer Pappkulisse deutscher Burgen zu den Klängen einer Lederhosenkapelle das altbeliebte »Schnitzelbank«-Spiel vorführte. Inmitten der Riesenstadt wurde ich als Münchner wieder freudig begrüßt sowie mit Souvenirs (Bierkrügen, Zündholzschachteln mit Blitzfotos usw.) beschenkt.

Die Deutschamerikaner ließen alle Merkmale der Einwanderergruppen erkennen. Sie blieben geistig der Zeit ihrer Ankunft verhaftet und litten nach wie vor unter der Tatsache, daß sie zweimal auf der Seite der Kriegsgegner Amerikas standen. Viele zogen es vor, die Herkunft zu verschweigen. Um so überraschter fand ich mich 1958 in Chicago einem vollen Saal von Landsleuten gegenüber, die der deutsche Privatsender Heinrich Bergs von der Rush-hour-Heimfahrt hinweg in den German Club holte. Berg hatte darauf bestanden, die Sendung mit mir mit dem Egerländer Marsch zu beginnen. Am Ende erklangen Melodien aus Smetanas »Moldau«. Offenbar wirkte das in den Autoradios besonders attraktiv. Die »Sprechstunde« währte dann bis nach Mitternacht. Sie blieb den Teilnehmern noch lange in Erinnerung.

Licht- und Schattenseiten

Im Laufe der Jahre wurde ich mit den Licht- und Schattenseiten des »maßlosen Kontinents« vertraut. Die Neusiedler hatten ihr Gemeinwesen nach den Grundsätzen der Menschenrechte konstituiert und die freie Persönlichkeit zum Maßstab ihrer Verfassung gemacht. Gleichwohl ließen weder die Unabhängigkeitserklärung vom 4. Juli

1776 noch die »Bill of Rights« jakobinischen Geist erkennen. Die »Founding Fathers« (Gründerväter) der Union waren keine Revoluzzer, sondern eher eine konservativ-revolutionäre Elite mit englischer Tradition. Obwohl sie ihre Ideale bereits zwei Jahrzehnte vor der Französischen Revolution verwirklichten, ersparten sie ihrem Lande gerade deshalb die Turbulenzen, die von der letzteren in Europa ausgingen.

Thomas Jefferson (der die Menschenrechte von Gott ableitete), James Madison, Alexander Hamilton, John Adams (der zweite Präsident) haßten den Populismus und die Radikalformen der Demokratie. Weil sie überzeugte Föderalisten waren, traten sie für die originären Rechte der Einzelstaaten ein. Erst Andrew Jackson, der Waldläufer und Haudegen aus Tennessee, der am 4. März 1829 mit lautem Gepolter in das Weiße Haus einzog, eröffnete die volksnahe Tradition der Demokraten, die bis in unsere Tage die Alternative zum eher konservativen Establishment der etablierten Parteien bilden sollte.

Ich merkte bald, daß der Sezessionskrieg, obwohl er viele Jahrzehnte zurücklag, das Bewußtsein der Durchschnittsamerikaner viel stärker erfüllte als die beiden Weltkriege. Er war, durch Margaret Mitchells »Vom Winde verweht« geradezu glorifiziert, mit den Befreiungskriegen die Erlebnisbasis der politischen Stabilität, die sich die zur Weltmacht aufgestiegene Nation über alle Fährnisse hinweg erhalten hatte. Zwei Jahrhunderte lang die gleiche Verfassung, zwei Jahrhunderte lang die gleiche Währung (den nach unserem Joachimsthal benannten Dollar), zwei Jahrhunderte lang das Sternenbanner, das anerkannte Symbol der Einheit! Welch ein Unterschied zum Dornengang der eigenen Geschichte: Im gleichen Jahrhundert viermal den Staat, das Geld und die Fahne gewechselt, in einer Heimat ohne Vaterland gelebt und am Ende aus ihr vertrieben! Das machte besinnlich und tauchte die Neue Welt in das Licht eines Wunderlandes.

Glückliches Amerika also? Nun, es war nicht alles Gold, was glänzte. Beim Eintritt der Dunkelheit sollten wir ja nicht mehr alleine zum Kapitol hinaufgehen! Diese Warnung wurde laut, als ich mich einmal anschickte, dort von dem in der Nähe des Washingtoner Prachtbahnhofes gelegenen »Hotel Pennsylvania« aus eine Verabredung wahrzunehmen. Mord und Totschlag also in der unmittelbaren Nähe des Zentrums einer Großmacht? Die Kriminalität, die offenbar zum gewohnten Alltag gehörte, kam aus den nahegelegenen, zumeist von Schwarzen bewohnten Slums.

Ähnliche Eindrücke konnte ich in manchen Vierteln Chicagos, der Bronx und anderen Straßen New Yorks gewinnen. »Welch schmutzige Stadt!« sagte da etwa der Taxifahrer, der mich zur Battery-Station brachte.

Dann wiederum machte ich die »kürzeste und billigste Seefahrt der Welt«: mit dem Ferry-Boat für 20 Cent an der Freiheitsstatue vorbei nach Staten Island und wieder zurück. Die Silhouette Manhattans erstrahlte im schönsten Sonnenlicht und verbarg doch auch (wie in vielen anderen Orten) ein »Down Town« als oftmals öde Innenstadt. Samt ihren Kaufhäusern waren die Bürger in die Suburbs mit schönen Villen und Gartenstraßen entflohen.

Auch dort sah man sie selten auf den Straßen. Alles bewegte sich per Auto.

Spazierengehen schien unbekannt. »Ein Land ohne Rast und Dämmerstunde« notierte ich in mein Tagebuch. Es fehlte der gotische Dom, die Barockkirche mit dem »Himmel auf Erden«, das Abendläuten, das »Gasthaus zum grünen Baum« und der Wanderweg »durch Wald und Flur«.

Dennoch gab es vieles, was an die Heimat gemahnte oder vom Gemüt her ansprach: die Drugstores, in denen man plaudernd an der Theke stand, die »Hamburgers«, das »Budweiser« als eines der köstlichen Biere, das Tischgebet im Familienkreis, die Hilfsbereitschaft und die Freundlichkeit der meisten Menschen sowie ihr Leben in bewußter Freiheit, in welchem der große Wurf, das »Experiment Amerika«, spürbar wurde.

»Licht aus dem Westen« hieß das 1957 erschienene Buch, mit dem es der Tiroler Diplomat Ferdinand von Cles zu erläutern suchte.[1] Die Besiedlung der Neuen Welt sei, so meinte er, der letzte Akt der großen Völkerwanderung der Europäer gewesen. Fluidum und Geist des neuen Kontinents würden nunmehr, von den Pueblo-Bauten bis zu den Wolkenkratzern, alles zu einer neuen Synthese zusammenführen: den Freiheitsdrang der Pioniere, die spirituelle Sehnsucht der Schwarzen, die Naturschau der Rothäute (die keineswegs untergegangen seien) und die Möglichkeiten, unsere Zivilisation mit ihren eigenen Mitteln zum Geiste zurückzuführen. Das eben sei dann das neue Licht.

[1] Ferdinand von Cles, »Licht aus dem Westen (der Geist der Neuen Welt)«, Köln 1957

Die Vision schien mir zu hoch gegriffen, um wahr zu sein. Gleichwohl las ich diese vielleicht positivsten Ausführungen über das Land der unbegrenzten Möglichkeiten wie einen Baedeker in die Zukunft. Sie bereicherten die Freundschaften, die ich geschlossen hatte, und bestärkten mich in der Absicht, sie weiterhin zu pflegen.

13. NEUE AKZENTE

Das Wissen um die Trendwende in Washington bestärkte meine Einstellung gegen jene, die sie hierzulande weder zur Kenntnis nahmen noch begrüßten. Die Tendenzen der Amerikaner, die sich von Roosevelts Behandlungsmethoden loslösen wollten, überkreuzten sich ja mit den Absichten der Morgenthau-Besatzer, die sie unentwegt weiter vollzogen. Schon gar nicht wurden sie von den deutschen Nutznießern beachtet, deren Weizen nur auf der Basis einseitiger Schuldzuweisung und permanenter Umerziehung gedieh. Sie besetzten auf Jahrzehnte hinaus die lizenzierten Medien und trugen viel dazu bei, daß die Chancen der amerikanischen Wende gegen die permanente Demontage unseres nationalen Selbstbewußtseins vertan wurden.

Wir aber setzten neue Akzente. Das Bewußtsein, bei den Vertreibern und ihren Hintermännern über ein nun auch von den Amerikanern bestätigtes Schuldkonto zu verfügen, hieß mich, eine gerechte Sache zu vertreten und unser Petitum offen anzusprechen. Das geschah nicht nur auf dem Forum des Bayerischen Landtages, sondern auch über proporzweise zugelassene Ansprachen im Rundfunk. Da zitierte ich in etwa den Appell des greisen Reichstagspräsidenten Paul Löbe aus dem Jahre 1955: »Nehmen wir an, ein Kriegsunglück habe Savoyen von Frankreich losgerissen; wäre es denkbar, daß die Franzosen sich damit zufriedengeben? Sind wir Deutschen schlechtere Patrioten als Engländer und Franzosen? Oder haben wir geringere Menschenrechte als andere Völker? Allein diese Betrachtung sollte genügen, jedes Herz aufzurütteln!« Wir greifen dieses Gelöbnis auf, fügte ich hinzu. Wir wollen es nicht nur zitieren, sondern »von der Überzeugung her vertreten«.

Die Entschlossenheit unserer Parteiführung, die einen ebenso aktiven wie selbstlosen Einsatz der Mitglieder auslöste, wurde bei den Wahlen zum Landtag am 23. November 1958 reichlich belohnt. Mit 8,6 % aller Wähler und mehr als 10 % in Niederbayern und Schwaben wurden wir die drittstärkste Partei. Gegenüber der Bundestagswahl von 1957 mit 357000 Stimmen holten wir mit 793 600 Stimmen mächtig auf. Die Mandatsverteilung (CSU 101, SPD 64, Gesamtdeutscher Block/BHE 17, Bayernpartei 14, FDP 8) machte es selbstverständlich, daß wir mit dem gleichen Besitzstand an Regierungsmitgliedern (Walter Stain als Sozialminister, Dr. Guthsmuths und Erich Simmel als Staatssekretäre im Wirtschafts- und Landwirtschaftsministerium) der Koalition von CSU, GB und FDP angehörten. Sie wurde von Hanns Seidel unter Beachtung unserer Anliegen souverän geführt. Das galt der wirtschaftlichen Eingliederung der Vertriebenen, der Wahrung einer gesamtdeutschen Rechts- und Kulturtradition, dem von allen Parteien gewünschten Schlußstrich unter die Entnazifizierung und schließlich der Novellierung des Rundfunkgesetzes.

Nach dem wegen Krankheit erfolgten Rücktritt Dr. Seidels wurde am 26. Januar 1960 Hans Ehard zum Ministerpräsidenten gewählt. Zur Halbzeitbilanz der Wahlperiode stellte er – worin nicht zuletzt unser Strukturbeitrag zur Geltung kam – am 17. Januar 1961 mit Befriedigung fest, daß Bayern innerhalb von 15 Jahren »geradezu zum Prototyp eines Agrar- und Industriestaates« geworden war. Die Wirtschaft lief auf Hochtouren. Zur Vermeidung inflationärer Tendenzen mußte sie Finanzminister Rudolf Eberhard durch restriktive Maßnahmen im staatlichen Sektor unter Kontrolle halten.

Mit Recht warnte Wilhelm Hoegner (in der Debatte zu Ehards Regierungserklärung) vor den Folgen rein ökonomischen Denkens: »Weil wir als Deutsche, als Europäer, als Mitglieder der westlichen Welt nicht mehr imstande sind, dem Osten die sittlichen Werte des Abendlandes entgegenzuhalten, wird unser geistiger und seelischer Widerstand nicht von langer Dauer sein.« An diesem Widerstand aber waren wir in ganz besonderem Maße interessiert.

Ein päpstliches Zwischenspiel

Der Zufall, oftmals ein Strippenzieher von Gottes Gnaden, trug mir kurz vor dem Dreikönigstag 1960 ein Angebot ins Haus, das den drangvollen Ablauf meiner Geschäfte mit einem freundlichen Intervall versah. Anstelle unseres aus irgendeinem Grunde verhinderten

Staatssekretärs Dr. Guthsmuths möge ich mich zu einer Abordnung bayerischer Unternehmer gesellen, die sich nach Rom begibt, um an dem Plan einer permanenten Industrieausstellung mitzuwirken. Selbige sollte dem Austausch einer großen Palette von Produkten zwischen Europa und Afrika dienen und in den Gefilden des alten Ausstellungsforums errichtet werden. Nach mehreren Telefongesprächen sagte ich zu. Mit Dr. Fritz Priller und Dr. Röder vom Bayerischen Exportklub befand ich mich schließlich im Troß einer glorreichen Delegation, die unter der Führung des Staatsministers Walter Stain (und unter dem Schutz einer Kavalkade »weißer Mäuse«) dem illustren Zentrum der Ewigen Stadt entgegenfuhr.

Das Ereignis bot uns nicht nur Einblick in die Geschäftigkeit von Industriebossen und Messemanagern. Es zeigte uns Italiens Metropole im erregten Disput um die politische Ausrichtung des Landes. Der Kampf zwischen Don Camillo und Peppone schien sich auf offener Straße abzuspielen. Er drehte sich um die Frage, ob der sozialistische Staatspräsident eine Reise nach Sowjetrußland unternehmen solle oder nicht. »Gronchi a Mosca!« schrien Plakate von den Häuserwänden, und lautstark gestikulierte man auf den Plätzen dafür und dawider. Das vermittelte den Eindruck eines Gemeinwesens, das zwischen klassischen Kulissen reichlich unstabil zu werden drohte.

Der römische Charme kam indes trotzdem nicht nur in der freundlichen Art zur Geltung, in der zahlreiche Passanten – wie es am Epifania-Tag offenbar der Brauch war – die Verkehrspolizisten mit Geschenkpaketen bedachten. Er steigerte sich zu großem Stil, als ich in der Basilika Santa Maria Maggiore am Morgen des 6. Januar 1960 das Dreikönigsfest miterleben durfte. Dort zelebrierte Kardinal Ottaviani – wie man mir sagte, der konservativste aller Konservativen im Vatikan – unter der Assistenz zahlreicher Würdenträger der Kirche eine engelsgleiche Messe. Das großartige Gotteshaus war von Hunderten von Kerzen erleuchtet sowie von Chorälen und Motetten erfüllt, die wie aus Fra Angelicos Knabenkehlen kamen. Der Kardinal saß fast regungslos auf einem Purpurstuhl. Man küßte den Ring auf seinen behandschuhten Händen, bevor er zum Altar schritt. Alles war voller Ehrwürdigkeit, aber auch voll beglückender Harmonie.

Ob das wohl gutgeht? dachte ich mir. Draußen die Gronchi-Plakate und drinnen der Engelsgesang mit dem Purpurbischof!

Am Nachmittag war Sonderaudienz beim Heiligen Vater angesagt.

Wir fanden uns – etwa 20 Herren, darunter einige mit ihren Frauen – würdig gekleidet an jener Stelle der großen Kolonnade ein, von der ein Wachraum der Schweizergarde in das Treppengefolge des Vatikans weist. Dieses führte uns von Stockwerk zu Stockwerk an Gemälden und Heiligenfiguren vorbei dem großen Ereignis entgegen. »Jetzt müssen wir bald im Himmel sein!« sagte einer verstohlen. Schließlich befanden wir uns in einem mittelgroßen Empfangssaal, an dessen Vorderseite ein Thronsessel stand. Alles harrte in Ehrfurcht. Auch eine Pilgergruppe aus Bergamo, der Heimat des Papstes, schwieg in die Stille des Augenblicks hinein.

Da öffnete sich eine Seitentür, und darin erschien, offenbar quietschlebendig und mit leuchtenden Äuglein, Johannes XXIII., wie er leibte und lebte. Mit fast trippelnden Schritten – die Amerikaner nannten ihn liebevoll »Johnnie Walker« – erreichte der eher kleine und rundliche Mann den Purpursessel. Ich dachte unwillkürlich (und schämte mich insgeheim des Vergleichs): Lebhaft wie Chruschtschow, der kleine Mann im Kreml! Er aber hob seine Hände zum Segen, begrüßte zuerst die Männer der Wirtschaft aus dem christlichen Bayern, sodann mit sichtlicher Freude seine Familie aus den Bergen.

Im Nu war jeder Bann gebrochen. Der Papst, dessen Beine den Boden kaum berührten, saß wie ein leutseliger Erzähler vor uns. Er sprach über den Sinn des Epifaniafestes, über die Freude des Schenkens und Beschenktwerdens und über die Tatsache, daß das Leben auch des Ergötzlichen bedarf. Erst dann erinnerte er an den Pflichtenkreis des Glaubens und an die Kraft, die er dem Leben schenke. Dieser Mann ging mit Worten und schließlich auch unmittelbar auf uns zu. Wer da niederkniete, tat es nicht nur nach den Geboten der Etikette, sondern aus Dankbarkeit für das Überraschende seiner Erscheinung.

Das war nicht der Papst wie ein Buddha, sondern der Papst wie ein Mensch. Das ist die Lösung! empfand ich sogleich. Solch einer kann mitredend unter die Diskutierer auf den Straßen gehen und eben deshalb ein zeitgemäßer Vertreter seines Amtes sein! –

Wir erlebten also eine Szene, die in gewisser Hinsicht ein vorkonziliares Zeichen setzte. Mag sein, daß da vieles noch offenblieb und Fragen über Fragen aufwarf. Die Querelen der Zeit lasteten eben uns allen auf den Herzen, hier in Rom wie zu Hause in München. Das päpstliche Zwischenspiel löste uns nicht von der Pflicht, dort nach geeigneten Wegen durch die Wirrnisse des parteipolitischen Lebens zu suchen. Es ließ indes aufatmen, weil es jenseits des Alltags stattfand und ein wenig Distanz zu all dem schuf, was er uns bald wieder abverlangte.

Von der Interessen- zur Gesamtpolitik

Existenzsicherung und Wiederaufbau hatte die Substanzkraft der Nachkriegsgeneration auf ökonomische Ziele konzentriert. Persönliche Freiheit und materieller Wohlstand ließen vergessen, daß sie auf die Dauer gefährdet waren, wenn sie das Leben ohne ein Mindestmaß von Patriotismus und Berücksichtigung ideeller Werte bestimmten. Befreit vom Zwangssystem des 1000jährigen Reiches schlug das Pendel, unterstützt von Bannerträgern der öffentlichen Meinung, in wachsenden Individualismus und politische Interesselosigkeit um. Das beeinflußte die politische Landschaft im allgemeinen und den BHE im besonderen. Von 100 Bürgern schienen nur fünf parteipolitisch interessiert. Unter diesen stellten wir in guten Zeiten 20–30%. Die 95 politisch nicht Engagierten wählten indes – wenn sie es taten – die sogenannten »Volksparteien« und etablierten sie als »Parteien der Mitte«.

Die Sogkraft dieser Entwicklung ließ dem BHE-Konzept keine Chance. Je tatkräftiger seine Parlamentarier die materielle Eingliederung der Vertriebenen und Kriegsgeschädigten verwirklichen halfen, desto mehr verloren sie ihren Wählerstamm. Ein böses Wort der Selbstbesinnung sagte, sie seien am Ende nur »karitative Hilfstrottel« geworden. Trotz des erfolgreichen dritten Einzugs in den Bayerischen Landtag mußten wir eine »Partei auf Zeit« bleiben, wenn es uns nicht gelang, das patriotische Potential der Wähler zu motivieren und anzusprechen. Das aber war im rechten Spektrum der Bevölkerung, insbesondere bei der Millionenmasse der Ost- und Sudetendeutschen, zweifellos vorhanden.

Wo es eine von Linken umrandete Mitte gab, mußte auch Platz für eine demokratische Rechte sein. Freilich hätte sie den Weg von der Interessenpolitik zur Gesamtpolitik zu beschreiten und sich, wie es auf einem Parteitage hieß, »einen gesellschaftsfähigen Namen« zu geben. Die politologisch interessante Entwicklung gebar in der Tat eine Reihe von Bezeichnungen, welche dieses Bestreben zum Ausdruck brachten: »Deutsche Union« (1948), »Deutsche Gemeinschaft« (1949), »Deutscher Gemeinschaftsblock – BHE« (1950), »Gesamtdeutscher Block« (1957), »Nationaldemokratische Union – NDU« (1959) und schließlich die »Gesamtdeutsche Partei (GP)«, die nach der Vereinigung mit der »Deutschen Partei« am 19.4.1961 auf Bundesebene in Hannover aus der Taufe gehoben wurde.

Der Weg »aus dem Flüchtlingsghetto« vermochte den damals gewohnten Begriff des »BHE« indes nicht vergessen zu machen. Vielleicht besänftigte er noch nachträglich die Wogen der Erregung, als die SPD in einer turbulenten Sitzung am 19. Mai 1959 das Landtagsplenum verließ, weil Walter Stain den Deutschlandplan Wehners verurteilt und auf unserem Parteitag in Weiden (1959) die demokratischen Parteien angeblich in unverantwortlicher Weise angegriffen habe. Die Feststellung der SPD, »Bayern dürfe nicht ein zweites Mal zum Aufmarschgebiet rechtsradikaler Staatsverbrecher werden«, paßte weder zum Anliegen noch zur Persönlichkeit des Sozialministers, der noch vor kurzem ihr Koalitionskollege gewesen war.

Dieses Anliegen wurde vielmehr doppelt aktuell, als am 13. August 1961 mit dem Mauerbau in Berlin ein wahrhaft gesamtdeutsches Signal aufleuchtete. Wann, wenn nicht jetzt, so fragten wir uns, müßte eine »gesamtdeutsche« Partei die gebotene Plattform des Protestes gegen die Provokation Ulbrichts und seiner sowjetischen Hintermänner werden? Wann, wenn nicht jetzt, würde ein Votum für sie auch Adenauer und den westlichen Verbündeten sagen, daß ihre mehr als laue Reaktion den Schleier der Heuchelei über ihre Bekundungen lege? Wann, wenn nicht jetzt, würde der deutsche Michel merken, daß es mehr zu wahren gelte als das persönliche Wohlergehen?

Der erhoffte Durchbruch zu einer wahrhaft gesamtdeutschen Partei blieb indes aus. Das nationale Gewissen war im Gefolge des Wirtschaftswunders offenbar gelähmt. Mit 2,8 % der Wählerstimmen war das Ergebnis mehr als enttäuschend. Es bezeugte, daß volle Versammlungslokale und Kundgebungen, die auch ich landauf, landab verzeichnete, nichts für das Endergebnis besagten. Das Versagen des eigenen Stimmungsbarometers war freilich durch die Tatsache erklärbar, daß Wahlen nicht mehr über Versammlungen entschieden wurden. Die Mattscheibe und Millionenetats für Werbung (auf den Homo oeconomicus abgestelltes politisches »Marketing«) erreichten die Massen weit mehr. Beide standen uns nicht zur Verfügung. Ich habe niemals auch nur einen Deut zur Finanzierung meiner Wahlwerbung erhalten.

Da war nun freilich das Ende der Versuche gekommen, ein politischer Faktor neben den großen Parteien zu bleiben. In Bayern bestand für uns zusätzlich die Hürde der Zehn-Prozent-Klausel, die man in wenigstens einem Regierungsbezirk überwinden mußte. Sie wurde erst später zugunsten der FDP beseitigt. Vorerst hatten unsere Koalitionsgefährten dafür nur ein halbes, teils offenes, teils verschlossenes Ohr. Das Damoklesschwert des parlamentarischen Ausscheidens hing daher fortan über allem, was wir auf parlamentarischer Ebene unternahmen. Ob das fair und für die weitere Entwicklung des Landes, ja der Bundesrepublik in den kommenden Zeitläuften bekömmlich war, mag dahingestellt bleiben.

Abschied vom Maximilianeum

Der erneuerte BHE und die »Gesamtdeutsche Partei«, als welche wir nunmehr auftraten, ist keineswegs eine »One issue«(Ein-Thema)-Partei gewesen. Wir haben uns nicht nur der Durchführung des Lastenausgleiches, sondern sehr wohl auch der Landesentwicklung im umfassendsten Sinne des Wortes gewidmet. Hunderte Kreistags-, Gemeinde- und Stadtratsmitglieder wußten sich dem Gesamt ihrer Aufgabenbereiche verpflichtet (so etwa die Stadträte Dr. Reichel und Ing. Schuchard mit ihrem 1959 gefertigten Vorschlag für die Großraumentwicklung Münchens). Viele meiner Fraktionskollegen waren Vorkämpfer des Naturschutzes und der heranreifenden ökologischen Aufgaben (so der in Wolfratshausen gewählte Dr. Paul Wüllner mit seinen Anträgen zum Schutz der Bergwälder, der Pupplinger Au oder der wildwachsenden Pflanzen). Andere wurden Spezialisten des Wohnungsbaues, der Nebenerwerbssiedlungen, der Gesundheitsfürsorge, des Arbeitsschutzes und des Kriegsopferrechts. Als Fraktionsvorsitzender vertrat ich das Rundum ihrer Bemühungen bei den alljährlichen Reden zum Gesamtetat.

Als Mitglied des kulturpolitischen Ausschusses hatte ich Fragen dieses allein schon verfassungsgemäß wichtigsten Sachgebietes und seiner Prioritäten zu überblicken. Dabei ging es nicht nur um den von meinem Stellvertreter Ernst Riediger (Coburg) besonders betreuten Komplex der schon behandelten Lehrerbildung (siehe oben S. 226), der Lehrerbesoldung und anderer Berufsfragen. Ich wurde ein Motor fortzuschreibender Zuschüsse für den Bereich der Erwachsenenbildung, unserer Ostinstitute sowie der Bereitstellung von Planungsmitteln für ein in München zu erstellendes Osteuropa-Haus.[1]

In der Hauptsache aber trat ich für den Plan der Errichtung einer vierten Landesuniversität in Regensburg ein. Seit ein Kreis vertriebener Professoren der Prager Deutschen Universität diesen Plan bereits in den vierziger Jahren mit der Gründung eines »Universitätsvereins« und mit medizinischen Lehrkursen aufgegriffen hatte, lag er mir besonders am Herzen. Bereits 1955 forderte ich den Landtag auf, mit der Errichtung dieser Universität »einen neuen Edelstein in die Krone Bayerns zu setzen«. Nunmehr aber erneuerte ich das Anliegen wie die Regensburger Kollegen im Zusammenhang mit der Universitätsgründungswelle, die sich quer durch die Bundesrepublik bemerkbar machte.

Baden-Württemberg, das bereits über vier Universitäten verfügte, wollte am Bodensee und später in Ulm weitere hohe Schulen errichten.

Warum sollte Bayern, dessen Südostecke sich hochschulmäßig als unterversorgt erwies, nicht das gleiche tun und damit auch der gewachsenen Bürgerzahl Rechnung tragen? Regensburg war die Stätte, an der sich, die Einfügung Böhmens in das reichische Christentum fördernd, im Jahre 845 15 seiner Fürsten am Hofe Ludwigs des Deutschen taufen ließen. Lag es nicht nahe, im Zuge solch uralter Verbindungen von der neuen Universität die Pflege der entsprechenden Traditionen zu erwarten?

Wir legten uns mächtig ins Zeug, überspielten die von den Altuniversitäten ausgehenden Gegenzüge mit einem konkreten Antrag zur

---

[1] Der Zuschuß für das »Collegium Carolinum«, das ich in meiner Etatrede als »Auge Bayerns zum Nachbarland« bezeichnete, sollte im Haushalt 1962 um DM 15.000 auf DM 115.000 erhöht werden (Beilage 2905/1962). – Die Staatsregierung wurde aufgefordert, Haushaltsmittel für die Errichtung eines Osteuropa-Hauses in München einzuplanen (Beilage 2356/1962).

Widmung von drei Millionen Mark für die Erstplanung und erzwangen damit den Landtagsbeschluß über die Gründung der Universität Regensburg vom 10. Juli 1962. Als ich im Juli 1987 vom Rektorat der Universität zur 25-Jahr-Feier dieses Beschlusses eingeladen wurde, erlebte ich jene Befriedigung, die eintritt, wenn man sieht, daß Pläne von ehedem mittlerweile verwirklicht worden sind.

Zum Schatz der Erinnerungen, die man rückblickend wieder neu entdeckt, gehört für mich in diesem Zusammenhang die ausführliche Etatrede zur Kulturpolitik, die ich im Plenum des Bayerischen Landtages am 14. März 1962 gehalten habe. Sie war kein Sermon des Abschieds, sondern die Summe einer Zusammenschau, in der ich unterstrich, wie sehr das atomare Patt die Bedeutung kulturellen Schaffens hervorrufe. Es sei, um mit Hegel zu sprechen, »eine List der Geschichte, daß sie auf solche Weise den Kulturapostel von gestern zum waffenlosen Waffenträger von heute werden ließ«. Ich vermochte auf die Grundgedanken meiner Dissertation (siehe oben S. 70) zurückzugreifen, wenn ich die Rückbildung der Universität von einer Spezialistenschule zur Universitas der Wissenschaften erhoffte und desgleichen für eine Entmassung des Universitätsbetriebes durch entsprechende Förderung des Mittelbaues unseres Schul- und Bildungswesens votierte. Ich trat für die Förderung jedweder kulturellen Selbsttätigkeit gegenüber dem passiven Empfang von Kunst in Funk und Schallplatte ein und unterstrich die Solidarverantwortung der Länder für die Wahrung der deutschen Gesamtkultur. Selbst von den Kollegen der Bayernpartei erntete ich Beifall, als ich daher die Bedeutung des von ihnen so hoch geschätzten Heimatlandes hervorhob:

»Ich glaube nicht, daß es das Ziel einer Kulturpolitik Bayerns sein kann, auch auf diesem Gebiet gegen ein imaginäres Preußen oder gegen ein imaginäres Gesamtdeutschtum, das ja zum großen Teil zerstört ist, anzukämpfen. Im Gegenteil ist es vielmehr unsere Aufgabe, die Funktionen auf allen Gebieten, die durch die Zerstörung Mitteldeutschlands, Ostdeutschlands und durch die Neutralisierung Österreichs ausgefallen sind, zu übernehmen. München ist praktisch heute stellvertretend die kulturelle Hauptstadt Deutschlands. Es soll sie sein und ist Gott sei Dank durch seine Geschichte dafür bestens ausgerüstet. Die Aufgabe Bayerns als eines Landes, das aus allen Krisen des vergangenen Jahrtausends einigermaßen ungerupft hervorging und über eine großartige Kulturtradition verfügt, muß es sein, den deutschen Ländern und Volksteilen zu helfen, die zur Zeit in Not und Gefahr und im Unglück verweilen.«[1]

Ein letzter Appell

Eine Partei, die viele Jahre hindurch bis in die letzte Ortschaft im Volke verwurzelt, also in diesem Sinne eine echte »Volkspartei« war, gleicht im Kern einem Organismus, der nicht von heute auf morgen dahinschwindet. Wenn er das tut, gehen gemeinschaftsbindende Werte verloren, die zum Schaden des Ganzen nicht wiederherzustellen sind. Schließlich hatte der BHE in hohem Maße dazu beigetragen, daß aus den Entrechteten der Nachkriegszeit keine Partisanen des Aufruhrs wurden. Das galt auch für sein Wirken im Bayerischen Landtag. Dort stand die Fraktion vor dem unabdingbaren »Aus«, das durch keinerlei taktische Operationen (Zusammengehen der kleinen Parteien, Huckepack-System usw.) zu vermeiden war.

Wer je in solchen Situationen Verantwortung trug, weiß, wie schwer es ist, eine Gemeinschaft von Mandatsträgern zusammenzuhalten. Ich selbst plädierte keineswegs für ein unerschrockenes Weiterleben als politische Sekte, verurteilte gleichwohl aber »Rette sich, wer kann«-Aktionen, also Partei-Übertritte, von denen sich einige wenige Kollegen ein Weiterwirken im kommenden Landtag erhofften.[2] Sie waren samt und sonders erfolglos. Der Kern der Fraktion blieb bei der Stange und war bereit, den letzten Wahlkampf entschlossen auszufechten.

Am 1. Oktober 1962 feierte man im Hotel »Platzl« meinen 50. Geburtstag. Die Stimmung war nicht ausgelassen, aber auch nicht verzweifelt. Wir wußten, daß wir eine Pflicht erfüllten, die wir der großen Schar unserer Mitarbeiter und Mitglieder im weiten Lande schuldig waren, und hatten deshalb ein gutes Gewissen.

Am 25. Oktober 1962 verabschiedete ich denn auch die Fraktion

[1] Bayerischer Landtag, stenographischer Bericht vom 14. März 1962

[2] Die Abgeordneten Dr. Willy Reichstein, Rudolf Stracke, Dr. Paul Wüllner wechselten in die Fraktion der FDP, Waldemar Kluge ging zur SPD.

mit Worten, die, in Nachschrift erhalten, wie ein letzter Appell erscheinen:

»Für uns geht heute, ganz gleich wie die Wahlen am 25. November 1962 ausfallen, ein wesentlicher Abschnitt unseres Wirkens zu Ende. Wir haben in den letzten zwölf Jahren für Arbeit, Sicherheit, Freiheit und Heimat gekämpft und wollen dies auch weiterhin tun. Eine objektive Würdigung wird uns dereinst zusprechen, daß wir mit unserem Beitrag zur Sicherung und Konsolidierung Nachkriegsbayerns eine staatspolitische Leistung vollbrachten, die allen zugute kam. Wir haben in Tausenden von Fällen konkreten Beistands die sozialen Notlagen der Umbruchsjahre lindern geholfen und mit einem Antrag unseres Kollegen Herbert Prochazka erst gestern wieder zur Rücksicht auf den ärmsten Teil unserer Bevölkerung aufgefordert. Das ist mehr als bezeichnend und bestätigt unsere Grundeinstellung: Politik wurzelt nicht nur in Vernunft und Verstand, sondern auch im Herzen! Im Zeichen der menschlichen Bindung, die uns zusammenführte, gedenken wir derer, die in diesem Raume arbeiteten und von uns gegangen sind: Rudolf Gertler, Erich Luft, Dr. Herbert Schier, Thellmann-Bidner und Ernst Ullrich. Wir haben Fleiß und Tapferkeit, aber auch menschliche Schwächen erlebt. Aber wo ist das nicht der Fall? Ich danke euch allen für euren unermüdlichen Einsatz, auch euren Frauen, die viele Entbehrungen zu tragen hatten. Vor allem aber danke ich unserer Hauptsekretärin Friedl Kirpal, der ›Mutter unserer Kompanie‹, und ihrer Mitarbeiterin Renate Matyssek. Sie trugen wesentlich zu dem Erfahrungsschatz bei, den wir angesammelt haben. Sagt nicht, das können jetzt andere machen. Seid dessen gewiß, daß unser Auftrag nicht beendet ist!«

Die Stunde, in der Erich Simmel noch den Dank für meine Leistung als »Vorsitzender und vorbildlicher Repräsentant inner- und außerhalb des Parlamentes« zum Ausdruck brachte, entließ uns zum letzten Male zur Rundumfahrt in den Kreis von Ansprachen und Versammlungen. Wie immer gab es ein Grundschema (die »Schallplatte«) unserer Reden. Wie immer variierte ich es mit aktuellen und örtlichen Akzenten. Wie immer fanden sich Amtsträger, Anhänger und Freunde bei all den Einsätzen zusammen, die mich nach und nach in viele Orte Bayerns und der bundesdeutschen Nachbarschaft führten. Am Ende hatten wir ein achtbares Ergebnis erkämpft. Mit 5,1 % der Stimmen im Landesdurchschnitt wären wir späterhin wieder in den Landtag eingezogen. Jetzt aber fehlten uns 12000 Stimmen, um wenigstens in Niederbayern die grausame Zehn-Prozent-Klausel zu erfüllen. Obwohl er nur über einen kleineren Wählerzuspruch verfügte, gelang dem Restbestand der Bayernpartei das parlamentarische Überleben, weil er in diesem Wahlbezirk mit 10,02 % der Stimmen über die Hürde stieg.

Die bayerischen Landtagswahlen vom 25. November 1962 zeigten dann folgendes Ergebnis: CSU 47,5 %, SPD 35,3 %, GDP 5,1 %, FDP 5,9 %, BP 4,8 %. Die Mandatsaufteilung unseres Wähleranteils verschaffte der CSU mit 108 Vertretern die absolute Mehrheit im Plenum. Alfons Goppel wurde der neue Ministerpräsident. In Würdigung des Vertriebenenanteils unserer Wähler holte er den Bundestagsabgeordneten und Vorsitzenden der UdV (Union der Vertriebenen) Hans Schütz als Staatssekretär und später als Minister in das Sozialministerium nach München. Die Berufung dieses hervorragenden Mannes aus dem Führungskreis der Sudetendeutschen nahm ich mit freudiger Genugtuung zur Kenntnis.

Die Diensträume im Parlament verließ ich am 12. Dezember 1962, so merkwürdig das klingen mag, keineswegs mit Trauer im Herzen. Nachdem ich noch einmal den Nachlaß und die Übergabeprobleme mit den Altkollegen geregelt hatte, reichte ich unserer Kirpalin die Hand. Sie verlor in der Tat ihre »Familie« und weinte bitterlich. Ich aber verspürte so etwas wie Entlassung aus einem erfüllten Pflichtenbereich und empfand in seltsamer Gewißheit Freiheit für neue Bewährung auf neuen Pfaden.

Das Maximilianeum, der schöne und ehrwürdige Bau, fiel nicht aus meiner Erinnerung. Es wurde auch späterhin der Ort mancher für mich bedeutsamer Ereignisse und Begegnungen. Ich erlebte den Abschied wie die Trennung von einer Frau, von der man nicht im Bösen scheidet.

Heilsamer Übergang

Das Verzeichnis der fast 100 Veranstaltungen, mit denen ich bis zum November 1962 ein gutes Wahlergebnis erzwingen wollte, endet mit der schlichten Formel »In serviendo consumor«. Das war nicht übertrieben. Es galt dem grenzenlosen Einsatz im Rundum meiner Verpflichtungen, der mich diesmal und in all den Jahren vorher in Beschlag genommen hatte. Heim und Familie fielen ihm ebenso zum Opfer wie das Verlangen nach Besinnlichkeit. Der Abschied vom Alltagszwang war daher heilsam und erleichterte mir den Übergang zu den kommenden Phasen meines öffentlichen Wirkens.

Zäsuren im Lebensweg, seien es Berufs- und Ortswechsel oder Schicksalsgeschehen höherer Art, sind wie Pulsschläge einer Zeitenfolge, die wir erahnen, aber nicht voraussehen können. Das akzeptierte ich ebenso wie die Gewissermaßen-Degradierung, die in jenen Jahren, da das Amt des Abgeordneten noch in hohem Ansehen stand, mit dem Verlust des Mandats verbunden war. Jeder, der das einmal erlebte, wird mir bestätigen, daß man, wollte man sich behaupten, dagegen mächtiglich ankämpfen mußte. Es wurde mir indes die bruchlose Fortsetzung der Tätigkeit in den seit 1945 mitgestalteten Wirkungsbereichen ermöglicht.

Das betraf meine hauptberuflichen Aufgaben als Generalsekretär des Sudetendeutschen Rates, die mir das im Bayerischen Landtag verkümmerte außenpolitische Blickfeld offenhielten. Es ergab sich desgleichen aus der jahrelangen Verwurzelung in den Institutionen der Sudetendeutschen, die ich zum Teil selbst mitbegründet hatte. Ich behielt Sitz und Stimme in den Gremien der Sudetendeutschen Landsmannschaft. Ich war Vorsitzender bzw. Vorstandsmitglied des Witikobundes und gehörte mit gespitztem Federkiel der Gilde der Schreibenden an, die ihr Publikum hatten. Letztlich stand ich inmitten eines großen Freundes- und Gemeinschaftskreises, der auch jenseits der Sperrmeile von Parlamenten lebte und webte. Er »koordinierte« vielleicht am besten die Unzahl der Ereignisse, die einer eigenen Entfaltungs-, ja auch Zeitenlogik entsprangen und voneinander vielfach unabhängig waren.

Das Jahr 1959 brachte mir z. B. erhöhte Aufgaben in der Führung der Fraktion, »daneben« die Diffamierungskämpfe, den Rundfunkstreit, aber auch Veränderungen im privaten Bereich. 1961 akkumulierten sich sichtbare Aufklärungsergebnisse in den USA mit den Erfolgen des Kölner Sudetentages. »Daneben« entstand die Mauer in Berlin, auf die wir – vergebens – mit der »Gesamtdeutschen Partei« eine Antwort geben wollten. Es entwickelten sich Akzente einer Deutschlandpolitik, die bedenkliche Folgen hervorriefen. Der Umstand, daß dies alles zeitlich keineswegs gleichgeschaltet war, schuf mir einigen Raum zum spirituellen Auftanken und baute eine Brücke der Kontinuität, die ich nunmehr beschritt.

In der Obhut Bayerns

Wollte ich den Inhalt meiner zwischenparlamentarischen Jahre (1963–1965) auf einen gemeinsamen Nenner bringen, müßte ich ihn in der Fortsetzung unseres Bemühens um die Anerkennung des 1945 verletzten Rechtes erblicken. Die Infragestellung, ja Bedrohung dieses Rechtes hatte 1962 schon eine lange Geschichte. Sie umschlich unser Selbstbewußtsein mit dem Verlangen nach »Anerkennung der Realität« mit den bereits zitierten Parolen und Ansichten.[1] Die Front der »Verzichtler« hatte sich – getragen von namhaften Publizisten wie Immanuel Birnbaum, Peter Bender, Walter von Cube – von der »Süddeutschen Zeitung« über den »Spiegel« bis zu zahlreichen Funk- und Fernsehsendungen mächtig entwickelt. Es schien, als hätte sich das natürliche Solidaritätsbewußtsein eines geschlagenen Volkes in dreistes Flagellantentum verwandelt.

Von der Obhutserklärung des Jahres 1950 wäre da wenig übriggeblieben, hätte der Freistaat Bayern nicht bereits 1954 die Schirmherrschaft über die sudetendeutsche Volksgruppe übernommen. Ministerpräsident Dr. Hans Ehard hatte, bestärkt durch unsere Mitwirkung, den von Dr. Paul Illing entwickelten Gedanken bereitwillig aufgegriffen und am 7. November 1962 in Form einer Urkunde erneut bekräftigt. Ihr entscheidender Absatz hatte folgenden Wortlaut:

»Die Bayerische Staatsregierung verleiht mit der Übernahme dieser Schirmherrschaft sichtbaren Ausdruck, vor allem ihren Dank dafür, daß die heimatvertriebenen Sudetendeutschen einen wertvollen Beitrag auf politischem, kulturellem und sozialem Gebiet zum

[1] So hatte der SPD-Abgeordnete Otto Heinrich Greve am 16. Mai 1956 vor einem »Königsteiner Kreis« in Hannover erklärt: »Ich will ganz offen bekennen, daß das sogenannte Sudetengebiet kein deutsches, sondern tschechoslowakisches Staatsgebiet ist und bleiben soll und wir keinerlei Anspruch auf dieses Gebiet erheben ... Wer unter den Klängen des Egerländer-Marsches erneut auf den Raub fremden Staatsgebietes ausziehen will, begeht Verrat an der Wiedervereinigung und hetzt zum Krieg.«

Wiederaufbau des Freistaates Bayern geleistet und sich als eine Stütze unserer freiheitlichen demokratischen Ordnung bewährt haben. Die Bayerische Staatsregierung betrachtet die sudetendeutsche Volksgruppe als einen Stamm unter den Volksstämmen Bayerns. Sie bekennt sich zum Heimat- und Selbstbestimmungsrecht der Sudetendeutschen, das sie jederzeit mit dem ganzen Gewicht ihres Einflusses vertreten will. Sie wird stets bestrebt sein, das Volkstum der Sudetendeutschen zu erhalten und ihre Landsmannschaft und deren Einrichtungen als Vertretung der sudetendeutschen Volksgruppe bei der Wahrnehmung der heimatpolitischen, kulturellen und sozialen Aufgaben ideell und finanziell zu fördern.«

Der Zuspruch der Parteien

Dieses bayerische Edikt stand keineswegs isoliert im Raume. In feierlichen Erklärungen traten vielmehr alle im Deutschen Bundestag vertretenen Parteien für die politischen und rechtlichen Interessen der Sudetendeutschen ein (CSU am 3. Juni 1961, FDP am 15. Oktober 1964, CDU am 16. November 1964). In herausragender Formulierung sprach die sogenannte »Bergneustädter Erklärung« der SPD vom 22. Januar 1961 den Sonderfall der Sudetendeutschen an: »Die Feststellung, wonach Deutschland in den Grenzen von 1937 rechtlich fortbesteht, schließt das Heimat- und Selbstbestimmungsrecht der Sudetendeutschen nicht aus.« Es könne erst dann als verwirklicht gelten, »wenn alle politischen und menschlichen Freiheitsrechte in der Heimat verwirklicht sind«. Die SPD jener Jahre legte sich also mächtig ins Zeug. Ins Volle traf das berühmte Telegramm, das sie – unterzeichnet von Erich Ollenhauer, Willy Brandt und Herbert Wehner – am 7. September 1963 an das Deutschland-Treffen der Schlesier in Köln richtete:

»Breslau und Oppeln – Gleiwitz – Hirschberg – Glogau – Grünberg: das sind nicht nur Namen, das sind lebendige Erinnerungen, die in den Seelen von Generationen verwurzelt sind und unaufhörlich an unser Gewissen klopfen. Verzicht ist Verrat, wer wollte das bestreiten? Hundert Jahre SPD heißt vor allem hundert Jahre

Kampf für das Selbstbestimmungsrecht der Völker. Das Recht auf Heimat kann man nicht für ein Linsengericht verhökern – niemals darf hinter dem Rücken der aus ihrer Heimat vertriebenen oder geflüchteten Landsleute Schindluder getrieben werden ... Der Wiedervereinigung gilt unsere ganze Leidenschaft. Wer an diesem Feuer sein kleines Parteisüppchen zu kochen versucht, kann vor dem großen Maßstab der Geschichte nicht bestehen.«

Das war nun in der Tat eine Aussage, die wie ein Menetekel über all dem leuchtet, was die SPD seitdem tat und weiterhin unternimmt. Sie wird durch eine lange Kette von Beteuerungen ihrer führenden Männer ergänzt, von denen man heute annehmen möchte, sie seien auf einem anderen Stern gesprochen worden.

Ich selbst hatte die Ehre, den Bundesverband der Sudetendeutschen Landsmannschaft als Gast auf dem Parteitag der Sozialdemokraten zu vertreten, der Ende 1964 in Karlsruhe stattfand. An der Stirnseite des Versammlungsraumes war dort in Großformat das dreigeteilte Vaterland abgebildet. »Das ganze Deutschland soll es sein!« stand in markanten Lettern darunter. Willy Brandt, der als neugekürter Parteivorsitzender amtierte, hatte die patriotische These bereits in dem 1963 erschienenen Buche »Koexistenz – Zwang zum Wagnis« unterstrichen. Dort hieß es: »Es ist unsinnig, wenn Verfechter der Zweistaaten-Theorie für Deutschland ausgerechnet von der Bundesrepublik erwarten, daß sie die Oder-Neiße-Linie anerkennen soll. Nach dieser These würde das doch bedeuten, daß die Bundesrepublik die Grenze zwischen anderen Staaten anerkennen soll, also etwa die Grenze zwischen Österreich und Italien oder die zwischen Norwegen und Schweden ... Wer unbesehen der von anderen diktierten Grenzlinie zustimmt, meint es nicht gut mit den zukünftigen deutsch-polnischen Beziehungen.«

Ich konnte mich also im Umkreis solcher Beteuerungen durchaus wohl fühlen und sah insofern beruhigt in die Zukunft.

Jaksch und Seebohm

Das Gewicht der Hoffnung stieg mit der Nachwirkung, die der sogenannte Jaksch-Bericht in der Parteienlandschaft fand. Der Deutsche Bundestag hatte einen ihm entsprechenden Antrag über die Gestaltung der deutschen Ostpolitik am 14. Juni 1961 einstimmig angenommen. Damit wurde die Bundesregierung aufgefordert, »ohne Preisgabe lebenswichtiger deutscher Interessen« zu einer Normalisierung der Beziehungen mit den osteuropäischen Staaten zu gelangen sowie »gegenüber solchen Ländern, die deutsche Bevölkerungsteile deportiert oder deutsches Gebiet unter vorläufiger Verwaltung haben, bei der Herstellung amtlicher Kontakte die jeweils erforderlichen völkerrechtlichen Vorbehalte geltend zu machen«. Der ebenso emsige wie einfallsreiche sudetendeutsche Sozialdemokrat, der sich als überzeugter Anhänger des Volkspartei-Konzeptes sowohl im Godesberger Programm wie in der Wende-Rede Herbert Wehners vom 30. Juni 1960 bestätigt sah, wollte die Verzichtler überspielen und den Drang nach Neuem in seiner Partei in eine nationalpolitisch vertretbare Richtung lenken. Wie die »Charta der deutschen Vertriebenen« wurde sein Grundgedanke indes sehr bald in durchsichtiger Weise mißbraucht. Er diente dann jenen als Alibi, die genau die Rechtspositionen aufgaben, welche beide gewahrt wissen wollten.[1]

Vieles von dem, was ich als trostreich empfand, war, wie wir sehen werden, nur der Ausdruck eines taktischen Kalküls gewesen, das dem Stimmenanteil bei kommenden Wahlen galt. Die wirkliche Stimmungslage kam indes in der Hetze zum Ausdruck, welche die bereits eingespielte publizistische Meute gegen die Rede entfachte, die Bundesminister Hans Christoph Seebohm als Sprecher der Landsmannschaft auf dem Sudetendeutschen Tag 1964 in Nürnberg gehalten hatte. Das damalige Leitwort »Versöhnung ja – Verzicht nein!« stieß ebenso an wie das Festhalten am Heimatanspruch, der für das Sudetendeutschtum auch ohne Rücksicht auf das Münchner Abkommen in gleicher Weise legitim sei wie für andere Völker.

Bundeskanzler Ludwig Erhard ging ebenso auf Distanz wie meh-

---

[1] Die sozial-liberale Koalition und ihre Nachfolger sahen sich in der Tradition von Wenzel Jaksch, wenn sie den Osthandel – ohne entsprechende Gegenleistungen – kräftig förderten.

rere Redner des Deutschen Bundestages, der dem Thema am 15. und 16. Oktober 1964 eine gründliche Aussprache widmete.

Franz Josef Strauß hatte recht, als er den Sozialdemokraten vorhielt, daß der angebliche »Sonntagsredner« nichts anderes wiedergegeben hatte als den Inhalt der von ihnen selbst formulierten Bergneustädter Aussage. Herbert Wehner lenkte ein und sprach die rührenden Worte: »Unsere sudetendeutschen Landsleute sind ... Marionetten des Schicksals gewesen. Es ist richtig, man hatte ihnen 1918 das Selbstbestimmungsrecht verweigert. Das vergessen heute leider sehr viele, die in Zeitschriften schreiben oder im Fernsehen Kommentare machen, und sie bedenken gar nicht, wie vielen Menschen sie zu nahe treten und weh tun, weil sie an etwas rühren und etwas mißachten, was man nicht mißachten darf, wenn man ein Volk nicht zur Selbstaufgabe drängen will.«

Wer wäre da nicht in den »Beifall auf allen Seiten des Hauses« eingefallen, den das Protokoll verzeichnet? Ich hatte der Redenfolge von der Tribüne des Bundestages aus zugehört und vorweg empfunden, was den erwartet, der das Amt des Sprechers einer umkämpften Volksgruppe auszuüben hat. Seebohm war, als Verkehrsminister ebenso überragend wie überlastet, in ihm kein Demagoge gewesen. Das Amt, dem er jede freie Stunde widmete, wuchs ihm vielmehr ans Herz. Er hat es weltoffen repräsentiert und dabei den kleinen Mann, vor allem seine Egerländer, nicht vergessen.

14. AUF DEM WEG NACH BONN

Der Bereich der »Heimatpolitik«, dem ich nunmehr verpflichtet war, schloß das fortdauernde Mitwirken im Rahmen meiner alten politischen Gemeinschaft nicht aus. Von den Ortsgruppen bis zum Landesverband entfaltete die »Gesamtdeutsche Partei« auch außerhalb des Parlamentes eine rege Tätigkeit. Ihre Mitglieder waren – zum Teil noch in Bezirks- und Kreistagen sowie in Stadt- und Gemeinderäten wirksam – kritische Beobachter des Zeitgeschehens. Sie hatten ihren Sachverstand nicht in der Garderobe des Landtages abgegeben und bauten auf kommende Entscheidungen. Am 20. Juli 1964 kehrte ich von der turbulenten Partei-Konvention der Republikaner in der Cow-Hall von San Francisco zurück, die mit der Nominierung Barry Goldwaters, des »Mr. Conservative« der damaligen Zeit, erneut einen entsprechenden, wenn auch zunächst erfolglosen Trend in den USA signalisierte. In Bayern war unter der Federführung ihres damaligen Generalsekretärs und nachmaligen Wirtschaftsministers Jaumann inzwischen die Landesleitung der CSU an die Gesamtdeutsche Partei mit dem Vorschlag herangetreten, bei den Bundestagswahlen 1965 auf der Liste der CSU gemeinsam mit ihr zu kandidieren.

Das war nichts Außergewöhnliches, hatte doch zur gleichen Zeit auch Herbert Wehner versucht, neben dem Wählerpotential des hessischen auch das des bayerischen BHE in die Scheunen seiner Partei zu lenken.[1] Ein offizieller Bericht, der die am 18.12.1963 und am 15.4.1964 erfolgten Absprachen beider Parteigremien zusammenfaßte, gab neben sozial- und kulturpolitischen Programmpunkten auch unser Verlangen wieder, der Minimierung des gesamtdeutschen Anliegens entschieden entgegenzutreten.[2] Da ich den Parteidelegationen nicht angehört hatte, stimmte ich nunmehr nachträglich den

[1] Vgl. Almar Reitzner, »Das Paradies läßt auf sich warten«, München 1984, S. 172

[2] Protokoll der Landesleitung der CSU vom gleichen Datum

Abmachungen zu. Desgleichen wurden sie am 12./13. Dezember 1964 in Neuburg/Donau vom Landesparteitag der GdP genehmigt. F. J. Strauß hatte dessen Vertrauen mit den nachmals oft zitierten Worten gewonnen: »Und wenn es darauf ankommt, meine Damen und Herren, werden wir Bayern die letzten Preußen sein!«

Verabredungsgemäß wurden zwei Mitglieder der Gesamtdeutschen Partei auf die Landesliste der CSU gesetzt: Herbert Prochazka (Platz 12) und Walter Becher (Platz 20). Der erste sollte das sozialpolitische Anliegen unserer Klientel vertreten. Ich selbst galt als Kenner der ost- und sudetendeutschen Zentralprobleme sowie der amerikanischen Innen- und Außenpolitik.

Die Regelung löste weitgreifende Änderungen aus. Mit ihr hatte der große Strippenzieher wieder einmal ohne mein Zutun in meinen Lebenslauf eingegriffen. Der Weg nach Bonn war ja keineswegs vorprogrammiert. Er führte mich erneut auf die parlamentarische Tribüne und unter den Zwang von Pflichten, die nur wenig Zeit für das private Leben ließen.

Redner neben F. J. Strauß

Zunächst mußte ich wiederum in einen Wahlkampf ziehen. Volle Versammlungen sahen mich im ersten Halbjahr 1965 als Haupt- und Gastredner. Ernst Diepenbruck, der erfahrene Landesgeschäftsführer, hatte sie umsichtig vorbereitet. Anders als vordem brauchte ich – und das war eine Quelle innerer Erleichterung – um den konkreten Erfolg nicht zu bangen. Er stand so gut wie fest, als ich im Kranz der letzten Kundgebungen einen Zulauf sondergleichen vermelden konnte. Am 15. September 1965 gab es – mit viel Folklore und Mimi Herold, der »Egerländer Nachtigall« – eine Großveranstaltung in Weißenburg, der Stimmkreis-Stadt des damaligen Postministers Richard Stücklen. Am 17. September 1965, also zwei Tage vor der Bundestagswahl, fiel mir die Aufgabe zu, neben Franz Josef Strauß am Marktplatz von Schongau zu Bürgerinnen und Bürgern aus allen Lagern zu sprechen.

Der Kreisvorsitzende Rudolf Troppschug der SL, der als Leutnant einer Flakschule der Einheit des damaligen Oberleutnants Strauß angehörte, hatte mir den raschen Werdegang seines Chefs von der Zitterpartie der letzten Kriegstage zum Dolmetscher der Standort-Kommandantur und schließlich zum Landrat des Kreises geschildert. Strauß war nicht als Politiker auf die Welt gekommen. Die Geschichte sparte, was mich jeweils erstaunte, sein öffentliches Wirken offenbar bis zum Beginn der Nachkriegszeit auf. Anders als viele meiner Jahrgangsgefährten und ich selbst war er, wie ich es sehe, in der Zwischenkriegszeit keineswegs als Exponent politischer oder geistiger Prozesse hervorgetreten. Er hatte damals andere Interessen. Nunmehr vermochte ich die Ausstrahlungskraft und die rednerische Attraktivität dieses Mannes aus nächster Nähe zu erleben. Er hielt den ganzen Platz in der Macht seines Wortes. In der Mischung von Intelligenz und Urwüchsigkeit war er zweifellos ein Urtalent, das in der Bundesrepublik kaum seinesgleichen fand.

Nach der Veranstaltung bat mich Strauß, an der Mittagstafel im Hause eines seiner Freunde teilzunehmen. Es war das erste und vielleicht einzige Mal, daß er mich einer persönlichen Ansprache würdigte.

Meine verehrten Gegner irrten, wenn sie mich zu den Busenfreunden des großen Vorsitzenden zählten. Herkunft und Stellung bewirkten auch in den folgenden Jahren eine Distanz, die das große Kaliber des einen, vielleicht aber auch sein Unvermögen erzwang, aus politischen Weggefährten Freunde zu machen. Er teilte diesen Tatbestand wohl mit anderen »Großen«, die, umgeben von Zuarbeitern und Adoranten, in Wirklichkeit vielfach einsam waren.

Entree im Bundeshaus

Das Bundeshaus, in dem ich bereits oft zu Gast gewesen war, empfing mich keineswegs wie einen Schulanfänger. Das Labyrinth seiner Gänge forderte indes schon deshalb meine erhöhte Aufmerksamkeit, weil die MdBs ihre Utensilien sozusagen im Bauchladen mit sich herumtragen mußten. Da gab es am nördlichen Ende eine Ausgabestelle, die für jedes Mitglied des Hohen Hauses Akten, Eingaben, Briefe, Protokolle, Zeitungen und Zeitschriften bereithielt, die man an Ort und Stelle so lange entwustete, bis man einen erträglichen Packen Papier in ein Arbeitszimmer verfrachten konnte, das, im »Hochhaus« gelegen, mit ein oder zwei Kollegen zu teilen war.

Von dort aus konnte man das Vorfeld der ehemaligen Akademie überblicken: diesseits Kioske, Baracken und kleine Villen, jenseits das ehemalige »Wasserwerk« (und vorübergehende Parlament), grüne Gärten, eine Chaussee und schließlich den Vater Rhein mit Schiffen und Kähnen noch und noch. Er floß, mehr Wasserstraße als Strom, vom Siebengebirge kommend, durch eine beachtenswerte Kulisse.

»Herbert, fühlst du dich wohl?« fragte ich den Gefährten von der alten Partei. »Wenn du ans Maximilianeum denkst«, gab er zur Antwort, »kannst du das alles vergessen!« Da glomm bereits jene seltsame Sehnsuchtshaltung auf, welche viele ergriff, die aus dem südlichen Freistaat kamen.

»Das Schönste von Bonn ist der Schnellzug nach München« soll der alte Michael Horlacher gesagt haben. Und Waldemar von Knoeringen, der einige Jahre dem Bundesvorstand der SPD angehörte, wählte, so berichtet die Fama, von Zeit zu Zeit die Telefonnummer seines Stammbüros – nur um die damalige Ansage »München, bitte warten!« und ihre Wiederholung zu hören.

Der Ersteindruck war falsch und ungerecht. Schließlich unterstrich er die Tatsache, daß wir uns in einem Provisorium befanden, welches so sein mußte, wie es war, um Berlin, die eigentliche Hauptstadt, nicht vergessen zu machen. Das Palais Schaumburg, den Sitz des Bundeskanzlers, kannte ich bereits von mehreren Besuchen her. Des Bundespräsidenten Villa Hammerschmidt betrachtete ich aus ehrfürchtiger Distanz. Der Neubau des Auswärtigen Amtes, des Verkehrsministeriums und die bereits bestehende Beethoven-Halle zeigten am Rheinufer entlang die Konturen des Kommenden. Die Bundeshauptstadt begrüßte ich vom praktikablen Durchgangsbahnhof her als ein universitätsdurchsetztes, mit einem schönen Marktplatz versehenes Gemeinwesen, das mit meinen früheren Standorten Prag, Wien und München freilich nicht zu vergleichen war.

Und dennoch: hier pulsierte die Keimzelle einer Staatlichkeit, die sich mächtig entwickelte und eine Szenerie voll beachtlicher Spannungen erkennen ließ. Meine eigentliche Heimat war in ihr die Landesgruppe der CSU. Sie hatte einen eigenen Raum neben dem großen Saal der Doppelfraktion. Ihre wirkliche Heimstatt war indes die nahegelegene Landesvertretung Bayerns in der Görresstraße. Dort hielt der nach der »Spiegel-Affäre« zurückgetretene F. J. Strauß als Vorsitzender ein gestrenges Regiment. Sein Nachfolger, Richard Stücklen, sorgte indes für das Zusammenspiel von Gemüt und Geschlossenheit, das da allenthalben herrschte. Er trat sein Amt erst an, als die Regierung Erhard im Herbst 1966 einem ganzen Bündel von taktischen Erwägungen und Intrigen zum Opfer gefallen war. Wenn es wahr ist, was Willy Brandt in seinen »Begegnungen und Einsichten« behauptet, hat er in Gesprächen mit Walter Scheel bereits damals die Bildung einer sozialliberalen Regierung erwogen.[1] Das Los fiel jedoch auf die Waagschale der großen Koalition. Sie ermöglichte am 1. Dezember 1966 auch F. J. Strauß die Rückkehr in das Kabinett. Als sie in der Fraktion beschlossen war, ließ er Champagner auftragen. Neben Professor Schiller spielte er schließlich als Finanzminister (»Plisch und Plum«) seine große Begabung aus.

Arbeitskreise und Ausschüsse

In der Riesenfraktion war ich wie die meisten Kollegen nur einer von vielen. Gleichwohl war sie eines der Gremien, in denen man öfter zu Worte kam als im Plenum des Bundestages. Dieses galt als Tribüne der öffentlichen Darstellung und letzter Entscheidungen, war aber (wie in allen Parlamenten der freien Welt) nur dann voll besetzt, wenn es in der Tat um solche ging. Schon die Fraktion sonderte sich in Arbeitskreise für die Sachfragen des politischen Auftrages (Wirtschafts-, Finanz-, Sozial-, Agrarpolitik, Verkehrs- und Wissenschaftsfragen, Jugend und Familie usw.). Sie war demnach »ständisch« gegliedert und entsandte dementsprechend ihre Mitglieder in die Ausschüsse des Gesamtparlamentes. In jedem dieser Bereiche bildete sich ein »Establishment«, d. h. eine Zahl zuvörderst Beauftragter heraus, die bei Debatten im Hohen Hause allein das Sagen hatten.

Das galt besonders für die fleißigen Kollegen im Finanz- und Etatausschuß, die sich auch dort wieder die Kontrolle der Staatsausgaben nach Sachgebieten sowie nach Ministerien aufteilten und hier meist

[1] Willy Brandt, »Begegnungen und Einsichten«, Hamburg 1976, S. 174

anerkannte Kenner der Materie wurden. Anders als im Bayerischen Landtag behandelte der Bundestag das Gesamtbudget »in einem Aufwaschen«. Wer hätte da – an die 100 Voranschläge standen gebündelt und aneinandergereiht zur Disposition – auf ehrliche Weise mitkommen können? Ich habe sie niemals alle gelesen und, wenn nicht herausragende Entscheidungen damit verbunden waren, nach dem in der Fraktion oft lange diskutierten Rat der Arbeitskreise abgestimmt.

Die Außenpolitik hat nach einer alten Regel der Staatskunst den Vorrang vor der Innenpolitik. Dementsprechend steht im Deutschen Bundestag der Außenpolitische Ausschuß an der Spitze einer stillschweigenden Rangordnung. Ich habe ihm 15 Jahre lang angehört und dabei seine Macht und Ohnmacht kennengelernt. Im Grunde hat er meist die schon vorher in Regierungs- und Koalitionsabsprachen getroffenen Entscheidungen nachvollzogen. Das interessante Kennenlernen weltpolitischer Zusammenhänge vermochte deshalb nicht zu verhindern, daß er in vieler Hinsicht nur ein Gremium des Nachtarockens war.

Zu Gast im schwarzen Afrika

Recht eindringlich konnte ich solche Zusammenhänge als Mitglied einer Parlaments- und Regierungsdelegation auf einem mir bisher unbekannten Gebiete studieren, als wir im November 1966 eine Reise nach Conakry unternahmen. Dabei galt es, den Ansatz einer schon damals neu konzipierten Entwicklungshilfe zu überprüfen, die dem ostafrikanischen Staatswesen Neuguinea (250 000 km², sieben Millionen Einwohner, 52 % Analphabeten) zuteil wurde. Wir flogen in einer zweimotorigen Dakota über Frankreich und Spanien hinweg nach Las Palmas. Das afrikanische Festland erreichten wir in Dakar. Bunt gekleidete Senegalesinnen, die Wasserkrüge in beinahe griechischer Haltung auf ihren Häuptern trugen, ließen mich den Unterschied zu den Schwarzen in so manchen Bruchvierteln Washingtons oder New Yorks erkennen. Senghors Vision der Negritude leuchtete auf. Trotz negativer Eindrücke blieb sie virulent, als wir Gäste unseres Zielstaates waren.

Dort entfaltete Sekou Touré, der Feldwebel der Grande Armée, der sich als erster von Frankreich losgesagt hatte, eine Pracht, die uns staunen machte. In der Empfangshalle eines Pavillons dozierend, erläuterte er uns, wie schwer es gewesen sei, nach abrupter Trennung von Paris Verwaltung und Wirtschaft in Gang zu bringen. Da mußten schon die Weltmächte helfen. Sie taten es freilich nur im sichtbar Großen. Die Amerikaner bauten das Parlament, die Chinesen die Universität, die Engländer errichteten den Flugplatz. Die Sowjets aber schoben sich mit der Errichtung eines riesenhaften Stadions in das Bewußtsein der »Befreiten«. Wir erlebten es als Stätte einer gigantischen Staatsfeier. Jungpioniere, Athleten, Tausende von Schulkindern, die mit Tüchern das Profil des Potentaten auf das Sportfeld malten und im nächsten Augenblick den Elefanten als Wappentier zeigten, Marschkolonnen von wilden Kriegern, Pioniere, Reiter und leichte Panzer erschienen, und immer wieder ertönte der Jubelschrei zum Staatsoberhaupt.

Der Gewichtige konnte nicht ahnen, daß wir uns an Nürnberg, an den Roten Platz, an die Aufmärsche im roten China, an all das erinnerten, was uns gar nicht imponierte. Hier herrschte die Demokratie einer Einheitspartei, die sich der Freiheit verschworen wähnte und gleichwohl nur eine Fassade des Notstands war, der sich hinter den Prunkspielen verbarg.

Die Bundesrepublik Deutschland versuchte ihn zu lindern, indem sie es ein paar Nummern kleiner hielt und Praktikables beisteuerte: eine Autoreparatur-Werkstätte, eine Schneiderei und Kleiderfabrik, einen Schlachthof (von Münchner Spezialisten errichtet). Pioniere der Bundeswehr teerten Durchgangsstraßen und bauten kleine Brükken. Entwicklungshelfer lehrten die Leute tischlern, Stege errichten und die Ernte planen.

Sekou Touré war's zufrieden. Er ließ uns der alten Bauxitbahn entlang 800 km weit nach Cancan geleiten. Seltsam, wie das Land auf den Spuren der Kolonialzeit wandelte. Es hatte – so gut und kümmerlich es gelang – deren Strukturen und die Rede der Herren von ehedem übernommen. Ganz Afrika wirkte nach dem Jahrzehnt der »Dekolonisation« wie ein Sprachenteppich des alten Europa. Weil Deutsch darin nicht (oder nur sporadisch) vorkam, genossen wir ein gewisses Ausmaß angstfreier Begegnung.

In den Urwalddörfern wurden wir begeistert und in aller Form begrüßt. Tänze und Kriegerspiele, Masken und Kultkostüme ließen erkennen, was da zerstört worden war. Der »Deputée«, mein Kollege als Volksvertreter des Distrikts, der plötzlich auftauchte, konnte nicht darüber hinwegtäuschen, daß er nur eine Scheinrolle in dieser immer noch archaischen Welt spielte. Der Gouverneur führte uns zu den Jagdhütten eines Bauxitkönigs von ehedem. Es waren aber weder Elefanten noch andere Tiere zu sehen. Ich dachte an das Rotwild im Alpenland und an die Eichhörnchen im heimatlichen Garten.

Der Ausflug in afrikanische Gefilde wäre uns in guter Erinnerung geblieben, hätte ein böses Nachspiel nicht die Illusionen des guten Willens zerstört. Ausgerechnet der einst so dankbare und selbstsichere Sekou Touré, der auch beim Staatsbesuch in Bonn Furore machte, ließ einige Jahre nachher deutsche Ingenieure und Handwerker umbringen oder in die düsteren Kerker seines Regimes werfen. Von einem Umsturz bedroht, machte er wieder einmal die Europäer für das Unvermögen verantwortlich, sein Staatswesen in eine bessere Zukunft zu führen. Wie viele seiner Kollegen auf dem Schwarzen Erdteil setzte er vorübergehend auf die Trumpfkarte Moskau, bis er einsah, daß sie ihm neben nutzlosen Waffen nur rote Flottenbasen und erneute Abhängigkeit bescherte.

Ich war gleicherweise geheilt und belehrt.

15. VERZICHT UND VERRAT

Die deutsche Tragödie war mit ihren Ursachen und Folgen nicht weniger erschreckend als das Elend des Erdteils, das ich enttäuscht zur Kenntnis nahm. Ihre Dramaturgie führte vom Jakobinertum des 19. Jahrhunderts zu den Gewalttaten Hitlers, zur totalen Niederlage sowie zum Wunder des Wiederaufstiegs aus den Trümmern, die sie hinterlassen hatte. Ich war von Beginn an dabei, als wir versuchten, dem Wunder auch die Lebenskraft derer zuzuführen, die im Zuge der Vertreibung alles verloren hatten.

Sollte die Niederlage nicht im Blick auf das ganze Deutschland überwunden werden? War der dementsprechende Auftrag, 1964 beim Karlsruher Parteitag der SPD so deutlich ausgesprochen, nicht das Anliegen aller demokratischen Kräfte von rechts bis links? War in diesem Anliegen nicht auch der Dank an die Volksteile beschlossen, die den Hauptanteil der Niederlage zu tragen hatten?

Die Solidarität einer bejahenden Antwort währte, wie wir vernahmen, mit offiziellen Beschlüssen und Erklärungen bis weit in die sechziger Jahre hinein. Die gegenläufige Bewegung, die wir seit Beginn meines parlamentarischen Wirkens abzuwehren hatten, kulminierte jedoch ebenfalls in diesen Jahren und setzte Akzente, die mehr oder weniger verdeckt das Fallenlassen der deutschen Ostgebiete sowie des Heimatrechtes der Sudetendeutschen meinten. Man schritt vom Verzicht zum Verrat.

Die Kammer der Evangelischen Kirche Deutschlands (EKD) wollte das deutsche Volk mit ihrer »Denkschrift zur Frage der sogenannten deutschen Ostgebiete« vom 15. Oktober 1965 »auf die notwendigen Schritte vorbereiten«, die eine deutsche Regierung zu diesem Behufe »ermächtigen« kann. Richard v. Weizsäcker unterstrich noch am 29. Juni 1989 in einer Journalistenrunde des ZDF das Ja zur Brandtschen Ostpolitik mit dem Hinweis auf seine Mitarbeit an diesem Elaborat. Er tat dies als Bundespräsident und in der Absicht, sich als Vorläufer dieser Politik in Erinnerung zu bringen. Politisch naheliegender waren der sogenannte »Schollwer-Plan« des Geschäftsführers der FdP und die Ergüsse ihres Schatzmeisters H. W. Rubin vom 3.3.1967 und 12.3.1967. Sie gipfelten in der Feststellung: »Ohne Anerkennung der seit 1945 geschaffenen Fakten wird es keine Wiedervereinigung geben. Wer die Wiedervereinigung will, muß die Existenz des anderen kommunistischen Staates auf deutschem Boden mit allen vermeintlichen Konsequenzen zur Kenntnis nehmen.« Ob diese Meinung Rubins eigener Überzeugung entsprang oder ein Ergebnis seiner Reisen als Geschäftsmann in östliche Gefilde (oder beides) war, bleibe dahingestellt. Sie ist ein meinungsbildender Faktor seiner Partei geworden.[1]

Noch deutlicher wurde das ebenfalls 1967 erschienene Buch eines Mitarbeiters des Forschungsinstitutes der »Deutschen Gesellschaft für Auswärtige Politik«, Eberhard Schulz. Unter dem Titel »An Ulbricht führt kein Weg vorbei« trat er für eine effektive »Koexistenz mit der SED« und für die Anerkennung der Oder-Neiße-Linie ein. Die aus ihrer Heimat Vertriebenen tröstete er mit der Feststellung, sie hätten wie die Opfer des Hitler-Terrors und die im Kriege Verwundeten ihren Fall als »Rest des Schicksals« zu tragen, mit dem jeder für sich fertig werden müsse.[2] Er stellte des weiteren einen Katalog von einseitigen Kapitulationen zusammen, unter denen nicht nur die Forderung nach Wiederzulassung der KPD an die Willensäußerung einer Konferenz erinnert, die der Erosion des deutschen Solidaritätsbewußtseins und damit den Nachkriegshöhepunkten seiner Tragödie entscheidende Anstöße lieferte.

---

[1] Das verführte den Außenminister und Bundespräsidenten a. D. Walter Scheel am 6. Juli 1989 in einem ARD-Gespräch zu der Selbstberühmung, er allein und seine Partei habe 1969 Willy Brandt von der Lähmung seiner Ostpolitik in der großen Koalition befreit.

[2] Eberhard Schulz, »An Ulbricht führt kein Weg vorbei«, Hamburg 1967, S. 197

Im Maximilianeum 1950–1962

Plenarsitzung im Bayerischen Landtag, 1958 (rechts und unten links)

Ministerpräsident Dr. Ehard überreicht den Bayerischen Verdienstorden, 1962 (Mitte)

Gesamtdeutscher Block – BHE mit Minister Stain (links) und Staatssekretär Dr. Guthsmuths, 1958 (unten rechts)

Im Deutschen Bundestag 1965–1980

Fragestunde vor der Plenarsitzung. Neben Dr. Becher Hans Klein MdB, und Dr. Theo Waigel MdB (links oben)

Mit Staatsminister Franz Heubl im Wappenkeller der bayerischen Vertretung in Bonn, 1976 (links unten)

Ansprache im Reichssaal zu Regensburg (rechts)

Bundesversammlung der SL 1982:
Franz Neubauer, F. J. Strauß, W. Becher, Jörg Kudlich (unten)

Böhmerwälder Trachtlerinnen zu Gast in Bonn (1979)

Das »Dreimäderlhaus«: Sohn Dr. Peter Becher mit Frau Hildegard und Anna, Katharina, Magdalena (1987)

Kommunistenkonferenz in Karlsbad

Fast empfand ich es als einen Hohn auf die Sinnfolge meines eigenen Lebens, daß diese Konferenz, die zweifelsohne bedeutsamste Nachkriegszusammenkunft der »kommunistischen und Arbeiterparteien Europas« im April 1967 ausgerechnet in meiner Vaterstadt Karlsbad stattfand. Zwar hatte man selbige zum Zeitpunkt dieses Geschehens bereits in das tschechische »Karlovy Vary« verwandelt. Die Veranstaltungen wurden aber gleichwohl vor den Kulissen meiner Jugend, in den traditionsreichen Sälen des Hotels »Pupp« (jetzt »Moskva«), des Hotels »Imperial« (jetzt »Sanatorium« der Sowjets) und all der Stätten durchgeführt, die meine Verwandten und Vorfahren zu betreuen hatten.

Wie anno 1819, da unter dem Vorsitz Metternichs eine reaktionäre Entente die reichlich unrühmlichen »Karlsbader Beschlüsse« gefaßt hatte, kam es nunmehr zu einer Deklaration von Grundsätzen, welcher in der Exposition des deutschen und europäischen Trauerspiels zweifelsohne die Gewichtung eines entscheidenden Zwischenaktes zukommt. Die Spitzenakteure der »neuen deutschen Ostpolitik« haben sie sicher zur Kenntnis genommen, nach außen hin aber verdrängt oder bewußt verschwiegen.

Der Dirigent der Veranstaltung, Leonid Breschnew, war keineswegs so reaktionär und dümmlich, wie man ihn heute hinstellt. Im Gegenteil: Er (oder der innere Planungskreis der später auch hinter Michail Gorbatschow die eigentlichen Entscheidungen traf) hatte mit den Doppelbegriffen von der »friedlichen Koexistenz« und »Entspannung« eine geradezu revolutionäre Wendung von den Holzhammermethoden der ersten Nachkriegszeit zur Strategie der Infiltration und Unterwanderung herbeigeführt. Sein »neues Denken« löste – ganz im Gegensatz zur gängigen Formel – den »heißen« Krieg seiner ersten Nachfolger durch den »kalten« Krieg der Leninschen Dialektik ab. D. h., man wollte (und konnte) die Weltrevolution jetzt nicht nur mit der Macht der Waffen, sondern vordringlich mit den Mitteln der politischen Täuschung und der verbalen Propaganda erzwingen. Eine solche Methode hatte freilich schon in der »Volksfront«-Taktik der dreißiger Jahre Urständ gefeiert. Sie war im übrigen am XIX. Parteitag der KPdSU schon vor Breschnew von Stalin angeordnet worden.

Die »Erklärung für den Frieden und die Sicherheit in Europa«, die dabei herauskam, wurde ausführlich dokumentiert und allenthalben verbreitet. Da sie, wie wir sehen werden, dem Bahr-Gromyko-Papier des Jahres 1970 als Vorbild diente, sei ihr zweiter Teil in Auszügen wörtlich wiedergegeben:

»Die kommunistischen und Arbeiterparteien Europas unterbreiten der öffentlichen Meinung und allen interessierten politischen Kräften ein Aktionsprogramm für die Schaffung eines Systems der kollektiven Sicherheit zur Erörterung, dem die Grundsätze der friedlichen Koexistenz von Staaten unterschiedlicher Gesellschaftsordnung zugrunde liegen. Dies setzt vor allem voraus, daß von allen europäischen Ländern die reale Lage respektiert wird, wie sie sich nach dem Kriege entwickelt hat.

Das bedeutet

- die Anerkennung der Unantastbarkeit der bestehenden Grenzen in Europa und insbesondere der Grenze an Oder und Neiße sowie der Existenz zweier souveräner und gleichberechtigter deutscher Staaten: der Deutschen Demokratischen Republik und der westdeutschen Bundesrepublik, was von der Bundesrepublik den Verzicht auf die Alleinvertretungsanmaßung erfordert;
- die Anerkennung, daß das Münchner Abkommen vom Augenblick seines Abschlusses an ungültig ist;
- die Verhinderung des Zutritts der Bundesrepublik zu Kernwaffen, den Abzug fremder Truppen vom Gebiet europäischer Staaten, die Schaffung atomfreier Zonen in Mitteleuropa;
- die Normalisierung der Beziehungen zwischen allen Staaten und zwischen der besonderen politischen Einheit West-Berlin und der DDR;
- das Verbot jeglicher neonazistischer Organisationen und jeglicher revanchistischer Propaganda und die Legalisierung der Kommunistischen Partei Deutschlands;
- die Einberufung einer Konferenz aller europäischer Staaten, die den Problemen der Sicherheit und der friedlichen Zusammenarbeit in Europa gewidmet ist (KSZE);
- ein Europa ohne militärische Blöcke und Auflösung der Militärbündnisse;

– Liquidierung der künstlich errichteten Hindernisse in den Wirtschaftsbeziehungen; fruchtbare europäische Zusammenarbeit einschließlich bedeutender Übereinkommen auf den Gebieten der Produktion und der wissenschaftlichen Forschung.«[1]

Diese Leitlinie der sowjetischen Strategie wird im dritten Teil der Erklärung durch taktische Hinweise ergänzt, die anstelle der Konfrontation nunmehr »gemeinsame Aktionen« mit Sozialisten und Sozialdemokraten verlangen. Der Appell zur Kooperation ergeht des weiteren an die Gewerkschaften Europas (die »mächtigsten Massenorganisationen der Arbeiterklasse«), an die »christlichen Kräfte, Katholiken und Protestanten«, an »Schriftsteller, Kunstschaffende und Wissenschaftler«, an die »junge Generation Europas« (die »im Kampf gegen Krieg, Reaktion und Faschismus steht«), an die Frauen und schließlich »an die Gruppierungen innerhalb der Bourgeoisie, die sich der Realitäten unserer Epoche bewußt und bereit sind, ihre Länder von den USA zu befreien und zu einer Politik der europäischen Sicherheit zuzustimmen«.

Willy Brandt, der die Bedeutung dieses Programms mit Sicherheit erfaßte, hat in seinen »Begegnungen und Einsichten« – auch hier ein Meister der Vernebelung – für die Karlsbader Konferenz nur die ebenso lapidare wie falsche Bemerkung übrig, sie hätte »im Zeichen einer Verteufelung der Bundesrepublik gestanden«.[2] In Wahrheit haben ihre taktischen Beschlüsse und der Katalog ihrer konkreten Vorschläge der streitlosen Einbindung der Bundesrepublik in das Kalkül Moskaus gegolten und zu unvorhersehbaren Erfolgen geführt. Die Fortsetzung der sozialliberalen Ostpolitik durch die Regierung Kohl berücksichtigte sie ebenso wie die »liberale Bourgeoisie« (sprich FDP), die im sogenannten »Genscherismus« noch ab 1983 weitgehend das vollzog, was man in Karlsbad 1967 von ihr erwartet hatte.

Die Karlsbader Erklärung wurde von 24 Vorsitzenden der kommu-

[1] Quelle: »Neues Deutschland«, 26. April 1967

[2] Willy Brandt, »Begegnungen und Einsichten«, a.a.O., S. 226 – Unter irrtümlicher Bezugnahme auf die Budapester (1968), statt auf die Karlsbader Zusammenkunft der Kommunisten (1967) bezeichnet Brandt in seinen zweiten »Erinnerungen« Berlin 1989, S. 182) als »Unfug«, was F. J. Strauß 14 Tage vor seinem Tode über die Folgen der KPI-Konspiration (wahrheitsgemäß!) berichtet hat.

nistischen Parteien Europas feierlich unterzeichnet. Es fehlten die Kommunisten Jugoslawiens und Rumäniens, die ebenso auf Distanz gingen wie die KPI, welche als stärkste KP im Westen unter der Führung Luigi Longos vielfach opponierte. Den Beweis, daß sie den Zielen Moskaus trotzdem dienstbar zu sein vermochte, lieferte sie, indem sie postwendend vermittelnde Fäden zwischen den in Karlsbad beschlossenen Parolen und den deutschen Sozialdemokraten zog. Damit kündigte sich der nächste Akt im Drama an.

Ein besorgter Appell

Seine Präliminarien und Begleitumstände hatten mich bereits am 18. Januar 1967 veranlaßt, vor dem Plenum des Bundestages einen redlichen Umgang mit jenen Bevölkerungsteilen zu verlangen, um deren Herkunftsheimat es dabei ging. »Reden Sie rechtzeitig mit ihren zuständigen Gremien, damit sie von Ihnen erfahren, was Sie eigentlich wollen!« Es war ja kein Zufall, daß die Gedanken von Schollwer, Rubin, Schulz und Genossen im gleichen Zeitraum erschienen, da die sowjetische Seite zur taktischen Offensive schritt.

Wer koordinierte die Kapitulationsgedanken der deutschen Linken mit den immer dreister werdenden Forderungen des Kremls und seiner Trabanten? Nicht von ungefähr zitierte ich in meiner Rede den Hohn des tschechoslowakischen Außenministers Dr. Kličvka, der die Regierung »Kiesebrandt« (Kiesinger und Brandt) mit einem sinkenden Ballon verglich, der nunmehr Ballast, nämlich die Rechtspositionen der Deutschen in Böhmen, Mähren und Schlesien, abwerfe. Das Thema war innen- und außenpolitisch virulent. Es brodelte hinter den offiziellen Sprüchen der großen Koalition und ließ das Fragezeichen erkennen, das über den offiziellen Bekundungen der FDP schon deutlich sichtbar wurde.

Die letztere stand – von Helmut Schmidt, dem stellvertretenden Vorsitzenden der SPD, noch im Juli 1966 als opportunistische Partei und als »das Grundübel der politischen Struktur der Bundesrepublik« bezeichnet – im stummen Winkel einer kleinen Opposition. Im Auswärtigen Ausschuß saßen ihre Vertreter, Walter Scheel und Siegfried Zoglmann, sozusagen am Katzentisch. Als ich im Oktober

1967, fast aus landsmannschaftlichem Mitgefühl für letzteren, nach einer Sitzung in der Bundesvertretung zu Berlin mit beiden zu Mittag aß, war ich baß erstaunt. Die Vertriebenen, so dozierte Walter Scheel, seien für ihn »weitgehend uninteressant«. Die Zukunft liege eher bei den jungen, auf der Straße protestierenden Leuten, und diese könne seine Partei nur gewinnen, wenn sie sich als »fortschrittliche linksliberale Kraft« etabliere.

Weder kannte ich damals die inneren Wendemarken, die dieser so smart und bürgerlich wirkende Exminister bereits hinter sich hatte, noch konnte ich das kalte Kalkül vorausahnen, das ihn zu anderen Ufern streben ließ. Der Shakespeare unseres Dramas hätte ihn erfinden müssen, wäre er nicht ein Produkt der Bonner Wirklichkeit gewesen. –

Das Jahr 1967 brachte nicht nur Sorgen im Hinblick auf die geschilderte Hinterhältigkeit der Entwicklung. Es stellte mit dem am 17. September erfolgten Tode Hans Christoph Seebohms auch die sudetendeutsche Volksgruppe vor erhöhte Aufgaben. Ich befand mich auf einer Kundgebung der Sudetendeutschen Landsmannschaft im niederbayerischen Landau, als die Nachricht vom Ableben unseres zweiten Sprechers einlangte. Sie traf uns mit dem Gewicht eines Hammerschlages – wie immer, wenn der plötzliche Heimgang eines zentralen Menschen auch innerlich erschrocken macht. Seebohm hatte nach dem Abgang Erhards mit dem Verkehrsministerium auch die Hauptaufgabe seines Nachkriegsschaffens verloren. Zweifellos trug die dadurch eingetretene Leere zum Versiegen seiner Kräfte bei. Nach dem Unfalltod, der bereits am 27. November 1966 Wenzel Jaksch aus dem Leben riß, hatte nunmehr eine weitere historische Persönlichkeit aus dem nach 1945 entstandenen Führungskreis der Sudetendeutschen von uns Abschied genommen. –

Es bleibt darüber hinaus seltsam, wie sich schicksalhafte Ereignisse in fernen und in nahen Bereichen oft miteinander bündeln und persönlich bewältigt werden müssen. Nichts griff mir mehr ans Herz als der Tod der Mutter, die wir am 9. August 1967 zu Grabe trugen. Der Starnberger Waldfriedhof, auf dem sie neben dem bereits 1958 verstorbenen Gatten die letzte Ruhe fand, war die Endstation eines langen Daseins, das diese großartige, von mir verehrte und überaus geliebte Frau durch die Höhen und Tiefen des Jahrhunderts führte.

In ihr, der »Hilda« vom »Kaiserpark«, lebte das Glück der ersten Vorkriegs- und unserer Kinderjahre. Sie ertrug die Sorgen der Zwischenkriegsepoche sowie das frühe Hinscheiden meiner Schwester, die einem tückischen Leiden erlag. Am meisten aber traf sie der Verlust der Heimat, den sie wie Millionen anderer Frauen nicht verwinden konnte. Lachen und Singen waren seitdem aus ihrem Leben verschwunden. Was sie zurücklassen mußte, blieb der innere Schatz ihrer Erinnerung. Über die Wege der »neuen Heimat« wandelte sie nur wie eine Fremde.

Dem Sohn, der von einer fernen Reise zurückkam, konnte sie nicht mehr die Hand zum Abschied reichen. Kurz bevor es ihm gelang, die verschlossene Tür zur Wohnung zu öffnen, war sie erlöst auf ihr Lager zurückgesunken. In wenigen Zeilen beschrieb er, was er empfand:

Sonnentag am Grab der Mutter

Sonnenhelle, flügelschnelle
Schmetterlinge
über Deinem Grab!

Mutter, heile, helle
Stunden loten tief hinab
in Gezeiten, da Du
Liebende und Heldin
warst und Trägerin der Leiden.

Sei gebenedeit in Deiner Größe,
sei geachtet, sei geliebt!
Sei mit alledem verbunden,
was der Herr mir nimmt und gibt!

Das falsche Spiel der Mächtigen

Nur wer die emotionale Kraft der Nachwirkung und das damals noch millionenfach empfundene Unrecht der Vertreibung vor Augen hat, wird die verheerende Wirkung der Doppelzüngigkeit ermessen können, die das falsche Spiel der Mächtigen bis zu seiner Entlarvung im

Jahre 1969 kennzeichnet. Man kann ganze Spalten von Treueschwüren der Herren Brandt und Wehner den gänzlich anderen Bekundungen und Taten gegenüberstellen, mit denen sie zur gleichen Zeit ihre wahren Ziele verfolgten. Eine politische Schizophrenie sondergleichen bestimmte die »Lage der Nation«. Sie trieb ein Verwirrspiel, das man nicht auf Anhieb durchschauen konnte.

Mehrmals endeten Vorsprachen (Konferenzen am runden Tisch) von Vertretern des Sudetendeutschen Rates im Bundeskanzleramt oder beim Außenminister mit Feststellungen der Bundesregierung, die unsere Rechtspositionen für legitim erklärten und in jedem Falle Konsultationen versprachen.

Auch die Westgrenze Polens lag noch nicht fest im Visier. Am 23.3.1962 beschied Willy Brandt die Frage einer Berliner Gymnasiastin mit dem Hinweis: »Herr Gomulka hat im vergangenen Herbst der Errichtung der Mauer zugestimmt. Warum sollten wir ihm als Quittung dafür den Verzicht auf Ostdeutschland anbieten?« Er sprach sich am 9. August 1967 (also zum Zeitpunkt des Karlsbader Kommunistentreffs) »gegen die bedingungslose Hinnahme dessen aus, was eindeutig zu Lasten Deutschlands vorentschieden würde«, ließ aber seinen Chefplaner Egon Bahr bereits 1963 die These vom »Wandel durch Annäherung« verkünden.

Herbert Wehner spielte den gewandelten Patrioten mit Zitaten, die mich ebenso überzeugten wie den wackeren Baron Guttenberg. Ich dankte ihm für die Dotation, die er als Minister für gesamtdeutsche Fragen dem Egerlandhaus in Marktredwitz gewährte und war überzeugt, daß er sich nicht nur zum Schein mit Mädchen in unserer Tracht konterfeien ließ. »Wir wären Strolche«, beschied er 1968 dem Interviewer Günther Gaus, »wären wir nicht gewillt, unsere Rechte wachzuhalten. Wenn es nicht geht, sie durchzusetzen, dann geht es eben nicht, dann bleibt diese Frage offen ... so lange, bis sie einmal lösbar sein wird.« Kann man es da dem freiheitsbewußten Außenpolitiker der CSU verargen, daß er in dem Exkommunisten einen Bundesgenossen sah, ja mit ihm gemeinsam die Koalition der großen Parteien zur Trägerin einer besonnenen Deutschland- und Ostpolitik machen wollte? Mußte man nicht dafür dankbar sein, daß der vielleicht gewichtigste Mann der SPD, der auch den Eintritt in die Kirche als Prediger spektakulär zur Schau stellte, seine Position vom linken auf den rechten Flügel des politischen Spektrums verschoben hatte?

Wie groß war indes die Enttäuschung, als der vermeintliche Bundesgenosse für den todkranken Guttenberg nur wenige Jahre später nichts anderes als die Bemerkung übrig hatte: »Geben Sie ihm mildernde Umstände!« Der Mohr, wir alle, hatten die erhoffte Schuldigkeit getan.

Das Gegenspiel war schon seit langem im Gange. Es schenkte dem Jahre 1967 einen zweiten dramatischen Höhepunkt, und dies mit den Mitteln einer ebenso raffinierten wie undurchsichtigen Konspiration.

Das KPI-Komplott in Rom

Hinter die Zeit, da Ulbricht gemeinsam mit Brandt und Wehner im Dezember 1936 in Paris einen Aufruf des deutschen Volksfrontkomitees »Für Frieden, Freiheit und Brot« erließ, geht die Freundschaft zurück, die den Altkommunisten Leo Bauer mit den Spitzenmännern der SPD verband. Er war nach vielerlei Irrwegen mit dem Segen sowjetischer Funktionäre 1956 vorzeitig aus sibirischer Haft nach Deutschland zurückgekehrt und hier in den engeren Beraterkreis Willy Brandts aufgestiegen.

Da er auch als Altfreund Luigi Longos galt, machten ihn die italienischen Kommunisten wenige Wochen nach ihrer Rückkehr aus Karlsbad im September 1967 zur Anlaufstelle der erwähnten Kontaktgespräche mit der Führungsspitze der SPD. Was sich dabei entwickelte, könnte als Horrorgeschichte und frei erfunden gelten, wäre es nicht von den auf ihre Erfolge stolzen Italienern in der Zeitschrift »Vie Nuove« vom November und Dezember 1970 sowie in der kommunistischen Parteizeitung »Unita« vom 21. November 1970 treuherzig aufgezeichnet worden.

Demnach begab sich Alberto Jacoviello, ein Redakteur der »Unita«, im September 1967 auf eine Ferienreise nach Westdeutschland, um »so nebenbei« Leo Bauer davon zu überzeugen, daß die italienischen Kommunisten wichtige Erkenntnisse zu übermitteln hätten. Bauer fuhr nach Rom, traf sich mit Sergio Segre, dem damaligen Sekretär Longos, und leitete dann mit Wissen Brandts und Wehners eine Reihe wichtiger Begegnungen ein. Warum man von deutscher

Seite den außenpolitisch nicht gerade bedarften Abgeordneten und späteren Minister für Innerdeutsche Beziehungen, Egon Franke, an die Spitze einer Delegation beorderte, die am 28. November 1967 in Rom erste Geheimgespräche führte, bleibe dahingestellt. Nach den Enthüllungen der »Vie Nuove« wurde das »Treffen der Bruderparteien« am 2. Dezember 1967 wiederholt. Diskutiert hat man die Wiederzulassung der KPD und das Karlsbader Programm der Kommunisten.

Der dem Unternehmen durchaus wohlgesinnte Publizist Heinz Timmermann veröffentlichte im Heft 6/1971 der Zeitschrift »Osteuropa« einen Bericht, dem zufolge SPD-Delegationschef Franke aus der Karlsbader Erklärung einen Katalog akzeptierte, der von der »Anerkennung bestehender Grenzen« bis zu jener der »Existenz zweier deutscher Staaten« führte.

Erst als Franke die »Konzessionsbereitschaft der SPD« deutlich machte, sahen sich die Italiener nach Darstellung der »Unita« veranlaßt, diese den Bruderparteien im Warschauer Pakt »sozusagen als Dolmetscher zwischen West und Ost, vorzutragen«. Die SED akzeptierte die Sondierungen der KPI und die Einladung Longos. Ihre unter der Führung des ZK-Mitgliedes Paul Verner stehende Delegation, welcher Außenminister Willy Brandt die Durchreise durch die Bundesrepublik und die Einreise nach Italien ermöglichte, traf am 14. Februar 1968 in Rom ein und hielt sich dort zu Verhandlungen mit dem Ziele auf, nunmehr auch ihrerseits im Geiste der Karlsbader Konferenz in Gespräche mit der SPD einzutreten. Die Zeitschrift »Vie Nuove« war darob des Lobes voll. Sie schrieb: »Der Dialog zu zweien – KPI/SPD – wurde jetzt zu einem Gespräch zu dreien: KPI/SED/SPD.«

Der ganze Vorgang war für damalige Zeiten zweifelsohne so unerhört, daß man von einem Komplott sprechen konnte. Die Zusicherungen, keine Entscheidungen hinter dem Rücken der Vertriebenen zu treffen, sind dabei gröblich verletzt worden. Als die Vorgänge in der deutschen Presse ruchbar wurden, tat man alles, um sie als harmlose »Friedensgespräche« zu bagatellisieren. Bundeskanzler Dr. Kiesinger, dem Luigi Longo im Februar 1968 anläßlich eines Regierungsempfanges im Quirinal vorgestellt wurde, sei – was er mir gegenüber entschieden verneinte – von diesem über die Gespräche mit der SPD unterrichtet worden (Dr. Kiesinger: Es hat sich lediglich um Smalltalk am Rande gehandelt). Gemeinsam mit dem Kollegen Dr. Richard Jäger, damals Vizepräsident des Deutschen Bundestages, forderte ich Egon Franke, Minister für Innerdeutsche Beziehungen, in einem Schreiben vom 14. April 1972 auf, zu den Behauptungen der KPI-Presse Stellung zu nehmen. Er kniff mit dem Hinweis, es habe sich damals um einen »internen Vorgang« seiner Partei gehandelt.

Der »interne Vorgang« erhielt indes einen hochoffiziellen Akzent, als an einem weiteren Treffen der KPI- und SPD-Delegationen – diesmal im Hotel »Bayerischer Hof« zu München – im März 1968 auch Egon Bahr, Hauptberater und Chefplaner Willy Brandts im Ministerium für Auswärtige Angelegenheiten, teilnahm. Der spätere »Architekt der Ostverträge« dürfte sich mit den römischen Erfahrungsträgern dabei nicht nur über deren Mußestunden in der Ewigen Stadt unterhalten haben. Im Gegenteil: Jetzt ging es um eine Konkretisierung des »Wandels durch Annäherung«, und auch das wiederum zur gleichen Zeit, da Wehner (nach außen) um jeden Quadratzentimeter deutschen Bodens kämpfen wollte und Willy Brandt noch immer mit der Gloriole des Helden von Berlin seines Amtes waltete.

Die 1967/68 geführten Geheimgespräche waren für den Ansatz der »neuen Ostpolitik« im Jahre 1969 nicht allein entscheidend. Gleichwohl können wir von einer Triade der Ereignisse »Karlsbader Kommunisten-Erklärung vom April 1967 – KPI/SPD/SED-Geheimgespräche 1967/68 – Formulierung des Bahr-Gromyko-Papiers im Frühjahr 1970« als dem Mittelteil des großen Dramas sprechen, das ohne sie nicht erklärbar wäre. Unter dem Titel »Das KPI-Komplott und die Ostverträge« habe ich die dabei ersichtlichen Zusammenhänge im »Bayernkurier« vom 18.3.1972 aufgedeckt. Außer Botschafter Allardt, der in seinen Erinnerungen darauf verweist, wurden sie weder in der Geschichtsschreibung noch in der Politik – auch nicht von der CDU/CSU – in ihrer Bedeutung erkannt und gewürdigt.[1] Damit verschwand die Prämisse, die 1969 den verdächtig

[1] Helmut Allardt, »Politik vor und hinter den Kulissen«, Düsseldorf 1979, S. 327. – Weder Rainer Barzel (»Auf dem Drahtseil«, München 1978) noch der gewissenhafte Erich Mende (»Von Wende zu Wende«, München 1986) kommen in ihren Erinnerungen auf die erwähnte »Triade« zu sprechen. Der aus der Gruppe Günther Grass' kommende Arnulf Baring (»Machtwechsel«, Stuttgart 1982) ging ebenso wie Werner Link (Bracher, Jäger, Link, »Republik im Wandel. Die Ära Brandt«, Stuttgart 1986) nur am Rande auf sie ein.

schnellen Wechsel zur »neuen Ostpolitik« erst möglich machte, zum Glück für deren Betreiber, aus dem Bewußtsein der Deutschen. Irreführung und Täuschung hatten einen leichteren Lauf.

Wahl zum Sprecher der SL

Mitten hinein in diese verdeckte, aber dennoch wachsende Spannungslage fiel meine Wahl zum Sprecher der Sudetendeutschen Landsmannschaft. Das Münchner Maximilianeum, in dessen Senatssaal sie am 27. Januar 1968 erfolgte, wurde für mich dabei erneut zum Ort einer folgenreichen Berufung. Sie kam – ich hatte mich weder darum beworben noch gar um sie gekämpft – einfach auf mich zu. Vielleicht entsprach sie meinem Dabeisein seit 1945, vielleicht meinem Standort im Spektrum der Volksgruppe, vielleicht auch dem Verlangen nach einem Generationenwechsel an deren Spitze. Hans Schütz, der sich erst im letzten Augenblick zur Kandidatur entschloß, reichte mir gratulierend die Hand, als sich eine überzeugende Mehrheit unserer Bundesversammlung für mich entschied.

Die feierliche Stimmung, die den Vorgang bei Anwesenheit der Presse und zahlreicher Persönlichkeiten des öffentlichen Lebens kennzeichnete, entsprach seiner Bedeutung in der Architektur des sudetendeutschen Lebensbereiches. Sie war auf die Mitte einer Persönlichkeit und ihres Führungskreises eingestellt, in der sich die in der Zerstreuung lebenden Menschen der alten Heimatgemeinschaft wiederzufinden vermochten. Ich war ein Glied ihrer aktiven Jahrgänge und seit Jahren schon ein Amboß gewesen, der für sie geschlagen wurde. Das hatte sich herumgesprochen und vor allem den Freundeskreis beeindruckt, der seit den Zeiten der Jugendbewegung mein Umfeld bestimmte.

Ihm entsprang auch das Bekenntnis zu Adalbert Stifter, mit dem ich die Wahl annahm. Sein Ruf nach Maß, Mitte und Recht gebiete uns, »in diesen Zeiten an die Seite jener zu treten, die in der Zukunft eine Heilung der Wunden suchen, welche die erste Hälfte des Jahrhunderts uns und allen Völkern schlug«.[1] Es sei nicht wahr, daß der

[1] Vgl. Walter Becher, »Das Vorbild Adalbert Stifters«, Sammelband »Freiheit durch Partnerschaft« der SL, München 1971, S. 13

Fortschritt nur bei denen liege, welche die Untaten, die Teilungen und Brüche von Jalta legalisieren. Der große historische Roman des Dichters, das Epos unserer böhmischen Heimat, zeige zwar die Weltgeschichte als Weltgericht, nenne aber die Sünde wider das Recht als das Hauptvergehen, welches von ihm bestraft werde.

Den »Witiko« zitierte ich indes nicht nur ob seiner politischen Programmatik. Ich nahm mir im stillen auch die Unerschrockenheit zum Vorbild, mit der sein Held den Fährnissen des Lebens entgegentritt. Er reitet in das Land hinein, »um nach seinem Schicksal zu gehen«. Wer weiß, was jeweils am Ende herauskommt? Ich wußte es so wenig wie andere. Aber ich hatte den Mut, den Schritt ins Ungewisse zu wagen und meine Landsleute um ihre Zustimmung zu bitten. »Wer durch Zwang folgt«, sagt Stifter im »Witiko«, »verläßt im Unglück den Zwinger.« Dem konnte und wollte ich nicht gleichen. Also mußte Gemeinsamkeit in Rat und Tat das Elixier meines Auftrages sein.

Sie wurde sogleich herausgefordert, als mit dem »Prager Frühling« erregende Signale an uns herantraten. Merkwürdig, daß sie zur gleichen Zeit eintrafen, da die Kooperation zwischen der neuen Taktik des Kremls und der SPD die Anerkennung der »realen Lage«, also einer sehr wenig frühlingshaften Situation der Völker jenseits des Eisernen Vorhanges, zum Ziele hatte! Während sich die Mannen um Willy Brandt, wie er selbst schreibt, von der Weiterverfolgung ihrer vorerst noch geheimen Politik nicht abhalten ließen, freuten uns die Berichte über die Entwicklung in Richtung Freiheit, die Tag für Tag aus der tschechoslowakischen Satrapie des Kremls zu vernehmen waren. Sie fanden in aller Welt, insbesondere bei den mir vertrauten Persönlichkeiten des US-Kongresses, ein zustimmendes Echo. Deren Appelle bestärkten mich in der Einsicht, die Geschehnisse in der ČSSR hilfsbereit zu beobachten.

Dies fiel mir um so leichter, als ein von der Zeitschrift »Host do Domu« veranstaltetes Forum (aufgezeichnet in deren Nr. 8/1968) zum ersten Mal die Austreibung der Deutschen zur Diskussion stellte. Sie wurde von dem Schriftsteller Jan Procházka zumindest moralisch verurteilt. Milan Hübl, der neben Vladimir Blažek ebenfalls daran teilnahm, distanzierte sich freilich später (unter dem Druck der wiederum moskauhörigen Potentaten) von seinen Ausführungen. Immerhin war der Anfang einer tschechischen Selbstkritik sichtbar geworden. Er bildete die Brücke zu Gesprächen mit Exponenten des Prager Regimes, die mich offenbar auf Empfehlung des Bundespresseamtes kennenlernen wollten.

Die interessanteste Begegnung ergab sich mit dem Prager Journalisten Arnost V. Pražak, der nach seinen Angaben im Auftrag des tschechoslowakischen Außenministers Hajek eine »Goodwill-Tour« durch die Bundesrepublik unternahm. Er war sichtlich erleichtert, als ihn der berüchtigte Revanchist Dr. Becher nicht vor die Tür setzte, sondern Ende Juni 1968 zu einem Ausflug an den Starnberger See einlud.

»Wenn meine Leser wüßten, daß ich mit dem Sprecher der Sudetendeutschen in Berg am See Kaffee trinke – Ježiš Maria, was würden die sagen!?«

»Das trifft sicher zu. Aber teilen Sie ihnen mit, daß die Wahrheit anders aussieht als die Propaganda, die sie zu verfälschen pflegt!«

Ich machte mir Sorgen um die Sicherheit des guten Mannes und weiß bis heute nicht, wie es ihm nach dem 25. August 1968 erging. Er aber forderte mich auf, einen Beitrag für die damals besonders freimütige Zeitschrift der tschechoslowakischen Schriftsteller »Literarny Noviny« zu schreiben und dort den Standpunkt der vertriebenen Deutschen zur Diskussion zu stellen. Unter dem Titel »Wiederbegegnung in Frieden und Freiheit« erfüllte ich nach Absprache mit Hans Schütz (CSU) und Ernst Paul (SPD) diesen Wunsch. Der mit dem Datum vom 1. Juli 1968 versehene Schriftsatz hat, auch wenn er offenbar nicht mehr erscheinen konnte, ob seiner Adressaten historischen Wert. Zeigt er doch allein schon in seiner Schlußbemerkung, wie nahe man sich damals auf dem Wege zu einer möglichen Wiederbegegnung der Völker Böhmens kam:

»Durch die Herzen der Tschechen, der Slowaken, der Ungarn, der Polen und der Sudetendeutschen geht die Sehnsucht nach einem Leben in Frieden und Freiheit. Eine Welt, die im Zeichen der Raketen und Düsenflugzeuge so klein wurde, daß man sie bereits halbtags umrunden kann, hat die Grenz- und Sprachenprobleme von ehedem zu Fragen dritten und vierten Grades gemacht. Die Jugend weiß, daß die Fortsetzung nationaler Kämpfe, daß Ausrottung, Entnationalisierung und Vertreibung ein Nonsens geworden sind. Wir haben in der Bundesrepublik eine echte Aussöhnung mit dem französischen Volk vollzogen. Wir treffen uns im Urlaub mit allen Völkern Westeuropas, so, als ob es keine sprachlichen Unterschiede gäbe. Wir sind der Überzeugung, daß eine Normalisierung der Beziehungen zwischen Tschechen, Slowaken und den vertriebenen Sudetendeutschen jener ›Synthese der Versöhnung‹ dienen wird, die allein einen Frieden in Freiheit begründen kann«.[1]

Schon zu Pfingsten 1968 ließen wir in tschechischer Sprache einen Aufruf an die Völker der Tschechoslowakei »mit herzlichen Grüßen an die vom Schicksal bestimmten Nachbarn« verlesen, deren Bemühungen um Freiheit, Demokratisierung, nationale Unabhängigkeit und Verwirklichung der Menschenrechte wir mit großer Anteilnahme verfolgten. »Wir sind keine Revanchisten«, so versicherten wir, »sondern Partner in einem freien Europa.«

Es war demnach absurd, wenn die im August 1968 erfolgte Überwältigung des »tschechoslowakischen Bruderstaates« nach angeblicher Aufdeckung eines Waffendepots bei Falkenau u. a. mit Angriffsabsichten der sudetendeutschen Vertriebenen begründet wurde. Nein, diese Vertriebenen waren in vielen Fällen die ersten, die den über die Grenzen nach Westen strömenden tschechischen Flüchtlingen halfen, wo sie nur konnten. Als erfreuliche Folge dieses Vorganges wurde späterhin eine »Freie Gesellschaft zur Wahrung der Freundschaft mit den Völkern der Tschechoslowakei« gegründet, an der ich mich aktiv beteiligte.

Pioniere des Aufbaus, Wahrer des Rechts

Das Jahr 1968 war nicht nur durch die Ereignisse in der Tschechoslowakei, sondern mehr noch durch die Radikalisierung außerparlamentarischer Kräfte gekennzeichnet. Die »APO« bestimmte nicht nur die Revolte an den Universitäten, sondern auch den Kampf gegen die sogenannte »Notstandsgesetzgebung«. Kommunisten, Gewerkschaftler und »Friedenskämpfer« östlicher Provenienz hatten sich dabei zusammengetan, um die Bemühungen der Bundesregierung zugunsten einer Regelung außerhalb der Besatzungszuständigkeiten zu bekämpfen.

[1] Original des Durchschlages im Archiv des Verfassers

Vor dem »Springer«-Verlagshaus in der Münchner Schellingstraße erlebte ich die johlende, steinewerfende Menge selbst. Die Ostermärsche hatten, worüber Bundesminister Benda auf einer Sondersitzung des Bundestages berichtete, 280 zum Teil schwerverletzte Polizeibeamte zu verzeichnen. Gegen 900 Beschuldigte waren Ermittlungsverfahren wegen Aufruhrs, Landfriedensbruchs, Brandstiftung und anderer Delikte im Gange. An einer Großkundgebung im Bonner Hofgarten nahmen 100000 Protestler teil. Das war zwar erst ein Anfang im Verhältnis zu dem, was in späteren Jahren folgen sollte, aber es forderte gerade uns Sudetendeutsche besonders heraus.

Hatten wir uns in den Nachkriegsjahren erfolgreich gegen den Ausbruch chaotischer Verhältnisse eingesetzt, um jetzt erneut von ihnen bedroht zu werden? Da bäumte sich ein Widerstandswille auf, den ich zu verdolmetschen hatte, als ich als frisch gewählter Sprecher vor die Öffentlichkeit trat. Bewußt wählte ich als erstes öffentliches Forum am 2. März 1968 den größten Saal in Kaufbeuren-Neugablonz. Dort hatten unsere Glasmacher (unter meiner seinerzeitigen Mithilfe) ein neues Schaffens- und Lebenszentrum errichtet. Aus Bunkertrümmern war eine Stadt entstanden, die das in sie investierte Geld bereits durch ein Vielfaches an Steuerkraft entgalt. Mehr noch: Sie hatte die Gemeinschaft mit den Altbürgern aufs trefflichste ausgestaltet. Hier gab es keinen Mob und keinen Aufstand. Hier wollte ich zeigen, was die Neubürger aus dem Sudetenland waren: Pioniere des Aufbaues, Wahrer des Rechts, Garanten der Freiheit!

Dieses Leitwort wurde mit frenetischem Applaus zur Kenntnis genommen. Es zündete in eine Großkundgebung hinüber, die wir am 6. April 1968 im Zirkus-Krone-Bau zu München veranstalteten. Ich spürte: Unsere Leute bildeten einen Widerpart gegen die Randszenen des Aufruhrs. Sie empfanden sich als eine Kerngruppe der Stabilität und sahen darin eine neue, über das Landsmannschaftliche hinausgehende Aufgabe.

Sicher kehren neue Besen immer gut. Die »Volksabstimmung für die Freiheit«, die der erste Sudetendeutsche Tag unter meiner Verantwortung 1968 in Stuttgart mit sich brachte, war aber mehr als nur das Ergebnis einer guten Organisation. »Wir haben kein Verständnis für eine Revolution aus der Retorte!« rief ich meinen Landsleuten zu. »Wir sind erklärte Gegner einer Utopie, welche die Demokratie ohne Herrschaft predigt, in Wahrheit aber eine Herrschaft ohne Demokratie hervorrufen wird!« Im Bewußtsein unserer Mitgliederstärke rief ich zur Bildung eines Millionenfonds auf, damit wir – »es ist möglich, wenn wir nur wollen!« – in der Lage seien, unsere Ziele unabhängig und kraftvoll zu verfolgen.

Aus den bereits angeführten Gründen appellierte ich an Bundestag und Bundesregierung erneut, nichts hinter dem Rücken der Vertriebenen zu tun, sie nicht als »Kompensationsobjekt einer falsch verstandenen Strategie und Taktik zu benützen«. Damals schon war gültig, was noch heute (da diese Zeilen an der Jahreswende 1989/90 geschrieben werden) entschieden zutrifft: »Eine wirkliche Normalisierung des deutsch-tschechischen Verhältnisses führt nicht an den Vertriebenen, führt nicht an den Sudetendeutschen vorbei!« Ich unterstrich das geistige Kapital unserer Herkunft: die außerordentliche industrielle Begabung, das beste Schulwesen Europas, den Willen zur Föderalisierung der großen und kleinen Gemeinwesen sowie das Bekenntnis zum Recht, das wir seit Wilsons 14 Punkten als Klassiker des Selbstbestimmungsrechtes für uns selbst aber auch international gesichert wissen wollten.

Ich spürte als Redner fast körperlich, wie sich das Fragezeichen über unserer Sache in Stolz und Selbstbewußtsein verwandelte. Mehr denn je gelte für unsere Zeit das Wort: »Furcht ist die Wiege des Untergangs. Der gerechten Sache schenke ein tapferes Herz!« Das war ein kühner, im Augenblick selbst formulierter Ausspruch. Als nach Sekunden verhaltenen Schweigens wogender Beifall aus den Reihen der etwa 50000 Zuhörer erscholl, wußte ich: Jetzt bin ich als neuer Sprecher angenommen. Die Wahl war von einer großen Gemeinde bestätigt worden.

Gespräche in Bonn und mit der Jugend

Die Berufung in ein herausragendes Amt bringt Gratulationen und Grußworte mit sich. Sie übermittelten auch in meinem Falle dementsprechenden Zuspruch (zum Teil im Telegrammstil, zum Teil mit unverhohlener Herzlichkeit). Glück wünschten mir natürlich die Sprecher der ostdeutschen Landsmannschaften, die Fraktion der CDU/CSU und viele Kollegen, darunter auch solche, die mich – wie Erich

Mende – nur von ferne kannten. Hilfreich trat mir Bundeskanzler Dr. Kiesinger entgegen, dem ich gemeinsam mit Josef Stingl, dem Landsmann und einflußreichen Vorsitzenden des Arbeitskreises für soziale Fragen, einen Antrittsbesuch abstattete. Er erinnerte sich genau an die Arbeitstagung des Sudetendeutschen Rates, die, im Jahre 1956 auf Schloß Herrenchiemsee veranstaltet, seine Kenntnis unseres Fragenbereiches erweitert hatte, und versprach mir, ebenso jetzt unserer Sonderstellung gerecht zu werden.

Auch Herbert Wehner, der Minister für Gesamtdeutsche Fragen, dem ich als Freundschaftspräsent Karlsbader Oblaten überreichte, war überraschend konziliant. Er verwies auf unsere gemeinsame Erzgebirgsheimat und warnte mich vor den Recherchen des tschechoslowakischen Geheimdienstes, den er als einen der besten im Ostblock bezeichnete. Ich unternahm eine richtige Rundreise durch die Bonner Ministerien und meinte, daß es genehm sei, allenthalben guten Tag gesagt zu haben. Das ausführlichste Gespräch führte ich mit Eugen Gerstenmaier, dem Präsidenten des Deutschen Bundestages, der mich wie ein kleiner Potentat, aber mit Wohltätergeste in seinen repräsentativen Amtsräumen empfing.

Er zeigte sich als Theologe außerordentlich gut über die Lehre Othmar Spanns informiert und fragte mich, was denn aus diesem ihm wohlbekannten Denker der Zwischenkriegszeit geworden sei. Dann kamen wir auf die merkwürdige Tatsache zu sprechen, daß selbst dem fünften Deutschen Bundestag (1965–69) noch viele Mitglieder angehörten, die aus der deutschen Jugendbewegung hervorgegangen waren oder ihr, wie er selbst, zumindest mehr oder weniger nahegestanden hätten.

Vermochte das unser Verständnis für die in beachtlichem Maße aussteigende Jugend von heute zu wecken? Ja, die von mir bereits selbst erkannten Parallelen (siehe oben S. 35 f.) ließen die verwandte Ablehnung eines nur in ökonomischen Werten verwurzelten Daseins erkennen. Schon in der Kleidung drückte sich wie seinerzeit ein Zurück zu natürlichem Leben aus. Dennoch, meinte Gerstenmaier, waren die Wandervögel der Jahrhundertwende keine Hippies. Werde das Dahinleben ohne Ideale nicht wenigstens bei den Versprengten der Ostdeutschen überwunden, die in der Treue zur alten Heimat stetig und unverdrossen auch immaterielle Werte pflegten? Und könne das, so fragte er, ihrer Jugend vermittelt werden?

Die Frage bestärkte mich in der Absicht, darüber mit unserer sudetenländischen Jugend selbst zu sprechen. Sie hatte nach den von Anton Wuschek und Oskar Böse vollzogenen Gründungsakten in der »Sudetendeutschen Jugend« (SdJ) mit Erich Kuckuck, Dieter Max und Walter Richter sowie in studentischen Arbeitskreisen mit Wolfgang Egerter, Günther Reichert und Jörg Kudlich an der Spitze Lebenszentren geschaffen, die Tausende junger Mädchen und Burschen auf Fahrten, Lagern und Schulungsheimen erfaßten. Daraus erstand der Kronschatz neuer Kerngruppen, die indes zumeist noch in der alten Heimat geboren waren. Jetzt aber wollte ich in einem mutig angesetzten Jugendkongreß auch die Generation ansprechen, deren Geburtsorte bereits in der neuen Heimat lagen. Er fand am 3. und 4. November 1968 in den Sälen des Kolpinghauses zu Regensburg statt und brachte uns allen ein ebenso erfrischendes wie ernüchterndes Erlebnis.

Ich zitierte das Beispiel der nachwachsenden Kinder aus den Familien meines Heimathauses. Sie kamen aus dem Rheinland, aus Hessen, Württemberg sowie aus bayerischen Gefilden und brachten nicht nur die jeweiligen Dialekte, sondern auch die entsprechenden Traditionen mit. Konnten sie einander noch verstehen? Waren sie im Zuge der zitierten Revolte ihren Eltern nicht in gleichem Maße entwachsen wie viele ihrer Generationsgefährten? Gab es da nicht schon einen Unterschied zwischen der nachmals so genannten »Erlebnisgeneration« und jenen, die nun vor uns saßen? Stießen wir da nicht an die Schicksalsmauer eines Volkes, das der Krieg durcheinandergewürfelt und weithin entwurzelt hatte? Waren sie nicht Objekte einer Umerziehung geworden, die diesen Tatbestand noch vertiefte?

Ich sprach die Probleme offen an und scheute mich nicht, in meinem Hauptreferat auch Vorurteile abzubauen: »Nirgendwo steht geschrieben, daß wir in der sudetendeutschen Jugend das Gewicht der Mitarbeit davon abhängig machen müssen, ob ein junger Mensch nun einen Stiftenkopf trägt oder eine Beatle-Frisur, ob er sich kleidet wie meine Freunde oder eben nicht. Was ist das so seltsam Herausfordernde dieser Jugend für eine Generation, die weitgehend in konservativen Werten angesiedelt ist?

Wir wollten ein »Kongreß der Überzeugung« sein und überdies eine Gemeinde in dauernder »Selbsterforschung«. Da galt es festzuhalten, daß ein »Erlebnis« und eine ihm entsprechende Generation ja (wie so oft in der Geschichte) auch aus der Geburt eines neuen Gedankens, aus dem Bewußtsein einer historischen Position zu entstehen vermag. Diese »Erlebnisgeneration« wollten wir zeitlos im Wachsen halten. Des weiteren wollte ich den jungen Menschen die Überlegung vermitteln, daß wir Klassiker des Kampfes um das Selbstbestimmungsrecht, um das Volksgruppenrecht in einem föderativen Europa und in diesem Sinne Vorkämpfer der Zukunft, nicht aber Veteranen von gestern seien. Sie könnten sich als »Entwicklungshelfer« nicht in fernen Ländern, sondern für die Verödungsgebiete unserer alten Heimat empfinden. Und dies nicht, um dorthin »zurückzuziehen«, sondern um dazu beizutragen, daß man sie dereinst wieder als blühende Mitte Europas zurückzuholen vermag.

Die Tradition des Jugendkongresses wurde in späteren Jahren fortgesetzt. Zweifellos trug sie dazu bei, daß wir uns über Jahrzehnte hinweg einer nachwachsenden Gemeinde erfreuen konnten, welche es verstand, »modern« zu sein und dennoch der Sache der Sudetendeutschen verbunden zu bleiben.

Der Präsident im Exil

Die Wahl zum Sprecher der SL hatte, wie nicht anders zu erwarten war, die mir nahezu schon ans Herz gewachsene Gilde meiner alten Widersacher aufgeschreckt. Von der »Frankfurter Rundschau« bis zur »Süddeutschen Zeitung« erschienen entsprechende Kommentare. Im »Spiegel« nahm ich, diesmal von dem dubiosen Otto Köhler betreut, meinen alten Stammplatz ein. Der Ostblock, in dessen westlicher Prominentenskala ich einen Rang zumindest gleich hinter F. J. Strauß belegte, ließ sich etwas ganz Besonderes einfallen. Er entsandte unter der Tarnung eines Berliner Filmteams eine ganze Crew auf den Stuttgarter Killesberg, mixte eine Unzahl von Aufnahmen des Pfingsttreffens 1968 zu einer Politkolportage und veranlaßte die Einschleichjournalisten Heynowski und Scheumann, mich in einem Münchner Studio zu einem Interview zu bitten.

Das verlief im Grunde überaus normal. D. h., ich gab ihnen Antworten, die ich jedem anderen Interviewer auch gegeben hätte. Dabei ging es um die Darstellung der Verhältnisse in der sudetendeutschen

Heimat und um die erfolgreiche Seßhaftmachung in der Bundesrepublik Deutschland. Das Gespräch erfolgte ja zur Zeit des Einmarsches der Warschauer-Pakt-Staaten in die ČSSR. Mit Nachdruck unterstrich ich daher unsere Sympathie mit den dort von Moskau terrorisierten Menschen. Ich stellte den Verlust dar, den die einst blühende Wirtschaft in Böhmen, Mähren und Schlesien durch die Vertreibung von dreieinhalb Millionen ihrer aktivsten Bürger erlitt, und bestätigte meine in Stuttgart vorgetragene Überzeugung, die beste Wirtschaftshilfe für dieses nunmehr im Kollektivismus darbende Gebiet sei die Rückkehr unserer Unternehmer, Bauern und Facharbeiter – soweit sie sich dazu bereit zeigen würden.

Die Herren Interviewer krümmten sich um die für sie wahrscheinlich bedenklichen Antworten mit scheinbarer Zustimmung herum. Sie ließen sich die von ihnen konstruierte Annahme bestätigen, der »Sprecher« der SL sei im Organisationsgefüge der Volksgruppe neben Bundesversammlung, Vorstand und Bundesvorsitzendem so etwas wie ein »Präsident über allem«. Unter dem Titel »Der Präsident im Exil« zimmerten sie dann daraus den manipulierten Text zusammen, den sie in bewährter Manier – der Überläufer Ladislav Bittmann hat dies nachträglich bestätigt – in die Aussage eines gefährlichen »Revanchisten« umgestalteten.

Das Machwerk, das den Nachweis für die Berechtigung des Einmarsches in die ČSSR liefern sollte, hatte großen Erfolg. Es wurde in den Sprachen des Ostblocks in einer Auflage von 200 000 Stück zum Bestseller des Jahres und obendrein das Sujet eines Filmes, der mich von der Zonengrenze bis zum Ural berühmt machte. Laut Bittmann wurde es hinfort für die Angestellten der Desinformationsabteilung im tschechoslowakischen Geheimdienst als Musterbeispiel ihrer Arbeit verwendet.[1]

Die Herren Heynowski und Scheumann, die mit dem Staatspreis der DDR ausgezeichnet wurden, hatten ihre Rechnung aber ohne die Adressaten ihrer Bemühungen gemacht. Allenthalben regte sich das Interesse für die Sudetendeutschen hüben und drüben. Aus der DDR, desgleichen aus der Tschechei und aus Ungarn erhielt ich anonyme Zustimmung, in einigen Fällen sogar Glückwünsche. In die Zone ausgewiesene Landsleute, die über unsere Jugendgruppen Ver-

[1] Ladislav Bittmann, »Geheimwaffe D«, Bern 1973, S. 46

bindungen aufrechterhielten, ließen mich wissen, der Film sei ein voller Erfolg gewesen. Nun merke man allenthalben, daß wir nicht vom Erdboden verschwunden seien.

Die Attacke gegen den neuen Sprecher der Sudetendeutschen Landsmannschaft lief indes nicht nur über die Mattscheiben der Ostblockstationen. Der Sender »Freies Berlin« ergriff vielmehr bereits am 22. Februar 1968 – also nur wenige Wochen nach meiner Wahl – die Gelegenheit, mich in seiner Sendung »Kontraste« als Friedensstörer und Lügner hinzustellen. Die Kollaboration des westlichen mit dem östlichen Fernsehen wurde dabei noch dadurch unterstrichen, daß man sich der Aussagen zweier Redakteure der Prager »Volkszeitung« (eines kommunistischen Organs des tschechoslowakischen Gewerkschaftsbundes) bediente, welche der Moderator der Sendung, Dr. Peter Pechel, in Prag interviewen ließ.

Da beteuerte ein Herr Simonek, meine Wahl sei für die Tschechoslowakei eine Provokation. Der vorher erfolgte Beschluß über die gegenseitige Errichtung von Handelsmissionen (den sich ja niemand sonst sehnlicher wünschte als das wirtschaftlich notleidende Prag) wäre nach diesem Ereignis nicht mehr zustande gekommen. Er stellte sich dem Publikum als Liebhaber der »kleinen« Sudetendeutschen vor, die von den »großen« (also durch mich) nur verführt würden. Ein Herr Forster meinte, eine Verständigung zwischen der Landsmannschaft »und uns« sei nunmehr unmöglich geworden. Das »uns« bezog sich, was die bundesdeutschen Zuseher nicht wissen konnten, auf die im deutschen Tarnblatt der tschechischen Gewerkschaften besonders aktiven stalinistischen Gegner des Prager Frühlings.

Beide im freien Berliner Fernsehen auftretenden Funktionäre bedienten sich dabei der gleichen Desinformationsargumente, die laut Bittmann in Ost-Berlin und an der Moskwa entwickelt wurden: Ich sei als Erfinder der Sudetendeutschen Tage ein Revanchist, ein notorischer Antisemit und außerdem ein Lügner, weil ich meine Mitgliedschaft in den Reihen der NSDAP leugne.

Die freien Herren im Sender Freies Berlin fragten mich nicht, ob das zutreffe. Mit derlei Fairneß konnte und kann man bei solchen Aktionen nicht rechnen. Nein, sie ließen Beweispapiere der tschechischen Gewährsmänner über die Mattscheibe flimmern und erklärten, sie hätten die Angaben selbst überprüft.

Damit unterlagen sie nun aber einer einstweiligen Verfügung, die ich beim Landgericht München I erreichte, sowie der Pflicht zur Gegendarstellung, die ihnen das Landgericht Berlin mit Urteil vom 29. April 1968 auferlegte. Endlich hatte ich Gelegenheit, die Wahrhaftigkeit der Aussage, meine Aufnahme in die NSDAP sei durch Bescheid des Gaugerichtes und der Gauleitung Reichenberg vom 20. März bzw. vom 8. April 1940 abgelehnt worden, ich sei also kein Parteimitglied gewesen, gerichtsnotorisch beglaubigen zu lassen.

Der Vorgang wäre nicht der Rede wert, würfe er nicht ein deutliches Licht auf die Methoden des Rufmordes, denen man, unter die Diffamierungsräder eines Meinungskartells gekommen, nahezu wehrlos ausgeliefert ist. Millionen Deutsche meiner Generation sind schließlich Parteimitglieder gewesen. Viele Mitglieder der Sudetendeutschen Partei wurden als »Parteianwärter« übernommen. Warum sollte ich, nachdem ich 1938 das entsprechende Formular, einen Antragsschein, ausgefüllt hatte, nicht auch zu ihnen gehören?

Warum? Weil mich meine ganz persönliche Geschichte nicht als Freund der Methoden Heydrichs und Rosenbergs, vielmehr als Gegner und Objekt ihrer Verfolgung auswies.[1] Seitdem ein Redakteur der Hamburger »Zeit« 1957 im Berliner Document-Center der US-Army angeblich fündig wurde, unterlag ich trotz aller Gegendarstellungen dennoch dem Verruf, nicht nur ein gewöhnlicher, sondern ein »Altnazi« gewesen zu sein. Die Behauptung wurde, aus Ost und West immer wieder hochgespielt, gleichsam als Schandmal betrachtet, das man disqualifizierend und desinformierend gut vermitteln konnte.

Unzählige Versuche, in die Akten der vielzitierten Einrichtung unserer Besatzer als Betroffener selbst Einsicht zu nehmen, schlugen fehl – bis ich 20 Jahre später als Mitglied des Deutschen Bundestages endlich erfolgreich war. Allgemeines Verlangen, das Archiv möge von den Behörden des Bundes übernommen werden, und der Hinweis, daß nach deutschem Recht jedermann in seine Personalakten Einblick nehmen könne, öffnete mir am 6. September 1977 offenbar den Eingang in den angeblich streng behüteten Dahlemer Villenkomplex.

Wieso konnten sich, ohne behördlich befugt zu sein, bestimmte Journalisten darin ehedem wissend machen, ich aber nicht? Direktor Daniel P. Simon, der mich freundlich empfing, beteuerte, mit dieser Frage angesprochen, nachdrücklich die Verschwiegenheit seiner In-

[1] Siehe die entsprechenden Kapitel dieses Buches, S. 82 und S. 103

stitution: »Was glauben Sie, wohin das führen könnte, wenn wir hier alle Deckel öffnen würden!«

Er verwies, nachdem wir durch endlos lange Schluchten von Regalen geschritten waren, auf Stahlkästen, in denen offenbar Angaben über »very important persons« gespeichert wurden. Mir aber gab er bereitwillig Einsicht in den Aktenordner, der die mich betreffenden Unterlagen enthielt.

Da vermochte ich nun einen Vorgang zu studieren, der meinen Werdegang ohne mein Wissen über Jahrzehnte hinweg perlustrierte. Das erwähnte Formular aus dem Jahre 1938 hatte den parteibürokratischen Weg zum Hauptamt V, Abteilung Mitgliedschaftswesen beim Reichsschatzmeister der NSDAP, nach München genommen. Dort fand man unter meinem Namen ein Mitglied verzeichnet, das im Dezember 1931 mit der Nr. 896.129 in die Partei eingetreten, am 30. April 1932 (also nach vier Monaten) wieder ausgetreten und unbekannten Aufenthaltes geblieben war.

Es entwickelte sich in der ersten Hälfte 1939 ein umfangreicher Schriftwechsel zwischen dem »Reichsschatzmeister«, Abteilung Meldewesen München, und dem »Gauschatzmeister«, Abteilung Meldewesen Wien, der auch dann erfolglos blieb, als man mit Schreiben vom 24. Juli 1939 beim »Gauschatzmeister« der Auslandsorganisation der NSDAP, Berlin, vergeblich nach mir gefahndet hatte. Wien teilte gleichwohl mit, daß ich 1933 nach Karlsbad (das damals noch in der Tschechoslowakei lag, wo es keine NSDAP gab) überwiesen wurde. Ob mir (was laut Parteisatzung den Eintritt erst rechtens machte) die Mitgliedskarte ausgehändigt wurde, »könne nicht mehr festgestellt werden«. – Natürlich nicht, weil ich eine solche nie erhalten hatte.

Recherchen, die ich nach Kenntnisnahme des »Zeit«-Artikels aus dem Jahre 1957 selbst vornahm, ergaben den Hinweis, daß der Ausbildungsleiter einer Studentensportgruppe der Universität Wien, der ich im Dezember 1931 angehörte, diese wahrscheinlich bei der damals nur wirr organisierten Bezirksgruppe Josefstadt der NSDAP en bloc angemeldet hatte – ohne die Mitglieder zu verständigen und in der Absicht, mit einem größeren Anhang in deren Formation aufzutreten. Dem Heimatfreund Walter Brand, der darüber in seinen Memoiren berichtet, war es in gleicher Weise ergangen. Der »Reichsschatzmeister«, Abteilung Meldewesen, erließ hierauf in dem am 25.

Oktober 1939 an den Gauschatzmeister Reichenberg ergangenen Schreiben, eine salomonische Weisung. Meine Karteikarte sollte wie folgt geführt werden: »12.12.1931 aufgenommen (Mitgl.-Nr. 896.129); ausgetreten 30.4.1932; wieder aufgenommen 1.11.1938 (Mitgl.-Nr. 6588113).«

Die Gauleitung Reichenberg wurde angewiesen, mir die neue Mitgliedskarte zu überreichen. Dieses aber konnte wiederum nicht erfolgen, da ich mein Dasein, wie oben berichtet, vom 1. Juli bis 20. Dezember 1939 als Schutzhäftling des Reichssicherheitshauptamtes im Polizeigefängnis Dresden fristete.[1]

Von all dem wußte ich bis 1977 nichts. In der Überzeugung, daß die Ablehnung eines Aufnahmegesuches für mich weniger diffamierend sei als ein auf Grund des Übergangs von der Sudetendeutschen Partei zur NSDAP erfolgter Ausschluß, reichte ich den entsprechenden Antrag nach Entlassung aus der Schutzhaft bei der Gauleitung der NSDAP im Dezember 1939 in Reichenberg ein. Mit den bereits erwähnten Bescheiden vom März und April 1940 wurde er ohne Angabe von Gründen erwartungsgemäß abgewiesen.

Eine wiederum schlampige Karteikarte der Kreisleitung Reichenberg hatte diesen Tatbestand unter der Rubrik »Ausschluß« verzeichnet, was Mr. Simon als Fehlinformation nachdrücklich bedauerte. Entscheidend aber war der im Original vorliegende Personalfragebogen vom 5. Januar 1939, den ich für die Übernahme von der Sudetendeutschen Partei in die NSDAP eingereicht hatte. In ihm wird an keiner einzigen Stelle meine angebliche Mitgliedschaft aus dem Jahre 1931 mit der erwähnten Niedrignummer angeführt. Hätte ich das nur unterlassen, um nicht in die Gefahr der nachträglichen Aushändigung des Goldenen Parteiabzeichens zu kommen? – Die Mär vom »Altparteigenossen« war damit eindeutig widerlegt.

Mr. Simon, dem ich nun meinerseits die für mich wichtigen Originaldokumente übergab, tröstete mich über die offenbar gewordene Unsolidität, ja Unwahrhaftigkeit mancher Eintragungen mit einem immerhin originellen Hinweis hinweg. Hinsichtlich vieler nunmehr an exponierter Stelle in der Bundesrepublik wirkenden Persönlichkeiten gelte als Nagelprobe ihrer Überzeugung eine einfache Frage: Was wäre aus ihnen geworden, hätte Hitler gesiegt? Ich bezeichnete

[1] Siehe oben, S. 103

diese Frage hinfort als »Simon-Test«. Er würde nicht nur den Männern und Frauen mit dem »verlorenen Gewissen«, sondern auch hohen und allerhöchsten Würdenträgern der Bundesrepublik Deutschland bis zum heutigen Tage außerordentlich schlecht bekommen. Für mich zeigt er indes nur ein Dasein am Rande des dann noch möglichen Lebens, wenn nicht Schlimmeres an.

Der Besuch im Document-Center, Wasserkaeferstraße, Berlin 37, hatte sich also gelohnt. Er endete mit einem »Good bye!« und in der Gewißheit, eine Mission der United States of America zu verlassen, in welcher die Geschichte der Deutschen auf weite Strecken als Tragikomödie verzeichnet ist.

16. DER MACHTWECHSEL

Der Wille zum »Machtwechsel« tat sich nicht nur in einer vielleicht absichtslos ausgesprochenen Ansicht kund, die Gustav Heinemann nach seiner am 5. März 1969 erfolgten Wahl zum Bundespräsidenten in einem Interview zum besten gab. Er war vielmehr die Folge eines Gegenkonzeptes, das sich auf den Fittichen eines Bewußtseinswandels und einer geheimen Filterung in den sechziger Jahren (und bei vielen Akteuren schon früher) entwickelte.

Mit welchen Mitteln man dabei vorging, bezeugt Erich Mende in dem Bericht über den im Januar 1967 erfolgten Besuch des »Stern«-Chefs Henri Nannen in seinem Godesberger Heim. Dieser habe ihn mit dem Wunsche konfrontiert, er möge als Vorsitzender der F.D.P. mit den Liberalen aus der bisher gemeinsamen Deutschland- und Ostpolitik aller Parteien ausscheren, die Oder-Neiße-Linie als endgültige deutsche Ostgrenze garantieren, die DDR uneingeschränkt anerkennen sowie eine »Konföderation der beiden deutschen Staaten im Sinne Moskaus und Ost-Berlins« akzeptieren.[1] Für den Fall seiner Einwilligung sagte ihm Nannen nicht nur die Unterstützung der Illustrierten »Stern«, sondern auch des »Spiegel«, der Hamburger »Zeit«, der »Frankfurter Rundschau«, der »Süddeutschen Zeitung« und vieler Redakteure der Rundfunkanstalten voraus. Anderenfalls müsse er seinen Platz als Bundesvorsitzender der F.D.P. freimachen.

Da wurde nun die politische Macht des uns bekannten Medienkreises zitiert, der nicht nur Mende demontieren half. Bis zur Jahrtausendwende wird er vielmehr in gleichem Sinne wirken und Motor eines Vorganges sein, der zunächst das intrigenreiche Vorspiel begünstigte, mit dem Walter Scheel im März 1969 die Wahl Heinemanns erzwang. Arnulf Baring, sein Hofschreiber, hat es freimütig überliefert und dabei auch die Szene wiedergegeben, da Scheel nach der Wahl des

[1] Erich Mende, »Von Wende zu Wende«, München 1986, S. 256

Wunschkandidaten mit seinen Mannen zur Siegesfeier der SPD in den Philip-Pavillon (am Berliner Funkturm) zog und dabei von Willy Brandt gefeiert, ja umarmt worden ist.[1]

Die sozialliberale Koalition war damit von innen geboren, nach außen aber noch immer kaschiert. Der fintenreiche Herbert Wehner hatte der Pünktchen-Partei im richtigen Augenblick die Erklärung zugespielt, man werde von dem Schritt zum Mehrheitswahlrecht und damit von der Ausschaltung der F.D.P. Abstand nehmen, sie vielmehr in die Position des Mehrheitsbeschaffers hieven.

Brandt und Wehner sind nunmehr die Schlüsselfiguren der Zwischenakte, die den Machtwechsel und damit den Verrat der zitierten Beschwörungen herbeiführen sollten. Beide kamen aus dem Zwielicht einer Vergangenheit, die sie geflissentlich verdeckten. Beiden muß man indes zugute halten, daß sie ihre Ziele im Unterschied zu den Akteuren der F.D.P. aus den Überzeugungen der Jugendjahre heraus entwickelten, die bekanntlich ein Leben lang Hauptmotive des Handelns bilden. Als radikale Sozialisten bzw. als Altkommunisten hatten sie opferreiche Jahre durchlebt, bevor sie 1945 zunächst als Nebenfiguren auf die Bühne der Bundesrepublik traten. An Kurt Schumacher vorbei erklommen sie dann die Führungspositionen ihrer neuen Partei, um nach Konrad Adenauer die Hauptbeweger der bundesdeutschen Nachkriegsgeschichte zu werden.

Almar Reitzner, der Sohn eines alten Genossen und selbst ein eingeborener Sozialdemokrat, hatte den neuen Vorsitzenden der SPD seit langem durchschaut und am Ende der sechziger Jahre davor gewarnt, ihn als »Mann ohne Kompaß« zu bezeichnen. In seinen Erinnerungen nennt er diese Bemerkung unzutreffend und wenig intelligent: »Willy Brandt hatte seinen Kompaß schon lange vorher eingestellt, wir haben es nur nicht bemerkt.«[2] Er verweist auf dessen 1945 in Stockholm getroffene Feststellung, die Sowjetunion werde als stärkste Militärmacht die zukünftige Gestaltung der Dinge in Deutschland am unmittelbarsten berühren, und leitet aus ihr eine schon damals gezogene Richtschnur für die späteren ostpolitischen Initiativen ab. Nicht Egon Bahr, sondern Willy Brandt sei der Erfinder der neuen Ostpolitik gewesen.

---

[1] Arnulf Baring, »Machtwechsel«, a.a.O., S. 113 ff.

[2] Almar Reitzner, »Das Paradies läßt auf sich warten«, a.a.O., S. 186

Der Wandel zum Wandel

Nun wird man den Wandel zum Wandel am objektivsten aus der eigenen Darstellung dieses Erfinders ergründen können. Brandt beteuert, was man seine Ostpolitik nenne, sei im wesentlichen vor dem Hintergrund des Mauerbaues am 13. August 1961 geformt worden.[1] Das um dieses Ereignis eingetretene Vakuum westlicher Reaktionen hat ihn offenbar ebenso beeindruckt wie die neue »Friedensphilosophie« John F. Kennedys, der den kalten Krieg für beendet erklärte.

Wenn es zutrifft, was Brandt des langen und breiten erläutert, hätten seine intensiven Kontakte zur amerikanischen Linken den eigenen Wandel maßgeblich mitbestimmt. Kennedys Worte »Ich bin ein Berliner!« seien in seinem Amtszimmer erfunden und geprobt worden. Nach außen waren die beiden die Helden dieser Stadt, nach innen teilten sie offenbar die Ansichten der Pugwash-Bewegung und anderer Befürworter einer Entspannung in der Umgebung des Präsidenten.

In der Tat hatte am Potomac nach dem Aufstand gegen die Politik Roosevelts das Bekenntnis zur Anerkennung Jaltas und damit der Teilung Europas wiederum an Boden gewonnen. Ein Aufenthalt in Washington, der im April 1961 der Einladung amerikanischer Abgeordneter nach Köln diente, ließ mich an Ort und Stelle die deshalb entbrannten Auseinandersetzungen beobachten. Die Entscheidungsstärke Kennedys wurde in Zweifel gezogen, als er den Insurgenten gegen Castro seine Unterstützung entzog und damit zuließ, daß vor der Küste der USA ein Flugzeugmutterschiff Moskaus stationiert wurde.

Der hierzulande weit überschätzte Mann bestärkte Brandt in der Überzeugung, das »stille Arrangement zwischen Moskau und Washington« sei die Grundregel ihres Verhaltens vor und nach dem Mauerbau.[2] Gemeinsam mit seinem »Freunde und engen Mitarbeiter« Egon Bahr beschloß er daher, einen »Schlußstrich« unter den bisherigen Abschnitt deutscher Nachkriegsgeschichte zu ziehen und »nach vorne« zu denken.[3]

[1] Willy Brandt, »Begegnungen und Einsichten«, a.a.O., S. 17 ff.
[2] Willy Brandt, a.a.O., S. 28
[3] Willy Brandt, a.a.O., S. 37

Die doppelte Buchführung, die Brandt damit eröffnete, zwang ihn, nur scheibchenweise vorzugehen. Es gab, wie er sich ausdrückt, eine Art »zweiter Ebene« des vielstimmigen Ost-West-Dialoges. Sein Verfahren umschreibt er wie folgt: »Meine Formulierungen mußten vorsichtig, tastend und ein wenig schwebend bleiben. Ihre politische Substanz kann erst im Kontext mit einigen Versuchen im Hintergrund der Ost-West-Diplomatie sichtbar werden – Ansätze, die damals der Öffentlichkeit verborgen sein mußten.«[1]

Vorsichtig und tastend behandelte Brandt auch seine eigenen Genossen. Den Patriotismus von Karlsruhe (1964) relativierte er auf dem Parteitag von Dortmund (1966) mit der doppelsinnigen Feststellung: »Entscheidende Rechtspositionen dürften nicht preisgegeben werden, aber es sei zu prüfen, wo Positionen unecht geworden sind.«[2] Den nächsten Schritt tat er am Parteitag in Nürnberg (März 1968). Wohl präpariert durch die Ergebnisse der Konspirationsgespräche von Rom und München sowie durch zahlreiche offene und geheime Kontakte mit den Exponenten des Kreml (u. a. mit den Botschaftern Abrassimow und Zarapkin) erklärte er, daß die Ostpolitik der SPD um so erfolgreicher sein werde, »je klarer unser Wille zum Ausdruck kommt, die bestehenden Grenzen in Europa, insbesondere die polnische Westgrenze, zu respektieren und anzuerkennen, bis die deutschen Grenzen in einer friedensvertraglichen Regelung, die von allen als gerecht und dauerhaft empfunden werden kann, endgültig festgelegt werden«.[3]

Die Erklärung löste einen Proteststurm der heimatvertriebenen Delegierten Ernst Paul, Reinhold Rehs, Herbert Hupka, Volkmar Gabert, Heiner Stranka, Adolf Hasenöhrl und Almar Reitzner aus. »Einigen von uns verschlug es die Sprache«, schreibt der letztere, »denn wir erblickten in dieser Feststellung einen glatten Bruch bisheriger Beschlüsse und parteiinterner Vereinbarungen.« Ein Protestschreiben, noch in Nürnberg eingereicht, hatte keinen Erfolg. Auch ein Gespräch, das die sudetendeutschen Sozialdemokraten nach dessen Rückkehr von einem Besuch Titos im Juni 1968 mit Willy Brandt in Stuttgart führten, blieb ohne Ergebnis. »Brandt blieb hart. Über

[1] Willy Brandt, a.a.O., S. 108
[2] Willy Brandt, a.a.O., S. 124
[3] Protokoll des SPD-Parteitages in Nürnberg am 18.3.1968

Formulierungen ließe er mit sich reden, entgegnete er. In der Sache selbst jedoch nicht.«[1] Die Härte Brandts bereitete den Austritt prominenter Mitglieder – so des Präsidenten im Bund der Vertriebenen, Reinhold Rehs (MdB), und des Bundesvorsitzenden der Schlesier, Herbert Hupka (MdB) – aus ihrer Stammpartei vor. Im sudetendeutschen Sektor hatte sich um Willi Wanka, Karl Kern, Harry Hochfelder und Almar Reitzner ein »Wenzel-Jaksch-Kreis« gebildet, der die von Brandt inszenierte Aufgabe deutscher Positionen ablehnte und sich zu den Thesen seines Namenspatrons bekannte.[2]

Wie weit die Vorbereitungen zur Erreichung der politischen Wende in der Zeit vom Januar 1968 bis zum Sommer 1969 bereits gediehen waren, konnten wir damals nicht ahnen. Keiner hat sie mehr enthüllt als Brandt selbst.[3] Ihre Stationen wurden, um weder Parteifreunde noch potentielle Wähler zu verunsichern, mit dem Siegel der Geheimhaltung versehen. Arnulf Baring schreibt: »Weder in der SPD noch in der FDP fand das sozialliberale Bündnis einhelligen Beifall. Seine prominenten Förderer und Befürworter durften Anhängern gegenüber die angebahnte Verbindung zwar unter der Hand heimlich zugeben. Aber vor Skeptikern, Kritikern, Gegnern in den eigenen Reihen mußte man sie glatt ableugnen können.«

Nach einer Begegnung am 3. Mai 1969 bedeutete Brandt gegenüber Scheel, es sei sicher nicht gut, wenn man beide jetzt öfter zusammen sehe. Man war, wie Ulrich Kempski am 19./20. April 1969 in der »Süddeutschen Zeitung« schrieb, »auf leisen Sohlen unterwegs zur Macht«.[4]

Weniger leise verhielt sich der Kreml. Er wies Pjotr Abrassimow an, Willy Brandt das Du-Wort anzubieten und lud, um sie mit den Verheißungen der Entspannung à la Karlsbad vertraut zu machen, eine SPD-Delegation (unter Führung von Helmut Schmidt) sowie eine FDP-Gruppe (unter Führung ihres Parteivorsitzenden Walter Scheel) im Juli und August 1969 nach Moskau ein. Eine ebenso offensichtliche wie direkte Einmischung in den deutschen Wahlkampf erfolgte bereits im Dezember 1967. Der schwedische Generalkonsul in

---

[1] Almar Reitzner, »Das Paradies läßt auf sich warten«, a.a.O., Seite 187 ff.

[2] Vgl. Karl Kern, »Wenzel Jaksch, kein Kronzeuge für die Bonner Verzichtspolitik«, München 1980

[3] Willy Brandt, a.a.O., Kapitel 4, 6 und 8

[4] Arnulf Baring, a.a.O., S. 123 und 127

Berlin, Sven Backlund, wurde damals gebeten, einen Appell Abrassimows weiterzuleiten: »Sagen Sie Willy, er soll so rasch wie möglich eine kleine Koalition machen!«[1]

Brandt: »Wir machen es!«

Die Bundestagswahl vom 28. September 1969 war kaum gelaufen, als sich Brandt zur Erfüllung dieses Wunsches entschloß. Der baden-württembergische Ministerpräsident Dr. Filbinger hatte aktiv dafür gesorgt, daß die NPD (Nationaldemokratische Partei) mit 4,3 % der Stimmen an der Fünf-Prozent-Klausel scheiterte und dem sozialliberalen Wagnis mit zusammen 48,5 % eine knappe Mehrheit gegenüber den 46,7 % der CDU/CSU ermöglichte. Ulrich Kempski fragte Brandt, ob ihm angesichts dieser Sachlage »nicht bange sei vor Selbstbetrug«. Der knappe Sieger antwortete nur: »Wir machen es!«[2] Die Fama, daß er niemals vorher oder nachher so aktiv gewesen sei wie in dieser Wahlnacht, ist indes ebenso übertrieben wie die Annahme, die sozialliberale Koalition sei erst aus den in dieser geführten Kurzgesprächen entstanden. Sie war, wie wir sahen, vielmehr von langer Hand vorbereitet, vom Kreml abgesegnet und von Kennedys Washington geduldet worden. Nur so ist der ebenso leichtsinnige wie verwerfliche Entschluß zu verstehen, mit welchem das Brandt-Scheel-Gespann, nunmehr offen und ungetarnt, die Bundesrepublik in eine erschreckende Konfrontation stürzte.

Der Wandel der bisher gemeinsamen Deutschland- und Ostpolitik um 180 Grad wäre gefahrlos, wenn überhaupt, nur von einer breiten, beide Volksparteien umfassenden Mehrheit zu vollziehen gewesen. So aber brüskierte der mit nur zwei Stimmen über der absoluten Mehrheit gewählte neue Kanzler das Plenum des Bundestages in seiner Regierungserklärung vom 28. Oktober 1969 mit einem verdeckten Nebensatz, den er nach Absprache mit Walter Scheel in das bereits geschriebene Konzept eingeschoben hatte: »Auch wenn zwei Staaten in Deutschland existieren, sind sie doch füreinander nicht

[1] Arnulf Baring, a.a.O., S. 244
[2] Dietrich Bracher, »Republik im Wandel«, Stuttgart 1986, S. 16

Ausland.« Damit hatte, wie Werner Link richtig bemerkt, die neue Bundesregierung den »deutschlandpolitischen Rubikon« überschritten.[1] Die Vertriebenen erwähnte Brandt mit keinem Wort. Darüber schreibt Arnulf Baring (der Berliner Politologe, der auf Einladung Scheels in der Villa Hammerschmidt wohnte und dann drei Jahre lang das Werden der sozialliberalen Koalition erforschte) in überaus bezeichnender Weise: »Anders als Kiesinger, der in seiner Regierungserklärung noch ›unsere Obhutspflicht‹ gegenüber allen Vertriebenen und Flüchtlingen bekräftigt hatte, kamen diese beiden langjährigen Vetogruppen unserer Ostpolitik in der Brandtschen Erklärung nicht mehr vor. Die meisten dieser Menschen hatten sich inzwischen in Westdeutschland eingelebt und fühlten sich hier nicht mehr als Fremde. Sie waren keine bedeutende politische Zielgruppe mehr.«[2]

Als Kenner des Vorgangs, der ja nur einen Hauptwunsch des Kreml wiedergab, hörte ich mir Willy Brandt und seine Ausführungen vielleicht etwas weniger konsterniert als mancher Kollege an. Mehr als der Tatbestand interessierte mich die Philosophie seines Denkens.

Der Streit der Denkschulen

Der »neuen Ostpolitik« lag ja nicht nur ein neues politisches Kalkül, sondern eine andere, wie ich glaube, irrige Denkschule zugrunde. Sie entspann sich im wesentlichen um die Begriffe »Recht« und »Macht« sowie um deren Bedeutung in einer von Atomwaffen bestimmten Welt. Ich sprach sie in der außenpolitischen Debatte zum Etat des Bundeskanzlers am 25. Februar 1970 an, in der Willy Brandt die Meinung vertrat, der altgewohnte »Formelkram«, will sagen: bloße »Rechtspositionen« hätten keinem Berliner dazu verholfen, seine Familie im anderen Teile der Stadt zu sehen. Meine Ausführungen trafen demgegenüber, wie ich glaube, den Punkt:

»Wir sollten uns das zentrale Phänomen der Zeit vor Augen halten, in der wir leben. Ich meine damit die Erfindung der atomaren Zerstö-

[1] Werner Link, »Republik im Wandel«, a.a.O., S. 166
[2] Arnulf Baring, »Machtwechsel«, a.a.O., S. 369

rungskraft und die dadurch ausgelöste Tatsache, daß es weitgehend zu einer Selbstentmachtung der kriegerischen Möglichkeiten gekommen ist. Diesem atomaren Phänomen steht aber ein rechtliches Phänomen gegenüber: Zum ersten Male seit Adam und Eva werden Entscheidungen nicht auf der militärischen, sondern auf der politischen Ebene getroffen – auf jener Ebene also, wo das Recht eben nicht nur ›Juristerei‹ ist, sondern ein Element des politischen Manövrierens, ein Faktor der politischen Selbsterhaltung. Deshalb ist es eine Sünde gegen dieses zentrale Phänomen, wenn wir Rechtspositionen aufgeben, statt sie aufrechtzuerhalten.«

Der Kampf um das Selbstbestimmungsrecht der Deutschen und um das Heimatrecht der Vertriebenen sei von hier aus gesehen, so folgerte ich, mehr als für sich schon bedeutsam. Er diene darüber hinaus aber der Erhaltung wichtiger Fundamente einer freiheitlichen Existenz in Deutschland und Europa. Ich fragte weiter: »Aufrechterhaltung oder Aufgabe von Rechtspositionen? Das ist doch die entscheidende Frage. Günter Gaus hat unter dem Titel ›Das einfache Konzept‹ darauf im ›Spiegel‹ – ich darf dieses ehrenwerte regierungsfreundliche Magazin hier nennen« – (Abg. Wehner: »Sparen Sie sich diese Verzierungen! Sie sind auch so schon lästig!«) – »eine sehr einfache Antwort gegeben. Die Aufgabe rechtlicher Positionen sei sinnvoll, weil man dann der Entspannungsthese der Sowjets entspreche, die ihre Politik auf Festigung und Legalisierung des Status quo aufbauen.

Auch wenn Ihnen das nicht lieb ist, Herr Wehner, möchte ich sagen: Genau darin sehe ich den zentralen Irrtum der Denkschule, die davon ausgeht, wir hätten es mit einem Partner zu tun, dem es lediglich um den Status quo geht ... Die realste der Realitäten ist die Tatsache, daß es den Sowjets eben nicht auf den Status quo ankommt, sondern daß es ihnen darum geht, den Status quo lediglich als Ausgangspunkt für eine offensive Politik gegen die Bundesrepublik und die gesamte freie Welt zu benützen.«

Für Herbert Wehner, den Rechtskämpfer von gestern, war diese Logik jetzt natürlich »lästig«. Mit steinerner Miene saß er auf seinem Stammplatz, als Freiherr von Guttenberg, ein Mann, den er am schnödesten hintergangen hatte, wenige Monate später (am 27.5.1970) aus tiefster Sorge den Außenminister ansprach: »Sie haben erklärt, die Sowjetunion habe die Absicht, die ›Normalisierung‹ der Beziehungen zwischen der Sowjetunion und der Bundesrepublik zu erreichen. Wissen Sie denn nicht, was die Sowjetunion unter ›Normalisierung‹ versteht? Genau das, was Breschnew in Prag gesagt hat: die Unterwerfung der Bundesrepublik unter den sowjetischen Machtwillen! Das wäre die Normalisierung à la Breschnew!«

»Wann wird es denn in Deutschland wieder ›normal‹ sein?« fragte Guttenberg. »Doch dann, wenn es keine Mauer mehr gibt und keine Schüsse in der Nacht!« Das waren Argumente, die noch lange gültig blieben. Da konnten die »kleinen Schritte« nur ablenken, denn das große Konzept, die Denkschule der Sowjets, blieb die große Gefahr. Was Guttenberg voraussah, war ein Scheinfrieden auf der Basis der sanktionierten Teilung Deutschlands und Europas. »Sie liegen auf Anerkennungskurs«, rief er dem Bundeskanzler zu, »Sie sind dabei, das Deutschlandkonzept des Westens aufzugeben und in jenes der Sowjetunion einzutreten!«

Wir ehrten Guttenberg spontan, indem wir uns erhoben, und quittierten seine Rede mit minutenlangem Beifall. Sie war, aus dem Munde eines todkranken Kollegen gesprochen, gleicherweise ergreifend und erschütternd. Aus tiefer Seelennot kommend, markierte sie ohne Zweifel die Quintessenz der deutschen Tragödie. Sie war ein Höhepunkt der Redekunst im Deutschen Bundestag und zugleich das Testament eines Mannes, der über das verfügte, was ich als außenpolitischen Eros bezeichnen möchte. Das Metier, von den meisten vernachlässigt und verkannt, war ihm angeboren und beflügelte seine Urteilskraft. Sein Abgang, den nur »graue Mäuse« begrüßten, war ein schwerer Schlag für die Sache der Freiheit.

Die Stunde Egon Bahrs

Die CDU/CSU rüttelte an den Gitterstäben eines fest verschlossenen Tores, als sie in der ersten Hälfte des Jahres 1970 Einblick in die Verhandlungen mit Moskau heischte. Daß sie sofort und ohne Zögern eingeleitet wurden, folgte aus den Hintergrundabsprachen, die man mit den Lenkern der Sowjetmacht bereits getroffen hatte. Jetzt war der entscheidende Teil der »Triade« fällig; die Konsequenz aus den Thesen von Karlsbad und aus den KPI-Gesprächen von Rom und

München! Was lag also näher, als den Mann mit ihrer Ausgestaltung zu betrauen, der sie kannte und abgesegnet hatte? Es hieß, Walter Scheel, damals nach Arnulf Baring noch ein »Leichtfuß« als Außenminister[1], hätte ihn selbst vorgeschlagen sowie an seinen Botschafter Allardt vorbei zum Unterhändler im Kreml gemacht.

Diese Entscheidung und das damit verbundene Märchen verstärkte jedenfalls die Aura des Geheimnisvollen und Konspirativen, die Egon Bahr seit je und von nun an um so mehr umgab. Er konnte so tun, als ob er sich furchtbar anstrengen müßte, um die Gesprächspartner im Kreml von dem zu überzeugen, was in Wirklichkeit mit (und von) ihnen bereits abgesprochen war. Er spielte wochenlang eine sybillinische Schattenfigur auf der Mattscheibe des Fernsehens und war der letzte, der die dringenden Fragen nach den Geheimnissen des von ihm Erreichten beantwortet hätte.

Henry A. Kissinger nennt ihn einen ungewöhnlich intelligenten Mann. Seine Eitelkeit habe ihn aber dazu verführt, mit seinen Kontakten zu protzen.[2] Bahr selbst sieht sich, von Dettmar Cramer befragt, als Super-Bismarck, weil das Werk des großen Kanzlers nach dessen Tod zerfiel, sein System indes auch ohne den Erfinder, nämlich ohne ihn selbst, noch funktionieren werde.[3] Auch er spielte in unserer Tragödie fürwahr eine Shakespeare-Rolle: Wäre er nicht im realen Geschehen aufgetaucht, hätte man auch ihn erfinden müssen!

Das »Bahr-Papier« war der verbale Schatz, den er im Frühjahr 1970 von seinen Recherchen in Moskau nach Hause brachte. Es wurde auch als »Gromyko-Bahr-Papier« bezeichnet und hätte noch besser »Gromyko-Papier« genannt werden sollen, weil es zu 90% die Handschrift des sowjetischen Außenministers erkennen ließ. Es wäre nun notwendig, eine Durchsichtsfolie zur Hand zu nehmen und den Katalog der Karlsbader Forderungen darunter zu legen. In nahezu deckungsgleicher Übereinstimmung mit diesem würde es – wie Strauß in der Bundestagsdebatte vom 25. Februar 1970 voraussagte – zum »Kaudinischen Joch« der Forderungen, denen sich die Brandt-Scheel-Regierung nunmehr unterwarf. Die Karlsbader »Bekannten« kehren ein, wenn man seinen Inhalt wiedergibt:

---

[1] Arnulf Baring, a.a.O., S. 158

[2] Henry A. Kissinger, »Memoiren«, München 1981, Bd. 1, S. 524

[3] Dettmar Cramer, »Gefragt: Egon Bahr«, Zirngibl-Verlag, 1975, S. 66

»1. Die Bundesrepublik Deutschland und die UdSSR betrachten es als wichtigstes Ziel, den internationalen Frieden aufrechtzuerhalten und die Entspannung zu erreichen. Sie fördern die Normalisierung der Lage in Europa und gehen hierbei von der bestehenden wirklichen Lage aus.
2. Sie werden sich gemäß Artikel 2 der Satzung der Vereinten Nationen der Drohung und Gewalt oder der Anwendung von Gewalt enthalten.
3. Sie verpflichten sich, die territoriale Integrität aller Staaten in Europa in ihren heutigen Grenzen uneingeschränkt zu erhalten. Sie betrachten diese Grenzen als unverletzlich, wie sie am Tage der Unterzeichnung dieses Abkommens verlaufen ›einschließlich der Oder-Neiße-Linie, welche die Westgrenze der Republik Polen bildet‹ – und einschließlich der Grenze ›zwischen der BRD und der DDR‹.
4. Früher geschlossene Abkommen, zweiseitige und mehrseitige Verträge der beiden Staaten werden nicht berührt (Unberührtheitsklausel).
5. Das zwischen der Bundesrepublik Deutschland und der Sowjetunion abgeschlossene Abkommen bildet mit den Folgeabkommen, die mit der DDR, mit Polen und der Tschechoslowakei geschlossen werden, ein einheitliches Ganzes.
6. Die Bundesrepublik wird mit der DDR ein Abkommen schließen, das die zwischen Staaten übliche gleiche verbindliche Kraft hat. – Keiner der beiden Staaten vertritt den anderen im Ausland.
7. Beide Staaten sollen in die UNO eintreten.
8. Die mit der Ungültigkeit des Münchner Abkommens verbundenen Fragen sollen zwischen der BRD und der ČSSR ›in einer für beide Seiten annehmbaren Form‹ geregelt werden.
9. Die BRD und die UdSSR werden die wirtschaftlichen, wissenschaftlich-technischen und kulturellen Beziehungen fortentwikkeln.
10. Sie begrüßen den Plan einer Konferenz über Fragen der Sicherheit und Zusammenarbeit in Europa.«

Das war nun in der Tat ein Gesamtentwurf, dessen Autorschaft der »Architekt der Ostverträge« allein für sich in Anspruch nahm. Zu Unrecht, wie wir wissen, aber in der Überzeugung, die Parole des grimmigen Gromyko »Kein Gewaltverzicht ohne Grenzverzicht!« zumindest relativiert zu haben. In meiner Bundestagsrede vom 25. Februar 1970 hatte ich ausgeführt: »Gewaltverzicht ist entweder die legalisierte Kapitulation oder die Voraussetzung für eine Lösung aus dem Recht.«

Im Bemühen um die Endformulierung des Moskauer Vertrages trat leider das erstere ein. Zwar hatte sich der neue Staatssekretär Paul Frank, mit der Delegation des Außenministers am 26. Juli 1970 in Moskau eingetroffen, dafür stark gemacht, »das Bahr-Papier in eine verfassungsmäßige Form zu bringen«. Die Anbindung der Grenzaussage (Artikel 3 des Moskauer Vertrages) an den Gewaltverzicht (Artikel 2) blieb jedoch als »Brückenformulierung« erhalten. Sie war nicht von Frank und Scheel, den Spaziergängern in Gromykos Datscha, sondern von Egon Bahr über einen »Geheimkanal« in das Zentrum der politischen Macht ermöglicht worden.

Summa summarum schreibt Werner Link: »Die Sowjetunion setzte also in dem Bahr-Gromyko-Papier keine ihrer Maximalforderungen durch – aber sie bestand darauf, daß der von der Bundesrepublik Deutschland angestrebte Gewaltverzichtsvertrag gleich ein Grenzvertrag zu sein habe und daß die Grundzüge der Verträge der Bundesrepublik Deutschland mit den anderen sozialistischen Ländern, einschließlich der DDR, vorab mit ihr vereinbart würden. In diesem Sinne bestimmte sie – mit deutscher Zustimmung – formal und inhaltlich die ›Gesamtarchitektur‹ der deutschen Ostverträge, die ein einheitliches Ganzes bilden sollten auf der Grundlage des territorialen Status quo.«[1]

Die sowjetische Grenzvertragsthese dominierte vor allem den Warschauer Vertrag vom 7. Dezember 1970. Er zitiert die Oder-Neiße-Linie bereits in seinem Artikel 1 und belastet die Bundesrepublik mit der – von Willy Brandt (siehe oben S. 311) ehedem so drastisch abgelehnten – Feststellung über den Grenzverlauf eines Staates, mit dem sie selbst keine gemeinsame Grenzen hat. Schon im Vorfeld dieser Entscheidung hatte ich am Sudetendeutschen Tag 1970 in München ausgeführt:

»Wir erklären uns als Sudetendeutsche mit allen jenen solidarisch, deren Heimat unter dem Titel einer Festschreibung der Oder-Neiße-

[1] Bracher, Jäger, Link: »Republik im Wandel«, a.a.O., S. 184

Linie für sie und ihre Kinder aufgegeben werden soll. Keine Regierung ist – ob mit oder ohne Zustimmung der Alliierten – berechtigt, über sie ohne sie zu entscheiden.«

Weder Willy Brandt noch sein Außenminister waren Manns genug, offen mit dem Anliegen vor uns hinzutreten, den Heimatanspruch als Opfer für die Gesamtheit fallenzulassen. Sie interpretierten die von ihnen geschlossenen Verträge vielmehr als bloße Modus-vivendi-Akte und verwarfen die dagegen erhobenen Bedenken.

Gegenüber den Einwendungen des Bundesrates erklärte Walter Scheel am 9.12.1972: »Auch der Warschauer Vertrag kann nicht als Grenzvertrag qualifiziert oder einem Friedensvertrag gleichgestellt werden ... Die Entscheidung des gesamtdeutschen Souveräns wurde insoweit nicht präjudiziert.«

Wie berechtigt dennoch unsere Zweifel waren, ergibt sich aus der geradezu unmoralischen Diskrepanz zwischen dieser Feststellung und den Bekenntnissen zur endgültigen Anerkennung der polnischen Westgrenze, die der gleiche Walter Scheel und sein Nachfolger im damaligen Amte, Bundesaußenminister Genscher, im Jahre 1989 vor der UNO und späthin laufend ablegten.[1]

Willy Brandt erklärte, er habe mit den Verträgen nichts aufgegeben, was nicht schon verloren gewesen wäre. Mit seiner Wahl zum Bundeskanzler habe Hitler den Krieg jetzt endgültig verloren.[2] Da übernahm er wohl das Argument Gromykos, man könne den Hinweis auf Verlorenes nicht mehr in die Verhandlungen einbringen. Hätte Brandt, statt Rechtstrümpfe aus der Hand zu geben, nicht vielmehr dem Vorbild Talleyrands folgen sollen, um soviel wie möglich aus der Niederlage zu retten?

Die Übernahme der Karlsbader Erklärung, die Egon Bahr in seinem Papier vollzog, läßt jedenfalls erkennen, was Werner Link bestätigt: Die Verträge waren keine deutsche Ostpolitik, sondern sowjetische Westpolitik oder doch nur ein schlechter Kompromiß, der uns mehr Schaden als Nutzen einbrachte.

---

[1] Wider seinen Eid auf die Verfassung erklärte Genscher auf dem FDP-Dreikönigstreffen 1990 in Stuttgart: »Wer die deutsche Haltung zu dieser Grenze offen halten will, schlägt das Tor zur deutschen Einheit zu. Nichts, auch keine Verfassungsbestimmung, hindert uns daran, daß wir ... weder jetzt noch in Zukunft die polnische Westgrenze in Frage stellen.«

[2] Willy Brandt, »Begegnungen und Einsichten«, a.a.O., S. 296

Was sagte der große Bruder dazu?

In seinen Memoiren schildert Henry Kissinger, wie Egon Bahr im Oktober 1969, um an dem Außenminister William Rogers vorbei einen Direktkontakt zu ihm zu schließen, das Weiße Haus durch die Vordertüre verließ, durch den Keller aber wieder in sein Büro zurückkehrte.[1] Der Sherlock Holmes in Diplomatenstiefeln benützte den Schleichweg freilich nur, um den Präsidentenberater mit den Absichten vertraut zu machen, die sein Herr und Meister bezüglich einer neuen Ostpolitik hegte. Die USA waren als Partner im NATO-Bündnis ja immer noch der große Bruder, den man nicht vergrämen und soweit wie nötig einweihen mußte.

Er hat keineswegs so reagiert, wie Bahr und Brandt es darzustellen pflegen. Beide haben – so Kissinger – ihn nicht konsultiert, sondern ihn lediglich über bereits getroffene Vorentscheidungen unterrichtet. Sorgenvoll gab Henry in einem Memo Nixon den Rat, »den Prozeß unter Kontrolle zu halten«, weil seine Dynamik »die innenpolitische Stabilität Deutschlands aus den Angeln heben könnte«.[2] Der Präsident, den Brandt irritierte, weil er »ein Linker« war und »lange Pausen des Schweigens einlegte«, empfing ihn gleichwohl stets zuvorkommend und in herzlicher Atmosphäre. Er hätte – weil damals kein deutscher Politiker wagte, gegen das ausdrückliche Votum Amerikas zu handeln – die Brandt/Scheelschen Vorhaben verhindern können. Hier hat er aus Unwissen und mangelnder Urteilskraft entschieden versagt. Er gab dem deutschen Bundeskanzler seine Zustimmung, lehnte aber die Verantwortung für dessen Ostpolitik ab.

Während Brandt in seinen »Begegnungen und Einsichten« den Unterredungen mit Nixon ganze Kapitel widmet[3], taucht in den umfangreichen Memoiren des Letzteren der Name des deutschen Bundeskanzlers nur ein einziges Mal (im Zusammenhange eines 1966 erfolgten Bonn-Besuches) auf.[4] Das spricht allerdings eher gegen

[1] Henry A. Kissinger, »Memoiren«, München 1981, S. 525

[2] Henry A. Kissinger, a.a.O., S. 518 ff. »Berlin und Brandts Ostpolitik«

[3] »Der Kontakt zwischen dem Palais Schaumburg und dem Weißen Haus wurde zu meiner Zeit enger, als er je gewesen war.« (Brandt, a.a.O., S. 377). – Erst in seinen »Erinnerungen« 1989 (S. 189) deutet Brandt an, daß Kissinger sehr skeptisch gewesen sei.

[4] Richard Nixon, a.a.O., S. 166

Nixon, dessen globales Engagement ihn die zentrale Bedeutung der deutschen Frage, die er kaum erwähnt, offenbar weitgehend vergessen ließ.

Der kalifornische Kommunistenjäger, der 1952 als Ausgleichskandidat Eisenhowers zu dessen Vizepräsidentem gewählt wurde, näherte sich in ereignisreichen Jahrzehnten dem linken Flügel der Republikaner. Er übernahm, 1968 zum Präsidenten der USA gewählt, die Parole »Von der Konfrontation zur Kooperation« und stand damit in den Fragen der Außenpolitik den Liberalen näher als den Konservativen. Der Weg nach China, den er im Zeichen dieser Überlegung beschritt, führte zur herausragenden Tat seiner Präsidentschaft. Gegenüber dem Koexistenzgeflüster Moskaus und den dahinter lauernden Gefahren machte sie ihn weitgehend farbenblind. Brandts Ostpolitik überließ er dem Harvard-Professor. Dieser gestaltete sie nach Nixons Direktiven, unterzog sie aber gleichzeitig einer souveränen Kritik.

Kissinger war überzeugt, die »Ostpolitik« werde »zur Verewigung der Teilung Deutschlands und nicht zur Heilung des Risses beitragen« (a.a.O., S. 525). Man mußte sich indessen dem Trend der Zeit fügen, der sie als Weg zur Entspannung pries: »Auch die Öffentlichkeit in den Vereinigten Staaten hätte es nicht verstanden, wenn wir uns gegen den Wunsch der deutschen Regierung ... stark gemacht hätten. Wir konnten nicht deutscher sein als die Deutschen« (a.a.O., S. 680).

So stellte er das Brandtsche Verlangen in den Kontext der amerikanischen Interessen und handelte ihnen entsprechend wenigstens das Viermächteabkommen vom 3. September 1971 über Berlin aus. Er erreichte dies mit den sowjetischen Verpflichtungen für den Transitverkehr, die Moskau seiner Meinung nach nie akzeptiert hätte, wäre ihm nicht eine rasche Ratifizierung der Ostverträge als dringend erschienen. Der Vorrat an Zugeständnissen war dabei erschöpft. Kissinger wusch seine Hände sozusagen in Unschuld. Er kennzeichnete das von Nixon vernachlässigte Vertragswerk zusätzlich mit einer Bemerkung, welche die Brandtsche Ostpolitik als Ganzes in Frage stellt:

»Die deutsche Öffentlichkeit war zum großen Teile der Meinung, daß der Vertrag unausgewogen sei. Bonn hatte auf nationale Ansprüche verzichtet und dafür nur eine Verbesserung der Atmosphäre und eine Erleichterung bei den innerdeutschen Kontakten eingehandelt, die ohnedies niemals hätten unterbrochen werden dürfen.«[1]

Der letzte Nebensatz trifft den Kern der bis heute schwelenden Problematik.

Die nach den Akzenten der »Triade« vollzogene Politik der »Entspannung« erlaubte den Sowjets unter Breschnew eine noch nie dagewesene Aufrüstung zu Lande, zur See und in der Stratosphäre. Sie schob zum Leidwesen der ausgebluteten und unterdrückten Menschen den Zusammenbruch des kommunistischen Systems um Jahrzehnte hinaus und verblendet noch heute ihre Urheber, die irrigerweise meinen, sie hätten diesen Vorgang ausgelöst.

Andersherum steigt die Wahrheit aus dem Nebel: Wären die Amerikaner und eine selbstbewußte deutsche Regierung nach dem Grundsatz »Keine Leistung ohne Gegenleistung« (etwa nach dem Vorschlag von Wenzel Jaksch, siehe S. 293) vorgegangen, würde der Sachzwang der Not Moskau und seine Trabanten gezwungen haben, die von Kissinger erwähnten Konzessionen auch ohne Aufgabe deutscher Rechtsansprüche zu gewähren. Der Spottdevise Lenins vom Strick zum Aufhängen, den die Kapitalisten am Ende selbst liefern, stünde dann die harte Regel Robert Tafts entgegen: »If they are in trouble, let them in trouble!« (Wenn sie in Nöten sind, überlasse sie ihren Nöten!)

Nicht den weichen Touren Kennedys und Nixons, erst der Entschlossenheit Carters (in der Verteidigung der Menschenrechte) und der Revitalisierung Amerikas durch Ronald Reagan verdanken wir das Einlenken Moskaus. Er hat den Abbau der Mauer nicht nur vor dem Brandenburger Tor lauthals gefordert, sondern durch seine Politik auch ihren Durchbruch erzwungen. Nicht der Vorleistungsbereitschaft Hans-Dietrich Genschers, sondern dem entschiedenen, 1989 zu Brüssel gezeigten Auftreten von George Bush, ist, wenn überhaupt, das Einpendeln der Rüstungsausgaben auf eine niedrigere Ebene zuzuschreiben.

Der große Bruder hatte diese Denkschule keineswegs zur Gänze aufgegeben. Der zahlreichen, insbesondere in den Medien vertretenen Schar der Appeaser standen in Senat und Repräsentantenhaus vielmehr Persönlichkeiten gegenüber, die ich kannte und in den Jah-

---

[1] Henry A. Kissinger, a.a.O., S. 684

ren des Ringens um die deutschen Ostverträge zusätzlich kennenlernte.

Einer von ihnen, Senator Gordon Allot (Republikaner aus Colorado), bezeichnete am 17. Februar 1972 das, was jetzt in Deutschland seinen Anfang nahm (nämlich die Ratifizierungsdebatte im Bundestag), als monumentales Ereignis, das für die Amerikaner genauso wichtig sei wie die Reise des Präsidenten nach China. Wie er befürchtete auch der konservative Senator von New York, James L. Buckley, »daß sich Westdeutschland selbst in eine Position manövriere, in der es mit Osteuropa keine Politik ohne die Zustimmung Moskaus mehr betreiben könne. Andere sahen, daß die NATO an einem entscheidenden Punkt angekommen sei. Sie warfen die Frage des jetzt noch möglichen Verbleibs der amerikanischen Truppen in Europa auf.

Senator Gurney (Florida) rügte die Aufwertung der »Deutschen Demokratischen Republik« als Staat. Das stehe im Gegensatz zu dem Ziele, Deutschland im Rahmen eines Friedensvertrages, der sich auf ganz Deutschland beziehen werde, wiederzuvereinigen. Er rügte die Regierung wegen der Konstruktion des Viermächteabkommens, das nur von einem »betreffenden Gebiet« spreche und Ost-Berlin stillschweigend ausklammere. Der gewichtige Demokrat aus Georgia, Senator Herman E. Talmadge, nahm die Gleichstellungsthese aufs Korn: »Die gegenwärtige westdeutsche Regierung wendet eine falsche Logik an, wenn sie feststellt, daß Herr Brandt eine gleiche Versöhnung mit den östlichen Nachbarn herbeiführen will, wie sie Dr. Adenauer mit westlichen Nachbarn ermöglichte. Eine Versöhnung mit den kommunistischen Regimen Osteuropas, die ihre Völker unterdrücken, kann der Versöhnung mit den freien Völkern des Westens nicht gleichgestellt werden.«[1]

Kongreßmann Richard Ichord (demokratischer Vorsitzender des Sicherheitsausschusses) bedauerte die Anfälligkeit sozialistischer Regierungen in solchen Verträgen: »Sie erfüllen dauernd kommunistische Wünsche, weil sie nicht unterscheiden können, wo der Sozialismus endet und der Kommunismus beginnt.«

Die bildhübsche Gattin Strong Thurmonds führte mich in den Empfangsraum des Senators von South Carolina. Dort hatte sich – es war in der ersten Februarwoche 1972 – eine Reihe von Deutschland-

[1] Hermann E. Talmadge am 23. Februar 1972 im Kongreßbericht

spezialisten eingefunden, die harte Kritik an den »Lippendiensten« übten, die der Präsident der neuen Ostpolitik leistete. Die amerikanische Regierung sei nur unzureichend unterrichtet worden. Sie hatte von Brandts Besuch in Oreanda erst nachträglich erfahren. Auch Gerald Ford, der Präsident nach Nixons Abgang, den ich in seinem damaligen Büro des Minority Leaders besuchte, teilte diese Bedenken.[1]

Großes Interesse fand ein »Alternativvorschlag« der CSU, der eben mit einem Begleitschreiben von F. J. Strauß eingetroffen und an ein gutes Hundert von Abgeordneten aus beiden Parteien verteilt worden war. Es »rumorte« im Kongreß. Ich brauchte da wenig zu erläutern.

Nachträglich tat Willy Brandt diesen Vorgang mit dem Hinweis ab, es habe sich da um außenpolitisch unerfahrene Parlamentarier gehandelt. Das war so abwegig wie die Arroganz, mit der man Paktieren mit den Sowjets als gut motiviert und fortschrittlich, eine ablehnende Haltung aber als »Musik auf den Klavieren von gestern« bezeichnete.[2]

Die CDU hat, indem sie sich zuerst an falsche Partner wandte, bei der Aufgabe, dem Präsidenten und gleichgesinnten Kräften die Berechtigung ihres Kampfes gegen die Brandtsche Konzeption zu erläutern, völlig versagt. Nach Brandts Meinung ging der Aufstand im US-Kongreß auf das Konto einer Lobby der bayerischen CSU, welcher er offenbar das Recht absprach, mit gleichgesinnten Abgeordneten am Kapitol Verbindung zu unterhalten.

---

[1] Ford hatte bereits am 12. Mai 1971 folgende Presseerklärung abgegeben: »Die Ostpolitik des westdeutschen Kanzlers Willy Brandt wird, so erklärte der Obmann der Republikaner im Hause, Gerald R. Ford, der NATO oder freien Welt nicht nützlich sein. Ford sagte, er sei darüber enttäuscht (›disappointed‹), daß sich Brandt entschlossen habe, die Bundesrepublik auf diesen Pfad zu führen. Ford sagte, er habe mit Präsident Nixon über Brandts Anstrengungen, mit den Kommunisten zu verhandeln, nicht diskutiert. Er sei aber persönlich davon überzeugt, daß Brandt weggebe, was er nicht weggeben müßte, und daß er nichts dafür erhalten werde. (›He is giving away something he did not have to give away and is getting nothing in return.‹) Ford äußerte seine Meinung gegenüber dem Bundesvorstand der ›Steuben-Gesellschaft von Amerika‹, deren 52. Gründungsfest er am 27. Mai 1971 als Hauptredner beiwohnen werde. Ford erklärte dem Komitee abschließend: ›Es scheint, als wolle der westdeutsche Kanzler den Westmächten eine Prärogative wegnehmen, indem er versucht, über ein endgültiges Ost-West-Abkommen und einen deutschen Friedensvertrag zu verhandeln!‹« (Gerald R. Ford, House Republican Leader, News Release am 12. Mai 1971)

[2] Willy Brandt, »Begegnungen und Einsichten«, a.a.O., S. 386

Da saß ich natürlich als erster auf der Anklagebank. Nicht nur im Plenum des Bundestages, sondern in einer mehrseitigen Darbietung des »Spiegel«, der das Thema, von Halbwahrheiten zu Halbwahrheiten springend, in seiner Ausgabe vom 24. April 1972 (also knapp vor den entscheidenden Abstimmungen über den Moskauer Vertrag) genüßlich ausbreitete. Ich war indes keineswegs, wie er schrieb, etwa darüber bekümmert, daß ich im Büro des Abgeordneten Derwinski dem damaligen ARD-Berichterstatter (und späteren Regierungssprecher) Klaus Bölling über den Weg lief. Im Gegenteil, ich wunderte mich nur, daß dieser Vertreter des traditionell linken Korrespondentenkartells dem erzkonservativen Parteiführer aus Illinois seine Reverenz erwies.

Die politische Szene im Washington jener Tage war nicht zuletzt deshalb interessant, weil viele der Akteure, die in der Ablehnung der Bonner Politik eine angeblich nur kleine Minderheit bildeten, nachmals wichtige Funktionen in der Administration Reagans übernahmen und gerade im Bereich der West-Ost-Politik das versuchten, was die Brandtsche Mannschaft unterlassen hatte: den Wandel zum Frieden von gesicherten Eigenpositionen aus in die Wege zu leiten.

Zwischen Jalta und Oreanda

Die amerikanischen Kritiker der »neuen Ostpolitik« waren über deren Quellnähe zu sowjetischen Initiativen nicht informiert. Nixon, dessen Watergate-Affäre dem westlichen Bündnis unermeßlichen Schaden zufügte, sorgte sich letztlich mehr um sich selbst als um die deutsche Frage. Den im Kongreß intervenierenden Parlamentariern war die Entwicklung der Dinge vom Karlsbader Kommunisten-Kongreß über die KPI-Gespräche zum Gromyko-Bahr-Papier gleichfalls fremd. Und Kissinger konnte sich nur darüber wundern, daß ihm Moskaus Botschafter Dobrynin unentwegt den Wunsch vortrug, die US-Regierung möge in Bonn auf rasche Ratifizierung der Ostverträge Einfluß nehmen.[1]

Der Wunsch und die Ungeduld Moskaus waren begreiflich.

[1] Henry A. Kissinger, a.a.O., S. 1504

Schließlich beruhte das Hasardspiel Brandts und Scheels auf einem Mehr von wenigen Stimmen, und selbige schmolzen durch Parteiübertritte (Erich Mende, Rudolf Starcke, Siegfried Zoglmann, Herbert Hupka, Reinhold Rehs usw.) immer mehr dahin. Was also sollte aus dem Planspiel der Sowjetführung werden? Man hatte zwar anläßlich der im Katharinensaal des Kreml erfolgten Unterzeichnung des Moskauer Vertrages hoffnungsvolle Voraussagen gemacht. »Nichts Genaues aber wußte man nicht.«

Da entschloß sich Leonid Breschnew, Generalsekretär und damals schon selbstsichere Nr. 1 im Politbüro, die Hoffnung durch atmosphärische Nachhilfe zu stärken und Brandt zu diesem Behufe eine Einladung auf die Halbinsel Krim zu übermitteln. Ich bin überzeugt, daß der Bundeskanzler korrekt beteuerte, er habe sich um diese Einladung nicht bemüht, sie sei ihm von Botschafter Zarapkin höchst offiziell überbracht worden.[1] War es doch der Generalsekretär, der da drängte, nachdem er vorher schon über Botschafter Dobrynin Henry Kissinger bedrängen ließ.

Wie dem auch sei. Wir verdanken dem Einfall des roten Chefs ein auf Wonne, Wodka und Sonnenschein getrimmtes Treffen, das schon deshalb von Jalta nach Oreanda führte, weil man sich nachrichtenmäßig vom Ort der tristen Kriegskonferenz entfernen wollte. Das Trauerspiel zeigte ein heiteres Intervall, das schon knapp nach der Landung in Simferopol begann. Breschnew stand ohne hochrangige Begleitung auf der Empfangspiste. Brandt war mit dem unersetzbaren Egon Bahr und einem Dolmetscher erschienen. Das Treffen begann – was ich außerordentlich sympathisch finde – nicht mit der hohen Politik, sondern mit dem üblichen Alkoholtest sowie mit dem Austausch von Witzen und Histörchen.

Brandt: »Was ist der Unterschied zwischen Kapitalismus und Kommunismus? Keiner! Im Kapitalismus wird der Mensch durch den Menschen ausgebeutet, im Kommunismus ist das umgekehrt!«

Breschnew: Er besichtigt eine Kolchose im Kaukasus und berichtet über die Wohltaten nach dem nächsten Fünfjahresplan. Für Kinder werde es jeden Tag Milch geben, für alle ein reichliches Fleischgericht zum Sonntag. Alle können einmal im Jahr ein Paar Schuhe kaufen, die Frauen zweimal im Jahr Stoff für ein Kleid. – Fragt da hinten

[1] Willy Brandt, »Begegnungen und Einsichten«, a.a.O., S. 459

im Saal eine alte Bäuerin: »Habe ich Sie richtig verstanden, Gospodin Generalsekretär, daß es wieder ungefähr so werden wird wie unter Väterchen Zar?«

»Breschnew kann vor anderen von Herzen lachen«, berichtet Brandt schon vom Zusammentreffen 1970 in Moskau. Er bewundert seinen zierlichen Unterbau, sein gepflegtes Äußeres, seine Vertrautheit mit der russischen Geschichte und die Konkurrenzlosigkeit seiner Autorität.[1] Bei so viel Witz und Freundlichkeit fragt man sich nur, ob es sich um den gleichen Menschen handelt, den die gleichen Männer in der Umgebung Brandts seit 1987 als verdammungswürdigen Vorgänger des nunmehr mit gleichem Lob bedachten Michail Gorbatschow verurteilen. Diese Frage stellt sich vor allem im Hinblick auf das Bild eines düsteren Machtmenschen, das Brandt in seinen »Erinnerungen« 1989 von Breschnew zeichnet.[2]

Wahrscheinlich trifft es zu, daß jeder Mensch – selbst der Usurpator der Tschechoslowakei – auch eine helle Potenz in der Seele hat, die ihn dann sympathisch erscheinen läßt. Auch für Willy Brandt möchte ich diese Feststellung gelten lassen. Als ich anläßlich der am 15.5.1974 erfolgten Wahl Walter Scheels zum Bundespräsidenten den kurz vorher zurückgetretenen Kanzler allein im Foyer der Beethovenhalle sitzen sah, war ich nahe daran, ihm einen Traum zu erzählen, der mich am Pfingstmontag 1973 nicht wenig erschreckt hatte.

Als ich mich, im Gefolge der Massenkundgebungen des Sudetendeutschen Tages reichlich ermüdet, am frühen Nachmittag ein wenig entspannte, sah ich im Traum eine Wagenkolonne mit Willy Brandt einen Talweg hinunterrasen, der nur das Letzte erwarten ließ. Ich rief »Halt, halt! Das führt in den Abgrund!« Der Wecker, den ich vorsorglich auf 17 Uhr zur Entgegennahme der Nachrichten gestellt hatte, riß mich aber wach. Als erstes kam die Meldung, Willy Brandt sei bei der Hubschrauberlandung auf dem israelischen Heldenfelsen Massada infolge einer Windböe knapp vor dem Absturz gestanden. – Weil ich nicht den Eindruck erwecken wollte, ein Hellseher zu sein, unterließ ich mein Vorhaben, ihm diese Geschichte mitzuteilen. Gleichwohl bestätigte sie, daß man auch um einen politischen Gegner besorgt sein kann.

---

[1] Willy Brandt, »Begegnungen und Einsichten« 1977, a.a.O., S. 444

[2] Derselbe, »Erinnerungen« a.a.O., S. 202 ff.

Die sonnigen Tage auf der Krim dienten, wie Brandt selbst berichtet, nicht nur dem Vergnügen und der politischen Tour d'horizon. Der Kremlgewaltige wollte vor allem wissen, »wann denn die Bundesrepublik nun endlich ratifizieren werde«. Man stellte fest, die Führung rede, aber der Vertrag hätte den Bundestag noch immer nicht passiert. Brandt verteidigte den langsamen Gang der Dinge mit dem demokratischen Zeremoniell in den Parlamenten. Schon nach der Ratifizierung in Moskau rechtfertigte er sich, was ich besonders verwerflich finde, mit dem Hinweis, »daß es nicht gelungen sei, die Millionen Vertriebenen und Flüchtlinge gegen eine Politik des Ausgleichs zu mobilisieren«.

Daß er sie im Sinne des Schlesiertelegrammes mit dem Verzicht auf ihre Heimat »verraten« hatte, überließ er dabei der Gnade des Vergessens. »Indem man ein Drittel Deutschlands«, hielt er Breschnew entgegen, »ganz genommen habe, habe man zwei Drittel in einen größeren Gegensatz zu sich selbst gebracht, als notwendig gewesen wäre«.[1] Daß er den Gegensatz wie kein anderer selbst schürte, schob er gleichfalls beiseite.

Einer seiner Adlaten, Peter Glotz, wird in den achtziger Jahren das Argument wiederholen: »Gezwungen zu sein, 20% des Landes abzugeben, und das Land trotzdem ruhig zu halten, das ist in der Geschichte nur wenigen Politikern geglückt.« Er wird anno 1982 den Göttern dafür danken, daß es keine populistische Rechte gibt[2] und 1989 in einem Pro-und-Kontra-Gespräch der »Welt« Franz Schönhuber, den Chef der neugeborenen Republikaner, ob der 10–20% der Stimmen apostrophieren, die da bei den Wahlen in das Europäische Parlament allenthalben hochgekommen waren.[3]

Der Weg von Jalta nach Oreanda bleibt eben kaum ohne Folgen. Was die Geschichte heute vergißt, wirft sie morgen in die Arena des Geschehens. Wer wird dann von den Sünden der Vergangenheit eingeholt?

Die Frage liegt nahe, wenn man die Wandelwege Brandts im Zeichen der Ereignisse vom 9. November 1989 betrachtet. Selbstsicher

---

[1] Willy Brandt, »Begegnungen und Einsichten«, a.a.O., S. 450

[2] Peter Glotz, Bundesgeschäftsführer der SPD: »Kampagne in Deutschland«, Hamburg 1986, S. 107 und 142

[3] »Die Welt«, Ausgaben vom 30. Juli und 2. August 1989

trat er da als der Held von Berlin auf, der die Wende durch tapferen Widerstand gegen die da drüben erzwang. Daß er drei Jahrzehnte lang »mit denen da drüben« zusammenspielte, denen nunmehr das Volk davonlief, verdrängte er ebenso wie die nur wenige Monate zurückliegende Behauptung, der Ruf nach Wiedervereinigung sei die »Lebenslüge« der Bundesrepublik Deutschland, die deutsche Frage sei »weder zeitgemäß noch opportun«, sie habe »bis auf weiteres ohne Antwort zu bleiben«.[1]

Es will schon etwas heißen, wenn Professor Martin Kriehle, der Prozeßvertreter der Regierung Brandt im Streit um die Ostpolitik, die Roßtäuscherei seines ehemaligen Auftraggebers mit der Feststellung enthüllt, Brandts Verständnis von der Friedenspolitik »habe die demokratische Revolution in den sozialistischen Ländern weder subjektiv beabsichtigt noch objektiv begünstigt«. In Wahrheit hätte ihn die Vorstellung beherrscht, »nur die Stabilisierung der sozialistischen Regime sei ein Erfordernis der Friedenssicherung in der Welt.«[2]

Die Gleichstellung von Adenauers Westverträgen und Brandts Ostverträgen (Äquivalenz-These) entspricht zudem der Gleichstellung von Milch und Salzwasser. Sie bleibt auch dort ein Selbstbetrug, wo sie zum Selbstläufer der bundesdeutschen Publizistik, will sagen unserer permanenten Irreführung wurde.

Brandts Bekenntnis zur deutschen Einheit, mit dem er im Dezember 1989 das Umschwenken der SPD zur »Berliner Erklärung« erzwang, ehrt den Ehrenvorsitzenden der Partei ebenso wie die mahnenden Worte, die er gegen das Wiedererstehen der Kriegskoalition an die Westverbündeten richtete. In der zusammenbrechenden DDR tritt er als Gallionsfigur der nunmehr selbst von Gorbatschow abgesegneten Bewegung zur Wiedervereinigung auf. Gleichwohl kann er vor dem Auge der Geschichte erst dann als glaubwürdig erscheinen, wenn er offen bekennt: »Ich habe geirrt und trete nunmehr für das Gegenteil dessen ein, was ich jahrzehntelang und noch bis vor kurzem für richtig hielt.«

---

[1] Willy Brandt, »Erinnerungen«, 1989, S. 492

[2] Martin Kriehle, »Brandts Ostpolitik und die osteuropäische Revolution, FAZ vom 13.1.1990, S. 6

Das Debakel der Unionsparteien

Die Stunde der Opposition begann recht eigentlich erst mit der Entscheidung über die Ratifizierung des Moskauer und des Warschauer Vertrages im Deutschen Bundestag. Sie war durch die Setzung brutaler Fakten genügend schockiert worden, um sich in großen Anfragen und in den Debatten zu Regierungserklärungen als Trägerin einer alternativen Politik zur Wehr zu setzen. Neue Akzente der Rechts-, Kultur- und Liberalisierungspolitik (»Mehr Demokratie!«) forderten den Widerstand der Regierungspartei von ehedem genauso heraus wie die laszive Haltung gegenüber der außerparlamentarischen Opposition (APO) sowie die Umbenennung des »Ministeriums für gesamtdeutsche Fragen« und die Auflösung des Vertriebenen-Ministeriums.

Man hatte die KPD als DKP wieder zugelassen. »Antikommunismus« wurde zum Schimpfwort degradiert. Alles, was links war, durfte ausflippen. Der Grundsatz »Wehret den Anfängen!« wurde hier ebensowenig beachtet wie der Schutz einer wehrhaften Demokratie gegen ihre Gegner, die den Marsch durch die Institutionen bereits ohne Widerspruch angetreten hatten.

Die CDU/CSU war demnach aufgefordert, sich der durch Brandt erzwungenen Konfrontation zu stellen. Die entschiedene Haltung, die sie dabei auch in der Ablehnung der Ostpolitik einnahm, wurde durch Herbert Wehner bestärkt, der ihr, seine Sätze gleichsam mit den Zähnen herausstoßend, zurief, ihren Beitrag benötige man zu deren Verwirklichung nicht. Dann aber setzten Irritationen ein, welche die Eintracht der Opposition beachtlich schwächten. Ihre Ursachen lagen in den hintergründigen Überlegungen führender Mitglieder um Richard v. Weizsäcker, vor allem aber in dem Unvermögen, das Netz der Geheimdiplomatie zu durchschauen, das sich um das Vertragswerk zusammengezogen hatte.

Wie selten zuvor wurden fundamentale Änderungen der deutschen und damit der West-Ost-Politik von einer Handvoll Akteuren inszeniert.

Werner Link meint, nach der Überzeugung Moskaus und Bonns seien Innovationen nur von politischen Führungszentren unter Ausschaltung von Bürokratie und Botschaften durchzuführen gewesen. Wo blieb da aber der Grundsatz »Mehr Demokratie!«? Wo blieb die

Egon Bahr im Zentrum der Konspiration

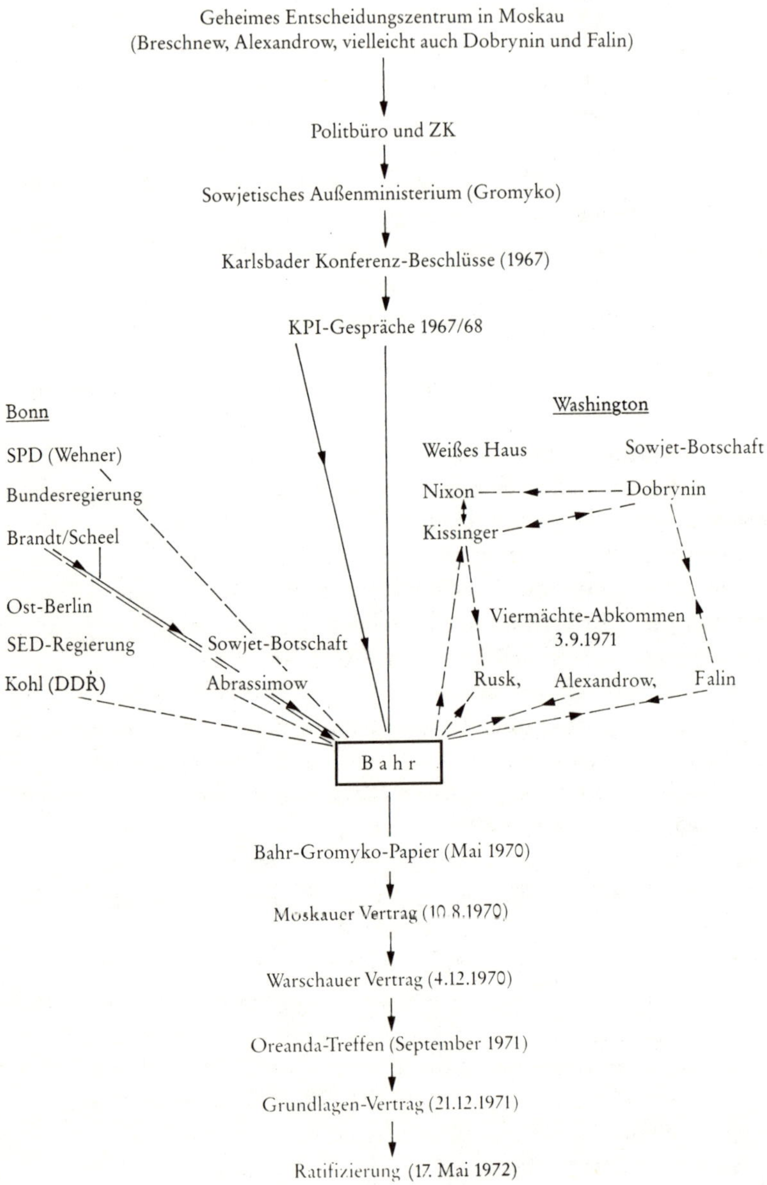

Durchsicht für ihn selbst, der sich wie die meisten seiner Berufskollegen über das Fadenkreuz nicht im klaren war, das von Moskau her zur »Triade« führte und in dessen Mitte, von Willy Brandt ermächtigt, Egon Bahr als Fadenzieher seines Amtes waltete?

Die Zentralfigur der Konspiration war, wie aus deren Projektion erkennbar wird, Egon Bahr. Er arbeitete, worauf Werner Link verweist, über »back channels«, d. h. über Geheimkanäle, die zu obersten Entscheidungszentralen führten. Obwohl der volle Umfang seines Fadenkreuzes erst aus späteren Aussagen (von beteiligten Personen und von ihm selbst) ersichtlich wurde, war die Fraktion der CDU/CSU von der Gefährlichkeit seiner Konspirationen überzeugt. Sie konnte nicht ahnen, daß er über Alexandrow, Rusk und Falin selbst beim Abkommen der Alliierten über Berlin seine Finger im Spiel hatte. Sie war bis zum Schluß mehrheitlich entschlossen, der fast körperlich spürbaren Verschwörung ein klares Nein entgegenzusetzen.

Der Wandel zur Relativierung dieses Neins entwickelte sich außerhalb dieser Entschlossenheit. Er wurde, verdeckt und scheibchenweise, von ihrem eigenen Vorsitzenden in die Wege geleitet. Rainer Barzel, der sich durch viele Publikationen von der Schuld der Fraktionstäuschung zu exkulpieren versuchte[1], trägt die Hauptverantwortung für das Debakel, das die Unionsparteien mit der Stimmenthaltung am 17. Mai 1972 politisch disqualifizierte.

War er von Beginn an zu seinem abweichenden Handeln entschlossen oder haben ihn späte Begegnungen zu späten Einsichten geführt? Hat ihn, der am 4. Oktober 1971 auch zum Parteivorsitzenden der CDU gewählt worden war, das Argument beeinflußt, er müsse als möglicher Bundeskanzler die Ostverträge »übernehmen«? Arnulf Baring schreibt: »Er hoffte noch immer auf die Kanzlerschaft und bemühte sich daher um die innenpolitische Durchsetzung der Verträge mit Moskau und Warschau, als hätte er selbst an ihrer Ausarbeitung mitgewirkt.«[2] Willy Brandt bestätigt diese Annahme in seinen »Erinnerungen« 1989 (S. 298) mit einer sensationellen Enthüllung. Oppositionsführer Rainer Barzel hätte ihn am 1. Mai 1972 in seiner Amts-

[1] Rainer Barzel, »Auf dem Drahtseil«, München 1978; Rainer Barzel, »Im Streit und umstritten«, Berlin 1986

[2] Arnulf Baring, »Machtwechsel«, a.a.O., S. 431

wohnung aufgesucht und ihm den Vorschlag gemacht, sich mit den Stimmen der Union zum Präsidenten wählen zu lassen. Er, Barzel, hätte dann Bundeskanzler einer auf breiter Basis zu bildenden Regierung werden wollen. Er, Brandt, habe ein solches Arrangement abgelehnt, weil dadurch »die Glaubwürdigkeit aller Beteiligten Schaden nähme«.

Da war es nur selbstverständlich, daß viele Freunde, als sie von solchem Verhalten Wind bekamen, nach Barzels eigener Bekundung »danach fragten, welche Rolle ich eigentlich spielte«.[1]

Zur Genüge hatte der außenpolitische Arbeitskreis der CDU/CSU-Fraktion unter der Leitung von Werner Marx in eingehenden Beratungen sowie im Auswärtigen Ausschuß des Bundestages die Schwachstellen der Verträge dargelegt. Es wurde dabei lautstark kritisiert, daß die wenigen Gegenleistungen der Sowjets (insbesondere menschenrechtliche Zusagen) aus ihrem operativen Teil entfernt und in sogenannte »Briefe über humanitäre Fragen« verwiesen würden. Was die Existenzbasis der Bundesrepublik in Frage stellte, wurde in den Hauptartikeln kodifiziert; was die freiheitlichen und humanistischen Anliegen der Menschen betraf, wurde jederzeit widerrufbar geregelt. In den folgenden Jahrzehnten ist es denn auch weidlich mißachtet worden (Schußautomaten am Eisernen Vorhang, Menschenhandel, Kasernierung der Gesamtbevölkerung). Freiherr von Guttenberg plädierte wie Altbundeskanzler Georg Kiesinger gegen solchen Wackelkurs. F. J. Strauß erklärte: »Wir müssen in der Öffentlichkeit den Eindruck erwecken, daß hier schon die Denkanlage dieser Deutschland- und Ostpolitik falsch ist.«[2]

Rainer Barzel, der die Herkunft der »Ostpolitik« (Karlsbader Beschlüsse – KPI-Verhandlungen – Bahr-Papier) weder erkannte noch in irgendeinem Zusammenhang erwähnte, war schon dieserhalb nicht in der Lage, eine Schicksalsfrage der Nation mit Mut und Überzeugungskraft zu meistern. Statt dessen zerfledderte er seinen Auftrag in den selbstgestellten Fragen: »Mitmachen, abwarten, bekämpfen oder einwirken?« Er entschloß sich für das letztere und trat im Zeichen dieser Absicht eine Erkundungsreise an, die ihn im April 1971 ins Weiße Haus sowie im Dezember des gleichen Jahres nach

[1] Rainer Barzel, »Im Streit und umstritten«, a.a.O., S. 144
[2] Werner Link, »Geschichte der Republik im Wandel«, a.a.O., S. 207

Moskau führte.[1] Die Sowjets behandelten ihn überaus zuvorkommend, dachten aber nicht daran, ihm über die Bahrsche Festlegung hinaus irgendwelche Konzessionen zu machen. Statt als selbstbewußter Partner (und »Enkel Adenauers«) Richard Nixon zur Stärkung der Abwehrfront gegen die sowjetische Taktik der Abhalfterung der Bundesrepublik aus dem Bündnis aufzufordern (Kissinger nannte es »Finnlandisierung«), ließ er sich von dem Versager am Präsidentenstuhl mit faulen Bemerkungen abfertigen.

Die USA hätten sich, so beteuerte Nixon angeblich, im »Viermächteabkommen« für Berlin eingesetzt. Die Ostverträge seien indessen eine deutsche Angelegenheit. Brandt und Barzel müßten die Differenzen ausdiskutieren und eine Entscheidung fällen. Er werde, wie immer sie ausfalle, den Willen der Mehrheit akzeptieren. »Es sei nicht Angelegenheit der Amerikaner, in dieser Frage zu einem Urteil zu kommen.«[2]

Auch in Paris und London blieben Barzels Recherchen wenig ermutigend. Deftig fiel eine Reaktion im »Daily Telegraph« vom 4. April 1972 aus, die Barzel nach einer dpa-Meldung selbst wiedergibt: »Einen gefährlichen Unsinn nennt der konservative ›Daily Telegraph‹ am Dienstag in Bonn zirkulierende Gerüchte, daß eine Nichtratifizierung der Ostverträge zur Isolierung der Bundesrepublik von ihren Alliierten führen würde.« Das Blatt bemerkt:

»Tatsache ist, daß Herrn Brandts Ostpolitik, die sich in erster Linie im Vertrag mit Moskau verkörpert, unter erheblicher Heimlichtuerei, soweit es seine westlichen Hauptverbündeten Großbritannien, Frankreich und Amerika betrifft, durchgezogen wurde. Da sie jedoch loyale Verbündete sind, haben sie ihre Bedenken nicht publik gemacht ... Erschreckende Dinge über eine Rückkehr des kalten Krieges werden ausgemalt, falls nicht ratifiziert wird. Die Antwort ist, daß Rußland den kalten Krieg nicht aufgegeben hat und wegen der Ostpolitik von Herrn Brandt von diesem nicht lassen wird.[3]

---

[1] Rainer Barzel, a.a.O., S. 157 ff. und 169 ff.
[2] Rainer Barzel, a.a.O., S. 171 ff.
[3] Rainer Barzel, a.a.O., S. 185

Vor der Spaltung der Fraktion

Die Finten Barzels führten im April 1972 zu Kontroversen, die in der Fraktion ebenso lautstark wie verbissen ausgetragen wurden. Sie war zu einer wichtigen, von außen kaum bemerkten Tribüne der Auseinandersetzungen geworden. Außerdem hatte sie die Krise des am 27.4.1972 verlorenen Mißtrauensvotums gegen Willy Brandt sowie den dabei zutage getretenen Stimmenverrat zu verkraften.[1] Erst das zwei Tage später (am 28.4.1972) eingetretene Patt bei der Abstimmung über den Kanzleretat zwang die sozialliberale Führung, den Vorschlag Barzels anzunehmen, die Ratifizierung der Ostverträge mit einer »Gemeinsamen Erklärung des Deutschen Bundestages« zu verbinden. Sie wurde von einer gemischten Kommission, welcher auf seiten der CDU/CSU auch F. J. Strauß angehörte, ausformuliert.
In zehn löblichen Punkten stellte sie u. a. fest, daß die Verträge eine friedensvertragliche Regelung für Deutschland nicht vorwegnehmen, keine Rechtsgrundlage für die heute bestehenden Grenzen schaffen und lediglich einen Modus vivendi begründen. Über die Frage, ob diese Erklärung die divergierende Auslegung der sowjetischen Vertragspartner tilge und völkerrechtlich relevant sei, entspann sich in der Fraktion eine erneute Aussprache. Als entschiedener Gegner der Barzelschen Formel »Die Verträge ja, aber so nicht!« ergriff ich dazu am 9. Mai 1972 zum dritten Mal das Wort, indem ich zunächst den neu entstandenen Gedanken einer »Gemeinsamkeit der Außenpolitik« apostrophierte:

»Ich bin der Überzeugung, daß wir uns selbst etwas vormachen, wenn wir glauben, daß mit dem, was nun hier gespielt werden soll, eine konsequente Haltung im Sinne der Gemeinsamkeit vorliegt. Das, was in den Verträgen steht und letztlich allein gültig ist, beruht auf einer Gemeinsamkeit, die von Moskau und der SED bis zur SPD und FDP reicht. ... Wir haben es nach wie vor mit einem Vertragswerk zu tun, welches Ausgangspunkt der sowjetischen Deutschlandpolitik und nicht Ausgangspunkt einer deutschen Ostpolitik ist.«

[1] Er kenne zwei Leute, die den Sieg Brandts im Stimmenschacher bewerkstelligt haben, erklärte Herbert Wehner noch am 8. Januar 1980 in einem Interview mit der »Süddeutschen Zeitung«: Der eine sei er, und der andere (nämlich MdB Karl Wienand, der die Stimme des CDU-Abgeordneten Julius Steiner für 50.000 DM kaufte) sei nicht mehr im Parlament.

Ich kritisierte die in Punkt 2 der »Gemeinsamen Erklärung« getroffene Feststellung, die Verpflichtungen, welche die Bundesrepublik eingegangen sei, habe sie nur im eigenen, nicht aber im gesamtdeutschen Namen auf sich genommen, und zitierte dabei die Einlassung, die der bayerische Ministerpräsident Dr. Alfons Goppel im Bundesrat vertrat: Die Bundesrepublik müsse nach ihrem Grundgesetz für Deutschland als Ganzes sprechen und könne kein »Nebendeutschland« schaffen, das nur für sich Entscheidungen treffe. »Ich möchte«, so fuhr ich fort, »deshalb ganz konkret die Frage stellen: Ist nun Schlesien von diesem Gesichtspunkt aus, sind Pommern und Ostpreußen Ausland oder nicht? Ist das mit der Verfassung zu vereinbaren, oder ist es das nicht? Gilt die Tatsache, daß unserer Meinung nach Art. 3 des Moskauer Vertrages und Art. 1 des Warschauer Vertrages verfassungswidrig sind, trotz dieser ›Gemeinsamen Erklärung‹, oder gilt sie nicht?«

Meine Ausführungen, die den Umfall der Fraktion bedauerten, erregten beachtlichen Widerspruch.[1] Dennoch appellierte ich an alle, im letzten Augenblick für eine wirkliche gemeinsame Außenpolitik einzutreten: »Sie sollte so sein, daß wir uns nicht unter den Terror eines Zeitdruckes stellen lassen und morgen schon entscheiden müssen. Sie sollte so sein, daß von dem Geist, den wir nun zwei Jahre gepredigt haben, etwas in die Verträge hineinkommt. Ich muß wiederholen, was ich in der Vorwoche sagte: Der von Ihnen vorgetragenen Lösung stimme ich nicht zu. So nicht, Herr Barzel!«

Die Historiker schildern den dramatischen Ablauf der Ereignisse, die sich in der Fraktion nunmehr bündelten. Um weitere Möglichkeiten und vor allem tragbare Reaktionen des sowjetischen Botschafters Valentin Falin auszuloten, hatte Barzel eine Verschiebung des Abstimmungstermins vom 10. auf den 17. Mai 1972 erzwungen. Mir selbst versicherte er vor Zeugen (wie bereits vorher am 2. Mai 1972) mit Handschlag, er würde zu mir kommen, wenn sich nur das Geringste am grundsätzlichen Nein zu den Verträgen ändere. Am 16. Mai schlug er der Fraktion das Ja zum Vertragswerk vor, ohne bei mir gewesen zu sein. Ein paar Zeilen der Entschuldigung erinnern mich

[1] Er ist am 1. September 1989 in dem unter Hinweis auf Willy Brandt vor dem Deutschen Bundestag ausgesprochenen Ja Helmut Kohls zum Warschauer Vertrag sowie im vorbehaltlosen Ja prominenter CDU-Mitglieder (Heiner Geißler, Rita Süßmuth u. a.) zur Oder-Neiße-Grenze endgültig sichtbar geworden.

noch heute an dieses seltsame und reichlich fragwürdige Verhalten. Ich fühlte mich getäuscht und hintergangen.

Von der Basis ernüchtert kamen zahlreiche Fraktionsmitglieder am 15. Mai 1972 geänderten Sinnes vom Wochenende nach Bonn zurück. Die Bereitschaft, den Verträgen zuzustimmen, schrumpfte auf eine Minderheit zusammen. Sie wurde von dem unermüdlichen, durch seine Mitarbeit an der EKD-Denkschrift des Jahres 1965 geprägten Richard v. Weizsäcker angeführt, der ebenso wie die Abgeordneten Erik Blumenfeld, Prof. Mikat, Winfried Pinger, Walter Leisler Kiep, Konrad Kraske und einige Mitglieder der Sozialausschüsse erklärte, für die Verträge zu stimmen.

Am 16. Mai tagte die Fraktion im Zeichen einer Hochspannung, wie ich sie bei ihr weder vorher noch nachher erlebte. Gegen Barzels Vorschlag votierten Franz Amrehm (der Obmann der Unionsvertreter im Auswärigen Ausschuß), auch Manfred Abelein und andere Abgeordnete »aus dem Süden«. Entscheidend aber war die Einlassung von Franz Josef Strauß, der im Namen der CSU dafür eintrat, die Verträge abzulehnen, die »Gemeinsame Erklärung« aber anzunehmen. In eindrucksvoller Weise erläuterte hierauf Walter Hallstein, einer der großen alten Männer der CDU, warum man die Verträge nicht akzeptieren könne. Arnulf Baring schreibt darüber: »Hallstein hinterließ eine Betroffenheit, ja Lähmung, die keineswegs im Sinne Barzels war, der noch immer auf die Zustimmung der Union zur Vertragspolitik hinauswollte. Erst gegen Ende seiner Ausführungen empfahl er (Hallstein, Anm. d. Verf.) allen Kollegen die gemeinsame Enthaltung.«

Das war nun freilich ein Vorschlag, der auf die Einheit der Fraktion und vielleicht auch der Partei abzielte. Staatspolitische Erwägungen schieden dabei aus. Die CSU setzte, nachdem sie mir und den Abgeordneten aus den Vertreibungsgebieten in jedem Falle das Nein zugebilligt hatte, die Gesamtfraktion vor die Entscheidung, sich entweder gemeinsam der Stimme zu enthalten oder mit ihrer negativen Stimmabgabe zu rechnen. Barzel und Weizsäckers Anhang gaben nach. Man ging am 17. Mai 1972 mit Hallsteins Devise ins Plenum und verhielt sich mit geringen Abweichungen wie beschlossen.

Der Moskauer Vertrag wurde mit 248 von 496 Stimmen angenommen. Zehn Abgeordnete stimmten mit Nein, 238 enthielten sich der Stimme. Beim Warschauer Vertrag votierten 17 Abgeordnete mit Nein, 248 stimmten wiederum zu, 231 übten Stimmenthaltung.

Die »Gemeinsame Erklärung« des Bundestages fand die Zustimmung von 491 Abgeordneten. Fünf Abgeordnete enthielten sich der Stimme. Mit ihnen war ich der Überzeugung, daß ihr Interpretationsvermögen bei dem negativen Verhalten der Sowjetregierung (Falin erklärte sich lediglich bereit, sie dem Obersten Sowjet noch vor Abschluß der Ratifizierung »vorzulegen«) zu gering sei, um damit die Akzeptanz der Verträge zu erleichtern. Richtig stellt Werner Link, gewiß ein neutraler Beobachter, dazu fest: »Die Resolution war dem Vertragstext eindeutig untergeordnet. Sie änderte den Vertrag nicht – auch nicht dessen Sinn. Sie gab vielmehr nur erläuternd wieder, was ohnehin Vertragsinhalt war beziehungsweise nicht war.«[1]

20 Jahre nachher

War das Bemühen, die Ostverträge zu verhindern, gerechtfertigt? Hat sie die Formulierungskunst der Rechtsexperten dem Grundgesetz angepaßt? Sind sie durch das Gewicht der im Verkehrs- und im Grundlagen-Vertrag ermöglichten »kleinen Schritte« nicht wenigstens teilweise hilfreich gewesen? Diese und andere Fragen lassen sich am besten aus der Sicht des hochrangigen Entscheidungsbereiches der West-Ost-Beziehungen am Ende der achtziger bzw. am Beginn der neunziger Jahre beantworten.

Nachdem man sich nolens volens auf das Moskauer Grundkonzept eingelassen hatte, ging es vordringlich um die Frage, ob die Artikelfolge der Verträge nur einen Gewaltverzicht oder auch eine Grenzanerkennung ausspreche. Das letztere hätte Verzicht auf Ostdeutschland sowie auf die Wiedervereinigung geheißen und wurde von den deutschen Textinterpreten verneint. Die Urteile des Bundesverfassungsgerichtes (zur Normenkontrollklage über den Grundvertrag des Freistaates Bayern vom 23. Juli 1973 und zu den Verfassungsbeschwerden über die Ostverträge vom 7. Juli 1975) bestätigten mit der gleichen Argumentation die Verfassungsmäßigkeit der vertraglichen Regelungen, fügten aber bindende Auslegungen hinzu, an die sich alle Verfassungsorgane zu halten haben. Das gilt für die Identität der

[1] Werner Link, »Republik im Wandel«, a.a.O., S. 212

Bundesrepublik Deutschland mit dem Völkerrechtssubjekt »Deutsches Reich« in den Grenzen vom 31. Dezember 1937, für das Wiedervereinigungsgebot der Präambel und für die Erhaltung der deutschen Staatsbürgerschaft. Die Gebiete östlich von Oder und Neiße »sind daher nicht aus der rechtlichen Zugehörigkeit zu Deutschland entlassen«.

Das alles steht in klarem Widerspruch zur sowjetischen Vertragsauslegung. Er begründet den teils offenen, teils verdeckten Dissens, der uns zum ersten bewog, die Verträge abzulehnen. Zum zweiten veranlaßte uns dazu der Zweifel über die Auslegungstreue der Autoren und Einpeitscher der »neuen Ostpolitik«, die ja im Einvernehmen mit den sowjetischen Autoren entwickelt wurde. Ob sie sich im Jahre 1990 genauso verhalten würden wie in den Jahren 1970/72, begründete die Frage nach dem »Nachher«.

Wenn eine von Rainer Barzel zitierte Aussage Egon Bahrs richtig ist, hat der letztere dazu bereits 1970 begründeten Anlaß gegeben.[1] Danach soll er am 30. Januar dieses Jahres dem sowjetischen Außenminister Gromyko in Moskau erklärt haben:

»Ein Gewaltverzichtsvertrag ist ein anderes Wort für Grenzvertrag ... Nehmen Sie an, die Wiedervereinigung dauert noch 20–30 Jahre. Ist es nicht gut, eine Regelung zu treffen, die a) 20 oder 30 Jahre Ordnung gibt, b) später bestätigt wird? Wir nennen das nicht Grenzanerkennung, sondern Gewaltverzicht und territoriale Integrität ... Berlin gehört nach übergeordnetem Recht nicht zur Bundesrepublik ... Die Beziehungen der Bundesrepublik zu Berlin sind identisch mit den Beziehungen zur DDR.«

Barzel brachte – wie er sich ausdrückte – diese »ungeheuerlichen Sätze«, die ihm ein Informant unter der Deckadresse »K. Schumacher, Freiheitsstraße, Hannover« zuspielte, Bundeskanzler Brandt zur Kenntnis.

Er erhielt darauf keine Antwort, d. h., sie sind konkret nicht bestritten worden. Die Antwort erhielten wir aus authentischer Quelle schier 20 Jahre nachher: als Egon Bahr damit begann, den von uns befürchteten Weg ebenso offen wie eindeutig aufzuzeigen.

Er nannte sie eine »Antwort an Gorbatschow« und verdeutlichte seine Weisheit in der 1988 veröffentlichten Schrift »Zum europäi-

[1] Rainer Barzel, »Im Streit und umstritten«, a.a.O., S. 146

schen Frieden«.[1] Dort nennt er die »Modus vivendi-These« (auf welcher die Billigung durch das Verfassungsgericht beruhte) für überholt: »Diese Prägung verhinderte eine unmißverständliche politische Konsequenz, daß die Geschichte jedenfalls unrevidierbar geworden war. Niemand stieß damals bis zur Formulierung durch, daß die deutschen Chancen, auch für die Menschen, nur in der Teilung gesucht werden können, also durch die und mit den beiden deutschen Staaten.«[2] Er nennt wie Brandt die »sterile Wiederholung eines Anspruchs auf deutsches Selbstbestimmungsrecht« einen Teil der deutschen »Lebenslüge« und gibt damit ein Stichwort, das die Erosion des deutschen Verfassungsbewußtseins nicht nur von der Partei Kurt Schumachers bis zu den Grünen, sondern querfeldein verstärkt.

Die Forderung nach Revision der Präambel sowie nach dem Abschluß von Friedensverträgen taucht auf, die beide deutsche Staaten getrennt voneinander schließen mögen: »Zwei Friedensverträge wären das Ende der Diskussion über Deutschland in den Grenzen des Jahres 1937 und der Belastungen, die uns innen- wie außenpolitisch daraus erwachsen.« Sie würden »die angenehme Selbsttäuschung beenden, daß wir nach dem Grundgesetz die Selbstbestimmung der Deutschen vollenden sollen«.[3]

Gefragt, warum er das Ziel seiner Verhandlungen seinerzeit nicht ehrlich und offen dargelegt habe, gab er dem Deutschen Bundestag schon am 24.1.1973 die deklassierende Antwort: »Die Mehrheiten waren vor den Wahlen nicht so, daß sie zugelassen hätten, die volle Wahrheit zu sagen!« Nunmehr aber legte er seine Bestrebungen offen dar. Er nannte das die »neue Phase der Ostpolitik« und fand damit den Konsens seiner Partei sowie ihr nahestehender Kreise.

Eine am 1. Dezember 1988 über die »Lage der Nation« im Deutschen Bundestag geführte Debatte gab darüber reichlichen Aufschluß. SPD-Chef Hans-Jochen Vogel hielt dabei dem Kanzler vor, daß er sich auf den Boden der sozialliberalen Deutschlandpolitik ge-

[1] Egon Bahr, »Zum europäischen Frieden. Eine Antwort an Gorbatschow«, 1988. – Er ist mittlerweile in der DDR im Kampf für die Einheit Deutschlands zum »Wendehals« Nr. 1 geworden.

[2] Egon Bahr, a.a.O., S. 44 f.

[3] Egon Bahr, a.a.O., S. 96. – Die »Grünen« schlossen sich mit einer Erklärung ihres Fraktions- und Parteivorstandes – von woher koordiniert?! – diesen Forderungen an. (FAZ vom 17.8.1989)

stellt habe und daß Gemeinsamkeiten nur insoweit möglich seien, wenn es dabei bleibe. Die uns bekannte These von der »Anerkennung der Realitäten« führte ihn zu der Forderung, nunmehr den Ostteil der Stadt Berlin endlich als Hauptstadt der DDR zu verstehen und die Grenze im umstrittenen Unterlauf der Elbe nach den Wünschen ihres Regimes zu ändern. Auch er stellte die Präambel des Grundgesetzes zur Diskussion und gab der Integration der Bundesrepublik in das westliche Bündnis – die Herbert Wehner bereits in der Rede vom Juni 1960 akzeptiert habe – den Vorrang vor der Wiedervereinigung: »Sie, Herr Bundeskanzler, wissen doch genau, daß heute die Zugehörigkeit der beiden deutschen Staaten zu ihren jeweiligen Bündnissen mit ihrer Vereinigung oder gar mit der Wiederherstellung des Deutschen Reiches in den Grenzen von 1937 unvereinbar ist.«[1]

Solche und ähnliche Bekundungen, denen bis zur Jahrtausendwende noch manch andere folgen mögen, zeigen mein Verhalten in den Jahren 1971/72, wie ich hoffe, in einem besonderen Licht. Hatten sich die formalen Rechtsbeteuerungen von damals nicht in die Akzeptanz der ursprünglichen Wünsche Moskaus aufgelöst? Konnte man nach der dem Bundestag vorgetragenen Lügenformel Egon Bahrs sicher sein, daß die »neue Phase« seiner Ostpolitik die letzte sei? Oder gibt es Wahrheiten, die uns mit neuen »neuen Phasen« beglücken? Der Aufstand in der DDR hat die Positionen der SPD jedenfalls mächtig ins Flattern gebracht und zu neuen Irritationen geführt.

Als wir am 17. Mai 1972 geschlagen und tief enttäuscht das Plenum des Bundestages verließen, konnte keiner auf einen Wandel der Dinge hoffen. Das sozialliberale Bündnis, das sich schon ob der Herkunft beider Strömungen aus den Wurzeln der cartesianischen Aufklärung als innerlich verbunden erwies, bestimmte ein Jahrzehnt lang die Innen- und Außenpolitik. Das Bild Deutschlands verschwand von den Landkarten. Das hilfreich assistierende Fernsehen löste es in neutrale Wetterkarten auf. Der Wohlstand förderte den Drang, aus der Geschichte auszusteigen und sie in scharfer Konfrontation mit den Unionsparteien aus den Schulbüchern zu streichen. Das verratene

[1] Stenographischer Bericht des Deutschen Bundestages vom 1. Dezember 1988, S. 8101. – Nach gegenteiligen Erklärungen zum 1. September 1989 hat sich die SPD in ihrer »Berliner Erklärung« vom 18. Dezember 1989 zur Einheit Deutschlands bekannt, die Forderung nach der Anerkennung der Oder-Neiße-Grenze aber um so entschiedener erhoben.

Ostdeutschtum fand, soweit es nicht dem Sog der Einschmelzung unterlegen war, in der großen Oppositionspartei einen Hoffnungspartner, dem auch ich mich verbunden fühlte.

Groß war indes die Enttäuschung, als das Auseinanderfallen der alten Regierung 1982 keine Wende erbrachte. Helmut Kohl, der neue Kanzler, hatte vielleicht den guten Willen, Auswüchse auf ein erträgliches Maß zurückzuführen, Genschers Zünglein-an-der-Waage-Partei zwang ihn aber zur Fortsetzung der sozialliberalen Ostpolitik. Sie hielt ihn geflissentlich an einem Nasenring, den man mit Hilfe der Formel »Pacta sunt servanda« (Verträge müssen gehalten werden) rücksichtslos zu gebrauchen wußte. Für Franz Josef Strauß, welcher der Eskalation des Brandt-Scheel-Syndroms mit der Normenkontrollklage zum Grundlagenvertrag ein deutliches Haltsignal setzte, war sie gewissermaßen eine Eselsbrücke zur möglichen Tagespolitik.

Wer aber konnte Vertragseinhaltung von einer Weltmacht erwarten, die von der UNO-Charta bis zu den KSZE-Körben alle Abkommen über Freizügigkeit und Menschenrechte permanent verletzte, Gewaltverzicht im Artikel 2 des Moskauer Vertrages »in allen Fragen, die die internationale Sicherheit berühren«, beschwor, zur gleichen Zeit aber in aller Welt Gewalt ausübte und schließlich Afghanistan mit Krieg überzog?

Wer vermochte an eine echte Versöhnung mit Polen zu denken, nachdem weder die Rentenmillionen und die Milliardenkredite des Jahres 1976 noch die Butter- und Kleidungsgeschenke nach der Danzig-Krise oder jene des Jahres 1989 die katholische Kirche, geschweige denn das Regime dieses Landes bewegen konnten, einer deutschen Minderheit eigene Schulen und andere existentielle Rechte zu gewähren? Da empfing und empfängt man mit der einen Hand Geschenke und mit der anderen teilt man Schläge aus.

Nein, Wunschdenken und politische Illusionen gesellten sich zum Konzept der »Entspannungspolitik«, die nach und nach das gesamte Spektrum der bundesdeutschen Politik bestimmte. Sie erreichte einen Höhepunkt, als Franz Josef Strauß im Sommer 1983 für Honecker einen Milliardenkredit vermittelte und ihn obendrein am Werbellin-See besuchte. Sicher konnte er damit vielen Menschen helfen und vielleicht zur Abmontierung der Todesapparate beitragen. Was aber bedeuten »menschliche Erleichterungen«, wenn sie im Management der deutschen Teilung drüben das System der Machthaber stabilisierten, die ihrerseits bis zum Exodus im Oktober 1989 »menschliche Erschwerungen« sondergleichen zu praktizieren pflegten.[1]

Was wogen derlei Erfolge gegenüber der hochpolitischen Aufwertung eines nach wie vor bedrohlichen Gesamtsystems, die der Besuch Straußens mit sich brachte? Seit je betrachtet Sowjetrußland seine deutschen Eskapaden erst dann als erfolgreich, wenn sie von der Rechten akzeptiert werden. Die Linken darf es – um so mehr nach dem Erfolg der Karlsbader Beschlüsse – sowieso zu den Seinen rechnen.[2]

Solche und andere Akzente trugen dazu bei, daß die Urheber der Deutschland- und Ostpolitik, die uns in einem Sinneswandel sondergleichen hintergangen hatten, nach und nach in den Stand von Helden und Heiligen erhoben wurden. Bundespräsident von Weizsäcker zelebrierte das in besonderer Weise, als er am 20. Januar 1989 (am Vorabend der Berliner Wahlen) zum 75. Geburtstag Willy Brandts ein nachgeholtes Geburtstagsessen gab. Nicht der menschlich löbliche Brauch, wohl aber seine Feststellung, in der Person des Jubilars habe sich die Spannung zwischen Macht und Moral aufgehoben, wirkte peinlich, desgleichen die Behauptung, seine Einsicht in die Realitäten habe uns »von Positionen befreit, die wir als Fesseln empfanden«. Weizsäcker, der sich seit seiner Amtsübernahme zusehends als Präses der vereinigten Linken gab, hatte von Portugals Soares bis zu Valentin Falin alles geladen, was in diesen Rahmen paßte.

Ob er sich jemals darüber Gedanken machte, daß die Positionen, von denen uns Brandt befreite, auch die Positionen von Millionen Ost- und Sudetendeutschen waren?

Der normale Konsument der Medien ist kaum darüber im Bild, daß Richard v. Weizsäcker im Rahmen der EKD und des Ringens um die Ostverträge ein Hauptantreiber zur Anerkennung der Oder-Neiße-Grenze gewesen war. Die Penetranz, mit der er seither dieses Ziel unentwegt anstrebt, erreichte ihren Höhepunkt, als er die Weihnachtsansprache 1989 zu dessen apodiktischer Verkündung mißbrauchte. Statt ein friedenstiftendes Wort an alle Mitbürger zu richten, verletzte er einen nicht unbeachtlichen Teil von ihnen zusätzlich mit der Anmaßung, für »alle Deutschen« zu sprechen.[3]

---

1 Siehe Glosse »Da ist nicht zu streiten« in der FAZ vom 17.8.1989!

2 Vgl. mein Schreiben an F. J. Strauß vom 8.9.1983, Archiv des Verfassers

3 Allein der Querschnitt der Leserzuschriften in dieser Frage im »Münchner Merkur« müßte ihm und seinen Beratern zu denken geben.

Sein Vorgehen mißachtete nicht nur die Verfassungslage und das originäre Heimatrecht der Ostdeutschen. Es ist, obwohl es das Umfallen zahlreicher Kompatrioten in- und außerhalb des Bundestages und die damit verbundene Medienkampagne erneut legitimierte, auch politisch falsch. Über Grenzen in einem föderierten Europa wird letztlich ein Zwiegespräch zwischen einem aushilfeheischenden, hoffentlich auch föderierten Rußland und einem in der Föderation verankerten Deutschland entscheiden. Der »Aufbruch von unten« dürfte alle Versuche, vorher erneut die Grenzen von Jalta zu fixieren und damit dem alten Kalkül der sozial-liberalen Deutschland- und Ostpolitik zu entsprechen, ad absurdum führen.

Ein glückhaftes Zwischenspiel

Sicher gehört es nicht nur zu den Launen, sondern auch zu den Gnadenakten des persönlichen Schicksals, daß es just in Zeiten großer Enttäuschung auch Silbertaler des Glücks aus seinem Füllhorn schüttet. Ahnungslos hatte ich der Gattin meines plötzlich verstorbenen Prager und Salzburger Altfreundes Otto Menzel zugesagt, an Vaters Stelle der Hochzeit ihres Sohnes Michael beizuwohnen, die am 1. Juli 1972 stattfinden sollte.

Ich war sein Firmpate gewesen und von ungefähr darüber in Kenntnis gesetzt, daß er sich seine Braut aus dem Dreimäderlhaus des Bezirksrichters von Scheibbs geholt hatte. Bevor ich in dieses schöne, in der Nähe von Melk gelegene Städtchen aufbrach, ließ mich bereits die Fahrt nach Wien von den deprimierenden Ereignissen im Deutschen Bundestag Abstand gewinnen. Da ich offenbar auch jetzt nicht ohne offizielle Verpflichtungen zu sein vermochte, waren eine dort angesetzte Veranstaltung und nachher ein Vortrag in Linz als zeitliche Begrenzung meiner Mitwirkung an dem festlichen Ereignis vorgegeben.

Der ganze Ort war auf den Beinen, da wir uns in langer Wagenkolonne zur Kirche begaben. Orgeltöne begleiteten das Brautpaar zum Altar. Heiligenfiguren, Barockengel, Pfarrer und Ministranten erschienen wie aus einem Bilderbuch hervorgetreten, als das Jawort und die Ringe gewechselt wurden. Eine begnadete Cellistin, die Jüngste aus dem Schwesterntrio, spielte ein Largo – ich weiß nicht mehr von wem. Es österreichelte aus allen Fugen. Wir waren richtig eingestimmt. Dann ging es durch sonnenhelle Fluren in das Mariazeller Land, wo ein Bergheim für das Festmahl und alles, was da kommen sollte, gemietet war.

Es gab, wie konnte es anders sein, ein fürstliches Essen und Trinksprüche, die aus der großen Runde der Gäste die Braut hochleben ließen. Ich fügte dem, wie es meines Amtes war, das Lob des Bräutigams hinzu. Wir übertrafen uns in gewollten Übertreibungen und ließen Umtrunk auf Umtrunk folgen.

Fern von steifer Pflichtenrede entwickelte sich eine Fröhlichkeit, die nur jenen seltenen Stunden eigen ist, von denen man erst im nachhinein weiß, daß sie nicht mehr wiederkehren. Dann meinte einer, man könnte das Geigen-und-Gitarren-Terzett doch auch zur Tanzmusik umfunktionieren, und schon drehten wir uns im Kreise.

Auf die Frage, wie sich anwesende Ehepartner gefunden hätten, freute mich stets die Antwort, dieses sei beim Tanze geschehen. Meine Eltern waren solcherweise zusammengekommen – und nun fiel mein Blick auf eine junge Frau, die ich geziemend zum Walzer bat. Es war ein Blick in die Augen und, wie es sich ergab, ein Blick in die Seele meiner zweiten Frau Editha, geborene Strallhofer, aus dem steirischen Leoben.

Als ich mit meinem Sohne Peter, der ebenfalls herbeigeeilt war, und mit den Neugetrauten die Veranstaltung vorzeitig verließ, erfuhr ich, daß sie ihre Cousine, also die Nichte von Michaels Mutter, Witwe eines jung verstorbenen Mannes und selbst Mutter eines zehnjährigen Töchterchens sei.

So also fügte sich eine Gemeinsamkeit, die mir nach vielen Jahren des Alleinseins Wärme ins Dasein brachte und offenbar aus dem besagten Füllhorn kam.

Die Zeit heilt auch politische Wunden. Das 72er-Jahr erfreute uns in München zusätzlich mit den Ereignissen der Olympiade. Bis zu dem schlimmen Attentat gegen die Israelis leuchtete die Stadt buchstäblich im Sonnen- und Fahnenglanz. Die neue, noch im Beruf stehende Gefährtin, nahm daran nur gelegentlich teil. Die vorgezogenen Bundestagswahlen hielten mich, längeres Beisammensein verhindernd, hart in der Pflicht. Wir beschlossen gleichwohl, so schnell als möglich zu heiraten. Am Heiligen Abend 1972 – er wurde wohl der schönste meines Lebens – traf ein schmucker Volkswagen-Käfer vor meinem Pullacher Heime ein. Er hatte einen Tannenbaum aus dem steirischen Krakaudorf huckepack geladen, und drinnen saßen Heidrun und die Tanzpartnerin von Scheibbs, mit der ich dann am 4. Januar 1973 die Ehe schloß.

Wir haben den Sprung in das große Wagnis nicht bereut und nahmen, so gut es ging, gemeinsam an dem Leben teil, das mich mit Aufgaben noch und noch überhäufte. Das steirisch-sudetenländische Paar kam nicht schlecht an. Ich glaube, es hat auch den Kreis meiner Freunde und Landsleute ein wenig erfreut. Das vermochte mich über die nicht nur glückhaften Geschehnisse hinwegzutrösten, die der Ernst des politischen Alltags nunmehr wieder mit sich brachte.

Die geistigen Wurzeln der Verzichtspolitik

Es war einmal ein großer Diplomat, der nach Eintritt in den Ruhestand beschloß, die Geschichte seines Lebens zu schreiben. Weil er sich aber wie im Märchen von sich selbst distanzieren wollte, war er geneigt, darüber nachzudenken, in wen er sich dabei verwandeln könne. Er, der im bürgerlichen Leben Paul Frank hieß und als Staatssekretär des Auswärtigen Amtes im Juli 1970 in Moskau weilte, tat dies im Laufe eines abendlichen Gespräches, das ihn auf den Leninhügeln mit dem als grimmig bekannten Außenminister Andrej Gromyko zusammenführte.

Unvermittelt fragte ihn dieser: »Gospodin Frank, sagen Sie, sind Sie in einem Dorf oder in einer Stadt auf die Welt gekommen?«

»In einem kleinen Dorf von 600 Seelen«, antwortete Frank, »es heißt Hilzingen.«

»Ah«, sagte Andrej Gromyko, »das ist gut. Man muß in einem Dorf auf die Welt gekommen sein, wenn man etwas von der Welt und von den Menschen verstehen will. Ich bin auch in einem kleinen Dorf geboren. Es heißt Gromyko und liegt in der Ukraine.«

Da überkam unseren Staatssekretär, dem die Verbundenheit seiner Heimat im Schwarzwald mit jener des weltberühmten Mannes in der Ukraine seelisch wohltat, der richtige Einfall: Er schrieb sein Buch als Caspar Hilzinger und gab ihm den stolzen Titel »Die entschlüsselte Botschaft«.[1]

Paul Frank, der mit dieser heimatseligen Geschichte seinen Bericht beginnt und in Gromyko (dem Wasserträger von Stalin bis Gorbatschow) »einen der bedeutendsten Außenminister unserer Zeit« erblickte, hatte, wie wir wissen, die »Ostverträge« juristisch hieb- und stichfest zu machen. Sie sollten den Rechtsverzicht auf eine andere Heimat besiegeln.

Auch Hans-Dietrich Genscher, der Nachfolger seines Herrn und Meisters, verkündet des öfteren, wie gerne er mit seinen ehemaligen Landsleuten aus Halle zusammenkommt und dabei den Heimatkreis von ehedem hochleben läßt. Schade nur, daß er für die Heimat von Millionen anderer Deutscher gleichfalls nichts übrig hat und keinen Deut daran rütteln läßt, daß sie abzuschreiben sei, »weil man das Rad der Geschichte nicht zurückdrehen kann« (so gesagt im Jahre 1989). Darin trifft er sich mit seinem Landsmann Herbert Wehner, der in fernen Tagen indes beachtliches Verständnis für die deutschen Vertriebenen aufbrachte, die sich gegen derlei Verzichte wehren (siehe oben S. 294). Denken wir nur an sein Günther-Gaus-Interview aus dem Jahre 1968. Die schizophrene Einstellung zum Heimatbegriff war bei ihm gewiß nur ein Teil der dialektischen Manipulation, mit der er die SPD aus der linken Isolierung zur Volkspartei und dann wieder in die Nähe seiner alten Vorstellungen führen wollte.

Kann die Interesselosigkeit mancher Bundespräsidenten am Schicksal der deutschen Ostgebiete, die ja nur ein Spiegelbild der allgemeinen Teilnahmslosigkeit ist, indes nur aus politisch-taktischen Erwägungen erklärt werden? Sicher nicht. In einem Vortrag, den ich in der Zeit der Vertragsverhandlungen hielt, machte ich mir nicht zum ersten Male Gedanken über die »geistigen Grundlagen der Verzichtspolitik«.[2] In der Tat sah uns das Vierteljahrhundert nach dem Ende des Krieges im Zeichen eines unbewältigten Widerspruches. In ungeahnter Schnelligkeit brachte es die zivile Regeneration aus dem totalen Zusammenbruch und am Ende die totale Infragestellung dessen, was wir regeneriert und wiederaufgebaut hatten. Aus dem Soli-

[1] Paul Frank, »Entschlüsselte Botschaft. Ein Diplomat macht Inventur«, Stuttgart, 1981, S. 7 ff.

[2] Als Vortrag gehalten am 23.11.1971 in München, Archiv des Verfassers

daritätsbewußtsein der Notjahre entwickelte sich ein durchgehender Individualismus, um nicht zu sagen Egozentrismus, den Friedrich von Hajek noch dazu als Essenz der Marktwirtschaft bezeichnete. »Es gibt keine Gesellschaft«, erklärte er in einem Münchner Peutinger-Vortrag, »sondern nur Marktbewegungen, die das Soziale ausschließen.«[1]

Das war eine krasse Übersteigerung dessen, was Hans Heigert, der nachmalige Präsident des Goethe-Instituts, in seinem Buche »Deutschlands falsche Träume« in den siebziger Jahren wesentlich gelassener formulierte. Er schrieb dort: »Gott hat Menschen geschaffen, nicht Nationen.« Die überindividuellen Gemeinwesen wurden damit nicht nur in Frage gestellt, sondern auch disqualifiziert. Mit der Kritik an dieser Denkweise traf ich 1971 m. E. den Kern unseres Problems:

»Die Relativierung und weitgehende Leugnung des Volksbegriffes, die hieraus deutlich wird, hat weitgehende Folgen für die Zusammenhänge der aktuellen Politik. Diejenigen, denen Volk und Nation nicht mehr sind als die Summe von einzelnen, können sich kaum getroffen fühlen, wenn Teile dieser Summe verlorengehen oder vernichtet werden. Jene indes, die in Familie, Volk und Staat über die einzelnen hinaus auch das ›Mehr‹ erkennen, erblicken und erleben in ihnen Ganzheiten, die in jedem Falle auch als solche getroffen werden. Die Vernichtung oder Beeinträchtigung einiger ihrer Glieder vernichtet, beeinträchtigt, verändert dann in jedem Falle auch das Ganze und alle seine Teile.

Die positivistische Programmierung vom einzelnen und nur vom einzelnen her hat nicht nur das Volks-, sondern auch das Staats- und Rechtsbewußtsein relativiert. Es hat das Wiedervereinigungsgebot unseres Grundgesetzes ebenso zu einer Farce gemacht wie das Selbstbestimmungsrecht der Deutschen. Beide sind aus dem Vokabular der Ostverträge ebenso verschwunden wie aus dem Bewußtsein der von diesem Denken eingenommenen Schichten unseres Volkes.«

19 Jahre nach der Niederschrift dieser Sätze wird Oskar Lafontaine, stellvertretender Vorsitzender der SPD, die Gleichstellung unserer Bürger mit ost- und sibiriendeutschen Aussiedlern als

---

[1] Friedrich August von Hajek, »Die ausgedehnte Ordnung schlichter Zusammenarbeit«. Vortrag vor dem Peutinger Kollegium. Bayerischer Monatsspiegel, 6/1984, S. 11

»Deutschtümelei« bezeichnen, weil diese auch in ihren fernen Aufenthalts- und Verbannungsgebieten nur Bewohner der Sowjetunion, nicht aber »Deutsche« waren. Ebenso lange nachher wird eine Diskussion darüber entstehen, ob die Nationen ein Anrecht auf eigene Staatlichkeit haben oder ob sie auch ohne diese auskommen können.[1]

Die geschilderte Entwicklung in den Tiefenbereichen unserer Sozietät war indes nur der Nährboden für die Ausgrenzung des Ostdeutschtums aus dem Bewußtsein des Alltags. Erst die Annullierung ihres Heimatrechtes durch die Hilzingers und deren Auftraggeber degradierte sie zu einem Hindernis der offiziellen Politik, zu Querulanten und »Vetogruppen« und schließlich zu Sündenböcken für die Verbrechen des Dritten Reiches. Das Grauen ihres Erlebens wurde unter die Glocke eines Tabus gestellt. Von ihm zu reden galt als Aufrechnung oder Revanchismus.

Nachdem man das »Deutsche Volk, geeint in seinen Stämmen«, nicht mehr wahrhaben wollte, ließ man Schlesier, Pommern, Ostpreußen und Sudetendeutsche hinter dem deklassierenden Begriff »Vertriebene« verschwinden, um schließlich die Aufgabe ihres Heimatanspruches, d. h. ihren Untergang mit dem Ruf nach Anerkennung der Oder-Neiße-Grenze in die Abstraktion eines politischen Postulates zu verdrängen. Die den ostdeutschen Stämmen treugebliebenen Sprecher degradierte man zu »Funktionären«. Die Davongekommenen bedienten sich eines Opfers, das sie selber nicht zu bringen brauchten.

Der Umschlag vom »Patenkind« zur »Unperson« war einprogrammiert. Mit Blabla-Reden am Sonntag duldete man bestenfalls ihr Dasein in einem Kultur-(Folklore-) und Gesellschafts-Ghetto. Die »Vertriebenen« zu bekämpfen (und damit die Zerteilung Deutschlands anzuerkennen und den Potsdamer Beschlüssen noch eins draufzusetzen) wurde zum elementaren Bestandteil der politischen Agitation. Brandt konnte sich freuen. Die »Friedensbewegung«, deren Anreger (VVN, DFU und Bund der Deutschen) wir von den fünfziger Jahren her kennen (und die nach dem Umsturz in der DDR als nicht mehr

[1] Vgl. Johann Georg Reismüller: »Die Nation braucht ihren Staat, denn er hält sie zusammen, gibt ihr inneren Halt und das Gerüst von Institutionen – gesellschaftlichen, politischen, kulturellen –, das sie zum Fortbestehen nötig hat.« (In: »Ein Staat für die Nation«, FAZ vom 12.8.1989)

ausgehaltene Tarnorganisationen verschwanden), schwang ihre Keulen gegen jene, die unserem Lande (beglaubigt in der »Charta der Vertriebenen«) den wirklichen Frieden erkämpft hatten.

In der Literatur entwickelte sich eine Phalanx der Abwertung sowie ein Renegatentum (Protobeispiel Günther Grass), das die Poesie der Herkunftsheimat ausbeutet, sie selbst aber – den Matadoren der Verzichtspolitik den Teppich legend – politisch fallenläßt. In seinem treffsicheren Beitrag über die »Gesellschaftliche Eingliederung der Vertriebenen« hat der Soziologe Professor Wilfried Schlau den Selbsthaß und die entsprechende Aggressivität hervorgehoben, die solches Verhalten kennzeichnen.[1]

Sollten wir nun im Zeichen dieser Entwicklung verzagen? Führt der Verfall der Werte zu einer Nivellierung, die wir im Blick auf ähnliche Vorgänge im weiten Erdenrund eben zu ertragen haben? Ich müßte mich nicht der großen Tradition der Denker des Abendlandes und unseres eigenen Volkes verbunden fühlen, um den Aufstand gegen die permanente Unterdrückung echter Strukturen für möglich zu halten. Was sich mit diesem Behufe östlich des Eisernen Vorhanges tut, destabilisiert höchstens das Kalkül der Vertragsgestalter. Es wird sein Pendant auch diesseits der noch bestehenden Trennungslinie finden, wenn die Tünche über der Denkschule der sozialliberalen Deutschland- und Ostpolitik verschwunden ist. Ernst Forsthoff hat dereinst von der »Realisationskraft der technischen Prozesse« gesprochen. Ich meine aber, daß es auch so etwas wie die »Realisationskraft der seelischen und nationalen Prozesse« gibt.

Die Potenzen, die in Familie, Volk, Stamm und Staat und in den Heimatlandschaften Europas verborgen liegen, sind so gewaltig, daß sie einen Sachzwang ausüben, der, was die Ereignisse am 9. November 1989 bewiesen, selbst nach jahrzehntelanger Verdrängung durchzubrechen vermag. Dann wird auch das Riesenerlebnis der Vertreibung wieder seinen Ort im geistigen und politischen Haushalt unserer Menschen finden. Wir sind eben nicht nur Konsumbürger. Wir können nicht ohne unsere Geschichte leben. Wir müssen für sie einstehen, was immer sie an Gutem und Bösem erbrachte. Sie ist mehr

---

[1] Prof. Wilfried Schlau, »Gesellschaftliche Eingliederung der Vertriebenen« in »40 Jahre Arbeit für Deutschland«, Katalog zur Ausstellung. Berlin 1989, S. 177 ff.

als das Brandtsche »Amtsgericht«. Sie heißt uns nicht verzichten, sondern heilen und bewahren.

Das führt uns vielleicht auch wieder zum Geist der Erklärungen zurück, mit denen der Deutsche Bundestag im Jahre 1950 die Heimatrechte der Ost- und Sudetendeutschen gegen die von Walter Ulbricht forcierten Abkommen des Zonen-Regimes mit Warschau und Prag in seine Obhut nahm (»Der Bundestag erhebt feierlich Einspruch gegen die Preisgabe des Heimatrechtes der in die Obhut der Bundesrepublik Deutschland gegebenen Deutschen aus der Tschechoslowakei und stellt die Nichtigkeit des Prager Abkommens fest«.[1]

Zumindest sollte man sich an die Ausführungen des Sozialdemokraten und damaligen Alterspräsidenten Paul Löbe erinnern, welche dieser am 13. Juli 1950 »unter stürmischem Beifall« vor dem Hohen Hause vernehmen ließ: »Meine Damen und Herren! Die Mitwirkung an der Markierung der Oder-Neiße-Linie als angeblich unantastbarer Ostgrenze Deutschlands, zu der sich die sogenannte provisorische Regierung der Deutschen Demokratischen Republik bereitgefunden hat, ist ein Beweis für die beschämende Hörigkeit dieser Stelle gegenüber einer fremden Macht. Der Bundestag weiß, daß er bei der Rückweisung dieser Haltung auch im Namen der Deutschen in der sowjetischen Besatzungszone spricht.«

Die meilenweite Entfernung dieser gelöbnisähnlichen Feststellung zum Geist von 1989/90 deutet das Ausmaß der geistigen Kapitulation an, welche die offizielle Politik der Bundesrepublik Deutschland mittlerweile vollzogen hat.

[1] Stenogr. Protokoll des Deutschen Bundestages, 75. Sitzung, S. 268 ff., 1950

17. BÖHMEN UND DAS HAUS EUROPA

Ein Blick auf die Landkarte Europas bezeugt, daß es in der Welt kaum ein natürlicheres, in die Augen springendes Herzland gibt als Böhmen. Christian Willars spricht vom »Carrefour de l'Europe central«, jenem Raume also, von dem Bismarck sagte, wer ihn besitze, beherrsche den Erdteil.[1] Er zielt jedoch nicht nur auf die geopolitische, sondern mehr noch auf die spirituelle Bedeutung dieser »Seelenlandschaft«, in der sich Straßen und Kraftströme der Geschichte wie zudem auch irdische und unterirdische Wasseradern kreuzen.

Dachte ich daran, als ich sie, am »Mittelpunktstein« vorbei den Tillenberg überquerend, im Sommer 1945 in regennasser Flüchtlingsnacht verließ? Schmerzte da nicht mehr als nur der Weggang von den Eltern? Die »Liebe zu Böhmen« war mir jedenfalls von Jugend auf eigen. Sie prägte, wie wir sahen, meinen Werdegang und krönte das Selbstverständnis, daß ich ein eingeborenes und echtes Kind dieses Landes sei. Sollte es nun im Zeichen der neuen Ostpolitik das letzte Objekt eines verfehlten, von Moskau her bestimmten Vertragssystems werden? Entsprach das der Geschichte und Tradition seiner deutschen Bewohner?

Sie waren von alters, ja von der keltisch-germanischen Erstbevölkerung sowie von der friedlichen Ostkolonisation im 12. und 13. Jahrhundert her legitime Mitbürger dieses Landes und – denken wir nur an die Zeiten Kaiser Karls IV. – Mitträger seiner ranghohen Historie gewesen. Die später so benannten »Sudetendeutschen« gehörten nicht wie Schlesier, Pommern und Ostpreußen als Bewohner von Provinzen zum 1871 gegründeten Bismarckreich. Sie standen indes mehr und anders als diese unter einem gleicherweise übernationalen wie nationalen Sachzwang: Brücke zu sein zwischen Deutschen und Slawen, zwischen Österreich und Preußen.

---

[1] Christian Willars, »Die böhmische Zitadelle«, Wien 1965

Konnte man unseren »Fall« (und den der Tschechoslowakei) nach der von Bahr und Gromyko getroffenen Absprache nunmehr unter »Ferner liefen« einordnen und ihrer Logik gemäß einfach »abhaken«? Die Frage stellen, heißt sie verneinen. Die gleichwohl getroffene Antwort erweist sich als doppelt absurd, wenn man sie auf die neuerdings so aktuelle Diskussion um das »Haus Europa« projiziert. Wo lag und wo liegt sein »Mittelpunktstein«? Hatte Präsident Mitterrand etwa unrecht, als er Prag als ideale Hauptstadt eines Gesamteuropas bezeichnete? Könnte indes dessen Herzkammer Böhmen funktionieren, ohne im Takt eines Zweivölkerlandes zu schlagen?

Auch daran sollte man denken, wenn man die Vertreibung des einen Teiles seiner Bevölkerung ausklammert und dem Vertragspartner die Gelegenheit gibt, sie durch seine eigenwillige Auslegung zu rechtfertigen. Die tschechische Seite pocht seit Palacký und Masaryk auf das »böhmische Staatsrecht« und versteht darunter den alleinigen Anspruch auf das Land, dem es gilt. Sie bezeichnet sprachlich dieses Land nicht mit dem historisch gültigen Namen, sondern nennt es »Čechy« (Tschechien – Land der Tschechen). Böhmen ist, wenn man darunter auch die Einheit mit Mähren und Österreich-Schlesien versteht, aber mehr als »Tschechien«. Es ist auch mehr als das Land der Sudetendeutschen. Es verträgt sich schon gar nicht mit deren Degradierung zur Minderheit und zu Randbürgern in der 1918 mit einem Kunstwort konstruierten »Tschechoslowakei« (siehe oben S. 43).

Nachdem sie bis zu den Volksgruppengesetzen der »Sudetendeutschen Partei« mit überzeugenden Mehrheiten vergeblich für deren Umbau in eine »zweite Schweiz«, d. h. für eine Föderalisierung des tschechoslowakischen Staatswesens plädiert hatten, richteten die Deutschen der böhmischen Länder ihr 1918/19 verweigertes Selbstbestimmungsrecht nunmehr auf den Anschluß an das Deutsche Reich. Es wurde von Hitler für seine Zwecke gröblich mißbraucht. Gleichwohl war ihr Land staats- und völkerrechtlich ein Bestandteil dieses Reiches geworden: mit allen negativen Folgen für die böhmische Gemeinsamkeit, aber nur in einem Friedensvertrag veränderbar. Hermann Raschhofer schreibt dazu: »Weder die Fixierung der deutschen Staatsgrenzen in der Erklärung vom 5. Juni 1945 noch die faktische Unterstellung der Sudetengebiete unter die tschechoslowakische Autorität im Frühjahr 1945 hat sie Deutschland gegenüber zu einem völkerrechtlichen Bestandteil der Tschechoslowakei gemacht.

Das kann erst ein Friedensvertrag, der auch Deutschlands Unterschrift trägt.«[1]

Auch die sudetendeutsche Frage ist demnach völkerrechtlich offen.

Alle demokratisch legitimierten Gruppen der Sudetendeutschen haben sich seit ihrem Zusammenfinden nach der Vertreibung zu dieser Feststellung bekannt. Das Sudetenland kann für die Zeit von 1938 bis 1945 nicht rückwirkend zu einem juristischen Niemandsland gemacht werden. [2] Der Sudetendeutsche Rat und die Sudetendeutsche Landsmannschaft pochten nicht nur auf das Münchner Abkommen, sondern auf diesen Tatbestand sowie auf ihr originäres Heimat- und Selbstbestimmungsrecht, als sie am 14. Juli 1973 zum paraphierten Entwurf des Prager Vertrages und damit gegen den Vertrag selbst Rechtseinspruch erhoben.[3]

Wie der Prager Vertrag eingefädelt wurde

Mit Recht warf der Abgeordnete Dr. Fritz Wittmann im Deutschen Bundestag am 19. Juni 1974 die Frage auf, warum man das Münchner Abkommen vom 29. September 1938, »eine dramatische, aber immerhin nur eine Episode in den Beziehungen zwischen Deutschland und der Tschechoslowakei«, zum Angelpunkt des Prager Vertrages mache. Sollten nicht der Gewaltverzicht und die darauf bezogenen Friedensklauseln die Essenz der Ostverträge sein? Ließ man sich da als Popanz der Diskussion ein sowjetisches Axiom aufzwingen, dessen Erörterung aus unserer Sicht nicht vordringlich und keinesfalls wesentlich war? Warum ist, nachdem die deutsche Bundesregierung schon unter Kanzler Erhard erklärte, die Bundesrepublik Deutschland erhebe keine Gebietsansprüche an die Tschechoslowakei, überhaupt noch der Abschluß eines Vertrages vonnöten gewesen?

---

1 Hermann Raschhofer, »Die Sudetenfrage«, München 1953, S. 276

2 Vgl. Ignaz Seidl-Hohenvelden, »Das Münchner Abkommen im Lichte des Prager Vertrages«, in: Festschrift für Eberhard Menzel, Berlin 1975, S. 459

3 Sudetendeutscher Rat, »Der Prager Vertrag in den Parlamenten«, München 1975, S. 249

Nun, weil es die Breschnew-Klammer, d. h. die im Bahrschen Papier verkündete Einheit der Satellitenverträge mit dem Moskauer Vertrag verlangte! (Sie sollten laut Punkt 5 dieses Papiers ein »einheitliches Ganzes« bilden.)

Dem Gebot mußte entsprochen werden. Der Beauftragte hierfür war von deutscher Seite Caspar Hilzinger (alias Staatssekretär Paul Frank). Er hinterließ uns in dem schon erwähnten Buche eine »Entschlüsselte Botschaft« und berichtete genau darüber, wie er es anstellte, an das von ihm selbst gesteckte Ziel zu kommen.

Da lud er, weil es sich außerhalb der Offizialität eben besser parlieren läßt, den tschechoslowakischen Verhandlungsführer Jiři Götz – »er war ein Mann mit Humor« – eines Abends in das Hotel »Rheinland« in Bad Godesberg ein, wo ein aus der Vaterstadt Götzens stammendes »Pilsner Urquell« vom Faß ausgeschenkt wurde. Zu vorgerückter Stunde zog Caspar Hilzinger seine Füllfeder aus der Tasche und fing an, den möglichen Wortlaut des angestrebten Vertrages auf das Tischtuch zu schreiben: »Und wer will es glauben, der Wortlaut war von dem schließlichen Vertragstext nicht sehr verschieden!«[1]

Es galt, wie er sich ausdrückt, für die Ungültigkeit des Münchner Abkommens eine Formulierung zu finden, die beide Seiten befriedige. Er machte also gar nicht den Versuch, die Fixierung des Gewaltverzichtes an die Spitze des Vertrages zu stellen und alles andere erst nachher festzulegen.

Nachdem man sich über die verschiedenen Kennzeichnungen des Münchner Abkommens – »ungültig«, »zerrissen«, »ungerecht« oder »ungültig von Anfang an« oder »nunmehr ungültig« – nicht einigen konnte, machte nicht er, sondern Jiři Götz den Vorschlag, man solle großzügig auf »ungültig von Anfang an« verzichten und statt dessen von der »Nichtigkeit« des Münchner Abkommens sprechen. Damit hatte er keineswegs, wie Frank meinte, einen in der Bundesrepublik bereits kursierenden Hinweis aufgegriffen. Er verwendete vielmehr die in Art. 6 des tschechoslowakisch-sowjetischen Freundschaftspaktes vom 6. Mai 1970 vertretene Formel, die da heißt, das Münchner Abkommen sei »unter der Drohung mit Gewalt zustande gekommen und daher von Anfang an null und nichtig«.[2]

---

[1] Paul Frank, a.a.O., S. 307 ff.

[2] Schon Beneš hatte im Londoner Exil die Formel »nichtig von Anfang an« propa-

Caspar Hilzinger ließ den Vorschlag in einem »Kieler Symposion« von einer Runde von Völkerrechtlern überprüfen. Diese verhinderten sicher Schlimmeres, argumentierten aber gleichwohl im Kontext des von der sozialliberalen Koalition akzeptierten Vertragssystems, das für die sudetendeutsche Seite untragbar war.

Auch die letztere bereitete sich sorgfältig auf das Vertragsgeschehen vor. Galt es doch, gegen die Weltgültigkeit eines Verrufsbegriffes, als welcher »München« allenthalben zitiert wurde, sachliche Argumente ins Treffen zu führen. Schon im Jahre 1966 hatten die Professoren Armbruster (Mainz), Klein (Münster), Münch (Heidelberg) und Veiter (Wien) hierzu ein Gutachten ausgearbeitet. Es wurde ebenso wie das von den Professoren Tahsin Bekir Balta (Ankara), Ermacora (Wien), Toru Kano (Kobe) und Ramo Rao (Madras) erarbeitete internationale Gutachten im Februar 1967 anläßlich einer Aussprache im Palais Schaumburg dem damaligen Bundeskanzler Dr. Kiesinger und dem Außenminister seines Kabinettes, Willy Brandt, vorgelegt. Das Referat für rechtliche Grundsatzfragen der Sudetendeutschen Landsmannschaft arbeitete zusätzlich und rechtzeitig ein für die Bundesregierung bestimmtes Memorandum aus, in welchem die erwähnte Rechtsverwahrung nach dem Ergebnis eines Sachverständigen-Gremiums begründet wurde.

Ich leitete die zitierten Beschlüsse des Sudetendeutschen Rates und der Sudetendeutschen Landsmannschaft pflichtgemäß an den Bundeskanzler und seinen Außenminister weiter. Mit Schreiben vom 28. August 1973 bestätigte Staatssekretär Frank den Empfang der Eingaben. Er bekräftigte, daß die Bundesregierung daran festhalte, das Münchner Abkommen vom 29. September sei seinerzeit rechtswirksam zustande gekommen und hätte zum Übergang der Gebietshoheit in den Sudetengebieten auf das Deutsche Reich geführt. Sie habe sich mit der ČSSR lediglich darüber geeinigt, wie dieses Abkommen und seine Rechtsfolgen in den gegenseitigen Beziehungen künftig behandelt werden sollten. Sie habe darüber hinaus unmißverständlich klargestellt, daß sie die Vertreibung der Sudetendeutschen im Jahre 1945 nicht als rechtmäßig anerkenne.

giert, die angeblich auf einen Vorschlag des Völkerrechtlers Professor Kelsen zurückgeht. (H. Raschhofer, »Völkerbund und Münchner Abkommen«, München 1976, S. 191 d.)

Eine schlechte Präambel und ein übler Dissens

Der Vertrag wurde am 11. Dezember 1973 von Willy Brandt als Bundeskanzler und Lubomir Štrougal als Ministerpräsident der ČSSR unterzeichnet. Ein »Briefwechsel über humanitäre Fragen« fand zwischen dem Außenminister Walter Scheel und Bohuslav Chňoupek statt. Die Artikel II bis VI erbrachten die gleichen Bekenntnisse zur Gewährung der Sicherheit in Europa sowie zur Charta der Vereinten Nationen, zum Gewaltverzicht und zum Vorsatz einer besseren Zusammenarbeit auf wirtschaftlichem und kulturellem Gebiete wie die anderen Ostverträge auch. Ausdrücklich wurde festgelegt, daß die beiden Vertragspartner keine Gebietsansprüche gegeneinander haben »und auch in Zukunft nicht erheben werden« (Art. IV).

Der bedeutsame Teil der Präambel sowie der Artikel I und II hatten folgenden Wortlaut:

»Die Bundesrepublik Deutschland und die Tschechoslowakische Sozialistische Republik

in der historischen Erkenntnis, daß das harmonische Zusammenleben der Völker in Europa ein Erfordernis des Friedens bildet,

in dem festen Willen, ein für allemal mit der unheilvollen Vergangenheit in ihren Beziehungen ein Ende zu machen, vor allem im Zusammenhang mit dem Zweiten Weltkrieg, der den europäischen Völkern unermeßliche Leiden zugefügt hat,

anerkennend, daß das Münchner Abkommen vom 29. September 1938 der Tschechoslowakischen Republik unter Androhung von Gewalt aufgezwungen wurde,

angesichts der Tatsache, daß in beiden Ländern eine neue Generation herangewachsen ist, die ein Recht auf eine gesicherte friedliche Zukunft hat,

in der Absicht, dauerhafte Grundlagen für die Entwicklung gutnachbarlicher Beziehungen zu schaffen,

in der Überzeugung, daß die friedliche Zusammenarbeit auf der Grundlage der Charta der Vereinten Nationen dem Wunsche der Völker sowie dem Interesse des Friedens in der Welt entspricht –

sind wie folgt übereingekommen:

Artikel 1

Die Bundesrepublik Deutschland und die Tschechoslowakische Sozialistische Republik betrachten das Münchner Abkommen vom 29. September 1938 im Hinblick auf ihre gegenseitigen Beziehungen nach Maßgabe dieses Vertrages als nichtig.

Artikel 2

(1) Dieser Vertrag berührt nicht die Rechtswirkungen, die sich in bezug auf natürliche oder juristische Personen aus dem in der Zeit vom 30. September 1938 bis zum 9. Mai 1945 angewendeten Recht ergeben.

Ausgenommen hiervon sind die Auswirkungen von Maßnahmen, die beide vertragschließende Parteien wegen ihrer Unvereinbarkeit mit den fundamentalen Prinzipien der Gerechtigkeit als nichtig betrachten.

(2) Dieser Vertrag läßt die sich aus der Rechtsordnung jeder der vertragschließenden Parteien ergebende Staatsangehörigkeit lebender und verstorbener Personen unberührt.

(3) Dieser Vertrag bildet mit seinen Erklärungen über das Münchner Abkommen keine Rechtsgrundlagen für materielle Ansprüche der Tschechoslowakischen Sozialistischen Republik und ihrer natürlichen und juristischen Personen.«

Der Vertrag, der nach Frank mit einem »Taschenspielertrick der Völkerrechtler« in der Nichtigkeitsformel des Artikels 1 eine Lösung fand, die beide Seiten zufriedenstellen sollte, löste im Deutschen Bundestag indes ein Ratifizierungsverfahren aus, dessen Kontroversen härter als die der anderen Ostverträge ausgefochten wurden. Da der Parallelvorgang auf tschechoslowakischer Seite – in der gleichgeschalteten Dogmatik der Moskauer Diktion – gleichfalls nach den stenographischen Protokollen bekannt ist, offenbart sich – schlag nach bei Shakespeare! – erneut ein Geschehen, das die Tragikomödie der Brandtschen Ostpolitik ebenso anschaulich wie drastisch wiedergibt.[1]

[1] Vgl. »Der Prager Vertrag in den Parlamenten«. Eine Dokumentation. Sudetendeutscher Rat, München 1975

Der Einspruch der sudetendeutschen Gesprächspartner sowie der Vertreter der Opposition im Deutschen Bundestag wandte sich bereits gegen die nach dem Prager Geschmack erfolgte Fassung der Präambel. Erstens brachte sie keinen Hinweis auf das Unrecht der Vertreibung. Zweitens stellte die aus dem sowjetisch-tschechoslowakischen Freundschaftspakt übernommene Wendung, das Münchner Abkommen vom 28.9.1938 sei der Tschechoslowakischen Republik »unter Androhung von Gewalt« aufgezwungen worden, insofern eine Beugung der historischen Wahrheit dar, als es ja nur die Abtretung der Sudetengebiete bestätigte, die der Prager Regierung bereits eine Woche vorher, am 21./22. September 1938, in mitternächtlicher Dramatik von den Botschaftern Englands und Frankreichs abverlangt wurde.

Mit welchen Mitteln Caspar Hilzinger (Staatssekretär Frank) die getroffenen Formulierungen rechtfertigte, unterstreicht sein Bemühen, die Einseitigkeit der Präambel mit dem Hinweis auf Auschwitz zu begründen. Entrüstet verfälscht er in seiner »Entschlüsselten Botschaft« (S. 316) meine Frage, was das denn mit dem Tschechenvertrag zu tun habe. Die Wahrheit des recht bezeichnenden Vorganges gibt das Protokoll über die Sitzung des Auswärtigen Ausschusses vom 7.6.1974 mit nachfolgenden Positionen wieder:

Staatssekretär Frank: »Ich selber war bei aller Härte der Verhandlungen nicht bereit, das zu vergessen, was dem tschechoslowakischen Volk nach 1938 und während des Zweiten Weltkrieges von deutscher Seite angetan wurde. Deshalb war ich auch nicht in der Lage, mehr aus der Präambel im Sinne dessen herauszuholen, was hier wiederholt gefordert worden ist ... Ich jedenfalls bin dazu nicht geeignet. Wer wissen will, welche Dinge das sind, die sich nicht aufrechnen lassen, dem kann ich nur empfehlen ... nach Auschwitz zu fahren und sich dort anzusehen, was das Spezifische dessen ist, was man nicht aufrechnen kann ... Daß bei der Verhandlung über die Präambel diese Dinge eine Rolle spielen, liegt auf der Hand.«

Abgeordneter Dr. Becher: »Ich halte nicht viel davon, wenn Sie, Herr Staatssekretär, in diesem Zusammenhang Auschwitz und das Problem der Aufrechnung zitieren. Zunächst einmal möchte ich sagen: Auschwitz liegt in Polen. Polen hat sich im Oktober 1938 bekanntlich als erstes Land an dem Raubzug gegen die Tschechoslowakei beteiligt und das Teschener Gebiet besetzt. Es müßte also in diesem Zusammenhang zuerst ein schlechtes Gewissen haben. Im Unterschied zu der schrecklichen Tötungsmaschine in Auschwitz, von der Sie gesprochen haben, hat zudem die Vertreibung der Sudetendeutschen nicht unter Ausschluß der Öffentlichkeit stattgefunden. Vor aller Augen sind in der Tschechoslowakei vielmehr an Deutschen Verbrechen begangen worden, die 240000 Opfer forderten ... Sie können nicht verlangen, daß wir darüber den Schleier des Vergessens legen, und auf der anderen Seite die Argumente hervorziehen, die Sie zitiert haben.«

In der ersten Lesung des Prager Vertrages im Deutschen Bundestag ging ich am 22. März 1974 in einer ausführlichen Rede auf die Zusammenhänge zwischen Präambel und Nichtigkeitsformel ein:

»Warum ließ die Bundesregierung, so frage ich, lediglich die Pressionen Hitlers, nicht aber die Gewaltakte der anderen Seite verurteilen? Weil die Wahrung der berechtigten geschichtlichen Interessen der betroffenen Deutschen den Formelkompromiß verhindert hätte, der den Prager Unterhändlern die Brücke zu ihrer Ausgangslogik baute! Die in der Präambel durch Ausklammerung von Tatbeständen vollzogene Geschichtsklitterung ermöglichte ihnen das Abrücken von der ursprünglichen Ex-tunc-Formel (›ungültig von Anfang an‹). Sie stimmten der jetzigen Formel des Artikels 1 (›nichtig nach Maßgabe dieses Vertrages‹) zu, warfen aber gleichzeitig die Angeln ihrer Logik auf die Wiener Vertragskonvention von 1969. Dort wird ein Vertrag, der unter Anwendung von Gewalt erzwungen wurde, als ›nichtig‹ im Sinne von ›von Anfang an nicht existent‹, also als von Anfang an ungültig bezeichnet.

(Zuruf des Bundesministers Scheel)

Ich weiß nicht, Herr Außenminister, warum den kundigen Helfern der Bundesregierung, die ansonsten gute Arbeit geleistet haben, dieser Angelwurf verborgen blieb. Jedenfalls hat er den Formelkompromiß ermöglicht, in dem nun die Rechtspositionen der Bundesregierung wie Fische im Netz zappeln. Der Begriff ›nichtig‹ ist zur Kennmarke im Dissens geworden, der nun auch diesen letzten der Ostverträge bestimmt.«

Ich zitierte die konträre Auslegung der Dissensformel durch Staatssekretär Frank und seinen Verhandlungspartner Jiři Götz (den nachmals ersten Botschafter der ČSSR in Bonn), der die sowjetisch-tschechische Auslegung der Nichtigkeitsformel wie eine Standarte vor sich hertrage, und fuhr dann fort:

»Ich würde sagen, die Prager Logik ist kugelrund und geradezu bewundernswert. Sie gibt nur verhalten den Jubel wieder, die Bundesregierung überspielt zu haben. So schrieb das kommunistische Parteiblatt ›Rudé Právo‹ am 21. Juni 1973:

›Jetzt also hat die deutsche Bundesregierung vertraglich bestätigt, daß das sogenannte Münchner Abkommen unter Gewaltandrohung beschlossen worden ist. Die politische und rechtliche Hauptbedeutung der Anerkennung der Nichtigkeit des Münchner Abkommens beruht darin, daß man damit bestätigt, daß die gewaltsam abgetrennten tschechoslowakischen Grenzgebiete nie rechtens zum Deutschen Reich gehört haben.‹

Die ›gewaltsam abgetrennten tschechoslowakischen Grenzgebiete‹, meine Damen und Herren, von denen hier gesprochen wird, sind in Wahrheit die seit acht Jahrhunderten bewohnten und von ihnen gerodeten Heimatgebiete der Sudetendeutschen.

Der eigentliche Grund, warum wir den Vertrag in der Substanz für krank und gefährlich halten, ergibt sich aus der nun folgenden Konklusion der tschechischen Seite. Wenn nämlich, so sagt sie, das Münchner Abkommen nichtig und daher nach der Wiener Konventionsformel ›von Anfang an nicht existent‹ ist, haben die sudetendeutschen Gebiete nie zum Deutschen Reich gehört.

Dann hat die Tschechoslowakei in ununterbrochener Kontinuität in ihren alten Grenzen nach 1938 weiterbestanden und im Zeichen eines originären Hoheitsaktes eine innerstaatliche Aktion vollzogen: Sie bestrafte die dreieinhalb Millionen Deutschen ohne Rücksicht auf Alter, Geschlecht und politische Herkunft mit der Austreibung, weil sie sich in illoyaler Weise so verhielten, als wären sie nach 1938 Staatsbürger des Dritten Reiches geworden!

Kurz gesagt: Die tschechoslowakischen Kommunisten verlangten die Feststellung der Nichtigkeit des Münchner Abkommens, meinten aber in Wirklichkeit die Legalisierung der Vertreibung. Das ist das Entscheidende.«

(Beifall bei der CDU/CSU)

Ich verwies auf die Unvereinbarkeit des Wunsches, nach dem Willy Brandt von Prag aus an die Partner appellierte, »den Vertrag nicht durch einseitige Interpretationen einzuengen«, mit dem zentralen Dissens, der von Scheel und Hilzinger im Gegensatz dazu als naturgemäß und zulässig bezeichnet wurde. –

Da hielt ich nun an einem späten Märzabend eine für uns bedeutsame Rede im Deutschen Bundestag. Das Theatrum maximum des Plenarsaales gähnte ziemlich leer vor mich hin. Nur die außenpolitischen Spezialisten – mit dem stets und immer anwesenden Herbert Wehner – versammelten sich um das Rednerpult. Alles war »in den Wind gesprochen« und vielleicht nur deshalb zu beachten, weil es den Weg in die Protokolltafeln der Geschichte, will sagen des Parlamentes fand.

Fügt man deren Niederschriften aneinander, ergibt sich gleichwohl ein spannungsvoller Ablauf.[1] Er zeigt, daß hier die Möglichkeiten des Ratifizierungsverfahrens bis zur Anrufung des Vermittlungsausschusses zwischen Bundesrat und Bundestag sowie zur Endentscheidung ausgenutzt wurden. Der Prager Vertrag war eben, was der Abgeordnete Richard Jäger in der zweiten Lesung hervorhob, nicht nur eine »spezielle Angelegenheit der Sudetendeutschen«. Er stellte ein weiteres Mal das Grundkonzept der Ostverträge zur Diskussion und fand ob seiner offenkundigen Einseitigkeit diesmal die einstimmige Ablehnung durch die Opposition.

Vorzüglich bewährte sich die Schirmherrschaft des Freistaates Bayern über seinen »vierten Stamm«. Ministerpräsident Alfons Goppel berief die Spitzenkörperschaften der Sudetendeutschen zu einer offiziellen Beratung in die Bayerische Staatskanzlei. Minister Dr. Fritz Pirkl, ein nimmermüder Freund ihrer Sache, sowie Dr. Franz Heubl, Bayerns Minister in Bonn, vertraten unsere Anliegen im Bundesrat und überzeugten dessen Mehrheit (Bayern, Baden-Württemberg, Saarland, Rheinland-Pfalz, Schleswig-Holstein), für ein wohlbegründetes Nein zum Vertrag und für die Anrufung des Vermittlungsausschusses zu stimmen.

Dr. Heubl stellte dabei die Frage, ob die Normalisierung der Beziehungen beider vertragschließenden Staaten nicht auf dem Rücken der Vertriebenen erfolge: »Nach dem Kommuniqué vom 12. Dezember

[1] Niederschriften des Deutschen Bundestages vom 27. März 1974 und 20. Juni 1974. Deutscher Bundesrat vom 21. Juni und 1. Juli 1974. Deutscher Bundestag vom 10. Juli 1974.

1973 soll der Vertrag einen ›Schlußstrich unter die Vergangenheit‹ ziehen. Dabei ist aber nicht klargestellt, daß die Ansprüche der Vertriebenen, ihr Selbstbestimmungs- und Heimatrecht, unberührt bleiben.«

Namhafte Kombattanten der Bundestagsparteien ergriffen in den verschiedenen Lesungen das Wort.[1]

Als Hauptredner sudetendeutscher Herkunft sprach Dr. Fritz Wittmann die jammervolle Regelung der wiederum in einen Briefwechsel verbannten »humanitären Fragen« an, von der aussiedlungswillige Deutsche in der ČSSR nicht einmal durch öffentliche Ankündigung unterrichtet wurden. Als »Meisterstück der Verschleierung« bezeichnete er den »Brief über die Fragen der Strafverfolgung«, welche lediglich Deutsche traf, aber die von Tschechen im Zusammenhang mit der Vertreibung begangenen Verbrechen (deren Verfolgung längst durch eine innerstaatliche Amnestie niedergeschlagen war) ausklammerte. Wittmann würdigte die eingehende Erörterung der Elementarfragen in den mehr als zweijährigen Verhandlungen, stellte aber gleichwohl fest: »Bei diesem Vertrag sind die Probleme sachkundiger und sorgfältiger unter den Teppich gekehrt worden.«

Der ungeduldige Wehner

Die lange Dauer der Verhandlungen sowie der Aufschub des Vertragsabschlusses veranlaßten Herbert Wehner zu lautstarken Reaktionen. Er äußerte sie im Rahmen einer wüsten Kritik am fehlenden Vollzug der Ostverträge, die zu einer Ansammlung von Unterschriften degenerieren und alleine den Verwaltungsstellen überantwortet würden. Was der Regierung fehle, »sei ein Kopf«.

Das war ein Schuß gegen Willy Brandt, den er als ausscherendes Mitglied einer Bundestagsdelegation im September 1973 von Moskau aus abfeuerte. Er traf aber auch den wackeren Schwaben (Caspar

[1] Neben Bundeskanzler Schmidt und Außenminister Scheel die Berichterstatter Bruno Friedrich (SPD) und Dr. Heck (CDU) sowie die Abgeordneten Bahr, Hofmann, Mattick, Metzger, Wehner (SPD), Ronneburger, Moersch (FDP), Becher, Hupka, Jäger, Kiep, Kiesinger, Marx, Mertes, Wittmann (CDU/CSU).

Hilzinger), der sich – »ein alemannischer Dickschädel« – entschieden zur Wehr setzte. Nach seiner Auffassung habe jedermann das Recht, ungeduldig zu sein; der Diplomat aber habe die Pflicht, sorgfältig und gewissenhaft zu verhandeln, auch wenn das Zeit koste.[1]

Der Disput, der wesentlich zur unheilbaren persönlichen Feindschaft zwischen Brandt und Wehner beitrug[2], war indes damit nicht beendet. Er veranlaßte Alois Mertes, neben Werner Marx der außenpolitische Hauptexperte der CDU/CSU, am 20. Juni 1974 zu einer Generalabrechnung mit Herbert Wehner.

Dessen Plädoyer für die angeblich bedrohte Existenz der Tschechoslowakei kam freilich auch uns als äußerst wandelbar vor. Am Höhepunkt seines Wirkens als »Minister für gesamtdeutsche Fragen« hatte er noch in einem Interview des »Deutschlandfunks« die Aussichtslosigkeit weiteren Bemühens um Verständnis in Polen beteuert. Er warnte damals desgleichen davor, den Sudetendeutschen wegen des Münchner Abkommens »aufs Haupt zu schlagen«.[3] Dabei mag er sich an das Programm der Kommunistischen Partei der Tschechoslowakei erinnert haben, welches bis zum Jahre 1933 die Abtrennung der Sudetengebiete im Geiste der Selbstbestimmung verlangte. Christian Willars hat uns den fanatischen Eifer übermittelt, mit welchem die in der ČSR recht starke (10%) Partei gegen den Staat agierte.[4]

Mertes, der seine Rede mit einer Würdigung der kleinen Gegenleistungen begann (»Jeder Apfel, den wir für die Hergabe unseres Obstgartens bekommen, soll gezählt werden«), hielt dem Chef der SPD-Fraktion vor, daß er mit seinen Vorwürfen aus Moskau die deutsche Position bei den Verhandlungen mit Prag geschwächt habe. Er rügte seine Aussage zur Annullierung des Münchner Abkommens und zur einschränkenden Auslegung des Viermächteabkommens

[1] Paul Frank, »Entschlüsselte Botschaft«, a.a.O., S. 309

[2] Siehe Arnulf Baring, »Machtwechsel«, a.a.O., S. 601 ff., und die diesbezüglichen Ausführungen in Willy Brandts »Erinnerungen« 1989, S. 226 ff.

[3] »Interview der Woche«, Deutschlandfunk vom 28. August 1966

[4] Ihr Vorsitzender hatte in der Prager Nationalversammlung unmißverständlich erklärt: »Wir lernen von den russischen Bolschewiken, euch den Hals abzuschneiden! Davon weichen wir keinen einzigen Schritt ab. Wir werden diesen kapitalistischen Staat zersetzen bis zu seiner völligen Vernichtung!« (Stenographisches Protokoll der Parlamentssitzung vom 21. Dezember 1929. Vermerkt bei Willars, »Die böhmische Zitadelle«, a.a.O., S. 268)

über Berlin. Wenn er die Einrichtung eines Bundesamtes in West-Berlin ablehne sowie die Forderung nach mehr Informationen und Freizügigkeit für die Menschen als »unrealistisch« bezeichne, müsse man die Frage »Cui bono?« – wem das nütze – aufwerfen.

Unter zunehmender Spannung im Hohen Hause rief er Wehner – er wollte »seinem Herzen einmal lauthals Luft machen« – freiweg zu: »Ihr Begriff von Freiheit, Herr Wehner, begünstigt objektiv diejenigen, die den Freiheits- und Wiedervereinigungswillen in Deutschland ersticken wollen!«[1]

Das war wahrhaftig starker Tobak, und alles wartete auf die Replik des damals »mächtigsten Mannes der SPD«. Wehner ging auf den Kern dieser Anklage indes nicht ein und begann statt dessen zu schimpfen.

Er bezeichnete Karl Carstens als »Papen-Verschnitt« und meinte, er wisse, wo jene, die nun auch dem Münchner Abkommen hinter dem Schutzwall von Pseudoargumenten »noch eins draufpacken« wollen, sicherlich stehen. Das war nun wieder unter die Gürtellinie gezielt und attackierte die demokratische Verläßlichkeit der Opposition. Alois Mertes warf ihm die Verdrehung von Tatsachen und Halbwahrheiten vor und wehrte sich gegen den Versuch, jene in die reaktionäre Ecke zu stellen, die demokratischen Rechtsauffassungen treu bleiben. Ein solches Vorgehen erinnere an die Rede, die Wehner am 7. Oktober 1930 im Sächsischen Landtag gehalten habe, und an das dort verwendete Vokabular.[2]

Die Erinnerung an dieses Vokabular, das jenem der tschechoslowakischen Kommunisten erschreckend ähnlich klang, schien nun in der Tat nicht geeignet, die Position des so gewieften Dialektikers zu stärken. Mir kam dabei die doppelte Moral ins Bewußtsein, die man hierzulande im Hinblick auf alte Aussagen hegt. Ob seiner Verdienste um den Machtwechsel wurde Wehner, was da auch immer gesagt und getan worden war, zum »politischen Urgestein« befördert und unter

[1] Deutscher Bundestag, Protokoll vom 20. Juni 1974, S. 7446

[2] Wehner damals wörtlich: »Wir werden dafür sorgen, daß bei uns reiner Tisch gemacht wird mit der Bourgeoisie und ihren Helfershelfern, wie es in Sowjetrußland der Fall gewesen ist; und das Geschrei der Bürgerlichen in Deutschland, unterstützt durch die sozialdemokratische Presse, das Geschrei, das ausbricht, wenn die Herrschaft der arbeitenden Massen in Rußland Schluß macht mit den Feinden des Aufbaus, beweist nur die schlotternde Todesangst dieser bankrotten bürgerlichen Gesellschaft!«

Denkmalschutz gestellt. Was aus der Gevatternschaft des Kommunismus kam – auch das war eine Folge der »neuen Ostpolitik« –, wurde toleriert und entschuldigt. Mir selbst aber trug man, auch in der Debatte zum Prager Vertrag, die Sätze aus der Reichenberger »Zeit« ohne Rücksicht darauf nach, ob sie aus meiner Feder stammten oder nicht und unter welchen Umständen sie erschienen waren. Für gewisse Leute war ich nur im Zusammenhang mit Verleumdungen nützlich.

Dem Höhepunkt im parlamentarischen Schlagabtausch folgten letzte Zusammenfassungen der entgegengesetzten Standpunkte. Für die CDU/CSU begründete Werner Marx das Nein zum Prager Vertrag in zehn Punkten:

1. Er verhindere eine wirkliche und dauerhafte Verständigung mit dem östlichen Nachbarvolk. 2. Er arbeite mit einem fundamentalen Dissens in der Auslegung durch die Vertragspartner. 3. Er unterschätze die entgegengesetzte Interpretation der tschechoslowakischen Seite. 4. Er verenge und verfälsche die geschichtlichen Ursachen, die zum Münchner Abkommen führten. 5. Er stelle die bisherigen Staatsangehörigkeitsprobleme nicht außer Streit. 6. Der humanitäre Briefwechsel sei mangelhaft und lasse die Volksgruppenrechte der in ihrer Heimat verbliebenen Deutschen unerwähnt. 7. Der Briefwechsel über die Strafverfolgung gehe von der irrigen Annahme aus, die ČSR habe in der Zeit von 1938 bis 1945 eine Strafhoheit über die Sudetendeutschen besessen. 8. Die konsularischen Befugnisse bei allen Westberliner Angelegenheiten seien noch ungeklärt. 9. Die schwerwiegenden Völkerrechtsverletzungen bei der Vertreibung der Deutschen blieben im Vertrag unerwähnt. 10. Das Recht auf Selbstbestimmung und Heimat der Sudetendeutschen müsse erhalten bleiben, auch wenn damit keine Grenzänderungsforderungen der Bundesrepublik Deutschland verbunden sind.[1]

Nachdem die mit ähnlichen Argumenten versehenen Einsprüche des Bundesrates im Vermittlungsausschuß abgelehnt worden waren, endete die namentliche Schlußabstimmung am 10. Juli 1974 mit dem Votum von 262 Abgeordneten, die sich für die Zurückweisung der erwähnten Einsprüche und damit für die Annahme des Prager Vertrages entschieden. 167 von 429 anwesenden stimmentscheidenden Ab-

[1] Protokoll des Deutschen Bundestages vom 20. Juni 1974, S. 7453 ff.

geordneten hatten ihr Votum für den Einspruch des Bundesrates und damit gegen die Ratifizierung des Prager Vertrages abgegeben.

Der fast vierjährige Kampf um die Ostverträge schien damit abgeschlossen. Was aber ergibt die Frage nach dem »Nachher« auch im Hinblick auf die Auswirkungen des letzten dieser Vertragsabschlüsse?

Europa ohne Betonkommunisten

Wer zum Zeitpunkt der 50jährigen Wiederkehr des Hitler-Stalin-Paktes und des damit verbundenen Geheimabkommens über die Aufteilung der Interessensphären einen Blick auf die im deutschen Fernsehen im August 1989 wiedergegebenen Reaktionen von Bürgern aus Polen und aus dem Baltikum warf, konnte darauf eine sensationelle Antwort bekommen. Da trat man lautstark für den Widerruf der Beschlüsse von Jalta und Potsdam und der dort geschaffenen Grenzen ein.

Vier Millionen Hände bildeten von Reval bis Wilna eine Menschenkette, um für die Freiheit der von Stalin usurpierten baltischen Länder zu demonstrieren. Warschau und Budapest drückten, ob mit oder ohne Dauererfolg, ihre kommunistischen Parteien aus der Macht. Ihre Parlamente verurteilten die 1968 erfolgte Invasion der Warschauer-Pakt-Truppen in die Tschechoslowakei. Diese aber lobte vorerst die »brüderliche Hilfe«, die ihr Breschnew damals zuteil werden ließ. Desgleichen tat auch Ost-Berlin.

Die Betonkommunisten der DDR und der ČSSR saßen im Käfig ihrer sterbenden Ideologie. Sie bangten um den Status quo – und mit ihnen bangten die »Architekten« der deutschen Ostverträge. 15 Jahre nach der Ratifizierung des letzten aus deren Reihe stand östlich des Böhmerwaldes und der »deutsch-deutschen Grenze« mit dem Kommunismus auch ihre Denkschule vor dem Bankrott. Die in diesem Raum bestehende »wirkliche Lage«, auf die sie sich einschwören ließen, geriet ins Schlittern. Ihre »Stabilisierung« würde die Selbstbestimmung der Deutschen in der DDR erheblich einschränken und bestenfalls den Interessen der wiedererstandenen Kriegskoalition der Sieger von 1945 dienen. Die Sozialliberalen sprangen gleichwohl –

mit Hilfe der Medien auch hier wieder die Öffentlichkeit täuschend – auf den Zug der Freiheitsbewegung in Osteuropa auf, obwohl sie den Status quo ja mit denen erhalten wollten, welche die Freiheit unterdrückten.

Es war klar: Sollten die Zusatzprotokolle zum Hitler-Stalin-Pakt annulliert werden, würde Artikel 3 des Vertrages vom 12. August 1970 eine eindeutig widerrechtliche Grenze anerkennen (siehe FAZ vom 25.8.1989). Wer konnte dann dem Sprecher der Sudetendeutschen, Minister a. D. Franz Neubauer, gram sein, wenn er die Unterzeichner der nicht weniger amoralischen Potsdamer Beschlüsse vom 2. August 1945 aufforderte, ihre Unterschriften von diesen Vereinbarungen zurückzuziehen. Hatten sie doch mit der Zustimmung zur Aussiedlung der Ost- und Sudetendeutschen die Menschenrechte aufs gröblichste verletzt.[1]

Wo blieben da die demütigen Formulierungen in der Präambel des Prager Vertrages? Wo blieben die Zustimmung zur Nichtigkeitsformel und die »Taschenspielertricks« der Völkerrechtler, die sie nur einseitig entschärfen konnten?

Wie recht hatte die Bundesversammlung der Sudetendeutschen Landsmannschaft, als sie am 14. Juli 1973 erklärte: »Die sudetendeutsche Volksgruppe und das tschechische Volk werden durch den Vertrag zwischen Bonn und Prag, über den die Geschichte hinweggehen wird, weder verpflichtet noch berechtigt.«

In der Tat sieht es um diesen Pakt, der die Komplizen Breschnews zu Partnern der Bundesregierung machte, schon aus dem Grunde schlecht aus, weil er die Wiederbegegnung der beiden Völker Böhmens eher behinderte als sie zu fördern. Für die in ihrer Ursprungsheimat zurückgebliebenen Deutschen gab es keine Chance, als Angehörige ihres Volkes zu überleben. Für ihre Kinder existierten weder Schulen noch Unterricht in ihrer eigenen Sprache. Zum Teil in das Innere des Landes deportiert, gingen sie, bestenfalls von einer deutsch geschriebenen Gewerkschaftszeitung erreicht, im tschechischen Sprachkörper auf. Sie standen vor dem Volkstod, und der Vertrag hat nicht das mindeste daran geändert.

Die Garde der »Stalinisten« scharte und schart sich von Husák bis

[1] Vgl. Manfred Riedl, »Ohne Revision der Potsdamer Beschlüsse kein ›gemeinsames europäisches Haus‹«. Sudetendeutsche Zeitung, 18.8.1989

Bilák und von Jindra bis zu dem neu gekürten Generalsekretär der KPČ, Miloš Jakeš, um den harten Kern der Altfunktionäre. Sie unterdrückten die Anhänger der Charta 77 ebenso wie den Schriftsteller Václav Havel.

Sie bedienten sich des vertrauten Vokabulars aus Breschnews folgenschwerer Ära. Wenn ihnen nichts anderes einfiel, griffen sie in den Zettelkasten von ehedem, um den Dr. Walter Becher, den sie bereits verstorben wähnten, als Buhmann für alle Fälle zu gebrauchen: »Walter Becher lebt zwar nicht mehr, aber der Revanchismus blüht weiter in der Bundesrepublik Deutschland.«[1] Die Vertreibung bleibt für sie ein begrüßenswertes Faktum.

Demgegenüber weist der Versuch zweier tschechischer Autoren, gerade die grausamen Folgen dieses Vorganges, nämlich den Verfall der sudetenländischen Heimat, in eindrucksstarker Bilderfolge zum Anlaß gemeinsamer Besinnung zu machen, den richtigen Weg.[2] Ebenso tut dies die von Leopold Grünwald veröffentlichte tschechische Selbstkritik: »Wir haben uns selbst aus Europa vertrieben!«[3]

Abertausend Sudetendeutsche, die vor und nach dem Prager Vertrag die böhmisch-mährische Heimat besuchten, fanden die »Seelenlandschaft«, die Jahrhunderte gemeinsamer Geschichte wach erhielten. Gemeinsamkeiten (bis zur Eßkultur und den Gewohnheiten des Alltagslebens) werden um so stärker empfunden, je weiter entfernt Deutsche und Tschechen von der böhmischen Heimat wohnen. Aber auch hier in der Bundesrepublik haben sie sich zusammengefunden und seit Jahren darüber nachgedacht, wie man aus den Fehlern der Vergangenheit lernen und eine Wiederbegegnung aus freiem Willen herbeiführen könne.[4]

Ich nahm als Sprecher der SL an den Veranstaltungen unserer tschechischen Partner von einst, an Vorträgen, Musikabenden, sogar – was ehedem unmöglich gewesen wäre – an ihren Festbällen teil. Schrifttum und Aufnahmen, die uns mit tschechischer Literatur (vor allem mit tschechischer Lyrik) oder mit dem erhebenden Liedgut der

[1] Radio Prag. Deutsche Sendung vom 7.8.1989

[2] František Jedermann (Pseudonym für Potr Prihoda), »Verlorene Geschichte. Bilder und Texte aus dem heutigen Sudetenland«, Köln 1985

[3] Leopold Grünwald, »Wir haben uns selbst aus Europa vertrieben!«, München 1985

[4] Vgl. »Im Zeichen der Partnerschaft«, Sudetendeutsch-Tschechische Studientagung in Endorf, Sudetendeutscher Rat, München 1980

Slowaken vertraut machten, fanden meine echte Anteilnahme. Mutige Akzente der Wahrheitsfindung, die von Jan Mlynárik (Danubius), Luděk Pachman, von der »Bohemus«-Studie tschechischer Sozialdemokraten, von den Bekundungen sudetendeutscher und tschechischer Katholiken, vom Zuspruch eines »Bambino di Praga« und anderen ausgingen, setzten sich für eine bereinigte sudetendeutsch-tschechische Atmosphäre ein. Der sagaähnliche Roman der Sidonia Dedina »Als die Tiere starben« gab versöhnliche Szenen aus einer Kolchose im ehemals deutschen Böhmerwald wieder, die uns richtig hoffen ließen.[1]

Das alles sind und waren Aussagen, die auf das »Herzland Europas« zielen und damit auf ein gemeinsames Haus, das nicht aus dem Werkstoff von Betonkommunisten erstehen kann.

Ein Stufenplan der Partnerschaft

Die umwälzenden Ereignisse, die an der Jahreswende 1989/90 auch in der Tschechoslowakei neue Verhältnisse schufen, kommen dieser Hoffnung, wie ich annehme, entgegen.

Die Wahl Václav Havels zum Präsidenten der ČSSR hat eine Persönlichkeit von hoher moralischer Aussagekraft an die Spitze des Staates gestellt und nicht nur das sozialistische »S« aus dem Staatskürzel gestrichen. Anders als ehedem Beneš fand er auf seinen ersten Schritten den Weg zur deutschen Demokratie und zur moralischen Verurteilung der Vertreibung.

Das öffnete die Möglichkeit, gemeinsam mit den Deutschen und nicht gegen sie, die geistige und politische Symmetrierung Europas in die Wege zu leiten. Sie würde den Zustand des labilen Gleichgewichts entlang des Eisernen Vorhangs überwinden und Prag neben Berlin und Wien (fast wie zu Zeiten Kaiser Karls IV.) zu einem zentralen Standort Europas machen.

»Böhmen« war und ist dabei (siehe Seite 376!) mehr als »Čechy« (Tschechien) und mehr als das Sudetenland. Die Gemeinsamkeit seiner Völker bleibt nicht nur die Voraussetzung seines geopolitischen

[1] Sidonia Dedina, »Als die Tiere starben«, München 1988

Auftrages. Ihre Partnerschaft ist nach allen Seiten auch die wirksamste Alternative zum »Protektorat«.

Nach den revolutionären Akten werden die neunziger Jahre zunächst deren Krisenfolgen zu meistern haben. Was wird aus Sowjetrußland? Wie verläuft der Weg vom Sozialismus zur Marktwirtschaft? Wie bilden sich demokratische Strukturen? Schneller als erwartet wird das personelle Ausbluten der DDR die Wiedervereinigung erzwingen, die Schwerpunkte der EG ostwärts verlagern sowie die Mitte-Lage Deutschlands eher unterstreichen als mindern. Eine deutsch-tschechische Zusammenarbeit wird das A und O der tschechoslowakischen Regeneration aus den Niederungen des Industrie-, Landschafts- und Siedlungsverfalls sein.

Wer, wenn nicht die Sudetendeutschen, könnten sich aus ureigenem Antrieb daran beteiligen? Da die jahrzehntelange Blockierung ihres Heimatanspruchs dieses Vorhaben für die ältere Generation indes schwer durchführbar macht und jüngere Jahrgänge aus dem Wirtschaftswunderland der Bundesrepublik kaum ohne ökonomische und politische Zukunftssicherung den Weg in das Ödland des Sozialismus antreten, bedarf es eines Stufenplans der Partnerschaft. Er kann den nach Geschichte und Recht verbrieften deutschen Teil der böhmisch-mährisch-schlesischen Länder wieder entstehen lassen. Er wird verschiedene Zeitläufte umfassen und vor allem dort ansetzen, wo Raubbau und Umweltverschmutzung ganze Landesteile (Gebirgswälder und Abbausohlen) vernichteten. Desgleichen würde er gemeinsame Kulturzentren in Prag, Brünn und Preßburg ermöglichen.

Es könnte sein, daß ein solches Unterfangen gut geht und die Zirkelmitte Europas zu einem blühenden Lande macht. Nicht Hus, sondern der hl. Wenzel, nicht Hitler, sondern Adalbert Stifter müßten dabei Pate stehen. Auf der Seite derer, die den Grundgedanken meiner Zeugenschaft folgen, ist der gute Wille dazu vorhanden. Gilt dies auch für die andere Seite? Das wäre nicht nur ein offenes Fragezeichen, sondern eine Schicksalsfrage des nunmehr freien tschechischen Volkes: ob die Havel-Erklärung nur das Amen hinter den von Beneš vollzogenen Verbrechen oder der Beginn einer ehrlichen Partnerschaft beider Völker Böhmens ist.

UNO, höre auch uns!

Was Millionen aus ihrer Heimat vertriebener Menschen mehr noch als den Verlust materieller Werte empfanden, war und ist bis zum heutigen Tage das verletzte Rechtsgefühl. Allzusehr widersprach einer Unzahl von Erklärungen und Deklamationen die Tatsache, daß sie offenbar für Deutsche keine Geltung hatten. Als Sudetendeutsche standen wir nicht nur hinter der Mauer des Schweigens, sondern auch hinter jener der doppelten Moral und der doppelten Maßstäbe. Es gehörte zu meinen Pflichten, sie abzubauen.

Mehr noch als andere Ereignisse motivierte uns dabei ein Vorgang, dessen Parallelität zu unserer Frage in der Mitte der siebziger Jahre sozusagen in die Augen sprang. Die Generalversammlung der UNO faßte am 22. November 1974 die Entschließung Nr. 3236, die den Palästinensern das »unveräußerliche Recht auf Selbstbestimmung«, auf »Rückkehr in die Heimat« sowie auf »Rückgabe ihres Eigentums« zubilligte.

Am 13. November 1974 hatte Jassir Arafat in voller Adjustierung (das heißt mit Turbantuch und Pistole) in großangelegter Rede vor der UNO dieses Ergebnis vorbereiten helfen. Er sprach für die nach seiner Angabe 3350000 Palästinenser, welche, aus ihrer Heimat vertrieben, in Lagern oder als Menschen zweiten Grades auf dem Gebiete des »jetzigen Gebildes« Israel leben. Zusätzlich zerstreut über die Staaten des vorderen Orients hätten sie sich die Treue zu ihrem Volke, d. h. die eigene Identität bewahrt. Die Masse des palästinensischen Volkes werde widerrechtlich von ihrem Heimatgebiet ferngehalten, der andere Teil lebe in einem »Besatzungsgefängnis«.

Diese Rede riß die ganze Problematik des Rechts auf die Heimat auf. Aus unserer Sicht auch deshalb, weil es ja – nach 2000 Jahren wiedererweckt – ebenso von den Juden wohlbegründet in Anspruch genommen wurde. Wir sahen in der Auseinandersetzung das »böhmische Israel«, nämlich ein Land mit zwei Völkern, die entweder in Partnerschaft miteinander leben oder in ewigen Kampf versinken mußten. Nicht wenige meiner Landsleute versuchten auf beiden Seiten zu schlichten, ja das Selbstverwaltungs- und Kurien-Prinzip des »Mährischen Ausgleichs« aus dem Jahre 1905 in Gesprächen und Vorträgen zur Diskussion zu stellen.

Die Entschließung Nr. 3236 selber erschien uns aber bedeutsam, weil sie die Wiedergutmachung einer Vertreibungs- und Enteignungsaktion in einem konkreten Fall verlangte. Sinnigerweise stimmten ihr in abgewandelter Form auch die Außenminister der Europäischen Gemeinschaft zu. Hans-Dietrich Genscher, der sie des öftern mit großem Pathos vortrug, mußte sich dann die Frage gefallen lassen, warum das, was für 3½ Millionen Palästinenser gelten solle, nicht auch den 3½ Millionen Deutschen des Sudetenlandes zustehe.

Die »Petition der Sudetendeutschen an die Vereinten Nationen«, die wir aufgrund dieser Erwägungen am 27. Februar 1975 beschlossen, nahm auf die fundamentalen Prinzipien Bezug, die in der Allgemeinen Erklärung der Menschenrechte vom 10. Dezember 1948 und in den Menschenrechtskonventionen vom 16. Dezember 1966 der UNO sowie von der Europäischen Konvention zum Schutz der Menschenrechte vom 4. November 1950 und ihren Zusatzprotokollen festgelegt wurden. Sie verwies auf den durch die Austreibung erfolgten Bruch dieser Rechtsprinzipien und auf das Schicksal, dem die Volksgruppe ausgesetzt war. Die Vertreibung und Enteignung der Sudetendeutschen sei »nicht zu vereinbaren mit:

dem Recht auf Leben, Freiheit, Gleichheit, Achtung der Würde und Sicherheit aller Menschen ohne Rücksicht auf Sprache oder nationale Herkunft

dem Recht auf Unterlassung unterschiedlicher Behandlung und auf Schutz vor Diskriminierung und Handlungen, die die menschlichen Grundrechte verletzen

dem Recht auf Schutz vor willkürlichem Eingriff in Familie und Heim des Menschen

dem Recht, seinen Wohnsitz frei zu wählen, sein Land zu verlassen oder in sein Land zurückzukehren«

Unser Verlangen, von der UNO gehört zu werden, gipfelte schließlich in der aktuellen Forderung:

»Das unveräußerliche Recht auf Selbstbestimmung, auf nationale Unabhängigkeit, das Recht auf Rückkehr in die angestammte Heimat und auf Rückgabe des Eigentums wurde zuletzt in der Entschließung Nr. 3236 vom 27. November 1974 von der Vollversammlung der Vereinten Nationen gegenüber dem palästinensischen Volk anerkannt.

Da ihre unveräußerlichen Rechte durch die Vertreibung und Enteignung in gleicher Weise mißachtet und verletzt wurden, erheben die 3 ½ Millionen Sudetendeutschen den gleichen Anspruch auf Wiederherstellung ihrer Rechte«[1]

Ich drang darauf, daß es nicht nur bei einer papierenen Aufforderung blieb, die man per Post und Einschreiben dem Adressaten übermittelt. Das Gewicht unseres Verlangens sollte vielmehr durch Tausende von Unterschriften bekräftigt sowie an Ort und Stelle, d. h. am Sitz der Vereinten Nationen in New York übergeben werden. Die Gemeinschaftsaktion, die sich daraus entwickelte, bezeugt, wie abwegig es war, über einen ausdrucksstarken Teil des deutschen Volkes einfach zur Tagesordnung überzugehen.

Zunächst versammelten sich an die 200 000 Teilnehmer des Sudetendeutschen Tages zu Pfingsten 1975 in Nürnberg unter dem Motto »30 Jahre nach der Vertreibung – UNO höre auch uns!« Der Ruf »Gleiches Recht für alle!« erfüllte sie ebenso wie der legitime Anspruch, »einmal auch unsere Rechnung aufzumachen und vor das Forum der Öffentlichkeit zu bringen«. Wir waren uns dessen bewußt, daß wir das nicht mit den Mitteln des Terrors oder aus den Brutstätten von Flüchtlingslagern heraus taten, sondern mit einem Appell, der gleichwohl starken Willen und den Wunsch, zu überzeugen, vermittelte. Nicht von ungefähr richtete ich an die Bundesregierung die Bitte, diese Petition auch ihrerseits zu vertreten und in den Geschäftsgang der UNO einzubringen:

»Wir können bei allem Verständnis für Takt und Bescheidenheit den Sinn unseres Eintritts in die UNO nicht darin erblicken, die sogenannte Deutsche Demokratische Republik durch Gleichstellung mit unserem Staate aufzuwerten, im übrigen aber der Erörterung der deutschen Fragen einen selbstgewählten Maulkorb umzuhängen!«

Das traf, wie sich herausstellte, freilich auf das übliche Nein der sozialliberalen Koalitionäre. Im Auftrag Helmut Schmidts ließ mir die Staatssekretärin im Bundeskanzleramt, Frau Marie Schlei, letztlich mitteilen, die Bundesregierung habe Verständnis für unser Vorhaben. »Angesichts der in dem Weltforum herrschenden Mehrheitsverhältnisse« erscheine indes der Vorschlag, sie möge sich für die Behand-

[1] Petition der Sudetendeutschen an die Vereinten Nationen in »40 Jahre sudetendeutscher Rechtskampf«, Sudetendeutscher Rat, München 1987, S. 224

lung der Petition einsetzen, »kaum geeignet, eine Lösung der Probleme herbeizuführen«.

Die Teilnehmer, die Kopf an Kopf den Riesenrahmen der Kundgebung füllten, nahmen indes den Auftrag mit voller Überzeugung an. In kurzer Zeit häuften sich die Eingänge mit den unterschriebenen Petitionen, die sie uns aus Kreis- und Ortsverbänden und persönlich übersandten. Am Ende hatten wir 251 000 notariell beglaubigte Unterschriften beisammen.

Zahlreiche Persönlichkeiten des öffentlichen Lebens, auch Nicht-Sudetendeutsche, hatten ihre Namen unter den Appell gesetzt: Dr. Alfons Goppel und sämtliche Mitglieder der Bayerischen Staatsregierung, der Ministerpräsident und die Mitglieder der Staatsregierung von Baden-Württemberg, Lothar Späth, der Landeshauptmann von Südtirol, Silvius Magnago, Landeshauptleute der österreichischen Bundesländer, der Völkerrechtler und Referent für Minderheitenfragen der UNO, Felix Ermacora, sowie sudetendeutsche Landsleute aus allen Teilen der Welt.

Es war ein erhebender Augenblick, als Willi Wanka, der Vorkämpfer der nach Kanada emigrierten Sozialdemokraten, in Nürnberg den Text der Petition vortrug. Das zielte auf den internationalen Konsens des bewußten Teiles unserer Volksgruppe, der uns nunmehr mit seinem Jawort ausgestattet hatte.

Am 30. November 1975 flogen wir, mit einer turbulenten Unterbrechung in Amsterdam, nach New York: Almar Reitzner (Präsidialmitglied des Sudetendeutschen Rates), Dr. Fritz Wittmann MdB (Bundesvorstandsmitglied und Rechtsreferent der Sudetendeutschen Landsmannschaft) und meine Wenigkeit. Die Würde, Mitglieder einer offiziellen Delegation zu sein, ließ uns in Anbetracht möglicher Schwierigkeiten nicht übermütig werden. Im März des gleichen Jahres hatte ich indes bereits die UNO-Vertretung der Bundesrepublik Deutschland in ihren hohen hellen Räumen in Manhattan über unser Vorhaben in Kenntnis gesetzt.

Botschafter Rüdiger v. Wechmar schenkte uns damals wie jetzt bereitwillige Aufmerksamkeit. Als wir im Hotel »Toscany« in der 39. Straße Quartier nahmen, grüßte uns seine Willkommenskarte und eine kleine Whiskyflasche als Empfangspräsent. »Behandle sie freundlich, aber mach nicht viel Aufsehens!« mochte die Weisung des Auswärtigen Amtes gelautet haben. Jedenfalls waren wir gut eingestimmt, als wir anderntags mit seiner Hilfe das UNO-Gebäude, die übergroße »Zündholzschachtel« am East River, betreten und besichtigen konnten.

Die Flucht der repräsentativen Räume, der Plenarsaal sowie der Sitzungssaal des Sicherheitsrates sagten mir in ihrer Form- und Farbgestaltung außerordentlich zu. Man spürte die Atmosphäre eines Weltforums und fühlte sich dennoch menschlich angesprochen. Ein Riesenpendel tickte im hohen Raum des Foyers hin und her, als wollte es nicht nur das metrische Maß, sondern auch die Ewigkeit des Friedens anzeigen.

Draußen im Park fesselte uns das Geschenk der Sowjetunion, eine Skulptur »Macht aus Schwertern Pflugscharen!«, die mich an die Wahrheit hinter so mancher der hier aufgebauten Fassaden erinnerte. Seit Schewtschenkos Buch »Mein Bruch mit Moskau« (1985) wissen wir, daß die UNO nicht nur ein Friedens-, sondern auch ein Agentenzentrum von Mächten ist, die zunächst alles andere vorhaben als sich nach der einleuchtenden Devise des Kunstwerkes zu richten.

Wohl ausgestattet mit repräsentativen Mappen, welche den Text unserer Petition in Deutsch und in den Weltsprachen enthielten, meldeten wir uns am Morgen des 2. Dezember 1975 in den Amtsräumen des Generalsekretariats. Nicht Kurt Waldheim, der sich auf einer Weltreise befand, sondern sein Stellvertreter, der Amerikaner Bradford Morse, empfing uns ebenso freundlich wie aufmerksam, aber mit einem Seitenblick, als wollte er sagen: Was sind denn das für Exoten! Sein Eindruck klärte sich indes, als wir ihm den Sachverhalt unseres Anliegens anhand des großen dreisprachigen Atlaswerkes erläuterten, das wir ihm ebenso feierlichst überreichten wie die englische Ausgabe unseres Weißbuches über die Austreibung.

»You are from Carlsbad?« fragte er mich. Er dachte wohl an die Carlsbad-Tavern in New Mexico oder an Carlsbad-Springs im fernen Kalifornien. Die Zeit war zu kurz, um ihm Näheres zu erläutern. Insgeheim erinnerte ich mich dankbar an die Jahre, da wir, mit kümmerlichen Mitteln ausgestattet, die Dokumentarwerke erstellten, die nun nach offizieller Entgegennahme in die Archive des neuen Völkerbundes wanderten.

Der Clou des Tages folgte, als uns Morse in den großen Sitzungssaal geleitete, wo wir, ausgestattet mit den Legitimationen unserer

Botschaft, auf den Sitzen der Bundesrepublik Deutschland Platz nehmen konnten. Kaum hatten wir die Kopfhörer zur Entgegennahme der Synchronübersetzung aufgesetzt, verstanden wir den Gegenstand der Tagesordnung: die Generalversammlung beriet just in den Stunden, da wir anwesend waren, den Vollzug der Palästina-Entschließung und obendrein nahm der Vertreter der ČSSR, ein Mann namens Klicka, das Wort, um in russischer Sprache für das Heimatrecht der Palästinenser zu plädieren.

Wir trauten unseren Ohren nicht: der wackere Sendbote der Prager Genossen griff die einsam auf ihren Plätzen sitzenden Vertreter Israels an, als wären sie der Ausbund des Bösen. Er verlangte die Rückkehr der Vertriebenen und die Rückerstattung ihres Eigentums, weil ja Raub nun einmal Raub genannt werden müsse. Nur dann werde der Friede im Nahen Osten einkehren, wenn die angestammte Bevölkerung wieder auf ihrem angestammten Boden zu leben vermöchte.

Was wäre geschehen, hätte sich der anwesende Sprecher der Sudetendeutschen zu Wort gemeldet oder lautstark in den Saal gerufen: »Da kehren Sie einmal vor Ihren eigenen Türen! Was ist mit den Menschen, die Ihr selber beraubt und aus einer seit Jahrhunderten bewohnten Heimat gestoßen habt?«

Die Geschäftsordnung des Hauses ließ solchen Einspruch nicht zu. Wir waren ja nur vorübergehende Gäste. Die Kolonie der New Yorker Sudetendeutschen, die sich unter der Führung ihres Gründers und Vorsitzenden Professor Josef Totzauer vollzählig eingefunden hatte, jubelte dennoch ob der Geste unserer stummen Anwesenheit. Der Zufall hatte den Blick auf unser Anliegen gerichtet, als wäre es von einem höheren Regisseur so gelenkt und betreut worden.

Unser Auftrag beschränkte sich indes nicht nur auf die erwähnte Präsentation. Einer großen Anzahl der bei der UNO akkreditierten Vertretungen ließen wir die Petition per Post zugehen. Bei etlichen sprachen wir auch persönlich vor. Almar Reitzner schildert in seinen Erinnerungen den Empfang bei Österreichs Botschafter Peter Jankowitsch, der erst aufwachte, als er vernahm, daß er es mit dem Sohn seines alten Parteifreundes Richard Reitzner zu tun hatte.[1] Der Beobachter des Vatikans, Monsignore Cheli, gab uns den Rat, auch mit

[1] Almar Reitzner, »Das Paradies läßt auf sich warten«, a.a.O., S. 229

Sudetendeutsche Tage

Mit dem Schirmherrn, Ministerpräsident Alfons Goppel, Nürnberg, 1975 (rechts)

Mit Fürst Liechtenstein an der Spitze des Fackelzuges, Wien, 1977 (unten links)

Vor der Landsgemeinde, ST München, 1973 (unten rechts)

Mit Attila Hörbiger in der Ehrenloge des Burgtheaters, Wien, 1977 (oben links)

Karl Carstens bei der 30-Jahr-Feier des Sudetendeutschen Rates, 1977 (oben rechts)

Zu Gast bei Silvius Magnago, Bozen, 1977 (links)

Bei Dirk Mudge in Windhook, 1978 (unten links)

Bundestagsdelegation mit Dr. Schröder am Khyber-Paß, Pakistan 1980 (unten rechts)

(Not printed at Government expense)

Congressional Record

PROCEEDINGS AND DEBATES OF THE 83^d CONGRESS, FIRST SESSION

Sudeten German Expellees

Über sie schrieb Kongreßmann Caroll Reece 1958 ausführlich im US-Kongreßbericht ▷

Die Aufklärung in den Vereinigten Staaten machte Dr. Becher zu einer Hauptaufgabe

Bei Sudetendeutschen in Übersee

Mit Kongreßmann R. Collins (2. v. l.), J. Brada und MdB Rose vor dem Capitol in Washington, 1979 (rechts)

Orangenernte in der Colonia Sudetia (Paraguay) 1980 (unten links)

Gedenkstunde bei den Egerländern in Chicago, 1975 (unten rechts)

UNO, höre auch uns!

Die Überbringer der Petition vor dem UN-Gebäude in New York, 1975: A. Weyrich, Almar Reitzner, Dr. Fritz Wittmann, Dr. W. Becher, Prof. Totzauer (von links)

F. J. Strauß erhält den Karlspreis, 1982 (unten links)

Übergabe des Sprecheramtes an Franz Neubauer, Nürnberg, 1982 (unten rechts)

den Rotchinesen zu sprechen. »Die unterstützen alles, was gegen die Sowjets gerichtet ist!« Nun, wir wollten ja nicht gegen eine Weltmacht agieren und beschränkten uns darauf, unser Anliegen auch dem amerikanischen Botschafter bei der UNO (und nachmaligen US-Senator) Moynihan vorzutragen.

Groß, aber leider nur kurz war unsere Freude, als wir, nach München zurückgekehrt, datiert vom 8. Dezember 1975, ein Telegramm des UNO-Vertreters von Israel, dem nachmaligen Präsidenten Chaim Herzog, erhielten. Es hatte folgenden Wortlaut:

»Haben Sie vielen Dank für Ihre Zuschrift vom 4. Dezember 1975, in welcher Sie auf die Situation der Sudetendeutschen verweisen und das Anliegen übermitteln, die Lage der sudetendeutschen Volksgruppe (»ethnic group of Sudeten Germans«) vor das Forum der Vereinten Nationen zu bringen. Ich teile Ihnen mit, daß die israelische Delegation glücklich sein wird (»will be only too happy«), Ihrer Sache bei den Vereinten Nationen zu dienen.«

Die Nachricht von dieser Beistandserklärung war bereits im israelischen Rundfunk wiedergegeben worden, als wir, datiert vom 15. Dezember 1975, ein weiteres Telegramm von Chaim Herzog erhielten:

»Bitte nehmen Sie zur Kenntnis, daß meine Bekundung vom 8. Dezember auf Grund einer Weisung meiner Regierung null und nichtig (»null and void«) ist. Ich bedaure das unglückliche Mißverständnis.«

Einflußreiche Gegenkräfte hatten sich in Tel Aviv gegen die Meinung Herzogs durchgesetzt. Wir dankten Chaim Herzog in einem höflichen Anschreiben des Geschäftsführenden Vorsitzenden im Sudetendeutschen Rat, Hermann Götz MdB, und gaben der Überzeugung Ausdruck, daß die Petition an die UNO von ihm richtig bewertet worden sei.

Als ich am 5. Februar 1975, also elf Monate vor unserem Auftritt in New York, anläßlich des Antrittsbesuches Waldheims in Bonn Gelegenheit hatte, den Generalsekretär der UNO gemeinsam mit anderen Bundestagsabgeordneten über die vorgesehene Petition zu informieren, meinte er, sein Haupt ein wenig gönnerhaft zu mir herabneigend:

»Ja, wenn 80 Millionen Araber zu Ihnen stehen würden, könnten Sie schon mit einem gewissen Erfolg rechnen, aber so ...?«

Ich bedeutete ihm, daß wir nach Lage der Dinge kaum 60 Millionen Deutsche hinter uns haben, aber vielleicht die Hoffnung hegen würden, dereinst von 1000 Millionen Chinesen unterstützt zu werden.

Um Waldheim herum fuhren wir also nach New York. Um ihn herum suchten wir – diesmal waren mit mir der Vorsitzende der sozialdemokratischen »Seligergemeinde«, Ministerialdirigent Adolf Hasenöhrl, und der Vertreter der FDP im Sudetendeutschen Rat, Dr. Paul Wüllner, Mitglieder der Delegation – im Juli 1976 auch die UNO-Kommission für Menschenrechte in Genf auf. Wir schilderten dem Direktor der Kommission Marc Schreiber, einem Schweizer, die Lage unserer in der Tschechoslowakei zurückgebliebenen Landsleute, legten ihm eine Liste von Fällen vor, bei denen die Familienzusammenführung trotz des »Briefwechsels über humanitäre Fragen« verweigert und jenen, die sich ordnungsgemäß um die Aussiedlung bewarben, Berufsentzug und andere Schikanen zuteil wurde. Desgleichen übergaben wir eine Namensliste von Kindern deutscher, tschechischer und slowakischer Herkunft, die nicht zu ihren Eltern in die Bundesrepublik Deutschland kommen durften.

Wider Erwarten trafen wir auf teilnehmendes Verständnis. »Lassen Sie sich nicht entmutigen, setzen Sie sich weiter für Ihr Recht ein!« sagte Charles E. Bourbonnier, der Direktor der Informationsabteilung, der sich als Kanadier französischer Abkunft sehr für das Zwei-Völker-Verhältnis im böhmisch-mährischen Zentrum Europas interessierte.

Wir wußten, Wunder wirken können unsere Eingaben und Vorsprachen nicht. Aber wir wollten sie an der zuständigen Stelle notifizieren. Als wir angesichts der Weltkugel-Plastik vor der Gartenfront des alten Völkerbundpalastes standen, dachten wir an den Mißerfolg so mancher Eingaben, mit denen hier unsere Verantwortlichen in der Zwischenkriegszeit den Vollzug der Minderheitenrechte verlangt hatten. Aber das Recht, so sagten wir uns, hat einen langen Atem. Es hat Beneš und Hitler überdauert. Es steht heute für uns nicht auf der Tagesordnung der Weltpolitik. Dennoch schlummert es oft jahrhundertelang im Schoße der Geschichte.

»Wer unsere Zeit mit der Elle mißt, irrt und kann sie nicht ergründen!« rief ich meinen Landsleuten ein Jahr nach den Bemühungen bei der UNO zu. Die Kraft der Herzen habe ihr eigenes Zeitmaß: »Jahrzehnte werden wie Wochen, Jahre werden wie Stunden sein, wenn das unterdrückte, beseite geschobene Selbstverständnis erruptiv zum Ausdruck kommt.«

Die Tugend besiegter Völker ist die Geduld, hätte ich noch hinzufügen können. Freilich vermöchte das auch ein Motto über der Gesamtdarstellung der deutschen und europäischen Tragödie zu sein, die wir seit 1945 und insbesondere im Zeichen der sogenannten »neuen Ostpolitik« erleben. Ob wir wollen oder nicht: die Geschichte bleibt offen!

18. IM AMT DES SPRECHERS

Dem steten Bemühen um unsere Positionen auf den Tribünen der hohen Politik galt mein Hauptauftrag. Der Sprecher der Sudetendeutschen Landsmannschaft, der sein Amt ja nicht nur als »Sprachrohr«, sondern als erster Verantwortungsträger ausübt, konnte sich indes keineswegs auf die Betreuung außen- und heimatpolitischer Fragen beschränken.[1] Ihm war die Sorge um alle Lebensbereiche einer voll entfalteten Volksgruppe auferlegt, die aus der böhmischen Herzkammer Europas kam und der Größe nach die Einwohnerzahl mancher Staaten übertraf.

Voll Genugtuung denke ich daran zurück, daß wir die Fülle der aus diesen Bezügen heranwachsenden Aufgaben und die Betreuung von zeitweise 300000 Mitgliedern mit einer kleinen Schar von nie mehr als zwanzig Mitarbeitern meistern konnten, denen zudem noch die Vorbereitung großer Bundestreffen (u. a. der Sudetendeutschen Tage) oblag. Mit ihnen allen verband mich ein kameradschaftliches Verhältnis, das keinerlei Zwistigkeiten aufkommen ließ. Männer wie Rechtsanwalt Karl Simon (der Bundesgeschäftsführer meiner von 1968–1982 währenden Amtsjahre), Erich Maier und Manfred Riedl (politische und Presse-Referenten), Professor Richard Eichler (Sachbearbeiter für Kultur), Dieter Max (Organisation), Otto Thuma (Finanzen) und die unermüdliche Wally Richter (Kultur- und Volks-

[1] Der »Sprecher« wurde mit den Mitgliedern des »Bundesvorstandes« in geheimer Wahl von der »Bundesversammlung«, dem Parlament der Sudetendeutschen Landsmannschaft, gewählt. Diese setzte sich zu zwei Dritteln aus Vertretern der SL-Kreisgruppen und der alten Heimatkreise, zu einem Drittel aus den Kandidaten einer Bundesliste zusammen. Ihren Ausschüssen entsprachen die Ämter der Bundesreferenten (für Rechtsfragen, Finanzen, Kultur, Sozialfragen usw.). – Der Sprecher war geborenes »Präsidialmitglied« (oder im Falle Dr. Bechers Generalsekretär) des »Sudetendeutschen Rates«, der als heimatpolitisches Gremium zur Hälfte von den Fraktionen des Deutschen Bundestages bzw. von der Bundesversammlung der SL benannt bzw. gewählt wurde.

tumsfragen) gingen in ihrer Arbeit auf. Hunderte freiwilliger Amtsträger bildeten ihre Partner in den Landes- und Kreisgruppen. Ich kannte sie alle persönlich und sprach sie – das Telefon des Bundestages verband uns zusätzlich – permanent an. Jeder sollte wissen, daß ein wohlwollendes, manchmal aber auch ein kritisches Auge auf ihn gerichtet ist.

Ich war landauf, landab zugegen – ob es nun galt, einer Kreisversammlung, einer Festveranstaltung oder einem der illustren »Sudeten-Bälle« beizuwohnen, die von München bis Kiel, von Speyer bis Würzburg und vor allem in Wien die (altösterreichischen) Herzen höher schlagen ließen. Oftmals war ich Gast bei unseren Ortsgruppen, weil ich wußte, daß man die »Basis« beachten muß, wenn man den »Überbau« erhalten will. Den Stammesverbänden (z. B. des Egerlandes und Böhmerwaldes), den Vereinen und Fachgruppen schenkte ich die gleiche Aufmerksamkeit wie unseren Jugendlagern, den Tanz- und Trachtengruppen, den Turner- und Sängerschaften, den studentischen Vereinigungen. Besonders verbunden war ich dem regen Kreis unserer Alpenvereine. Ich entdeckte Ost-Tirol als Heimstatt zahlreiche Hütten, die von den Refugien der Prager Pioniere am Großglockner und Großvenediger über die Sudetendeutsche Hütte bei Matrei zur Karlsbader Hütte in den Laserzer-Dolomiten jeweils ein Stück Heimatland ihr eigen nennen. Es tat wohl, sich in all den genannten Bereichen wie zu Hause zu fühlen.

Die Pflicht gebot indes auch als dessen Vorsitzender zur Stelle zu sein, wenn der Bundesvorstand mit den Hauptreferenten (zu meiner Zeit mit Oskar Böse, Jörg Kudlich und Dr. Fritz Wittmann MdB als Stellvertreter sowie mit Grete Hartmann, Anni Baier, Richard Hakkenberg, Helmut Haun, Erich Kukuk, Erik Waengler und Siegfried Zoglmann MdB) zusammentrat. Vorsorglich hatten wir den damaligen Staatssekretär Franz Neubauer und den Bundestagsabgeordneten Hans Klein kooptiert sowie die Landsleute Dr. Josef Domabyl (Kiel), Dr. Peter Küffner (Landshut), Franz Möldner (Leverkusen) und Dr. Egon Schwarz (Frankfurt) in einen Beraterkreis berufen.

Das war ein gut gewähltes Gremium erfahrener Persönlichkeiten, die u. a. meine schwache Stelle, die mangelnde Liebe zu organisatorischen Fragen, auszugleichen verstanden. Oftmals litt ich natürlich unter dem Schicksal jedes Vorsitzenden: 95 % gutgemeinter und oft recht ausführlicher Beiträge (»Man müßte, man sollte, man könnte ...!«) entgegennehmen zu müssen, um fünf Prozent zu Entscheidungen zu führen, die dann realiter gültig waren.

Eine traditionsreiche Entwicklung brachte es zudem mit sich, daß sich im Präsidium des »Sudetendeutschen Rates« (periodenweise Hermann Götz MdB, Almar Reitzner, Adolf Hasenöhrl, Johannes Strosche MdB, Jörg Kudlich, Dr. Heinz Lange MdL) jeweils vier Vertreter gewichtiger Gruppen zusammenfanden, mit denen ich politisch bedeutsame Fragen in kurzen Abständen vorklären konnte. Das half uns auch in den Zeiten weiter, da die Vertreter der SPD nach dem Kurswechsel der soziallibealen Regierung gerade in den Fragen der West-Ostpolitik einen oftmals kontroversen Standpunkt einnehmen mußten.

Das Leben der Volksgruppe bestand nicht nur aus Deutschland- und Ostpolitik. Die breite Fächerung ihrer Inhalte erforderte einen Zusammenhalt, welcher Verschiedenheiten und Gegensätze zu überbrücken vermochte. Im Sprecher mußte und muß sich diese Aufgabe geradezu personifizieren.

Identität und Geschichtsbewußtsein

Die Linien, welche die nach der Vertreibung eingenommenen Wohnsitze unserer Landsleute mit ihren Herkunfts- und Heimatorten verbinden, ergeben in jedem Falle das Schaubild einer Explosion, die sie in alle Himmelsrichtungen zerstäuben ließ. Daß sie über viele Jahrzehnte hinweg im Bewußtsein ihrer Herkunft dennoch verbunden blieben, bezeugt die Kraft der Er-Innerung, wenn man das Wort nur wörtlich nimmt. Ein Inneres blieb, was so schnell nicht untergeht, in gewissem Sinne überzeitlich wirkt und ein Gutteil dessen nährt, was ihre Identität erhält. Wie für die einzelnen Gemeinden gilt das aber ebenso für Stammes- und Volksgruppen, schließlich für die geistige Kohäsion der Völker.

Das Vermögen, echtes Einheitsbewußtsein über Raum und Zeit hinweg zu erhalten, gewinnt vielfache Bedeutung im Hinblick auf ein Geschehen, dessen wir uns nur wenig bewußt werden. Ich meine damit die »doppelte Vertreibung«. Wir wurden nicht nur aus unserer angestammten Heimat entfernt. Wir wurden dadurch ein zweites

Mal vertrieben, daß man die wärmende Einheit unserer Stammes-, unserer Dorf- und Stadt-, unserer Haus- und Arbeitsgemeinschaften gezielt durch Zersiedelung in alle Himmelsrichtungen zerriß. Dieser Vorgang, die Dismembration, d. h. die Entgliederung selbst der kleinsten Familien- und Hausgemeinschaften besiegelte das Verbrechen der Vertreibung bis zum Effekt einer vollkommenen Inhumanität.

Im »Manifest 1979«, das am 30. Sudetendeutschen Tag in München verkündet wurde, heißt es denn auch: »Dem Recht auf die Heimat entspricht das Recht auf Wahrung der Identität. Diese zu hegen und zu erhalten steht allen Menschen zu, die sich zu einer gemeinsamen Heimat bekennen. Sie ist für uns Sudetendeutsche ein Teil der Identität des gesamten deutschen Volkes und begründet den Schutz durch den Staat.« (Siehe Anhang, S. 465)

Ich befürwortete diese Bekundung auch im Hinblick auf die »Vertreibung in das eigene Volk«, einen Vorgang, welcher nach dem Willen der Siegermächte die Einschmelzung in die Reststämme und damit, was die Ostverträge besiegeln sollten, den Untergang des Ostdeutschtums herbeizuführen hatte. In der Schirmherrschaftsurkunde vom Juni 1964 bekannte sich die Bayerische Staatsregierung demgegenüber zur »Erhaltung des Volkstums der Sudetendeutschen«, die sie als einen Stamm unter den Stämmen Bayerns betrachtet. Sie bekennt sich desgleichen zum Heimat- und Selbstbestimmungsrecht der Sudetendeutschen, das sie »jederzeit und mit dem ganzen Gewicht ihres Einflusses vertreten will«.

In einem Vortrag über das Thema »Identität und Geschichtsbewußtsein« erläuterte ich das Gewicht des Vorganges, welcher nicht nur im Leben des einzelnen, sondern ganzer Völker und Volksgruppen historische Ereignisse zur Er-Innerung bringt.[1]

Leid- und Opfergänge in Not- und Kriegszeiten (»das Salz, das man gemeinsam aß«) gehören ebenso dazu wie Höhepunkte historischer Entfaltung, auch der Ruhm soldatischen Einsatzes. Große Persönlichkeiten aus Kunst und Wissenschaft prägen das »Innere« ebenso wie die Lieder, Märsche und Embleme, Symbolzeichen örtli-

[1] Walter Becher: »Identität und Geschichtsbewußtsein. Ihre Bedeutung für das Selbstverständnis der Menschen und seiner Gemeinschaftsbereiche«, Kraiburg am Inn, 1984

cher oder überörtlicher Bedeutung. Als Sudetendeutsche scharten wir uns um Adalbert Stifter, Berta von Suttner, Marie von Ebner-Eschenbach, Rainer Maria Rilke, Hans Watzlik, E. G. Kolbenheyer, Emil Merker, Josef Mühlberger, Wilhelm Pleyer, um Schillers »Wallenstein«, um »Goethe in Karlsbad«, um Peter Parler, Alfred Kubin und Franz Metzner, um Gregor Mendel, aber auch um Erfinder und Ingenieure wie Josef Ressel (Schiffsschraube), Ferdinand Porsche (Volkswagen) und Viktor Kaplan (Wasserturbine).

All das, und sie alle gehören zu uns wie das Gestern zum Heute. Es hält uns in der Kontinuität eines gesunden Lebens. Innere Geschichtslosigkeit wäre ja sittliche Krankheit, geistige Armut. Für vertriebene Volksstämme bedeutet sie zudem das Ende ihres Daseinsbewußtseins. Glücklicherweise ist der Mensch in der Lage, in mehreren Identitäten zu leben und an deren Traditionen teilzunehmen. Er kann sich in die neue Heimat eingliedern, ohne geistig aus der Ursprungsheimat auszuscheiden. Er vermag zur gleichen Zeit ein guter Bayer und ein guter Egerländer zu sein sowie er ja auch oft zugleich Familienvater, Berufsangehöriger, Sportler, Sänger und Mitglied von Vereinen und Verbänden mit ihren Traditionen ist. Das hilft ihm, ohne Verengungen Angehöriger seiner Volksgruppe zu bleiben sowie deren Brauchtümer und Rechtsansprüche zu wahren.

Kulturelle Erfolge und Abwege

Der innere Zusammenhalt hatte letztlich geistig-kulturelle Qualität. Zu den Initiativen, die ich gemeinsam mit den »Männern der ersten Stunde« nach dem Zusammenbruch ergriff, gehörten daher die Anregung und Gründung kultureller Institutionen. (Siehe S. 167 ff.) Sie bildeten Kristallisationskerne unserer neuen Gemeinsamkeit – so selbstverständlich wie die Ansätze unserer sozialen und wirtschaftlichen Existenz. Es war kein Zufall, daß sie zunächst nicht von Künstlern oder Professoren, sondern aus der Mitte eines um das Ganze besorgten, d. h. im echten Sinne politischen Führungskreises erwünscht und vorgeschlagen wurden.

Eine glückliche Fügung hatte diesen, wie wir vernahmen, bevor die Massentransporte über die Böhmerwaldgrenze kamen, in München zusammengeführt sowie zu Maßnahmen geistiger Fürsorge veranlaßt. So und nicht anders entstand als sudetendeutsches Kulturwerk der »Adalbert Stifter-Verein«, so und nicht anders wurde die Gründung des »Collegium Carolinum« als wissenschaftliches Zentrum und Traditionsträger der Prager Karls-Universität und unserer anderen Hochschulen in die Wege geleitet.

Es war (siehe oben S. 225) niemals daran gedacht, diese und andere kulturelle Einrichtungen, die der Reihe nach entstanden, als Werkzeuge politischen Handelns zu verstehen, so wenig etwa wie Universitäten, Theater oder Akademien in einer freien Demokratie dem Zwang des Staates unterliegen. Freilich aber sollten sie im Rahmen der sudetendeutschen Lebenszusammenhänge wirken und unser Selbstverständnis als weiterlebende Volksgruppe stärken helfen.

Ihr Schirmherr, die Bayerische Staatsregierung, entwickelte daher in den frühen siebziger Jahren den Plan, als deren geistige und sichtbare Mitte in München ein »Sudetendeutsches Zentrum« zu errichten sowie die »Sudetendeutsche Stiftung« zu dessen Träger zu machen. Dank der Initiative sudetendeutscher Bundestagsmitglieder (u. a. Dr. Fritz Wittmann und Edmund Leukert) und des Zuspruches der Rechtswahrer sudetendeutscher Westvermögen (u. a. Direktor Würfel) war letztere bereits 1970 als Einrichtung des öffentlichen Rechts gegründet und durch entsprechende Modifizierung des Lastenausgleichsgesetzes mit einem Teil der Gelder ausgestattet worden, welche sudetendeutsche Genossenschaften und Banken auf deutschem Reichsgebiet deponiert hatten. Der Fleiß und die Ersparnisse unserer Vorfahren trugen auf solche Weise zur Verwirklichung eines Vorhabens bei, das nach einer Anregung des Ministerialrates im Bayerischen Sozialministerium, Jörg Kudlich, das »Haus der Donauschwaben« in Stuttgart-Sindelfingen zum Vorbild hatte.

Bayern, die Bayerische Landesstiftung sowie eine große Zahl freiwilliger Spenden machten es möglich, daß aus all den Plänen in München das »Sudetendeutsche Haus« entstehen konnte, ein stattliches Gebäude, welches seit 1985 das Sudetendeutschtum in würdiger Weise repräsentiert sowie in unmittelbarer Nähe des Gasteiger Kulturzentrums viele Einrichtungen beheimatet, welche die Traditionen seines kulturellen Schaffens in Vergangenheit und Gegenwart pflegen und hegen sollen.

Der Weg hierzu war indes im Vorraum der Entscheidungen mit

Schwierigkeiten belastet, die mir jahrelange Auseinandersetzungen abverlangten und deshalb zu vermelden sind, weil sie unser Selbstverständnis für heute und morgen in Frage stellten. Generell gesprochen rührten sie von der Fehlentwicklung verschiedener Institutionen her, die ihre Gründung und ihre öffentliche Finanzierung dem Gewicht des sudetendeutschen Bevölkerungsteiles verdanken, sich aber zunehmend weigerten, Begriff und Namen der Sudetendeutschen anzuerkennen bzw. auch nur auszusprechen.

Wo das, wie im Falle des Adalbert Stifter-Vereins, lediglich auf Unterschieden in der Wortwahl, vielleicht auch auf bohemistischen Akzenten oder Erwägungen des besseren Ankommens in der aktuellen Umwelt beruhte, konnte es noch hingenommen werden.

Untragbar, ja widersinnig wurde solches Verhalten indes dort, wo es auf eine Negierung der Volksgruppe und des Grundgedankens der Schirmherrschaft hinauslief. Ich bedauerte es insbesondere dann, wenn ich dabei Persönlichkeiten wie Prof. Karl Bosl entgegentreten mußte, deren Lebensleistung und internationales Renomee außer Zweifel standen.

Letzterer hatte sich als langjähriger Vorsitzender des »Collegium Carolinum« und anderer ostdeutscher Gremien insbesondere durch die Herausgabe des vierbändigen »Handbuchs der böhmischen Geschichte« um unsere Sache verdient gemacht und dafür im Jahre 1970 den Kulturpreis der Sudetendeutschen Landsmannschaft erhalten. Er wollte dem Sudetendeutschtum mit dem großen Werk »ein neues Geschichtsbewußtsein vermitteln« und war noch 1967 der Meinung, dessen Schicksal hänge im wesentlichen davon ab, wieweit es ihm gelinge, »trotz einer weitgehenden Assimilierung und Integration in der Gesellschaft der neuen Heimat ein eigenes Selbstbewußtsein ungebrochen und lebendig zu erhalten.[1]

Um so mehr enttäuschte mich der Tatbestand, daß sein von uns angeregtes und seit den Gründungsjahren tatkräftig unterstütztes Institut plötzlich Abhandlungen veröffentlichte, die das Verhalten Masaryks und Beneš' gegenüber den Sudetendeutschen rechtfertigten[2], ja in einem Beitrag des österreichischen Historikers Hanns Haas, den

[1] Bohemia-Jahrbuch, Bd. 8, 1967, S. 9

[2] So im Beitrag Manfred Alexanders in der Vortragsreihe »Die Burg und die Deutschen«, München 1974

sudetendeutschen Sozialdemokraten vorwarfen, daß sie sich 1919 in das Schlepptau Lodgman von Auens begaben, statt in der ČSR mit den tschechischen Sozialdemokraten gemeinsam den Klassenkampf gegen das Bürgertum fortzusetzen.[1] Solche Tendenzen verwiesen mich schließlich auf die für uns höchst gefährliche Negierung des Volkstumsbegriffes, den Bosl der »romantisch-liberalen« Geschichtsauffassung einer auf deutscher und tschechischer Seite wirksamen »Ideologie« zuschrieb, die er durch eine realistische Darstellung gesellschaftlicher Zusammenhänge in ihren Unter- und Oberschichten ersetzen wollte.[2] Er sah das »Gebot der Stunde« in einer »Harmonisierung der Geschichtsdeutung von Marx und Hegel« und bekannte sich im Sinne Max Webers zu einer Geschichtsforschung als wertfreier Wissenschaft.[3]

Mit dieser philosophisch verworrenen, ja unhaltbaren Einstellung (jeder Geschichtsschreiber muß mit der Unterscheidung zwischen »Verfall« und »Aufschwung«, Gründergestalten und Epigonen, Hochkulturen und Flauten Wertungen aus dem Sachgehalt einer Epoche vollziehen) haben Bosl und ein Teil seiner Schüler die Geschichtsschreibung über die böhmischen Länder neutralisiert und den Begriff »Sudetendeutschtum« weitgehend eliminiert. Dieses ist für ihn jetzt nur »eine späte Form des Gemeinschaftsbewußtseins, das sich ethnosoziologisch noch einer Einordnung entzieht«.[4]

Ich trat dem ehrenwerten Herrn Professor nicht nur mit dem Hinweis entgegen, daß Volk und Volkstum z. B. im Sinne Fichtes und seiner »Reden an die deutsche Nation« mehr als nur eine Summe von Einzelnen, sondern ein ideell in Geschichte und Zukunft eingebundenes Ganzes sei. Ich verwies auf die Affinität seiner Ideen mit der Zeitphilosophie der APO-Bewegung und sozialliberaler Verzichtspolitik und wehrte mich vor allem gegen die Verfälschung der Geschichte und ursprünglichen Konzeption des Collegium Carolinum (CC).

Da war ich nun freilich Wissensträger und Beteiligter zugleich. Ich brauchte mir nicht vormachen zu lassen, was ich als Fraktionsvorsit-

[1] Bohemia Jahrbuch, Bd. 13, 1972, S. 336 ff.

[2] Karl Bosl, »Deutsche romantisch-liberale Geschichtsschreibung und ›slawische Legende‹ in ›Böhmen und seine Nachbarn‹«, München 1976, S. 212 ff.

[3] ebenda, S. 7

[4] ebenda, S. 223

zender des BHE im Bayerischen Landtag anno 1954 gemeinsam mit Staatsminister Walter Stain im Programm der Vierer-Koalititon ausbedungen hatte: die Gründung und Förderung des »Sudetendeutschen Archivs« und des »Collegium Carolinums« als Institutionen bzw. als Forschungsstätten für die Sudetendeutschen und über die böhmischen Länder. Sie sollten, was späterhin leider unterlassen wurde, nicht nur die Geschichte, sondern alle Sachgebiete der mit uns zusammenhängenden Wissenschaften betreuen und das im weiten Horizont europäischer Sichtweise. Dies und nichts anderes lag auch im Sinne der selbstverständlich mit uns abgesprochenen Regierungserklärung des damaligen Ministerpräsidenten Dr. Wilhelm Hoegner.

Prof. Bosl wollte das nicht wahrhaben. Er widersetzte sich dem Vorhaben, sein Institut bei voller Wahrung der Selbständigkeit in das geplante Zentrum einzugliedern, kündigte das mit dem Sudetendeutschen Archiv getroffene Kooperationsabkommen über eine gemeinsame Bibliothek und teilte uns aufgrund eines Vorstandsbeschlusses mit, daß sein Institut endgültig davon Abstand nehme, in das Sudetendeutsche Haus einzuziehen.

Die Querelen setzten sich unter seinem Nachfolger Prof. Ferdinand Seibt mit Argumenten fort, die wir als abwegig empfinden mußten. Er ging in verschiedenen Schriftsätzen davon aus, daß es recht eigentlich keine sudetendeutsche Geschichte gebe und selbige nur das Produkt nationalsozialistischer Bestrebungen gewesen sei. Er wolle nicht dazu beitragen, »daß die Sudetendeutschen in Bayern nach einem Wort von Erich von Hoffmann als ›vierter Stamm‹ allmählich zu einem Staat im Staate werden« und halte es daher für richtig, anstelle des Sudetendeutschen Zentrums in München ein Haus für Minderheitenrechte und Föderalismus in Europa zu errichten.[1]

Als wir dem bayerischen Ministerpräsidenten die Bitte vortrugen, die bisher unter dem Titel der Schirmherrschaft dem Collegium Carolinum gewidmeten Etat-Beträge einem sudetendeutschen Kultur-Institut zu widmen, das wir im Hinblick auf derartige Ansichten als »Collegium Sudeticum« errichten wollten, stimmte das »CC« nolens volens dem Einzug in das Sudetendeutsche Haus zu. In einem von Prof. Seibt an den bayerischen Kultusminister Hans Maier gerichte-

[1] Schriftsatz Prof. Seibt an den Sprecher der SL, Dr. Walter Becher, vom 12.6.1980

ten Schreiben vom 9.8.1981 beharrte das Collegium Carolinum indes auf der Feststellung, »daß es durch seine Übersiedlung in jenes von der ›Sudetendeutschen Stiftung‹ geplante und verwaltete Haus sich keineswegs in irgendeiner Weise zu einer wie immer gearteten ›Sudetendeutschen Identität‹ bekennt«.

Vor solchen Argumenten konnte man nur das Haupt in Trauer verhüllen. Es bedurfte der vorsorglichen, insbesondere von dem Staatsminister für Arbeit und Sozialordnung, Dr. Fritz Pirkl, herbeigeführten Schlichtung, um eine Regelung zu erzielen, die angesichts der erwähnten Auseinandersetzungen einigermaßen hält.

Nach solchen Erfahrungen, so meinte ich, kann das Sudetendeutsche Haus seinen Sinn nur dann erfüllen, wenn es sich als Heimat- und Kulturzentrum der in der Zerstreuung lebenden Volksgruppe versteht. Es wäre m. E. in den Wind gebaut, würde es zu einem Mietshaus von Einrichtungen (»Nutzern«) werden, die sich von seinem Gründungszweck distanzieren oder gar gegen ihn arbeiten.

Den negativen Akzenten, die sich in noch schlimmeren Beiträgen kundtaten[1], vermochte ich erfreulicherweise mit der Anregung zur Gründung einer »Sudetendeutschen Akademie der Wissenschaften und Künste« entgegenzutreten, die nach mehreren Anläufen am 20. Juli 1979 im Ignaz-Günther-Haus in München vollzogen wurde. Der Vorschlag entsprang, wenn man so will, der letzten der Überlegungen, mit denen ich seit dem Jahre 1946 der kulturellen Tradition meiner sudetenländischen Heimat dienen wollte. Die »Akademie« vereinigt mittlerweile (betreut durch das Wirken ihrer Präsidenten Prof. Otto Kimminich und Prof. Erich Wünsch sowie ihrer Geschäftsführer Prof. Richard Eichler und Dr. Heinrich Kuhn) eine illustre Zahl von älteren sowie jüngeren Wissenschaftlern und Künstlern aller Fächer und Teilbereiche. Sie hat Anerkennung bei ähnlichen Einrichtungen der Bundesrepublik Deutschland und Österreichs gefunden. In etwa entspricht sie zudem der »Deutschen Gesellschaft der Wissenschaften und Künste«, die in der Zwischenkriegszeit in Prag entstanden war.

Prag und Böhmen bildeten bzw. bilden damals wie heute einen festen Bezugspunkt unserer Bemühungen. Sie müssen freilich, was

[1] Vgl. Dr. Otfried Pustejovsky, »Sudetendeutsche Identität als Abgrenzungs- und Rechtfertigungsideologie« in »Festschrift für Karl Bosl, München 1983

meiner seit frühester Jugend gehegten Überzeugung entspricht, im Sinne eines »böhmischen Auftrages« gesehen werden, der die Stammbevölkerung des Sudetenlandes gleicherweise wie die tschechische Stammbevölkerung (»Tschechien«) umfaßt (s. oben S. 42 und S. 375). Der geopolitische Sachzwang dürfte die überzeitliche Funktion dieses Auftrages bestätigen und wiederherstellen. So schließen sich politische und geographische, kulturelle und soziologische Ströme zu einer immer gültigen Einheit, die im Herzland Europas verankert und, was eine gütige Fügung herbeiführen möge, dem in Freiheit kooperierenden Erdteil dienlich ist.

Die Landsgemeinde

Eine Volksgruppe verschwindet nicht in wenigen Jahrzehnten. Das stellte und stellt eine beachtliche Schar meiner Landsleute unter Beweis, die in der Zeit meines Sprecher-Amtes (wie vordem und nachher auch) alljährlich zum großen Sudetendeutschen Tag und zu zahllosen Treffen ihrer Heimatkreise zusammen kamen bzw. kommen. Sie strafen die intellektuelle Überheblichkeit mancher Futurologen ebenso Lüge wie das Zieldenken unserer Gegner außer- und innerhalb unseres Lebensbereiches, die uns je früher desto lieber hinter der Mauer des Schweigens versunken wissen wollen.

Was hat das Wunder der Präsenzkraft hervorgerufen, welche ausgerechnet die sudetenländische Gemeinschaft befähigt, pausenlos seit nunmehr vier Jahrzehnten Veranstaltungen durchzuführen, welche oftmals die Größenordnung von Kirchentagen erreichten? Ich habe sie, wie oben vermeldet (S. 177), zum ersten Male 1948, mit dem Pfingsttreffen zu Bad Aibling in die Wege geleitet und weiß, wovon ich spreche, wenn ich mir die Teilnehmer der nunmehr 41 Sudetendeutschen Tage vor Augen halte, die aus innerem Antrieb sowie auf eigene Kosten dem Rufe der Veranstalter folgen.

Nach der minutiösen Dokumentation eines ständigen Besuchers kann man ihre Zahl in dem erwähnten Zeitablauf auf etwa acht Millionen schätzen.[1] Sie bilden eine Kette der Treue zur Herkunft, aber

[1] Max Lippert, »Dokumentation über die Sudetendeutschen Tage«, Selbstverlag, 6050 Offenbach, Arndtstr. 19/II

auch des friedfertigen Bekennens zu einer Gemeinsamkeit, die wider Moral und Recht zerstört worden war.

Sie kamen und kommen vordringlich zum Zwecke heimatlicher Begegnung zusammen. Aber das Raunen und Rauschen, das man über den Häuptern von etwa 8000 Menschen alleine in einer der Egerlandhallen vernimmt, vermittelt gleichwohl den Anruf von Menschen, die sich aus der Weltordnung geworfen wußten. Sudetendeutsche Tage sind daher nicht nur für die Bundesrepublik Deutschland ein einmaliges Phänomen.[1]

Das Haupttreffen der Veranstaltung beginnt am Pfingstsonntag jeweils mit einer großen, gemeinhin von Kardinälen oder Bischöfen zelebrierten Feldmesse, die allein schon vermeldet, daß viele Menschen zur religiösen Mitte zurückgefunden haben. Man muß die Eucharistie-Feier, das große Tedeum in solchem Rahmen miterlebt haben, um den Tiefgang der Kundgebung zu erfassen, die sich dann nach dem Einmarsch der Trachten-, Fahnen- und Jugendgruppen aus dem Zusammentreffen vieler Tausender von Menschen, welche von Kiel bis Graz herbeieilten, entwickelt.

»Jetzt habe ich schon so oft hier gesprochen«, wagte F. J. Strauß einmal zu sagen, »aber statt weniger werden immer mehr«. Dabei standen von Jaksch bis Wehner, von Brandt bis Kiesinger, von Börner bis Späth, von Bundeskanzler Kohl bis zum Bundespräsidenten Carstens schon zahlreiche Männer von politischem Gewicht auf diesem Forum. Es wurde zu einer Stätte des Anhörens, aber auch der Aussage über Probleme, die uns berührten.

Ich wählte sie nach den Schwerpunkten der aktuellen Entwicklung aus und hatte dabei fünfzehn Mal die Pflicht, Sprachrohr unserer Sache zu sein. Sie umfaßten damit das Jahrzehnt, das mit dem Beginn der Regierung Brandt-Scheel, wie wir vernahmen, eine totale Wendung der Ost- und Deutschlandpolitik herbeiführte, ja den »Verzicht« vorbereitete, den die Führungsgruppe der SPD dereinst selbst verworfen hatte.

Es war nicht leicht, angesichts dieser Wende mit voller Gemütskraft vor eine Gefolgschaft zu treten, deren Seelenzustand eher nach Aufstand denn nach Überredung rief. Gleichwohl gelang es, uns zu-

[1] Die zeitgenössische Soziologie, die sich soviel auf die Kunst der »Feldforschung« zugute tut, unterließ es leider, es gründlich zu untersuchen.

nächst in die Phalanx derer einzureihen, welche die hart gefährdete Dominanz eines freiheitlichen Verfassungsstaates gegen den Aufruhr von links zu schützen gewillt waren. So stellte ich 1969, durch die Ereignisse herausgefordert, unser Bemühen in den Zusammenhang der atomaren Zeit:

»Wir wissen, was es bedeutet, daß diese Kundgebung am Ende einer Woche stattfindet, in welcher Astronauten ein zweites Mal den Mond umkreisen. Wir erkennen das vorrangige Gewicht einer Entwicklung, die dem Menschen die Kraft und das Vermögen zur Mondfahrt, aber auch zur Ausrottung und Selbstvernichtung gab. Es geht heute nicht um Volk, Staaten und Grenzen. Es geht für uns alle um die Frage des Überlebens schlechthin!« Das Gleichgewicht der atomaren Waffen, das den Krieg verhindert, erzwinge klare Folgen: »Unsere stärkste Armee ist von nun an das Recht!«[1]

Im Hinblick auf die Niederlage, die der Einmarsch der Breschnew-Truppen dem Prager Frühling bereitete, warf ich die Frage auf: »Hat die Trennung, hat der Kampf gegeneinander den Völkern Böhmens Glück und Freiheit gebracht? Wir glauben, nein. Hat er ihnen Wohlstand und Sicherheit gegeben? Wir glauben, nein! Wie nie noch erhebt sich die Frage, ob die Geschichte für dieses Land kein anderes Schicksal bereithält, als das, ein Protektorat der jeweils Mächtigsten zu sein ... Die Alternative zum Protektorat ist die wiedererstandene Kooperation, ist die wiedererstandene Partnerschaft aller Völker und Volksgruppen des angestammten Heimatraumes!« Das zielte über viele Jahre der kommenden Entwicklung hinaus. Es war gleicherweise der rednerische Kommentar zu meiner Feststellung: »Die Tragödie Böhmens ist auch unsere Tragödie.«

Wer die von mir gehaltenen Reden zum Sudetendeutschen Tag überblickt, wird sie unschwer als ein Echo auf den Wogengang der Geschichte verzeichnen können. Da hatte ich wie im Deutschen Bundestag unser Nein zu den Ostverträgen der sozialliberalen Regierung zu begründen und der Opposition ihr Versagen sowie ihr klägliches Verfahren am Ende des Ratifizierungsprozesses vorzuhalten. Es geschah vor jeweils 50–60000 Zuhörern und oft im Beisein von Mitgliedern des US-Kongresses, die uns als eine Kerngruppe der Freiheit würdigten.

---

[1] Walter Becher, »Reden zum Sudetendeutschen Tag«, München 1979, S. 24

Die großen Treffen von München (1970), Nürnberg (1971), Stuttgart (1972) und wiederum München und Nürnberg (1973 und 1974) waren Schauplätze dieser Bekundungen, deren Hauptthema – wie konnte es anders sein – der Kampf gegen die »Politik des Ausklammerns« gewesen ist. Wie tief dieses Anliegen damals in den Gemütern verankert war, bezeugt meine Feststellung vom 9. Juni 1973:

»Es kann und es darf nicht Mode werden, den Tatbestand der Vertreibung zu den Relikten der Vergangenheit zu zählen, über die man stillschweigend zur Tagesordnung übergeht. Ich wiederhole, was ich schon einmal sagte: es wird in der Geschichte des deutschen Parlamentarismus immer ein Kapitel der Schande bleiben, daß bei der Abstimmung über die Ostverträge im Bundestag weder die Regierung noch der damalige Führer der Opposition ein gebührendes Wort des Dankes und der Erinnerung an jene Teile Deutschlands fanden, welche die Heimat Herders, Immanuel Kants und Joseph von Eichendorffs waren.«

Überzeugten Beifall erntete ich, als ich gegenüber der tschechoslowakischen Formel zum Münchner Abkommen (»Von Anfang an ungültig«) erklärte: »Wenn etwas von Anfang an ungültig war, dann darf wohl der Bruch des Selbstbestimmungsrechtes an den Deutschen Böhmens, Mährens und Österreich-Schlesiens genannt werden!«[1]

Ich faßte die Hauptkundgebung der Sudetendeutschen Tage indes nicht nur als eine Versammlung von Beifallsspendern auf. Sie sollte vielmehr die letzte Instanz unserer Willensäußerungen, eine Landsgemeinde im Schweizer Sinne des Wortes sein. So zu Pfingsten 1973: »Sollen wir heute schweigen? Sollen wir billigen und einfach zustimmen? Sollen wir stumm sein und meinen, das ginge uns alles nichts an? Ich glaube, dann hätte diese Kundgebung, die wie eine Landsgemeinde im Schweizer Sinne des Wortes alljährlich zusammentritt, ihren Sinn verfehlt!«

Nein, wir trugen Punkt für Punkt unsere Vorschläge und Einwendungen gegen den Entwurf des Prager Vertrages vor und baten die Zustimmung bzw. Ablehnung durch Handaufheben sichtbar zu machen.

---

[1] Walter Becher, »Reden ...«, a.a.O., S. 67

Das Manifest '79

So geschah es, als wir die »Petition an die UNO« mit der Forderung um Gleichstellung nach deren Entschließung Nr. 3236 mit den Palästinensern erbaten. (»Dreißig Jahre nach der Vertreibung – UNO höre auch uns!«). So geschah es, als ich am 30. Sudetendeutschen Tag das »Manifest'79«, die, wie ich glaube, gültigste Aussage zur Vergangenheit, Gegenwart und Zukunft des Sudetendeutschtums, zur Abstimmung stellte.[1] Wir hatten sie zunächst im Rahmen des »Sudetendeutschen Rates« gründlich bedacht und formuliert sowie in der Bundesversammlung der Sudetendeutschen Landsmannschaft einer letzten Redaktion unterworfen. Allgemeingültig stellten wir darin fest:

> »Alle Völker haben das Recht auf Selbstbestimmung. Es erhält besondere Bedeutung dann, wenn sie ihre Heimat selbst kultiviert und durch friedliche Arbeit in Jahrhunderten geschaffen haben. Für die Sudetendeutschen trifft dies zu:
> Nicht mit dem Schwert des Soldaten, sondern mit dem Pflug des Bauern, als friedliche Bergleute und Bürger, Handwerker und Kaufleute haben ihre Vorfahren das Land geprägt und gestaltet.
> Diese Leistungen begründen unabhängig von Abkommen und Verträgen den legitimen Anspruch der Sudetendeutschen auf ihre Heimat.«

Wir haben aus diesem Anspruch, so fuhr ich fort, »die Pflicht zur Selbstbeschränkung, zur Zusammenarbeit im europäischen Ganzen und unseren Willen zur Partnerschaft mit dem tschechischen Volke abgeleitet. Wir haben damit die Brücke des Willens aus unseliger Vergangenheit in eine Zukunft des Friedens in der Freiheit gebaut.«

Sicher war es keine Geheimabstimmung wie in den Parlamenten, als sich dann 60000 Hände zur Zustimmung hoben. Wir hätten indes auch Proteste ernten können, empfanden uns demgegenüber von einer starken Glaubenskraft und Übereinstimmung getragen. Insgemein sind die Sudetendeutschen Tage ein permanentes Plebiszit, mit dem sich ein Kern bewußter Landsleute und darüber hinaus Hunderttausende mit ihnen zu ihrer Volksgruppe bekennen.

[1] Vgl. Anhang S. 465

Die Rede als Ansprache

Die Kunst der Rede, die Rede als Ansprache – auch sie gehört zum Erlebnisbereich meines Wirkens. Ich beherrschte sie, soweit ich sie überhaupt für mich in Anspruch nehmen darf, durch langjährige Übung sowohl im kleinen Saalbereich wie vor dem Rund großer Zusammenkünfte. Ohne die Ausstrahlungskraft, die mich etwa befähigt hätte, einen Raum wie Franz Josef Strauß schon mit dem bloßen Auftritt in Bann zu ziehen (bei letzterem bewunderte ich stets das Vermögen, selbst in Bierzelten Aufmerksamkeit zu wecken), war ich doch in der Lage, mein inneres Denken, Erregung und Engagement auf Tausende von Menschen zu übertragen.

Dabei halfen mir weder Demagogie noch das Pathos weit ausholender Gesten. Sie wären bei den Zuhörern der Nachkriegszeit, die davon genug hatten, und vor allem bei meinen Adressaten auch gar nicht angekommen. Ich hatte vielmehr die Gepflogenheit, auch die kleinste Rede vorher gedanklich durchzugehen sowie auf einem Merkzettel mit Stichworten vorzubereiten.[1]

Des weiteren war ich nie in der Lage, auf Ghostwriter angewiesen zu sein. Das bewahrte mich vor der Not, die von anderen geschriebenen Reden abzulesen. Wenn ich mich wegen Fernsehen und Rundfunk an geschriebene Texte halten mußte, hatte ich selbstgeschriebene Reden, nicht aber monotone Referentenblätter vor mir.

Ich war derart auf den inneren Gedankengang und Rhythmus der Vorlage eingestellt, daß ich einmal, als unheimlich stechendes Licht eine Sonnenbrille erforderte, erst im Nachhinein bemerkte, daß ich meinen Part ohne Lesebrille gesprochen hatte.

Das Auftreten vor Tausenden von Menschen vermittelt im übrigen, wenn es zündet, das Bewußtsein eines seltsamen inneren Kontaktes. Man meint, jeden einzelnen von ihnen zu erreichen, verspürt aber gleichwohl das Gesamtempfinden einer Kundgebung, wenn man die Schwerpunkte richtig setzt oder sich an die Gefühle von innen her herantastet. Immer gilt dabei die Regel, daß man selbst von dem, was man sagt, überzeugt und erfüllt sein muß, wenn man 60000 Menschen so »im Griff hat«, daß man ihr Lauschen vernimmt.

[1] Die Sammlung dieser Niederschriften, die ich jeweils aufbewahrte, gab mir einen Überblick über vier Jahrzehnte öffentlichen Sprechens.

Das erfuhr ich am innigsten, als ich 1976 am Sudetendeutschen Tag zu Stuttgart, das Ende meiner Ansprache dem Gedenken an den 100. Geburtstag unseres Erzgebirgssängers Anton Günther, den Dichter des Feierabendliedes, widmete.

»Das Lied der Heimat«, so begann ich, »trägt und versinnbildlicht das Geheimnis unseres Zusammenhalts. Es schenkt uns die Kraft des Gemütes. Es führt uns in die Stille so mancher schönen Stunden, die wir erlebt haben und die für immer vergangen sind.

S' ist Feierabend, s' ist Feierabend,
das Tagwerk ist vollbracht.
S' geht alles seiner Hamit zu,
ganz sachte schleicht die Nacht.

Wer verspürt da nicht, was uns Heimat war, was uns Heimat ist: den Stolz der Armut, die Ungebundenheit des Lebens im Tannengrün der Berge:

Wo die Wälder heimlich rauschen,
wo die Heide rötlich blüht,
Mit keinem König möcht ich tauschen,
weil da droben mei Häusl steht.«

Ganz plötzlich erblickte ich die Sonnenwirbel-Häuser am Keilberg, die er meinte und die ich gar oft von der Karlsbader Heimstatt der Eltern aus im Abendlicht glänzen sah, vor meinem inneren Auge. Ich fügte nur noch hinzu: »Einem Volksstamm, dessen einfachste Menschen solches zu singen pflegten, braucht man nicht zu erläutern, was der Unterschied zwischen einem freien Gemeinwesen und seinem Gegenteil ist.«

Dann verschlug es mir selbst die Sprache. Ich blickte auf und sah in tausend rotgeränderte Augen und wußte, daß ich das Innerste meiner Zuhörer berührt hatte.

Der Europäische Karlspreis

Neben den Höhepunkten am Pfingstsonntag gehören zu den Sudetendeutschen Tagen eine Fülle von Veranstaltungen, von Fachtagungen, Ausstellungen, Volkstumsabenden, von Feiern und Ehrungen, die der Sprecher zumeist bei der feierlichen Eröffnung vorzunehmen hat. Sie gelten zuvörderst der Verleihung der Kulturpreise und des Europäischen Karlspreises der Sudetendeutschen Landsmannschaft, der in Erinnerung an die Friedenstaten Kaiser Karls IV. gestiftet wurde. In meinen Jahren trug mir das die Pflicht zur Lobpreisung herausragender Persönlichkeiten des kulturellen und politischen Lebens auf. Sie bekannten sich zu unserer Sache in einer Zeit, in der das nicht immer die Zustimmung der Medien fand.

Da war Alfons Goppel, der Bayerische Ministerpräsident, ein echter Schirmherr und Landesvater in meiner Zeit, der den 1969 verliehenen Karlspreis durch sein nachmaliges Wirken rechtfertigte und verdiente. Ihm folgte 1970 als Träger der Auszeichnung Otto von Habsburg, damals noch keineswegs so wie später bekannt, durch die stete Teilnahme an den Pfingsttreffen in unseren Reihen aber bereits wie ein Landsmann verehrt.

Hoch erfreut war ich, als das Kuratorium meinen Vorschlag akzeptierte, den Karlspreis des Jahres 1971 an den Dichter und Traditionsträger der sudetendeutschen Arbeiterjugend, Karl Kern/Malmö, zu vergeben. Sein Bekenntnis zur Schicksalsgemeinschaft der Sudetendeutschen wurde in Nürnberg zu einer Sternstunde der Versöhnung. Brücken schlug desgleichen der Karlspreis 1972, den als Generalsekretäre der »Föderalistischen Union europäischer Volksgruppen« die Dänen Paul und Jytte Skadegard erhielten. Beide waren Herz und Mitte dieser Vereinigung, die uns von der Region Friaul bis zu den Samen, von den Basken und Bretonen bis zu den Slowenen und Romanen, von den Friesen bis zu den Deutschen und Dänen beiderseits der Schleswig-Holstein-Grenze seit Jahren und auch weiterhin in wahrhaft europäischem Geiste zusammenführte.

Mehr als nur die Verbindung mit einer dieser Volksgruppen brachte 1973 die Verleihung des Preises an Südtirols Landeshauptmann Silvius Magnago zum Ausdruck. Als ich ihm das goldene Medaillon mit dem Siegel des Kaisers am schwarz-rot-schwarzen Bande um den Hals hängte, brauste ein Applaus auf, der alles offenbarte, was uns an Geschichte und gemeinsamem Schicksal mit diesem schönsten Lande des deutschen Sprachraumes verbindet.

Im Jahre 1975 konnten wir mit dem kurz vorher verstorbenen nur den toten Kardinal Josef Mindzenty und sein Märtyrertum für Glauben und Freiheit ehren. 1978 horchte die Öffentlichkeit auf, als Belgiens damaliger Ministerpräsident Leo Clement Tindemans den sudetendeutschen Karlspreis entgegennahm. Er wußte, welcher Mißklang gleicherweise in den Volksgruppenproblemen Belgiens und Böhmens zu lösen war.

Verdiente Persönlichkeiten Bayerns wie Richard Stücklen und Fritz Pirkl sowie aus den eigenen Reihen Hans Schütz, der Gefährte seit 1945, nahmen den Preis entgegen. Besonders berührte mich 1974 dessen Überreichung an die Ministerpräsidenten und Begründer der bayerischen Schirmherrschaft Dr. Hans Ehard und Dr. Wilhelm Hoegner. In meinem »Dank an Bayern«, den ich beiden Staatsmännern überbrachte, erinnerte ich mich an meine im Bayerischen Landtag erlebte Zeit. Das Maximilianeum trat in mein Bewußtsein, die Probleme von ehedem und die Tribüne des Handelns, deren Akteure voller Umsicht und Tatkraft die nunmehr Geehrten waren.

Aus der Reihe der Wissenschaftler und Künstler, die den Kulturpreis zu meiner Zeit erhielten, möchte ich Gustav Fochler-Hauke, den Weltgeographen, Bruno Schier, den Volkskundler, Josef Mühlberger, den Dichter des »Pastorale«, den romantischen Zeichner und Porträtisten Ferdinand Staeger, den mit Feder und Zeichenstift gleicherweise vertrauten Oskar Kreibich, ferner Otfried Preussler, den weltweit bekannten Autor der Geschichte vom »Räuber Hotzenplotz« und anderer Kinderbücher sowie Gertrud Fussenegger nennen, der ich 1972 den Kulturpreis überreichen durfte, nachdem ich eben ihr »Haus der dunklen Krüge«, die Saga vom notvollen Dasein in Pilsen zwischen Zeiten und Völkern gelesen hatte. Die Fussenegger lebt im Kranz ihrer Bücher mitten unter uns. Als sie 1988 in München den Festvortrag zum 40jährigen Bestehen des »Adalbert Stifter-Vereins« hielt, schloß sie mit dem ihr eigenen trostreichen Ausblick auf das Schicksal Böhmens:

»Wenn es möglich ist, daß ein Land seitab seiner materiellen Existenz neu aufgebaut und neu geschaffen wird ... aus einem Gewebe immerwährender Erinnerungen, Selbstinnewerdungen ..., daß es sozusagen in zweiter Auflage entsteht ..., ist es hier möglich und wirklich geworden im Miteinander derer, die so engagiert geplant, so beharrlich gearbeitet, ihre Aufgabe treulich wahrgenommen haben: Die zentrale Bastion Europas – Böhmen, Mähren und Schlesien – ist in ihrem Lager unverloren!«

19. WIEN 1977

Auch aus der Distanz der Jahre würde ich auf die Frage, was ich denn als den Höhepunkt meines öffentlichen Wirkens betrachte, eine klare Antwort geben: den Sudetendeutschen Tag 1977 in Wien! Er wurde zum Erlebnis, weil er jedem Teilnehmer nicht nur das Vergnügen des Beisammenseins mit Nachbarn von gestern und heute, sondern – wie es in der geglückten Dokumentation seines Ablaufes heißt – eine »Überhöhung und Sinndeutung der persönlichen Geschichte« vermittelte, deren man sich gemeinhin nicht bewußt wird. Die nahtlos gelungene Durchführung gab sich nach außen weiter: »Als selbst das Wetter stimmte, empfanden nicht nur die Verantwortlichen jene innere Freude, die – selten genug im Leben – nur dann eintritt, wenn sich alle Planungen und Hoffnungen erfüllen.«[1]

Der Plan, achtzehn Jahre nach dem ersten großen Sichwiederfinden 1959 (das mit der Abschiedsrede Rudolf Lodgmans v. Auen geendet hatte) wieder einen Sudetendeutschen Tag in Wien durchzuführen, war indes leichter ersonnen denn verwirklicht. »Aus Liebe zu Österreich« sollte das Motto heißen, als es aus den Gesprächen entstand, die wir zu Pfingsten 1976 in Stuttgart führten. Die politische Lage schien aussichtslos. In den Augen des mächtigen Ostens waren wir »Revanchisten«, die sich zu »Zusammenrottungen« trafen, sowie nichts als Umsturz und Aufstand im Sinne hatten. Da wäre das neutrale Österreich eine gefährdete Tribüne, sagten die einen; freie Menschen vermöchten sich doch wohl in einem freien Lande mit ihren Freunden und Angehörigen zu treffen, meinten die anderen.

»Nicht wahr, Herr Bundeskanzler, wir könnten doch, nachdem wir nun jahrelang in München, Stuttgart und Nürnberg Gäste waren, auch einmal Gastgeber sein«, sagte der Obmann der Sudetendeut-

[1] »Erlebnis Wien 77«, Darstellung seines Ablaufes mit Berichten und Bildern, München 1977, 205 S.

schen Landsmannschaft in Österreich, Dr. Emil Schembera. Der unermüdliche Wortführer unseres Anliegens – klein aber oho! – bettelte nicht am Ballhausplatz, aber er trug das Anliegen auf österreichisch vor. Und Bruno Kreisky, dessen Vorfahren selbst aus böhmisch-mährischen Gefilden stammen, sagte Ja.

Die souveräne Entscheidung, die er gegen sogleich einsetzende Kampagnen und offizielle Proteste aus Prag traf, wurzelte in der Feststellung, daß die Donaustadt im Jahre vorher, ohne die Neutralität des Landes gefährdet zu sehen, auch die von Moskau gelenkten Internationalen Jugendfestspiele beheimatet hatte.

Der gewiegte Chef seines Landes fädelte, wie man hörte, die Weisung, den Sudetendeutschen Tag zu genehmigen – auch auf österreichisch – von oben her ein. Unsere Landsleute gründeten ein »Komitee zur Vorbereitung, Durchführung und Abwicklung des ST 1977 in Wien«. Sie gewannen alle Landeshauptleute Österreichs sowie die Bürgermeister aller Landeshauptstädte für die Übernahme des Ehrenschutzes und sie überzeugten, was wichtig war, die zuständigen Sektionschefs und Hofräte von der ordnungsgemäßen Gestaltung dessen, was man sich vornahm.

Das war nicht wenig und hatte, die Miete einer langen Reihe von »Ubiquitäten« (vom Burgtheater bis zur Stadthalle, von den Messehallen bis zu den Palais Palffy und Auersperg) sowie die Genehmigung von Kundgebungen und Festzügen zur Voraussetzung.

In den Kreis- und Ortsgruppen der SL lief inzwischen – »Auf nach Wien!« – die Werbung an. Zunächst gab es ein eher schwaches Echo. Je näher der Termin heranrückte, desto schneller verdoppelten, ja vervielfachten sich indes die Anmeldungen. Am Ende waren Hotels und Privatquartiere ausgebucht. Bis nach Eisenstadt, St. Pölten, Wiener Neustadt und Mariazell mußten Quartiere geschaffen werden. Sonderzüge waren nicht mehr möglich. Die Passagierschiffe auf der Donau wurden ab Passau und Linz von unseren Besuchern belegt. Hunderte von Autobussen wollten ihre Standortplätze wissen. Wir spürten, da kündigte sich eine Völkerwanderung an, die nicht mehr aufzuhalten war. Viele der Deutschen aus Böhmen, Mähren und Schlesien strömten ihrer jahrhundertelangen Hauptstadt zu. »Wien 1977« war kein Verbandstreffen mehr. Es wurde zum Stelldichein einer großen, aus ihrer Heimat vertriebenen Volksgruppe.

Wie ein Turm stand Dieter Max, der erprobte Organisator der

Pfingsttreffen inmitten seiner Helfer und all der Geschäftigkeit, die von »unseren Wienern« unter der Anleitung Dr. Schemberas mit Charme und Tatkraft gemeistert wurde. Ich fühlte mich richtig erleichtert, als mit einem Pressegespräch am Donnerstag vor Pfingsten das Startzeichen gegeben wurde und, wie bei ähnlichen Anlässen, jener Augenblick gekommen war, der ein kurzes Aufatmen ermöglichte: Jetzt rinnt die Sanduhr des Programmes ab, es kann nur noch schiefgehen!

Die ganze Stadt fühlt mit

Den Film dessen, was nun ablief, auch meine eigenen Beiträge, hatte ich wohl im Kopf, die Realisierung erfaßte mich aber derart, daß ich sie nur noch im angespannten Vollzug und in diesem Sinne fast »unpersönlich« erlebte. Dabei merkte ich, daß wir nicht alleine waren, sondern allerorts beachtlichen Zuspruch erhielten. Die ganze Stadt fühlte mit: die Presse, der Rundfunk, Freunde und Verwandte, der Nachbar in der Straßenbahn sowie Künstler und Schauspieler.

Das erlebten wir zutiefst, als uns die »Burg« in einer Sonderaufführung Raimunds »Verschwender« mit Walter Reyer in der Hauptrolle, mit Erich Auer, Fritz Muliar, Inge Conradi und Fred Liewehr (dem Landsmann aus Neutitschein, der auch einen Kulturpreis erhielt) präsentierte. Attila Hörbiger saß mit uns in der Ehrenloge. Er wollte damit den Dank jener Kolleginnen und Kollegen zum Ausdruck bringen, denen die Theater der sudetendeutschen Provinz Lehrstätten und Ausgangspunkte großer Karrieren gewesen sind.

Wir verspürten ein wenig den Atem alter Zeiten: das Burgtheater war einst der Inbegriff der Sehnsucht aller theaterbegeisterten Deutschen aus den böhmischen Ländern. Ich dachte an meine Mutter und den Schauspieler Sonnenthal, an meine »Stehplatzzeit« und an die vielen Großen, die ich hier erleben durfte.

Nicht nur die Bühne, auch die Wissenschaft sprach uns an. Im Ehrenhof der Universität hatten die Veranstalter von den 130 Büsten dort gewürdigter Professoren vierzig mit sudetenländischen Geburtsangaben besonders geschmückt. Im Rahmen einer akademischen Ehrung verlieh ich im Auditorium maximum der Alma mater an Professor Herbert Lang, den Schulfreund und Münchner Chirurgen, die Joseph-von-Gerstner-Medaille. Ich sprach der Universität den Dank der Vielzahl sudetendeutscher Studenten aus, die, wie ich selber, hier studieren durften und akademische Grade erwarben.

Meines Amtes war es desgleichen, Ausstellungen, Filmvorführungen, Kolloquien und Vortragsstunden zu eröffnen, die in allen Stadtteilen das Interesse an unserer Sache weckten. Tief in die Geschichte lotete die Kranzniederlegung vor dem Ehrenmal am Burgtor. Geführt vom Standort-General begleitete ein Detachement des Österreichischen Bundesheeres unser Gedenken an die Toten der Weltkriege, die oft Schulter an Schulter mit österreichischen Kameraden gefallen waren.

Die große Stadthalle war der Ort, an dem die feierliche Eröffnung mit der Verleihung des großen Kulturpreises an den in Harvard lehrenden Soziologen Prof. Karl Deutsch und des Karlspreises der Sudetendeutschen an den Tiroler Nationalrat und Völkerrechtler Prof. Dr. Felix Ermacora stattfand. Beider Lehrgebiete (Minderheiten- und Menschenrechte) gaben uns Richtung und Programm.

Die Halle mußte polizeilich geschlossen werden, bevor der Alpenländisch-sudetendeutsche Volkstumsabend vor 16.000 Zuschauern beginnen konnte. Ohne Kitsch und Klischees boten herausragende Gruppen beider Brauchtumsgebiete Vorführungen, die den Zuschauern (und auch den 400 Teilnehmern) sicher unvergeßlich bleiben.

Gedenken am Heldenplatz

Wie immer kulminierte das Gesamtgeschehen des Sudetendeutschen Tages in der Hauptkundgebung. Nur fand sie eben diesmal, nachdem Josef Kardinal König unter großer Assistenz die Feldmesse zelebriert hatte, auf dem Heldenplatz, d. h. vor einer Silhouette statt, die – mit den Prinz-Karl- und Prinz-Eugen-Denkmälern im Vordergrund – eine eindrucksvolle Szene umschloß.

Kurz vor Beginn überblickte ich mit Unterrichtsminister Dr. Fred Sinowatz, der die österreichische Bundesregierung vertrat, die Menge, die Kopf an Kopf bis zum Volksgarten und Ballhausplatz stand. »Kein Grasstück, keine Blume haben sie zertreten«, lobte der damals noch allbeliebte, um unsere Sache sehr verdiente Staatsmann.

Dann folgte der Einmarsch der Fahnen-, Jugend- und Volkstumsgruppen, deren Farben mit den Rotkastanien vor dem alten Burgtrakt ein ebenso buntes wie fröhliches Farbengebilde aufleuchten ließen. Böse Reminiszenzen an diesen Ort waren wie vom Winde verweht.

Nach dem Totengedenken, den Begrüßungsworten des Landesobmannes Dr. Schembera und des Ministers Dr. Sinowatz, sprach uns Bayerns Ministerpräsident Alfons Goppel als altvertrauter Schirmherr der Volksgruppe, im Hinblick auf die in Helsinki tagende KSZE-Konferenz, Mut und Glaubenskraft zu:

»Bayern, Ihr Schirmland, das sich zu Ihnen bekennt, sieht in Ihnen die Träger des Geistes und Erbes des einen Europa mit vielen Völkern, eine deutsche Volksgruppe, deren Rechte ebensowenig untergehen sollen, wie jene anderer Volksgruppen irgendwo in der Welt. Wien, die alte Heimat-Hauptstadt, bewahrt die Reichsinsignien. Wir wollen im Herzen und vor allem im Tun die Insignien der Menscheit bewahren, Recht und Freiheit, in denen wir uns als Brüder die Hand reichen zu unverbrüchlichem Bunde!«

Das war vor etwa 60000 Männern und Frauen, vor Landsleuten und vielen Bürgern der Stadt mit dem Pathos eines uns vertrauten Mannes erklärt und entsprechend akzeptiert worden. Beifall klatschend, dann mit gespannter Aufmerksamkeit standen die Menschenreihen vor mir, als ich nun selbst das Wort ergreifen mußte.

Die Rede hatte ich in ruhiger Sammlung bereits zu Hause entworfen. Ich versuchte mich vorweg in den Gedankengang, ja in die Stimmung und Situation zu versetzen, in der sie ankommen sollte. Was vermochte aber alle Vorbereitung angesichts des Sonnenpanoramas, das sich in diesem Augenblicke vor mir auf einem der schönsten Plätze Europas auftat. Parlament und Rathaus, Universität und Burgtheater, Burg und Ballhausplatz glänzten im Rund – die Stätten meiner Studienjahre und vieler uns alle betreffenden Ereignisse.

Das beeindruckte mich zuinnerst und verschaffte mir das Vermögen, vom ersten Satz an auch die Zuhörer zu packen. Sie stimmten wohl mit mir überein, als ich sagte, daß Danken von Gedenken komme und daß es nicht schwerfalle, beides an diesem Ort und zu dieser Stunde zu vollziehen:

»Zu Gedenken sind wir hergekommen, weil es beglückt, auf einem Platze zu stehen, der für sich schon ein in große Architektur gefaßtes österreichisches Gedächtnis ist. Zum Gedenken sind wir hergekommen, weil Wien und dieser Platz auch in der Herzkammer unserer Geschichte liegt.

Wir neigen unser Haupt vor dem Tor, auf dem in ehernen Lettern geschrieben steht: ›Justitia Fundamentum Regnorum‹ (Gerechtigkeit sei die Grundlage der Herrschaft). Gerechtigkeit für die Menschen und Gerechtigkeit für die Völker!

Für sie zogen Prinz Eugen, der edle Ritter, und Erzherzog Karl, der Held von Aspern, ins Feld, und wir, unsere Vorfahren, waren auch dabei! Wir waren in Freud und Leid dabei. Wir marschierten gemeinsam durch Hunger und Revolution, wir verteidigten als ›Kamerad Schnürschuh‹ die gemeinsame Heimat. Wir waren dabei, wenn Wien sich freute, wenn seine Walzer erklangen. Wir waren dabei, als es zum Götterhimmel der Musik, zur Heimstatt Haydns und Mozarts, Beethovens und unseres Franz Schuberts wurde.

Unsere Väter und wir selber sind zum Teil auch Alt-Österreicher. Das zieht ins Herz. Wir brauchen uns dessen nicht zu schämen. Denn was ins Herz zieht, macht auch stark und reich!«

Ich bekannte mich im politischen Teil meiner Rede zur Partnerschaft aus freier Selbstbestimmung und meinte, man sollte unserem großen Landsmann Dr. Karl Renner einen Weltfriedenspreis im nachhinein verleihen, weil er diesen Gedanken in notvoller Zeit am eindringlichsten formulierte. Ich dankte Alfons Goppel für die Hilfe Bayerns und Bundeskanzler Dr. Kreisky für die Hilfe, die uns die Republik Österreich gewährt. Dann rief ich »über diesen festlichen Platz, über die Hügel des Wienerwaldes hinweg« die Berge und Städte der sudetenländischen Heimat an, indem ich sie einzeln erwähnte und beim Namen nannte. Ich grüßte die letzten von uns, die noch in den Städten und Dörfern der Heimat wohnten:

»Wir denken an die Heimat. Wir schämen uns dessen nicht. Wir wollen nicht wie der Leutnant Trotta in Joseph Roths Roman einem Menschen gleichen, der nicht nur die Heimat, sondern auch das Heimweh nach seiner Heimat verloren hat!«

Ich merkte, wie die Tausende nun in meinen Gedanken lebten und zitierte, an die Österreicher gewendet, das Abschiedswort Lodgmans vom September 1919: »Getrennt im Raume bleiben wir vereint im Geiste!« Dann fuhr ich fort:

»Solche Worte zählen. Sie überdauern den Abschied von damals und viele Abschiede, die wir seither vollziehen mußten. Aber jeder Abschied, liebe Freunde und Landsleute, ist auch ein Anfang und ein Wiederbeginn. Die Welt wird jeden Tag neu geboren. Sie schafft, wenn nur das Herz mitschlägt, jeden Tag eine Chance zu einer besseren Zukunft!«

Ich forderte alle auf, die Chance jederzeit im Dienste von Frieden und Freiheit zu ergreifen. Auch wenn wir selbst nicht mehr sind, mögen die Steine und Denkmäler dieses Platzes Zeugen unseres ehrlichen Willens sein: »In diesem Sinne grüßen wir unsere angestammte, in tiefer Trauer lebende Heimat! In diesem Sinne grüßen wir Wien!«

Dann war mir, als würde drüben, in dem Amtssitz des Bundespräsidenten, der ja vor meinen Augen lag, der Vorhang eines Hochfensters beiseite geschoben. Ich rief, meine Ansprache beendend, laut und vernehmlich: »Wir grüßen Ihr Staatsoberhaupt, den verehrten Herrn Bundespräsidenten Dr. Rudolf Kirchschläger! Wir grüßen das brüderliche, das freie Österreich!«

Als wir uns wenige Tage nachher mit dem Bundesobmann, seiner Referentin Sylvia Schlosser und zwei Kindern in Südmährer Tracht bei ihm einfanden, vertraute er mir an, er habe, eben von einem Staatsbesuch aus Ungarn zurückgekehrt, noch das Ende unserer Kundgebung mitbekommen und hätte am liebsten selber noch zu uns gesprochen.

Mit den Fackeln der Jugend

Nach den begegnungsreichen Massentreffen in den Messehallen gehörte der Abend der Sudetendeutschen Jugend. Sie hatte sich im Lagerleben mit Singen, Vorträgen und Wettbewerben ihr Beisammensein selber gestaltet und nunmehr vor der Hofburg viele Tausende von Zuhörern nach einem Rezitationsspiel Herbert Wesselys mit der Geschichte und dem jüngsten Schicksal ihrer Heimat vertraut gemacht.

Dann bewegte sich in Achterreihen ein eindrucksvoller Fackelzug über die Ringstraße zum Rathausplatz. An der Spitze des Schweigemarsches schritten mit uns der regierende Fürst von Liechtenstein,

Franz II., mit seinen Söhnen und samt Familie Otto von Habsburg, der damals in der Residenzstadt seiner Ahnen noch wie ein verbotener Gast aus fernen Ländern bewundert wurde. Beim mittäglichen Staatsempfang mit Essen und Ansprachen durfte er (Sinowatz hatte im stillen nichts dagegen einzuwenden) gerade noch mit anwesend sein. Für uns war er ein treuer Helfer und immer dabei, wenn es galt, sich wie auch jetzt mutig und offen zu bekennen. Der Wandel von damals zur weltweiten Anerkennung von heute war die Frucht und der Dank für solches Verhalten.

Das »Erlebnis Wien 1977« ging damit zu Ende. Wir trafen uns am Pfingstmontag noch am Kreuzberg im österreichischen Südmährerland. Er war und ist die Gedenkstätte der Brünner Deutschen und ihres Todesmarsches im Juni 1945. Zum Greifen nahe lag jenseits der Grenze Nikolsburg vor uns: die Stadt, die 1866 Bismarcks Friedensschluß erlebte, nach dem Zweiten Weltkrieg aber im Unfrieden ihre deutschen Bürger verlor. Sie ließen sich in weiter Ferne, aber auch im nahen Weinviertel nieder, dessen öffentliches Leben sie tatkräftig mitgestalten halfen.

Eine lebendige Brücke

Das Wiener Treffen war nicht nur ein Höhepunkt im Volksgruppenleben. Es unterstrich auch einen Tatbestand, der – im Bewußtsein der Öffentlichkeit vergessen – weder gesehen noch gewürdigt wird: das Sudetendeutschtum bildet über die Berge, über Inn und Salzach hinweg eine lebendige Brücke zwischen Deutschland und Österreich!

Ihre Fundamente tragen nicht nur Kultur und Geschichte, sondern auch die nüchternen Zahlen der Statistik. Von den 7.555.000 Einwohnern Österreichs sind rund 1 Million Bürger sudetenländischer Herkunft oder mit Sudetendeutschen verwandt und verschwägert! Etwa 160.000 von diesen fanden nach 1945 im Alpenstaat eine neue Heimat. Die Vorfahren der übrigen bzw. sie selber kamen schon vor dem Ersten Weltkrieg nach Wien und in die Bundesländer. Die Kaiserstadt zog einen beachtlichen Teil der Intelligenz, der Handwerker und Büromenschen in ihre Mauern. Was das Sudetendeutschtum durch derlei Abwanderung verlor, bereicherte die Metropole an der Donau.

Unter dem Titel »Verdient um Österreich« listete Rudolf Ohlbaum als Beitrag zu »Wien 1977« eine lange Reihe bedeutender Persönlichkeiten sudetenländischer Herkunft auf, die im Lande Rang und Ruf gewannen.[1] Neben illustren Namen aus Wirtschaft, Kunst und Politik zeigt in etwa die Reihe sudetenländischer Rektoren (von 1860 bis 1950 allein 25 an der Universität Wien und zwölf von 36 an der Universität Innsbruck) den bedeutenden Beitrag der Sudetendeutschen an. Wer weiß schon, daß Adolf Lorenz, der Vater der modernen Orthopädie, und damit auch sein Sohn, der Verhaltensforscher Konrad Lorenz aus Weidenau in Sudeten-Schlesien stammen. Wer würde Franz Schubert, Gustav Mahler, Franz Lehár und Leo Fall, Ernst Mach und Edmund Husserl, die Paula Wessely, Leo Slezak und Oskar Willner, Julius Meinl und Josef Škoda zu Menschen sudetendeutscher Herkunft zählen?

Geheimhin macht es Eindruck, daß Österreichs Bundespräsidenten (Karl Renner, Adolf Schärf, Theodor Körner, Franz Jonas) der Reihe nach sudetenländischer bzw. böhmisch-mährischer Herkunft waren und daß sich von Julius Raab bis Bruno Kreisky Bundeskanzler und andere Führungspolitiker zu gleicher Väterherkunft bekannten.

Was aber sollte diese Liste, könnten wir sie nicht mit der langen Reihe von Persönlichkeiten sudetendeutscher Herkunft vergleichen, die sich nach 1945 in Bonn und in den Ländern der Bundesrepublik Deutschland (und übrigens auch in der DDR!) einen Namen machten. Um sie nicht alle aufzuführen, will ich aus dem Sektor der Wirtschaft nochmals die Unternehmerfamilie Kunert nennen, die zweimal aus dem Nichts heraus – 1921 im nordböhmischen Warnsdorf und seit 1948 im bayerischen Allgäu (in Immenstadt und Mindelheim) das größte Strumpf- und Wirkwaren-Unternehmen Europas entstehen ließ.

Die Reihe bedeutsamer Künstler, Wirtschafter und Politiker, die hüben und drüben einen bedeutsamen Beitrag zum öffentlichen Leben leisteten, umschreibt nicht alleine die »lebendige Brücke«, die wir meinen. Sie kommt vielmehr in dem Maschennetz zum Ausdruck, das sich, aus Familien- und Heimatherkunft gewebt, über die staatliche Trennungsgrenze legt.

---

[1] Rudolf Ohlbaum, »Verdient um Österreich«, München 1977

Was bedeutet hier das Faktum verschiedener Staatszugehörigkeit? Was bedeuten schon unterschiedliche Rechtsordnungen, Schulsysteme und Gesetze, wenn sie für Menschen gelten, die im Sudetenland, in Österreich und in der Bundesrepublik Deutschland zum gleichen Familienkreis gehören. Was bezeugt der Begriff der »Österreichischen Nation«, wenn ich mich zur »Bayerischen Nation« bekennen müßte, obwohl wir gestern noch Söhne, Brüder und Schwestern gleicher Herkunft, eben nichts als Deutsche waren?

Die Deutschen aus dem Sudetenland widerlegen somit durch ihre bloße Existenz die Gültigkeit fragwürdiger Nationalbegriffe. Sie empfinden es gewiß auch als Anachronismus, daß Portugal und Griechenland oder Regionen wie Kreta und Sardinien, nicht aber das Nachbarland Österreich, weder Salzburg noch Tirol und Vorarlberg zur Europäischen Gemeinschaft gehören sollen.

Zwei Millionen von ihnen sind in der Bundesrepublik Deutschland nicht nur »nahe Verwandte«. Sie sind auch zwei Millionen »Österreicher«, d. h. Mitbürger, die sudetenländisch-österreichische Traditionen in München, Stuttgart, Kassel, Köln oder Kiel lebendig spürbar machen. Sie tragen diese auch durch »Mischheiraten« weit in die bodenständige Bevölkerung hinein und dürften sie dort, zumindest subkutan, noch über Generationen hinweg erhalten.

Zu den führenden Persönlichkeiten, die sich dessen bewußt sind, gehörte Bundespräsident Dr. Kirchschläger. Ich fand mich in der »Liebe zu Österreich« bestätigt, als er mich und meine Frau (eine Österreicherin) am 20. April 1982 zu einem Abschiedsbesuch in der Hofburg empfing und zu einem Mittagessen in seinen Wohnsitz auf der Hohen Warte einlud. Wir sprachen über das menschliche Verbundsystem, das in den erwähnten Zusammenhängen wirksam wird und als positive Folge aus den Nachkriegswirren hervorgegangen sei.

Die Unterhaltung, die auch der Bedeutung Wiens als Drehscheibe weltweit ausstrahlender Ideenkreise in den Zwischenkriegsjahren galt, empfand ich als einen neuen Akzent der Lebenswege, die mich immer wieder in die alte Kaiserstadt führten.

Sudetendeutsche in aller Welt

Eines Tages, es mag gegen Ende der siebziger Jahre gewesen sein, erhielt ich das Schreiben eines Attachés unserer Botschaft in Auckland. Er wollte auf einer Fahrt zu den Maoris, sozusagen mitten unter den Ureinwohnern, eine seltsame Gemeinde ausfindig gemacht haben, deren Einwohner einen (freilich unverständlichen) deutschen Dialekt sprächen, bunte Trachten trügen und nach den Klängen eines Dudelsacks zu tanzen verstünden. In der Tat handelte es sich um Siedler aus dem Egerland, die in den sechziger und siebziger Jahren des vorigen Jahrhunderts auf Segelschiffen die Reise um das halbe Erdenrund wagten und sich dort nach anfänglichen Not- und Hungerjahren gut zu behaupten wußten.

Der Hinweis stand am Beginn einer regen Verbindung, welche uns und vor allem die »Egerländer Gmoi« unter Albert Reich mit einer der frühesten sudetenländischen Gruppen vertraut machte, die auf fernen Kontinenten eine neue Heimstatt fanden. Die Einwohner von »Puhoi«, so heißt die seltsame Gemeinde, wurden liebevoll begrüßte Kinder einer Patenschaft. Sie fanden 1982 zum ersten Mal seit 120 Jahren den Weg zu uns sowie in ihre Herkunftsdörfer. Letztere lagen in der Landschaft zwischen Pilsen und Mies. Sie waren, halb verödet und verlassen, nur noch über den Eisernen Vorhang hinweg zu erreichen.

Eine andere »seltsame« Gemeinde war mir ganz besonders ans Herz gewachsen: die inmitten subtropischer Wälder Paraguays gelegene »Colonia Sudetia«. Auswanderer, die sich aus allen Gegenden des Sudetenlandes in den dreißiger Jahren zusammenfanden, um der Wirtschaftsnot der Heimat zu entgehen, hatten sie aus wilder Wurzel zu roden begonnen. Als wir sie 1974 zum ersten Male besuchten, war nach langen Jahren der Kümmernis das Gröbste bereits überstanden. Gleichwohl brachte ein klappriger »Rastrojero« meine Frau und mich von Asuncion aus erst nach schwierigen Passagen über Sümpfe und Furten ans Ziel.

Wir fanden einen Kranz von Siedlerstellen vor, in denen die Steins und Schreibers, die Humpelmayers, die Peters und Peterliks und die Familie der unverwüstlichen Frau Anders Haus und Hof errichtet hatten. Das waren viele Hektar umfassende Liegenschaften, auf denen man Mais, Mate-Tee, Tomaten und Heilpflanzen anbaute. Ein

Eldorado bunter Schmetterlinge erbrachte im Versand bis nach Europa zusätzliche Einnahmen. Es gab zu essen genug. Man lebte unter Palmen, Zitronen- und Orangenbäumen – aber eben ohne Verkehrsanbindung, Straßen und Strom.

Es gab uns zu Ehren veranstaltete Festlichkeiten, die sich allemal zwischen dem Lehrerhaus und einer kleinen weißgetünchten Schule abspielten. Die Kinder kamen auf kleinen Pferden herbeigeritten und legten Zeugnisse ihres Könnens ab. Das alternative Leben, das wir teilten, machte uns mit den Freuden, aber auch mit den Sorgen vertraut, die hier zu Hause waren. Da konnte ich Verbesserungen in die Wege leiten, die u. a. – nicht zuletzt mit Hilfe unseres Schirmlandes Bayern – eine (späterhin nach mir benannte) Brücke über einen in der Regenzeit fast unüberwindlichen Sumpfbruch erstehen ließen. Der Gemeindebücherei, der Schule und dem Kindergarten, vor allem dem Kirchenbau flossen Mittel zu, die wir aus heimatlichen Spenden aufbrachten. Am Ende gab es sogar eine Turnhalle mit Sportplatz und Jugendzentrum. Die Colonia machte sich auch im Umkreis anderer deutscher Siedlungen und im Staate selbst einen guten Namen.

Wir gehörten schon zur Familie, als wir sechs Jahre später unsere Freunde erneut besuchten. Das geschah jeweils im Zusammenhang mit beachtlichen Treffen, die von den seit vielen Jahrzehnten in Südamerika ansässigen Deutschen aus Österreich und den böhmischen Ländern veranstaltet wurden.

In Rio de Janeiro waltete dabei Walter Spiller, ein treuer, bereits in der dritten Generation wirkender Sohn Gablonzer Herkunft, seines Amtes. In São Paulo war Dr. Rudolf Hinner, Ordensträger und führendes Mitglied zahlreicher Vereine, der Mittelpunkt unserer Landsleute. In São Bento do Sul reichten sich Böhmerwäldler und Banater Schwaben die Hände bei ihrem weithin berühmten Landbau. In Buenos Aires aber hatten Glasmacher, die erst um 1950 nach Argentinien einwanderten, unter der Führung der Familien Ullmann und Reckziegel die Initiative in der Sudetendeutschen Landsmannschaft ergriffen. Diese nun war freilich mehr als eine Pionier- und Siedlergemeinschaft.

Bei ihr wie anderswo merkte man, daß eine Volksgruppe von über drei Millionen Menschen auch in Übersee mit selbstbewußten Kolonien präsent ist. Sie vertritt dann nicht nur sich selber, sondern auch die Traditionen größerer Bereiche, denen sie einstens angehörte. »Tu felix Austria!« hieß denn auch das Leitwort eines in Argentiniens Hauptstadt im April 1974 veranstalteten Kongresses, dem wir ebenso wie der österreichische Nationalrat Dr. Tassilo Broesigke beiwohnten. 1980 tagte der Kongreß im Beisein des bayerischen Staatsministers Dr. Fritz Pirkl hier ein zweites Mal. Da gab es Empfänge beim Stadtoberhaupt und den Notabeln verschiedener Ministerien, die den Beitrag unserer Glasmacher aus Haida und Steinschönau in überschwenglichen Worten zu würdigen wußten.

Das Schönste war indes die Freude am Beisammensein. Ich traf nicht nur auf äußerliche Zustimmung, wenn ich das Leuchten einer Vergangenheit ansprach, welche es nicht mehr gab, die aber gleichwohl – über Jahrzehnte und Ozeane hinweg – die Gemüter wärmt und das Leben in fernen Ländern erträglicher macht.

Das galt in gleicher Weise für die bereits erwähnten Begegnungen mit meinen Landsleuten in den USA (siehe S. 271). Dort war es schwierig, die Hunderttausende von Einwohnern sudetenländischer Herkunft ausfindig zu machen, die seit der Mitte des 19. Jahrhunderts und früher eingewandert, aber unter dem Sammelbegriff der »Österreicher« registriert worden waren. Nicht nur das »Budweiser« und manch andere Gepflogenheiten des »American Way of Life« führten auf ihre Spuren. Sie hatten sich da und dort zu den deutschen Vereinen gesellt, fühlten sich aber erst in den Zwischenkriegsjahren ihrer Herkunftsheimat besonders verbunden.

Schließlich sind auch die drei auf der Karte der USA verzeichneten Karlsbads (Carlsbad in Texas, Carlsbad-Cavern in New Mexico und Carlsbad Springs in Kalifornien) nach meiner Vaterstadt benannt. Sie zeugen, anders als das jetzige »Karlovy Vary«, von der Anhänglichkeit ehemaliger Kinder der Sprudelstadt, die den Namen in Erinnerung nach dem seinerzeit weltberühmten Geysir im Tepltal wählten.

Namen haben es in sich. Wer in den Telefonkompendien großer amerikanischer Städte blättert, sieht seitenlang die Schmidts und Müllers, die Köhlers und Grubers angeführt. In Los Angeles fand ich auch zwei Hasenöhrls und 25 Henleins vertreten! Wenn ich mit Hugo und Katja Eichler von Milwaukee, der Bierstadt mit beachtlich vielen Deutschen, heimwärts nach Chicago fuhr, machten wir lachend bei der »Becher-Street« halt, die da von der Autobahn nach Osten abzweigt.

Chicago, das mich im Sommer 1975 zu einem Großkongreß der

Egerländer einlud, schlug auch die Brücke zu unseren Landsleuten im Nordosten Kanadas. Sie waren, von Hitler verjagt und schwer geprüft, unter der Führung Willi Wankas, des langjährigen Mitarbeiters von Wenzel Jaksch, im Jahre 1939 mit Hilfe der kanadischen Eisenbahn in das Peace-River-Gebiet British Columbiens ausgewandert. Als ich 1979 bei der Feier ihrer 40jährigen Ansiedlung die Geschichte dieser sudetendeutschen Sozialdemokraten vernahm, mußte ich an Puhoi und Paraguay denken. Auch hier hatten freiheitssuchende Menschen Landlose in Besitz genommen, die sie – als wäre es das sudetenländische Schicksal – aus »wilder Wurzel« rodeten. Das ist jetzt leichter zu sagen als damals zu verwirklichen. Handelte es sich doch um etwa 150 Familien mit Kind und Kegel, deren Häupter, meist aus Büros und Verwaltungsstellen kommend, mit der Schwielenarbeit des Farmer-Lebens nicht vertraut waren.[1]

Im Zentrum von Dawson Creek steht der Meilenstein, der den Beginn des im Kriege gebauten Alaska-Highways markiert. Er gibt, wie das eigene, nunmehr in Tomslake errichtete Ehrenmal, Kunde von der Mitarbeit der Sudetensiedler, die jetzt eine im ganzen Lande geachtete Rolle spielen. Wie später, als man 1989 das 50jährige Bestehen der Sudetengemeinde beging, bildeten die Egerländer Tanzgruppe Rudolf Kiefners sowie eine Bläservereinigung aus dem hessischen Melsungen den volkstümlichen Hintergrund all der Veranstaltungen, die uns mit Land und Leuten bekannt machten.

Botschafter, Regions- und Bundesabgeordnete gehörten zu den Besuchern, die dem Geschehen Rang und Würde verliehen. »Ihre Landsleute sind tüchtig, wo immer sie auftreten!« bekundete mir der ebenfalls deutschstämmige Parlamentarier Oberle. Das war nun ein Lob, das für alle gelten mag, die ich im weiten Erdenrund besuchte und das ich gerne zur Kenntnis nahm.

Eine gute Erfahrung konnte ich auf den nicht immer mühelosen Reisen zu ihnen machen: mit ihren Augen gesehen lernt man Sitten und Eigenarten ferner Länder von innen her kennen. Wenn mir Walter Spiller die ganz persönlichen Verhältnisse seiner Nachbarn an der Copacabana erzählte, wurde die berühmte Straße so nahe wie die Straße in einem Heimatdorf. Desgleichen verlor ich viel vom Respekt, den die Skyline Chicagos einflößte, wenn Bill Schmidt, der

[1] Vgl. Willi Wanka, »Opfer des Friedens«, Langen-Müller, München 1988

1905 eingewanderte Steubenfreund und Chef eines Statik-Büros, die Berechnungen erläuterte, die er anstellen mußte, damit die vielhundert Meter emporsteigenden Wolkenkratzer im Windstoß beachtlich schwanken können ohne einzustürzen.

Die Welt wurde durch solche Erzählungen faßbarer und um ein Vielfaches wirklichkeitsnäher denn auf Traumschiffen, Bussen und Sightseeing-Touren der üblichen Art. Auch das verdanke ich meinen Landsleuten, ihrem Wissen und ihren Auskünften in Übersee.

Zeuge einer Heiligsprechung

Zu den sudetenländischen Sendboten in der neuen Welt gehörte der im Jahre 1860 in Philadelphia verstorbene, aus Prachatitz im Böhmerwald stammende Johann Nepomuk Neumann. Der Jungpriester, der 1836 in die Vereinigten Staaten ging, steht in der Reihe jener selten Berufenen, die im Dienst an den Armen und Vergessenen aufgehen. Er wirkte im Gebiet der Niagara-Fälle, trat dem Redemptoristen-Orden bei, gründete zahlreiche Kirchen und Krankenhäuser und bemühte sich, selbst noch als Bischof – er gilt als Schöpfer des katholischen Schulwesens in den USA – um die Unterrichtung von Kindern. Der fromme Seelenhirte, dessen Leben allzu große Strapazen frühzeitig beendeten, wurde am 17. Juni 1977 im Beisein zahlreicher sudetendeutscher und amerikanischer Gläubigen in Rom heiliggesprochen. Der Vorgang, dem ich im Kreise von Mitgliedern unseres Bundesvorstandes und zahlreicher Pilger der Ackermanngemeinde beiwohnte, bot das seltene Bild einer grandiosen Zeremonie, die den mit Menschen überfüllten Petersplatz bis in den letzten Winkel in Bann hielt. Vor dem goldumrandeten Fahnentuch mit der überlebensgroßen Figur des neuen Heiligen entfaltete sich eine Liturgie, die mir eindringlich vermittelte, was Tradition und kirchliches Brauchtum zu sein vermögen.

Neben den Chören und orchestralen Klängen, die von allen Seiten auf die Lauschenden einströmten, waren es wohl die Anrufung sämtlicher Heiligen (und ihrer Gemeinschaft) sowie die Texte der heiligen Messe in Latein und Griechisch, die uns beeindruckten. Kardinäle und Bischöfe bildeten den hierarchischen Hintergrund, als Kinder aus Pennsylvanien und aus dem Böhmerwald schlicht und einfach in ihren Trachten Weihegaben an den Altartisch trugen. Papst Paul VI. zelebrierte unter großer Assistenz die Messe und vollzog, den Text der Verkündung feierlich verlesend, die Heiligsprechung.[1]

Was katholisch an diesem Ritus war, vermochte die Gläubigen zu überzeugen. Alle aber überwältigte die eindrucksstarke Form des Vorgangs und das Gespür, inmitten einer zeitentiefen und weltweiten Gemeinde zu stehen.

Ernüchternd genug zerstörte unser Sinnen dann ein Ereignis, das sich hinter unserem Rücken abspielte. Da wurde einer Nachbarin just in dem Augenblick, da sie an der Massenkommunion teilnahm, die Handtasche mit reichem Inhalt gestohlen. Das andere Rom hatte uns eingeholt. Das mußte auch Bayerns Ministerpräsident Alfons Goppel zur Kenntnis nehmen, dem man, wie vermeldet, einmal mitten im Petersdom das Portemonnaie aus der Tasche zog.

Mir aber kam die Ewige Stadt besonders nahe, als uns der Vollzug eines 40jährigen Priesterjubiläums anderntags in die großartige, einstmals vor den Toren Roms liegende St.- Pauls-Basilika (San Paolo fuori le mura), eine der fünf Hauptkirchen Roms, führte. Die Ehrung galt unserem Prälaten Dr. Karl Reiss, der in der Nachfolge Bischof Kindermanns mit großer Hingabe das Amt des Beauftragten der deutschen Bischofskonferenz für die Vertriebenen aus dem Sudetenland versah.

Wir betraten die Basilika durch den Haupteingang und schritten, überwältigt von der großen Weite und Schönheit des Innenraums, zum Hochaltar, unter dessen Confessio die Reste des Apostel Paulus aufbewahrt sind. Hier nun scharten sich die Pilgergruppen und ihre Gäste um das Meßopfer, das von dem Prälaten persönlich dargebracht wurde. Dann fiel mir selber die Aufgabe zu, dem Oberhaupt unserer Priesterschar den Ehrenbrief der Sudetendeutschen Landsmannschaft und die Rudolf-v.-Lodgman-Plakette zu überreichen.

Als ich zum Behufe einer kurzen Laudatio an das Kanzelpult trat, den Prachtbau mit der schönen Renaissancedecke und den Büstenkranz sämtlicher Päpste vor mir sah, wurde mir plötzlich bewußt, welche Situation mich da in Atem hielt. Weder zuvor noch nachher

[1] Leopold Hafner, der aus Wallern stammende Bildhauer, hat dem großen Sohn seiner Böhmerwald-Heimat im Hochwald am Dreisesselberg eine steinerne Kapelle erbaut.

hatte ich an einer Kanzel gestanden. Daß es ausgerechnet an dieser herausragenden Stätte geschah, war seltsam genug und lag wie ein Anruf über meinen Worten.

In den Zuspruch für den Geehrten schloß ich den Dank an die sudetendeutsche Priesterschaft ein, die während und nach der Vertreibung ein hilfreiches Verhältnis zu ihren Schutzbefohlenen fand und ihnen in vieler Hinsicht näher stand als in manchen Gefilden der Ursprungsheimat.

Prälat Dr. Reiss, der im hessischen Offenbach in einer von ihm gebauten Kirche als Stadtrandpfarrer wirkte, war einer ihrer Beflissensten. Die Ehrung erfüllte uns daher mit Genugtuung, ihn selber aber mit sichtlicher Freude. Der Romaufenthalt hatte damit ein gutes Ende gefunden.

20. ÜBERGABE UND ABSCHIED

Als ich in der »Muße« meiner Dresdner Schutzhaftzelle Paul Deussens »Sechzig Upanishad's des Veda« las, bewunderte ich die dort gepriesene Weisheit der Lebensalter-Lehre: Im ersten Drittel Deiner Jahre sollst Du lernen, im zweiten als Familienvater im aktiven Leben stehen, dann aber ziehe Dich zurück und suche den Weg nach innen! Im stillen gelobte ich mir daher seit je, nicht zu jenen zu gehören, die sich nur schwer von Amt und Auftrag trennen können. Schließlich habe ich mir das Ende meines siebten Jahrzehnts als äußerste Grenze gesetzt.

In einem Schreiben vom 8. Februar 1980 bat ich F. J. Strauß, den Landesvorsitzenden der CSU, um Verständnis für meinen Entschluß, nach 27jähriger Tätigkeit in den Parlamenten nicht mehr für den Bundestag zu kandidieren. Das war mir um so leichter gefallen, als ich die letzten Jahre in Bonn nur an der Tretmühle der Enttäuschungen stand. Dem Verfall der Werte entsprach der Terror im Innern sowie der Aufmarsch der Linken, die allenthalben obsiegte und im Hohen Hause über Schlüsselpositionen verfügte, die durch bloßes Dabeisein nicht zu überwinden waren. Nach dem jahrelangen Streit um die Ostverträge konnte ich mit den vereinten Kräften vieler Kollegen lediglich dazu beitragen, die Durststrecke in der Ost- und Deutschlandpolitik durchzuhalten, um an deren Ende einen vernünftigen Ausgleich mit den Völkern jenseits des Eisernen Vorhangs herbeizuführen.

Der Beflissenheit der sozialliberalen Entspanner war entgangen, daß ihr hochgelobter Partner im Kreml eine globale Aufrüstung betrieb, die nur dem klassischen Ziel Moskaus entsprechen konnte, im Westen und Osten seiner eurasischen Landmasse zu den Meeren durchzustoßen, die Amerikaner aus dem »Europäischen Haus« zu vertreiben und, alle Welt täuschend, den Sieg der Weltrevolution am Ende doch noch herbeizuführen.

»Breschnew blieb immer vage, wenn es um die militärischen Elemente der Friedenspolitik ging«, beteuert Brandt treuherzig. So, als wollte er sich für den Kardinalirrtum seiner Konzeptionen entschuldigen, rügt er die Argumente des ersten Mannes im Kreml, der ihm in Oreanda »fröhlich« bedeutet habe: Die Amerikaner seien weit voraus, »aber nicht mehr so weit. Und nun backen wir jede Woche ein neues U-Boot.«[1]

Das geschah freilich erst in verschiedenen Passagen seiner »Erinnerungen Nr. 2«, also viele Jahre, nachdem sein Nachfolger im Kanzleramt, Helmut Schmidt, die Disproportionalität der sowjetischen Raketenrüstung aufgedeckt und im Streit um die »Nachrüstung« den Untergang in der eigenen Partei eingeleitet hatte.

Die Außenpolitik der Bundesrepublik blieb sich übergangslos gleich sowie der Geschäftigkeit eines Reisenden überlassen, der sie auf der Akzeptanz der sowjetischen Jalta-Positionen beharren ließ, ja selbst dann nicht davon Abstand nahm, als sein Partner in Moskau den Feldzug nach Afghanistan und damit den Marsch zu den Ölquellen am Persischen Golf befahl.

Der Erschütterung, die dieses Unternehmen in Pakistan und z. T. auch in Indien hervorrief, verdanke ich die Teilnahme an einer Delegationsreise von Mitgliedern des Auswärtigen Ausschusses, die dort im April 1980, also nur wenige Monate vor meinem Ausscheiden aus dem Bonner Parlament, die Gemüter beruhigen sollten. Das Unternehmen erschöpfte sich deshalb keineswegs in der Absolvierung üblicher Empfänge und förmlicher Gespräche. Im Lagezentrum der pakistanischen Armee zu Islamabad und am Kyber-Paß wurden wir vielmehr mit den Seismographen einer Krise konfrontiert, deren Zeiger mächtig ausschlugen. Von einem Hubschrauber aus, der wie eine Riesengondel über die Grauzonen kahler Berge schwebte, sahen wir die Karawanen von Flüchtlingen der rettenden Grenze zuströmen. Wir überprüften die Hilfssendungen des Deutschen Roten Kreuzes in ihren Auffanglagern, sprachen mit den Soldaten der Khyber-Rifles, einer von China ausgerüsteten Elitetruppe, die im Falle sowjetischer Übergriffe zu kämpfen bereit war.

Wer konnte damals ahnen, daß Moskau nach acht Jahren am tapferen Widerstand der Mudjaheddins scheitern würde? Staatspräsident Zia ul

[1] Willy Brandt, »Erinnerungen«, a.a.O., S. 292 ff.

Haq, ein beinahe väterlich wirkender Mann, bat uns in der Halle seines schlichten Hauses, die westliche Welt zu nachhaltiger Hilfe aufzufordern. Wir besichtigten, das Industal entlang fliegend, den Tarbela-Damm und lernten die Notprobleme des Jahrtausende alten Kulturlandes kennen. Das Riesenprojekt der Entwicklungshilfe hatte ihm mit der totalen Bewässerung auch die totale Versalzung eingebracht.

Wir versprachen, uns für die Erhöhung der deutschen Finanzhilfe sowie – es ist seit eh und je das gleiche Lied – für eine spürbare Umschuldung bzw. für den Erlaß der aufgelaufenen Schulden einzusetzen. Ich hatte den Eindruck, daß man allenthalben ängstlich und hoffnungslos war.

Über Lahore und Amritsar, dessen Tempelbezirk wir mit Taschentüchern als Kopfbedeckung betreten durften, erreichten wir, mit PKWs durch die indische Szene fahrend, Delhi und damit das größere, aber ebenso problematische Zentrum der für mich so fernen und dennoch so faszinierenden Region. Hier stand der Empfang in den Amtsräumen der eben wieder zur Macht gelangten Präsidentin Indira Gandhi im Mittelpunkt der Ereignisse. Welch eine zierliche und dennoch selbstbewußte Frau!

Es war klar, daß mich die geistigen Signale des klassischen Landes mehr noch als die Sachprobleme unseres parlamentarischen Auftrages interessierten. Ich fühlte mich fast wie zu Hause, als ich mich mit H. H. Karan Singh (»Member of Parliament«, in Wirklichkeit aber Maharadscha von Kaschmir) über den »Weißen Yajurveda« und die dem Christentum so unendlich nahe Seelenlehre der Inder unterhalten konnte. Die Herren Abgeordneten, mit denen wir uns zu einem festlichen Essen trafen, waren dem traditionellen Denken ihrer Kultur zumindestens ebenso verhaftet wie der modernen Soziallehre Nehrus.

Am Ende war der Ausflug nach Pakistan und Indien für mich ein parlamentarischer Abgesang. Ich verabschiedete mich ganz offiziell von Richard Stücklen, der damals das Amt des Bundestagspräsidenten inne hatte. Zu meiner Freude konnte ich Max Grosser und die Sekretärinnen der vergangenen Jahre als letzte Besuchergruppe begrüßen. Nach einer fröhlichen Rheinfahrt erläuterte ich ihnen vom Langen Eugen aus, als wäre sie meine Heimat, die Vogelperspektive der Stromlandschaft.

Dann saß ich mit meinem Sohne vor den Fenstern des Dachrestaurants. Er las mir aus einem eben im Bundestagsladen gekauften Büchlein die poesiereiche Szene der Brotverkäuferinnen aus Canettis »Stimmen von Marrakesch« vor. Das kam seltsam genug und wie aus der Luft geflogen an diesen streitbaren Ort. Aber es versöhnte und sah mich anderntags ohne einen Blick zurück von dannen ziehen.

Wie damals, als ich nach zwölf Jahren im Bayerischen Landtag das Maximilianeum verließ, war ich eher frohgemut als traurig. Ich spürte, daß ein Lebensabschnitt, aber nicht das Leben, zu Ende ging und durchschritt die drehtürgeschützte Pforte wie ein Tor in die Freiheit.

»Die Wahrheit siegt«

Als Sprecher der Sudetendeutschen Landsmannschaft stand ich noch bis zum Jahre 1982 in der Pflicht. Die Akzente unseres Wollens und unserer Aussage, die ich dabei setzen half, standen nicht von ungefähr unter der von Hus übernommenen Parole Masaryks: »Právda vitězí« – Die Wahrheit siegt.[1] Wir bezogen sie auf die Verfälschung dieses Wappenspruchs in der ersten Tschechoslowakei, stellten in einer feierlichen Resolution zum Gedenken an den 4. März 1919 den Gedanken des Volksgruppenrechtes als Teil der Menschenrechte heraus und hatten nach dem im Dezember 1979 erfolgten Einmarsch der Sowjets in Afghanistan alle Veranlassung, darauf zu verweisen. Gleichsam als Präludium meiner Teilnahme an der Delegation des Deutschen Bundestages führte ich vor der Bundesversammlung der SL im Januar 1980 aus:

»Wer hätte über das entsprechende Sachwissen verfügt, um vorauszusagen, daß sich nahezu in jedem Lande, auf das der Lichtkegel von Gefahrenkreisen fällt, das Problem der Minderheiten, der ethnischen Gruppen, also der Volksgruppen als vordringliches Kernproblem stellt? Dachten wir bisher nur an Katalanen, Basken, Iren, Bretonen, Zyprioten, Palästinenser und ähnliche Einheiten im weltweiten Völkergemisch, treten nunmehr auch in Afghanistan, im Iran, in Paki-

[1] Leitwort des Sudetendeutschen Tages 1980

stan, in den Golfstaaten und bei ihren Anrainern zahlreiche Volksgruppen mit ihren Möglichkeiten und Ansprüchen in das Rampenlicht politischer Bedeutung. In vielfacher Hinsicht könnte man sagen: Überall ist Böhmen, überall ist Afghanistan!«

Das war eine Feststellung, die ich 1978 auch von einer Reise nach Südwestafrika-Namibia mit nach Hause gebracht hatte. Die dort in der sogenannten »Turnhallen-Allianz« angenommene Konvention über die Herbeiführung einer gestaffelten Zuständigkeit von Staat, Stammes- und Personalautonomie schien mir wie der Versuch eines »Mährischen Ausgleichs« auf Afrikas Boden.[1] Wo einander Völker, Stammes- und Staatsgrenzen überschneiden, gibt es keine bessere als die aus unserer Erfahrung erwachsene Lösung. Dem Führer der Allianz, Dirk Mudge, war, wie er mir mitteilte, das mährische Vorbild durchaus geläufig. Statt die friedensstiftenden Absichten dieses Mannes zu würdigen, setzte der deutsche Außenminister, seine Mitschuld an dem Elendsweg Namibias vorprogrammierend, auf die revolutionsbeflissene SWAPO. Mit der Auflösung des Konsulates in Windhuk nahm er nicht nur der deutschen Minderheit, sondern auch den mit ihr liierten Stammesgruppen einen moralischen Halt am Rande drohender Gefahren.

Die Wahrheit ist das Auge der Geschichte. Dem Zweck, sie auch in unserem Falle offenbar werden zu lassen, diente eine Hauptveranstaltung, die wir anläßlich des Sudetendeutschen Tages 1981 in der Frankfurter Paulskirche durchführten. Wer wußte schon, daß die Deutschen der Sudetenländer 1848 mit 59 Abgeordneten in der Paulskirchenversammlung vertreten und bis zum bitteren Ende dieses ersten deutschen Parlamentes Vorkämpfer einer ehrlichen Demokratie gewesen waren? Dr. Walter Wallmann erinnerte als Oberbürgermeister der Stadt Frankfurt an die aktuellen Bezugspunkte dieser Tradition. Der junge sudetendeutsche Rechtsgelehrte, Prof. Dr. Wilfried Fiedler, zeichnete in seinem Festvortrag die Szenerie des Revolutionsjahres 1848. Der »Absagebrief« Františeks Paláckys hatte damals den an das tschechische Volk gerichteten Appell zunichte gemacht, als »Brüder und Bundesgenossen« den Platz einzunehmen, der ihm »in unserer Mitte« gebühre.

[1] Prof. Friedrich Prinz, Mitglied der Sudetendeutschen Akademie der Wissenschaften und Inhaber eines Lehrstuhls an der Universität München, hat als Historiker den Vergleich in mehreren Vorträgen in Südafrika erläutert.

Zu Recht bedauerte späterhin Wenzel Jaksch die damals verpaßte Chance: »Wäre an dieser Schicksalswende nicht künstlich eine slawisch-deutsche Rassenschranke errichtet worden, so hätten auch die revolutionären Kräfte der Tschechen und Polen die Vorteile eines Bündnisses mit der deutschen Demokratie erkennen müssen. Daß dies unterblieb, hat die Demokratisierung Zentraleuropas um ein halbes Jahrhundert verzögert, ja die Voraussetzung einer gemeinsamen Behauptung der europäischen Mitte zerstört.«[1]

Um unsere von Beginn an ersichtliche Mitwirkung am deutschen Parlamentarismus zu unterstreichen, überreichten wir dem Präsidenten des Deutschen Bundestages, Richard Stücklen, den Karlspreis der Sudetendeutschen Landsmannschaft. »Wir sind stolz darauf«, erklärte ich in meiner Laudatio, »daß wir in beiden deutschen Parlamenten, in der Paulskirche und im Deutschen Bundestag, mithalfen, Grundrechte zu formulieren, die einen Frieden in Freiheit sichern sollten.«

Kann man einen Volksteil, der solchermaßen am gesamtdeutschen Schicksal beteiligt war, heute als Fremdkörper darstellen, ausklammern oder vergessen? Diese Frage, die ich in den Mittelpunkt meiner Ausführungen am Messeplatz stellte, bat in Frankfurt um eine verständnisvolle Antwort.

Das Pfingsttreffen 1981 war das vorletzte meiner Amtszeit als Sprecher. Es bot mir Gelegenheit, auf die starke Präsenz meiner Landsleute in Hessen zu verweisen. Mit 400000–450000 Neubürgern bildeten sie auch hier einen »Vierten Stamm«. Die Auswirkungen des von Wenzel Jaksch entworfenen »Hessenplans«, das Siedlungsprogramm des aus dem Sudentenland stammenden Landwirtschaftsministers Gustav Hacker oder die von Bischof Adolf Kindermann begründete Zentrale des großen katholischen Kirchen- und Bildungswerkes in Königstein/Taunus waren Entwicklungsfaktoren dieses Bundeslandes, die ebensowenig untergingen wie die stumme und stille Existenz unserer Landsleute in der DDR.

Die »Zone« Ulbrichts war das Auffanggebiet eines guten Drittels der aus ihrer Heimat vertriebenen Sudetendeutschen. Bis zur Errichtung der Mauer verminderte sich ihre Zahl auf etwa 700000 »Umsiedler«. Sie wurden nach dem Kommando der roten Besatzungsmacht

[1] Wenzel Jaksch, »Europas Weg nach Potsdam«, a. a. O., S. 35

ohne Federlesen in das Kollektiv-System der Städte und Dörfer eingewiesen und hatten keinen anderen Anwalt ihrer Nöte als sich selber. Die unter der Führung des Ehepaares Pobel außerordentlich lebendige SL-Landesgruppe Berlin, die zu besuchen ich niemals unterließ, war für mich der Menschenkreis, der über mannigfache Kanäle nach »drüben« die Verbindung zu ihnen aufrechterhielt. Oftmals, so bei einem Treffen im Januar 1980, machten wir uns bewußt, was es bedeutet, daß da eine große Masse unserer Landsleute mundtot und seit 1938 Opfer eines lediglich in der Farbe veränderten Zwangssystems waren. Sie schwiegen, aber sie trafen sich doch. Anonyme Kartengrüße, die ich dann und wann aus Halle, Magdeburg und Dresden erhielt, bezeugten in rührender Weise, daß sie sich, keineswegs untergegangen oder verschwunden, in dem Augenblick wieder zusammenfinden dürften, da Mitteldeutschland ohne Mauer und Stacheldraht ein freies Leben möglich macht.

Der Wechsel im Amte

Wer aus freien Stücken ein zentrales Amt aufgibt, darf sich nicht einfach hinwegstehlen. Das ist leichter gesagt als erfüllt und vollzogen. Ich mußte jene überzeugen, die mich nicht freigeben wollten und auch jene, die recht eigenwillige Vorstellungen über meine Nachfolge hatten. Da gemeinhin, wenn die Spitze wechselt, latente Spannungen auftreten, mußten sie durch weise Voraussicht in Grenzen gehalten werden. Vor allem ging es mir darum, einen Generationswechsel herbeizuführen. Meine Überlegungen trug ich in der entscheidenden Bundesversammlung der SL am 13. Februar 1982 vor:

»Eine Volksgruppe bedarf der Führung durch die jeweils aktive, in der Vollkraft ihres Wirkens stehende Generation. Das wird nach innen und außen neue Namen und neuen Schwung mit unserer Sache in Verbindung bringen. Mir selbst aber eröffnet es die Möglichkeit, die mir verbleibenden, hoffentlich noch geistig aktiven Jahre unserem Anliegen und unserer Zeit auf einer Ebene zu widmen, auf der ich recht eigentlich zu Hause bin.«

Ich gewann das Einverständnis des Gremiums und setzte mit Nachdruck durch, daß die Amtsübergabe vorverlegt und bereits im

Rahmen des Sudetendeutschen Tages 1982 in Nürnberg vollzogen werde.

Das war nun eine recht feierliche Angelegenheit. Am Pfingstsamstag nachmittag trat die Bundesversammlung zur Entgegennahme meines Rechenschaftsberichtes für den Zeitraum 1968–1982 zusammen. Er brachte einen ausführlichen Rückblick und eine Vorausschau, die ich mit dem offiziellen Rücktritt von meinem Amte beendete. Als ich vom Rednerpult aus meinen Platz in der Reihe der Delegierten einnahm, erntete ich eine minutenlange stehende Ovation. Sie kam aus dem Bewußtsein einer verschworenen Gemeinschaft, die sich jahrzehntelang bewährt hatte.

Dann folgte der Wahlakt für den neuen Sprecher und für den Bundesvorsitzenden, der ihm bei der Führung der Geschäfte zur Seite stehen sollte. Nach wohlweislicher Absprache schlug ich für den ersteren den Staatssekretär im Bayerischen Innenministerium, Franz Neubauer, geboren am 10.5.1930 in Großsichdichfür bei Marienbad, für den zweiten Ministerialrat Jörg Kudlich (*9.4.1936), einen Nachkommen des Bauernbefreiers Hans Kudlich, vor. Die Entscheidung war, wenn sie auch später in die Brüche ging, richtig und zumindest gut gemeint. Beide wurden einstimmig bzw. mit nur wenig Gegenstimmen gewählt.

Die Freude über die klaglose Form der Übergabe setzte sich anderntags bei der Hauptkundgebung fort. Zum letzten Mal vor meiner »Landsgemeinde« sprechend, verwies ich zunächst auf den starken Zusammenhalt der Sudetendeutschen:

»Wo liegt das Geheimnis unserer Geschlossenheit? Ich meine: im stellvertretenden Erleiden eines unerträglichen Rechtsbruches; in der Solidarität, mit der wir ihn zu überwinden versuchen; im Vertrauen darauf, daß der Traum an der Verwirklichung unseres Selbstbestimmungsrechtes nicht durch den Einsatz von Waffen, sondern durch die Macht der Argumente zur Realität von morgen wird. – Aus Zusammenbruch und Vertreibung erwuchs die Gestaltung der Volksgruppe außerhalb der angestammten Heimat. Wir haben an der Errichtung eines Gemeinwesens ohne Haß und Klassenkampf mitgewirkt. Wir halfen Werkstätten und Wohnungen errichten. Aber nicht für Spekulanten und Nachkriegsgewinnler haben wir das getan. Nicht für sie haben wir unseren herrlichen Bauernstand geopfert, unsere Alten der Kümmernis eines notvollen Daseins anheimgegeben.

Nein, wir wollten zu neuen Ufern in Frieden und Freiheit streben! Zufall und Fügung brachten es mit sich, daß ich von der ersten Stunde des Wiederbeginns an unseren Weg mitbegehen und mitbegleiten konnte. Als Sprecher stand ich freilich in einer Zeit vor Euch, da der geschaffene Friede von innen und außen abzubröckeln begann. Unsere Leistung wurde vergessen, unser Recht wurde politisch in Frage gestellt, unsere Opfer wurden hinter die Mauer des Schweigens verdrängt. ... Die Kraft meiner Amtszeit konnte ich dennoch der Gewißheit entnehmen, daß Ihr inmitten der wirtschaftlichen Regeneration Idealisten im Glauben an die rechtliche Regeneration, an Deutschland und Europa geblieben seid! Wo andere nur genossen, habt Ihr Tausende von Treffen und Arbeitsstunden für Gottes Lohn in den Dienst Eurer guten Sache gestellt. Das hat uns fürwahr zu einer Kerngruppe der Freiheit in unserem Lande gemacht. Wir brauchen uns dessen nicht zu schämen!«

Dann bat ich auch hier um Verständnis für die Notwendigkeit, das Steuer der Volksgruppe in jüngere Hände zu legen. Wir könnten uns glücklich schätzen, dafür in Franz Neubauer eine Persönlichkeit von Rang und Namen, einen Landsmann aus der Mitte der Fünfzigjährigen, dafür gewonnen zu haben. Wie es dem Geiste einer traditionsbewußten Gemeinde entsprach, übergab ich meine Aufgaben dem neuen Sprecher, indem ich seine Hand im Zeichen der von Rudolf Lodgman von Auen der Sudetendeutschen Jugend gewidmeten Fahne ergriff. Nach der Akklamation, die wie auf Schallwellen an die Tribüne brandete, dankte er mir für meine Leistung in dem Amte, das er nun mit Gottes Hilfe nach bestem Wissen und Gewissen zu übernehmen versprach.

Es war eine Szene, die wohl alle Anwesenden tief ergriff. Warum soll ich verschweigen, daß auch mir der Atem für eine Weile stockte. Das Deutschlandlied krönte die Stunde. Sie entließ mich an der Seite meiner Frau durch ein Spalier von grüßenden Menschen. Am Ende stießen wir auf die Treuesten der Treuen, zwei Frauen in Tesstaler Tracht, die Jahr für Jahr mit einer prächtigen, selbstgestickten Wappenfahne ihrer Heimat zur Kundgebung kamen. Ich nahm ihnen das schwere Panier aus der Hand und trug es, gleichsam als letzten Dienst, bis zum Ausgangstor.

Anerkennung und Ehrungen

Der Abgang aus dem altvertrauten Amte wurde durch einen Empfang besiegelt, den die Bayerische Staatsregierung zu meinen Ehren sowie im Nachklang zu meinem 70. Geburtstag am 15. Oktober 1982 im Antiquarium der Münchner Residenz gab. Er galt natürlich einer Ehrung des gesamten Vierten Stammes sowie seiner Leistung im Freistaat und versammelte an die tausend geladene Gäste um die Repräsentanten des öffentlichen Lebens.

Als Schirmherr der Volksgruppe hatte F. J. Strauß am gleichen Tage den Grundstein zum Sudentendeutschen Haus in München gelegt. Nachdem er auch das Hebefest, wie es seiner volksnahen Art entsprach, in fröhlicher Runde mit den Bauarbeitern verbrachte, erschien er wider Erwarten ebenso bei der Feier im Antiquarium. Er wolle, da es nun einmal sein spezieller Sudetendeutscher Tag sei, auch als mein Lobredner auftreten. Das hatte er bereits zu Pfingsten in Nürnberg getan, als er sich für die durch mich vollzogene Überreichung des Karlspreises der Sudetendeutschen Landsmannschaft bedankte.

Strauß war also auch am Ende meiner öffentlichen Tätigkeit eine für mich beziehungsreiche Figur geblieben. Sein Hinweis auf mein Wirken im Dienste der Volksgruppe und Bayerns, den er mit der Überreichung des großen Nymphenburger Löwen symbolreich unterstrich, entsprach dem Gleichklang unserer politischen Ansichten im Zeichen der gegen Brandt und Scheel gerichteten Opposition. Dieser war indes mehr aus der Ferne denn durch persönliche Kontakte zustandegekommen. Der große Mann der deutschen Nachkriegspolitik, der freilich weitgehende Ergebenheit verlangte, verschloß mir sozusagen sein privates Leben. Sein Bemühen, die Rechte im politischen Spektrum der Bundesrepublik anzuführen und gleichzeitig einer Koalition anzugehören, die mit Genscher die sozialliberale Außenpolitik fortsetzte, hatte nur bedingten Erfolg.

Gleichwohl wußte ich ihn zu würdigen: »Magnificum est laudari a viro laudato« – großartig sei es, von einem Manne gelobt zu werden, der selbst den Lorbeerkranz vieler Leistungen auf dem Haupte trägt. Ich pries ihn als den herausragenden Führer der Bestrebungen, den Frieden Europas und damit der Welt von seiner konsolidierten Mitte aus zu sichern. Desgleichen bejahte ich seine Überzeugung, die Sterbeglocke der kommunistischen Ideologie habe bereits zu läuten begonnen, weil sie ein Widerspruch zur göttlichen Ordnung sei. Strauß hatte in seiner Erwiderung auf meine Ausführungen hinzugefügt: »Damit ist ein Prozeß eingeleitet, der vielleicht in näherer Zukunft, vielleicht aber auch erst in 100 Jahren abgeschlossen ist.« Solche Worte wurden 1982 noch in den Wind gesprochen. Wer hätte gedacht, daß sie bald nach dem Tode des voraussehenden Mannes das Thema des Tages bestimmen würden?

Die Reihe der Ehrungen, die mir nach meinem Abschied zuteil wurden, fanden 1983 in Wien durch die Verleihung des Karlspreises, den ich nun selber empfing, ihren Abschluß. Er wurde mir in Gegenwart Dr. Kirchschlägers überreicht, der mir ebenso wie Bundespräsident Carstens seine persönliche Anerkennung aussprach.

Eine letzte Sachinitiative leitete ich noch im Juni bzw. Oktober 1982 vor dem Präsidium und Plenum des Sudetendeutschen Rates, meiner langjährigen Arbeitsstätte als Generalsekretär, ein. Es ging um den Appell an die Bundesregierung sowie an die europäische Öffentlichkeit, der Vernichtung unserer sudetenländischen Landschaft, insbesondere der böhmischen Wälder, Einhalt zu gebieten. Bonn sollte in direkten Verhandlungen und über alle zuständigen internationalen Gremien auf die Regierung der ČSSR mit dem Ziele einwirken, den Abbau der Natur- und Bodenschätze auf ein vertretbares Maß zu begrenzen, die Rekultivierung der Abbaugebiete vorzunehmen, entsprechende Maßnahmen zur Minderung der Emissionen zu ergreifen sowie der umweltbedingten Gefährdung der Natur- und Baudenkmäler nachdrücklich entgegenzutreten.[1] Die Umweltzerstörung im Herzen Europas, die damals erst wenigen in die Augen fiel, war sozusagen der Schlußpunkt der Sorgen um die böhmische Heimat, die mich von Jugend an erfüllten.

Damit fand auch dieser Pflichtenkreis für mich ein sinnvolles Ende.

[1] Vgl. »Rettet das Sudetenland«, Broschüre des Sudetendeutschen Rates, München 1983 ff.

21. SUMME DES LEBENS

Wer je vor der Aufgabe stand, den Lauf seines Lebens bis zu den Anfängen hin und zurück zu verfolgen, wird sich dem rätselhaften Wesen der Geschichte und dem Wunder der Erinnerung nicht entziehen können. Ersteres verweist auf Zusammenhänge, die keineswegs nur eine Addition von Einzelereignissen sind, letztere schenkt uns das Vermögen, Begebenheiten aus fernster Vergangenheit so zeitnah heranzuholen, als wären sie gestern geschehen. Das Gedächtnis ist dann eine Schatzkammer unseres Denkens. Mehr noch, es ist der Einheitsbezug unserer Persönlichkeit, die, sollte es fehlen, dem Peter Schlemihl ohne Schatten gliche.

Kann man aus dem Film des Lebens demnach so etwas wie eine Summe des Lebens ziehen? Ganz gewiß, wenn man das persönliche Schicksal und dessen Eingewobenheit in überpersönliche Zusammenhänge überdenkt!

Die Bilder, die wir solcherweise reproduzieren, kommen indes nicht immer aus dem Fundus großer Ereignisse. Auch kleine Begebenheiten sind erwähnenswert, wenn sie treffsichere Aussagen machen. So denke ich gerne an mein Debüt im Herumtollen zurück, als ich beim Kirchenfest im mütterlichen Pirkenhammer rücklings in eine Jauchegrube fiel und mich gerade noch an deren Deckbrettern erfing. Der Onkel hielt den fünfjährigen Knaben beim Schopfe fest und sagte in seiner trockenen Egerländer Mundart: »Mach ner sur weiter, Böibl, des bringt Glück!«

Was aber heißt Glück im Leben? Kann man es wenigstens im Nachhinein definieren? Ist es nicht so, daß vieles zunächst als Unglück erscheint, was sich nachher als dessen Gegenteil erweist? Liegt es nur im passiven Genießen verborgen oder beschenkt es uns viel eher bei voller Konzentration auf eine Aufgabe? Spielt der Zufall eine bedeutsame Rolle? Bewegen wir uns nach den Impulsen der Eigen- oder nach dem Zwang der Fremdbestimmung? Ist am Ende Geschichte, wie Schelling sagt, nur dort, wo es auch hätte anders kommen können? Das Ja auf diese und ähnliche Fragen ist freilich auf den Kreis ihrer Variationen beschränkt, der zwar unendlich groß, aber dennoch begrenzt ist.

Als mich anno 1923 der heute noch lebende Freund vom Sportplatz weg zum Wandervogel holte, konnte ich nicht ahnen, daß mich damit ein Anruf fürs Leben erreichte. Ich wurde ein Glied der »Zurück zur Natur«- und der Protestbewegung und der Folgen, die daraus für die politische Entwicklung der sudetenländischen Jugend erwuchsen. Als ich zunächst »für ein paar Semester nur« zum Studium nach Wien ging, hätte ich kaum voraussehen können, daß mir über das ganzheitlich-ökologische Grundkonzept eine Lehre zuteil wird, die uns einen Schlüssel zum Verständnis zentraler Probleme an der Jahrtausendwende liefern kann. Das soziale und ökonomische Wissen um die Eingliederung entwurzelter Menschen in das Ganze einer vorgegebenen Gesellschaft führte mir 1945 beim Nachdenken über das Flüchtlingsproblem die Feder.

Die Erkenntnis der Selbstfesselung des Krieges, die sich aus der Möglichkeit der atomaren Selbstvernichtung ergab, ließ mich die Bedeutung der Rechtspositionen in dem gewaltigen Kampf zwischen West und Ost und das Fehlverhalten derer erkennen, die sie (»Die Weltgeschichte ist kein Amtsgericht«) leichtsinnig beiseite schoben.

In jedem Falle hätte ich mich auch anders entscheiden können. Aber ich tat es nicht und muß dem Schicksal dafür dankbar sein, daß es mir über große Brüche hinweg eine geradlinige Entwicklung und ein erfülltes Leben schenkte.

Es traf mich mit den Hammerschlägen der beiden Weltkriege und ihrer Unvernunft. Die Materialschlachten des zweiten habe ich selbst erlebt. Jene des ersten vermochte ich zu erahnen, als mich Luis Trenker auf sein Ausharren im Sperrfort Rocca Alta verwies, das wie ein anderes Douaumont auf der Höhe von Lavarone liegt und heute noch (nach 75 Jahren!) von Hunderten von Bombentrichtern umgeben ist.

Was hat sich die Menschheit in meiner Lebenszeit nicht alles gegenseitig angetan! Die Hekatomben von Opfern, welche die Geschichte uns abverlangte, erwecken in der Tat den Eindruck, als ob sie der Traum eines Raubtieres wäre. Es sei uns eine Mahnung und Trost zugleich, aber keine Entschuldigung, wenn Adalbert Stifter in sein Tagebuch schrieb: »Wir alle haben eine tigerartige Anlage so wie wir eine himmlische haben und wenn die tigerartige nicht geweckt wird, so meinen wir, sie sei gar nicht da.«[1]

Das Leben auf dem Dach der Gefahren, das uns das Jahrhundert solcherweise – und erst recht mit den Waffen des Overkills – bescherte, wäre kaum zu ertragen gewesen, hätte es uns nicht auch die Freude des kleinen Augenblicks geschenkt. Als ich, 17 Jahre alt, vom Berggipfel des Athos auf das blaue Meer hinuntersah, vermeinte ich wie die Gefährten unserer Jungenschar, es könne nichts Schöneres auf Erden geben als dieses Wunder im Glast der Sonne. Es beglückte mich ebenso wie die heraufschleichenden Farben des Alpenglühens, das uns nach einem Besuch in Silvius Magnagos Bergheim den Rosengarten in seltener Pracht vor Augen führte. Stundenlang konnte ich Maria Wörth, die leuchtende Kirchengruppe am See bewundern, wenn wir bei den Rothe-Freunden auf Urlaub waren. Ich liebte das friedvoll Gute, das in solchen Bildern lag, das ich zum Ausgleich suchte und ein andermal in einige Zeilen faßte, als ich in Dürnstein über der Donau weilte:

So strömt die Zeit im Wellengang
der Fluten hin.
So breit und alt und immer noch
ein Neubeginn.

So still und leis, als wär sie
leicht und kummerlos
und Du ein Wanderer
auf einem Floß,
das talwärts zieht und
Nibelungen-weit,
zur Hochzeit wohl,
zu Weh und Streit.

Fließ, Donau, hin
Du Völkerstrom,
grüß Bürger, Dörfer,
Stadt und Dom!

---

[1] Adalbert Stifter, Briefe, Rainer Wunderlich-Verlag 1936, S. XII

Nimm unsre Sehnsucht,
unsren Segen mit:
den Frieden bring,
um Freiheit bitt!

Das Leben zwischen Tür und Angel, zwischen Versammlungen, Sitzungen und Zusammenkünften, das unsereinen jahrzehntelang gefangenhielt, ließ keine Zeit für Hobbies zu, die auf Fragebögen anzuführen wären. Aber es gewährte Schlupflöcher ins Private, die ich nicht missen möchte. Ich las Bücher und immer wieder Bücher und nahm mit Freuden an den Gesprächen teil, die uns in guter Runde zusammenführten. Wie dankbar sollten wir dafür sein, wenn wir uns im Nachhinein an sie sowie an Berg- und Skifahrten von ehedem erinnern können!

Was wären aber alle Bücher, Berge und Ströme der Welt, würde uns nicht Kameradschaft und Freundestreue, vor allem aber die Liebe herausragender Frauen zuteil! Sie schenkten auch mir inneren Reichtum. Leider vermochte ich oftmals nur mehr zu nehmen als zu geben. Der Freund, der Vater, der Gatte entschwand zu den nächsten Terminen und ward dann nicht mehr gesehen. Gleichwohl gewährte mir die Geborgenheit im Heim sowie in meiner liebenswerten Isartalgemeinde Pullach manche Stunden der Gemeinsamkeit und des Ausruhens. Auch sie sind Bestandteile einer Summe des Lebens, die ich am Ende meines Berichtes erwähnen möchte.

Appell meiner Zeugenschaft

Summa summarum – dazu gehört zunächst die Genugtuung über den Beitrag, den ich zur Begründung eines freien Lebens nach dem Zusammenbruch zu leisten vermochte. So manchen Menschen konnte ich im Gefolge verantwortungsbewußter Männer den Weg aus der Entfremdung in neue Berufe und Gemeinschaften weisen. Als Mitbürger, als Räte in Gemeinde- und Kreistagsstuben haben sie sich tausendfach bewährt. Ohne Skandale und Affären erlebten sie ein demokratisches Beisammensein, das manche Fehlentwicklungen auf höheren Ebenen ausgleichen half. In den süddeutschen Bundesländern erwarben meine Landsleute Achtung und Einfluß. Daß die »wandernde Volksgruppe«, wie ich darlegen konnte, aber zuvörderst in Bayern Aufnahme fand, war ein Glücksfall für beide Teile.

Ökonomische Ergänzung und stammliche Harmonie trugen dazu bei, daß der Freistaat, ohne Gebietsverluste aus den beiden Weltkriegen hervorgegangen, stellvertretend für Österreich, Böhmen und Preußen, die Funktion eines deutschen und europäischen Zentrallandes übernehmen konnte. Die Schirmherrschaft, die das Land dem Sudetendeutschtum gewährte, war kein leerer Wahn. Ich wäre hoch erfreut, könnte ich das gleiche von der Obhutspflicht der Bundesrepublik Deutschland über die Sache der Deutschen aus Böhmen und Mähren-Schlesien behaupten. Mögen auch spätere Leser meinem Zeugenbericht entnehmen, warum ich das Regime, welches in den entscheidenden Jahren nach 1969 das Heimatrecht der Ost- und Sudetendeutschen fallenließ, aus ehrlicher Überzeugung einer harten Kritik unterwerfe.

Ich klage an: daß die verantwortlichen Staatsmänner und Parteiführer ihr Kalkül auf die Anerkennung der in Jalta und Potsdam geschaffenen Unrechts-Tatbestände abstellten; daß sie dabei genau den Verzicht auf deutsches Heimatland leisteten, den sie selbst als Verrat bezeichnet hatten; daß sie diesen Verzicht in Geheimabsprachen mit der sowjetischen Seite hinter dem Rücken der Vertriebenen vollzogen; daß sie diese bis zum Regierungswechsel im Jahre 1969 durch entgegengesetzte Erklärungen täuschten; daß sie den Totalverlust unseres privaten und unseren Nationalvermögens mit einem Lastenausgleich übertünchten, der nur ein Entgelt für den entgangenen Gewinn der Geschädigten war; daß sie die an den Ost- und Sudetendeutschen begangenen Verbrechen hinter die Mauer des Verdrängens und Verschweigens stellten; daß sie eine Verfemung und Diffamierung der Vertriebenen zuließen, die in der deutschen Geschichte nicht ihresgleichen hat; daß sie, ihre Zusicherungen von 1972 brechend, die Verfälschung der Ostverträge vom Gewaltverzicht zur Grenzanerkennung ohne friedensvertragliche Regelung herbeiführen wollen; daß sie dies ohne Rücksicht auf das Grundgesetz und auf die Urteilsbeschlüsse des Bundesverfassungsgerichtes, also im Geiste offenbaren Verfassungsbruches tun.

Ich hege die Überzeugung, daß dieses Verhalten keineswegs dem Frieden, sondern der Stabilisierung der Gewaltherrschaft Breschnews und Honeckers diente; daß es den ökonomischen Zusammenbruch ihrer Systeme und damit den Freiheitsausbruch der von ihnen unterdrückten Völker um viele Jahre hinausschob; daß es den Herrschern im Kreml ermöglichte, hinter den Schlagwörtern von der »Koexistenz« und »Entspannung« eine gigantische Aufrüstung durchzuführen und daß man zur Stunde nicht weiß, ob diese nicht auch unter Gorbatschow bzw. seinen Nachfolgern beendet oder noch weiterhin betrieben wird.

Ist der Kampf gegen Verzicht und Verrat, den ich vier Jahrzehnte lang mit Millionen gleichgesinnter Menschen führte, umsonst gewesen? Haben alle einem Trugbild nachgejagt, die an einen Ausgleich im Zeichen der Ehrlichkeit und des Rechtes glaubten? Muß denen, die an verantwortlicher Stelle eine Wende gegen die Interessen Deutschlands herbeiführten, nicht das Gewissen schlagen? Hat es des Aufstandes der Deutschen in der DDR bedurft, um zu beweisen, daß es noch ein Deutschland gibt? Ist ihnen klar geworden, daß dieser Aufstand auch den Fehlschlag ihrer mit den Zwingherren der Unterdrückten konzipierten Deutschland- und Ostpolitik bedeutet?

Die Antwort darauf wird die Geschichte geben. Sie hat sich auch auf meinem persönlichen Weg als eine Macht erwiesen, die nicht immer mit Riesenschritten voraneilt. Manchmal fließen die Jahre im Trott der Gewohnheit dahin, ereignisarm und leer. Manchmal reifen Entscheidungen im stillen heran. Manchmal hört man das Grollen des Unheils oder eines heilsamen Aufbruchs, bis sie dann zuschlägt und über Nacht Gewalten auslöst, die uns überrollen.

Der Befreiungsschlag, mit dem die Mitteldeutschen Weltgeschichte machten, wurde zweifellos von solchen Gewalten verursacht. Er hat das Verhalten jener bekräftigt, die in fester Überzeugungstreue den Glauben an den Sieg ihres Rechtes hochhielten. Jahre- und jahrzehntelang zitierten sie Abraham Lincolns Worte: »Kein Ding ist endgültig geschlichtet, es sei denn gerecht geschlichtet.«

War die Vertreibung von vierzehn Millionen Ost- und Sudetendeutschen aus ihrer angestammten Heimat gerecht? Vermag sie die Grundlage einer gerechten Schlichtung zu sein? Warum sollten wir nicht ebenso wie die Bürger der DDR, wie unsere Nachbarn im Osten, auf eine solche hoffen können?

Keine Fantasie, so lautete ein Kommentar zum Mauerdurchbruch, könne es mit den Einfällen der Geschichte aufnehmen. Vielleicht sind sie nach dem Jahrhundert der schrecklichen Weltkriege auf einen Frieden an der Jahrtausendwende gerichtet. Vielleicht stehen wir nicht immer auf der Seite der Niederlage. Die Freiheit bricht sich jedenfalls allenthalben mit der Wucht von Lavamassen ihre Bahn. Wir besangen sie nicht nur von Jugend auf in Liedern, wir waren ihr ein Leben lang verpflichtet.

Sie auch weiterhin zu schützen und zu stärken, sei daher der Appell meiner Zeugenschaft.

ANHANG

Datenspiegel

1912	Geboren am 1. Oktober in Karlsbad als Sohn von Anton und Anna Becher, geb. Hauptmann.
1923–1931	Besuch des Staatsrealgymnasiums Karlsbad.
1923	Eintritt in die Wandervogelgruppe Karlsbad.
1924–1931	Sommerlager und Großfahrten nach Karpatorußland, Siebenbürgen, Bulgarien und Griechenland (Berg Athos), in die Alpen, nach Südtirol und in das Elsaß.
1931–1936	Studium der Wirtschafts- und Staatswissenschaften an der Universität Wien. Assistent bei Othmar Spann (1933–1935), Promotion zum Dr. rer. pol. mit einer Arbeit über die Erziehungslehre Platons und Fichtes.
1936–1939	Redakteur bei der Tageszeitung »Die Zeit« in Prag und Reichenberg.
1939	6 Monate Schutzhaft im Polizeigefängnis Dresden.
1940–1945	Soldat bei der Wehrmacht.
1945	10. Mai. Heimkehr und Flucht von Karlsbad nach Bayern – Gefangenschaft im Lager Kloster Tepl – Entlassung nach Karlsbad und mehrmalige Überquerung der Grenze nach und von Bayern. 15. August. Endgültige Niederlassung in München. Referent der »Hilfsstelle für Flüchtlinge aus den Sudetengebieten«.
1946	Januar. Erste Denkschrift über Eingliederung der Flüchtlinge. Chefredakteur der Zeitung »Die Wirtschaftshilfe«. Dezember. Gründung des »Adalbert Stifter-Vereins«.
1947	Juli. Gründung der »Arbeitsgemeinschaft zur Wahrung sudetendeutscher Interessen« (ab 1955 »Sudetendeutscher Rat«).
1948	Erstes Sudetendeutsches Pfingstkulturtreffen in Bad Aibling.
1949	Zweites Sudetendeutsches Pfingsttreffen mit Min.-Präsident Dr. Hans Ehard in Bayreuth.

Gründung des Witikobundes in Stuttgart-Degerloch.
Aufruf zur Volksgruppenabgabe »Gegen die Mauer des Schweigens«.
Dezember. Eichstätter Advents-Deklaration.

1950 Gründung des Bundesverbandes der SL in Detmold. – Wiesbadener Abkommen. – Charta der Heimatvertriebenen.
November. Wahl in den Bayerischen Landtag (Deutscher Gemeinschaftsblock/BHE).
Dezember. Heirat mit Elisabeth, geb. Haas, in Salzburg.

1951 »Dokumente zur Austreibung der Sudetendeutschen« (Weißbuch) und andere unter meiner Obhut entstandene Dokumentenwerke veröffentlicht.

1952 3. November. Sohn Peter geboren.

1954 2. Wahl in den Bayerischen Landtag, Fraktionsvorsitzender des BHE. Mitglied des Koalitionsausschusses der Vierer-Koalition.

1955 April. Generalsekretär des »Sudetendeutschen Rates«.

1956 Informationstagung des Sudetendeutschen Rates auf Herrenchiemsee.

1957 Auflösung der Vierer-Koalition im Bayerischen Landtag. Bildung der Regierung Dr. Hanns Seidel.

1958 Februar. Erste Reise in die Vereinigten Staaten. Besuch des Kapitols und der Kongreßmitglieder.
April. Rede gegen die Ostermarschierer.
6. Oktober. Tod des Vaters Anton Becher.
November. 3. Wahl in den Bayerischen Landtag.

1959 Juni. Der Rundfunkkrieg. – Scheidung meiner ersten Ehe.

1960 Januar. Empfang bei Papst Johannes XXIII.

1961 Mai. US-Abgeordnete und der Präsident der Slowakischen Liga, Hrobak, bei Sudetendeutschem Tag in Köln.
September. Gesamtdeutsche Partei verliert Bundestagswahl.

1962 November. Mit 5,2% der Stimmen Gesamtdeutsche Partei (BHE) auch bei der Wahl zum Bayerischen Landtag ausgeschieden.
Dezember. Abschied vom Maximilianeum.

1964 Dezember. Wahlbündnis mit CSU.

1965 September. Wahl in den Deutschen Bundestag. Mitglied der Landesgruppe CSU und des Auswärtigen Ausschusses bis 1980.

1966	Oktober. Delegationsreise nach Neu-Guinea (Conakry) und Marokko.
1967	April. Kommunistenkongreß in Karlsbad. Mit Heerlein (Steuben-Society) zur Weltausstellung nach Montreal. 6. August. Mutter Anna Becher gestorben. KPI/SPD-Absprachen in Rom.
1968	Januar. Wahl zum Sprecher der Sudetendeutschen Landsmannschaft. Juni. Erste Sprecher-Rede am Sudetendeutschen Tag zu Pfingsten in Stuttgart. August. Einmarsch der Warschauer Pakt-Truppen in Prag.
1969	Sudetendeutscher Tag in Nürnberg mit Schweigemarsch. September. 2. Wahl in den Deutschen Bundestag.
1970	Oktober. Empfang bei Bundeskanzler Willy Brandt. Erster Sudetendeutscher Jugendkongreß in Regensburg.
1972	Ringen um die Ratifizierung der Ostverträge. Auseinandersetzungen in der Fraktion der CDU/CSU und Abstimmung am 17. Mai. November. 3. Wahl in den Deutschen Bundestag.
1973	4. Januar. Eheschließung mit Editha, geb. Strallhofer, verw. Senekowitsch, in Pullach. Mai. Bericht über Prager Vertrag im Auswärtigen Ausschuß. Juli. Rechtsverwahrung des Sudetendeutschen Rates und der SL gegen den Prager Vertrag.
1974	22. März. Rede zur ersten Lesung des Prager Vertrages. April. Erste Südamerika-Reise (Kongreß in Buenos Aires, Colonia Sudetia, Rio de Janeiro). 10. Juli. Endabstimmung über Prager Vertrag.
1975	Februar. Empfang bei Generalsekretär Waldheim in Bonn. Mai. Sudetendeutscher Tag: »UNO, höre auch uns!« 3. Dezember. UNO-Petition mit 250000 Unterschriften in New York überreicht.
1976	Januar. 2. Wahl zum Sprecher der SL. Juli. Mit Delegation bei der UNO in Genf. November. 3. Wahl in den Deutschen Bundestag.
1977	Festlicher Sudetendeutscher Tag zu Pfingsten in Wien. Kundgebung auf dem Heldenplatz. Abschluß beim Südmährer-Kreuz. Juni. Heiligsprechung des Bischofs Neumann in Rom. Ehrung von Prälat Reiss in der St. Pauls-Basilika.

Dezember. Bundestagspräsident Prof. Carstens bei 30-Jahr-Feier des Sudetendeutschen Rates in München.

1978 März. Informationsreise nach Südafrika und Namibia (Windhuk).
Mai. Ministerpräsident Tindemans erhält den Karlspreis.
November. Rede zur Kaiser-Karl-IV.-Gedächtnisfeier in Bonn.

1979 Beschlußfassung über das »Manifest '79« beim Sudetendeutschen Tag in München.
Juli. Bei 40-Jahr-Feier der sudetendeutschen Sozialdemokraten in Westkanada (Dawson Creek).
Oktober. Letzte von insgesamt 14 Reisen zum Kapitol. Vortrag vor Deutsch-Amerikanern in Chicago.
November. Deutsch-Tschechische Tagung in Endorf (»Im Zeichen der Partnerschaft«).

1980 Januar. 3. Wahl zum Sprecher der SL.
März. Delegationsreise nach Pakistan und Indien.
Juni. Abschied vom Deutschen Bundestag.
Oktober. 2. Südamerika-Reise (Sudeten-Kongreß in Buenos Aires, Colonia Sudetia).

1981 Sudetendeutscher Tag in Frankfurt: Gedenken an die sudetenländischen Vertreter in der Paulskirchen-Versammlung 1848.

1982 Februar. Zustimmung der SL-Bundesversammlung zum Wechsel im Sprecheramt am Sudetendeutschen Tag in Nürnberg.
Mai. Feierliche Übergabe in der SL-Bundesversammlung und bei der Großkundgebung an Staatssekretär Franz Neubauer.
15. Oktober. Empfang im Antiquarium der Münchner Residenz und Übergabe des Nymphenburger Löwen als Staatsgeschenk durch Franz Josef Strauß.

1983 Überreichung des Karlspreises beim Sudetendeutschen Tag 1983 in Wien.

1985 Veröffentlichung des Buches »Der Blick aufs Ganze. Das Weltbild Othmar Spanns« (Gedanken zur Jahrtausendwende).

Auszeichnungen und Ehrungen:

EK II, Allg. Sturmabzeichen, Verwundetenabzeichen in Silber, Bayerischer Verdienstorden, Bayer. Staatsmedaille für Soziale Verdienste, Bayer. Verfassungsmedaille in Silber, Großes Verdienstkreuz des Verdienstordens der Bundesrepublik Deutschland, Plakette des BdV für Verdienste um den Deutschen Osten und das Selbstbestimmungsrecht, Rudolf Lodgman v. Auen-Plakette, Karlspreis der Sudetendeutschen Landsmannschaft, Josef-Hofmann- und Kaiser-Karl IV.-Plaketten des Heimatverbandes der Karlsbader.

Bücher, Aufsätze und Schriften:

»Deutsche und Tschechen«, Zeitschrift »Die junge Front«, Prag 1934; »Platon und Fichte. Die königliche Erziehungskunst«, Verlag Gustav Fischer, Jena 1937; »Das Wunder um Stifters Witiko«, »Die Zeit«, Prag 1938; »Probleme der Umsiedlung«, Hilfsstelle für Flüchtlinge aus den Sudetengebieten, München 1946; »Freiheit durch Partnerschaft«, Sudetendeutsche Landsmannschaft, München 1971; »Reden zum Sudetendeutschen Tag«, Verlagshaus Sudetenland, München 1979; »Witiko als Vorbild und Symbolfigur«, Witikobund e.V., München 1982; »Identität und Geschichtsbewußtsein«, Südmährischer Landschaftsrat, Geislingen/Steige 1985; »Der Blick aufs Ganze. Das Weltbild Othmar Spanns«, Universitas-Verlag, München 1985 (1988); »In der Seilschaft des Geistes. Die Überwindung des mechanistischen Weltbildes«, Festschrift für Kurt Herberts, Creator-Verlag, Würzburg 1986; »Die Last der Vordenker. Fritjof Capra und der politische Stimmbruch der Grünen«, Zeitschrift »MUT«, Juni 1987; »Volkstum als Sprach-, Kultur und Bekenntnisgemeinschaft«, Zeitschrift für Ganzheitsforschung, Folge 3, Wien 1988; »Ökologie und Ganzheitslehre im Geiste Othmars Spanns«, Zeitschrift für Ganzheitsforschung, Folge 2, Wien 1989; »Böhmen und das Haus Europa«, Zeitschrift »Sudetenland« Nr. 4, München 1989; »Zeitzeuge. Ein Lebensbericht«, Langen Müller, München 1990.

Wiederbegegnung beider Volkstümer

Aus einem Beitrag Dr. Bechers über das Thema »Deutsche und Tschechen« in der Zeitschrift »Die Junge Front«, Prag, März 1934.

1.

Das Bild vom atomistischen Völkerchaos ist eben falsch. Die Menschheit bildet kein homogenes Nebeneinander von Nationen, sie stellt sich zunächst in großen umfassenden Kultur- und Völkergemeinschaften dar, die sich wiederum in kleinere Kulturbereiche gliedern. Wo die wesensmäßigen Völkergemeinschaften aufrechterhalten bleiben, wird das labile Gleichgewichtssystem der heutigen weltpolitischen Lage überwunden. Nur auf diesem Grunde kann ein festgefügter und dennoch beweglicher Bau einer Kultur ruhen, mit dem Bewußtsein einer geistigen Mitte und einer inneren Schwere. Nur eine solche Weltordnung kann die Mannigfaltigkeit der Volkstümer in sich befassen und dennoch, ohne diese in staatlichen Machtsphären beschränken zu müssen, durchgehende Einheit aufweisen.

2.

Das alles findet gerade im böhmischen Bereiche seine geschichtliche Bestätigung. Die Jahrhunderte deutscher und tchechischer Geschichte bilden eine einzige Reihe fortwährender gegenseitiger Befruchtung. Heute ist diese Wechselseitigkeit verlorengegangen. Nach allem bisher Gesagten wird man die schweren Folgen dieses Bruchs verstehen. Das innere Zerreißen der naturgegebenen Gemeinschaften ist der wahre Grund dafür, daß sich Tschechen und Deutsche nicht finden, nicht »verständigen« können. An Stelle einer fruchtbaren Auseinandersetzung tritt zerstörende gegenseitige Verneinung. So lange sich das Tschechentum vom mitteleuropäischen Kulturbereiche abwendet, verliert es seine geschichtliche Aufgabe, Mittler zwischen Deutschtum und Slawentum zu sein, wendet es sich immer mehr vom andersvölkischen Bereiche ab und verliert dadurch aber auch die Schöpferkraft zu seiner historischen Aufgabe. So bedeutet die heutige Lage der Dinge eine Verarmung auf beiden Seiten. Beide Völker empfinden sich auf Grund ihrer inneren Beziehungslosigkeit gegenseitig als notwendiges Übel. Der Tonfall ihres Umgangs ist allein auf diese Einstellung abgestimmt und beiderseits ist dem Emporkommen schönerer Kräfte der Weg versperrt.

Die endgültige Wandlung dieser Verhältnisse wird nur aus einer Geistigkeit kommen, die dem deutschen und dem tschechischen Volke eine neue Art des gegenseitigen Erlebens gibt. Diese Wandlung bedeutet nichts anderes als die Wiederbegegnung beider Volkstümer. Von beiden wird sie ein »Kehrt euch« zueinander fordern, welches das Verhältnis beider Völker in seiner schöpferischen Kraft wiederherstellt. Sobald einmal der Sektor des Chauvinismus verlassen ist, sobald es wieder zu einem Austausch echter volkstümlicher Kräfte kommt, werden beide Völker sich in einem anderen

Lichte sehen. Dann wird für uns Deutsche jene Schicht der Gehässigkeit verschwinden, mit der uns noch alles Tschechische entgegentritt und eine schönere Seite unseres völkischen Partners könnte in den Vordergrund treten, die wir heute vielleicht nur entfernt ahnen, wenn wir die Natürlichkeit seines Volksliedes und die Poesie seines ländlich-familiären Gehabens betrachten.

Daraus möge gerade das tschechische Volk erkennen, daß heute die einzige Lösung der nationalen Verhältnisse unseres Staates in seiner Rückgliederung in den deutschen Kulturbereich liegt. Schon die deutsche Klassik und Romantik haben, indem sie dem tschechischen Volke in großem Maße zur Wiedererweckung seiner Nationalität verhalfen, bewiesen, daß eine Eingliederung des tschechischen in den mitteleuropäisch-deutschen Bereich nicht seinen Untergang, sondern seinen Aufgang bedeutet.

Auf diese Wiedereingliederung kommt es an; denn nur sie kann beiden Völkern auf dem Boden unseres Staates volle Freiheit und das rechte Verhältnis zueinander geben. Wenn beide, wie es ihrem Wesen entspricht, aufeinander angelegt sind, schaffen auch beide zugleich den sie einschließenden Staat. Nur wenn diese gleichwertige Gegenseitigkeit aufrechterhalten wird, bleibt auch der Staat erhalten. Daher ist es ein Angriff auf den Staat, wenn man von einer tschechischen »Staatsnation« und einer deutschen »Minderheit« spricht. Diese Scheidung und die praktisch nach ihr heute noch ausgerichtete Politik der Tschechen, wie überhaupt deren Auffassung von Staate (»naše republika«!) bedeutet folgerichtig geradezu Vernichtung der Staatsgrundlagen. Es gibt in Wahrheit keine deutsche »Minderheit«. Die Degradierung dazu ist eine der übelsten Folgen des Liberalismus, der ein Volk nur nach Zahlensummen begriff. Sollen Deutsche und Tschechen in gleicher Weise am Staate teilhaben, müssen beide »Staatsnationen« sein. Nur so kann das schöpferische Gegenseitigkeitsverhältnis, welches allein, wie wir sahen, das staatserhaltende ist, gewahrt bleiben. Dieses ist der einzig wahre Kern, der – verdeckt durch die heutige wesenswidrige Entwicklung – dem Staate innewohnt. Wenn daher der Staat gesichert werden soll, muß er auf ihm aufgebaut werden. Es ist gewiß das beste Schutzgesetz. Es darf nicht unterdrückt werden, es muß mit aller Kraft von Staate selbst organisiert werden. Der Neubau unseres gesamten öffentlichen Lebens nach diesem Grundsatze muß, von den geistigen Bereichen angefangen bis zu den politischen Einrichtungen, die Aufgabe der nächsten Zeit sein. Von ihrer Lösung und Nichtlösung wird Friede und Unfriede der Zukunft abhängen.

Manifest '79

der Sudetendeutschen Landsmannschaft und des Sudetendeutschen Rates. Erklärung der Bundesversammlung der Sudetendeutschen Landsmannschaft und des Sudetendeutschen Rates zum 30. Sudetendeutschen Tag 1979 in München

Sechzig Jahre nach der Verweigerung ihres Selbstbestimmungsrechts durch den Vertrag von St. Germain und länger als dreißig Jahre nach ihrer Vertreibung haben die Sudetendeutschen als Teil des deutschen Volkes ihren Zusammenhalt bewahrt. Sie trugen wesentlich dazu bei, die von ihnen mitgestalteten Gemeinwesen aus den Trümmern des Zweiten Weltkrieges auszubauen. Sie entwickelten darüber hinaus wegweisende Gedanken zur Gestaltung einer freien Zukunft der Völker und Volksgruppen.

Der 30. Sudetendeutsche Tag veranlaßt uns, die Sudetendeutschen, unseren Standort, unser Selbstverständnis, unsere Aufgaben und Ziele erneut kundzutun.

1.

Seit dem Beginn des Atomzeitalters bleibt die Menschheit aufgerufen, die Gefahren des atomaren Untergangs durch ein gerechtes, friedliches Zusammenleben zu überwinden, das nur dann gesichert ist, wenn es auf einer Partnerschaft freier Völker und Volksgruppen beruht. Dieser auch von den Sudetendeutschen erarbeitete Leitgedanke muß die gleiche Bedeutung erlangen wie die von ihnen seit Jahrzehnten vertretenen Prinzipien des Selbstbestimmungsrechts und des Volksgruppenrechts.

2.

Alle Völker und Volksgruppen haben das Recht auf Selbstbestimmung. Es erhält besondere Bedeutung dann, wenn sie ihre Heimat selbst kultiviert und durch friedliche Arbeit in Jahrhunderten geschaffen haben. Für die Sudetendeutschen trifft dies zu: Nicht mit dem Schwert des Soldaten, sondern mit dem Pflug des Bauern, als friedliche Bergleute und Bürger, Handwerker und Kaufleute haben ihre Vorfahren das Land geprägt und gestaltet.

3.

Diese Leistungen begründen, unabhängig von Abkommen und Verträgen, den legitimen Anspruch der Sudetendeutschen auf ihre angestammte Heimat.

4.

Die Vereinten Nationen haben diesen Anspruch anderen Völkern und Volksgruppen zuerkannt, so den Palästinensern die Forderungen »auf Rückkehr in ihre Heimstätten und auf Rückgabe des ihnen geraubten Vermögens« in der Resolution Nr. 3236 vom 22. November 1974. Der Grundsatz »Gleiches Recht für alle« bewog uns, diesen Anspruch in der am 5. Dezember 1975 eingereichten Petition an die Vereinten Nationen auch für die 3½ Millionen Sudetendeutschen zu erheben. Unsere Forderung kann nicht deshalb geringeres Gewicht haben, weil wir sie stets ohne Anwendung von Gewalt vertraten.

In einer besonderen Rechtsverwahrung bekunden wir unseren Anspruch auf das entzogene private und öffentliche Eigentum.

5.

In einer Zeit, die zahlreichen Völkern und Volksgruppen Entkolonialisierung und Freiheit im Sinne des Selbstbestimmungsrechts brachte, dürfen weder das deutsche Volk noch Teile unseres Volkes von dieser Entwicklung ausgeschlossen bleiben. Es geht daher nicht an, die Rechte und Ansprüche der Sudetendeutschen zu verschweigen oder über sie ohne ihre Zustimmung zu verfügen. Die Lage in Europa – auch das Verhältnis zwischen Deutschland und der Tschechoslowakei – kann erst dann als normalisiert gelten, wenn auch die Rechte und Ansprüche der Sudetendeutschen beachtet werden.

6.

Dem Recht auf die Heimat entspricht das Recht auf Wahrung der Identität. Diese zu hegen und zu erhalten steht allen Menschen zu, die sich zu einer gemeinsamen Heimat bekennen. Sie ist für uns Sudetendeutsche ein Teil der Identität des gesamten deutschen Volkes und begründet den Schutz durch den Staat. Er wurde in der Obhutserklärung des Deutschen Bundestages vom 14. Juli 1950 und in der Schirmherrschaft des Freistaates Bayern über die Sudetendeutschen, verkündet am 6.6.1954, bekundet.

7.

Wir verweisen auf die Feststellungen, die der Sudetendeutsche Rat und die Sudetendeutsche Landsmannschaft in den am 15. Januar / 7. Mai 1961 veröffentlichten »Zwanzig Punkten zur Sudetenfrage« getroffen haben und unterstreichen erneut unseren Wunsch, das deutsch-tschechische Verhältnis auf der Grundlage guter Nachbarschaft in eine echte Partnerschaft zu verwandeln. Das ist nur mit den Sudetendeutschen, nicht aber ohne sie möglich.

8.

Eine Partnerschaft setzt voraus, daß die beteiligten Völker Untaten verurteilen, die unter ihrem Namen begangen wurden. Die deutsche Seite hat dies getan und in zahlreichen Gerichtsverfahren berücksichtigt. Es ist an der Zeit, daß sich auch die tschechische Seite von den in ihrem Namen begangenen Untaten distanziert, vor allem aber den völkerrechtswidrigen Vorgang der Vertreibung klar und eindeutig verurteilt.

Wir begrüßen es, daß dies bereits von namhaften Persönlichkeiten und Gruppen des tschechischen Volkes ausgesprochen worden ist.

9.

Die Vertreibung ist im 20. Jahrhundert zu einer Geißel der Völker geworden. Wir treten daher für ihr internationales Verbot ein.

10.

Eines der Mittel, Vertreibungen zu verhindern, sind internationale Gesetze zum Schutze der Volksgruppen. Das Volksgruppenrecht ermöglicht auch den Menschen in Mehrvölkerstaaten, ein autonomes, kulturell erfülltes und wirtschaftlich gesichertes Leben zu führen.

11.

Selbstbestimmung von Menschen, Volksgruppen und Völkern umschließt die Möglichkeit, sie in einer größeren Gemeinsamkeit mit anderen Völkern zu entfalten. Die Erfahrungen der Geschichte lehren gerade uns, die Sudetendeutschen, diesen Weg mit Umsicht und Willenskraft zu beschreiten. Sie bestärken unsere tatkräftige Mitwirkung beim Aufbau eines freien Westeuropas als den ersten Schritt zu Gesamt-Europa und zur Verwirklichung einer interkontinentalen Partnerschaft.

12.

Ein freies Europa wird auch die angestammten Völker unseres Heimatraumes wieder zusammenführen und den Tatbestand beseitigen, daß die Sudetendeutschen aus ihrer Heimat vertrieben wurden, Tschechen und Slowaken aber ihre Freiheit verloren. Nicht Trennung, sondern Wiederbegegnung dient dem Wohle dieser Völker.

13.

Im konkreten Verhältnis des deutschen Volkes zum tschechischen Volk betrachten wir jene Lösung als die beste, der beide Völker in freier Willensentscheidung zuzustimmen vermögen. Diese Lösung ist auch nach dem Prager Vertrag von 1973 noch zu finden.

14.

Ein auf den Grundlagen des Rechts und der Freiheit entstandenes Europa wird auch die Länder unserer Heimat umschließen und vor allem jungen Menschen die Chance geben, das Sudetenland wieder zu einem gesunden und blühenden Kern unseres Erdteils zu gestalten.

Wir, die Sudetendeutschen des Jahres 1979, bekennen uns erneut zu unserer Heimat, zum Land unserer Herkunft. Wir werden weiterhin Wahrheit, Gerechtigkeit und Freiheit zur Grundlage unseres Handelns machen, damit ein friedliches Zusammenleben aller Völker möglich und eine freie Heimat in einem freien Europa Wirklichkeit wird.

Rede gegen den Prager Vertrag

Dr. Walter Becher zur 1. Lesung im Deutschen Bundestag am 27.3.1974.

Dr. Becher (Pullach) (CDU/CSU): Frau Präsidentin! Meine sehr verehrten Damen und Herren! In der Liste der Ostverträge ist die mit Prag getroffene Regelung für viele sicher nur noch ein Gegenstand zum Abhaken. Das Zeichen »Erledigt«, dem wir nunmehr die Weihe der Ratifizierung geben, macht alles, was folgt – das wissen wir –, bei den gegebenen Mehrheitsverhältnissen zur Formsache. Es läßt, so möchte ich sagen, die Auguren lächeln, die an den Tischer der Entscheidung die Drähte schon längst gezogen haben.

Bei dieser Sachlage möchte ich zunächst einmal feststellen, daß man diese Drähte, wie so oft in der *Geschichte des böhmerländisch-mährischen Deutschtums,* über seine Köpfe hinweg verknüpfte. Die eigentlich Betroffenen, Herr Außenminister, wurden von den Verhandlungen ferngehalten; wie 1918/19, wo sie die Ehre hatten, hinter Stacheldraht zuzuschauen, wie die Mächtigen der Welt über sie entschieden; wie 1938, wo keine Volksabstimmung stattfand, weil die Tschechen dann den Zerfall ihres Gesamtstaates hätten zulassen müssen; und wie 1945, wo auf der Konferenz von Potsdam niemand gefragt wurde.

Ich erwähne das nur, um an die Daten der jüngeren Geschichte und an ein Wort zu erinnern, Herr Außenminister, das Sie gebraucht haben, um für Verständnis für die tschechische Seite zu werben. Sie sagten nämlich, die Tschechen hätten es als Schmach empfunden, daß sie 1938 nicht dabeigewesen wären. Um wieviel mehr können die Sudetendeutschen es als Schmach empfinden, daß sie in der Geschichte seit 1918 praktisch immer nur Zuschauer, immer nur Objekte gewesen sind, und um wieviel mehr könnten sie jetzt, da wir in einem freien deutschen Staat leben, erwarten, einmal mit Subjekte des Handelns sein zu können.

(Beifall bei der CDU/CSU.)

Der Prager Vertrag beruft sich ja auf *historische Erkenntnisse.* Wir kommen also nicht darum herum, uns auch über Geschichte zu unterhalten, und das kann und darf ja nicht einseitig geschehen.

Es liegt nahe, etwa an die feierliche Entschließung zu erinnern, mit welcher die Österreichische Nationalversammlung am 6. September 1919 das Unrecht anprangerte, das an den Sudetendeutschen verübt wurde. Österreich versteht vielleicht sehr viel von unserer Geschichte. Und es liegt nahe, die Feststellung zu zitieren, welche die deutschen Parteien in der *ersten Sitzung des Prager Parlaments,* das nach der uns oktroyierten Verfassung *am* 1. Juni 1920 zusammentrat, trafen. Sie erklärten damals – ich darf mit Erlaubnis der Frau Präsidentin zitieren –:

> Die Tschechoslowakische Republik ist das Ergebnis eines einseitigen tschechischen Willensaktes, und sie hat diese deutschen Gebiete widerrechtlich mit Waffengewalt besetzt.
> Die deutschen Sudetenländer sind in der Tat um ihren Willen niemals befragt worden, und das Ergebnis der Friedensverträge ist daher mit Beziehung auf sie die Sanktionierung einer Gewalt – aber niemals eines Rechtszustandes.

So die Erklärung unserer Vorfahren, meiner Landsleute, damals im Prager Parlament, wo sie genau den gleichen Begriff von der Gewalt ansprachen, der nun eine Prämisse des Prager Vertrages wurde.

Herr Kollege Ronneburger, ich bitte Sie, dafür Verständnis zu haben, daß die unmittelbar Betroffenen eben nicht über die Vergangenheit hinweggehen können, und zwar nicht in dem Sinn, daß sie nur in der Vergangenheit leben, sondern in dem Sinn, daß sie glauben, daß nur, wenn wir die Vergangenheit ehrlich überwinden, die Gegenwart und die Zukunft zu meistern ist.

Das 1918/19 verratene und unter den Kugeln tschechischer Besatzer erschlagene Selbstbestimmungsrecht der Sudetendeutschen mag manchem eine historische Episode sein. Ein freies deutsches Parlament kann aber nicht aus der Geschichte aussteigen. Es kann dies vor allem dann nicht tun, wenn der Vertragstext selbst, wie hier immer wieder zitiert wurde, Geschichtsurteile fällt und sie zur Prämisse einer Formel macht, die die CDU, die wir für unehrlich, zweideutig und daher für gefährlich für den Frieden halten, Herr Kollege Friedrich.

(Sehr richtig! bei der CDU/CSU.)

Diese Formel schadet in gleicher Weise den Interessen der Bundesrepublik Deutschland und der Betroffenen. Sie wurde sozusagen auf Katzenpfoten von der sowjetisch-tschechoslowakischen Seite infiltriert und ohne Not und Zwang zum Herzstück des Vertrages gemacht. Wer hat uns denn gezwungen, Art. 1 und Art. 2 dieser Problematik zu widmen, wo es darum ging, einen Gewaltverzichtsvertrag zu beschließen?

(Abg. Dr. Marx: Die Sowjetunion! – Sehr richtig! bei der CDU/CSU.)

Ich will die Feststellung über die genannte Formel wie folgt begründen, auch auf die Gefahr hin, daß ich einiges wiederhole.

Erstens. Die *Präambel* des Vertrages, die entgegen der uns nun vorgetragenen Meinung sehr wohl ein *operativer Bestandteil des Vertrages* ist – weil sich die Bundesregierung immer darauf berufen hat, daß die Präambel, der Art. 1 und 2, Gegenstände des Formelkompromisses sind – erhebt den Anspruch, wie immer gesagt wurde, der »unheilvollen Vergangenheit ein für allemal ein Ende zu machen«. Sie erwähnt unter dieser Parole nur das Münchener Abkommen von 1938 und die Leiden des Zweiten Weltkrieges. Das ist zunächst einmal eine einseitige und daher unzulässige Auslegung der weiß Gott so tragödienreichen böhmischen Geschichte. Deren Unheil kann nicht nur mit dem Abkommen des Jahres 1938 begründet werden. Es hat weit in die Vergangenheit zurücklotende Ursachen. Wer sie, wie es in der Präambel geschieht, aussondert oder unterschlägt, betreibt Geschichtsklitterung und Geschichtsfälschung.

(Beifall bei der CDU/CSU.)

Er unterstreicht die These von der Alleinschuld der deutschen Seite, er macht sich an all den schwerwiegenden Folgen mitschuldig, die sich daraus politisch und materiell gegenüber der Bundesrepublik Deutschland ableiten.

Zweitens. Die Präambel des Prager Vertrages unterschlägt die den dreieinhalb Millionen Deutschen der böhmisch-mährisch-schlesischen Länder 1919 angetane Gewalt, als sie unter Bruch des Selbstbestimmungsrechts in einen Staat hineingezwungen wurden, den sie ohne Unterschied der Parteien ablehnten. Selbst die kommunistische Partei der Tschechoslowakei, Herr Kollege Wehner, hat noch auf ihrem Parteitag im Jahre 1931 – ich zitiere wörtlich – die »Räumung der deutschen Teile Böhmens« von den Organen der tschechischen Okkupationsmacht verlangt und die deutschen Bewohner zur Ausübung ihres Selbstbestimmungsrechts, wie es wörtlich heißt, »bis zur Loslösung vom Staat« aufgerufen.

Drittens. Die Präambel stellt fest, das Münchener Abkommen sei der Tschechoslowakischen Republik durch das nationalsozialistische Regime »unter Androhung von Gewalt aufgezwungen« worden. Es tut mir leid, Herr Kollege Ronneburger – ich muß das sagen –: Sie unterschlägt eben die Tatsache, daß dieses Abkommen nicht nur durch die von Hitler ausgehende Gewalt, sondern auch durch die von England und Frankreich ausgehende Gewalt, nämlich durch die Entscheidungen der Westmächte, erzwungen wurde, die sich an das 1918/19 verratene Selbstbestimmungsrecht erinnerten. Ich würde Ihnen raten, die diesbezüglichen Artikel der damaligen »Times« zu lesen.

(Abg. Wehner: Ja, Ja!)

Warum ließ die Bundesregierung diese *Geschichtsfälschung* zu? Warum unterstrich sie nicht den wahren Sachverhalt? Warum ging sie nicht von der historischen Wahrheit aus? Das Münchener Abkommen vom 30. September 1938 hat lediglich die bereits eine Woche vorher, am 19./20. September 1938, zwischen den Westmächten und Prag getroffene Vereinbarung bestätigt. Diese wiederum entsprach einem geheimen Gebietsabtretungsvorschlag, den der tschechische Staatspräsident Dr. Beneš damals selbst an Frankreichs Ministerpräsidenten Daladier am 15. August 1938 weitergereicht hat.

Warum ließ die Bundesregierung, so frage ich, im Vertragstext lediglich die Pressionen Hitlers, nicht aber auch die *Gewaltakte der anderen Seite* verurteilen?

(Beifall bei der CDU/CSU.)

Warum? – Ich gebe Ihnen die Antwort: Weil die Wahrung der berechtigten geschichtlichen Interessen der betroffenen Deutschen – und hier möchte ich anmerken, daß nicht nur die Araber in Palästina, sondern auch die Deutschen Böhmens und Mährens eben berechtigte historische Interessen haben – den Formelkompromiß verhindert hätte, der den Prager Unterhändlern die Brücke zu ihrer Auslegungslogik baute!

(Abg. Haase [Kassel]: So ist es!)

Die in der Präambel durch Ausklammerung von Tatbeständen vollzogene Geschichtsklitterung kam aus tschechischer Sicht nicht von ungefähr. Im Gegenteil, sie ermöglichte den Prager Unterhändlern das Abrücken von der ursprünglichen Forderung, das Münchener Abkommen als »von Anfang an« – nämlich ex tunc – »ungültig« zu erklären. Sie stimmten der Formel des Art. I zu, dieses Abkommen im Hinblick auf die gegenseitigen Beziehungen nach Maßgabe dieses Vertrages als »nichtig« zu betrachten. Sie warfen aber gleichzeitig die Angeln ihrer Logik auf die Wiener Vertragsrechtskonvention des Jahres 1969.

(Abg. Dr. Czaja: Sehr richtig!)

Dort, wo sie sehr aktiv mitgearbeitet haben, wird ein Vertrag, der unter Anwendung von Gewalt erzwungen wurde, als »nichtig« im Sinne »von Anfang an nicht existent«, also als »von Anfang an ungültig« beurteilt.

(Zuruf des Bundesministers Scheel.)

Ich weiß nicht, Herr Außenminister, warum den kundigen Helfern der Bundesregierung, die ansonsten gute Arbeit geleistet haben, dieser Angelwurf verborgen blieb. Jedenfalls hat er den Formelkompromiß ermöglicht, in dem nun – so sehe ich es zumindest – die Rechtspositionen der Bundesrepublik wie Fische im Netze zappeln. Der Begriff »nichtig« – das wurde schon gesagt – ist zur Kennmarke im Dissens geworden, der nun auch diesen letzten der Ostverträge bestimmt. Ich darf ihn an der Gegenüberstellung der beiden entgegengesetzten Auslegungsthesen noch einmal konkret verdeutlichen.

Die deutsche Auslegung wird aus einem an mich gerichteten, sehr verdienstvollen *Schreiben des* Herrn *Staatssekretärs Dr. Frank vom* 28. August 1973 ersichtlich, der darin – ich zitiere wörtlich – klarstellt:

> ... daß die Bundesrepublik Deutschland ihren Rechtsstandpunkt, daß das Münchner Abkommen vom 29. September 1938 seinerzeit rechtswirksam zustande gekommen war und zum Übergang auf das Deutsche Reich geführt hatte, in den Verhandlungen aufgeführt hat.

Die tschechoslowakische Seite hat dieser Feststellung die Aussage eines Mannes, nämlich *Dr. Jiři Götz*, gegenübergestellt, dem Bonn sinnigerweise nun das Agrément als erstem Botschafter der ČSSR erteilte. Dieser Dr. Jiři Götz schrieb in der Zeitschrift »Nova mysl« im Oktober des Vorjahres – ich darf wieder wörtlich zitieren – folgendes:

> Nach allgemein anerkannten Regeln des Völkerrechts hat ein Nullitätsvertrag keinerlei rechtliche Wirksamkeit und wird als niemals existierend erachtet.
>
> (Abg. Kunz [Berlin]: Hört! Hört!)
>
> An dieser Tatsache kann auch die einseitige Interpretation des Herrn Staatssekretärs Frank in einem Schreiben vom 28. August dieses Jahres nichts ändern, das er den Funktionären der Sudetendeutschen Landsmannschaft übersandte.

Dies also die Meinung des Herrn Götz. Der erste Botschafter der ČSSR in Bonn, der nach Ostern hier sein Amt antreten wird, trägt somit die alte sowjetisch-tschechische Auslegung der Nichtigkeitsformel wie eine Standarte vor sich her. Er hat sich, selbstverständlich Gehorsam übend, noch mit dem Hinweis auf die gleichen Formeln abgesichert, die von den Führungsmitgliedern des Zentralkomitees der KPC entwickelt wurden.

Ich würde sagen, die Prager Logik ist kugelrund und geradezu bewundernswert. Sie gibt nur verhalten den Jubel wieder, die Bundesregierung überspielt zu haben. So schrieb das kommunistische Parteiblatt *»Rudé Právo«* am 21. Juni 1973 – ich zitiere wörtlich –:

> Jetzt hat also die deutsche Bundesrepublik vertraglich bestätigt, daß das sogenannte Münchener Abkommen unter Gewaltandrohung beschlossen worden ist. Die politische und rechtliche Hauptbedeutung der Anerkennung der Nichtigkeit des Münchener Abkommens beruht darin, daß man damit bestätigt, daß die gewaltsam abgetrennten tschechoslowakischen Grenzgebiete nie Rechtens zum Deutschen Reich gehört haben.

Die »gewaltsam abgetrennten tschechoslowakischen Grenzgebiete«, meine Damen und Heren, von denen hier gesprochen wird, sind in Wahrheit die seit acht Jahrhunderten bewohnten und von ihnen gerodeten Heimatgebiete der Sudetendeutschen.

Meine sehr verehrten Damen und Herren, die Prager Logik wäre schon bedauerlich, wenn sie es bei den bisher geschilderten Folgerungen bewenden ließe. Der eigentliche Grund aber, warum wir den Vertrag in der Substanz für krank und gefährlich halten, ergibt sich aus der nun folgenden Konklusion der tschechischen Seite: Wenn nämlich – so sagt sie – das angeblich vom Deutschen Reich allein mit Gewalt erzwungene Münchener Abkommen nichtig und nach der Wiener Vertragsrechtsformel daher »von Anfang an nicht existent« ist, haben die sudetendeutschen Gebiete nie zum Deutschen Reich gehört. Dann hat die Tschechoslowakei in ununterbrochener Kontinuität in ihren alten Grenzen nach 1938 weiterbestanden und im Zeichen eines originären Hoheitsaktes eine innerstaatliche Aktion vollzogen: Sie bestrafte die dreieinhalb Millionen Deutschen ohne Rücksicht auf Alter, Geschlecht und politische Herkunft mit der Austreibung, weil sie sich in illoyaler Weise so verhielten, als wären sie nach 1938 Staatsbürger des Dritten Reiches geworden!

Kurz gesagt, die tschechoslowakischen Kommunisten verlangten die Feststellung der Nichtigkeit des Münchener Abkommens, meinten aber in Wirklichkeit die Legitimierung und *Legalisierung der Vertreibung*. Das ist das Entscheidende.

(Beifall bei der CDU/CSU.)

Nachdem sie auf solche Weise, nämlich durch die Ausklammerung der Vertreibung, die unheilvolle Vergangenheit beendet sahen, konnten sie mit Leichtigkeit den Beraubten und Vertriebenen zusichern, daß sie nicht noch weiter beraubt, verfolgt und bestraft würden! Das, meine Damen und Herren, ist die Handelsformel der Statthalter Moskaus in Prag, und das ist die Moral, von der aus sie die Bestimmungen des Art. II des vorliegenden Vertrages als gnadenvolle, noch zu belohnende Zugeständnisse erachten.

Die einseitige Schuldthese in der Präambel und die Nichtigkeitsformel haben ihnen diese reiche Beute eingebracht. Sie führten zu dem Ergebnis, daß wir nunmehr die Vergangenheit bewältigen und die Beziehungen auf der Basis eines Vertrages normalisieren wollen, der die Anomalität des größten Verbrechens gegen die Menschlichkeit, das je in den böhmisch-mährischen Ländern begangen wurde, verschweigt und ausklammert.

Damit hat, so meine ich, die Bundesregierung zumindest die moralische Obhutspflicht über die Sudetendeutschen verletzt, welche der *Bundestag* in seiner einstimmigen *Erklärung vom* 23. Juni 1950 proklamierte.

Der Deutsche Bundestag

– so hieß es damals –

erhebt feierlich Einspruch gegen die Preisgabe des Heimatrechts der in die Obhut der Bundesrepublik gegebenen Deutschen aus der Tschechoslowakei und stellt die Nichtigkeit des Prager Abkommens

– das war damals das seinerzeit zwischen Ost-Berlin und Prag geschlossene Abkommen, das die Austreibung anerkannte –

fest.

Dieser hier gerügte Tatbestand kann, worauf schon vielfach verwiesen wurde, auch nicht durch die *Erklärung des Bundeskanzlers* hinweggewischt werden, der *Prager Vertrag* bedeute *weder eine Legitimierung noch eine Legalisierung der Austreibung*. Rechtlich wäre diese Erklärung nur dann voll wirksam geworden, wenn sie innerhalb des Vertragstextes und nicht außerhalb des Vertrages einen Niederschlag gefunden hätte.

(Beifall bei der CDU/CSU: Abg. Dr. Marx: Sehr wahr!)

Bei der so gegebenen Sachlage muß man sich nunmehr fragen, ob der Bundeskanzler das Richtige traf, als er anläßlich einer nach der Unterzeichnung in Prag gehaltenen Tischrede an die Vertragspartner appellierte, den Vertrag nicht durch »einseitige Interpretationen einzuengen«. Ich finde, zwischen dieser Erklärung des Bundeskanzlers und Ihrer heute hier vorgetragenen Hauptthese, Herr Außenminister, klafft ein Unterschied wie zwischen Tag und Nacht. Die Akzeptierung des Appells des Bundeskanzlers, keine einseitigen Interpretationen vorzunehmen, wäre nämlich die schmale Basis, so meine ich, auf der wir mit und trotz der Formel zu leben hätten.

Der Bundesaußenminister hat aber demgegenüber den Dissens – er hat es heute in einer halbstündigen Rede direkt herausgestrichen –, also die zweiseitige Auslegung der Nichtigkeitsformel, vor dem Bundesrat als selbstverständlich bezeichnet. Die Feststellung über die Nichtigkeit des Münchener Abkommens, so wird dem Bundesrat in der uns jetzt vorgelegten Drucksache geantwortet, sei »nicht mehrdeutig«. Sie gestatte beiden Seiten, ihre Rechtsstandpunkte aufrechtzuerhalten. Es wurde schon gesagt: Welch tolle Gedankenakrobatik, welch toller Gedankentrick! Gerade darin, daß er verschiedene Rechtsstandpunkte als Auslegungen ermöglicht, liegt die *Mehrdeutigkeit* und die Krankheit dieses Vertrages. Man sollte uns doch nicht für töricht verkaufen, indem man uns nun eine zweideutige Formel als eindeutig hinstellt. Das Volk draußen und die von Ihnen berührte Öffentlichkeit verstehen das jedenfalls auf weite Strecken nicht, Herr Außenminister.

Ihre Meinung ist hier ebenso irrig wie die im Bundesrat vorgetragene Überzeugung, durch die gewählte Formel werde ein »Streitobjekt« aus der Welt geschafft. Nein, verehrter Herr Außenminister! Hier muß ich festhalten, was für alle Dissens-Verträge gilt und was auch hier schon anklang: Der Mächtigere ist allemal Herr der Auslegung, Herrscher des Dissenses. Hinter Polen, hinter Honecker und hinter der ČSSR steht Moskau mit der gerade jetzt – wir haben es heute vormittag gehört – so fühlbaren Aufmarschkraft seiner Divisionen. Der von Ihnen gelobte Dissens ist nicht das Ende alten, sondern der Anfang neuen Streites.

(Beifall bei der CDU/CSU.)

Was, möchte ich Herrn Friedrich fragen, wird sich an der bayerisch-böhmischen Grenze de facto ändern? – Nichts! Hinter dem Schild einer Abgrenzungstaktik, in der sich die tschechischen von den mitteldeutschen Kommunisten voraussichtlich nur wenig übertreffen lassen – wir wissen ja, wie das jetzt vor sich geht –, wird die sowjetseitige Auslegung der Nichtigkeitsthese der Prager Regierung als permanente Daumenschraube dienen. Sie ist für Prag nicht nur das Amen hinter einem großen Verbrechen; sie wird auch die logische Prämisse für die Festsetzung eines nachträglich erfundenen Kriegszustandes der kontinuierlichen Tschechoslowakei mit dem Deutschen Reich per 1. Oktober 1938 sein.

Astronomische *Entschädigungsforderungen* – hier möchte ich meinen Kollegen Marx in Schutz nehmen –, Reparationsforderungen, die hier in Bonn auf einer Pressekonferenz am Tage nach der Paraphierung bereits von tschechischer Seite erhoben wurden,

(Abg. Dr. Marx: Das weiß der Herr Friedrich nicht! Er hat keine Ahnung!)

also keine Erfindungen unseren Kollegen Dr. Marx sind,

(Abg. Haase [Kassel]: Diese Regierung preßt sie aus dem Volk heraus!)

wird man aus diesem Titel ableiten, und die Bundesrepublik und die Bevölkerung werden dafür bezahlen müssen.

(Zustimmung bei der CDU/CSU.)

Die Bundesrepublik Deutschland oder ein gesamtdeutscher Souverän – das ist jetzt das Schauderhafte bei der Umdrehung der Logik des Art. II – wäre dann kraft der Bestimmungen des vorliegenden Vertrages nicht einmal in der Lage, das verlorene Privat- und Nationalvermögen der dreieinhalb Millionen Sudetendeutschen dagegen in Rechnung zu stellen.

(Abg. Dr. Czaja: Wo bleibt die Schutzpflicht! – Abg. Haase [Kassel]: Ja, dieser Regierung! Pfui Deubel!)

Meine Damen und Herren, sind wir uns darüber im klaren, daß dieser Vertrag damit noch mehr verschenkt als die übrigen Ostverträge? Sind wir uns darüber im klaren, daß er der sowjetisch besetzten und bestimmten Tschechoslowakei ohne Not und nur dem Gesetz der Bahr'schen Festlegungen zum Moskauer Vertrage folgend nicht nur die Respektierung ihrer Grenzen, den Gewaltverzicht, sondern darüber hinaus eine Zauberformel zur nachträglichen Korrektur der Geschichte offeriert? Sind wir uns darüber im klaren, was wir mit diesem Vertrag, der von der Allgemeinheit in vielen seiner Punkte nur schwer durchschaut wird, den unmittelbar Betroffenen zumuten?

Was geschieht, so frage ich die Bundesregierung, mit dem verlorenen *Privat- und Nationalvermögen der Sudetendeutschen*, das heute auf eine runde Summe von 100 Milliarden DM berechnet wird?

(Abg. Haase [Kassel]: Das interessiert die Regierung doch gar nicht!)

Wer bezahlt das, die ČSSR, die Bundesrepublik Deutschland oder die Vereinten Nationen? Hier wird Politik auf Kosten der Betroffenen gemacht.

Ich darf Ihnen ein zweites Beispiel vortragen, was man den Betroffenen zumutet. In dem Brief über die strafbaren Handlungen, die angeblich nicht mehr verfolgt werden, bezieht sich die tschechische Seite expressis verbis auf das Statut des Nürnberger Gerichtshofes und sagt, nichts werde mehr verfolgt, nur noch die dort angeführten Verbrechen. Nun darf ich Ihnen einmal die zitierten Art. VI b und c vorlesen.

Art. VI, Buchstabe b:

> Kriegsverbrechen: Mord, Mißhandlungen oder Deportation zu Sklavenarbeit ...

Art. VI, Buchstabe c:

> Verbrechen gegen die Menschlichkeit: Mord, Ausrottung, Versklavung. Deportation oder andere unmenschliche Handlungen, begangen an irgendeiner Zivilbevölkerung ...

Ich hoffe, Sie verstehen, was ich meine.

(Zuruf des Abg. Haase [Kassel] sowie weitere Zurufe von der CDU/CSU.)

Die tschechoslowakische Seite führt hier unter Zitierung des Nürnberger Statuts gerade jene Verbrechen als nichtverjährbar an, deren sie sich bei der Vertreibung der 3½ Millionen Sudetendeutschen und bei der Vernichtung von 240000 ihrer Menschen selber schuldig gemacht hat. Es liegt also weit jenseits des Ertragbaren,

(Abg. Gansel: Sie sind jenseits des Ertragbaren!)

wenn man das einfach zur Kenntnis nehmen würde.

Ich benutze die Gelegenheit, hier im Deutschen Bundestag und vor aller Öffentlichkeit die tschechoslowakische Seite anzuklagen und zu fragen, wo und wann sie ihrerseits jene vor die Gerichte stellte, die für die *Verbrechen der Austreibung* verantwortlich sind.

(Beifall bei der CDU/CSU.)

Ich tue dies mit der von mir schon oft geäußerten Feststellung, daß ich meinerseits alle Verbrechen und Vergehen aufs tiefste bedauere und verurteile, die im deutschen Namen am tschechischen und slowakischen Volk begangen wurden.

(Zuruf von der SPD.)

Ich tue dies gerade im Hinblick auf die Rolle, die die einseitig definierte Schuldthese im vorliegenden Vertrag spielt, und weil ich weiß, daß die Aufrechterhaltung der Mauer des Schweigens vor den genannten Verbrechen, die an uns begangen wurden, keine Normalisierung zuläßt.

Die Wahrheit ist das Auge der Geschichte. Legen wir ihre Sonde an den Katalog, mit dem die sowjetische Seite in den späten sechziger Jahren in Bukarest, in Karlsbad und Budapest die *Zielansprache* ihrer, *der sowjetischen Europapolitik* verdeutlichte, sehen wir ein großes Konzept in Erfüllung gehen. Von den Forderungen nach der Anerkennung der Oder-Neiße-Linie, der DDR als zweiten deutschen Staat, Berlins als eigenständiger politischer Einheit bis zur Annullierung des Münchener Abkommens und der Festschreibung der sowjetischen Nachkriegsgewinne auf einer europäischen Friedenskonferenz ist nahezu alles erreicht und abgestrichen.

(Abg. Niegel: Jetzt fehlt nur noch das Zahlen!)

Wir haben es nicht mit einer Verwirklichung der deutschen Ostpolitik zu tun, sondern mit einer *Verwirklichung der sowjetischen Deutschlandpolitik*. Es ist alles erreicht, bloß das eine fehlt: das Siegel der Ehrlichkeit. Vom Amur bis zum Böhmerwald, vom Böhmerwald bis zum Amur wird die große Sowjetunion nunmehr von unechten Verträgen flankiert. Ihr Friede heißt Dissens und ihre Methode heißt Täuschung. Das ist die Wahrheit. Wer sie hinwegflunkert, wird auf die Dauer weder der UdSSR noch den davon betroffenen Völkern helfen. Am wenigsten hilft er den Bewohnern der Tschechoslowakei.

Und das möchte ich jetzt an die Adresse des Herrn Friedrich sagen, der leider nicht mehr hier ist.

(Widerspruch und Zurufe bei der SPD: Doch!)

– Lieber Herr Kollege Friedrich, Landsmann Friedrich aus bayerischen Gefilden, wenn Sie uns unterstellen wollen, daß wir nach dem von sudetendeutscher Seite schon im Jahre 1950 mit dem Tschechischen Nationalausschuß getroffenen Abkommen und insbesondere nach unserem Verhalten im August 1968 bis zu Ihrer Rede hätten warten müssen, um von uns aus die Versöhnung und die Wiederbegegnung mit den Tschechen und Slowaken herbeizuführen, dann – so möchte ich sagen – irren Sie sich.

(Zuruf von der SPD: Das haben wir heute gemerkt!)

Der Prozeß freiwilliger Wiederbegegnungen auf der Basis des Rechtes, ja, der Solidarisierung, der nach dem August 1968 zwischen den ehemaligen Partnervölkern des böhmisch-mährischen Raumes einsetzte, wird durch den vorliegenden Vertrag eher gehemmt als gefördert.

(Unruhe. – Glocke des Präsidenten.)

Vizepräsident Dr. Jaeger: Meine Damen und Herren! Ich darf Sie trotz der fortgeschrittenen Zeit um Ruhe bitten.

Dr. Becher (Pullach) (CDU/CSU): Die Menschen dieses Raumes tragen nach wie vor ein gemeinsames Schicksal: – ich darf das einmal aus unserem Selbstverständnis vortragen, und ich lade Sie ein, zu uns nach Nürnberg zu kommen. Wir werden frei darüber diskutieren, hinter wem die Mehrheit steht, Herr Friedrich! Das werden wir in Nürnberg und bei den Wahlen in Bayern feststellen. –

(Zuruf von der CDU/CSU: Ja.)

Die Menschen dieses Raumes tragen nach wie vor ein gemeinsames Schicksal: die einen verloren die Heimat, die anderen die Freiheit. Für sie alle ist eine freie Heimat in einem freien Europa das Leitbild der Zukunft,

(Beifall bei der CDU/CSU – Zurufe von der SPD)

nicht aber die Friedhofsstille einer gleichgeschalteten und von unechten Verträgen fixierten Welt.

Meine Damen und Herren, die verantwortlichen Gremien der Sudetendeutschen erhoben gegen den vorliegenden Vertrag Rechtsverwahrung. Viele Tschechen und Slowaken lehnen ihn, soweit sie frei sprechen können, öffentlich ab. Der *Bundesrat* hat aus Gründen, die von der Bundesregierung keineswegs widerlegt worden sind – auch heute nicht durch die Ausführungen des Herrn Außenministers –, gegen ihn Bedenken erhoben. Das gleiche tat die Staatsregierung Bayerns, das als Nachbarland der Tschechoslowakei und als Schirmland der Sudetendeutschen besonders angesprochen ist.

Sie, meine werten Kolleginnen und Kollegen von der SPD, können sich über die gewichtigen Argumente dieser Instanzen mit der Ihnen zu Gebote stehenden Mehrheit hinwegsetzen. Sie können die Erfüllung des letzten Programmpunktes des Karlsbader Kataloges abhaken und das Zeichen »erledigt« darunter schreiben.

(Beifall bei der CDU/CSU. – Zuruf von der CDU/CSU: So ist es!)

Die Gesprächspartner der SPD in der KP Italiens, die Gesprächspartner vom Jahre 1967, werden sich ganz besonders darüber freuen.

(Zuruf von der CDU/CSU: So ist es!)

Dr. Becher (Pullach)

Erledigt ist damit aber nicht nur ein Teil Ihrer verhängnisvollen Ostpolitik, erledigt ist – leider Gottes – ein Stück der Hoffnungen und Wünsche, die der freiheitsbewußte Teil der Völker, um die es hier geht, an die Bundesrepublik Deutschland richtet. Das Nein zu Ihrem Vertrag wird deshalb überhöht durch das Ja der CDU/CSU, durch unser Ja, zur Solidarität mit diesen Menschen.

(Beifall bei der CDU/CSU)

Millionen Deutsche, viele meiner Schicksalsgefährten, meine politischen Freunde und ich bekunden diese Solidarität, indem sie die Freiheit dieser Menschen, nicht aber das Kalkül ihrer Unterdrücker auch weiterhin unter ihre Obhut nehmen!

PERSONENREGISTER

ORTSREGISTER

SACHREGISTER

508 Seiten, Efalin
ISBN 3-7844-2038-9
Langen Müller